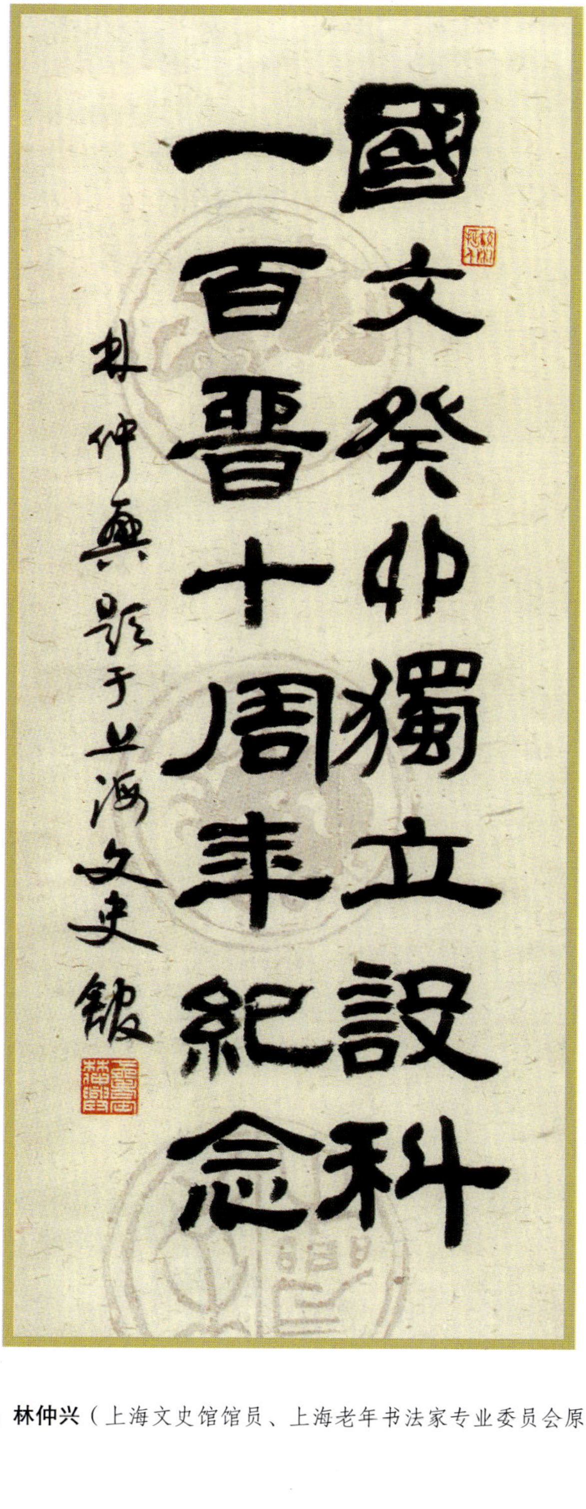

题写者：林仲兴（上海文史馆馆员、上海老年书法家专业委员会原主任）

國文陰陽剛柔大義緒言

國文陰陽剛柔之說創於姚姬傳先生姚先生之言曰易詩書論語所載間有可以剛柔分值其時其人告語之體各有宜也自諸子以降其爲文無弗有偏者其得於陽與剛之美者則其文如霆如電如長風之出谷如崇山峻崖如決大川如奔騏驥其光也如杲日如火如金鏐鐵其於人也如憑高視遠如君而朝萬衆如鼓萬勇士而戰之其得於陰與柔之美者則其文如升初日如清風如雲如霞如煙如幽林曲澗如淪如漾如珠玉之輝如鴻鵠之鳴而入寥廓其於人也漻乎其如歎邈乎其如有思暖乎其如喜愀乎其如悲觀其文諷其音則爲文者之性情形狀舉以殊焉此姚先生之說也

繼其說而大昌之者爲曾滌笙先生曾先生選古文四象分太陽太陰少陽少陰四種以氣勢屬太陽識度屬太陰趣味屬少陽情韻屬少陰而又於其中分陰中之陽陽中之陰曰噴薄之勢曰跌蕩之勢曰閎括之度曰含蓄之度曰恢詭之趣曰閒適之趣曰沉雄之韻曰悽惻之韻是又分四象爲八卦矣而又申言之曰有氣斯有勢有識斯有度有情斯有韻有趣斯有味又析言之曰莊子揚子韓退之柳子厚陽剛之美者司馬子長劉子政歐陽永叔曾子固陰柔之美者此曾先生之說也

《国文阴阳刚柔大义绪言》出自唐文治 1906 年所编《高等国文读本》

GUOWEN GUOYU JIAOYU LUNDIAN

国文国语教育论典

上

顾　问　陶本一

主　编　李杏保
方有林
徐林祥

语文出版社
·北京·

图书在版编目（CIP）数据

国文国语教育论典 / 李杏保，方有林，徐林祥主编
. -- 北京 : 语文出版社，2014.9
ISBN 978-7-80241-963-6

Ⅰ. ①国… Ⅱ. ①李… ②方… ③徐… Ⅲ. ①汉语－语文教学－教学研究－文集 Ⅳ. ①H19-53

中国版本图书馆CIP数据核字(2014)第199551号

责任编辑	唐　飞
装帧设计	刘俣斌
出　　版	语文出版社
地　　址	北京市东城区朝阳门内南小街51号　100010
电子信箱	ywcbsywp@163.com
排　　版	河北新华第一印刷有限责任公司
印刷装订	河北新华第一印刷有限责任公司
发　　行	语文出版社　新华书店经销
规　　格	787mm×1092mm
开　　本	1/16
印　　张	59.75
字　　数	796千字
插　　页	1
版　　次	2014年9月第1版
印　　次	2014年9月第1次印刷
印　　数	1-3,000
定　　价	175.00元（上、下册）

010-65253954(咨询) 010-65251033(购书) 010-65250075(印装质量)

目录

上　册

下　册

目　录

序

陶本一

我国高等师范院校语文教育专业（含本科与研究生层次）的建设和发展，与我国语文教育史研究紧密相关。

中国语文独立设科教育110周年之际，由上海师范大学李杏保教授领衔主编的《国文国语教育论典》隆重面世。是年，恰巧又恭逢上海师范大学60周年校庆，作为一名长期与李教授共事的语文教育研究工作者，我有幸见证如此盛事，不免往事历历，心潮澎湃。

李杏保先生1961年毕业于上海师范学院，有18年中学语文教学的实践经验。从教伊始，他就常常光顾旧书店，搜罗夏丏尊、叶圣陶、朱自清、罗常培、胡怀琛、朱光潜等语文教育前辈的著作。尤为难能可贵的是，他于1962年就已搜集到时人并不熟知的王森然的著作《中学国文教学概要》（改革开放以来，学界始知其为刘志丹、谢子长的老师，习仲勋同志则为中国王森然学术研究会的第一任会长），并倾心研读这部论著，萌生了语文教育理论研究的诚意。

1978年，他援藏支教返沪，调入上海师范学院分院。在撰写《试论陶行知教育思想》论文时，无意中接触到大量民国时期的语文教育论文。不久，又在有关方面的大力支持下，搜集到了大量民国时期的上千种教科书。于是，酝酿既久而一气挥就了《编纂〈中国新语文教育大系〉构想》。1984年，他与陈必祥等好友撰著了《语文教育发展史》，1986年，易名《中国现代语文教育发展史》（著名语文传统教育名家张志公乐为之题签），在云南教育出版社正式出版。实际上，这些已经吹响了我国语文教育史研究的集结号，同时，也擘画了语文课程与教学论专业课程体系建设的宏伟蓝图。

在随后的15年，杏保先生等在语文教育史的教育和研究方面筚路蓝缕，做了大量开创性的工作。荦荦大者，有著作《20世纪前期中国语文教育论集》（曾获1992年第六届全国图书金钥匙优胜奖）、《中国现代语文教育史》（1999年被国家新闻出版总署、中国版协教育图书工作委员会授予第一届全国优秀教育图书奖二等奖）、《语文学科教育参考资料类编》《20世纪后期中国语文教育论集》等。杏保先生在壮年所取得的丰硕成果，在当时的语文学科教育界，都可列为翘楚。而今年，年届古稀晋五，依然壮心不已，他应语文出版社之诚邀，“新编”了《国文国语教育论典》，实在令人称道。

《论典》的另外两位主编方有林、徐林祥先生在语文教育史研究方面亦用力甚劬。方有林在上海师大虽然师从于我，但是在专业深造方面向李教授请益尤多。他的博士学位论文《吕叔湘语文教育思想研究》已正式出版，并获得学术界好评。徐林祥教授，是语文教育史研究专家顾黄初先生的入室弟子，中国高等教育学会语文教育专业委员会常务理事，主持筹建并于2004年3月开通了中国语文教育网（http://www.zgywjy.com）。他的《历史追问：语文教育发展篇》，堪为语文教育史研究领域的佳作。

30多年前，上海师范学院（分院）建立的“民国教育资料库”，在孕育《20世纪前期中国语文教育论集》《中国现代语文教育史》方面功不可没。近年来，上海师范大学十分注重近代教育资料的搜集和开发，校图书馆在合并了原上海师院分院（现为上海师大奉贤校区）后，进一步建成了具有师范教育特色的“教师教育资源库”，包括“中小学教材资源库”“民国教育期刊电子资源库”等，为语文教育史的深入研究提供了更为扎实的史料支撑。这些，将为《论典》的再度开发和完善，提供必要的条件。

直属教育部领导的语文出版社，为语文教育事业做了一件大好事。复兴中华国文国语教育梦，是中华语文教育梦的重要组成部分，是实现“中华民族梦”“中华文化复兴梦”的必要条件。《论典》这部典范文献，将久远地迸射中华近现代语文教育的灿烂光辉。

为了更好地发挥《论典》的典范作用，倡议围绕《论典》的出版，语文出版社还可以联合相关出版社、语文类学术期刊，引导定期开展全国性的《论典》研读活动，吸引和团结有志于语文教育史研究的同道，不断拓展和深化语文教育史的学科研究，不断涌现高质量的学术论文，或结集出版，或在相关杂志上刊载，或在网络上发表……假以时日，语文教育史研究的史料将更为丰富，研究力量将不断涌现和集聚，语文课程与教学论将不断获得厚重的文化历史积淀。

我祝愿：整个中华民族的语文教育事业，将不断地展现与我们祖国大国地位相当的崭新人文精神风貌！

乐为之序。

2014 年 7 月 1 日

（陶本一，《语文报》创始人，著名语文教育家，山西师范大学原校长，上海师范大学原副校长、语文课程与教学论博士生导师）

导论

李杏保

一

一个国家，一个民族的存在与发展，其重要标志之一，是拥有并自尊而自豪地运用着自己的语言和文字。

都德的《最后一课》，以沉重的笔墨写下了韩麦尔先生“告别”语文课的几段撕心裂肺的话：

> 作为一个教母语的老师，面临的是要跟自己国家的语言分手，跟自己的祖国分手。这是何等难以忍受的悲痛！可是，我必须负责，必须振奋精神。当前，我还是一位教法语的老师，我要尽自己最大的努力在有限的时间传授给学生无穷无尽的知识，我还要在他们幼小的心灵播下美好的种子！
>
> ……
>
> 怎么？你们还说自己是法国人呢，你们连自己的语言也不会说，不会写！
>
> ……
>
> 法国语言是世界上最美的语言——最明白，最精确。我们必须把它永记在心，永远别忘了它。亡了国当了奴隶的人民，只要牢牢记住自己的语言，就好像拿着一把打开监狱的钥匙。
>
> ……

人类文明发展史告诉我们，任何一个民族有了语言和文字，就伴之而产生语言文字教育，这才保证了以语言文字为载体的各民族文化的传承、弘扬与发展。中华五千年文明，当然也在相当程度上依存于中国语文教育合乎规律的发展。

我们虽然没有面临“告别语文”的“最后一课”。但是，我们不得不严肃地反躬自问：语文危机是否也正在向我们敲起警钟?

“怎么？我们还说自己是中国人呢，不少人连自己的话也说不好，自己的字也写不好，自己的文章也写不通！……”

概而诘之：“我们的语文教育怎么啦?”

回眸我国悠久的教育史，我国古代非学科化的语文教育，早就融汇一体地存在于子史经集之类的综合教育之中。这样的旧式教育也曾一度辉煌，它保存、传承着我国的文化国粹，培养出历代的爱国精英人才。然而，由于主宰文士命运的八股文、科举制的长期异化，旧式教育越来越背离时代发展和科学进步，越来越成为文人学士的精神桎梏，越来越有悖于提高全体国民素质的强国教育宗旨。

一百多年前的戊戌维新人士们，其实，已经思索过类似我们今天教育所面临的某些问题。光绪皇帝在他下达的谕旨中明确声称：“近来风尚日漓，文体日敝，试场献艺，大都循题敷衍……何以励实学而拔真才?”洋务派首领之一的张之洞在奏折中迫切地写道：“就目前而论，纵使科举立停，学堂遍设，亦必须十余年后人才始盛。……强邻环伺，岂能我待?”他们果断地提出并步履艰辛地实施着一系列对策：废八股，停科举，兴新学，定学制。

光绪二十九年十一月二十六日（1904 年 1 月 13 日），清政府终于批准并颁布了由张百熙、荣庆、张之洞拟制的《奏定学堂章程》（癸卯学制）。自此，我国开始建立起崭新的学制和独立分设学科的教学体系。当时新学堂的学制、课程以至教材，大都从东西方先进国家引进。唯有语言文字教育的独立设科，必须由我们自己的教育先驱们根据国情和母语特点来积极探索建设。尽管新学制初期仍是在强调儒家经典在整个教育中的特定地位，然而，中国文学一科毕竟应运而生。《学务纲要》中清醒地指明：**“其中国文学一科，并宜随时试课论说文字，以资宦科实用，但取理明辞达而止。”**又直截了当地断言：**“中小学堂于中文辞，止贵明通。”**

凡是有过射击经验的人，都懂得一个极为简明的道理：准星的瞄准点越逼近靶心，命中率就越高。**“止贵明通”正是当年《学务纲要》向我们明示的中小学语言文字教育的“靶心”所在。**至于如何认识、把握和练好语言文字这把“枪”，如何养成良好的练“枪”习惯，如何思考平时“练”枪和战时用“枪”的关系，如何在“射击”的全过程中保持良好心态与处理好关键要害处的重要纽节，如何自觉地协调好训练与自练的关系，如是等等，远不是一篇《学务纲要》就可以概览无遗的。早在20世纪90年代初，我和扬州大学的顾黄初教授，就主编了一部自新学制实施至中华人民共和国成立前夕的语文教育论文集。尽力搜集了当年对语文教育作出重要贡献的名家论述，以论文发表时间先后为序编排出版，供广大语文教育工作者研讨参考。当时年高德劭的吕叔湘先生审览了这部书稿，亲自提议论集名称并亲笔题署封面为《二十世纪前纪中国语文教育论集》。

弹指间，这部论集已问世20余年。数以千计语文教育研究方向的博士生、硕士生们，从这部论文集中熟谙了许多本不该忽视的一代语文教育宗师，如：蔡元培、梁启超、蒋维乔、夏丏尊、吴研因、钱基博、黎锦熙、陶行知、胡适、陈鹤琴、孟宪承、王森然、阮真、叶圣陶、朱自清、吕叔湘、蒋伯潜等。这部“论集”和尔后编著的《中国现代语文教育史》（李杏保、顾黄初著，四川教育出版社2000年初版，获全国优秀教育图书二等奖），有幸成了教育学（语文方向）研究生们的重要文献和基本教材，不少高等师范院校还将这两部书列入对口“考研”的必读书目。每年有大量研究生和在职进修的中小学语文教师求购“论集”，却因初版久已告罄而未得。作为主编之一，自然也为之惴惴不安。

前不久，教育部辖下语文出版社的几位编辑主动联系，希望我着手再版“论集”，以应时下各方之需。考虑到原主编之一的顾黄初教授已逝世多年，而“论集”中又确实还存在不少遗珠之憾与讹误之失，故而不得不进行一系列较为重大的更动，竭力使其更具文献性、学术性、现实针对性，从而尽力使之升格为一部名实相副、蕴涵较为深广的“论典”。

二

当年，吕叔湘先生题写的书名《二十世纪前期中国语文教育论集》，大气恢宏；且又再三勖勉我等晚辈赶紧编就《二十世纪后期中国语文教育论集》，同时写下了十六个“后”字，以待“后期论集”出版时易署书名时备用。吕先生果然未能亲睹“后期论集”出版而永别世寰。如今跨入21世纪已逾十余年，往后的“论集”又将如何赓续承编呢？沉思之余，只能将吕老的挚诚之深情永远铭记，而依本学科的历史定称作为分期根据，简洁明了地命名此编为《国文国语教育论典》，并特邀顾黄初先生传人徐林祥教授和本人学生方有林博士并任主编，共襄其事。

“语文教育”这个特定学科名称，是在中华人民共和国成立以后才正式启用的。自清末实施新学制至新中国成立前夕，在如此漫长的时期，我国的语言文字教育学科名称，主要就是“国文”和“国语”；这一时期有着45年学科发展的丰赡文化积淀，而后，又有了60余年曲折反复历程的沉思反省，而今，正值纪念新学制独立设科110周年之际，认真总结“国文”“国语”学科自身发展规律，可谓恰逢其时了！

既称《论典》，入典者，当为该时期一代宗师的经典宏论之作。有鉴于此，本典悉心补选了诸如清末管学大臣张百熙等拟订的《学务纲要》、南洋公学监督唐文治主讲的《国文阴阳刚柔大义》、现代学术奠基人之一王国维首倡的《论教育之宗旨》、现代书法教育泰斗沈尹默的《执笔五字法》、北京师大国文系主任经学大师吴承仕撰著的《语言文字之演进过程与社会意识形态》、现代美学泰斗朱光潜先生著述的《文学与语文》等篇章。对“论集”原来编集的当年一线优秀教师经验总结性文章，则节要附录于《典论》的相关大作之后，以为佐证或补充。

《论典》对“论集”中每篇所辑文章前的导读式小引，全部依据可靠资料和对文章研读之所得，予以重新改写。一是依据徐林祥教授提议，尽力补齐论文作者生卒年代与主要经历（暂无确证者，注明生卒年不详，以求赐教）；二是接受首都师大饶杰腾教授等严肃批评，竭力纠正其中事实与行文之谬误（如：将沈仲九误认为浙江一师“四大金刚”之李次九，等等。谨向广大读者致歉）；三是听从使用过“论集”的研究生们建议，力戒导读文字的浮泛空洞，主编与副主编要求读者参读文献，首先要自己逐字逐句认真进行研读，既便于中肯地写出阅读建议，也便于在对照阅读中力避排印中的讹误。本《论典》对所选论述中重要的文句，采用了黑体加粗排印，以引起阅读时更为关注。用意如斯，妥否？尚祈指正。

至于全书之导论，尤当重视教学实践的检验，着重于对本《论典》的体例、特点、内容与用法，作出较为具体的阐述。因而，它与“论集”之导论相比，当然会面貌一新。

三

我们常说：真理越辩越明。其实，这也是应该有一定条件的。我们有时候需要停止争论，有时候需要搁置争议，这些，都与一定的背景、环境及相应的主客观条件有关。一个民族的语言文字教育与整个民族的生存和发展攸切相关。语文学科教育，常常会引发社会大讨论的轩然大波，是可以理解的，或者往往也可以说是非常必要的。但是，60 多年来语文教育大讨论中政治倾向、非学科性和边缘化等方面有意无意的干扰，投入讨论者对祖国语言文字教育的历史和现状不甚了然，各言其是，各论他非，于是乎就出现了“不讨论还清楚，越讨论越糊涂”的混沌局面。

“论集”的“导论”中，曾尽力去寻循清末新学制以来语言文字教育的行踪轨迹，概括为五大“分”“合”的路径。然而，“文”和“言”、“文”和“道”、“文”和“知”、“教”和“学”、“教”和“研”这五大矛盾的揭示，是否周延？是否精当？就很值得推敲。而在处理这一对对矛盾时，以“分”为宜？以“合”为宜？抑或“分”“合”交替、“分”中有“合”、“合”中有“分”？“论集”中诸多论文作者未及明言，编者似乎也不宜越俎代庖。当初的阐述，未免诉诸现象者居多；意欲揭櫫规律者，则显露力之不逮矣！

缘此，我们对入典的论者与宏论，由衷地萌生敬畏之心。眼下，我们已经很难清晰地追睹他们远逝的背影，我们却不能不把他们还存留在一个多世纪的文献中的眷眷心声，尽量复原地呈献给我们的同辈和后辈。也许，像那45**年的国文国语教育时期，风起云涌地出现一代宗师群是中国文化史上的一个奇迹。梦想再现这样的奇迹，需要自信与期待；方今之计，却更需要从我们民族文化曾有过的辉煌中，汲取学科前辈们的卓越人生境界、睿智的学术胆识与坚韧不拔的敬业精神。**

我们自觉地意识到，这部《论典》承载着复兴民族文化的历史使命。我们心悦诚服地铭记着，“陕北人民领袖”刘志丹的老师王森然先生，对我们情深意长的嘱咐：

> 一国的言语文字，是国民思想感情所由传达的媒介；一国的文学，是国家精神生活的结晶。国文教得不好，学得不好，学校教育，怎样还说得改进？在其他各科的教材教法，内容工具，似乎都还有可以借镜于他国先例的地方。独有国文，非由我们自己来探索不可。（《中学国文教学概要》）

王森然先生决不是一名排外主义者，他的理论著作在阐述一系列重要理论观点时，显然是参阅了国外不少专家和学者的著述。如：杜威、孟禄等人来华调查后所作的重要报告，柯尔文的《中学教学法》、海沃德的《欣赏之教学》、桑代克的《教学之原理》、台尔和勃拉地合编的《文学选读》、裴柯和桑代克合编的《日用古文选》等。森然先生借鉴国外的先进理论，旨在冲破我国旧式教育中不合理因素的桎梏，为了促使我国民族特色的国文教育构筑现代教育的基础而开辟新路。

我国现代教育的前驱宗师，大多是学贯中西、国文根柢深厚的俊杰英才。梁启超、唐文治、王国维、蔡元培、蒋维乔、胡适、黄炎培、钱基博、郃爽秋、刘半农、吕叔湘、林汉达、朱光潜等，都精通一国乃至多国外文；甚至连四十开外才去法国勤工俭学的徐特立，也努力通过了法文阅读和研究关。**他们绝不以通晓外文而自矜，而是为了振兴中华民族文化而不懈地开创着中国特色的国文国语教育道路。**

这部《论典》，限于篇幅和我们才识的局限，难以全面展示前贤国士们对国文国语学科教育无可比拟的巨大贡献。下面，就学科宗旨任务、课程教材建设、教学方法研究、科学实验探讨、学科发展趋向等方面，联系《论典》所辑文献，试作简要的分析与提示。

（一）关于学科宗旨和任务

“宗旨”一词，在我们的教育语汇中已经久违了。“教学大纲”的提法，似乎也不合时宜了。其实，就语文学科的特点而言，过去也曾用过“目标”和“课程标准”的表述方式；而在实践的把握中，往往会失之于某些刻板、机械而程式化的操作，而疏离了语言文字习惯和能力养成过程中的生机与灵动，忽视了“止贵明通”、学以致用的通才育成宗旨。**一百多年前的《学务纲要》，其国文宗旨，顺应了时代发展形势，表述一除烦琐，意在更快、更多、更好、更实在地培养于国、于己均为有用的人才。**

起草《学务纲要》的管学大臣张百熙，后来又成了京师大学堂

（北京大学的前身）的创办人，他所拟定的教育宗旨，不仅高瞻远瞩，而且平易近人。1922 年，吴研因拟订的《小学国语课程纲要》，其“主旨”表述为“练习运用通常的语言文字……”如是云云；叶绍钧拟订的初级中学《国语课程纲要》，其“要旨”表述为“在与小学国语课程衔接，藉以较充分的练习运用文字的能力，并涵养文学趣味；由了解语体文，进而了解文体文，由浅及深，自成一圆周，并为高级中学国语课程的基础。”**从实质考察，上述“宗旨”与“要旨”，无不是“止贵明通”的扩展与延伸。**

时代发生了政治形势的巨变，然而，国文国语学科的基本宗旨还是有其延续性的。即使从空间与政治制度相异的中华国文国语教育而言，如果连学科的基本宗旨也迥然不同，那么，全球华人的华语交流，还有什么“明通”余地呢！

> “按国文教授之作用，不外形式实质二端。形式以涵养能力，实质以陶冶心性。”“若乃启发智德，则有各科学在，似非国文教学之主鹄，固宜重形式而轻实质矣。虽然，形式实质自哲学一元论观之，本难判别。形式必附实质以行，实质必藉形式以显。”

著名哲学家、社会学家孙本文先生在《中学校之读文教授》（1919）中作如是观。如果把涵养能力的形式视为“文”，把陶冶心性的实质视为“道”，那么，“文”就是国文教授的“本”，而“道”则非国文教学之主鹄，当有各学科共同承担其育成之任务。

叶圣陶、朱自清先生态度更为明朗。他们在《国文教学》一书中直白地表述：“国文教学固然要重视精神训练，但尤其要重视技术训练，即重视了解文字和运用文字的训练。”“国文教学诚然是（精神训练）这方面的有关科目，但不是独当其任的唯一科目。……把精神训练的一切责任都担在自己肩膀上，实在是不必要的。”

这一时期，更有陈启天、蒋伯潜等专家学者，先后明确地把培养语言文字能力的基本任务定为本学科教育的“主目的”。这类识见几乎成了学界共识。

虽然，亦有穆济波等名家从社会学与大教育视角出发，提出“语文本身不是教育目的”，提醒人们更要重视“人的教育”。这种看似全然对立的持论，如果仔细拜读双方的全文，就会发现，“人”“文”二者的联系与互补，双方的讨论越深入，就越有利于全面地认识国文学科在学校教育中的共性任务和本学科教育的个性任务。还是德国大教育家赫尔巴特说得好：“没有脱离教育的教学，也没有脱离教学的教育。”**只是从论理学和辩证法的范畴思考，国文学科的特定命名与性质，就表明了它的矛盾主要方面与主要倾向：舍弃或无视语言文字教育本身，凭空地进行所谓的“人的教育”，国文学科也就没有存在的必要了！**

《论典》完整地发表了穆济波的文章，也完整地发表了宋文翰、朱自清的文章，包含着对穆济波观点的批评，以供读者独立地全面思考。

（二）关于课程和教材建设

癸卯学制公布后，虽然明确了独立设置的各门学科，但是，就语言文字教育这门重要文化学科而言，它所相关的课程与教材建设，却是筚路蓝缕、步履维艰的。**力主变法维新的人士，深悉皓首穷经、延误有用人才的痼弊，然而，他们并没有做好相应课程与教材的充分准备。**一段时间内，“读经讲经”仍然成为新学堂的主要课程。《学务纲要》中，尽力为之规划了教授导向，指明：在初等小学堂“其要义亦宜少读浅解。《诗》《书》《易》三经文义虽多有古奥之处，亦甚有明显易解之处，缓其深奥者以待将来入高等学堂再习。”在高等小学堂，则规定“授经学者每日读经一点钟，挑背及讲解一点钟，后每年同。”第一年，“《诗经》每日约读一百二十字，兼讲解。”第二、三年，“《诗经》《书经》每日约读一百二十字，兼讲解。”第四年，“《书经》《易经》每天约读一百二十字，兼讲解。”在中学堂文科，一、二、三、四年，日读《春秋·左传》约二百字，每周七小时。且特别指出，读性稍逊者，亦可读节本。第五年，则学《周礼》节训本。

当初，尚无“国文”学科名称，中小学堂笼而统之地称之为“中国文学”，与“讲经读经”同步开授，每周为七小时。下设“读书”“作文”“写字”之类课程，也有学堂设置“词章”“中国文字”“中国文辞”之类不一，未见有正式出版的教科书，大都为授课教师自编自用的讲义。

平心而论，**清末的学部终于开始打破千百年来封建经义绝对统治教育的局面。紧接着“讲经读经”的逐步削弱、“国文”学科及其教材的横空出世，由此以降的中华后裔，更能精神饱满地把握好与现实生活紧密联系的语言文字工具，更有余力去接触现代文明的一系列先进学科，更能开阔眼见地去瞭望整个世界乃至宇宙空间的风云变幻。**

用这样的历史眼光，去披览清末民初的早期《国文》教科书，我们不能不折服惊叹，浮想联翩！用这样的历史眼光，去拜读《论典》中蒋维乔、沈颐、范祥善等人的论文时，我们就不能不肃然起敬，油然而生愧恧！我们今天已经很少有人熟悉这些名字，但在当年，他们都曾主编、编辑过我国早期的多种《国文》教材，与张元济、蔡元培等语文教育泰斗一样，为缔造“国文”学科作出过杰出贡献。

我们知道，秦始皇的“书同文”政策与举措，是统一中国的历史性辉煌功绩，其实，“国文”学科的诞生，也无愧为延续和弘扬这一历史功绩的中华民族现代伟大文化工程。

然而，**我们的先辈又超越“书同文”的视野，而适时地展开了在全国实现“言文一致”“语同声”的宏伟构想，以进一步突破区域性隔阂**。与五四新文化运动呼应而涌起的国语统一运动，值当其冲。

1917 年秋，全国教育会联合会议决了《推行国语以期言文一致案》；1919 年在教育部的附属机关国语统一筹备会的第一次大会上，刘复、周作人、胡适、朱希祖、钱玄同、马裕藻等，提出了《国语统一进行方法》的议案，毫不含糊地表示：打算把“国文读本”改作“国语读本”，国民学校全用国语，不杂文言；高等小学酌加文言，仍以国语为主体，“国语”科以外，别种科目的课本，也该一致改用国语编辑。

彼时，教育部体察情形，确认了两个议案。即于1920年1月先下训令将初小“国文”改为“语体文”，后又下修正令文将“国文”改为“国语”。其态度之果决，效率之迅捷，可圈可点。须知，当时国语统一的标准尚未拟制，而小学的国语教育已走到前面去带动全国的国语统一运动了。**胡适对此极为赞赏，评价教育部的命令是“几十年来第一件大事”，“把中国教育的革新，至少提早了二十年**（《国语讲习所同学录序》，载《中国新文学大系·建设理论集》）。”

本《论典》所辑录张一麐的《我之国语教育观》，也很值得向诸位推荐。张氏是徐世昌任大总统时期的教育总长，官居高位，却不打官腔，文风如话。用如此语体文，表达了关于如何编著和使用《国文》《国语》教材的论文，《论典》中选辑甚多，殊难一一详介。值得注意的是，周予同教授所撰的《对于普通中学国文课程与教材的建议》。学界悉知周氏历任复旦大学历史系主任、上海社会科学院历史研究所副所长。其实，他早年曾任商务印书馆编辑，《教育杂志》编辑部主任，也与不少语文教育名家合作主编过好几套《国文》《国语》教材。1922年，为配合全国教育会联合会制订中小学各科课程纲要之需，周先生组织了一次隆重的专家讨论。这篇《建议》便是在讨论会上发表的。上海有几位参与编写语文新教材的朋友，偶而读到了当时载于《论集》的这篇文章，爱不释手，甚而连连嗟叹：“早看到这篇文章就好啰！”

（三）关于教学方法研究

教学方法是各科教育都必须倾心关注的。采用适切的方法，可以在完成既定任务的过程中事半功倍；方法不对，有可能事倍功半，乃至前功尽弃。**近年来，学界十分强调教育效率。可是，往往未见有较为显著的成效。对此，我们又常常简单化地一概归咎于教育理念或教学模式之类问题，这其实是不客观也不甚公允的。**徐特立先生曾在《科学化民族化大众化的文化教育》一文中说过："当科学萌芽时代，老八股和新八股是不可避免的。恩格斯在《反杜林论》中说：'在德国最不行的博士、大学生都创造体系，好像雨后春笋的发展。有些人以为科学的自由，就是在于有权著述一切自己所没有学习过的东西。杜林先生正是这种假科学的标本体系'。"

改革开放以来，我国语文教育中生搬硬套"洋八股"而肇致的教训还少吗？**走中国语文教育的路，偏偏不相信中国自己的"脚"，硬是要"削足"去"就"他人之"履"，当今中国的教育界不也是有着"杜林"的影子吗？**

教亦多术矣（叶圣陶语），国文国语的"学术"，应该多元地包括"学理""法术"。《论典》中展示了琳琅满目的教学方法精粹，这些都是我们应该尊敬的先驱们乐于金针度人的无私奉献。对此，我们希望有志于薪火传承的青年同路者，循其法路，明其法旨，晓其法理，顺其法势，择其法善，走出一条条中国特色的母语教育康庄大道。

（四）关于科学实验探讨

环视全国各大中小城市，称之为实验学校的几乎已是遍地开花。不知道有多少确实改变教育面貌的实验成果，是经过严格验收，通过正常渠道，向一般学校和莘莘学子推广普及的。据悉，有些提高作文成绩的妙法，可以确保学生在短期内掌握，进而在高考、中考中赢得高分，顺利地考入理想的学校。其中，不少考生还能轻松夺魁，成了当地高考或中考的状元。有的媒体还声称该成果经过多年实验，成效卓著，是国家级的规划项目。我们无意去质疑这些实验成果的实效，但我们有权问责主管部门：这类实验的教育目标究竟是什么？需要分享国家级项目成果者，不管本人任何基础条件，也不必考虑其他任何相关因素，付出千把元人民币，买下一本书加上几张光盘，就大事了结，这样的"实验结果"，是教育公平论倡导者和教育产业化抵制者们所能容忍的吗？再思忖一下，这样的实验，果真合乎教育规律吗？

《论典》让我们看到了过往不少“国文”“国语”大师和老师们，在教学条件和生活环境不能尽如人意的情况下，仍然脚踏实地、兢兢业业地认真进行着一系列有益于促进事业发展的实验。

《论典》中介绍的姚铭恩、吴震春，都是第一线的小学国文教员。姚铭恩的《小学作文教授法》，是1915年发表于权威性《教育杂志》的一篇应征论文，堪为办新学以来一部完整的早期小学教授法教材。在“五四”以前，作为一名苏北县城的小学教员，还不可能有自觉的科学实验意识及完整的实施部署与方案。不过，细细研读姚老师的论文，不难发现他确实在总结自己的实践经验，并且努力提炼为有相当水平的规律性理论概括。他所谓的“尝譬作文教授，如保姆事业”，恰与叶圣陶先生所主张的“导儿学步法”，异曲同工。吴震春先生的《作文指导方法之比较实验》，1935年发表于《教育杂志》。两者相距二十年，教育实验的意识与相应举措有了长足的进步。两相比较，一目了然。其功之伟，何须置喙。

1934年《中华教育界》发表了署名为祝世德的国文教师的大作《初中国文教学经验谈》，作者所关注的是编写教科书问题。文章没有写作者本人进行过什么实验，但是，发出了令当今教材编写者都不免为之震撼的呐喊：“我们该觉悟了，高谈学理的空洞议论是不对的！我们要的是实验！我们要的是实验后的教材，实验后的教学法！我们要的是实验后的教训，失败的和成功的！所以学理是可贵的，经验尤其可贵！”

诚然，失败的教训也是可贵的。

1923年，中国公学中学部校务主持人舒新城先生，应我国现代实验教育奠基人之一的廖世承先生所邀，赴东南大学附中进行道尔顿制与非道尔顿制的对比实验。该项教育制度是美国教育家柏克赫斯特女士于1920年在马萨朱塞州道尔顿市中学创建的。其主要特征是：（1）以“实验室”或“工作室”取代班级授课制；（2）以学生兴趣自由支配学习时间，无所谓入学时间、进度和升留级等问题；（3）实行学分制。我国“国文”教育名师沈仲九、孙俍工、穆济波等先后亲身投入这项实验。他们在实验过程中，察觉了这项制度的不少要害问题，兼以设备条件要求过高，不适合我国国情。于是，坦承“道尔顿制在文科教学方面的效果并不比非道尔顿制的班级更好。”他们宣布了并未成功的教学实验，也许为后世的教育改革者提供了更为有益的启示。

（五）关于学科发展趋向

这部《论典》的重要意义不限于典藏，而更在于“引”“据”；不只着眼于今天，也可放眼于明天和后天。昨天，“国文”“国语”教育平台，沟通的何止是几代人穿越时空的思想交流？今天，我们的“语文”教育平台，面临科技文明迅猛进步、人类文化迫切需要多元交流与发展的信息时代，怎样才能永葆光华、无愧五千年民族文化精神的积聚呢？尤其值得未雨绸缪、深入思考。

如果我们以科学发展观的眼光来审视这部《论典》，必将感慨万千：

在自然科学领域，我们全国上下都揪心地盯着一个“钱学森之问”。请问：在关系到千家万户子孙后代的语文教育领域，我们关心过这样或那样的一些“问”吗？我们好不容易盼来莫言先生获得了诺贝尔文学奖，据说，却与现代语文教育并不相干。幸好，《论典》中，就选录了不少教育名家明明白白的预言。

蔡元培先生在《国文之将来》（1919）中指出：“从前学国文的人，是少数的，他的境遇，就多费一点时间，还不要紧。现在要全国的人，都能读能写，哪能叫人人都费那么多时间呢？”

胡适则在《中学的国文教授》（1920）中，充分肯定了民国元年《中学校令施行细则》之第三条：“国文要肯在通解普通语言文字，能自由发表思想；并使略解高深文字，涵养文学之兴趣，兼以启发智德。”胡适身体力行，1939 年也获得过诺贝尔文学奖的提名。

胡适这篇大作与刘半农的《应用文教授》等，都入编《中国新文学大系·建设理论集》。连当时还在小学任教“国文”的叶圣陶，都自觉地把一般的经验创造，积极地提升至理论层面。他与王伯祥合著的《对于小学作文教授之意见》（1919），声称“篇中多为平易朴实之理论，少陈类似教案之方法”。进而阐述道：“盖理论乃根本，乃原则，根本定，原则立，自能左右逢源，自由肆应。”

“国文”“国语”教育理论建设及其学科发展，不能不感谢相关的教育学、心理学等学科名家们的鼎力相助、踊跃参予。《论典》中，人民教育家陶行知的《教学做合一下之教科书》，马克思主义教育理论家杨贤江的《初中学生学习国文底旨趣》，中国教育史专家陈东原的《国文学习法》，《中国教育大辞书》主编朱经农的《对于初中课程的讨论·国语科的内容》，教育统计学专家郃爽秋的《科学化的国文教授法》，著名现代教育理论家孟宪承的《初中国文之教学》，教育心理学家龚启昌的《中学国文教学问题之检讨》等等，无不在相当程度上辉映出学科现代体系建设的光彩。

从“国文”“国语”到“语文”，本该是学科大有作为的发展新时期。遗憾的是，屡屡出现周所众知的一系列干扰，迫使语文在其教学本身应有的“轨道”上无法“软着陆”；“假大空不绝，新八股孳生”，语文生态环境遭受了罕见的干扰乃至污染。对此，**我们不能不呼吁全国上下，必须引起高度重视。关乎提高全体国民素质、振兴整个民族文化精神的语文学科教育，已经到了比“钱学森之问”更应该过问的时候了！**

我们自知，由于多种因素所限，无力去轰轰烈烈地完成任何一项大事业。我们有缘并有幸，长期接触到一代宗师们有关语文学科教育的大量珍贵文献，收获良多。我们越来越沉重地感到，我们有责任、有义务，竭力传递好这支“接力棒”——这支辉耀学科发展光彩的“火炬”。

毋须讳言，学科教育发展的道路依然会有艰难险阻。年轻人还须高擎中华文化复兴的“明灯”，抡起深化改革的“利斧”，披荆斩棘，坚持不懈，勇往直前！

现代语文教育研理论奠基人黎锦熙，从20世纪20年代至40年代，一直坚持不懈地草拟、制订、修改着关于“话法”“读法”和“作法”的种种“新案”与“改革案”。因而，他所主持、领导的北京师大及国文系，长期成了我国语文学科教育研究的策源地和大本营。也许还未被熟知或被淡忘的阮真先生，早在1929年，他实际上就成了我国“国文”学科教育方向的第一位研究生导师。他在1929年前后的短期内，先后完成了《中学作文教学研究》《中学作文题目研究》《中学国文校外阅读研究》《中学国文各学程教学研究》《中学读文教学研究》等专著。正是有了如此厚实而充分的前期准备，他于1936年完成的《中学国文教学法》，自成严整的科学体系，对整个中国现代语文教育史，作出了不可限量的贡献。

黎、阮等前辈的精神世界，必将为我们学科教育的深化改革，提供无坚不克的正能量！

1 学务纲要（节录）

张百熙（1847—1907），清末教育管理大臣，我国高等学堂创始人。字埜秋，一作冶秋，号潜斋。湖南长沙人。为官三十余年，积极主张变法自强，直言进谏。光绪二十七年（1901）上疏陈述革新大计：力主“变通科举，广建学堂”；同年，奏请“将京师大学堂改隶国子监，正名大学（北京大学前身），以一学术而育真才。”次年（壬寅 1902）被任命为管学大臣，负责制定大学堂章程；同年，奏准所拟各级学堂章程，统称《钦定学堂章程》，是我国第一次以政府名义规定的完整学制，即为壬寅学制。慈禧对其支持革新而存有忮见，令荣庆、张之洞先后参与重订，后成为《奏定学堂章程》，于癸卯岁末（1904 年 1 月）颁布，是为癸卯学制。我国语文课程独立设科自此开始。

张之洞对张百熙甚为尊重，《重订学堂章程折中》明言“臣之洞伏查上年大学堂章程，宗旨办法，实已深得要领。”由张之洞、荣庆、张百熙所订之《学务纲要》，实际上主要也是反映了张百熙的教育思想。

兹选录《学务纲要》与国文独立设科之宗旨、任务及方法等有关内容，以供方家、学人进一步研讨我国国文学科教育诞生的背景及其发展轨迹作参考。

光绪二十九年（1903）十一月

一、全国学堂总要

京外大小文武各学堂均应钦遵谕旨，**以端正趋向、造就通才为宗旨**，正合三代学校选举**德行道艺四者并重**之意。各省兴办学堂，宜深体此意。从幼童入初等小学堂始，为教员者，于讲授功课时务须随时指导，晓之以尊亲之义，纳之于规矩之中。一切雅说诐词，严拒力斥；使学生他日成就，无论为士为农为工为商，均**上知爱国，下足立身**，始不负朝廷兴学之意。外国学堂**于智育体育外，尤重德育，中外固无二理也。**

……

一、中小学堂宜注重读经以存圣教　外国学堂有宗教一门。中国之经书，即是中国之宗教。若学堂不读经书，则是尧舜禹汤文武周公孔子之道，所谓三纲五常者尽行废绝，中国必不能立国矣。学失其本则无学，政失其本则无政。其本既失，则爱国爱类之心亦随之改易矣。安有富强之望乎？故无论学生将来所执何业，在学堂时经书必宜诵读讲解，各学堂所读有多少，所讲有浅深，并非强归一致。极之由小学改业者，亦必须曾诵经书之要言，略闻圣教之要义，方足以定其心性，正其本源。惟经学奥博，春秋汉唐以来，学者本尚专经，或兼习一两经。国朝乾隆以前乡会试房官，仍是分经取士。即经学诸大师，亦罕有兼精群经者，至于士林中才能读《十三经》者本少，大率只读《五经》《四书》。即《礼记》《左传》，亦读节本者居多。现办中小学堂，**科学较繁，晷刻有限。若概令全读《十三经》，则精力日力断断不给，必致读而不能记，记而不能解，有何益处。**且泛滥无实，亦非治经家法。兹为择切要各经，分配中小学堂内。若卷帙繁重之《礼记》《周礼》，则止选读通儒节本，《仪礼》则止选读最要一篇。自初等小学堂第一年，日读约四十字起，至中学堂日读约二百字为止。**大率小学堂每日以一点钟读经，以一点钟挑背浅解**（挑背者，随意择资质较钝数人，每人指令背诵数语，以省日力。浅解者，止讲浅显切用大义），共合为两点钟，计每星期治经十二点钟。**中学堂每星期以六点钟读经，以三点钟挑背讲解，**计每日读经一点钟，间日挑背讲解一点钟，每星期治经九点钟。至温经一项，小学中学皆每日半点钟，归入自习时督课，不占讲堂时刻。兹酌加每日治经钟点，学生并不过劳，而读经讲经温经绰有余裕，亦无碍讲习西学之日力。若其博考古今之疏解，研究精深之义蕴，及自愿兼通群经者，统归大学堂经学专科治之，于群经古学仍可保存不废。计中学堂毕业，皆已读过《孝经》《四书》《易》《书》《诗》《左传》，及《礼记》《周礼》《仪礼》节本，共计读过十经（《四书》内有《论语》《孟子》两经），并通大义。较之向来书塾书院所读所解者已为加多。总之只在功课有恒，则每日并不多费时刻，而经书已不至荒废。盖数十年来科目中人曾读《九经》，而能讲解者不过十分之二三。若照此章程办理，则学堂中决无一荒经之人，不惟圣经不至废坠，且经学从此更可昌明矣。其读经之法，另见专章。

一、经学课程简要，并不妨碍西学　小学中学皆有读经讲经之课。高等学有讲经之课。然岁计有余，而日课无多，专讲要义而不务奥博。大学堂、通儒院则以精深经学列为专科，听人自择，并非以此督责众人。西国最重保存古学，亦系归专门者自行研究。古学之最可宝者无过经书，无识之徒，喜新蔑古，乐放纵而恶闲检，惟恐经书一日不废，真乃不知西学西法者也。

一、**学堂不得废弃中国文辞，以便读古来经籍**　中国各体文辞，各有所用。古文所以阐理纪事，述德达情，最为可贵。骈文则遇国家典礼制诰，需用之处甚多，亦不可废。古今体诗辞赋，所以涵养性情，发抒怀抱。中国乐学久微，借此亦可稍存古人乐教遗意。中国各种文体，历代相承，实为五大洲文化之精华。且必能为中国各体文辞，然后能通解经史古书，传述圣贤精理。文学既废，则经籍无人能读矣。外国学堂最重保存国粹，此即保存国粹之一大端。假使学堂中人全不能操笔为文，则将来入官以后，所有奏议、公牍、书札、记事，将令何人为之乎？行文既不能通畅，焉能畀以要职重任乎？**惟近代文人，往往专习文藻，不讲实学，以致辞章之外，于时势经济，茫无所知，**宋儒所谓一为文人，便无足观，诚痛乎其言之也！盖黜华崇实则可，因噎废食则不可。今拟除大学堂设有文学专科，听好此者研究外，至**各学堂中国文学一科，则明定日课时刻，并不妨碍他项科学，**兼令诵读有益德性风化之古诗歌，以代外国学堂之唱歌音乐。各省学堂均不得抛荒此事。凡教员科学讲义，学生科学问答，于文辞之间不得涉于鄙俚粗率。**其中国文学一科，并宜随时试课论说文字，及教以浅显书信、记事、文法以资官私实用。但取理明词达而止，以能多引经史为贵，不以雕琢藻丽为工，篇幅亦不取繁冗。**教法宜由浅入深，由短而长，勿令学生苦其艰难。**中小学堂于中国文辞，止贵明通。**高等学堂以上于中国文辞，渐求敷畅，然仍以清真雅正为宗，不可过求奇古，尤不可徒尚浮华。

一、**戒袭用外国无谓名词，以存国文，端士风**　古人云：文以载道。今日时势，更兼有文以载政之用。

……

夫叙事述理，中国自有通用名词，何必拾人牙慧。又若外国文法，或虚实字义倒装，或叙说繁复曲折，令人费解，亦所当戒。傥中外文法，参用杂糅，久之必渐将中国文法字义尽行改变。恐中国之学术风教，亦将随之俱亡矣。此后官私文牍一切著述，均宜留心检点，切勿任意效颦，有乖文体，且徒贻外人姗笑，如课本日记考试文卷内有此等字样，定从摈斥。

一、小学堂勿庸兼习洋文　初等高等小学堂，以养成国民忠国家尊圣教之心为主。各科学均以汉文讲授，一概毋庸另习洋文，以免抛荒中学根柢。必俟中国文义通顺，理解明白，考取入中学堂后，始准兼习洋文，计学生入中学堂时，年不过十六七岁，不患口齿不灵。各省官私所设初等高等小学堂，均应一体遵办，均不编洋文功课。惟高等小学堂如设在通商口岸附近之处，或学生中亦有资敏家寒，将来意在改习农工商实业，不拟入中学堂以上各学堂者，其人系为急于谋生起见，在高等小学时自可于学堂课程时刻之外兼教洋文，应就各处地方情形斟酌办理。**惟童子正在幼年，仍以圣经根柢为主，万不准减少读经讲经，及中国文字功课钟点。至于在初等小学时，断不宜兼习洋文。**

一、中学堂以上各学堂必勤习洋文

今日时势不通洋文者，于交涉、游历、游学、无不窒碍。而粗通洋文者，往往以洋文居奇。其猾黠悖谬者，则专采外国书报之大异乎中国礼法，不合乎中国政体者，截头去尾而翻译之。更或附会以一己之私意，故为增损，以求自圆其说。譬如日本福泽谕吉，维新之志士也，其著述数十百种，精理名言不可胜纪。而中国译者则专取其男女平权等篇译之，而其谈教育之本，谈政治之原者则略之。如此之类，不胜枚举。其故有二：一则翻译之日少，印刷之资轻，可以易售而罔利。一则**因中国通洋文者少，故摘取其单词片语，以冀欺世而惑人，鄙险甚矣。假令中国通洋文者多，则此种荒谬悖诞之翻译，决无所施其伎俩**。故中学堂以上各学堂，必全勤习洋文，而大学堂经学、理学、中国文学、史学各科，尤必深通洋文而后其用乃为最大，斯实通中外、消乱贼，息邪说、距诐行之窾要也。

一、各学堂皆学官音　各国言语，全国皆归一致，故同国之人，其情易洽，实由小学堂教字母拼音始。中国民间各操土音，致一省之人彼此不能通语，办事动多扞格。兹拟以官音统一天下之语言，故自师范以及高等小学堂，均于中国文一科内附入官话一门。其练习官话，故学堂皆应用《圣谕广训直解》一书为准。**将来各省学堂教员，凡授科学，均以官音讲解，虽不能遽如生长京师者之圆熟，但必须读字清真，音韵朗畅。**

一、小学堂日课止五点钟六点钟，并不为劳　外国高等小学不过五点钟，初等小学不过四点钟。所以养息幼童精力，用意本善。兹因中国学堂须读经书，不得不酌增数刻，初等小学五点钟，高等小学六点钟。然初等小学每日功课共止两个半时辰，在中国书塾时刻并不为久。且所讲各科学时常更易，并非专执一卷，令其埋头讽诵，自已足活泼精神。至初等小学每日止读经书数十字，递增至一百字而止。高等小学递增至一百六十字而止。在学童断不以此为苦，而学生可无荒经之弊。此实培养本源之要义，不得以课多借口。

日本小学堂亦有高声诵读，期于纯熟者，亦常有资质较钝，迟至日暮始散者，**陆军学生每二点钟讲授一二千字，必以全能记忆者始给足分，谓外国读书必不责其记忆，无是理也。**

……

一、各学堂科目年限，与各国学堂有酌改处　中国礼教政俗，与各国不能尽同。**现在学堂讲求实用，一切科学取资于各国者居多。然亦有中国向有之学，为各国所无，应加习者；有各国所重，而与中国不宜，应暂从缺者。**科学既有变通，年限自须酌改。将来仍视学生程度何如，随时更定。至于移风易俗，莫善于乐，秦汉以前，庠序之中，人无不习。今外国中小学堂，师范学堂，均设有唱歌音乐一门，并另设专门音乐学堂，深合古意。惟中国古乐雅音，失传已久。此时学堂音乐一门，只可暂从缓设，俟将来设法考求，再行增补。

……

2　论教育之宗旨

王国维（1877—1927），国学大师，文史学家、美学家、古文字学家、考古学家。字静安，又字伯隅，晚号观堂。浙江嘉兴海宁人。精通英文、德文、日文，与梁启超、陈寅恪和赵元任号称清华国学研究院的“四大导师”。王国维不但是我国文化史上诸多领域的学术巨匠；在我国新学初创时期，他也作出了不可磨灭的巨大贡献。1901年5月，罗振玉在上海发起创办我国最早的教育刊物《教育世界》，王国维即任主编。王译日本文学士立花铣三郎讲述之《教育学》，便在该刊9、10、11号上连载。该讲义系统地介绍了德国著名教育家赫尔巴特的学说与具体的施教过程与方略，对我国新学的体系建设、理论探究及师资培训等，极具指导意义。尔后，王著《论教育之宗旨》《教育小言》《文学小言》等精粹论文，也先后在该刊发表。兹撷其或与国文教育宏观相关者，节录以供分享。

《论教育之宗旨》，提出了“完全之人物”的教育宗旨，是中国教育史上明确提出培养完全人格的体、智、德、美四育主张的开始，开创了中国近现代德智体美和谐发展的教育思想的先河也是国文教育的宏观背景之所在。《教育小言·文学与教育》，言小旨宏，着意探讨教育、尤其是文学教育的本质和规律，须充分理解王氏的人生体验和精神境界，洞越字面作深入研读。

教育之宗旨何在，在使人为完全之人物而已。何谓完全之人物？谓人之能力无不发达且调和是也。人之能力分为内外二者：一曰身体之能力，一曰精神之能力。发达其身体而萎缩其精神，或发达其精种而罢敝其身体，皆非所谓完全者也。完全之人物，精神与身体必不可不为调和之发达。而精神之中又分为三部：知力、感情及意志是也。对此三者而有真美善之理想：真者知力之理想，美者感情之理想，善者意志之理想也。完全之人物不可不备真美善之三德，欲达此理想，于是教育之事起。**教育之事亦分为三部：智育、德育（即意志）、美育（即情育）是也。**如佛教之一派，及希腊罗马之斯多噶派，抑压人之感情而使其能力专发达于意志之方面；又如近世斯宾塞尔之专重智育，虽非不切中一时之利弊，皆非完全之教育也。完全之教育，不可不备此三者，今试言其大略。

一、智育　人苟欲为完全之人物，不可无内界及外界之知识，而知识之程度之广狭，应时地不同。古代之知识至近代而觉其不足，闭关自守时之知识，至万国交通时而觉其不足。故居今之世者，不可无今世之知识。知识又分为理论与实际二种；溯其发达之次序，则实际之知识常先于理论之知识，然理论之知识发达后，又为实际之知识之根本也。一科学如数学、物理学、化学、博物学等，皆所谓理论之知识。至应用物理、化学于农工学，应用生理学于医学，应用数学于测绘等，谓之实际之知识。理论之知识乃人人天性上所要求者，实际之知识则所以供社会之要求，而维持一生之生活；故知识之教育，实必不可缺者也。

二、德育　然有知识而无道德，则无以得一生之福祉，而保社会之安宁，未得为完全之人物也。夫人之生也，为动作也，非为知识也。古今中外之哲人无不以道德为重于知识者，故古今中外之教育无不以道德为中心点。盖人人至高之要求，在于福祉，而道德与福祉实有不可离之关系。爱人者人恒爱之；敬人者人恒敬之。不爱敬人者反是。如影之随形，响之随声，其效不可得而诬也。书云：“惠迪吉，从逆凶。”希腊古贤所唱福德合一论，固无古今中外之公理也，而道德之本原又由内界出而非外铄我者。张皇而发挥之，此又教育之任也。

三、美育　德育与智育之必要，人人知之，至于美育有不得不一言者。盖人心之动，无不束缚于一己之利害；独美之为物，使人忘一己之利害而入高尚纯洁之域，此最纯粹之快乐也。孔子言志，独与曾点；又谓兴于诗，成于乐。希腊古代之以音乐为普通学之一科，及近世希痕林、敬尔列尔等之重美育学，实非偶然也。要之，美育者一面使人之感情发达，以达完美之域；一面又为德育与智育之手段，此又教育者所不可不留意也。

然**人心之知情意三者，非各自独立，而互相交错者。如人为一事时，知其当为者知也，欲为之者意也。而当其为之前又有苦乐之情伴之：此三者不可分离而论之也，**故教育之时，亦不能加以区别。有一科而兼德育智育者，有一科而兼美育德育者，又有一科而兼此三者。三者并行而得渐达真善美之理想，又加以身体之训练，斯得为完全之人物，而教育之能事毕矣。

教育之宗旨
- 体育
- 心育
  - 智能
  - 德育
  - 美育

（以上）完全之人物

[附]

教育小言（节录）

王国维

……

一、今人日日言初等教育；至中等教育，则往往谢不敏；若进而主张高等及专门教育，未有不惊其河汉者也。夫以学生修学之次序言之，则先初等、中等，而后及高等教育，固甚当也；若论学问之根柢，与教师之所自出，则初等教育之根柢存于中等教育，中等教育之根柢存于高等教育。不兴高等教育，则中等及初等教育亦均无下手之处。世人之主义，余曩者谓之平凡主义；既而思之，此名尚未适当，彼等实苟且主义也，颠倒主义也。曰师范传习所，曰私塾改良会，尤苟且主义中之苟且者也。

一、吾国之所素乏及现在之所最需要者，高等及中等教育也。若夫初等教育，则夫城市村落之蒙塾，虽其卤莽灭裂实甚，然仅可谓之不完全，未可谓之绝无也。至高等教育，则在今日谓之无也可矣。今之君子动曰小学小学，然不兴中等教育，则小学之教师其能贤于昔之蒙塾者几何？不兴高等教育，则中学之教师又安从得乎？兴高等教育，则食其利者不独初等及中等教育，而二者实于是立其根柢。若但言初等小学，则虽平凡乎，苟且乎，恐平凡苟且之成绩亦终不可得也。

……

[附]

文学小言·文学与教育

王国维

生百政治家，不如生一大文学家。何则？政治家与国民以物质上之利益，而文学家与之以精神上之利益。夫**精神之于物质，二者孰重？且物质**

上之利益，一时的也；精神上之利益，永久的也。前人政治上所经营者，后人得一旦而坏之，至**古今之大著述，苟其著述一日存，则其遗泽且及于千百世而未沫。**故希腊之有鄂谟尔（按：荷马）也，意大利之有唐旦（按：但丁）也，英吉利之有狭斯丕尔（按：莎士比亚）也，德意志之有格代（按：哥德）也，皆其国人人之所尸而祝之社而稷之者，而政治家无与焉。何则？彼等诚与国民以精神上之慰藉，而国民之所恃以为生命者，若政治家之遗泽，决不能如此广且远也。

今之混混然输入于我中国者，非泰西物质的文明乎？政治家与教育家，坎然自知其不彼若，毅然法之。法之诚是也，然回顾我国民之精神界则奚若？试问我国之大文学家，有足以代表全国民之精神，如希腊之鄂谟尔、英之狭斯丕尔、德之格代者乎？吾人所不能答也。其所以不能答者，殆无其人欤？抑有之而吾人不能举其人以实之欤？二者必居一焉。**由前之说，则我国之文学不如泰西；由后之说，则我国之重文学不如泰西。前说我所不知，至后说，则事实较然，无可讳也。我国人对文学之趣味如此，则于何处得其精神之慰藉乎？**求之于宗教欤？则我国无固有之宗教，印度之佛教亦久失其生气。求之于美术欤？美术之匮乏，亦未有如我中国者也。则夫蚩蚩之氓，除饮食男女外，非鸦片赌博之归而奚归乎！故我国人之嗜鸦片也，有心理的必然性，与西人之细腰、中人之缠足，有美学的必然性无以异。不改服制而禁缠足，与不培养国民之趣味而禁鸦片，必不可得之数也。夫吾国人对文学之趣味既如此，况西洋物质的文明又有滔滔而入中国，则其压倒文学，亦自然之势也。**夫物质的文明，取诸他国，不数十年而具矣；独至精神上之趣味，非千百年之培养，与一二天才之出，不及此。而言教育者，不为之谋，此又愚所大惑不解者也。**

3　国文阴阳刚柔大义绪言

唐文治（1865—1954），现代高等国文教育奠基者。字颖侯，号蔚芝，别号茹经，江苏太仓人。出生于清寒的书香门第。18 岁中举，27 岁进士。1894 年甲午之战后，向清政府上书《请挽大局以维国运折》（即万言疏稿），呼吁改革图新。曾于总理衙门、外务部、商部任职；又先后出访英、比、法、美、日等国。他对日本和欧、美各国的政治、经济、文化教育等情况进行了广泛考察，尤为赞赏“名儒名相都出其中”的牛津大学。

由于清廷政治腐败，他的变革理想破灭，遂弃官办学。1907 年接任邮传部上海高等实业学堂监督，后任南洋大学堂、交通部上海工业专门学校（交通大学前身）校长。1920 年 11 月，创办无锡国学专修馆（后改名为无锡国学专修学校）。他任国专校长 30 年之久，为国家培养了大批文史人才，如王蘧常、唐兰、吴其昌、蒋天枢、钱钟联、冯其庸等，不仅术有专攻，且识见博通，皆成一代大家。

文治先生精古文，亲授诸生“读文法”，吟诵诗文，抑扬顿挫，有“唐调”之誉。20 世纪 30 年代初，国际联合会教育科考察中国教育，至无锡国专，赞云：“此乃纯粹中国化之学府，中国固有之文化端赖此一线以存。”

先生于 1906 年所编《高等国文读本》，实为我国最早的“大学语文”教材。本《论典》郑重发表该读本中之《国文阴阳刚柔之大义》，可供当下“大学语文”编撰教材与教学中研究“唐调”诵读法之镜鉴。

国文阴阴刚柔之说，创于姚姬传先生。姚先生之言曰：“易、诗、书、论语所载，间有可以刚柔分值。其时其人告语之体，各有宜也。自诸子以降，其为文无弗有偏者，其得于阳与刚之美者，则其文如霆、如电，如长风之出谷，如崇山峻崖，如决大川，如奔骐骥。其光也，如杲日，如火如金镠铁；其于人也，如凭高视远，如君而朝万众，如鼓万勇士而战之。其得于阴与柔之美者，则其文如升初日，如清风、如云、如霞、如烟；如幽林曲涧，如沦如漾；如珠玉之辉，如鸿鹄之鸣而入寥廓。其于人也，漻乎。其如叹，邈乎。其如有思，暎乎。其如喜，愀乎。其如悲，观其文，讽其音。则为文者之性情形状，举以殊焉！”此姚先生之说也。

继其说而大昌之者，为曾涤笙先生。曾先生选古文四象，分太阳、太阴、少阳、少阴四种。以气势属太阳，识度属太阴，趣味属少阳，情韵属少阴。而又于其中分阴中之阳、阳中之阴。曰喷薄之势，曰跌荡之势。曰闳括之度，曰含蓄之度。曰恢诡之趣，曰闲适之趣。曰沉雄之韵，曰悽恻之韵。是又分四象为八卦矣，而又申言之曰：“有气斯有势，有识斯有度，有情斯有韵，有趣斯有味”；又析言之曰：“庄子、扬子、韩退之、柳子厚，阳刚之美者；司马子长、刘子政、欧阳永叔、曾子固阴柔之美者。”此曾先生之说也。

吾尝综二先生之说而论之。姚先生之说，创而未备者也。曾先生之说，广矣，大矣，美矣，尽矣！**所谓通神明之德，类万物之情，其在兹乎。顾吾窃有进焉者，凡人之性情气质，亦未可一概而论。毗于阳者，阴亦寓焉。毗于阴者，阳亦寓焉。**周公孔子之文，妙万物而为言，阴阳不测，固不可一隅论。孟子之文，毗于阳者也，而致为臣而归，《舜发于畎亩之中》及《孔子在陈》诸章，何尝非阴；《战国策》之文，策士纵横之说，阴鸷之尤甚者，而苏季子说秦王、苏代约燕王，何尝非阳。庄子之文，毗于阳者也，而刻意缮性篇，何尝非阴；贾生之文，毗于阳者也，而《弔（吊）屈原赋》《鹏鸟赋》，何尝非阴。司马子长之文，毗于阴者也，而《项羽本纪》《淮阴侯传》《李广传》，尤阳刚之显著者；扬子云文，毗于阳者也，而反离骚尤阴柔之显著者，太玄更无论已。韩昌黎文，毗阳者也，而《送董昭南序》《答李翊书》，尤阴柔之显著者，《祭十二郎文》，更无论已。**天地之道、阴阳之气常相胜而相争。惟明于消息之故者，察其偏而调剂之，且因其偏而善用之，而后吾身得太和之气而生理以畅，善验古人文之神与气者，亦若是而已。**

曾先生又曰："阳刚者，气势浩瀚；阴柔者，韵味深美。"浩瀚者，喷薄而出之；深美者，吞吐而出之。就《经史百家杂钞》中十一类言之，论著类、词赋类宜喷薄；序跋类宜吞吐；奏议类、哀祭类宜喷薄；诏令类、书牍类宜吞吐；传志类、叙记类宜喷薄；典志类、杂记类宜吞吐。善哉！论文至此，可谓无微弗显矣。余尝息心以观天地之理，并以文正所论验诸子百家之言，并历代文士之著作。太极之精，以阴为体，以阳为用，故儒家之文，大抵以柔为体以刚为用（吴挚甫先生语余，曾先生之文系用欧之骨，用韩之貌。是亦以柔为体，刚为用也）。此外，皆主于阴柔。道家、墨家偏于阴，读老氏墨氏之文，可知阴阳。纵横家偏于阴，非阴柔不足以成捭阖。法家、名家，偏于阴，非阴柔不足以成刻覈。医家、兵家偏阴，读《内经》《阴符》、孙子文可知。他如诗赋家、杂家、小说家、术数家、方技家，虽刚柔万变，然要其归，偏于柔者多矣。圣学之传，分为汉宋两家：汉儒之文，尚训诂，兼阴阳之美者也，而其弊也，为穿凿，为琐碎，由无大气以举之，则阴柔之过也；宋儒之文，尚义理，兼阴阳之美者也，而其弊也，为幽渺，为俚俗，由无大气以举之，亦阴柔之过也。因文以察天下之变，士大夫皆主阴柔之过，而积弱随之。然则生斯世也，为斯文也，其必以阳刚为主乎！其必以阳刚为主乎！

昔尝谓伏羲氏画八卦，不过象奇耦之数，以为记识。而圣人谓为范围天地、曲成万物者，以其包涵阴、阳、刚、柔之蕴也。**阴阳、刚柔之理，蕴于一心，发之则为吉凶、悔吝。**凡人自少至老，自昼至夜，均在吉凶、悔吝之中。而吉凶、悔吝，则萌柢乎一心，阴阳、刚柔。刚，善则为义、为直、为断、为严毅、为干固；恶则为猛、为猛、为强梁。柔，善则为慈、为顺、为巽；恶则为懦弱、为无断、为邪佞。惟圣人能自易其恶，自至其中，善济其阴阳刚柔，而运妙于一心。故曰：“以此洗心。”又曰：“复其见天地之心乎。”盖自伏羲、文王作卦象，而天下人事，悉具于卦象之中。迨周公、孔子，以卦象为文章，而天下人事又悉具于文章之中。**凡此者，皆阴阳、刚柔之所为，实皆一心之所为，此大易之精蕴也。**善为文者，先明易理，固吾心，只动静消息而制；为言慎，天下之枢机，而吉凶、悔吝，于是乎贞，又因吾心之动静消息而制；为文象，万物之形色，而川流、敦化于是乎备。此所谓阴阳也，刚柔也。善用之，以至于中也。斯言非玄也。**探其本，则曰：“存其心，养其性，因物付物，而阴阳、刚柔时措之宜也。”**

以上所言，律己之方也。推而至于观人，《记》曰：“中国、戎夷五方之民，皆有性也，不可推移。圣贤豪杰之文，真理弥纶，贯于内，精气旁薄（按：原文“旁薄”，通假）；溢乎外，刚柔阴阳，惟变所适。下逮万殊之性，则各肖其为人而靡有所穷，惟圣智之士，能因其文之性质而验其人之品行。是故，凡文之刚柔相宣（按：原文似为“宜”之误）而适中乎理者，其人达而寿。善用其刚，其言闳，以肆者，其人狂。善用其柔，其局细，以整者，其人狷。阳刚外强而中无阴柔济之者，其人愎而骄。阴柔胶缠而中无阳刚济之者，其人缓而懦。刚柔无主，棼不可理，有首而无尾者，其人穷而夭；刚柔无主，而创意造言，犹有归宿者，其人倦而可教。鸿范所言，五福六极，悉可于斯文征之。此就一人之文，言至统观；一方之文，亦然。凡刚柔相济者多，其民大率兼文质而易为。治刚柔偏胜者多，其民大率蠢愚难以熟化，宜有以酌其偏而用其所长，此就一方之文，言至统观；一代之文，亦然。**凡刚柔相济者多，大率风俗和而运会盛；刚柔偏胜者多，大率风俗薄而运会衰。**因文论世，确乎其不可易。至于阳刚之过，变而为肃杀；阴柔之过，降而为驽庸，则其世运将不可问。呜呼！文，心声也。阴阳刚柔之说，微乎？微乎！非天下之至诚、至神、至几，何足以语此。

或曰：如子言，不几曰高乎？曰：是诚有之。昔吴挚甫先生记曾先生古文四象后云：公此编故自谓失之高古。夫高古何失？世无知言君子，则大声不入里耳，自其宜也，斯言允矣。顾吾又有说焉。阴阳刚柔，发于人心之自然，初无所谓高古纵一心而冥思之，譬诸江海浩淼，扶桑出日，一轮涌现，容与聿皇。又如气清天朗，春卉皆葩，无论何人纵游其间，必有意气发抒之象。是，何也？则阳为之也。譬诸冬日，栗烈重阴，晻蔼寒飚翏刁，万窍怒呺；又如谷风阴雨，恐惧凄其，无论何人侧身其间，必有颦蹙伊郁之情。是，何也？则阴为之也。古诗有云："一窗晴月写黄庭。"又云："满江风雨读离骚。"抑何？其境之殊而心之异也。匹夫鬩于道而壮士为之冲冠。嫠妇泣于舟，而文士为之怨诉，故随时、随地、随象、随景，而阴阳刚柔分焉；因性、因情、因感、因遇，而阴阳刚柔分焉。日月、星辰、山龙、华虫、藻火、米粉、黼黻、絺绣，读其书而明良喜起备哉。灿烂，阳之盛也。"彻彼桑土，绸缪牖户。我来自东，零雨其濛。"诵其诗而拮据卒瘏况也，咏叹阴之盛也。古之圣人，阴阳刚柔悉合乎中，故其庆赏刑罚各得其正。后世儒家，能养之于喜、怒、哀、乐未发之前，故其阴阳刚柔足以顺万事而无情。斯皆不必言文而实无在非文，拘墟之士茫昧是理，则不得不就迹象以求之，然惟其有阴阳刚柔之质，原于一心。故读古人之文亦辨其为阴阳刚柔而其自为文，亦必有阴阳刚柔之可分，斯皆发于一心之自然。固不必以高下浅深论也，抑吾考古文四象之为目次，颇多率略。又古人文之脍炙人口者，韩昌黎《张中丞传后叙》（阳刚之至美者）、欧阳永叔《泷冈阡表》（阴柔之至美者），均未入选。意者，其未成之书与？是编大致取材于四象（其中亦有极阳刚阴柔之美而并未入选者，由前数编中已为诸生讲贯也）。后之君子，得吾言而深思之，由下编以溯中编，而至上编，自有津梁之可逮。而吾特恨是编之成，既不得就正于曾先生，并不获质之于吴先生。其是乎，其所剖析而分置者，有毫厘千里之谬乎?！益为之执，彷徨而不能已也。

4　论小学校以上教授国文

蒋维乔（1873—1958），著名教育家、哲学家、佛学家。字竹庄，自号因是子。江苏武进（今常州）人。7 岁入私塾，20 岁中秀才。光绪二十一年（1895）秋起，先后入江阴南菁书院和常州致用精舍深造，弃八股文，研究“西学”。

光绪二十七年（1901）各省书院陆续改成学堂，急需编印新的教材以应时代需要。蒋维乔即投身商务印书馆编译所，着手编辑小学教材。蒋维乔等倾注心血，历时两年，编成《最新初小国文教科书》，出版后风行一时。这套新式教材文字由简到繁，字数由少到多，内容由浅到深，插图形象生动，容易引起儿童学习兴趣，受到师生普遍欢迎。后来他在《编辑小学教科书之回忆》一文中说：“在白话教科书未提倡之前，凡各书局所编之教科书及学部国定之教科书，大率皆模仿此书之体裁。”

辛亥革命后，蒋维乔应邀任教育部秘书长，协助蔡元培改革教育制度，革新教育内容。他主持拟订了《中华民国普通教育暂行办法》和《普通教育暂行课程标准》。这两个暂行条令对普通学校和师范学校的名称、教育内容、课程设置、教学要求等都作了明确规定。如规定废止读经，改称“学堂”为“学校”等。

1929 年后任上海光华大学文学院院长兼国文系主任。1938 年起，任上海正风文学院（1940 年改名诚明文学院，1945 年迁南市）院长，并兼鸿英图书馆馆长、《人文月刊》社社长。

《论小学以上国文教授》原载《教育杂志》第 1 年第 3 期（1909）。文中强调“能文之士”必须同时谙熟教授法，始能成为良师；并对国文教授法的要旨作了精当阐述。本文与《教育杂志》第一年第一期发表的沈颐《论小学校之国文教授》（见附录），均为我国早期国文教育之前驱代表著述。

今之谈教育者，辄鳃鳃然虑曰：学堂中之国文日益退步也。又鳃鳃然虑曰：今而后国文教员殆将日少也。吾尝即其言而深思之：夫儿童自六七龄入塾，即毕业高等小学，亦不过十四五龄耳。回忆吾辈束发入塾时，师所教，弟子所学，舍国文外无他学。孜孜焉悉力以求之，至十四五龄，果皆能下笔成文乎？殆千百中一二人而已，其他则仅能通顺，亦已可矣。今之毕业高等小学者，岂尽不能通顺乎？况又有各种科学，同时并进乎？然则于小学生之国文退步乎何尤？至国文教员之日少，是诚有之。**盖能文之士，未必知教授法；知教授法者，又未必为能文之士，此所以难也。**虽然，小学校之国文，比较往者，固无甚退步。其教授法，自联字而造句而成文，一一皆有蹊径可寻。卒业初级师范，或略知教授法者，即足胜教员之任，余所虑者，小学校以上国文之退步耳。小学校以上之教授国文，无秩然之蹊径可寻而为教员者，又必求能文之士为不可得耳。

今以能文之士，而当教员之任，往往有二弊。回忆吾辈幼时，孜孜焉悉力于文，类皆七八年或十余年。而一旦豁然贯通，即己亦莫知其故。能文之士，其所经历，胥出此途。夫以己亦莫知其故者，一旦欲责以教人，其为扞格，可无俟言。**夫教授者，传导学问之技术也。既为技术，则必心知其意，而又加以习练始可。**能文之士，苟能虚心研究教授法，则一转移间，即良教员矣。奈何悍然自恃，而不屑加意乎？此**一弊**也。又其竭力趋时者，则鉴于昔者学塾之背诵呆读，为世诟病，以为学堂中，宜讲解不宜诵读。吾尝见某中学校教员，其讲国文，一星期多至十余篇。学生至有受课后而篇中之字尚多未识者，则亦置之而已矣。**夫**

教授国文，读法、讲法、作法、写法，缺一不可。且学生至成篇而后，再求进步，尤宜置重诵读。今乃忽之，必至毫无成效。此**又一弊**也。然则欲研究小学校以上之教授国文，亦即其弊之所在，而示之蹊径斯可矣。

夫文章之体制，有知的文章、情的文章、美的文章。知的文章，所以表吾人之理性，以交换思想，故以**明晰**为主。情的文章，所以表吾人之感情，使读者心中激昂，而不能自已，故以**势力**为主。美的文章，所以表吾人之嗜好，本乎明晰势力，而加以锻炼修饰，务使辞藻秀美，音响圆转，以取读者之娱乐，故以**优丽**为主。是以学文之道，其始则求明晰以适日常之应用，小学校学生所有事也。进之则尚势力，中学校学生所有事也。又进之则取优丽，则文学者之事，而非人人所必需也。教者苟知此义，使学者文理明晰之后，进求势力，则庶乎可矣。

势力者何？即自来作者所称行气是也。夫文字所以代语言，吾人之发为议论或演说时，苟其出言奄奄无气，则听者必倦而思卧。若其生气勃发雄辩滔滔，则听者必耸然动容。此人所恒见也。文字亦何独不然？昌黎云：**气盛则声之高下、言之短长皆宜。**可知**行气为势力之本，**学者既文理明晰，不可不进求乎此。

虽然，日执学生而聒之曰：汝为文宜行气，宜行气，则必茫然无措，莫所适从矣。是必有导之之蹊径蹊径何在？是在讲求声调。曾文正为近世文章大家，其自道得力之处，则曰：**作诗文以声调为本。**又云：**文章雄奇之道，以行气为上，**造句次之，选字又次之。精处在行气，粗处则在造句选字。此言深可味也。**讲求声调，首在诵读。诵读之法有三。**一曰**机械读法**。就文字读之，琅琅上口，可以练熟口齿，使敏而确。二曰**论理读法**。一字一句，析之至明，使文字意义，跃于心而发诸口，期其思想与文字联络。三曰**审美读法**。注意音节之抑扬顿挫，使古人之声调，拂拂然与我喉舌相习，以畅发作者之感情，至是而读法之能事毕。而在**中学生徒，尤宜置重审美读法也。**

次在作文。夫文章，不外文字、语句、段落、篇章。自联字造句以成节篇而求明晰也易，自成篇以进势力也难。苟诵读合法，作文勤敏，则声调日熟，方法日多，一题到手，构想则如泉涌，字句篇段必安置妥贴而不颇，而文章之势力必日增。**彼徒事讲解而忽置诵读者，其亦可以返矣。**

吾甚慨今之为国文教育者，多**误用其方法，而忽视青年之日月**也。又**甚惜夫谈教育**者，仅**虑及国文之退步，教员之日少，而不抉其弊之所在**也，故论列之。至如教者命题，好为高远，不问学生之能解与否。学者作文，不审题目之本意，习为滥调，爱国、救国、合群、自立等名词，摇笔即来，几于无一题不用，无一篇不同。此亦今日一般学校之通病不可不急为校正者也。

[附]

论小学校之教授国文（节录）

沈　颐

沈颐　早期著名语文教科书编辑　编有共和国初小《新国文》、共和国教科书《新国文》等。这篇原载《教育杂志》第1年第1期的短论，提出小学国文教授当以识字始，务使辨明汉字的形声义；进而“授以便于模效之文字”，修炼积字成文的本领；“所授国文亦宜以实用为归，而不必蹈词章之习”，这对当前的基础教育而言，仍不失为真知灼见。

夫**教授国文，始于识字**，此有文字之国之所同。惟字之形体，各各殊异。当教授时，苟其点书不分，形声莫辨，则鲁鱼亥豕殆误无穷。此**教授国文所不可不知者其一**也。**文章之学，求其应用**。今之谈者，动谓识字，

果尽通其义，则识字既多，自能凑字而成文。此未达一间之说也。譬诸造屋，砖可以筑墙，瓦可以盖屋，我未尝不心知其意，然而营建之事，必待大匠者，以斧斤刀锯之用，皆非我所素习故也。然则由积字而成文，其必得修练也明矣。儿童之性，最喜模效，利用其性，目授以便于模效之文字久之则融会于心，而指挥在手，自有振笔疾书之乐，而不至有扞格之虞。此**教授国文所不可不知者其二**也。今之学制，儿童七岁入初等小学，四年毕业，才十岁耳。递升高等小学，又四年毕业，亦才十四岁耳，斯时**学生心量未广，未可语以高深之学问，**故其所授国文，亦宜以实用为归而不必蹈词章之习。此**教授国文所不可不知者其三**也。

……试思小学生徒，见闻既隘，智识无多，安足与于论议之林。授**以布帛粟菽之文字而不必语以清庙明堂，**则**真国民教育之旨也**。旧日文人，有下笔千言，而不能作记事文与寻常之家信者。奈何以身任教育之人，亦甘蹈其覆辙哉。

5 国文教授私议

钱基博（1887—1957），国学大师。字子泉，又字哑泉，号潜庐，出生于江苏无锡钱氏名门。其孪生兄弟钱基厚为无锡著名社会活动家，其长子钱钟书是学界享有盛名的大学者。成果卓绝的大文史学家钱穆，与之同族。钱基博研究范围广博且精深，对四部均有涉及。其《经史子集入门》，至今仍不失为国学热门之津梁。其《中国文学史》《现代中国文学史》是最重要的两部代表著作。

钱先生一度从军问政，而后，历任无锡、吴江等地小学、中学、师范教职。继而转任圣约翰大学、清华大学、无锡国专、国立师范学院教授。他曾参与创建光华大学。晚年将藏书捐赠华中大学（现为华中师大），筹建了华中师院博物馆。

《国文教授私议》原载《教育杂志》第6卷4号（1914）。名之“私议”，即为发表个人之经验所见。虽以文言撰著，却已引入心理新学，视诸“讲、读、作三者之联络”；其所斥“禁忌文字”一节，对当下“文风、教风、学风”之变革，不无相当启迪意义。

一　导言

余不知教育者也。生平无常职，佐治狱者有年，参军者有年，泰然不自以为不职，惟恨不获尽行其意。独不敢虱处讲坛，执教鞭，以余固不知教育者也。然而平日谈教育之朋友，颇亦稍稍往还者，以余粗解文字故也。然余卒未尝一试为之。去夏，赋闲住。无锡竞志女学创办人侯保三先生，谆谆说余任女学国文，谓“今日斯文道丧，微得君振新之不可。”一余坚谢不应，方自誓定不插足教坛矣。乃晚秋九月，无锡县立第一高等小学校四年级生主任沈君西园，猝有白门之役，中途觅庖。平日以教师为职业者，时则鲜不在事，仓卒不得其人。君实余理科同学也，走告余为之援手。加之校长顾君子静，三年级主任邹君同一，及县立第二高等小学校校长许君少仙，咸旧交也，辞意殷勤为之劝驾。余面弱，不得已姑起应之。每周教授四年级国文八小时，三年级历史二小时，一年级理科六小时，及第二高小一年级理科六小时，都二十二小时，壹仍沈君之旧。然余历史、理科两科教授颇不惬意，仅仅不敢自惰而已。惟四年级生乃一施予之国文教授法，诚不免师心自用之诮。间与顾君子静、邹君同一言之，然二君谬许其可，而学子亦不扞格也。愿与海内教育诸君子一商榷之。

二　予之文字讨论

予，小学国文教师也，试就儿童之心理而一究文字之最与适合者。夫蕴之于心谓之意思，宣之于口谓之话言，抒之于笔谓之文字。文字者，言语之有伦序者也。学为文字者，不过整齐其意思，条理其话言已耳。顾话言之发，不外两端：有中有所触，必欲一倾吐为快者，其抒之于文也，则为表情之文；有就其耳目闻见所及，话言于人人者，其抒之于文也，则为叙记之文。是故文章之文作也，有自动、外动之分。情动于中而不能自已已者，自动之文也。然情之悲愉欣戚，不能以独喻也，必以语之人人矣，于是书札之用尚焉。夫书札之体，其用不仅以表情，而要以表情为主。刘彦和曰：详总书体，本在尽言，言以散郁陶，托风采，故宜条畅以任气，优柔以怿怀，文明从容，亦心声之献酬也。此其为主于表情之明证。**夫天下人之最富于感情者，固莫逾于童孺矣，**忽咷忽笑，一日可数易其度，故**使之作表情文字，因其势而利导之，计无便于此者**。若夫睹山水景物而情有所系，耳忠孝节义而心有所感喟，导之笔端而发为文字，此之谓外动之文，即所谓叙记之文是也。细别之，则有纪事之文，有写景之文，有状物之文，而要可以叙记二字赅之。**文体万变，而以文字之性质言之，要不外表情叙记两者**。乃世之为小学讲师者不察，或则蹈常习故，未脱旧时科举习气，如吾侪当日作秀才时之发策决科，出题专主论说，而不知论说乃抽象的推理之文，而抽象的推理力，尤童孺所最缺乏也。凡与童孺语一事物，欲使了解，计惟有罗列实物于眼前，一一指点之，次则示以标本图像，若者为所心喜，即目存而心摹之焉耳。要之，惟具体的事物，乃能索解。而欲使之为抽象的理论，推言其所以然之故，决不能矣。**故儿童学龄在高等小学以下者，可断言之，能使为记事写景及状物等叙记之文，要不可使之为论说文字也**。吾睹世之为小学讲师者矣，辄不量学童为年力所限，好为宽博无涯涘之题，使之作为文字。有所谓《御盗策》者，有所谓《维持国货论》者，有所谓《军警保卫治安说》者，美其名曰使学生留心时务，其实不过使学子掯取报纸一二口头禅，习为浮议，以省教师之删改而已。故凡一题到手，必先有一种门面语，陈陈相因。在其笔端，此题可用，即易一题，亦未尝不可用。使浓圈而墨围之，谓之立论能见其大，可也；谓之慷慨陈词方于贾生之痛哭，亦可也；即谓之气盛而言宜焉，亦无不可也。然骤观之若洋洋大文，究之于事理实未能悉心体认。徒学为大言不惭，雄视一世，发为无责任之言论。而教师重加之奖励，益长其虚诞浮傲之气，易视天下事。是惟恐少年学子客气之不盛而教猱升木也。且即以文字论之，究其千言万言，剌剌累幅不休者，令属浮烟涨墨。试问当于事实者，宁有几许？虽痛批抹也，斥为肤词廓句，亦非过也。乃遽视为国文好成绩，揭示校中诸生，加之美批，悬为模范，非所宜矣。近亦有悟其非者，然而狃于所习，因循不能改者什人而九，不亦大可伤哉！予之教授国文，一以**浚瀹儿童性灵，鼓动兴趣，考索平日闻睹之事物而记载之为主旨**。换言之曰：一以表情叙记为主云。

三　予之教授程序

予教授国文之主旨，已如前所述矣。然**予断断注意者，尤在讲读作三者之联络**。盖**教育者，乃因材而笃之之谓，非强赋以本无之知识也。**故予每讲一题文字，必先授学生作一过，验其功力之浅深何在，各以若何之眼光观察之。务令学生人人于此题通前澈后思过一番，题中应有意义，既已毫无所遁于心目间，然后示以范作。于讲授时，一一抉摘学生文中之疵累，互证其优劣。务令眼前意思，学生匆忙间穷思极索而不得，或得之而词不能达意者，一一于范作中以明显之笔出之，庶有豁然贯通之乐。此尤予行之而可决其小行小效、大行大效者也。试言予之教授程序：

甲、选题作文　夫**不曰出题而曰选题者，以题固非可任意出也。**书札叙记，相间命作。叙记先简单而渐入于繁复；书札随时令命题，或取偶发之事项，如闻诸生偶语惓惓于沈君西园之循循善诱，则使之作《请沈先生回校主讲书》；春间大雨数日，则使之作《久雨笺候友人》题是也。务令睹景生情，时时有所触发。

（子）书札　书札有书札之体。宁都魏冰叔论苏老泉《上田枢密书》开口便云：天之所以予我者，岂偶然哉。竟是作论，古来书札中不见有此，此实不易之论。是故湘乡曾涤生亦曰：古文中惟书牍一门，竟鲜佳者，八家中韩公差胜，然亦非书简正宗。**知近目国文读本选录古文书牍以为模式者，非也。何也？以其于今为非体无所用之故也。**偶在某小学校见壁间提示国文成绩，有《与人论振兴教育书》一文。其命题之是非姑不具论，观其措词，全不作与人商量口气，是仍以论事命题，不过易名之曰书焉已耳。予力矫斯弊，绝不取古人文集中书函为范作文字，或选录家藏名人手札，或取之案头友人相与诸简，或则自作，务求谈言微中，沁人心脾，触绪而生，挹注不穷，而词旨仍不失雅驯者，乃为合作。

（丑）叙记　论作文之难易，则叙记或不若议论文字。以议论文字，须自出心裁，而叙记描写实在事物，究有依傍也。然论致用之途，则论说似不若叙记文字应用之广。以人生处世，究自己发议论时少，而随地随物，无不宜纂要录入册子，以识遗忘也。叙记可细别为纪事、写景、状物三种，兹不赘述。或于教室绘声绘色，演说古人故事，使之记之。惟一以庸言庸行为主，绝不取惊奇骇听之事，以偏宕失中恐多流弊也。或导游邑中名胜，如公园、图书馆、二泉亭诸处，动其愉美之感，使摹绘实境而描写之。或示以实物，如岳王精忠柏石、秦留树等，不恤口示手摹，要使人人心知其意，而记述为文字时，毫无模糊影响之观念。**务使生徒知世间事事物物，无不可入于文字。无论在校内校外，偶有见闻，自不肯轻易错过，于此可坚强其观察力。此尤予之微旨也。**至其文字之长短，不限篇幅，多累数百言，少仅百言，一以尽意为度。**盖文字犹之言语，所以抒吾人胸中之意思者也。意思尽，则言语与之俱尽，理之自然。**长固无所为非，短亦未必可疵。乃今之教授者，问及儿童程度，辄以能作若干字对一以字数之多少，分别作文程度之高下，其不通便无甚于此。果若所言，岂古来传诵人口之简短文字，如秦李斯碣石刻石文，不过百有七字；诸葛亮与关羽论马超书，才三十五字；王羲之诫谢万书不逾八十字；王安石读孟尝君传，亦祗九十字，其程度才不啻今日之初等小学生哉！学生知教师之以多为贵也，茫无所措，不得不东扯西拉，勉强敷衍成一篇冗长文字，细按之，实中无一物。有词无意，相习成风。愿与海内教育诸君子共戒之。

乙、改正学生作文　其用在增美释回，求发挥其固有之特美，而渐淘汰其疵累未尽适合之处，久而久之以驯致于完美者也。每级学生，其程度终不免略有不齐。即齐矣，禀性有刚柔，赋气有厚薄；用力或有所偏畸，或好尚修辞，或主于行气，故万不能以同一之法改正之。**予每遇作文日期，收齐学生所作文字，各视其功力之浅深，一一就其原意，各如其限界而删润之。**既毕事，择其文字尤佳而作意不同者，多或三四篇，少或一二篇，揭示校庑壁间以观摩同级生，务使知一题有如许作法，或同题同意，而正写、侧写、反写之不同，又有如此。庶能不为题拘，头头是路。予尝语诸生曰：予揭示汝曹成绩，其意非欲以夸示校外参观人为学校成绩良好之证券，乃欲以切磋汝曹也。予之旨趣如此。

丙、范作　学生良好文字，既择尤揭示庑壁矣，乃择取古人问题文字，印为范作。或为古人所未及作之题，乃研求题中应有意义，为学生作时所未思得者，或得之而犹有一间未达者，**自制范作以为之模楷。其文字务求质不病枯，华不犯缛，深不訾晦，浅不伤雅。非曰能之，然不敢不勉焉。**

以上作文。

丁、题及作法之申究　范作既成，而缮写印刷之已毕，予至国文规定课业时间乃挟入教室。先书题于黑板，询曰：此题诸生都已作过，惟此题正意若何？题前题后意思各若何？予乃指名一生起立发言，班决其是非而评判之。（以下每发问皆如此，从略）概又询曰；诸生试各自省自己作此题时如何作法，今揭示庑壁为诸生观摩者，又各各如何作法。终乃以范作分布诸生而询之曰：诸生今视范作如何作法，试与壁间揭示者为比较，有何不同之点。于是题及作法之申究乃毕。

戊、句读识字　**范作不加句读，惟令学生自为句读，而予循视教室矫正之。盖一以养成学生自力读书之习惯；二以默验各个程度之高下，**

可随时予以相当注意之教授。而予尤谆谆为诸生告者，在句与读之别是已。予尝譬之句与读之别，略似篇与章之别，参差不得些须。每见学校生徒读书，或上句之读与下句之读连读，或读读顿断作句读，而教师亦鲜加意于此者。岂非韩退之氏所谓句读之不知，大惑不解者乎？予故告天下之为教师者，课余之暇，细读马氏文通一过，自能明句读之分矣。学生每于句读时，任令同时提出生字探讨之。予书其字于黑板，询诸生有识者否。识者举手，予则询以音若何读，其义作何讲解，举手者起对如旨。予再询以此字在别处有他项解法否，一一静俟其对而评判之。

己、分段　欲明文章之结构，全在分清段落；每段落又各自有其起承转合之小段落。句读识字已毕，予乃询以全篇总分几大段，再逐次询以某大段又可分几小段。其言误者正之。

庚、逐段推论　分段既毕，予乃询以每段中有不明之句法，及不可晓之故事否。俟有起而询者，予则书其句于黑板，再询以中有明其义者否。而逐段推论乃毕。

辛、总讲　予乃条次其字法、句法、章法、篇法及作意，综合为有统系之语言，覆讲一过，期于学生有正确明了之观。

以上讲文。

壬、范读　读之为用，即武昌张廉卿氏因声以求气之说也，故必讽诵之深且久，务抗吾气以与作者之气相翕于无间，然后能深契自然之妙，而究极其能事。惜予病未能也。然予课余有暇，辄先将教室应范读文字放声疾读以自理吾气，务使吾之喉舌拂拂然与文字相习，庶几范读时有应弦赴节之妙。予尝譬之，**学为文字者之必注意于讽诵，犹之唱歌之必先按谱，其理一也。予深信应范读文字，教师能先时熟读以涵泳文中之神理，最于读范时有益。**

癸、**学生自读　或使之高声朗诵，以昌其气；或教之曼声缓读，以玩其味。务使由气而会其神理，以及其辞与法，而喻乎其深。**

以上读文。

四　予之文字禁忌

予之教授程序，每一题文字，先作，次讲，而以读终之，意在力谋讲、读、作三者之联络也。苟曰不然，亦必依小学校教则所云，作文当依读本及其他科目已授事项，令记述之。夫然而读本文字不可不审择而慎取之矣。以予所见，世间有五种文字，不可令小学生读，虽美勿取焉者。条举如左：

甲、**文字有江湖气者不取**　如苏氏父子策论文字，所谓不免策士习气者是也。恐读之，未得雄骏之气，先学为诪张为幻，强辞夺理，此则心术之患也，况其文字尤善搭空架子，如苏子由《六国论》最脍炙人口，谓读之可利笔性，其实一派浮议，无话寻话，最为敷衍冗长文字妙诀。然其文有词无意，绝无鞭辟入里话头。大要不离予向所谓肤词廓句者近是。观其开首“尝读六国世家”以下百许字，先虚作一个冒子，下接“秦之所与诸侯争天下者”六句，忽作双排文字。美之则曰一笔化两笔用，排之亦可曰叠床架屋，无甚意义。以下文字，反来覆去，不过“韩魏塞秦冲而蔽诸侯”一言，足以了之。此皆尽人所知，亦何用如许叮咛作诰诫语哉，譬如与人语，毫无新意思动听，说来说去，总是一言，闻之岂不令人生厌？予谓子由文字，仅多佳者，惟此等文字最为魔道不可用，而近日国文读本多选之者，故附论及之。

乙、**文字有海气者不取**　予参观某地某校，见某君适讲吾邑乡先辈氏《澳大利亚可自强说》一文，谓华人异日必能自强澳洲。此等议论绝远于事实，徒长国民虚骄自大之气，而作者竟海阔天空，放论无忌。吾无以名之，名之曰有海气。惊其言之河汉无涯际也。或曰，读之亦以恢张儿童之志气。须知吾国民非不能大言自慰之为患，而志大才疏、德术智不足以相副之为患。此等文字，适足以来黄祸之声，招敌人之忌，益滋海外侨民窜逐之祸已耳。

丙、**文字有客气者不取** 如苏子瞻《答张文潜书》，论王氏之文，比之荒瘠斥卤弥望黄茅白苇，诚不免刻酷。恐读之未能会其语妙，而学为厥性好骂之山膏，以语言文字取人厌，是亦不可以已乎。

丁、**文字有名士气者不取** 即韩由子所谓少年子弟，不宜使读《世说》未得隽永，先习简傲之说也。小品文字半属之。

戊、**文字有腐头巾气者不取** 以其不能鼓儿童探讨文字之兴趣也。予参观某地某校，见某君讲刘德新《戒酗酒》一文，其文平铺直叙，绝无意境。夫酗酒之宜戒，此亦何消说得，而必欲断断推论其理，斯不免腐头巾气矣。桐城吴挚父氏，谓文字不宜说理，以文境贵奇而理只平平也。予谓**文字亦何尝不宜说理，惟不宜说愚夫妇可与知能之常理耳。**何也？以其无可说也。此等文字，仅可归入修身项下讲之。

6 小学各科教授法（节选）

徐特立（1877—1968），湖南省长沙县人。江西中央苏区时期教育的奠基人、延安时期教育的组织者。其教育实践与理论具有鲜明的时代性和创造性。正如朱德所赞誉，无产阶级革命家、教育家徐特立，是中国由旧民主主义向新民主主义和社会主义进行伟大变革时代的新思想、新教育的代表。

他于1914年出版的《小学各科教授法》，是我国近现代教育史上第一部教学论专著。该书将小学11门学科的教学法集于一体，具有开创性、科学性。本论典节选该书第二章“国语科”之第一节“教授目的”和第二节“教授材料”，以帮助了解和深入研究早期革命根据地的“国语”教育，从而找到与当前语文教学改革的某种对接联系。

第二章 国语科

第一节 教授目的

国语要旨，在使儿童知普通言语及日常须知之文字，**而养其表达思想之能力，兼启发其知德者也**。盖国语为国民思想交换之要具，由无形之言语及有形之文字、文章而成，其特质，常变迁发达而无已。故概言之，其范围虽极广，虽小学校则务须除去已往之死文死语，而授以现今通用之语录为要。

今依思想交换之作用观之，则分国语教授为二：一则**依言语与文字、文章，而使理会他人之思想**；二则**依言语与文字、文章，而使发表自己之思想是也**。国语教授即以此二作用为要旨，详言之：国语依言语而得正当之理会者则为**听法**，依言语而得正当之发表者则为**话法**，二者皆包括于语法中。特发音为言语之要素，练习时所宜注意耳。次依文章而得理会者则为**读法**，依文章而得发表者则为**缀法**，二者亦包括于语法中。写文章以文字为要素，书写文字亦为必要之技能，即所谓**书法**是也。

又国语于形式方面，为思想交换之工具；此外，尚有实质方面，为思想发达之工具，即知识之收得，德行之涵养，趣味之养成是也。而德性尤为国民志操之涵养，所俟于国语教授者实大，是国语一科为国民观念及感情之发表，而与国民生活有密切之关系，所以统一国民之形式者也。

国语教授固有形式、实质二方面（语法属于形式方面，而所表达的内容属于实质方面），**然其主要目的则在形式方面**。故教授时，当以形式方面为主，实质方面为副。**然二者须互相顾助，始能达国语教授之目的**。今以表示之如下：

- 国语教授
  - 形式方面（主目的）
    - 理会
      - 言语
        - 听法
        - 语法
        - （语及日常须知之文字、文章）
      - 文字文章
        - 读法
        - 语法
    - 发表
      - 言语
        - 话法
        - 语法（发音）
        - 文字文章
          - 缀法
          - 语法（书法）
      - （表彰正确之思想）
  - 实质方面（副目的）
    - 言语
    - 文字文章
    - ——知识之收得、德行之涵养、趣味之养成（启发知德）

第二节 教授材料

一、形式方面 于寻常小学初，正发音，使知读法及书法、缀法，渐进而及日常须知之文字与浅易之普通文，并使练习言语。至高等小学则稍进其程度，授以日常须知之文字及普通文之读法、书法、缀法，并使练习言语。今顺次略述各项于下：

（甲）发音 **发音（拼音）为语法之基本要素，**初步教授当使之知音之价值。夫发音之练习，向尝漠然置之，徒费光阴于事物之观察及杂谈，殊失国语教授之目的。且吾国土地广漠，人种复杂，言语至不一当，苟非于儿童发音切实注意，则国语终无统一之日，故初步教授，当依韵音学之所示，而授以正确之发音，予以矫正。

（乙）言语 言语之用甚广，能迅速以表其思想，且能使叙述详明，是所以优于文章，而为国语之主要部分也。然**言语之练习，先定标准语（即普通之言语）读本，当以京语为标准。语话法亦当以之为标准而矫正其方言。**

（丙）文字 文字须由字画之简单者起，且须依基本文渐进而及于复杂者。又书法所用书体以楷书与行书中之一、二种为宜；然比较楷书与行书之得失，固以行书为优。而**习字帖之文字，须选读本中有间架结构之基本文字而练习之。**

（丁）文章 文字得永久保存，且得交换思想于异地，是为优于言语，而为言语教授上重要之部分也。文章分言语体及文语体二种。就今后观之，文语体之运用必广。然当过渡时代须并用两体应儿童发达之阶段，而由简单之言语体进于复杂之文语体。

读本之文体，言语体与文语体须皆平易优雅，无卑野聱佶之弊，而足为国语之模范者。又缀法之文章亦当与上相同，而以读本之文章为模范。故**读本不宜如古来所以但用文章之形式，须顾教师所与之模范文及儿童之程度而使知普通之言。**

（戊）语法 语法为言语之骨干，而文章之命脉也。儿童习日常言语与文章之际，虽不知不识，亦能收得其知识。然此为偶得之知识，其基础不固，故须于练及言语与文章之际，注意文之组织及助动词之使用，并须常结之为法则，注意于语句之承接、文与文之关系等，而**授以实用有系统之语法。然语法当以现行之言语与文章为限；且既授之后，当使之应用于语法、缀法上。**

二、实质方面　国语教授之实质方面有三：即**知识之收得，德性之涵养，趣味之养成**。是也，而依**陶冶之性质**言之，则**兼知育、德育、美育**；依**心理的见解**言之，则**有知、情、意三方面**。故其材料当取修身、历史、地理、理科及其他生活必须之事之富有趣味者。至于女子有用读本，特宜注意家事，即国语教授实质材料之取法也。

（甲）**知识之收得**　国语科所授之知识，须兼备自然知识与人文知识。间常考日本发达之历史，有偏重自然知识之时代，又有唯以人文知识为主之时代者，但此二者诚不可偏废。在寻常科须兼与以地理、理科、历史等之知识，高等科当与此诸科相待，而授以日常必须之知识。然相待者，相助之谓，非重复之谓也。重复则当避去。

（乙）**德性之涵养**　国语科之材料当涵养道德的，且国民的思想修身科授实践道德者，故国语科助之。且其材料以含蓄深长，富有活气，能振作儿童之精神者为足。

（丙）**趣味之养成**　国语之材料当为涵养儿童之趣味及文学的趣味者，如文人杰用则为国民文学之神髓，丰富国民的观念，发挥道德的观念。其结构、其含蓄，皆富于趣味，故高等科各学年均宜采选。

以上专就读本之材料而言。而缀法文题之选择，亦当准此。文章之缀法，使记述读法及其他教材所授之事项、儿童日常见闻之事项以及处世必须之事项者也。语法及书法，实质方面材料之选择亦准此。

7　纯正教育之真义

经亨颐（1877—1938），字子渊，浙江上虞人。近代教育家，书画家。1902 年东渡日本攻读师范。回国相继担任浙江官立两级师范学堂校长，浙江第一师范学校校长。“五四”运动时期，倡导新文化运动，尤其支持国文教育改革，在浙江一师，陈望道、夏丏尊、刘大白、李次九“四大金刚”并峙的国文泰斗级教师阵营，蔚为现代语文教育史上的壮观景象。因遭受旧势力排挤而离职，不久，在家乡创办春晖中学，明确提出“反对旧势力，创主新学风”的教学主张，英才辈出，业绩辉煌，蜚声海内外，赢得了“北有南开，南有春晖”的美誉。

《纯真教育之真义》，系 1916 年春浙江一师学期始业式所作的训词。该年，袁世凯称帝，改国号洪宪。经校长在这样的背景下，发表了办“纯真教育”的思想，其实质是宣示了他的“独立人格，自由思想”，也正代表了那一特定时期一大群教育界、思想界优秀学者们的学术共识。这篇文章无一字涉及国文教育，但，它正是在更高的层面上启迪着国文教育工作者应有的人格精神与事业的价值取向。当我们研读这段蕴涵深刻的文字时，我们可以联想到经亨颐属下的四大金刚及后来的俞平伯、朱自清、李叔同、丰子恺等大师的形象。“纯真教育之真义”，宁与国文教学不相干乎?!

年符一易，闻国体变更，民国五年已宣布改为洪宪元年，教育上似有改更方针之论。校长之训话，其将转共和之舵而倡言君主乎？同是一人得毋先后矛盾，无以为语乎？抑置之不理，姑为观望以待解决乎？此或诸生所期望，而余亦不能已于言者也。一言以蔽，**不论国体变更不变，教育决不变更，非不愿变更也，不必变更也，纯正教育原如是。**首宜研究者，教育对于国体为积极的鼓吹乎？抑为消极的防止乎？由前之说，民国时代盛倡共和，必使人民养成放浪自由之习气，教育者岂所赞同？故共和国家，教育上本非积极的鼓吹，其焰炽当为消极的防止其流弊。曩言共和与道德，及共和即众心结合之意，皆为防止共和之流弊起见，是故共和流弊之方向，与教育之方针本不一致。若国体改为君主，教育上亦非积极的鼓吹，仍为消极的防止。而教育之方针初无变更，共和流弊之方向与君主流弊之方向，固东西相反，教育则衡其太过不及、自左自右，仍不失为南北方向也。

共和与君主何以异？所异者其流弊耳。**共和国家不可无统治，君主国家不可无结合，教育上决无何意见之歧异。**读吾国历史，兴亡成败，改革无常，不外少数人之争夺与多数人附和而已。此争夺之少数人中固无教育者，即附和之多数人中亦无教育者，**教育为纯正之事，教育者为纯正之人。**共和之流弊譬之糖，君主之流弊譬之盐，**纯正教育譬之清水，多量之清水能融化糖与盐。**至于**无味教育之力，能融化共和君主之流弊而归一致。**所谓**人性即清水，余故曰教育对于国体为消极的防其流弊，对于人性为积极的图其发展。**

且国家与社会之二名词，教育上之解说亦有不同。概言之，教育对于国家为间接之主张，对于社会为直接之主张。移风移俗，对于社会而言。对于国家主张，为对于自国以外之国家而有主张，非对自己国家而主张，若对于自己国家而有主张，决非教育思想而为政治思想，所谓教育亦不纯正教育也。纯正教育，名词之外延大于国家道德的生活，无论共和君主无不适用之，余**今日训话之主旨，并不在言共和君主，而在言纯正教育之真义。**处此时势，**教育者尤宜自命为纯正之人，而后可行纯正之事，**诸生其共勉之。

（原载《浙江第一师范学校校友会志》第 8 期）

8　中国文之新教授法

黄炎培（1878—1965）号楚南，字任之，笔名抱一。江苏川沙县（今属上海市）人。1899 年时在松江府以第一名取中秀才。1901 年入南洋公学。1902 年后又中江南乡试举人。1903 年返乡兴办小学堂。1905 年参加同盟会。辛亥革命前，先后创办和主持广明小学和师范讲习所、浦东中学。1913 年发表《学校教育采用实用主义之商榷》，提倡教育与学生生活、学校与社会实际相联系。1917 年，联络教育界、实业界知名人士在上海发起中华职业教育社。次年，创建中华职业学校。此后数十年时间的教育和社会活动主要通过中华职业教育社来展开。是我国现代职业教育的倡导者。

《中国文之新教授法》原载《教育研究》第 27 期（1916）。是对新学制独立设科十年后国文新教授法的一篇高度概括的总结，提纲挈领，未作展开。正因如此，却给后人留下诸多可以深入研讨而予以发展的课题与实施方案。

小学校国文科之内容，析之如下。

- 思想
  - 文字
    - 作法
    - 读法
    - 写法
  - 言语、语法

第一要义，须知**国文之根本在思想**。故**教授者不可专从文字上着**

力，务设法先使其思想开发正确。不论何时，均须注意此点。

第二要义，须知**国文科所重，不惟在文字，尤在言语**。故于读法、作法、写法而外，必兼重语法，先练习发音，次练习言语。

第三要义，练习发音，须令略知腭、舌、齿、唇等声母（以兄弟姐妹为例），及喉音之韵母，并于适当之时期授以反切。

第四要义，练习发音、练习言语，须与读法并行而时时注意之，兼用会集、谈话之法，更随时矫正其俗语之谬误。

第五要义，读法，于**授新字时，字形、字音、字义三者须并重**，兼于字形之构造，字音、字义之由来，**就儿童所能解者略授之**，使其根柢清澈，兼以增其兴味，助其记忆。

第六要义，读法，须注重预习。用种种方法，以诱起儿童研究之兴味，至高年级更宜注意。

第七要义，读法，宜明句读。

第八要义，**读法，宜注意日常应用之文字**。于教科书外，随时宜利用新闻纸、广告、契据、书信、明信片等各种社会惯见之印刷品，以**广其应用，但以合于儿童程度者为限**。

第九要义，**作法初步，宜先令练习思想之发展及整理**，用译俗法使之成句，渐进即连续成文。

第十要义，作文命题，务择可以开发儿童之思想者，多就实事实物令作记述体，切不可于思想未成熟时，令作论说体。

第十一要义，**作文宜注意应用**。多习书信，兼习明信片、电报，以及契据、广告、履历书等实用上所必需者，**更试行实地通信法，以交换知识，兼可练习社交**。

第十二要义，**作文，宜于程度适当时练习速作**。

第十三要义，凡作文之订正及批详，均须准儿童之程度。

第十四要义，写法，须与读法、所授新字联络。

第十五要义，写法教授之顺序，先书空，次著于石板或纸；先用刚笔，次用柔笔，兼教以磨墨、铺纸之法，随时矫正其姿势。

第十六要义，**写法，宜令于楷书之外兼习行书。**

第十七要义，写法，宜于程度适当时练习速写。

第十八要义，**凡授国文，须随时谋与他科联络。**

9 中国教育之前途与教育家之自觉

梁启超（1873—1929），字卓如，一字任甫，号任公，又号饮冰室主人、饮冰子、哀时客、中国之新民、自由斋主人，汉族，广东新会人，清光绪举人，和其师康有为一起，倡导变法维新，并称“康梁”。是戊戌变法（百日维新）领袖之一、中国近代维新派代表人物，曾倡导文体改良的“诗界革命”和“小说界革命”。其著作合编为《饮冰室合集》。他的《中等以上作文教授法》与对王森然《中学国文教学概要》所作之序，是为国文教育研究之经典大作，因有其他论著讲述，本《论典》从略。

本文原载《教育公报》第4年第2期（1917），作者由对当时教育现状的忧虑，引发了对“中国教育之前途”的展望，对“教育家之自觉”的期盼。文中所列的四个注意点：“科举余习”“学问实用”“兴趣教育”“言文不一”，迄今仍可烛照语文教育改革中之热点问题，吁请各位关注。

教育部为全国教育行政最高机关，诸君又为全国教育最高机关主要之人，今日鄙人与诸君相见一堂，非常荣幸。但鄙人于教育经验甚少，亲身从事教育者不过在湖南办学校半年有余，时间既短，办法又不完备；今乃在全国教育最高机关与诸君谈论教育，岂不惭愧！查我国创办教育，在前清光宣时代；当时无论新旧中人，莫不以教育为救国之要图，其规模制度虽不完备，然办理教育之人抱有一种热诚，皆视教育为应尽之义务；此种精神实为后来所不及，以今日教育现状而论，学校数目颇有推广，学生名数颇有增多，形式上不无进步，至精神上则有远逊于昔者。昔时人人视为救国要图，今乃不为一般人所重视，地方上不独无提倡，且从而摧残之。不独此也，即社会对于教育，亦有种种怀疑之处，以为教育究竟于国家有无利益。夫教育为立国之根本，有不待言者，至今日而复发生教育有无利益问题，讵不大可骇异？然必有所以致此者，其故不可不深察也。此诚非常危险，故鄙人近日对于教育抱有非常之悲观，以为今之教育方法，非根本改革不可。夫现在教育之气象，何以至于此极，固属政府与社会方面俱有种种之原因，而教育之自身亦实有不能自存之处。**今后之改良，盖一方面在乎全国政治之趋向，一方面在乎教育界之认定责任也。**以教育与其他政治之关系而言，教育总长处最高机关，不能不负责任；至教育自身不能自存者，究在何处，鄙人在教育上无实在经验，言之恐不能中肯。惟个人之意见，以为有数点应当注意，试缕陈之。

第一点，**现在教育未脱科举余习也。**现在学校，形式上虽有采用新式教科书，而精神上仍志在猎官，是与科举尚无甚出入也。中国科举习惯，在汉朝时已有萌芽，至唐宋时始完全成立，至清室乃极端发达。汉武帝立《五经》博士弟子员，供皇帝之侍奉，有识者非之；太史公《儒林传》曰："余读功令至于广厉学官之路，未尝不废书而叹也。"夫广开学校为极善之举，何至废书而叹，可见当时之学校专为官吏而设，入学校亦惟在于求官，班固所谓利禄之途然也。太史公所为叹息者，即在于此。然则我国利禄之害，其中于学校久矣。……中国初办教育，学校尚未完备，而主持教育者仍沿用科举之方法，惟知奖励学生做官，如学生毕业奖励，留学生考试分部章程，纷纷颁布，此在他人所深恶痛绝者，而吾国方竭力奖励之不暇。夫以二千年来之恶习久已深印于全国人之脑筋，极力矫正尚恐不足，而况加以奖励，其结果尚可问乎？至今日其险象已露矣，即西河沿一带客栈，求官者多至数万，遑论他处！此时教育尚未能普及，已有此现象，**假使将来教育普及，全国人皆有做官思想，试问何以应付之？**此非鄙人之妄言也；从来教育具若何之方针，斯造成若何之国民，教育以做官为方针，必使全国人有做官之思想而后已耳。教育不能普及，尚有农工商等人；一旦普及，则农也、工也、商也，将全变为官矣，世界宁有此等国家耶？欲去此种积习，亦非政府定一方针应可办到者，是在教育界中人通力合作以矫正之；如一时不能去净，则逐渐图之，从前错误或有矫正之一日也。社会对于教育怀疑之点，前已言之，如抱此疑问者仅属顽固之人，犹有说也，实则不独顽固者然，即不顽固者亦大都如此也。教育之坠落至于此极，尚可问乎？至于科举积习如何始可铲除；其矫正之法式，或将此弊编入教科书，或著为论说，亦不敢遽定；惟教育界人不可不时时研究之，教育最高机关中人尤不可不时时研究之，研究之结果，必有方法以矫正之。此所当注意者一也。

第二点，**学问不求实用也**。据鄙人之意见，学问可分为二类：一为纸的学问，一为事的学问。所谓**纸的学问者，即书面上的学问，所谓纸上谈兵是也。事的学问，乃可以应用，可以作事之学问也**。中国数千年来及欧洲文明未兴以前，皆是纸的学问，读古人书，不外摹仿与解释二类，所学专为印证古人，食而不化。经史文词固有然矣；即新学盛兴，乃有矿学医学，然读矿学书只能读熟，不能应用，其无用与熟读经史文学等；有如烧纸成灰而吞，无论文学之纸灰，矿学之纸灰，其为无用一也。欧洲二百年前，实用学问未能发达，亦是为纸的学问所误；如学几何，只能熟习其程式而不能应用于事物，其无用与吾国之文学等耳。自实用教育发明，欧洲教育经一次之大改革后，然后科学乃大进步，吾国始而八股，继而策论，继而各种教科书，形式上非无改革，然皆为纸的学问，不过天地玄黄变作某种教科书之天地日月耳，又何裨于实用乎？教师之教也，但使学生能读能解已尽其事，不问其他；学生之学也，亦志在能读能解，可以考取最优等，不问其他。然**学而不能应用于世，无论如何勤学，终是纸的学问，其结果纸仍纸，我仍我，社会仍社会，无一毫益处也**。且不独毫无益处，若细细研究，其结果，则受教育者文化反在未受教育者之下；何也？彼未受教育者尚能与社会时常接近，既受教育者反与社会全然断绝，欲再学则时不再来，又自谓地位较高，不屑与社会为伍，以致自暴自弃，一无所能，故未受教育者尚能得一技之长，为农为工为商而已；受教育者则舍做官外无他能力，因做官只须每日到署，尽人而能也。此固由今日社会他种事业全不发达，不能全责教育自身，然教育自身亦不能辞其责。如某君在外国留学商业，当其求学时，本无做官之志，乃回国后欲在商界谋一事而不可得，遂不得不求为官矣。彼本为商业学生，何以不能在商界做事，固由于中国商业太旧，而实际由于彼在学校时，除读书外，未曾研究一切商业习惯，或仅知外国商情而不知本国商情者，皆纸的学问误之也，何能全责社会乎？今使有人劝一商界中人曰：尔用人须用商业毕业之人，其人亦勉从之；然彼所用之商业毕业者，卒不能为之办一事，一经失败，则此后永远不敢再用此辈矣。故吾人须知纸的学问之害，于学生在学校时，令其研究一切社会应用之事，则学校愈多，国家愈进步；盖人之机能愈用而愈发达，如专在纸的学问上用功夫，则空耗费脑力而已。总之，**学校与社会万不可以分离：在学校时，于社会应有之知识研究有素，毕业后断不患无人用之；在学校养成一种活动之能力，将来在社会上可以不必求人，亦足自立**。且天下事积小以成大，一学生能为一小事，推至十百千万学生，其事业安可限量耶？现在学校与社会既不相容，顽固者以为学校无用，学校中人则自谓纸的学问已不少，社会上何以不用？因而愤世嫉俗，使学校与社会至相仇视；社会既为一般老农老工老商所据，事事不求进步。学校中人又无机会与社会相接，亦不能贡献新得于社会，大局岂能进步？非独无进步也，甚且仇视日深，终至牵动大局，而祸变未有已时。此所当注意者二也。

第三点，即**趣味教育程度问题**也。此为鄙人个人之一种感觉，现在尚未能自信，然不妨与诸君商榷之。教育儿童纯用趣味引诱，则不能扩张其可能性；从前教师之对于儿童过于严厉，专用体罚，致使儿童视就学为畏途，且足以妨害儿童之发育。今矫其弊，专以趣味教育引起儿童就学之兴味，如教科书之图画等之类，其法固善，然趣味教育之程度，则不能不加以研究。如近时教科书之深浅，种类之选择，课程之分配，仅足为中材以下之标准；稍聪颖者则虽倍之不为多，此在编者教者或不欲过费儿童之脑力，然失之过宽，亦实有不宜之处。盖**人类之可能性非常之大，教育之目的即在扩张其可能性，愈用愈发达，愈不用亦遂退化**，证之生理学中不乏其例。今有二人于此：年岁相若，体质相若，衣服之厚薄亦相若，乃一则畏寒，一则不畏寒，则皮肤中可能性发达之程度异也。盖人类皮肤中反抗外界激刺之可能性愈受强迫，愈益发达，如常以冷水浴者自能耐寒之类，故可能性者加以若何之勉强，斯发达至若何之程度者也。人之精神亦复如是。昔人谓精神愈用而愈出，实为名言；如吾侪每日做事见客，亦不觉其苦，若长日无事，身体反觉疲倦，即其证也。故**教育儿童，徒以趣味教育，俾其毫无勉强，必不能扩张儿童之可能性也**。回思吾侪束发受书之际，并无今日美丽之教科书，悦目之图画，成绩亦颇不恶，则以受各种逼迫之故，其可能性自然发达也。**读书而令儿童自己思索，不为讲解，未免近于蛮野；然如为师长者或授一书而强使记诵，或发一义而使之思索，衡以今日教授之法固属不合，然往往因此而生记忆力与理解力焉**。鄙人言此，并非主张旧日之教法，不过证明今日纯用趣味引诱，不加强迫，亦未免过犹不及耳。此所当注意者三也。

第四点，**言文不一致，足以阻科学之进步也**。以中国现在之文字，学现在世界之科学，欲其进步，殆绝不可能之事。非以其烦难也，以中国之字常用者不过数千，原不为难，难者其文法之组织耳。语言与文字分而为二，其结果自不得不为纸的学问。盖吾国之文字，乃**古时之文字，惟宜对古人用之，不宜用以求今之科学也**。欧美各国亦有古文今文两种，古文惟用于经典，研究科学绝不用之，即如德国科学之进步不过百年间事，其学问所以如此发达者，实因国语独立。故我国教育各种科学必用古之文字，是为国内之不独立，是为对古人之不独立；讲来讲去皆是古来学问，非现在之学问，无怪教育之不能发达也。此事闻贵部久已注意，可谓卓识，然不可不乘此时机造成一种国语。所谓国语者，非用一地方之俚语也，其程度必视寻常之语言稍高，视寻常之文字较低，将来通用于各学校以利教育，则于科学之进步、教育之普及均有莫大之裨益也。从前一般教育家，深以儿童读经为诟病，诚以六七岁之儿童万不能与之讲经说古也；今虽易以教科书，而所用者犹是古来文字，直五十步笑百步耳，科学之不能进步者以此。故**鄙人以为及早造成一种国语，用以编纂教科书以利教育，诚目前非常重要之事**。此所当注意者四也。

以上四点，不过鄙人一己之感想，是否有当，不敢自信。此外或尚有其他意见，惟苦于时间不能详尽，他日如有机缘，当以文字或演说贡献于诸君也。此数点外，鄙人尚有数言贡献于教育界者：大凡教育之前途，及现在之缺点，他日之改良等问题，身在教育界者自必有一种感想。惟主义政策究属空言，必得其人然后乃能有济，否则虽有善法，亦属无补于事。外国教育之进步，由于多数之教育家之力，任其难。中国果有教育家否，殊为疑问。**盖凡为教育家者，必终身以教育为职志，教育之外，无论何事均非所计；又须头脑明净，识见卓越，然后能负此重任**。吾国教育界中人，或一面在学校当教习，一面又兼营他事；即有不兼他事者，亦皆存一无可如何之心。夫**教育之事业何等重要，专心致志尚恐不能尽善，今乃存一无可如何之心，试问何能进步**？从前塾间教师，所入极微，又极劳苦，然其兴味极浓，精神贯注，学生感触其精神自能有益；今之教育中人既以担任教育为无可如何，其精神之懈怠可想，学生岂能获益乎？夫学界之力，常与政界相抗，学界与政界争人材，学界自不能胜，况现在之时局日有变迁，做官亦并不甚难，故苟非志向极坚定之人，未有不为此潮流所卷去者；教育家之难得，职此之故也。欲矫除以上之弊，卓然自立为教育家，万不可不有一哲学之理想，以与社会之恶习相抵抗。哲学之理想乃最高尚之理想，不独教育界人有此理想，可以不为外物所动；即平常人有此理想，亦可免除许多烦恼。吾人须知人类为何生存，吾人在世界上有何责任，如仅为饮食男女等事，上天又何必生此世人乎？然则吾人生在世间，必有责任明矣。有责任斯有目的，照此目的做法，则虽苦不觉其苦，否则即一日做一无目的之事，其苦已不可名状矣。今者全国之人均陷于悲观，其悲观之所由来，亦实以无目的之故。现在不知造何因，将来不知收何果，终日忙忙碌碌，而不知究为谁忙碌。焉得不自觉其苦乎？夫人类之进化无穷者也；**先哲有云："在止于至善"。至既有限，止亦无期；惟循进化之轨道而行，一人所不能做者合全世界人为之，一时所不能为者合千万年为之，其能达到与否均不得知，然却不能不抱此目的以行。**盖世界之进化轨道，乃有统系者，如一条铁链然；铁链为无数之铁环互相衔接，互相联络而成，自首至尾节节进步，不能中断也。人生于世，于社会有关，于进化有关，只要做一分事业，即有一分效果，万一不做则如铁链中断，先我之人既前功尽弃，后我之人亦无从下手，吾人之责任又岂轻哉？张子所谓乾称父，坤称母，子兹藐焉，乃混然中处者，其责任若何之重大！知此责任，无论作何事业，心常舒泰，否则虽努力为之，未有不自觉其苦者。一般之人如此，而**教育家之责任尤重，然切不可因其责重而退缩不前，只须认定方针，必可达到目的，所谓求则得之是也。**人生不过数十寒暑耳，社会之纷纷扰扰，吾人何必去管？**名利为身外之物，贪多务得，有何用处？即人有百裘，著于身者只一裘也；明乎此理，自然不作出位之思矣。**况教育家自己所做之事，较他事尤有把握，如**政治家之政策有失败时，而教育则无所谓失败也；功夫一毫不妄用，何乐而不为乎？**余愿身当教育之冲者，自知其事业重大，且又极有把握；将他事看轻，执定主意，不与社会上之浊空气相接触，则心君泰然，自有余乐，何必以官易我之教育乎？世界各国之教育家，莫不有此理想，故能将至苦之生涯视为至乐之境，否则世界何能有进步？如艺花者起早眠迟，非不知自逸之乐也，惟其目的在欲得好花，故虽劳而不觉其苦；教育家之成德达材，视今日之生徒即他日文明灿烂之花也。鄙人极愿我国之教育家养成此志，将来对于中国之前途固有莫大之希望，即对于自己一身亦有非常之愉快矣。

10 自习主义读法预习法

天民，朱元善之笔名。生卒年不详。民国时期著名教育理论家。浙江海盐人（与商务印书馆张元济馆长为同乡），继陆费逵后，曾于1912—1921主编《教育杂志》，并主编《学生杂志》《少年杂志》。茅盾先生年轻时（原名沈德鸿）曾受到朱氏赏识，为朱氏助编过《学生杂志》。茅盾后来回忆说："朱元善编《教育杂志》，主要依靠许多日本文的教育杂志。……朱本人并不懂日文，他只看日文中的汉字猜想内容，认为可用，便圈出来，请馆外人翻译。……两种或两种以上的杂志中有讲同一问题的，例如介绍英美新思潮的，都翻译出来了，他就据以重新编写，成为一篇文章，不注出处，只署名曰'天民'。"

《自习主义读法预习法》《电报文之教授》《国文教材之处理法》《写生主义之作文教授》《作文教学之新分类及其活用》等，均为天民的编译之作。兹录载于《教育杂志》第9卷第11号（1917）的《自习主义读法预习法》，以窥得当年引进新教法之一斑。

一、自习态度与预习价值

自习之态度，非唯于读法为必要，不论何教科皆然也。吾人之知识，被动的注入，远不若自动的之有实效。预习者，即感动儿童之意志，以增进其智能。此最合于近世科学之教育法也。

不论何种教科，当其受教之前，先检阅应习者之大体，至为重要。非唯于小学儿童为然，进而如中学校高等学校，更进而如大学，益为必要。受中等程度以上之学科时，若一度怠其预习，则其智识必薄弱，而不能悉同化为真之知识。此于英语、数学，尤为明著。故承学之子，慎弗忘预习与复学之二大目的，教师与父兄亦切宜注意。而**对于小学儿童，课以预学，尤为养成自习的习惯之要务。此习惯可使小学之效果，悠久而弘大，且于知能修得法之实行，有至大之价值也。**

二、预习之时代

预习之价值如此，而课于如何之时代，最为适当乎？此亦必须研究之问题也。其在理科地理历史等，至于上学年，为独立科目而教授时，直即课以预习为宜（惟最初须有教师之补助）。若夫读法，苟课之过早，则非特无益，或反有害。论者对于预习之意见，颇不一致。或谓以不课为宜，课之反足夺复习之日力。此盖过虑之言也。为此论者，想以对于预习未曾案出适当之方法故耳。

三、读法预习之必要

读法科以预习为必要，无俟赘言。而所谓读者，实于读法教授为最先要务。在国民一二学年，诵读既熟，自能通其意义，故诵读为此时代之主课。及学年渐进，诵读虽仍属重要，而此外如语义、语法及文之构造法等，亦为其当注意者。此等之业务，欲于一时间内完全行之，殊非易易。若专事诵读，则其他业务不尽废乎？若欲兼顾诸方面，其授业势必粉冗无似。于此而筹救济之策，以**使儿童预习，则自行研究读法，实为必要**。若在可以预习之时代，教师尚为读法之教授，是无异对于十四五之少年，尚哺以乳汁，或持其手而助之食也。或有以儿童自行研求读法为难者，而实不足虑，或乞灵辞书，或求指导于父母兄姊，皆无不可。全部正确，固非所望，稍有谬误，务宜恕之。此时若加以苛求，殊非教育的奖励之法，故宜褒奖其苦心而勉其努力。儿童读书力之进步，端赖于此。**若养成儿童畏读未习书之习惯，则读书力之进步无望矣。**此读法之预习所以为必要也。又使于读本新出之文字，旁标竖线，以为受业时注意之备，亦颇有效。

四、读法预习之三时代

读法科之预习，自国民二学年之后半期，徐徐课之，最为适当。余拟分预习之时代为三期。**第一期为预习之预备时代，国民二学年之后半期属之。第二期为练习时代，儿童之努力为主，教师惟居于辅助之地位，此时代以三学年之后半期为终止。第三期为自由预习时代，此时不借教师之辅助，全恃自力为之，四学年全属此时代也。**此之区分，为余所假定，不过略示其大概而已。试就此区分法说明如下：

（甲）预备时代　此时代专为预习之准备，但能勉强读其大部，已可满意。惟如是，**儿童已劳苦殊甚，故教师之辅助，至为重要。**此时代以置重部分预习法为宜。读本中难解之字，使之受教于父兄，亦为良法。儿童于家庭中先约略诵习，设有不正确者，更由教师订正之。若读本中新出之文字甚多，则可摘书于小黑板，附以音义，于放课后揭示教室，使儿童录写之。或于读法时间之终，教授下届教材中新出文字之读法，使从事于预习皆极有效益。

（乙）练习时代　**国民三学年之儿童，其脑力已稍稍发达，**在预备时代，既受教师之辅助，故于大体会受教授之部分，当不难预习，且对之亦略有兴味。预习之方法，既已理会，习惯性亦渐次养成。故此时代真努力练习预习之时也。惟此时教师仍当略与辅助，以资督励，但**当使儿童为活动之主体，宜切记耳。此为养成自习的态度之主点。**故不可以部分预习为满足，同时又当课以全体之预习；又非唯以诵读为限，并宜使了解其大意。此亦练习时代之要点也。

（丙）自由预习时代　此为预习终局之目的所在。欲达于此时代，必不可不经过前之二期。故前二期皆其准备时代也。此为课于三学年以后之预习法。不赖教师之辅助，全以自力而预习，虽不无困难之处，然儿童之活动旺盛，读书力益益发达。全课预习及部分预习，宜并为之。诵读之外，又当知悉其内容事实之大略，而文章之构成法，亦须注意，并使于杂记簿制图列表，俾可一目了然。如是而读书之效果，始得确实，缀法亦可因之而进步。世有于高学年之读法科，始终惟使为读法之练习，而全不兴缀法连络者。受如斯教法之儿童，试观其缀法，于记述事实之顺序及文章之构成法，必全不明了。某著述家有云：著述之项目既立，则著述之半，已告成矣。余谓小学儿童缀法之记述要项，苟能以独力为之，则于缀法科，虽谓已得成功可也。**要之，此时代之预习，苟唯努力于读法，而不兼及于文之构成法等，犹未能谓达读法科之目的也。**

五、预习之方法

一、下次教材中新出文字读法意义之提示　以下次教材中新出文字之读法及意义，提示儿童，而使之从事于预习，惟教师是赖。故此为预备时代与练习时代当采用之方法。以余所见，言之如次：

（甲）教师之提示以下次教材中之新字及新语与夫稍稍难解之熟语，摘记于小黑板，附以音义，于午后休憩时或放课后，提示于教室，使儿童各录入读法簿，至家庭预习之。又如尚有未曾读过之字，则使记入杂记簿以备质问。或未预习之前，先使儿童出读本诵读一过，有不解其音义者，立即质问，则耗时可不甚多。又于质问之际，同一之文字，可免屡受质问之烦。或不提示于小黑板，而于教授时间之终，将下次教材之新字，详为指授其读法及意义。此法至为简单，教师可免数多之烦琐。其为儿童所已识已解者，则当使自言之，尤不待言也。

（乙）优等儿童之利用　教师之职务綦繁，对于各儿童一一而辅助之，殊非易易，故**于三学年以上，大可利用优等儿童，使代行教师之事**。此时令各学级之优等儿，将教材中新出之文字，书于黑板，附以音释，其他各儿童，则照录于杂记簿，而为预习时之依据。**然若全任之儿童，教师不一检阅，则谬误必不能免，**故宜使儿童及早录写，教师于休憩时内，一一过目，则甚简而易行。或使儿童晨间入校时于教授时间之前，受优等儿之指导，以为其日教材之预习亦无不可，惟须于训练上及体育上无甚障碍，乃为善耳。

二、教材之预告　此为课于自由预习时代之方法，教师之辅助与优等儿之利用，皆所不需，惟预告以自某页至某页或某课之全体，宜从事预习足矣。自教师方面观之，最为简单易行，方法之善，无逾此者。此预习以使用辞书为必要，其困于经济之家庭，不能购备者，则由学校购致，以备此等儿童之公用可也。

11　中学国文科教授之商榷（节录）

夏宇众（生卒年不详），我国早期系统研究国文教授的学者。蔡元培先生为之系列论文集《中学国文科教授之商榷》作序，盛赞夏君宇众"以西人治话语之法，应用吾国之死语"，"其于教者、学者之通病，既为极精确之抉摘，而于是所提出之标准与方法，皆循自然之次序，而语语可以实行。"夏君该集论文涉及方面甚广，兹选录（五）（六）两节，可见他对当时教授"文法要略"与"文字源流"，具有相当指导的意义。

原文载《教育丛刊》第2期（1918）。

（五）教授文法要略商榷

（A）宜提前教授　部定中学校课程标准，自第三学年起，始授文法要略。按中学文法，约分词典部与修辞部二部。鄙意以为关于词典部者可自第一学年授起。何则？因中学校第一学年，英语科已兼授文法，学生对于指部（Parsing）析辞（Analysis of Sentence）之事已有端倪，投以中文词典，必易于感受。且同时在讲文方面即可深究局言位字之法，讲文后，即可行指部析辞之练习，故有提前教授之必要也。

（B）宜与外国文法联络　我国文法向无专书；不过弃于故典，散在众籍而已。有之则自马氏文通始。将我国文句法式，条分缕析，悉比附于西文之义例。近日中学校文法要略等课本，虽详略有间，然大半胎息于此。要皆以中文之法式求合于泰西之文规，无有例外。故曾直接治英文 Grammar 者，解此易于反掌，故鄙意以为文法要略中，关于词典部分教授之程序，当与英文文法取齐进主义。例如英文文法在此时期，正讲名词与区别词，中文文法，亦即授名词与区别词：所异者不过字形与举例，有本国外国之别而已。能如是，则中西沟通，错综互蹬，匪特中文文法易于理会了解，且同时所得于英文文法者，亦亲切有味。诚一举两得也。

（C）文法要略中当加编应用书牍　近日中学生有拟一便条，或通常函简，多不能达意。甚或荒谬伦，资社会以诟病之材料。此无他，良由平时所恃者，仅读本中数篇文学式的书札，当然不能应用。故必另编应用书牍一本，以资练习，而举例示式，当求朴实适时，力矫昔日种种滥格陈套之弊。于几授文法要略时间内，酌授若干时，即已竣事。西人修词学，或文法教科书中，“类”皆附有书牍执范（Letter-Writing）一编。良以此为学生文字应用上之急需，不可漠视也。

（六）教授文字源流之商榷

部定中学校课程表，第二学年国文科兼授文字源流。然按学生感受之难易论，则文字源流，不应先于文法要略。宜自第三学年授起。

教授文字源流要旨，不外授以本国文字之起原，孳乳之大概，古篆真草之流变，说文五百四十部首，六书释例，三十六声母发音之部位。使学生于本国文字形、声、义、三方面略识厓略，藉窥古人制字之源，明文字之功用，及校正笔画之讹误而已。坊问尚鲜完善教本，余所见者，内容稍病芜杂；而说文部首及发音诸方面，又皆付阙如。不知通常习见之字，皆由此五百四十部首构成，而发音又为文字三要素之一。中学关于此种方面，虽毋庸深求，而梗系不得不略示也。

12　应用文之教授

刘半农（1891—1934），著名文学家、语言学家和教育家。名复，字半农。江苏江阴人。早年参加《新青年》编辑工作，也是“五四”新文化运动主将之一。《应用文之教授》一文，是他在北京大学预科，以文学革命为宗旨，进行国文教学改革的一篇实况记录。刘先生后来旅欧留学，获得了法国国家文学博士学位；他的语言学成就也令人瞩目，其中，《汉语字声实验录》荣获“康士坦丁语言学专奖”。然而，他清醒地分析了文学文与应用文的区别，抱定实事求是的宗旨，确立了“应用文之教授”在国文教授中的根本地位，旗帜鲜明，振聋发聩。

《应用文之教授》原载《新青年》第4卷第1期（1918）。本文在写作中得诸《新青年》主编之一的沈尹默先生之匡助，为国文教授列出了许多切实可行的措施与方法。本《论典》转载时，略有删节。

商榷于教育界诸君及文学革命诸同志

钱玄同先生说过要做一篇关于应用文的文章，（他拟定的题目已忘却了，）由本志发表。我眼巴巴的等到今天，尚未看见只字，若换了肉麻滥调家，少不得要说声“千呼万唤不出来”，或说些“望眼欲穿”“望穿秋水”的套语来填凑篇幅了。

无已，还是我来先开口。

但是钱先生所要说的是应用文之全体，我所说的是应用文之教授：题目既有大小，说话就各不相同的了。

应用文与文学文，性质全然不同，有两个比喻：（1）应用文是青菜黄米的家常便饭，文学文却是个肥鱼大肉；（2）应用文是“无事三十里”的随便走路，文学文乃是运动会场上大出风头的一英里赛跑。

说到前辈先生教授国文的方法，我却有些不敢恭维。他们在科举时代做“猢狲王”的怪现状，现在不必重提。到改了学校制度以后，就教科书、教授法两方面看起来，除初等小学一部分略事改良外，几乎完全在科举的旧轨道中进行；不过把“老八股”改作了“新八股”。请看近日坊间所出的某杂志和某某等书，简直是“三场闱墨”的化身——实行其“换汤不换药”的敷衍主义便了。

“新八股”便是钱先生所说的“高等八股”。若将文学改良问题撇开不说，则此种“新八股”亦未始不可视为一种近乎正当的玩意儿；即使“造了假古董”全无用处，还尽可与“著围棋”“射文虎”“打诗钟”等末技，共同存在。然而我要问问——

第一，**现在学校中的生徒，将来是否个个要做文学家？有无例外？**

第二，与“著围棋”“打诗钟”价值相等的**“新八股”，是否为人人必受之教育？**

这两个问题，如能完全“可决”，我这篇文章，尽可不做。谓不幸而犹有万分之一之“否决”之余地，则还要问问——

第一，现在学校中的生徒，往往有读书数年，能做“今夫”“且夫”，或“天下者天下人之天下也”的滥调文章，而**不能写通畅之家信，看普通之报纸杂志文章者。这是谁害他的？**是谁造的孽？

第二，**现在社会上，有许多似通非通一知半解学校毕业生：**学实业的，往往不能译书；学法政的，往往不能草公事，批案件；学商业的，往往不能订合同写书信；却能做些非驴非马的小说诗词，在报纸上杂志上出丑。**此等“谬种而非桐城，妖孽而非选学”的怪物，是谁造就出**

来的？是谁该入地狱？

唉，老哥！别怪我说得太激烈，这一等人，我已亲眼看见了不少。当知无论干什么事，总须走清路头，方有优美的成效。譬如一个人，天天不吃饭，专吃肥鱼大肉，定要害胃病；**小孩子不教他好好走路，一下子便强迫他赛跑，定要跌断四肢，终身残废。**

我从前也做过一年半载的教书先生，那时口讲指画，津津有味的，便是“新八股”。前文说了一大批骂人话，若没有什么人肯领教，肯赏收，便由昔日之我，完全承认了罢。

去年秋季，我又做了教书先生了。那时因文学革命诸同志之所建议，及一己怀疑之结果，又因所教的学生，将来都不是要做文学家的，我便借此绝妙机会，为教授应用文之实验。虽将来成绩是好是坏，目下全无把握，而“头脑不清”之病，却勉强可以不犯了。

我在教授之前，即**抱定一个极简单的宗旨**，曰：

不好高骛远，不讲派别门户；**只求在短时期内使学生人人能看通人应看之书，及其职业上所必看之书；人人能作通人应作之文，及其职业上所必作之文。**更作一最简括之语曰，“实事求是”。

既抱定此宗旨，故于授课之第一日，即将从前研究文学与现在研究应用文不同之点，列一简明之表格，以示学生，且一一举例证明之。今仅录表格如下，例从略。

	字法	句法	章法
昔之所重而今当痛改者	1. 用怪僻费解之字（如用古字，及古物名之类。） 2. 借用不适当之字（如字之通用，及强以虚字作实字，实字作虚字之类。） 3. 用不合义理之典故	1. 讲骈俪 2. 讲古拙 }其敝之所极，必至不合文法 3. 语意含混，无一定之是非可否 4. 不合论理学	1.〈措辞〉摹仿古人 2.（立意）依附古人（即所谓“文以载道”及“代圣贤立言”也）
昔之所轻而今当注重者	1. 无论虚字实字，一一研究其正确之意义；作文时勿乱用，读书时勿任其滑过 2. 字在句中，力求位置妥协，意义安适	1. 骈散一任自然，务求句之构造，不与方法相背 2. 句句有着实之意义与力量 3. 造句时，处处施以论理学上之分析	1.（措辞）说理通畅，叙事明了 2.（立意）以自身为主体，而以古人（或他人）之说为参证，且不主一家言

又列一更简之表如下，使学生知应用文与文学文之各有所重。

研究文学应用之功夫
- 甲项……{字义、文法、论理学} 具此三者，始可称之曰“通”
- 乙项……修辞学{文彩（非滥用辞头之谓）、老练（非节省虚字之谓）}

（应用文）甲 > 乙

（文学文）乙 > 甲

>，表“重于”之意，非谓研究甲项者即不必研究乙项，研究乙项者即不必研究甲项。特与“等于”“=”不同耳。

以上是教授应用文的“开宗明义章第一”。以下可分作两项：

第一项是**选讲模范文章，这是蚕吃的桑叶，吃不着他，固然要饿死；吃了坏的，也要害瘟病**。今分选的方面与讲的方面，各别言之——

选的方面

1. 凡文笔自然，与语言之辞气相近者选；矫揉做作者，不选。

2. 凡骈俪文及堆砌典故者，不选。

3. 凡违逆一时代文笔之趋势，而极意摹仿古人者，——如韩愈《平淮西碑》之类——不选。

4. 凡思想过于顽固，不合现代生活，或迷信鬼神，不脱神权时代之习气者，均不选。

5. 凡思想学说，适于现代生活，或能与西哲学说互相参证者选；其陈义过高，已入于学哲的专门研究之范围者，不选；意义肤浅，而故为深刻怪僻之文以欺世骇俗者，如扬子《法言》之类，亦不选。

6. 卑鄙龌龊之应酬文、干录文，一概不选。

7. 谀墓文不选；其为友朋或家属所撰，确有至性语者选。

8. 意兴枯索，及故为恬淡之笔，而其实并无微辞奥义者，不选。

9. 小品文字，即短至十数言，而确能自成篇幅者，亦选。

10. 文章内容，与学生专习之科目有关系者选。

11. 记事文同一题目，而内容有详略或时代之不同；论辨文同一题目，而内容有全部或一部之反对；或题目虽不同，而所记所论，可以互相参证者；酌选一篇为主篇，余为附篇，用较小一号之铅字排印。

12. 凡长篇文字，仅选一节者，即以此节为主，其余为附；用字体分别，庶无任意割裂，首尾不完之弊。

讲的方面

1. 选定之文，均用西式句学符号；且分全文为若干段，每段后分为若干小节：眉目明晰，便于学生之预备及自习。

2. 每讲一文，先命学生自行预备，上课时，仅就3—7五条仔细解释之。

3. 作者所处时代之文学趋势如何；此时代之文学，优点如何，劣点如何；作者在此时代中，其文字之价值如何；所讲之文，能否代表其一生所作文字之全体。

4. 艰深之字义，费解之典故，均探求其来历及出处；其用于本文中之当与不当，与作文时能否仿用，亦详细说明。

5. 古奥之文句，依文法剖析之；且说明其合与不合，及作文时能否仿造。古人用字用典及造句，尽有谬误百出，万万不宜盲从者，故于4、5两条，尤为注意。

6. 所讲之文，如与学生专习之科目有关，则命学生自为比较的研究；如与西哲学说——普通的而非专门的——可以互相参证或攻辨，则兼述西哲学说之大要，命学生为比较的研究。

7. 前后所讲各文，有内容上、性质上、文体上之类似或反对，一一比较研究之。

8. 讲述左列各条——并非逐句讲述——既毕，学生如于不讲处有未能明白者，许其自由发问。但一人发问，即以所问者向全体学生细讲之。

9. 文中如有引证或相关事实之过于冗长，必兼阅他书始能明白者，即指出书名，令学生自向图书馆借阅，以促其自动之机能。

10. 将逐日所讲之事项，另编“注解”一份，与“选本”分订，于每学年之末，发给学生。

第二项是**作文，这比选讲尤为重要。**因为研究文学文的，尽可读了一世书，自己半个大字不做，尚不失为“博古通今”的“记丑之士”；至于研究应用文，着手第一步，便抱了“要能作应用文”的目的，故前文所说的选讲两方面，其实都是个“作”字的预备而已。

学生作文之前，我定了十二个注意事项，令其每次作文，取来阅看一过：

1. 题目要认得清楚。其主要处，尤须着意。

2. 文宜分段，文中意义，当依照层次说出。

3. 下笔时应先将全篇大意想定；勿做一句，想一句；做一段，想一段。

4. 时时注意字义安适与否？文法妥协与否？意义与论理学相背与否？

5. 作文要有独立的精神，阔大的眼光，勿落前人窠臼，勿主一家言，勿作道学语及禅语。

6. 勿用古字僻字；字义有费解，或未能了解其真义者，宜多查字典，或以习见字之相当者代之。字有古义已失者，宜用习用之今义。

7. 不避俗字俗语，即全用白话亦可；要以记事明畅，说理透澈为习文第一趣旨。

8. 勿打滥调，勿作无谓之套语，勿故作生硬语；实用文最宜明白晓畅，凡古文家，四六家，八股家之恶习，宜一概避去。

9. 引证当记明出处，如某书某节或某页，引用西书，当并列译文及原文。

10. **实用文取迅速主义，篇幅不逾五百字者，限两小时完篇；过五百字及有特别情形者，可酌量延长。**

11. 篇幅不论长短，自一二百字至一二千字均可；要以不漏不烦，首尾匀称，精神饱满为合格。

12. 字体以明了为佳，亦不必过求工整，免费时刻。

这都是对学生说的话。在教授上，则分为出题、批改两方面：

出题的方面

1. 出一记事文或论文题目，由学生自由作文（这是老法）。

2. 说一段文字，令学生笔述，不许增损原义。

3. 译白话为文言，或译文言为白话。

4. 化韵文为散文（如古诗及白香山纪事诗，均可改作散文，兼采辞曲）。

5. 以“讲的方面”第6条研究之结果，令学生撰为论文或笔记。

6. 以一段长冗之文字，令学生删烦就简，作一短文，其字数至多不得逾原文三分之一。

7. 就其专习之科目，出种种应用题目，令学生实地研习，（如纪载实验，解析学理，辨论，批牍，商业通信，订立合同等，各视所专习之科目定之）。

8. 以一段文字，抽去紧要虚字，令学生填补之。

9. 以一篇不通之文字，——或文理不通而意义尚佳之小说杂记等，——令学生细心改订，不许搀入己意。

10. 以一篇文字，颠倒其段落字句，令学生校订之。

11. 以一段简短之文字，令学生演绎成篇。

12. 预先指定一书，或一书之一部分，——其篇幅以一万字至三万字为限，且文义不宜高深，要以学生能自行阅看，全无窒碍为度，——令学生阅看，即提纲挈领，作一笔记，或加以论断，字数不得逾千。

批改的方面

前辈先生批改学生文字，大约不出三途：

一种是专拍学生马屁，不问通与不通“把密密的圈儿圈到底”，再加上个很肉麻很恶心的腐败批语；

一种是老气横秋的插烂病，在文卷上画了无数的“单杠”，“双杠”，“枷儿”，“靴子”，“瓜子肉”，“蚂蚁、骨头”，末了孝敬“不通”二字，便算办完公事；

一种是认真得无谓，他把学生的原作改得体无完肤，面目全变，学生看了，却是莫名其妙。

今欲补救其失，每作一文，必批改二次，讨论一次，其手续为——

1. 初次批改，只用种种记号，将文中“毛病”，逐一指出。已定之记号，凡二十四种：（略）各记号皆记于字右，遇记号不敷用时，则于字左加一直，而以“眉批”说明其理由。

2. 初次批改后，以原券发还学生，令其互相研究，自行改正；有不能改，或虽有符号，指出其毛病，而仍不能知其所以然者，许其详细质问。

3. 学生自行改订后，另卷誊真，乃为第二次之批改。此次不用记号，竟为涂抹添削，至评判分数，则折衷于初作二作之间。

4. 第二次批改后，学生有不明了处仍准质问。

此外尚拟编辑《文典讲义》一部，以为读文作文之补助，其主要材料为——

甲、“助字”用法。

乙、字类通用法，如“名词”借作“动词”，“动词”借作“形容词”之类，即昔人所谓“虚字实用，实字虚用”也。

丙、浅近之修辞学——即字义是否适当，两字或数字连接是否妥恰，琢句是否明白干净之类。

丁、浅近之论理学——示以用字造句必须斟酌之要点，使不至有“自相矛盾”之弊。

戊、依西洋文法之前例，编《句法图解》若干节。

我所主张，且已施诸实行之应用文教授法，如是如是。虽不敢如陈独秀所说“其是非甚明，必不容反对者有讨论之余地，必以吾辈所主张者为绝对之是，而不容他人之匡正”，然使有人与我为“根本上之反对”，我必正色告之曰：

“我苟消耗青年学子之光阴于无用之地，我必入地狱，诸君速速预备登天堂可也！”此文所举种种办法，有一部分得诸沈尹默先生之匡助，书此志谢。

13　缀法教授之根本研究

范祥善（生卒年不详），江苏嘉定（现属上海）人。曾任嘉定启东学校、练西小学及省立第一、第二师范附属小学教员。系《教育杂志》专题研讨作者群中一员。曾为商务印书馆、世界书局等参与主编或校订诸如《新国文》《新国语》及其他教科书多种。因常署名“云六”，易让人联想到可能与大编辑王云五有关系，于是他也颇有名声。

《缀法教授之根本研究》原连载于《教育杂志》第11卷第2、4、5号（1919），是一篇摄取国外研究成果、结合本人教学实践熔铸而成的论文。所谓“缀法”，是指联缀词句成文之法，即作文法。范氏沿用旧称，意在突出对文章类型、结构与文字技巧等训练的重视，有很强的操作性。

本文选自《教育杂志》第11卷第4号（1919）。全文共十章，这里选其中两章。

第七章文式之研究

今日新教授法之趋势，虽尊重儿童自由发展，但其思想，往往难有把握，不切题旨者有之，前后重复者有之，层次杂乱者有之。此等现象，比比皆然。欲救其弊，文式之研究尚焉。研究文式务求其中间段落，有条理，有秩序，使首尾腹背无所隔阂，盖所谓脉络贯通也。欧洲各国，或主四段，或主五段，不一其说。主四段者为 Proem，Narrative，

Proof，Peroration，即序论、话说、证明、结论之意。主五段者为 Proem，Narrative，Augument，Subsidiary Remarks，Peroration，即序论、话说、论证、谈叙、结论之意。日本五十岚氏，名为文章之形式，分追步式、散叙式、头括式、后括式、双括式五种。**吾国旧法，分起承转结，或更分起承铺叙过结六项。起者，文之起笔，如人之头面眉目然。承者，承上之意，如人之咽喉然。铺者，将所承之意铺出，如人之心胸然。叙者更详叙其事，如人之腹脏然。过者，由此段至彼段过渡也，如人之腰膂然。结者，一篇之结束，如人之手足然。**六项之中，或用其二而舍其三，或用其三而舍其二，以合宜为贵。惟起结两项，不可或缺，是为文章之体段。总之，**文章之组织，必有层次，必合论理，此东西各国相同之理。欲其有层次，合论理，非整理思想不可。**就中以日本所定之格式，最为显明，而适合于儿童心理之要求。试分述如下：

一、追步式　追步式者，其行文更续递进，有一往直前之气。此类范文，教科书中最多。凡记事叙事等文题，最为适用。例如《秋日游山记》之文，“距校西六七里，有某山焉。日曜日，约同学数人，徒步而往。经一村落，渡板桥，左折行数十步，直达山麓。崎岖曲折而上，有泉幽幽然，坠叶纷纷，飞舞于溪壑间。其奇景妙境，有非理想所及者。既而天色将暝，循原路而返。乃泚笔记之。”此篇以吾国文法之结构言之，具有起承铺叙过结六段，而自心理方面言之，则为直线的记叙。故谓之追步式。表之如下：第一段→第二段→第三段→第四段→第五段→第六段

二、散列式　散列式者，叙述相类之事物，分为若干段，各段间又自成其局面，而不相关系。例如题为《四季之景》，则举春夏秋冬间所有之天然风景，分作四段而写之，是即题中应有之义，而题蕴已尽。又如题为《车之功用》，则可列述人力车、马车、汽车、电车之功用，各自铺张之，文之意义，亦已详尽，以上二题，皆分为四段，此外段落之增减，各就题蕴而定，或多或少，并无一定。表之如下：

（1）四季之景
- 春景——第一段
- 夏景——第二段
- 秋景——第三段
- 冬景——第四段

（2）车之功用
- 人力车之功用——第一段
- 马车之功用——第二段
- 汽车之功用——第三段
- 电车之功用——第四段

散列式中，若更细别之，尚有下列四类：

（甲）问答散列式　文之体制，本分为同样之若干段；而文之形式，则用一问一答，以提起事实上之兴味者。例如题为《衣食住之卫生》，可用问题语以演述之，第一段问衣之卫生若何，答语即就衣字上着想，说明卫生之方法；第二段食，第三段住，形式类推。如此则提纲挈领，颇觉明白而切要。

（乙）对照散列式　既云散列式，何得云对照？前所谓对照者，在全文各段间相互比较也。盖文题含有二个以上同等之名词，即将所有之名词，并列于各段中，一一对照之，尤为有价值。上述四季之景车之功用等，可为纵的解剖，然亦可为横的解剖。例如题为《牛马》，则分为四段之对照，一为角之有无，二为鬃之有无，三为蹄之奇偶，四为力与步之异同。此即横的解剖也。

（丙）追步散列式　散列式中，段落过长，而中间历叙精细之事实者，曰追步散列式。例如题为《孔子与孟子》，则全文可分二大段。盖散列式也；然二大段中，应各叙其生平之历史，如言行也，事业也，功绩也，一一描写，而所以称为圣贤之理，方可和盘托出，此则属于追步矣。故自文之全体言，谓之追步散列式。

（丁）重复散列式　全文既为散列式矣，而某段之中，更分为若干段，此一部分之散列也。既有大部分之散列式，复有小部分之散列式，无以名之，名之为重复散列式。例如题为《昆虫之农工业》，其文之大部分，设分为五段：第一段为蚕，第二段为蜂，第三段为蜘蛛，第四段为蚯蚓，第五段为蚁。但蚁有牧畜蚁、土木蚁、收获蚁之别，则第五段中，又分为三小段述之。此小段落，自全文观之，并不烦厌，且有必须分述之理。故重复散列式，亦常见之文章也。

三、冒头式　我国文章，自追步式外，莫多于冒头式。**盖一篇之意，特先提出，最足以动读者之目。**细别之，有二类：

（甲）冒头散列式　先总叙本题应有之义，后则揭其要义，分为若干段，是为冒头散列式。例如题为《湖之利益》，则可从水利说起，渐入我国湖泊之多，后则列出五湖之地位及关系等。详述之，其式如下：

（说明）五湖名称，各说不一。兹从文选注分类，并非认为不易之定名。

总言湖之利益
——洞庭湖之利益
——彭蠡湖之利益
——震泽之利益
——巢湖之利益
——鉴湖之利益

（乙）冒头追步式　文之组织，本为追步式，但其一起，已将全篇大意，包括无遗，是为冒头追步式。例如题为《我意中之好学生》，先将学生之品格宜如何高尚，学识宜何如丰富等，揭其大纲，后将某生之品格学识等，继续叙出。其式如下：

冒头　　第一段→第二段→第三段→第四段

此外尚有复杂冒头式，总冒之下，散列中杂以追步，或追步中杂以散列等，太觉琐屑，不再举例。

四、结尾式　结尾式与冒头式，立于相反地位。一则包含大意于篇首；一则总括大意于篇末，其价值相等。表之如下：

（甲）结尾散列式　先分作数段，后总括其大意，作一结束者，谓之结尾散列式。例如题为《说星之种类》，先就恒星、行星、卫星、彗星，分为四段说明之，后总言星之名称及种类，并以皆浮存于天空之中为结语。其式如下：

恒星
行星
卫星
彗星 }总述星作结

（乙）结尾追步式　通篇皆为追步式，后用断语，将上述之大意总括之，作传记文或纪行文等，皆可适用，例题不赘。其式如下：

第一段→第二段→第三段→第四段→第五段→结论

此外又有复杂结尾式，如结尾的对照散列式，结尾的重复散列式等，兹不列举。

五、头尾式　既有冒头，复有结尾，略称为头尾式。约分为二：

（甲）头尾散列式　例如题为《说烟酒之害》，先总述烟酒之有毒，中间分为二大段，一段说烟，一段说酒，末言人不可多吸多饮。此类文章，有首尾，有腹背，形式最整齐。其式如下：

总言烟酒之有毒{烟
酒}人不可多吸多饮

（乙）头尾追步式　文为追步式，但首用总起，后用总结，故名之为头尾追步式。例如题为《游公园记》，先就公园之风景，提出数句，作为一起，中间历叙往游之见闻，末复总述其要点。其式如下：

头→纪行→尾

此外更有复杂头尾式，内容较繁，兹不赘述。

文式之研究

- 一、追步式
- 二、散列式
  - （甲）问答散列式
  - （乙）对照散列式
  - （丙）追步散列式
  - （丁）重复散列式
- 三、冒头式
  - （甲）冒头散列式
  - （乙）冒头追步式
  - （丙）复杂冒头式
- 四、结尾式
  - （甲）结尾散列式
  - （乙）结尾追步式
  - （丙）复杂结尾式
- 五、头尾式
  - （甲）头尾散列式
  - （乙）头尾追步式
  - （丙）复杂头尾式

第十章　教法之研究

教授缀法，不外于材料与方法上，多加以确实之研究，即可获优良之成绩。**以前所述，大率自材料上著想；本章则纯为具体的方法也。具体的方法如何？曰：实质方面，自简单进于复杂，自具体进于抽象，自叙述事实之动作，进于事理之说明及想象；形式方面，自摘写而联字，自联字而造句，自造句而联句、而短文、而全篇，使彻悟文章之组织，而确合于论理的发表。**其种种法式，详述于下：

一、摘写式　此式在国民科第一二学年，最为适用。凡文字语句，务使多行练习，以为作文之预备。于读法及书法时间，尤为重要。约分三类：

（甲）视写法　就黑板上或读本中适当之字句，使之抄写。一面练习其文字，一面整理其思想。误字脱字，尤宜格外注意。

（乙）听写法　教师口述，儿童摘写。较之视写法，略进一级。其变化之法，尚有种种，有听一字写一字者，有听一句写一句者，有听全一段事实，而始行写出者，大概视学年之高下，择定适宜之方法。

（丙）暗写法　将已读之语句，使之默写，并使与原文对照，藉知谬误之所在。较听写法，又进一级矣。

二、个文式　此式在国民科第二三学年基本练习时最宜注重。读法应用时，更不可少。

（甲）填充法　阙略文中之字句，使儿童推敲而补成之。分限制填充与不限制填充两法。限制填充者，用○为记号，限定其字数也；不限制填充者，用…为记号，不限其字数也。前者呆板，后者活动，故近多采用不限制填充之法。

（乙）连接法　杂示文字或语句于黑板上，使儿童整理而结合之，并可随意择用各类语助字。

（丙）正误法　示以谬误之字句，使之订正，藉以养成辨别力，并使观察精密。其法有二：一、误书别字或故脱一二字，使订正之，重在形式方面；一、倒装语句，使订正之，重在实质方面。

（丁）修饰法　示以草率之文句，使之修改，以达到精确为度。大概暗晦之句，使修为明畅；冗长之句，使修为简洁；平易之句，使修为庄重；朴实之句，使修为雅丽。高等科各学年，尤宜注意。

（戊）约缩法　示以文章之一段或一篇，使就其大意，约为简短之文章，而仍以明了为主。其法有种种，就其语句重复而改省者，曰片段的约缩；就其思想之重复而削去者，曰全部的约缩。又自儿童之发达程度言之，指示其约缩之处者，曰指定约缩；任其随意约缩者，曰自由约缩。

（巳）敷畅法　与约缩法处处相反，不赘述。

三、全文式　自国民科第二学年下半年起，宜令儿童练习全文。全文者，有题目，文章有起有结，盖为完全之事实也。

（甲）译文法　教师口演俗语，儿童笔述文言。分直译意译两种。

可利用约缩法，亦可利用敷畅法；渐进，则令其注意修饰法。

（乙）范文法　示以模范之文，使就相类之题，仿作其篇段之形式。惟儿童对于模范文，其思想之排列，文段之关系，修辞之巧拙，先当十分明晰，然后著手，否则全归失败也。

（丙）目次法　出题之后，授以一定之层次，揭之于板上，使就其层次，一一演述之。

（丁）助作法　出题之后，用问答体诱导之，启发之，整理其既有之旧观念，补助某未有之新思想，使内容圆满，形式整齐。若用绘画标本实物等，尤适于此法。

（戊）共作法　出题之后，使全级儿童，共同构成一文，互相商榷，互相考究，以达到完善为度。或分为优中劣三组，各作一篇，以发挥其固有之能力，尤为适切。

（己）自作法　既无教师之诱掖，又无同学之辅助，各就自己之思想，以表彰其固有之能力，是即缀法之终点矣。但其中有二法焉：示以材料或题目，使各自记述者，曰命题自作；纯由儿童自拟文题而记述者，曰不命题自作。

以上皆自形式方面之进程而言，更就实质方面之进程言之，约可分为四时代。述之如下：

一、准备时代　此时代以练习摘写为主，略参以个文式中之简易方法，约当国民科第一二学年。其间可分为三期：

（甲）初期　文字不能运用时，则用视写、听写、暗写等法，诱动其发表之机能。

（乙）中期　文字略能运用时，则用填充、连接、正误等法，引起其思考力。

（丙）终期　文字运用自在时，则用正误、修饰等法，养成其抉择之能力。

二、组织时代　此时代以练习个文式为主，略参以全文式中简易之方法，约当国民科第二三学年。宜令其思想有组织，文章之分段，宜清晰而明了，语句以达意为度。

三、发达时代　此时代以练习全文式为主，约当国民科第四学年，及高等科第一学年。盖前期重组织，文章必不能畅达，此期重发达，语句可不致滞涩。但思想方面，当求统一。

四、完成时代　约当高等科第二三学年，无论何种材料，皆可为正确自由之发表，作文之目的地，至此已达到。然非在前之时代培养其基础，扶植其发展，不足以收效果。教授者，不可不知其要点也。

- 教法之研究
  - 形式方面之进程
    - 一、摘写式
      - （甲）视写法
      - （乙）听写法
      - （丙）暗写法
    - 二、个文式
      - （甲）填充法
      - （乙）连接法
      - （丙）正误法
      - （丁）修饰法
      - （戊）约缩法
      - （已）敷畅法
    - 三、全文式
      - （甲）译文法
      - （乙）范文法
      - （丙）目次法
      - （丁）助作法
      - （戊）共作法
      - （已）自作法
  - 实质方面之进程
    - 一、准备时代
      - （甲）初期
      - （乙）中期
      - （丙）终期
    - 二、组织时代
    - 三、发达时代
    - 四、完成时代

[附]

小学作文教授法（节录）

姚铭恩

这是《教育杂志》1915 年发表的应征教育论文。作者系当时江苏省如皋县立师范附属小学教员。论文比较系统地论述了小学作文教学的价值、性质、要求、计划、与它科的联络和种种教学实施的方法，规模严正，内容详备，可视为新式学堂兴办以来，我国早期的一部完整的小学作文教授法教材。全文分两期连载，这里节选其中介绍具体经验的几个部分。

原载《教育杂志》第 7 卷第 6、7 号（1915）。全文共七章，这里选录其中三章（第四、第五、第七）。

第四章　作文教授之方法

第一节　作法教授之要领

作文教授，方法甚多，然抉其要领，不外下列四项：

一、形式内容并授。

二、授形式不授内容。

三、授内容不授形式。

四、形式内容均不授。

就上列四项中，更详为区分之，则又如次之所列：

（1）形式内容均详授。

（2）详授形式略授内容。

(3) 详授内容略授形式。

(4) 形式内容均略授。

(5) 详授形式不授内容。

(6) 详授内容不授形式。

(7) 略授形式不授内容。

(8) 略授内容不授形式。

(9) 形式内容均不授。

上所述之种种，当准儿童之思想感情及作文力发达之阶段，又教材之性质等，种种方面之关系，而适当采用之。

第二节　作法教授之种类

作法教授，因儿童之年龄及学力而异其方法。兹准前节所述作法教授之要领，而区分种种方法如次：

作法教授，不外下列四纲：

一、范作。

二、共作。

三、助作。

四、自作。

- 作法
  - 范作
  - 共作
  - 助作
  - 自作
    - 主要的
      - 指导法
        - 视写法
        - 听写法
        - 暗写法
        - 联缀法
        - 填充法
        - 白话造句法
      - 补助法
        - 模仿法
        - 译文法
        - 复文法
      - 自作法
        - 叙述法
        - 直观模写法
    - 副贰的
      - 变化法
        - 节约法
        - 增加法
        - 改易法
      - 推敲法
        - 正误法
        - 排列法
        - 连接法
        - 修饰法

一、范作　与以模范文章，使深解其意味及构造，令以他项内容材料，模仿其形式以制作之。

二、共作　教师与儿童共谋制作之方便，又儿童间共同制作，亦曰共作法。

三、助作　教师与以辅助，而令其依于指导之下而制作之。

四、自作　教师止与以题目，而绝不干涉辅助，任各儿童自由制作。或稍行问答，分解其内容之重要者，以提起其观念思想，但不令儿童为系统的复述。

以上四项，其纲领也。若详为分析，则含有种种方法，而此种种方法中，各法之目的不同，其性质上及效用上，亦有主副之区分。兹更分述于左：

（甲）属于主要的者　所谓主要的者、以此项种种方法，于作文教授上，颇有效力，宜多行采用之意也。

（一）指导法　其目的在指导初学作文之径途，于最初儿童不解作文时使用之，以指导其文字之运用法。

（1）视写法　教师依读本中已授之文字，而摘取数字，联成一句或数句，板书之，令儿童视而写之，而讲解其意义，及形式上之组织法，使知文字之运用。

（2）听写法　教师依读本中已授之文字而摘取数字，联成一句或数句，口唱之，令儿童听而写之，而讲解其意义及形式上组织之方法，使知文字之运用。

（3）暗写法　取已读之文章，或已授之模范文，令记忆而暗写之。

（4）联缀法　示以一字或数字，使各自由于其上下添加一字或数字，联缀成语句或文章。

（5）填充法　以字句或文章，故缺一字或数字数句，使其填补之。

（6）白话造句法　教师口唱白话，令其造句，使知言文之关系，此法极为有效。

（三）补助法　其目的在补助儿童作文之能力，于儿童作文力未发展，不能独立作文时使用之，以补助其所不逮。

（1）模仿法　示以文题，而与以读本中之文章，或其他之范文，以为形式上之模范，而令其仿作之。

（2）译文法　揭示白话，令译成文言，或以文章令译白话。

（3）复文法　复文法亦谓启发法。教师探悉儿童之意识界，准其思想及作文力，预拟一适当之例文，以为标准。教授时就此标准之内容，问答或谈话，以启发其思想而整理之，并修述其言语；或略授以关于形式或内容上之要件，及记述上困难之点，而后令之记述。

（三）自作法　其目的在练习儿童独立自作之能力，于其作文力进步时使用之。

（1）叙述法　此方法因教授上有浅深详略之异，而分三种：

（a）提示适当之文题。其关于内容上之思想感情，由儿童自己整理，发表为明确之语言；形式上之文字文法，由儿童自己经营，任各就己意而自由记述之。

（b）提示文题后，用问答法提起记述之要目，至选择内容及配定排列之顺序，则任其自由。例如题为《犬》，则提起形状、性质、功用之三要目，其形状等之如何，及三者记述之先后顺序，任其自由支配而发表之。（以上二法可命为半自作法）

（c）提示文题后，迳命腹案而自由记述之，绝不干涉。但文题须择儿童已熟知其内容，且不甚复杂，而规范宽大者。

（2）直观模写法　以直观之材料，令其描写其形状及动作等。如实物图画、标本模型及自然界之现象，四时之景色之描写。

（乙）属于副贰的者　所谓副贰的者，以此项种种方法，于作文教授上，虽亦有效力，而不十分重要之意也。

（一）变化法　其目的在练习文字文章之变化活用之法。

（1）节约法　以繁衍之文章，令节约为简短之文章或表解。

(2) 增加法　以简短之文章，令敷衍为较长之文章，如引伸格言之类，又或于某文增加其数句或一部。

(3) 改易法　由整文改散文，由散文改整文。或为全部之改易，又一部之改易，字面之改易，或由诗歌改为文章。

(二) 推敲法　其目的在使练习推敲文字文章之识力。

(1) 正误法　于字句间，故示谬误之处，令改正之，练习文法修辞。

(2) 排列法　以散乱不成文义之文字文章，令排成有秩序之语句或文章，使谋文字之统一方法。

(3) 连接法　以各个不相连接之语句，令其连接之，以练习接续词之运用法。

(4) 修饰法　以不整洁之语句或文章，使修饰为整洁之语句或文章，以练习修辞法。

上述各法，有形式内容并授者，有授形式不授内容者，有授内容不授形式者，有形式内容均不授者，亦有形式内容之授与有详略之不同者，要皆视学年学力及教材教法而异。

小学作文教授，以指导法为预备，以辅助法、自作法为中坚，以变化法、推敲法为辅佐。要其目的，均在养成儿童自由发表之实力，就中尤以自作法为其烧点也。

初助法及自作法，既为小学作文教授之中坚，则教授作文者，必多使用此两方法矣。惟使用稍不得当，必贻种种之弊害。盖补助法之弊，干涉易过度也。自作法之弊，放任易过度也。干涉过度，虽可得首尾完足之文，然束缚儿童之思想，意识界因之而抑塞，作文必不能发展。偶失教师之补助，即茫然不知所措，安能养成自由发表之实力？放任过度，则成绩必支离芜杂，无顺序，无系统，非特减杀成功之兴味，且足戕贼意识之萌芽，又安能养成独力自营之实力？故教授之际，使用方法，不可不实地研究，审慎精当，而时防流弊也。

质而言之，自作法既为作文教授之烧点，则补助法虽同为小学作法教授之中坚，而究之为自作法之预备的教授也。对于初学儿童之教授，固不得不使用补助法，须知使用补助法之目的，乃为将来自作的预备，而非可终于此教法也。务时时注眼于自作之点，渐次减少其干涉，以期脱离补助，而达到自作之境途。如此则儿童之作文力，方易进境，庶补助法有利而无弊也。

第五章　作法教授之形式及批评订正

第一节　作法教授之形式

作文教授，各教法之目的不同，因之教授之形式上，手续及顺序亦互异。兹分别表示其阶段之梗概如次：

- 视写法
  - 第一段
    - 说明目的
    - 谈话问答
    - 板示教材
    - 指生讲解
  - 第二段
    - 令各视写
    - 巡视订正
  - 第三段—朗读（轮齐）
- 听写法
  - 第一段
    - 说明目的
    - 谈话问答
    - 口唱教材
  - 第二段
    - 令各听写
    - 巡视订正
  - 第三段
    - 讲解（范轮）
    - 朗读（轮齐）
- 暗写法
  - 第一段
    - 说明目的
    - 默诵读本
  - 第二段
    - 令各暗写
    - 巡视订正
  - 第三段
    - 抄写板上
    - 读　讲
- 联缀法
  - 第一段
    - 揭示文字
    - 谈话问答
    - 说明方法
  - 第二段
    - 各自联缀
    - 巡视订正
  - 第三段—板书读解

- 填充法
  - 第一段
    - 揭示教材
    - 说明方法
  - 第二段
    - 各自填写
    - 巡视订正
  - 第三段
    - 板上批评
    - 讲　　解
    - 朗　　读

- 白话造句法
  - 第一段
    - 说明目的
    - 谈话内容
  - 第二段
    - 言语修述
    - 各自造句
  - 第三段
    - 订正（机间板上）
    - 讲读

以上诸法，概多用之初步教授，不用清书簿，故不列清书一项，只令书之石板。若在用簿时，则于适当之时间，加清书一项亦可。

- 模仿法
  - 第一段
    - 揭示文题
    - 阅读“默诵”“背诵”读本或范文并讲解之
    - 说明方法
  - 第二段
    - 各自模作
    - 巡视订正
    - 清书
  - 第三段—批正
    - 板上（择一文板订之）
    - 簿上（课外）

- 译文法
  - 第一段
    - 板示白话
    - 讲解
    - 说明方法
  - 第二段
    - 各自译述
    - 巡视订正
    - 清书
  - 第三段—批正（板上或朗读又簿上）

- 复文法
  - 第一段
    - 提示文题
    - 启发思想同时授与要项（文字文法）
    - 整理顺序
    - 腹案构思
  - 第二段
    - 言语修述
    - 各自记述
    - 巡视订正
    - 清书
  - 第三段—批正
    - 板上或朗读
    - 簿上

- 叙述法
  - 第一段
    - 揭示文题详解之
    - 充分腹案
      - （甲法）令各先以言语发表大意而腹案思考
      - （乙法）问答其要目而复案思索之
      - （丙法）无上列之二事而迳令充分腹案
  - 第二段
    - 各自记述
    - 清书
  - 第三段—批正
    - 板上或朗读
    - 簿上

- 直观模写法
  - 第一段
    - 揭示文题
    - 观察实物或图画等
  - 第二段
    - 各自描写
    - 清书
  - 第三段—批正
    - 板上或朗读
    - 簿上

- 变化推敲各法
  - 第一段
    - 指示目的
    - 读解原文
    - 说明方法
  - 第二段
    - 各自节约或增加……等
    - 清书
  - 第三段—批正
    - 板上或朗读
    - 簿上

第二节　批订之方法

作文教授，批评订正，最占重要之位置。盖批订者，今日作文之结果，并来日作文之造因也。不得其法，必劳而无功。故批订之要旨，一方面完成此回作文教授之目的及手续，一方面预备为次回作文教授之素地。须洞明其间有相互之关系，而为系统的研究，方能收批评订正之效也。兹将批评订正之方法，及应注意之要件分叙于后：

- 订正
  - 共同订正
    - 板上订正
      - 全文之订正
      - 部分之订正
    - 朗读订正
      - 教师朗读儿童订正
      - 自己朗读他生订正
      - 他生朗读自己订正
  - 个人订正
    - 机间订正
      - 自己订正
      - 教师订正
    - 簿上订正
      - 自己订正
      - 教师订正
        - 符号订正
        - 文字订正
      - 相互订正
        - 同级互订
        - 异级互订

（甲）共同订正　共同订正，宜取积极主义，能鼓舞一般儿童之活动，教师处于诱导者之位置，而为最后之补助及裁判。

（一）板上订正　教师于儿童记述时，巡视机间，遇有多数共通之缺点，令儿童暂停记述，而于黑板上订正之；或于记述终了后，任取一二作而行板上之批订。

(1) 全文之订正　板书中等生之文，令全级儿童批正。文字思想简单者适用之。

(2) 部分之订正　板书有共通缺点之文之一部，令全级儿童批正。文字思想较复杂时适用之。

（二）朗读订正　朗读订正，适用于初小三年以上。或为全文之朗读，或为部分之朗读，可以节省时间。共同订正宜注意之要件：

(1) 板示或朗读一生之作，先使儿童一读，次分节征儿童之意见，后再行全文之研究。

(2) 提出一生订正之意见，全级赞否之表明，宜用比较的，与原文对照，而相互考订，真理乃出。若不加熟思，必有执一己之见，而刚愎自用者矣。

(3) 一儿童订正意见终结，再征他儿童之意见，而采择判决之，但务从宽大。

(4) 巡视后发现有共通之缺点，与多数儿童有关系者，行共同订正，乃有利而无弊。若少数人之个别缺点，而亦用共同订正法，匪特扰乱一般儿童之思想，及记述之秩序，且当众暴露个人之短，致令窘辱难堪，大背心理，减杀兴味，剥丧廉耻，为害匪浅。且于一般儿童，亦无获益之处，盖所订正之目的物，与之无关系也。

（乙）个人订正　个人订正，务适应各个儿童之年龄学力，及其作物，而不可挟一定之成见。所谓以儿童为本位，为适当之个人的教育，因势而利导之也。

（一）机间订正　教师于儿童记述时，或记述将终时，巡视机间，观察其缺点，而就机间订正之。当善为指导，而非可迳代为改正也。

(1) 自己订正　巡视机间，指摘其谬误之点，与以种种符号（符号种类详后），令儿童自己思考而改正之，后再由教师检阅，此方法极为有效，盖儿童自己之缺点，往往初不自觉，一经教师指摘而即能悟出者。故此法最能养成自己推敲之识力，而大见进步。

（2）教师订正　巡视机间，指摘其谬误之处，令自改正，而儿童一再思考，仍不得改正之方法者，与以文字，为之改正，随说明其理由。

（二）簿上订正　收集作文簿，于时间外，精密考查儿童之成绩，而行适当之订正，是为作文教授最后之手续，对于目的物，须为完满之结果。

（1）自己订正　检阅文簿或草稿，说明其谬误之点，而发还之，令自推敲改正，后再由教师批正。此法亦甚有效，但须即日缴簿。

（2）教师订正，检阅文簿，而与谬误处订正。方法亦有二种：

（a）符号订正　检阅文簿后，记以种种之符号，于课外特别时间内，或次回作文时间内，令自改正而重行清书。或用草稿簿，行上法后而清书之，复由教师批正。此法亦极有效，其理由见上。

（b）文字订正　添削文字或语句，或改正文字文法。

（3）相互订正　有同级儿童订正，异级儿童订正二法。订正后当再由教师批正。但儿童间每易因相互订正而生意见，伤感情，此法不宜常用。个人订正宜注意之要件：

（1）添削须宽大，极力保存原文之字句及意义。增删愈少愈有效。若添削苛细，增删过多，或一概抹煞，则非订正而陷于改作之弊。儿童不能理会，将茫然于所改之处，而研究心因之萎缩。教者学者，截然两途，彼此隔阂，劳而寡效。盖作文订正之本旨，犹医生之疗病，就身体上之病点，而设法以治去之，调护之，而非可改造其身体变换其真面，断丧其元气也。其他关于订正上应注意之事项：

（1）订正须有目的，不可为盲动的随意的之添削。

（2）当议文字及语句之谬误为先，思想之拙劣为后。

（3）订正宜用彩色笔，字迹清朗。于初等宜用楷书，于高等二年以上，可用行书。上下或左右行间距离远之处，不宜用钩调法，须另写清楚。苟粗杂潦草，有损文簿之整洁，妨害儿童之熟览，不能兴奋其美感，即不能保持其慎重记载之心。

（4）订正符号，须有规定，先示其例而说明之，使儿童明白于符号用意之所在。

（5）遇文之佳者，及宜注意处，须用圈点标识之。惟不宜滥用，致失圈点之价值。

（6）文章之善良者，可当众称扬之。惟不可为极端之褒贬，致优生长其骄傲，劣生挫其意气，且恐启嫉妒忌刻等种种之恶德。

（7）全文宜加以适当之批评。

（8）批评订正之要点，宜应学年而为系统的研究，而预定各年所宜特别注意之点。分述如次：

初一二年……文字之误书及脱落，语句之不完全处。

初三四年……于前项注意外，更注意于小节之组织连接，语句之明了，思想之正确，发表之完全与否。

高一学年……于前项注意外，更注意于文章首尾一贯与否，层次排列得宜与否，及下字得当与否，又文法上之误点。

高二三年……于前项注意外，更注意修饰推敲，思想发表之方法巧妙而完全。

（9）遇极劣之文章，无从订正时，可仅加以种种之符号，不必为文字之添削。而就其意义，代组织一极浅近极简单之文，书于其后。或令抄阅所指定之他生之文，读而解之，以资观摩。

（10）订正后，须行适当之处置，明示订正之理由，乃能收订正之效，而不虚此订正。故宜作简明之概评，总括一般儿童成绩之良否；又为多数儿童共通之通评，及各儿童之个评，（如前述）逐一为之说明。

（11）发还文簿，须逐一令其读讲，并质问。于普通改处，揭示板上说明之；个别改处，则对于个人说明。总之以使儿童能明白于订正之理由，及意味为归。

第七章　结论

凡儿童力所能为者，务令为自动的作业养成独立自营之能力，教育之主旨也。动的教育之学说，久为教育家所重视，而深信实际上确有莫大之效力。无论何项教授，均以能令儿童为适当之自动为唯一之主义。**国文作法教科之性质，发表的教科也，技能的教科也，而要之则能动的教科也，愈当置重于自动的作业。**苟不善利用其动的要素，发挥其动的价值，令儿童为适当之自动，养成其自由的活动发表之技能，则大失本科之性质也。近今教授作文者，非偏重于自作法，而放任过度；即偏重于补助法，而干涉过度；二者均不能令儿童为适当之自动，即失作文教授之效力。窃谓**作文教授各种方法，均属利弊参半，使用得当，乃不致贻害于儿童。使用方法之要诀，须令儿童为发动的，而不为被动的，**视其年龄及学力，而多行自作的教授。**即在使用补助法时，亦须令儿童不纯然立于受动之地位，而常予以自动之机会，庶乎其有济也。**

兹之所谓自作的教授者，乃谓教授适当之自作法，而非漫然从事，一味放任，致贻有偏重自作之流弊也。研究小学作文教授者，多以自作法为难能，非儿童力所能胜，遂主张不使用自作法；即用之，亦在高等二年以上。噫，是乃皮相的研究也。夫自作法者，乃令儿童以所有之观念，而自由发表之谓。即所谓令儿童为适当之自动，渐次发展其自动之能力，以副作文为能动的教科之性质也。其内容有繁简之分，形式有难易之别。简言之，同一自作法，而有深浅之不同，而非可一概而论。惟若不问其繁简难易之如何，而贸然以复杂事项，命题令其自作；或于初教作文之时，未施以适当之指导，使明了于构造文章之方法及规则，多方以准备之，使渐次自动，立自力作文之基础，而一旦遽令自作，无惑乎儿童不能自动，作文不能就绪耳。

小学自作文之教授，须先有充分之预备。于初小一二学年内之作文教授，尤须善为指导，使渐次明白于思想整理、文章构造之方法及规则。逐期预备，继长增高，自能有圆满之结果。又于取材命题上，当探测儿童观念界确有之事物，洞悉其内容，且简单而平易者为要。除初等一学年及二学年之前期，当使用指导法，为作文之预备教授外，馀均可按学年之程度，而分浅深与补助法相间行之，而为适宜之调和的教授，渐次养成其自作之实力。盖低学年中，不渐次为之养成自作之基础，至高学年一旦使之自作，安能有此习惯也？

顾或疑儿童幼稚，不能自动，安能自作？吾则谓**儿童乃确能自动，而确喜自动，对于自力作文，确能倍增兴味，愈形努力者**。活泼进取，根于天性，终日游戏，毫无倦容，或舞蹈，或歌笑，无一息之静止，是皆自动力之发表也。施教育者，能度知其自动力之分量，而令之为适当之自动，鲜有不能者。盖事业之成立，由自力而成者兴味深，由他力而成者兴味浅。由教师补助而得之知识，保持力必弱，由自己奋勉而得之知识，保持力必强。故**由补助而出之文章十句，其价值不敌自作之文章一句**。此所以为教师者，能利用儿童之天然活动力，而令为适当之自动，乃为善良之教授也。

尝譬作文教授，为保姆事业。**儿童作文，等于孩提学步。弱小婴儿，必全赖乎怀抱固己数月以后，足力渐生，则为之保姆者，即当以灵妙之手腕，轻举其织柔之足部，以练习之。再数月而略能停立，则扶持之；略解移步，则提携之，且当于提携之中，而时或偶一释手，若即若离，以练习其独立或短矩离之步行，渐进而达于能自行立之境途**。假使不预为练习，逐渐诱引，以预备之，而常在怀抱，吾知其有年数龄，而跬步不可行者矣。反之而一味放任，吾又知有颠覆倾颓，破头伤额者矣。作文之教授，何以异是？

夫作文为能动的教科，以务令儿童为适当之自动，为教授上唯一之主义，即如上述。顾不先培养其原动力，虽欲自动不可能也。兹再进而论原动力之培养。

前譬作文教授，为保姆事业，孩提之学步，当有种种之诱引及练习，养成其独立之能力。然特为外部之养护，保姆之表面的职务耳。儿童须有如何之实力而始能立，始能行，则端资内部之营养。营养不足，体力不生，是根本问题，尤在内部之养护也。读本者，儿童作文之滋养料也。若滋养料过度，致有伤于消化器；或适度矣，而不细为咀嚼，以助消化而善营养，则皆不能获滋养料之益，而适反受其害矣。读本艰深，儿童不能洞明了解，其无益而有损，夫人知之，无待赘言。惟读本既合程度，而讲解不详，详矣而诵读不勤，是犹滋养料虽称适度，而不细为咀嚼，以助消化而善营养也。故**作文教授，根本上之问题，当求之于读法之中。读法之教授良，则作文之成绩亦必良；作文之成绩劣，必其读法之教授劣，可断言也**。盖读法乃作法之原动力也。

读法之教授，讲读其本务也。今之教授读法者，往往注重讲解，而不注重诵读，以熟诵为私塾之陋习而排斥之。不知仅注重讲解，而不注重诵读，只能讲成其读书力，而不能养成其作文力。何者？讲解详尽，则可了解文字文法，能理会他人之文章，而读书力进步，然仍处于受动的地位。**作文则处于发动的之地位者也，有思想或感情矣，必赖有熟练之语言以发表之。至于欲以文字代表语言时，必赖有熟练之文字文法以发表之**。试问此熟练之文字文法，于何储蓄，于何修练，而后记忆牢固，能使观念得有活动的之临机再现？则在于熟诵读本。读本不能熟诵，作文之时，文字文法之运用，安能随笔而来？若必待苦思穷索，则有阻文思，句调文法，亦必生硬而难圆。譬之音乐家，制作歌曲，非熟有几多之曲谱及歌词，安能运用灵妙乎？**实验国文教授以来，凡儿童善讲善读，背诵如流者，作文之成绩必佳良；仅善讲而不善读，背诵困难者，则次之。此之实验之结果，当可为实际家所公认**。故读法为国文科之主要的教授，不曰讲法而曰读法，顾名思义，非附会也。

顾或谓熟读背诵，有伤气伤脑之虞。以吾思之，殊不谓然。读书得法，吟咏玩味，既有益于肺量之扩张，且有益于情操之修养。惟不得其法，或至过度时，斯乃为害耳。至于背诵，谓其伤脑，则又不谓然。背诵不熟之文，默想苦思，不无伤脑之虞。若诵读极熟，背诵之时毫不费其思索，亦何伤脑之有哉？譬之唱歌，唱词谱极熟之歌，何尝至于苦人也？且不令为背诵之练习，文字文法自必不能熟练，至作文时，势必费几许之脑筋，行多次之思索，而始能得之，或竟不能得，兹乃伤脑之尤者也。私塾之弊，不在于熟读背诵，而在于徒读而不讲。苟能详解，且复熟读，其效力正匪浅也。故曰**熟读详解其读本，为作文根本上之培养，即所谓培养原动力也。**

更就作文为发表的教科，又技能的教科之性质上论之。作文无内容（思想感情），则文字无所属；无形式（文字文法），则思想感情无由达，有内容形式之二要素矣。而作文之手续，必待发表而始臻完结，盖形式内容，两各独立，连接之须赖发表，发表不完备，仍不能达作文之目的。是犹韫玉于椟，不能发挥其价值也。发表上之所要求，应合于平易正确明了而能达意，且务求敏速，进而为修辞，遇作文时，无何等障碍之困难，此所以作文为发表的教科。务令儿童作文之原动力充足，自动力发展，能为活动的自由发表也。

虽然，**作文之事，内容上之组织难，而形式上之组织尤难。国文教授，以修练形式方面为主目的，则作文之教授，自当注意于形式上之修练**。盖可为作文内容上材料之事物，触目皆是，而发表之器械不良，即不能为完善之组织发器表械之为何，文字文法是已，所谓形式之方面也。故熟练读本，当视为必要。然器械良矣，而不常为使用，以资练习，则下笔艰涩，不能得圆熟之文章则又须当为练习也。譬之工艺，愈练习而愈娴熟，愈娴熟而愈精巧。技能教科，概重练习，作文教科，含有技能的教科之性质，须注重练习也无疑。

要而言之，作文教授，须一方面令儿童熟练读本，培养其原动力；一方面令儿童自由发表，发展其自动力，且常为多方之练习。不然，不从根本上研究，而唯斤斤于作文教授方法上讨论短长，乃作文教授之形式，而非作文教授之精神。纵使教授之际有最善良之方法，抑枝叶耳，不能养成儿童作文之实力也。

[附]

初中作文教学法之研究（节录）

孟宪承

这是一篇系统研究初中作文教学法的重要论文。孟氏系著名教育家，对中外古今教育理论有精深的研究。这篇论文，广泛引述各家的言论，通过分析比较，提出有关初中作文教学的一系列见解，有观点，有措施，非一般空泛议论所能企及。

本文原载《教育杂志》第17卷第6号（1925）。

在今日初中国文教学界上，作文一课，怕要算是最没有方法，而最听受传统的习惯的支配的。教师的任务，在作文课前，只要出了题目就算完了；课后只要照例批改就算完了，此外竟很少引起动机和指导学习的方法。结果，师生把作文看作一件机械的例行的故事，不容易发生什么兴趣，呈现什么学习的效果。

作者以为命题和批改，虽是作文课不可缺的手续，然而不是作文教学的完全部分。作文的教学，要引起动机，要指导练习，要批评和整理成绩。本文所研究的，就是下列四项问题：

1. 作文的动机；

2. 练习的时间和分配；

3. 作法的指导；

4. 成绩的批评和整理。

现在就依着这个顺序，分段讨论。

（一）

我们**在实际生活里说话作文，本是为着有种思想和感情，必要向人表白，才用语言和文字的工具来表白的。**倘若没有话说，而勉强说话，就没有意义。“倘若没有什么想要表白，没有什么发生感兴，就不感到必要与欢喜，就不用写什么文字。一定要有所写，才动手去写。从反面说，若不是为着必要与欢喜，而勉强去写，这就是一种无聊而又无益的事”。（叶绍钧《作文论》页八）现在学校里许多作文，就是这样“无聊而又无益的事”了。

刻板的命题式的作文的缺点，就在教师出的题目不就是学生表白意思的正当刺激。教育学者对于作文题目，也曾作许多研究。巴克尔在中学教学法书中，即说和学生有关系的题目分五项：一、社会共同注意的问题；二、职业问题；三、学生活动问题；四、与各科内容有关系的问题；五、关于特殊研究的问题。多玛斯著《中学英文教学法》，罗列一千零七十九个**好题目，计分七类：一、以自我做兴趣的中心；二、以自我代第二个人格说话；三、自我的意见；四、自我的疑问；五、自我的想象；六、自我读书所得的材料；七、自我的观察。**这一千零七十九个题目，**统以学生自我做中心，要学生自然对于题目有思想和感情要表白。**我们在国文教学的研究中，对于作文题目，也多少有相当注意。如夏宇众说：“文题内容，虽无一定准绳可言，然必先认定题中所涵义蕴，确为该学年生徒之学识程度理解能力所能及者为主。**今将不宜于中学校文题者数端，**撮示于下：**一、题旨迂阔，与现时社会情形不切者；二、题旨虽属现时切要之问题，然或侵入政治、伦理、哲学等专门学技之内者；三、题目虽属历史上著名人物之事迹，然其人其事……有极深远极复杂之因果关系，非中学生理解**

力所能了解明辨者；四、无上述三端之病，然若记事题而确无可记事实与偶发事项者，论说题太陈旧庸浅不足以沦发学生之思想者，亦非中学校文题所宜。”（夏宇众《中学国文科教授之商榷》页十八）

但是实际的教学状况怎么样呢？民国十年，教育部开小学成绩展览会，其中有十六省区的国文成绩，有人审查那些作文题目，其最荒谬的，如国民学校作文题有《孔子世家赞书后》，《南北和战之利害论》，《政在养民论》，《戒色论》。高等小学校作文题有《向友人借银完婚书》，《中国现在财政万分困难宜如何设法办理以图救济策》，《五柳先生宅记》，《不敬何以别乎义》，《曰古之贤人也论》。（引黎锦熙《国语的作文教学法》《教育杂志》16卷1号）这固然荒谬呵！然而现在我们试调查初中里教师所出的题目，类似这种的，一定也不在少数。要使作文时有思想感情要表白，先要题目合于学生生活经验的内容。（除了教师要用同一题目测验学生个别的成绩以外，文题本不必限定一个，最好出几个题目，让学生自由选择。）

然而引起动机，不是单靠选择文题所能成功的。在我们实际生活里，说话作文是为了有事实要记载，有意思要陈述，有问题要讨论。我们谈话、演说、辩论，我们写信、作笔记日记、新闻报告以及论文，一样都是生活上的需要。就是思想感情经了丰富化、高尚化而成为文艺诗歌的时候，在他的作者，也一样感着是生活上的需要。**学校作文，要能供给这种生活需要，就不能专靠单调的命题式的作文，而须多方面地变换作文的方式。**

本来表白思想和感情，有语言和文字两种工具。**我们作文，也有口语练习和写作练习两种方式。**口语练习中，有演说，有辩论，有关于一问题的公开讨论，有对于一事件的个别报告。写作练习中，除了习惯的教师命题作文以外，也有记录（演说辩论的材料，讨论的结果，教师的讲话）、笔记（观察调查的材料）、书信、翻译等形式。这各种练习，都是“作文”。因为他们在实际生活上有需要，所以练习起来有动机。在课内没有充分的练习机会尽管在课外自由组织，只要教师加以指导和批评就是了。

如更求**进一步的作文的生活化，就要用设计的教法**。霍来氏《初中英文教学法》书中，叙述多种普通的团体设计，如定期刊物编辑和发行，家庭工业的调查，现代思潮的讨论等等。第一种出版的设计，须运用作文的各种形式的练习，不消说了。即如第二种家庭工业的调查，这样调查，要通信，要访问，要笔记，所得的材料，在整理前，要个别报告，要共同讨论和批评；到整理时，要记录，要编次。完成这样一个设计，必须联络运用各种形式的作文练习，所以具有下列几个优点：第一、自然是因为学生感到眼前生活的需要而谋适应，所以练习起来，有动机，肯注意。第二、因为形式的变换，因需要的差异而增多。练习时，易于持续注意，不感疲劳。第三、各种形式，联络运用，口语和写作，自然沟通，初中里语体文言过渡的困难，也就容易解决了。

（二）

照以上所说的各种作文方式实施起来，所占的时间一定很多。学校教学作文，就发生一个时间和分配的问题了。这个问题，是平常所忽视，而实际却很重要的。我们从几方面来观察。

作文是一种技能的练习，是与他种技能练习，适用同样的原则的。以常识而言，**凡技能的娴熟，练习愈多愈好，作文当然也是如此**。欧阳修说："为文有三多：看多，做多，商量多。"原是不错的。

但是也有人以为作文的次数不必太多，多了也是没有效能的。如胡适说："作文的时间不可多，至多二周一次。"（胡适《中学国文的教授》。）费普斯教授是有经验的英文教师，自己又是文学者，他就说："贾尔特教授在哈佛教了四十年的作文，临了得到一个很坚确的结论，就是那种作文的工作，不但无益，而且是教师与学生交困的一件事情……后来温特尔教授继任去教，也从没有信他的工作为有效。兰慈白里教授在耶路，也作同样很有价值而很有力的主张。”这虽是指大学作文说的，然也可供讨论这问题中的参考。

为求学习法的经济而研究到练习的时间和分配的问题的人，已得到很多有价值的材料。如派尔在所著《学习之心理》中，列举无意义文字的记忆，形数交替，掷镖枪、加法等试验。我们这里无须赘述那种试验的结果，而大致可说，练习的时间可以短些，而次数则不可少。如果每天有一次二次的练习，那么，短时间的练习，间以长时间的休息，是收效最大而统算起来最经济的。(可参阅廖世承编《教育心理学》第九课）对于作文，应用那种方法来试验的，现在还没有。因为作文含有许多心营意造的原素在内，不像筋肉的技能、机械的记忆容易做数量的测验。然而上项原则之可以适用于作文，是无疑的。所以巴克尔教授说：**关于写作和口语的练习，每天短时间的练习，应当是很有效的。**

现在学校里作文，照普通的观念，一星期一次已算多了。哪里还能有每天的练习？其实呢，**每星期一次的作文，是指那教师命题的作文而言。**常人把作文看作只有那一种，如我们上边所引胡先生和费普斯氏的话，都指命题的作文说的，所以他们不主张作文太多。若把我们上面各种形式的练习，都包在“作文”以内，那就非每天有一点练习不为功了。

从教师和学生两方面的效能上看，命题的作文，若是注意集中，一星期一次够了。此外如共同讨论、个别报告、笔记、书信等，则除了规定作文时间以外，在课内课外，都有机会指导学习。这些是学生日用所需的语言文字的应用，是天天要训练的。让我们认清这一点，不要错过了时间，放弃了责任。至于演说和辩论，除有时特别在课内施行指导练习以外，应该在课外另行组织。

（三）

现在要讨论到作法指导的本身了。这段可分为文法指导和练习指导两大纲：

一、文法指导　从前教作文，不教文法。文章做得通不通，没有明确的标准；教师也知其然而说不出其所以然。现在我们认为在作文教学上，文法研究的指导，是决不可少的。这里所谓文法，包含修辞学在内，至少有（1）词类、（2）句式、（3）章法几个部分。

刘勰说："人之立言，因字而生句，积句而成章，积章而成篇。篇之彪炳，章无疵也；章之明靡，句无玷也；句之清英，字不妄也。振本而末从，知一而万毕矣。"《文心雕龙》要"振本""知一"，自然词类先要讨论。不过普通文法教学，往往单讲词类，又不免太少实用。学生纵能背得出什么名词、动词等等的分类和定义，究竟词和词的怎样综合而成句，还没有了解。句子是语言的单位，依着句子自然的发展，作修习文法的程途，这就是近来"句本位"的文法的目的。

句式的研究，是向来文法所缺略的，而实是实用文法最紧要的因素。《马氏文通》例言说："是书本旨，专论句读；而句读集字所成者也。惟字之在句读也，必有其所，而字字相配，必从其类，类别而后进论夫句读焉。"他讲"句读"，散见于全书各处，到底专论句读的，只占了全书很小的一部分。至于句式，《文通》上说："原夫句之为句也，至为繁赜，要无定例之可循。今欲资为论说，试别其式为四……"他那四种句式，似乎还可分析，而且所引的例，限于古文，要适合初中学生的用，非另编而加入语文混合比较的句式不可。至于现在坊间有许多《国文作法》、《作文法讲义》、《记叙文作法讲义》、《论说文作法讲义》等等的书，很少注重句式的讨究的。单把东西洋修辞学一类的书，抄了个空架子，有何实用？陆机说：忧他人之我先；韩愈说：惟陈言之务去；将来的文法学家、修辞学家要创作一种适合学生实用研究的课本，还该注意于此罢。

讲到章法，向来更视为深微奥妙的事情，其实只是文章分段组织的法子。若是问组织到怎样才算完成呢？**我们可以设一个譬喻，要把我们的材料组成一个圆球，才算到了完成的地步，圆球这东西最是美满，浑凝调**

和，周遍一致，恰是一篇独立的，有生命的文字的象征。圆球有一个中心，各部分都向中心环拱着。而各部分又必密合无间，不容更动，方得成为圆球。**我们一篇文字的各部分，也应环拱于中心，为着中心而存在。**而且各部分的定位列次，应是最适当的仪式……为要使各部环拱于中心，就得致力于剪裁；为要使各部分密合妥适，就得致力于排次。我们把所有的材料逐部审查，而以是否与总旨一致为标准，这时候自然知所去取。于是检定一致的、必要的，去掉不一致的、不切用的，或者还补充上遗漏的、不容少的，这就是剪裁的工夫。经过了剪裁的材料。方是可以确信的需用的材料。然后把材料排次起来，而以是否合于论理上（心理上）的顺序为尺度。这时候自然有所觉知，于是让某部居开端，某部居末梢，某部与某部互相衔接；而某部与某部之间如其有复叠或罅隙，也会发现出来，并且知道应当怎样去修补。到这地步，材料的具体化已经完成了；他不特是成熟于内面的，而且是可以照样宣示于外面的了。以上所引叶绍钧先生的话，是很好的一段修辞原则。西洋修辞学里那些“统一”“联络”“注重”等点，都包含在这里了。这种修辞原则和举例，也是教学作文上所应当注重的。

向来教师指导章法，常采取模范文做度例，而且标举出什么法、什么法的名称。如王梦曾编《中学文法要略》（中华出版）书中列叙“总括大意法”、“出奇制胜法”、“贯珠法”、“虫蛇法”、“迴缴法”、“影伏法”等等。旧编文法要略，论“章法”，论“布局”，都有这种花样。就如梁任公先生的“中学以上作文教学法”，论记述文作法，也分为“侧重法”、“类概法”、“鸟瞰法”、“移进法”四种。为指引初学，随时取譬，引起兴趣和注意起见，这种教法，并不算错误。不过也确有困难，第一、这样分类举例说明，至多不过是“举一反三”的手段，若视为逻辑的分类，便不能说文章组织只有这几个法式，而概括了绝无遗漏。第二、这种示范容易引起俗陋的误解。如章实斋说：“塾师讲授四书文义，谓之时文，必有法度，以合程式。而法度难以空言，则往往取譬以示蒙学。拟于房屋，则有所谓间架结构；拟于身体，则有所谓眉目筋节；拟于绘画，则有所谓点睛添毫；拟于形家，则有所谓来龙结穴……时文结习，深锢肠腑。进窥一切古书古文，皆此时文见解。”（《文史通义·古文十弊》）而实在呢，章氏说：“古人文成法立，未尝有定格也。传人适如其人，述事适如其事”而已。这是用这种教学方法的人所应顾到的。

二、练习指导　关于练习的动机和时间分配，上面均已述过了。至于临到练习的时候，应该怎样指导，再分内容、形式两项说一说。

在内容上，学生作文，第一要有材料，第二要有组织。刘勰说：“临篇缀虑，必有二思：理郁者苦贫，辞溺者伤乱……博闻为馈贫之粮，贯一为拯乱之药。”“博闻”就是要“有材料”，“贯一”就是要“有组织”。

无论口语练习或写作练习，无论自择题目或教师指定题目，起草以前，先须将关于本题的事实和自己的观察聚拢起来，将思想和感情集中一点，万不可胡乱起稿，弄到没有话说而勉强说话。**所谓事实和观察，思想和感情，不是为了作文而才有的，这全是平时在各科所得的知识，课外所得的经验；作文是发表的技能，是要能将这些发表出来。所以作文的时候，须先将材料收集了，才好起草。**

有了材料，第二步便是要有组织。否则，凌乱不成系统，说起话来，也使人不易了解而减少效力。所以**作文必须将所有材料加以剪裁，加以排次，叫他有一个中心，而各部密合无间，这在上面讨论章法时已提及了。要能如此，最好训练学生于起草时，先制一纲要，把什么是中心的思想，什么是逐段的思想，什么应当注重，什么应当联络，用表解式记载下来。**如其是口语练习，有时照着这纲要，就可说话，不必详精写出来了。如其是写作，那么再注意到文字的形式问题。在形式上，应注意文字的技术和机械的习惯。

同此材料，同此组织，而文章的技术高下不同。技术高的人，却能把“人人意中所有，人人笔下所无”的酣畅地用文字抒写出来。**这文章的技**

术，在练习时不能临时教导，重在平时对于词类和句式的熟练，临时不过对于学生做一些辅导的功夫罢了。

在作文时，特别是写作练习，有几项机械的习惯是必须注意的。例如：1. 用规定的作文格纸；2. 用中国笔墨；3. 题目和作者姓名，写在一定的地位；4. 每段的开始空一格；5. 用规定的标点符号；6. 写字要正确明了，勿潦草。这些看似没有什么关系，其实是最具体的标准，为养成写作的整齐和匀净的习惯所不可忽的。现在学校里许多学生，因为教师不作这样具体的要求，所以大家习于苟简，只要教师在作文前提起注意几次，习惯也就容易养成了。

（四）

最后，我们须研究成绩的批评和整理，分下列四种的手续：

一、自动的批评和订正　口语的练习，团体设计的结果，当然由全级学生共同批评，互相订正。关于写作，我在《初中国文之教学》里说："寻常教师易蹈的错误，不出二途：一是太省事，单将原文加些圈点，末了加一个笼统的批语，就算完事；一是太认真，把原作改得体无完肤，面目全变，学生看了莫名其妙。……矫正这种错误……**订正时，每篇要有两次的手续：第一次只用几种符号，标出文中的缺点，或加'眉批'说明其理由**。批后以原卷发还学生，**令其自行研究，自行批改**。**有不能改的，可详细质问**。改好，另卷誊正，再为第二次的批改。"《新教育》9 卷 1、2 合期页 75）

二、教师批改　这个批改，不是给学生重做一篇文章，那是徒劳无益的。**批改的目的，第一、自然还在订正文法上、修辞上的诸般缺点。第二、就在作一番评价，判一个优劣**。我们知道，在练习的心理上，有一个原则，就是练习的结果好，要使发生快感；结果不好，要使发生不快感。所以评定分数，酌加圈点和批语，都是可行的。分数的问题，应另外研究，这里且不旁及。批语的毛病，在太笼统，太机械。比如文章好的固然是加些“气疏以达，言明且清”，“树谊必精，摛词无儒”，“理精词粹，气盛言宜”等等千篇一律的俗套了，坏的也加上“文尚通顺”、“词意稍泛”等等的滑稽语。而且不管有无特加总评的必要，总须还他一个批语，这就机械了。总之，**批语是可用的，而要他有效力，必先要他有意义。**

三、黑板订正 关于最普通的错误，教师可另制一表，在上课时在黑板上一一提出订正。有时可以提出一段文章，在黑板上订正，这样很可以引起全级学生的注意。

四、优良作品的宣示 最好的成绩，可以给作者自己宣读出来，给同学听。或者将原卷揭示于教室内或相当的地方，刊印在学校的出版物里，这样很容易收观摩的功效。

讲到作文教学——尤其是作文的批改——总不能不讲到教师时间和精力的问题。如陈夔勋君在《改进国文教学的先决问题》一文里说：“以东大附中而论，国文教员每人担任改文至少两班，每两星期作文一次，平均每星期有学生正式作文四十篇以上。每月每班尚有读书笔记，这种笔记，每人一册或两册。因此之故，终日疲于改文看笔记，有时还要看临时试验卷。这许多作文、笔记或试验卷，发了复来，来了复发，一来一往，源源不绝。又况除此之外，还要预备上课。所以弄到废寝忘餐，面无人色。各种娱乐和社会活动，几为之剥夺净尽。人当怪国文教员闭门谢客，不与人周旋，其实事实上迫到他不得不如此。左右邻人看见这样，也常惊问，为什么事体做不了。唉！他不晓得这许多作文、笔记、试验卷等等，光看也不易看了，何况还要改正呢！还要批评呢！”《中等教育》2 卷 5 期页 3）陈君这里所申诉的苦处，是一般忠于职务的教师所同感的。我们以上所述的各种教学方法，似乎不但不能减少困难，却还要增加教师的负担，这问题又怎样解决呢？我以为一方面这固然当在学校行政上，教师工作支配上去求解决；而一方面只应承认最好的教学法原是要教师最大的努力的。孔子自己说：“学而不厌，诲人不倦。”子贡称道孔子，也说：“学不厌，智也；教不倦，仁也；仁且智，夫子既圣矣。”谁说不厌不倦是容易的事情？然则，在我们的职业里，能始终不厌不倦的人，也可以称“教师之圣”而无愧了。

14 中学校之读文教授

孙本文（1892—1979），著名社会学家、社会心理学家。字时哲，江苏吴江人。1918年毕业于北京大学哲学系，在北大学习期间，他与冯友兰同班。1922年获美国伊利诺大学硕士学位，1925年获纽约大学社会学博士学位。回国后，曾任复旦公学教授，中央大学教授、系主任、教务长、师范学院院长，国民政府教育部高等教育司司长。孙氏是中国社会学奠基人之一，是系统介绍西方社会学到中国的主要学者。

他的著述《中学一、二年生读书能力试验之统计》，系对中学生读书能力测试后的研究报告。本《论典》所选之文，则是在测试、研究后，对中学国文科的阅读教学问题进行系统论述的作品。文中列述教授方针、选文标准、选文分量之分配、教授要则以及教授程序。"课内教授仅为指导课外自读之预备，国文之主课于课外自读求之，不当斤斤于课内求之也"，此说颇能发人深思。所谓"教授上之四主张"，当为确论。中学读文教授之程序设计，孙氏有开创之功。

本文原载《教育杂志》第11卷第7号（1919），选入本《论典》时有删节。

晚近教育界研究之重心，渐由小学而移于中学，不可谓非教育之进步。中学教育，头绪纷繁，第论各科教授，其弥重要而弥困难者，莫如国文。

夫中学校下衔小学，上承专科大学。初年级之中学生，仅受七载之小学教育。国文一科，自始学以迄卒业，衡计部定时间，不过三千又四十小时（按每年除例假外，约计授课四十周，此系并计七年之数）。以每日八小时计，仅三百八十日耳。则此七年之国文教科，实际止受一年半月之启迪。以高小卒业生成绩现状论，进步固已速矣，以言自由应用，则犹感不足。补苴罅漏，**培植根底者，惟中学国文科是赖。**

况论普通中学，卒业升学，除专攻文学外，大抵从事专科之研究，无余力研索国文。论职业中学，卒业后随执业社会，其应用尤亟。**涵养读书摘思之应用能力者，亦惟中学国文科是赖。**

然依部定中学课程，国文时间，四年合计，不足六月（按中学校有学期、学年试验，均须停课二周，故每年以三十八周计，共为912小时，得171日）。以如是短促之时间，膺如是艰重之责任，诚戛戛乎其难哉。

虽然，教授国文，不能徒恃课内之读讲作文，余当言之矣（见《新教育》第2期拙著《读书能力之统计》）。盖课内教授，仅为指导课外自读之预备。**国文之主课，宜于课外自读求之，不当斤斤于课内求之也。**不佞对于国文教授之希望，在废课本而代以课外自读，课内之任务，仅为指示订正而已。盖课本之死教育，原不合创造进化时代之新学生。今则碍于学制及各科联带之关系，犹不足以言此，无已，请陈不佞对于国文教授过渡之主张，作异日废止课本教育之准备。教国文者，其亦愿与商榷乎？

所谓过渡之主张者，其最要一语，即抱定一经济主义。易词言之，**欲于兹短促时期之内，以最经济之方法，获最宏大之效果，**如斯而已。国文教授之主课，可厘为读文作文二大端。兹先述读文教授之意见于下：

一、教授方针

中学国文教授，应取若何方针，斯为读文教授之先决问题。部颁《中学校令施行细则》云："国文要旨，在通解普通语言文字，能自由发表思想；并使略解高深文字，涵养文学之兴趣，兼以启发智德。"用意浑括，未见切实。兹略为改订，以备教国文者之参考。先陈其根据如左：

（甲）根据中学教育之宗旨　中学教育，一则竟普通教育之功，养成社会上应用之知能；一则植人材教育之基，指导进究专科学问之途径。由前言之，中学国文宜注重社会上普通之文，涵养通解应用文字，既发表思想之能力；由后言之，中学国文宜兼重文学之文，培成研索文学之始基。

（乙）根据世界文学之趋势　世界文学，当十八世纪初，古典主义大行；既而惩其徒工模拟，足以蔽锢性灵，一变而为理想主义；晚近科学大昌，移其目光于自然迹象，狎视牝虚之玄想，为无足重轻，又变而为写实主义，写实之极，更进而为自然主义。今世盖写实文学盛行之时也。由一方言，吾国科学幼稚，人群昏昧，固宜注重写实文学；由别方言，吾国民理想窒塞，务当力谋疏沦，故宜兼重理想文学。

准上述根据，乃得确定教育方针曰：

中学国文在授以写实主义理想主义之普通文、文学文，养成其实际上蒐集知识发表思想之能力，并以启发智德。

按国文教授之作用，不外形式实质二端。形式以涵养能力，实质以陶冶心性。所谓蒐集知识发表思想者形式也；所谓启发智德者实质也。蒐集知识发表思想之能力，几为向日教国文者出全力以谋之鹄的。读文作文，非不准是励进。若乃**启发智德，则有各科学在，似非国文教授之主鹄，固宜重形式而轻实质矣。**虽然，形式实质，自哲学之一元论者视之，本难判别。**形式必附实质以行，实质必藉形式以显**。今欲达教授形式之目的，岂能外实质而自为方哉？不能外实质而自为方，而任意以为取舍，必至取非所当取，戕贼学子之思想，阻遏智德之进步，莫甚于此。窃意二者未容轩轾于其间，欲矫向者畸重形式之弊，尤宜于实质加诸意焉。兹将上述方针，以形式实质分析表之，以明二者并重之意：

写实主义…	实质…	（教材）
理想主义…		
普通文……	形式…	
文学文……		

养成	蒐集知识 发表思想	之能力…　形式	（教材效用即教授目的）
启发智德……实质			

二、选文标准

教授方针既定，乃得准是选教材。请先陈其文体与界说。

由教授方针，可厘文体为四类：

（一）写实主义之普通文

（二）写实主义之文学文

（三）理想主义之普通文

（四）理想主义之文学文

其界说如下：

叙述事物情态之文字，率真而无讳饰者，为写实之文。

陈说事理物理之文字，畅达而非荒诞者，为理想之文。

各类文字之词意平实者，为普通之文。

各类文字之词意优美者，为文学之文。

文体界说既定，似可言选文标准矣，然犹未也。盖学生程度，亦不可不一为审察也。夫初学年之中学生，其程度虽如前述，然今之中学生，其初未必径进小学，或始入私塾，或曾经补习，其国文根底，大有径庭。当于去年开学之始，调查新生国文程度，发调查表格，按项填注。其项目如下：

（一）曾进私塾否？

（二）曾读四书否？

（三）曾读五经否？

（四）高小历史科外曾读其他史书否？

（五）能作诗否？

（六）在高小作文至长能作多少字？

（七）高小作文题以何类为最多？举一二例以明之。

（八）高小国文系选读，抑用课本？课本用何家出版者？

调查结果，全级四十二人（按普通科甲组四十五人，三人缺席），曾进私塾者三十人；四书全读者止一人，其他选读一部半部不等；五经全读者无其人，选读者亦仅九人；曾阅纲鉴者九人，然皆未毕；能诗者止一人（他项无关读文者不赘）。观此则大半不读经史，已读者亦大抵遗忘。其与未入私塾径进小学者，有何异乎？**故选文时，凡关于经学之文或证引经文较多之文，宁从割爱，惧其不易澈悟而徒耗时间也。**

按教国文者，辄喜选录深奥之文，自眩其渊博，而于学者之能否领解，未遑审察。见有教者选取较为平易之文，辄嗤曰浅浅。夫斑马韩柳之文，非不高古遒劲，凡潜心文学之士，从容以升史汉之堂，而造桐城之室，谁得而诋之者？无如**中学生之程度如是，时限如是，若强以古奥之文，斤斤于学子之前，其如彼之不易领悟何？**故愚意**当求其易领悟而易取法者，择而授之，庶几收效万一乎。**

兹准上陈之界说，与学生之程度，而订选文之适宜条件如下：

（一）合于下列十二条件者选：

一、诚实描写政治上社会上之情状者。

二、文词悲壮淋漓出于至性至情者。

三、描写人物惟妙惟肖者。

四、记述山川风景平实而自然者。

五、记世事人情足以感发兴起者。

六、驳事辨理足以启发智慧者。

七、文中思想与近世科学暗合或可参证者。

八、叙述学术流别简短而明了者。

九、说理论事之透澈者。

十、有韵文之饶有神情裨补身心者。

十一、普通社会应用文之有兴趣者。

十二、讨论求学途径文词平实者。

（二）合于下列八条件者不选：

一、词旨晦涩文句矫揉造作者。

二、骈俪文堆砌典故者。

三、用意与现代思潮相违者。

四、思想消极足以窒青年进取之机者。

五、文意不适于中学生之境遇者。

六、干录文及应酬文之一味恭维者。

七、评论古人得失无关大体者。

八、因物与感故作无病之呻吟者。

由上二十条，复**综要言之曰：论形式，取其文笔显豁流畅，自然而不矫揉者；论实质，取其陈义确实高尚，合于中学生之境遇者**。如是而已。

三、选文分量之分配

言选文分量，宜先厘定文体。文体类别，自来靡定。昭明文选，最乏条理；惜抱类纂。括为十三，稍趋弘整，近世言文者祖之。然有赋而无诗，于文之全体为不备。太炎别文为有韵无韵二大类，其说近是。今兹选文，以方针所述四类为纲，参酌惜抱太炎二家之说，以为目。列表如下：

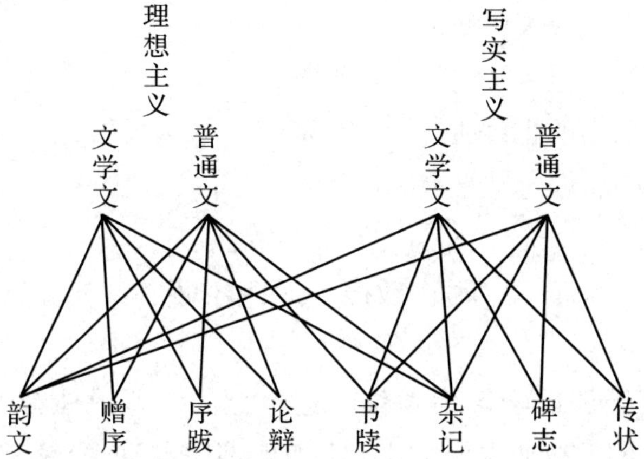

（一）根据教授方针而定之分量：

一、写实普通文　　约占 30%

二、写实文学文　　约占 40%

三、理想普通文　　约占 15%

四、理想文学文　　约占 15%

（二）分酌各学年之分量：（下之百分数按年计算）

一年级
- 一、写实普通文　　40%
- 二、写实文学文　　50%
- 三、理想普通文　　5%
- 四、理想文学文　　5%

二年级
- 一、写实普通文　　35%
- 二、写实文学文　　45%
- 三、理想普通文　　10%
- 四、理想文学文　　10%

三年级	一、写实普通文	25%
	二、写实文学文	35%
	三、理想普通文	20%
	四、理想文学文	20%
四年级	一、写实普通文	20%
	二、写实文学文	30%
	三、理想普通文	25%
	四、理想文学文	25%

四、教授上之四主张

（一）**教授须以学习为本位**　近世教者，惩于往昔“注入主义”“启发主义”偏于教师本位之非，乃有所谓“自动主义”“自学辅导主义”“儿童中心主义”“学修主义”“动的新教授主义”诸主张。莫不言之成理，持之有故，教者似宜择取其一，以为准绳矣。然余谓教授自以学生为本位，而教授中间之经历，必不能拘泥于一定之成法，所谓“因材而教”“因势利导”则“神而明之存乎其人”。**然亦非漫然无途辙之可寻，必曰以学生自动学习为本位；不能自动，然后辅导；辅导不足，然后启发；启发不足，即参用注入，亦无不可。**易词言之，**时乎辅导，则辅导之；时乎启发，则启发之；时乎注入，则注入之。要其归必导学生以自动研究之途，养成其自进学习之兴趣而已。**

（二）**教授须持试验态度**　近今学术之进步，靡不赖试验为之原动。彼实验物理实验心理之明效，可无论已；即教法之宜否，教材之适否，所以日迁月更，而励进无疆者，亦恃乎实验为之用也。**今兹教授，痛惩独断，凡运用教法，施用教材，必持试验态度。**一字之解，一语之义，一事物之辨别，必令一二人述之，多数人评之。一人之不足则多数，多数之不足则全体。**不以自视甚易而忽学生，不以自视较难而轻学**

生，务先出教材以试之，试而当则承认之，奖掖之；试而不当，然后辅助之，指正之。然亦非事事怀疑，致学生摇惑也。**必曰以学生境遇为标准，勿因独断而斫丧学生之心力，俾就其充分之发展而已。**

（三）**教授须令普遍活动**　庶民主义之潮流，溢溢世界，教育亦受其撼动。兹论教授，亦宜本此主义，施普遍之陶冶，不当注重优生，而轻视劣生。近今教授之通弊，非偏于天才，即病在画一。今兹教授，力矫斯弊。程度同则因性而教，性质近则因学而教，不使劣生视优生望尘莫及，优生因劣生致阻进步。**教者教授力务求其平均，学生活动力务求其普遍。或谓教室中个别教授，为实际上之所难能，徒为大言以诳人耳。**虽然，余所谓**因性而教因学而教，非必别人人而为个个之教授也。**亦曰就其性与学之近者，分别为深浅之教授，详略之教授，而其归则在全体之活动，大多数之了澈而已。

（四）**教授须使熟读课文**　国文教授之特质，在涵养读书摅思之能力。**涵养能力，固不第恃意义文法之悟解，而尤在其有构词运气之暗示。**彼催眠术者之施手腕于被术者之身，断断非物理原则之所能说明，惟恃暗示之为用而已。**熟读成文，实为缀文之暗示作用。盖文既精熟，作者精神与读者精神，自必欣合无间。**故胸中如有熟文数十篇，则握管构思，奔赴腕下，皋乎有得，沛然自行，有不期然而然者矣。扬子云曰："熟读千赋，然后能赋。"非虚语也。**今兹教授，就课文之意味隽永，词思流畅者，必令反复雒诵，沉潜玩索，以能精熟为归，信其必能佐教授之不逮，扩文思于无形间也。**

五、教授顺序

（一）令预习

（要点）一、课文先二三日发出，令于课外预习。

二、课文印刷时不加句读符号。

三、预习分三项（甲）检生字，（乙）查难句，（丙）志句读。均用笔记簿记出，备上课时矫正。

（二）板书文题体例及作者小传

（要点）一、文题意义及体例，用问答法说明。

二、述作者历史，并说明其文章之长处，及其在文学史上之位置，间用启发法。

（三）分段指名直读

（要点）一、分段不预先说明，随读随分。分段之法，以读讲方便为主，不拘拘于固有之段落，至全篇终了为止。每篇约指四五人。

二、读时不用声调，在辨字音句读，故曰直读。

三、指名读者为中次等生。有误时，质问全体矫正之。

四、一生直读时，令余生注听，随与所志句读对照。

（四）令质问难字句

（要点）一、此节与上节交互行之。直读一段，即令就一段中难字句之已查字典尚不明了者，提出质问。问毕，读次段。读毕，再问如前。

二、质问时先令能答者答之，不能答然后为之讲明。

（五）发问难字句

（要点）一、经过上节后，犹有较难字句未经质问者，提出发问，至全体明了为止。

二、大体明了，此节可省。

（六）分段指名讲

（要点）一、全文约分四五段（分段法与直读同），每段指一人讲。先指优中等生，次指次等生。约全文讲二通。

二、观其各段意义明了否。

三、意义如不正确，随时用问答法令他生矫正。不能矫正者，为之讲明。

四、指名讲者，每文轮流，期在普及。

（七）推究语句文法

（要点）一、令与已读课文比较。

二、令推敲语句正反之异。

三、令推敲虚实字之用法。

四、令推敲省略字句。

五、令注意修词之法。

（八）指名通讲

（要点）一、整理全文意义。

二、指优等生讲，有时插入范讲。

（九）令分段落

（要点）一、令在课外预习时拟分待上课时订正（用笔记簿）。

二、指令中次等生，依次述出段落起迄，及各段大意。每段一人，误时令他生矫正。再误，然后为之讲明。

三、先分大段落，继于每段中分小节，每小节再分别语句先后之次序，再说明句读之起迄。

四、各段落之关键，凡承上起下之句，尤宜注意。

（十）演述各段意义

（要点）一、令用白话讲述各段意义。

二、全文以一次为度，如全文分五段则指五人。此节在练习语法，期在普及，每文必须易人。

（十一）撮举全文大要

（要点）一、令分别文中主意、从意。

二、令依文中要点次第述出。

三、有支离或含糊语，随即矫正。

（十二）指示佳句

（要点）一、推敲文中佳句

二、凡意佳者、佳词者、关联佳者，逐一指示。

（十三）指名分段朗读

（要点）一、依段落次序，指中优等生朗读。每段一人，至篇终为止。须用声调。

二、注意各段主意、从意之抑扬。

（十四）指名全文朗读

（要点）一、先指优生一人或二人，再分组或全体行之。以一遍或二遍为度。

二、亦可插入范读。

（十五）应用

（要点）一、就本文扩充或约缩，或反驳，或模作等。与作文课联络。

二、此节或省略亦可。

按上述顺序，因文之长短难易而时间有伸缩，大致六七百字之文，约历三小时。依顺序分之，则一至五为第一时，六至八为第二时，九至十四为第三时。

15 我之国语教育观

张一麐（1867—1943），1915 年至 1916 年曾任徐世昌内阁教育总长，著名爱国人士。字仲仁，号公绂、民佣，别署大圜居士、红梅阁主。江苏吴县人。幼有神童之称，十二岁应童子试，即为秀才，光绪十一年中举。光绪二十九年，录取经济特科，被分往北洋大臣兼直隶总督袁世凯处任职。1919 年国语统一筹备会成立时，被任命为会长。“九·一八”事变后，他创办《斗报周刊》，撰发刊词，号召奋起救亡图存。“一·二八”淞沪抗战爆发，张一麐积极参加各种活动，支援抗战。1936 年“七君子”事件发生后，他多方奔走，设法营救。

《我之国语教育观》，足可视为国语作品的典范，原载《新中国》第 1 卷第 4 期（1919）。身为总长，绝无半点官腔。自然、亲切、言浅意深，对国语文更好地起到了宣传推广的作用。

鄙人对于国语教育的意见是把国语教育认作一种慈善的事业。

这是怎么说呢？天生一个人给他五官，耳朵能听，眼睛能看，嘴能说，鼻子能嗅，心能思想——这五种叫做五官。除了鼻子的作用少些，我们所以能够写字看书，又能够同全地球各国各种的人大家谈论，大家交换知识，全靠耳朵眼睛跟嘴跟心等作用。那些聋子、瞎子、哑子等五官的作用不全，是世界上最苦的人。因为人家能听的，他听不见；人家能看的，他看不见；人家能说的，他说不出来。随后有一种慈善家，开了一些盲哑学校，使一班聋子瞎子哑子，有的能够认字，有的能够作工。这不是最大的慈善事业么？鄙人自己一想，在本国人的中间，虽然是不聋不瞎不哑了，倘然同外国人在一块，简直跟聋的瞎的哑的不差什么。因为我们不能说外国话的人，见了一个英国、法国或日本国人，他说什么，我听不懂；他写什么，我看不懂；我说什么，他又不懂。幸亏得我们认得几个汉字，还可以把人家翻译出来的书，当作我们的盲哑学校，知道一点各国的事情。但比他们直接会听外国话，认外国字，说外国话的人，已经差得远了。因为这个缘故，**我们不认得外国字的人，五官已经减少了一小半。再想到连本国字都不认的人，那不更苦么？**我们认得字的人，有什么意思，可以写一封信，同几千几万里路以外的人说话。若是不识字的，非请教他家里会写信的或拆字先生代写，不能把自己的意思寄去。就是请教他人，决不如自己会写的方便。并且书信的秘密，完全失去了。所以我常听见乡下女人，有丈夫或是儿子出门三五年，毫无音信，简直同死去一般。有时接得了一封信，找一亲信人念给他听，像我们接到洋文信请教翻译，同一着忙。又我们识字的人，早起看报纸，可以晓得近日有什么大事，官府有什么告示，货物等市面行情。若是不识字的人，耳朵里所听的，无非是故老相传的孙行者武松黄天霸等，不是一筋斗翻了十万八千里，便是劫富济贫的好汉，或佳人才子的因缘，所以造成了庚子年义和团的神拳，青红帮哥老会等等秘密的社会，以至热闹商埠的吊膀子轧拼头。他们从那里晓得世界上还有五大洲？就是本国历代的圣贤，现在新人物所要改良的旧道德，他们也一点不懂。**我们对于这种人，要可怜他们不识字不读书的苦处，不可骂他作该死的愚民。**再看小百姓完公家的粮银，官府发下的串票，单说几钱几分，小百姓既不识字，又不会算帐，银子合铜钱多少，附加税多少，手数料多少，全凭柜书差役一种命令。所以公家得到十分，百姓出到两倍三倍一二十倍不等。街上挂着“向左边走”木牌，洋车夫偏向右边走，因为不识字的缘故。公园里明明挂着“厕所”等木牌，小便偏在厕所以外，因为不识字的缘故。所以警察厅的违警章程，一切官厅的法令，都是给自己看的，因为小百姓不识字的缘故。各店铺明明有市价的仿单或告白，乡下人看不出来，吃亏受气，种种可怜，都是不识字的缘故。所以我说**不识字的人，五官中耳、目、口、心等官，简直缺了一大半，你想苦不苦呢？**

再看那东西各国的统计，像那英国、法国、美国，每一百人中间，不识字的不过几个人；日本国一百人中间，也有九十个识字的。我国没有精密的统计，据青年会余日章君告我，一千个人中间，只有七个识字的人，倒有九百九十三个不认得字的。（这个统计，原是合汉、满、蒙、回、藏五族；并且不能就我们所住的都会看法。任便到一个乡村地方便知道了）。天生一样的人，一样的五官，为什么他们可以尽他的本能，我们就变成半聋、半瞎、半哑、半呆呢？

就有一个朋友说道："我们现在既经开学堂，天天讲教育普及，我国常用的字不过三千个，即就目前所有的字，也可以教得人人都同我们一样。为什么要造这种四不像的字，叫什么注音字母，倒弄得不明不白呢？"我就答应他：兄弟从前的意见，亦同你老兄一样。我是一个老教书的。年轻的时候，受过老法的教育，存一种进士翰林的梦想。到了三十岁左右，经了甲午的战败，戊戌的变法，知道从前的梦想不对了，胡乱看了些新学书，想到学堂中做学生。然而年纪已大，又系寒士，靠老法的旧货养家过活，所以我只能就老法改变了新法，把学生作试验。后来我碰见许多小学堂的教员，学堂中的学生，仔细调查，觉得**现在的教育，虽然比老法的教育容易得多，但是要国文通顺，亦非七八年不行。**这还是读书人家或商家的子弟。若是讲到普及教育，凡是拉洋车的，出粪的，乡下土老儿、丫头、老妈子，都是要同现在的学生教得一样，那就更难了。因为中国穷到这步田地，教育的经费，都给丘八大人用掉了，那里有这许多开学堂的经费？况且学科这样多，若是七八年功夫单把国文弄通了，就算是国民教育么？回头想到科举时代，三年中学台两次考试，每县不过取上二三十个秀才，这二三十人中间，半通不通的尚是多数，每县学龄儿童，多的总有几万，至少也有几千。国文以外，修身、体操、图画、手工、算术等时间又占了五分之三四。这样算法，要是靠我们从前教法、读法的文字，像日本一百人中九十人识字，恐怕没有这一天。我就想到英法字母不过二十六，日本假名只有五十音，我国象形等文字不如他们拼音的文字。倘然日本纯用汉字，决不能像国语教科书的普及。我记得张文襄奏定的学务纲要，就有“各省学堂须统一文言”一条。直至宣统三年，还没有办法。只有王晓航先生的官话字母，在北京保定一带，曾经试办。齐震严先生做某县知县，有一天到乡下去，找到一个农家。农人在三里外做庄稼，家中有农妇跟小孩子。齐先生要传他丈夫问话。这个农妇就取了一片粗纸，一枝破笔，草了十几个天书似的文字，叫小孩去找他父亲。不一会子，这农夫果然回来。齐先生看他写的字就是官话字母拼成的。劳玉初先生在宣统年间，到京就四品京堂的官。我见先生，问他政见是什么。先生道：“我为的是简字来的。”**劳先生是老辈，是旧文学家，他对于推广简字的热心至今不变。我们更可以把他做一个极有力量的援助**。但是从前的简字并不曾有各省公认的性质。直到民国二年，教育部开了一个读音统一会，各省都有人来，讨论了三个月，定了字母三十九个。民国四年鄙人在教育部，查出旧案，呈请试办注音字母传习所。十二月二十日批令，准予立案。这个传习所是王蕴山先生一手经理，至今尚在顺治门大街徽州馆。看过注音字母报的，便知其详。上年十一月二十三日教育部傅总长又把部令公布。**山西的阎省长已经颁出一种参用注音字母的通俗国文教科书。随便那一省的话，都可以用这种字母写在纸上。不到一个月，向来不认得字的人，可以把这种字母写信给人家，可以不费什么教育费**。若是将来做成一种教科书，推广到全国，那么我国一千个人中的九百九十三个不识字的半聋、半瞎、半哑、半呆等同胞，仿佛添了一种利器，叫他把天生的五官本能完全发达，那不是一种最大的慈善事业么？我们已经懂得汉文的人，虽然不必把这种字母去代替那已经懂得的文字，难道不准那些不识字的人另用一种可以替代说话的东西么？难道聋子、瞎子、哑子不准他有一种盲哑学校么？

以上所说的是注音字母的绝大用处。**注音字母虽然有大用处，但是这种字母只可以替代白话，不能替代文言。因为文言里的单音字太多了，很难用字母表记出来。**况且懂得文言的人很少，就能把文言写成注音字母，也没有什么用处。白话就没有这种缺点了。我在十一二岁时，看《西游记》或《三国演义》一天可以看三四本；看《十三经注疏》一天看上三十页，就不能多看。**可见看白话的书，比那文理深奥的书容易几十倍。若是把这几十倍的工夫腾出来研究东西洋的文字，以及各种科学，岂不是把笨重的骡车改成了汽车，把人摇的木船改成了飞艇么？**那么，一个人活了五十岁，就像五百岁似的。那么拉洋车的、出粪的、乡下土老儿、丫头、老妈子都可以把他的经验做出一种著作，岂不有趣？诸君莫笑我瞎三话四，我们试想五十年前，倘有人说上海到北京只要两天，岂不叫人笑死？又想到三千年前，汉口的女子会做诗，猎兔儿的野人会做诗，岂是古人骗我么？**古人的白话同文字不曾分离，所以乡下女子和山里的猎人也能做诗。现在用白话来做文字，谁能说拉车的和出粪的就不配做书呢？**

[附]

言文教授论（节录）

庚　冰

这篇论文是当时《教育杂志》“征文当选”的作品，原载《教育杂志》第4卷第3号（1912）。文中精辟地论述了语言和文字的联系与区别，指出小学教授国文当从语言入手。“教授文字，当以教授语言的第一步”，并对自语、听语、会话三种语言教授法作了详明的介绍，同时，作者还从各地方言殊异的实际出发，提出了逐步推行国语的必要。在国文教授中，除读文和作文训练之外，更强调说话和听话训练的重要，这在本世纪最初年代，实属难能可贵。至于在读文、作文方面，作者持论也颇多新见，如“教授作文，当以开发学者之思想为第一义”“小学生之语言文字，自有小学生之口吻，教授者当渐次导之上进”等。

人世间事事物物，千变万化，谁为之主？厥惟人。人又谁为之主？厥惟意思。然我之意思，人不能知也；人之意思，我亦不能知也。**宣布其意思于外，绍介其意思于人，则必藉语言以为机关。**语言既出，宛如空中之浮云，过而不留。**欲语言之历久有效，越时不忘，又必藉文字以为标准。**文字既成，宛如蛛丝马迹，有途可寻，铸鼎勒碑，有文可考。**故语言者，听官上一时之符号，而文字者，视觉上永久之符号也。**

孩童初生、不知语言，习字久而教之勤，于是渐渐成句。十年以还，普通语言，可无扞格之患，固非一朝一夕之功也。而高深之论，圆润之谈，犹未能之。及六七岁时，教之识字，教之读书，始有文字上之知识。十年以还，普通文字，略有门径，而文体之良否，文法之优劣，文词之雅俗，尚难与言之。于以知人之于世历一二十年之久，仅得普通语言及普通文字之程度。呜呼，不其难乎！

语言教授之始，以家庭为教室，父母主之。文字教授之始，以学校为教室，教师主之。语言教授，姑置不论，文字教授，则殊途同归，大可研究者也。虽然，**语言为文字之母。文字者，不过为语言之符号。**语言之与文字，具此密切关系，故**教授文字，莫不由语言入手。**今之充教员者，大抵以教授文字为职务，而于语言上应如何注意、如何应用，绝无经验，且不置研究。学生文字上进步之濡滞，实由于此。故**教授文字，当以教授语言为第一步。**教授语言，又当分为自语、听语、会话三种。**自语者，不过使发自己之意思而止，以明爽为主，以顺序为归。听语者，当听人语言之**

时，能理会其人之意思而止，以聪敏为主，以别择为归。会话者，互相语言之时，能交换彼此之意思而止，以问答为主，以判断为归。其教授方法，要当循循善诱，或示以模范，或导以途径语言合度，进而教授文字，庶乎事半功倍矣。试更表示如下：

语言
- 甲……自语
  - 明爽
  - 顺序
- 乙……听语
  - 聪敏
  - 别择
- 丙……会话
  - 问答
  - 判断

→ 文字

按之上表，语言与文字实一贯者也。盖语言中，以此自语、听语、会话为三体，以明爽、顺序、聪敏、别择、问答、判断为六法。而文字中亦缺一不可者也。请进而论文字教授法。

欲论文字，先述两要点：一曰方法，即教授文字之组织法也。一曰文章，即教授文字之字句篇段也。小学之教授文字，要以简浅为范围。而文章体裁，又有白话、文言两种。教授小学生，当于语言与文字间施其作用。盖小学生虽不知文字，未尝不能语言，就其已能之事，导之以习未能之事，此乃教授法之定例。故小学校中之教授作文，当先教授白话体，而后教授文言体。揆之教授法，尤宜如是。虽然，他国之语言与文字，无大差别，教授语言而有效，则其文字之成绩，已相随而进。我国语言，则与文字迥乎不同，能语言，不能即通文字，遂使教授上顿生种种困难。善教授者，可由教授语言进而教授文字；不善教授者，宁舍语言而专教文字反易奏功。何则？语言上所用之普通字，与文字上所用之普通字，各不相谋。而甲省之语言，与乙省不同，与丙省丁省又不同；甚至城市之语言，与乡镇不同；且有同一城市、同一乡镇，其语言有不能一致者。由是观之教授语言，虽有成功，仅能用于一方，不能通行于各地，经年累月，茹苦含辛，仍无绝大之效用。吾故谓我国小学校中，藉教授语言为教授文字之导线可也，或藉教授语为教授文字之过渡亦可也，是在教员能利用之耳。不然，徒劳而言无功，又何必多此一举为耶。

昔之教授文字，莫不以谙习《说文》，贯澈六书，为入门之道。讲部首，重训诂，孜孜数年，犹难卒业。我国异日特设文科大学以研究之，必有超出世界之价格，若欲施行于小学校中，断断无是理也。不观许氏《说文》所编之部首，凡五百四十，隶属之字，凡九千有奇，繁博高远，岂易从事？小学校所教授者，仅为普通文字，不必语以繁博，更不必语以高远，宜将日常应用之文字，分其缓急，定其先后，循序而教授之。至于书法，篆隶非必要之字，行草虽便于用，要以楷书为先。教授写字，则当大小兼习，进步乃速。吾原身任教育者，实地研究之盖书法一端实作文之机械，不可不注意也。

日本之语法云者，合口语体、文语体而言。吾既于文章体裁，分为白话、文言两种，则于语言教授不可不先论之。学生年幼，语言且待夫教授，遑论文字。然吾国教育家，能注意于教授语言者，殊不多觏。实则教授之法，不外数端，兹姑表示如下：

- 语言教授
  - 甲类
    - 一　习问……杂答
    - 二　提问……选答
    - 三　正问……正答
    - 四　反问……正答
    - 五　复问……简答
  - 乙类
    - 一　称谓语
    - 二　单独语
    - 三　连续语
    - 四　自动语
    - 五　被动语

上表甲类之所列，全属问答，而乙类之所列，亦不出甲类之范围。但教授时，当辨别其为甲类，抑为乙类耳。试就右表之甲类诠释之。

（一）**习问**者，教员当就学生已知之事，或已读之书，摘要发问，殆有温习之意存焉。学生于教员发问之时，即当杂举所知以答之。而学生所答，未必尽能合度，教员宜随时矫正而指导之。

（二）**提问**者，教员就学生程度相当之事物，提要发问。学生可选其知之者依次作答，不知者由教员述明之。教员此时，即当声明此问应如此作答方合，以示模范。

（三）**正问**者，就其应问之意义发问也。例如今日天热，则问曰“今日天热乎?”见人服棉衣，则问曰“汝服棉衣乎?”是也。若有人从而答之曰“今日大热”“我服棉衣”是即谓之正答。以其无他方面之意思参错其问也。

（四）**反问**者，就其应问之意义，而因反面发问也。例如茶已满杯，而问曰“杯中之茶尚未满乎?”午饭已食，而问曰“汝尚未食午饭乎?”是也。问虽如是，答者则必曰“茶已满杯”“午饭已食”盖反问常有之，而反答则未能适用也。

（五）**复问**者，就一种事物而再三发问也。凡遇繁杂之事物，惟恐听者不能明了，抑或易致遗忘，不惮烦劳，而发问至再至三。苟听者初答无误，则复问时，只须简单作答，不必徒费时间也。

甲类所列，皆为问答之教授。而教授语言之主要，实在于是。问答既合，则进而区辨语言之性质及其类别，便易易矣。试更就上表之乙类诠解之。

（一）**称谓语**者，凡一物一事，一地一人，莫不有一定之称谓也。而同为一人，在我为如此之称谓，在人则为如彼之称谓矣。在家庭为如此之称谓，在学校或社会则为如彼之称谓矣。其他事物，类皆随其地与时而各异。此种语言，学生未易明悉，教员宜教以辨别之方法。

（二）**单独语**者，其所述之意思，一语可了者也。例如取一书来，其意思即此一语已足。若演为彼处有一书，为我取来，则非单独语矣。教授语言，当首由单独语注意之，以学生易于辨别，且易于仿效也。

（三）**连续语**者，其意思非一语可了，必连续至二语以上也。例如今日功课，首读国文，次习算术，次习体操，必须四语方毕。则教员当于顺序上先为厘定，次则于语法注意之。

（四）**自动语**者，其意思发生于自己者也，此种语言，关系至大。如何而扼要，如何而适宜，何如而令人易于入耳，教员当于发语之际，留意教授。

（五）**被动语**者，因人之意思而发表己之意思者也。此种语言，关系非大，要能语语中肯，方为合格。其教授之道，自难以笔墨形容者矣。

语言教授法，略如上论。然我国而以北京语为国语，实则一方之语言，不足以代表全国。故教授小学生之语言，不妨各就其方言为入手，渐导以普通之国语，是乃一定之步骤。而教授最相当之时间，即在教员与学生谈话之时，及学生与学生谈话之时。苟能于此随时矫正，随时指导，则收效于无形，有非意料所能及者在矣。

语言之用，所以发表人之意思，而文字之用，亦所以发表人之意思也。故意思之发为语言与语言之发为文字，相去一间，略有先后难易之分。教员于语言既当示以模范，则教授文字，尤不待言。当学生初学文字，必有许多语言凌杂其中，此乃学文之佳处。盖初学作文，只求词能达意，无庸于文字上多所苛求。倘于初学作文，即以文言束缚之，学生之思想必生种种窒碍，种种困难，甚且视作文为第一难事，见之生畏，即欲勉强成文，其用意之晦涩，用笔之枯窘，有断然者。是乃不知作文教授之大恶习也。故教授作文，当先将文字分晰之。兹姑表示其概略如下。

- 文字
  - 甲…内容
    - 意思
      - 意思当否之别
      - 意思先后之别
    - 材料
      - 现在之材料
      - 过去之材料
  - 乙…形式
    - 文体
    - 文法
    - 文词

以内容与形式组织而成文，二者不可偏废。使内容可取而形式不足观，或形式虽佳而内容不足观，其文皆不能博阅者之嘉赏。初学作文者，心性聪敏，则思想灵活，内容必能随时发生，应有尽有；心性迟钝，则思想枯滞，内容必致百思不获，敷衍成篇。故教授作文，当以开发学者之思想为第一义。思想发展，则内容自剀当。学者既有支配内容之能力，然后于形式上教授之。盖内容之取择无穷，而形式之考求有限？不可漫无区别也。

内容有意思与材料之分，而意思一项，因人而异，亦因时因地因事而异者也。但欲作何种文字，必先决定此文当用何种意思，不能无论何文，而同用一种意思，亦不能无论何种意思，而同用于一文。学者往往能发展意思，而不知此意思之当否。故教授抉择意思之当否，实为作文最要之事。此文应用何种意思，抉择既定，即当讨论此意思，宜如何分配。使应前者而用于后，应后者而用于前，其文必因之减色。意思得矣，行文之间，绝无敷佐之材料，其文即不能耐人寻味。同一材料，有甲用之而适宜，乙用之反为文字之累者，是亦教授时大宜注意者也。

作文而言形式，已为教授之第二步矣。形式虽千端万绪，其大要不外文体文法文词三大项。初学作文，只求于此三者得“条直”二字之评语。若教授高级生，则更进一层。学生之程度愈高，则形式之研求愈进。若以高深之形式，教授初级生，固为不合，若以简浅之形式教授高级生，亦为不当。随程度为转移，乃教授之定例也。兹将作文之步骤，略分如下：

第一步 内容形式，同时教授

（一）**连字** 就学生已知之字，选用一二，令学生于此一二字之上下，任加一字，或二字以上。举例如下：

（上）天　天（地）　（今）天　（满）天（云）　天（将雨）

（二）**填字** 就学生已具之知识，任作一二句，而于句中缺写一字或二字以上，令学生填之。举例如下：

砚〇墨　书〇本　我读〇　汝〇字

此法又谓之嵌字，亦谓之补字，殊有板滞之嫌。吾尝用之教授学生，无大效验，似以少用为宜。

（三）**造句** 此法有二种：（甲）教员任选一字，令学生造成长短句；（乙）教员任指一物，令学生就此物之范围，造成长短句。举例如下：

（甲）笔 笔以羊毛为之，可以写字。

（乙）竹 园中种竹，干甚高，叶如个字。

此二法可间杂用之，其性质已近于命题作文。但命题作文，自数十字至数百千万字不等；造句则以数句为限耳。

（四）**笔述** 此有二种：（甲）教员口授意思或材料，令学生笔之于书；（乙）教员自撰字句，口授学生，令学生笔述之。若用之得当，最易引人进步也。

（五）**俗演文** 教员撰成俗语，令学生演为文言文也。

（六）**文演俗** 教员选成文数段，令学生演为俗语也。

以上二法，吾常用之教授学生。俗演文较文演俗为有效，盖俗演文，尚有文法、文词上之关系；文演俗，固不可同日语矣。

第二步 内容教授

（一）**示意** 授以本文应有之意思，令学生缀成文字。

（二）**示法** 授以本文之顺序及分配之法，令学生自为之。

（三）**示材** 授以本文可用之材料，乃必要之字句，令学生自缀之，或扩充之，改窜之。

（四）**示范** 授以可为模范之交，或句调，或意义，令学生仿为之。

第三步 形式教授

（一）**改字** 教员示以成句，令学生改其句中之字。举例如下：

天明即起 天明（人）起 天明人（醒）

（二）**改句** 教员示以成句，令学生仿其形式而改之。举例如下：

天明即起 天明（日出） 天（空浮云） （月）明（如书）（今日早）起

（三）**长文改短文** 就文之长者，而删节其意思或字句，要以通顺为主。

（四）**短文改长文** 就文之短者，而增加其意思或字句，要以通顺为主。

（五）**仿袭成式** 任取成文或成句，令学生套袭其句调或语调。

（六）**用虚字** 如之、乎、者、也、夫、而、然、则等字。以九品词例之，则或助词，或为介词，或为形容词。初学者常不知其用法，而作文之难，即此少数虚字阻碍其间也。

以上六项，无一不为作文要诀。而用虚字一项，尤为要中之要，教授者不可忽之也。

第四步 不限于内容形式之教授

教授作文至第四步时，教授者已不拘于内容形式，静待学生之自由组织，故亦谓之**自作文**。约分三种如下：

（一）**命题** 教员任命一题，令学生自作之。

（二）**选题** 教员选学生读过之文题，今学生自作之。

（三）**无题** 教员令学生任意自作，而不示以题目也。

第五步 限于内容形式之教授

（一）**看题** 凡得一题，必先看明此题之要旨。初学者往往看题不明，致有文不对题之病教员宜教授之。

（二）**构思** 看题既明，则此题中应有何种意思，一一想定，而后将各层意思，分配先后，区别优劣。初学者必不能如是，教员宜教授之。

（三）**起草** 构思既定，然后起草。所谓草者，未定之词也。凡缀句、分段、谋篇、修词等，皆当于起草时留意之。

（四）**讨论** 起草既成，文未必佳，必再四讨论，以求完美。

（五）**润色** 谓就文字上加以润色也。

（六）**誊录** 将已成之文，端楷誊出，则作文之事毕矣。

第六步 限于已有内容形式之教授

（一）**改正** 改正初等学生之文，要以简明为主。改正不求其多，原作可留者，务必设法留之。昔之教育家，往往以多改为能，是不明教育心理者也。

（二）**删节** 原文谬误，苟能删节，则删节之。删节得当，最足启悟学生之思虑。

（三）**批评** 无论文之优点劣点，皆宜详细批评之。

（四）**圈点** 宜滥宜大。

（五）**拟作** 此亦示以模范之道，可偶为之，不在多也。

言文教授，我国向无专书。而身任教育之人，亦罕有特别研究，使学生得敏速之进步。坊间刊行之各科教授法，仅三四种，大抵译自东籍。余偏览之，以白作霖氏译著之本为较佳。此本备论各科之教授，能处处参酌我国情形，增加删改，尚属适用。国文科所述语言、文字两种教授法，亦详且备。故吾于白氏所言者，不复赘述。要之**小学生之语言文字，自有小学生之口吻，教授者当渐次导之上进，以及大成。万不能以成人之程度，一蹴而冀之致欲速不达，妨碍天机**。今日者，民国教育部已成立矣，教育总长屡以特开中央教育会议为言，教育前途，已有一线之希望。即此言文教授，亦大足费教育家之研究者。以吾观之，**欲普及教育，当先统一国语；欲统一国语，当先编定言文一致之字母，行之数十年，则言文教授成效自见**。不然者，国内教育家不见其多；热心教育者，虽拘守教授法，绝无活用此教授法之智能，则又何益？其任教育事业而以敷衍为事者，并教授法三字而未知之吾国教育其有发达之日乎？吾念及此，不欲言矣。

[附]

论教授国文当以语言为标准（节录）

潘树声

这篇论文原载《教育杂志》第4卷第8号（1912）。在庚冰所论基础上又有所发展，以为“教授国文当以语言为标准”。早年，众多学者提出教授国文当重在应用，以根除科举时代的八股旧习，但何谓“应用”界说含混。本文作者提出适合“应用”的标准在“顺乎语言之自然”；由此而定教授之法，即教读本，“化文字为语言”。教作文，“化语言为文字”，因为“语言声也，发于口而闻于人之耳；文字形也，出于手而触于人之目；其器官之作用，本不能一，此其所以难也。教授国文者，务使接近而几乎一焉，则请以语言为绍介”。在专授文言的时代，提出以语言为标准、以语言为中介，当视为一时之新说。

教授之法，由教育之方针而变者也。故吾欲研究国文教授法，则必先发一问题曰：今吾所期望于生徒者，其国文当至何种程度，而后无憾乎？海内人士，志杂言庞约分两派：甲派视国文太重。见生徒之文，俚而不华，虚弱而不充，而字里行间，不免疵累也，则相与喟然太息，谓文学之将废，国粹之不能保存。推其意，若欲人人能为贾、董、韩、欧之文而后快。乙派视国文太轻。谓今日与列强竞争，暨人民生活之关系，不在国文而在科学。若徒以国文相引重，犹是科举时代之中国也。近数年来，又略变其说，曰：文取应用而已，学校内之生徒能阅书报、通讯问足矣。

由甲之说，当以此事让之中学以上之专科，至一般之国民，非惟无暇抑亦不必。且在科举时代，学者为文，大抵庸滥恶劣，揣摩时尚，束书而不观。其真能研精文字，发扬国学者，亦仅耳。应于时势，则乙派之说，必能战胜甲派无疑也。而今之教授国文者，饫闻乎新义，则亦主张乙说，而施于实事，仍无异于甲派之所云云。授课之时，循例杂选古人文字，逢期命题作文而已。生徒所作之文，与所读者不相关也。又以牵于他科，视国文高远难学，成功匪可日月冀，非有偏嗜者，则遂恝置之。故毕业时所为文章，与未入校之前，若无大异。掌教育者，虽日倡议注重国文，教师删改涂抹，虽至繁苦，而收效卒鲜。若是者何也？以乙派所谓应用，尚未有其标准也。

今试发一问题曰：国文至何种程度，而后能应用乎？至何种程度，而后能阅书报、通讯问乎？研究此问题者，吾尝闻其说矣，曰：国文有高等，有普通。所谓应用者，普通之文也。则试又发一问题曰：国文果以何种程度为普通之文乎？夫文字非若学校然，高等与普通，厘然有其界画也。浸假教普通文者，令学者读书操翰，必不越雷池一步，而入于高等之域，则闻者必将失笑。盖高等普通之界说无以定，斯其论议不攻而自破，于是有强为分析者。甲之言曰：普通之文，屏华崇实，不矜藻绩，舍曲取直，不务迂回；高等则病其陋而拙矣。乙之言曰：普通之文，理论不必奥，征引不必博，出语不必雅驯，高等则病其浅而俗矣。丙之说曰高等之文，用字繁伙；普通文则可规定若干字，以能应用为止。丁之言曰：高等之文，句法常简，示意言外；为普通文，毋宁引伸之，使人人易晓。（例如“一县尚不能治，而况国乎?”当改为“一县尚不能治，国之事大于县，则国必不能治。”）以余所闻，异说蜂起，要不外是四类。顾如甲所云，高等之文，不必华而曲也。如乙所云，关于学理，而于文理无与。学理不足者，虽日从事于所谓高等之文，其文不能高等也。至如丙说之规定若干字，此事颇为文明之障害。泰西诸国，未之前闻。又若丁说之改定句法，似较合儿童之心理，然遂以此为高等普通之界，则岂其然乎？窃以鄙意断之曰：文无所谓高等普通也。今人读唐、虞、三代之文，以为高等文之源泉。顾其文多杂以方言；且葩经三百，半出里巷之歌谣，安在其为高等也？高等普通之界说不能定，于是应用之标准，亦随之而不能定。应用之文，今日所急宜研究而定一标准者也。标准乌乎定？曰定以语言。定以语言者，顺乎语言之自然，而利用之以习文字也。其理由有二：

（一）吾人欲学文字，当思文字之由来。上古有语言，无文字。嗣以语言之效用，不能传后而及远，故文字兴焉。然则文字者，特语言之符号耳。唐、虞、三代，古意未漓，言文尚未大分。故尚书多当时俚语乡曲。小民本其天籁，亦娴吟咏。文字至于晚近，与语言愈远而愈难者，皆后世文人之过也。**就理论推之，人能语言则当能符号，即当能文字。而事实上不能者，符号易识，而机调难熟也。**夫文章之机调，实无异于语言，稍能文之士，皆知之矣。

（二）吾人欲教儿童，当知儿童之本能，就本能而扩充之，此教育之原理也。人生而有口舌，自其牙牙学语，以至就傅，其语言已无蹇涩不通者矣。**道其语言于文字，当必有迎刃而解之乐；舍语言而教文字，徒苦儿童耳。**向者塾师之不知教授，与国文典之未尝发明，人所同病也。然今年齿稍长者，幼皆受塾师教育，而亦未尝不能文。则何以故？曷回忆儿时学文之状况乎：在塾师讲授时，聆其语气，察其离合抑扬之故，积久经验，乃始有悟。今学校教师用塾师之长，而去其短，积以数年，必有成效。其年龄稍长，语言较灵敏而国文有未洽者，由此法而沟通之，当更易易也。

而或有非难余言者矣，曰：西人言文一致，中国不尔，国文之难坐此，教授之不能利用语言亦坐此。余应之曰：文字无中外皆难也。欲人人为文学家，固中外咸以为难，即浅近之文，其难已大杀。西人学西文者，亦未尝不难之。观其小学教育，以读法、书法与算术并重可知。浸假出之于口，即能笔之于书，则无须注重矣。且夫西文之规范若单数复数，（Number）若男性女性，（Gender）若时（Tence）若格（Case）若冠词（Article）与夫字形之变化，于文法上实皆无必须之理由，其浪掷人之脑力于无用之地，远过于中文。故中文文法简，而西文文法繁，此稍治西文者，所能知也。儿童之天性，乐简单而苦复杂，而竟有以简为难者，诚不知其何说矣。顾或犹谓西文文法虽繁，而言文一致，故易于中文。不知方言谚语，随地而殊，中外之通例也。谓言文不一致，岂惟中国，欧美下流社会，语言驳杂，亦难绳以文轨。谓言文一致，中外相较，特有等差耳，吾国亦未尝不一致也。何则？西人皆屈曲语，一字数音，语根变化，其文如之。吾国为独立语，二字一音，一音一义，语根不变化，而文亦如之，故俗语多可入文。且以语言解文字时，往往吻合，不须增减，非言文一致能有此乎？西人以中文为难，无惑也，言文实不一致也。以中国之人，而学中文，日由其中而不知，乃亦盲从西说，主张标音。不知满蒙藏皆标音文字，其族通文者，亦不能多于本部。即云满蒙藏文化未兴，彼西人曷亦以为难，而于小学重读法、书法也？嗟乎，吾国事事效颦，乃并数千年相传之文字，有统一全国之功，无流动不居之弊，（吾国自近世上溯至唐虞三代，无不可通之文；西文源出希腊拉丁，今非习其专科，不能读矣。即此可知标音文字当采与否。）国人不急图教授改良，使日以光大，而反立说摧坏之。甚矣，吾国人之不思也。

夫吾谓应用文当以语言为标准，其理由既如上述。曰应用文，必不夸多斗靡，缒幽凿险务为恢奇之观也，惟求能叙事述意而已。语言之用，则亦犹是尔。吾所期望于生徒，则亦犹是尔。标准既定，于是教授之法，可随时向标准进行。其法累幅不能尽，约举其大者有二：

（一）读本 **读本首选义，义有深浅，而文无深浅。**例如《论语》之文，非不明白易晓，惟其义至深，故儿童苦之。**与浅人作深语，岂必文字，即促膝接谈，亦难领悟矣。**西国小学先课童话，而后及文，由是道也。次选词。例如萧选之文，其词大率铺张扬厉，累牍不休，绳之以义，实可数语而尽，斯第用为美观耳，去语言远矣。选读本时，当选周秦汉文，不拘篇幅长短，择其不假造作，而近于天然者。儿童与天近，必易于拍合耳。又当选今人之文，若契约，若书讯，若公牍，搜集式样，以资应用。次选字。择语言常用之字，分别为最要、次要，应儿童之程度而讲授之。而于一篇之后，更依本文缀以白话。此时暂用方言，俟国家标准语既定，则改用标准语。是说也，可由文字统一之成功，而收语言统一之效果，且今儿童练习语法，一洗向者但能文字不善语言之通弊也。

（二）作文 教作文之法维何？（甲）**谋联络。**课读本，所以学为文也。儿童记忆力最强，摹仿性最富，宜利用其摹仿性。例如读本有〔吾试语汝〕句，既以语言解明之，即以此语言摹仿为文字。读书愈多，可摹仿者愈广，前后错综之，而生变化焉，再三复习之，而使纯熟焉。**读本化文字为语言，作文由语言为文字，**其间消息有可通者。且古今之文，虽汗牛充栋，而文法实止此数。能文者，非能别创一异格，特袭取古人机调，据为己有，久假不归耳。今以有意识有方案之教授行之，其文必能日进也。（乙）**定范围**。吾既言应用文，为叙事述意矣，则当以记事、论事两种为范围，而使生徒致力焉。设一事，令生徒记之，更令推考之。或由教师陈述，或与儿童问答，或径由儿童以己意说明，然后握笔为文，其先不必命题也。初等小学，有时不须命题；高等以上，俟文成而为之标题。或令生徒按文制题，而教师订正之，以洗从前有题无文拉杂塞责之病。（丙）**分程度**。**儿童语言，由简单而复杂，为文亦然**。初等小学，常不过数十字；至高等以上，累数百言矣。虽然以此分程度，尚未为确也。吾谓程度之分，当以生徒能记何事、能论何事为准；又当以生徒于同时间能记若干事、能论若干事为准。初等固宜单简；高等以上，可于一小时间，令连续记数事，或作说帖数则。盖文之优劣，本不在字之多寡；且社会应用之文，亦不必累数百言。持此说者，仍是科举之故智耳。科举已废，而犹拾其馀沈不已傎乎。

或曰：信如子言，以语言为标准，学文可无难乎？曰：**文字无中外皆难，余固言之矣。定一标准，特欲减少其难之程度耳**。夫语言声也，发于口而闻于人之耳；文字形也，出于手而触于人之目。其器官之作用，本不能一，此其所以难也。教授国文者，务使接近而几于一焉，则请以语言为绍介。

16　对于中等学校国文教授的意见

仲九（1887—1968），即沈仲九，语文教学改革家。光复会会员。原名铭训，号仲九。浙江绍兴东浦人。留学日本、德国，“五四”前后在浙江省教育会主编过《浙江潮》，并在浙江一师担任国文科教学，后来又在上海吴淞中国公学任教。曹聚仁称他是“五四运动中转移东南风气的人”。

他所设计的白话文教学程序，在语文教学法史上提供了不少令人瞩目的新鲜东西：1. 把白话文的教学过程处理成师生双方共同研讨的过程；2. 学生为了参与研讨，独立进行了相当充分的案头（书面）准备工作，既锻炼了阅读、理解能力，又锻炼了写作、概括能力；3. 课堂研讨，取口头批评和演讲、辩难的方式，有效地锻炼了学生的口头表达能力（这正是传统教育所长期忽略的问题）；4. 教员在教学过程中始终处于组织、引导、指点的地位，课堂上体现了教学民主的精神。这些新鲜东西，从教育思想上看，无疑是先进的，是对传统教学模式的有力冲击。

本文原载《教育潮》第 1 卷第 5 期（1919）。

我国自从《新青年》提倡白话文以来，凡是取研究态度的人，赞成这个主张的，居其多数。近几个月来，新闻、杂志、书籍和各种通告，用白话的，一天多一天。所以白话文的问题，已经由讨论时代而入于实行时代。在现在的时候，“白话文究竟应不应该做”一句话，好像已经不成问题了。白话文既然逐渐流行，学校里的国文教授，当然因之改变。近来各校国文教师；除不知研究不肯负责的老学究以外，大都有

改革国文教授的觉悟。不过改革的时候，却有许多困难：第一种困难，就是教材。从前教授国文，只须翻看几部古文选本，把自己能够讲解的、愿意讲解的，选择几十篇，就可以应用许多时候。现在对于国文的内容、形式，应该使他能够适合于现代思潮和实际的生活，那么古文中可以取材的，一定是很少的。但是除古文选本以外，新出的国文教本，简裁可说没有，所以选讲的文章实在觉得无从取材。第二种困难，就是教法。从前教授古文，只须把古文中古典、难字、难句考查出来，就可在讲堂中，用详征博引的法子，逐字逐句解释给学生听。他的解释考证，未必和学生有益，但是总可以借此自炫渊博，敷衍教授的时间。若教授白话文，就形式一方面而论，学生比较的容易懂，不必要教员的逐句讲解。既然不要逐句讲解，那么，教员在讲堂上，好像无所事事，自己也不免难乎为情了。至于作文的题目，以前可以拿出许多死人的姓名来，叫学生瞎论一番，那是不会出穷的。现在若要弃掉史论空论，从实际的生活着想，又是很困难的。因为以上种种困难，所以虽然有志改革国文教授的人，实际的改革，却觉无从着手。但**我以为应该做的事情，我们不能因为怕难而不做的**。我以前不曾做过教员，于国文教授，毫无经验。但是觉得改革国文教授法，非常要紧，所以在浙江第一师范学校代课的时候，和诸位国文教员，共同拟了一种国文教授法大纲。现在把大纲写在下边，略加说明，和教育界诸君商量。教育界诸君，如能对于这个意见，加以批评，纠正，定出一种国文教授改革的善法来，使大家可以实行，那是我所非常希望、非常欢迎的。

我对于国文教授的意见，分目的、教材、教法三项，逐项说明如下：

目的1——形式的。使学生能够了解用现代语或近于现代语——如各日报杂志和各科学教科书所用的文言——所发表的文章，而且能够敏捷、正确、贯通。

目的2——形式的。使学生能够用现代语——或口讲，或写在纸

上——表现自己的思想感情，而且要自由、明白、普遍、迅速。

以上两种目的，凡是绝对主张古文的人，当然是很不赞成的。但是古文和白话文的价值，在《新青年》和其余杂志当中，讨论的很多，我现在也不必再说了。不过现在有许多人，以为一方面教授白话文，一方面却不能不兼教古文，使学生养成看古书的能力，因为古书当中也有很有价值应该研究的。但是我的意见，以为中国古书有没有价值，应不应研究，现在姑且不论。假使现在假定古书有价值，应研究，试问这研究的责任，还是人人应该担任呢？还是限于最少数人呢？我以为阅读古书，只限于研究中国古代学问的少数人，决不是人人应该的。中等学校，不是专为研究中国古代学问的预备，又何必养成学生看古书的能力，耗费学生的精力呢？况且学校的课程，应该使学生毕业后可以应用，所以对于中学生，应不应该使他有看古书的能力，当先研究中学生毕业后要不要看古书。中等学生可分三种：一种是学师范的；一种是学农工商的实业的；一种是预备升学的——就是中学校的学生。但是此系就学校性质而言，若论到实际，师范学生、实业学生当然也有升学的。师范学生、实业学生毕业以后，就是做教员和从事农工商实际的事务。他们直接所教授、所应用的，当然要用国语，不要用古文。至于他们应用的参考书，不外关于教育、伦理、心理、数、理、化、博物、史、地、农、工、商几类。试问这几类书，还是从古书中搜寻呢？还是从外国书或新出版的书中搜寻呢？我敢武断一句话中国关于这种学问有系统、有组织的古书，简单可说没有，那么，又何必看古书呢？又何必养成看古书的能力呢？至于中学校毕业生，在研究农、工、商、医、理、法各科的人，或入专门学校，或入大学，当然没有看中国古书的必要。若研究文科——指文科中一部分，不是全体——的人，古书却不能不看，但是看古书的能力，仅可在大学预科时特别注重，又何必在中学时代养成呢？中学课程，应该注重各专科共通的基本智识，若要教授古文，养成看古书的能力，那是专为研究文科的预备，不是设立中学的本意了。照以上的理由说来，可以决定中等学校学生毕业以后，多数人不必看古书，所以中等学校，不必教授古文，养成看古书的能力。总之我的意见，**中国古代学问，未始不当研究，中国古书，未始不可阅览，但是不是人人——或大多数人——所应研究、应阅览的。**换几句话讲，就是要研究中国古代学问，阅览中国古书，是特殊的专门的事业，不是普遍的共通的事业。中等学校的目的，并不在于使大多数学生，研究中国古代学问，那么，何必阅览古书，又何必教授古文，养成看古书的能力呢?

有许多人，又以为现在的社会，白话文还没有盛行。若学校教授白话文，学生毕业以后，实际上还有许多地方，不能应用——如庆吊等应酬信札、联语等——那么学生的家族，一定要不信用学校。我以为这种过虑，实在可以不必。学校负有改良社会、指导社会的责任，不当盲从社会，迎合社会，应酬的信札联语是造成虚伪习气的家伙，学生应该努力革除的。至于学生家族的信用不信用，正可不必顾着。前清初办学校的时候，大多数的学生家族，都是反对体操的，但是学校一方面，决不能从此废止体操。所以现在只须研究白话文应教不应教，不必问学生的家族信用不信用。

目的3——实质的。使学生了解人生的真义和环境的现状。学校各种科目，无非是一种做人的工具。所以国文科的内容，也应该注重人生和环境，使学生能够了解做人的道理。

教材　国文研究的材料，以和人生最有关系的各种问题为纲，以新出版各种杂志中，关于各问题的文章写目。这种问题和文章，要适合学生的心理，现代的思潮，实际的生活，社会的需要，世界的大势，而且要有兴味。浙江第一师范学校，现在着手编辑中等学校国文教材，在下期《教育潮》中，我拟把这教材的目录登载出来，给大家参考。

教法　令学生自己研究，教员处于指导的地位。读看、讲话、作文，都用联络的方法。详细方法如下：

1. 说明。每一星期或两星期，由教员提出一个研究的问题，将关于本问题的材料，分给学生，并指示阅览的次序。如学生不能全阅，可指定专阅一二篇。

2. 答问。学生对于教材的文字和内容，如有不明了的地方，应询问教员。教员亦得随时讲解文章的结构，或令学生轮讲、断句。

3. 分析。学生每看一篇文章，应该先用分析的工夫。分析的次序如下：①就全篇意义上观察，把全篇分作几大段，每段定一小标题；②把一大段的大意，再分析起来，用简括的文字写出来。这是做一篇大纲的次序。

4. 综合。学生看完各篇文章，作好各篇大纲以后，应该对于一问题，用综合的工夫。综合的次序如下：①把各篇的小标比较异同，同的合并起来，异的另立标题；②就各小标题的同异，把全问题分作几大段，各大段又定一个标题；③把各篇文章对于一问题中小标题的意思，用简括的文字写出来。这就是做一个题的大纲。

5. 书面的批评。学生作好一问题大纲以后，应该把自己对于这个问题的意见，用文章表示出来，作成“批评”。

6. 口头的批评。学生作好“大纲”“批评”以后，教员随便取几个学生的“批评”“大纲”，发表出来，请各学生口头批评。教员又批评学生“口头的批评”。

7. 学生讲演。教员应请学生轮流在讲台上讲演一问题的“大纲”和“批评”。讲演时间，得由教员限定。讲演后，由教员学生，共同加以批评。国人素乏讲话的能力，从前教授国文，又绝不注意讲话，也是国文教授的缺点。现在有这一种办法，于养成学生讲话的能力，有很有利益的。

8. 辨难。教员学生得提出对于一问题的甲乙两说，请各学生认定赞成那一说，两方互相辨难。教员随时加以判断，并得参加意见。

9. 教员讲演。教员讲演分两种：①把各生“书面批评”的内容，分别统计，下一总批评；②教员自己对于一问题的意见。

10. 批改“书面批评”。学生“书面批评”的字句，如有不妥的地方，教员应加改削。

11. 临时作文。有临时事情发生时，教员得提出关于这事情的题目，请学生用文章表示意见。

以上1至4，可看做“读看”的工夫，5、10、11可看做“作文”的工夫，6、7、8可看做“讲话”的工夫。这十一种方法，教员也可以酌量省略，不必全用。

除以上十一种方法以外，“国语法”、“国文法”和“注音字母”、“标点用法”——这两种也可包括在“国语法”、“文法”当中——也应该教授的。

以上所说的教法，是悬拟的教法，究竟对不对？非实地试验不可。各校国文教师，如能从实地试验上，发现这种教法的错误，加以改善，我是愈加欢迎的。

[附]

中学国文教授的一个问题（节录）

仲　九

本文原载《教育杂志》第16卷第5号（1924）。原文共有11节。此处选录6、10、11三节，供研究者参考。

六

现在我再来讨论从学术思想的立脚点上主张初中国文应养成看古书能

力这问题。要讨论这问题，须先解决下列的三问题。

一、现在所谓国学，在学术界中占如何的地位？

二、国学和国文的关系是怎样？

三、国文在中学教育中的责任是怎样？

国学两字，在现在的中国，似乎很通行了。研究国学的，提倡国学的，颇不乏人。论到出版物，北大有《国学季刊》，东南大学有《国学丛刊》，上海有《国学周刊》；其他出版物上常常有自称为整理国故的文字。“保存国粹”，在三四年前，几乎成为嘲笑顽固派的名词；而“整理国故”，“研究国学”，在现在却好像很时髦的样子。两者的性质固然不同，但中国人的在学术上不容易忘了“国”，从此也可见一斑了。不过在这国学、国学的声浪很高之中，我不懂所谓国学究竟是什么东西；我不懂所谓国学非国学的区别的标准在哪里。有人说，国学是一国的特殊学术的总称。我们所谓特殊的学术的意义，是指一国所独有而他国所没有的呢？还是指发明那学术的人是在哪一国呢？如果指前者，世界上决没有一国人可以专有的学术；如指后者，那么，社会学自经法国的孔德的研究才成立为一种独立的科学，社会学只能算是法国的国学；经济学自经英国亚丹斯密的研究才成立为一种科学，经济学只能算是英国的国学；其他各种学术，都是一样，试问学术界应有这种狭隘的意见吗？有人说，国学是研究一国历史文化的学问，那么，英国有英国的历史文化，法国有法国的历史文化，其他无论何国，都有一国的历史文化，就有所谓英国国学、法国国学以及其他种种国学发生，所谓学术，无非是各国的国学罢了，学术界有这种的主张吗？总之，学术是人类公共的东西，决不该为任何国所私有。任何国的特殊现象，都可作为无论哪一国人研究学问的材料。任何国人对于学术上有特殊的发明发现，都可以供任何国人的应用。学术是绝对不应分什么国界，有所谓国学的一种东西，以国家的界限来区别学术的。况且现在的学术界，分科日趋精密，现在所谓国学，其中实在包含许多学问，要把许多学问而加以综合的研究，成立所谓国学这一种学问，恐怕是不可不能的事。我以谓我们不该为国家两字所迷惑，要巧立国学的名目，最好把现在所谓国学的内容，分隶于各科学而作为他的一部分；将中国的历史归入于历史学，将中国的哲学归入于哲学，将中国的数学归入于数学，其他各科，都照这样类推。这样，国学的名词虽然打破，但实际上对于现在所谓国学的内容，研究比较的不含糊、不笼统而容易有进步。总而言之，我不承认学术上有所谓国学这一分科，我不承认国学在学术上可以独立成为一科，有存在的价值；我是主张凡现在国学的内容，可各因其性质而分别隶属于哲学和各种科学，作为哲学科学的一部分。

我既然不承认有所谓国学，那么，所谓国文和国学的关系将怎样呢？中国在不曾和西洋通商以前，几乎以中国所有的经史子集为全世界的学问，好像舍了四部以外，世界上不复有所谓学问了。那时候的国学，就含有一切学问的意义；而研究国文的，非研究国学不可。所以在那时候，国文就是国学，国文就是一切学问。等到和西洋通商以后，西洋的学问渐渐输入，于是有所谓中学、西学的分别。那时所谓中学，就是现在所谓国学，包括中国国有的一切学问，而研究国文的，也当然须研究国学；不过和以前不同的，以前以为国学是可包括世界一切学问，以后觉得国学不过是一切学问的一部分——主要的一部分。但是都把国学和国文混合起来，将研究国学的责任归研究国文者去负担。近几年来，凡是关于中学国文教授的文章，他们所举列学生应看的书，都把所谓国学的内容，如历史，如地理，如哲学，以及其他种种，都归纳进去。我推测他们的用意，是仍旧把国文看做国学，将研究国学的责任归并在研究国文上。这种见解，我是很怀疑的。在现在学问分科日趋精密的时代，我们是否应该很笼统的把国文和国学混作一样东西。照我上段的意见，所谓国学的内容，应该分隶各科；仅就中学校的教科而论，历史地理应该隶史地科，伦理该隶伦理科，那么，所谓国文，只有文字、文词、文章、文史这几种东西了。我以为中学国文教授的第一件大事，要把国文从现在的所谓国学脱离，而承认他有独立的价值，不要再把国文当做国学看。

国学既然不能成立，国文又是要和现在所谓国学脱离，这两问题决定，于是中等教育的国文科的责任可以决定；而应否看古书的问题，也可解决一部分了。**国文最重要的功用，是在人与人的心的沟通联络和文明文化的遗传**。我们所以要学国文的原因，也就为此。**要得到这种功用，须养成两种能力；一是发表的能力，就是能表现自己的情意；二是读书能力，就是能了解别人所表现出来的情意**。为达到这目的起见，我在《初级中学国文教授大纲》上，曾经说及中学国文教授的目的，1. 是人人有迅速阅看国语书报的能力，以启发思想，并且了解现代思潮的大概；2. 是人人有精密赏鉴国语文艺的能力，以培养美的感情，并且了解彼的变迁和性质；3. 人人能用国语自由的明确的敏捷的发表情思，记述事物。以上三端，第三端，大都发生异议的，颇居少数。至于第二端，如果承认养成赏鉴文艺的能力在中学的国文科是不可缺的，那么，当然只须看国语文；因为小说和戏剧的作品较有价值的，可说是尽是国语文；诗词中有价值的，国语的也占多数。大家所最怀疑的，是第一端。他们以为要启发思想，是否专看国语的书报，就已够用；中学生是否只要了解现代的思潮。我以为中学生的在学年限不过三年，而应备的知识，种类很多，就轻重缓急权衡起来，只要能了解现代思潮，对于他的对付环境的生活一方面却已很有利益了。而要了解现代思潮，只须看国语的书报，看古书却是无用的。至于启发思想，近出的国语书籍，自然比古书更切近。我们如果认定**中学的国文科的责任并不在造成国文专家，而只在养成在生活上必须具备的国文知识**，那么只须能够达到上列三种目的就是了。**所谓古文，尽可让志愿专攻国文的人们去研究，决不能看做是任何人所必具的常识的。**

以上一番说话，是从国文科的范围而主张中学生不必养成看古书的能力的。

十

至于为适应现在社会生活而教文言文，我是更不赞成的。**从事教育者**

而只以适应社会为是，社会还有什么进步可言？教育的所以重要，在乎自己有一种理想，以改革现在社会生活，引进现在社会生活。现在社会生活中的合乎理想的，我们当然适应他；不合乎理想的，舍改革外，没有别的方法。普通社会中所用种种文言文如“父亲大人膝下”“恭请金安”“泣血稽颡”“顿首再拜”等，难道我们还应该袭用吗？我们如果连这种习惯都不能改革，还要讲什么改造？至于那种无谓的文字，我们一点不知道，并没有什么要紧，我们按到一个外文，只要知道某人已于某时、某日安葬就好了，所谓“罪孳深重不自殒减”，所谓“泣血稽颡”，不知道他，有什么要紧？况且要知道这种样式，究竟是很容易的事，我们只要编成一本像公文程式的书，把什么膝下、什么金安等种种格式一一列入，大家就不难看阅了。**为推行国语文计，为改革社会生活计，我们关于日常生活的应用文字，非用国语文不可。**

十一

有人说，古书可不必看，现在的书报不可不看，但是现在的书报有许多是用文言文的。因此，我们非懂点文言文不可。

这四五年来，新出版的书籍杂志，恐怕用国语文的，要占最大多数；我虽然没有数字上的统计，但据我的推想，百分之九十是有的。所以看书是不成问题。现在比较困难的是日报的问题。日报中的言论，改用国语文的也很有几家。至于新闻和电报，却很少用国语文做的。但是我以为日报的不改用国语文，教育界也须负一部分责任。如果教育界能够很努力的提倡国语文，对于各报加以劝告，加以督促，日报为营业计，为服从舆论计，未有不会改变的。**我们不能因为日报不用国语文而主张教文言文，我们当从怎样使日报改用国语文一方而努力。**总之，教育者是不要忘记自己有改造社会的责任的。我想教育界如果肯努力提倡国语。日报的改用国语文，决不是需很长久的时日的。至于在日报未改用国语文以前，学生看日报的办法，尽可随时由教员指导，或在课外加看报一种功课。好在一则现在的中学生在小学时代对于文言文多半略略学习过；二则日报的新闻的文言文都很浅近；他们的阅看日报，并不是很困难的事。我以为中学决不要仅仅因为养成学生看报能力的理由而教文言文。

我的意见已经说完了，我还要**附带声明一句，我文中所说的中学是指初级中学。**

[附]

初中国文教科书问题（节录）

仲　九

上世纪20年代中期，中学国文教科书的编制方法，成了人们注意的中心之一。本文是当时系统阐述初中国文教科书编制问题的重要论文。就作者个人说，可以从中看出他的语文教育观的发展，就国文教科书编制历史说，可以从中窥见当时主张编制主、副课本，在主课本中主张多项内容综合编组的概貌。

原载《教育杂志》第17卷第10号（1925）。选入本《论典》时作了删节。

二

……

国文教科书该怎样编的先决问题，是国文该怎样教。所谓“文”，本来具备内容和形式两方面。大抵国文的旧教法，多偏重在形式方面；他以为先把形式练习熟了，以后可以把什么内容随便容纳进去。所以从前的国文教员，先教学生学习起承转合等呆板的间架以及种种腔调；至于学习方法，不外“熟读”。“文”的法则，他们以为只可以意会而不可以言语授受的。国语文提倡以后，因为觉悟到文言文太偏于形式，往往以调害意，成为有皮骨而无血肉的骷髅，于是教授国文的，有的偏重在内容。他们以为要先怎样想，然后怎样说；要先想怎样说，然后怎样写。“文”是所以达意的；意如果没有，“文”又何必需要。所以要使学生学“文”，必先开发思想；思想丰富了，作文自然容易。不然，并没有话要说，怎么做得出“文”呢？而开发思想，最好使学生多看书，多讨论。但是这两派的偏重点虽然不同，而以选文为唯一的教科书是一样；不过教授的时候，前者注重“读”，后者注重“讲”，就是了。我是曾经注重过后者中的一个，那时因为要想矫正偏重形式的弊病，觉得这样主张才对。现在就这问题仔细地思量，却觉得偏重形式内容中的任何一方面，都不是国文的教授和学习的正则，因为形式内容是有很密切的关系，相互影响着，不能偏废的。所以此后的国文教授，应救济前两派的偏，而向“形式内容的合一”方面用力。这并不是学折衷派、调和派的口吻，因为“文”的本质，本是这样；强加分别，是有伤文的本质的。但是将怎样的用力呢，这是很重要的实际问题了。凡是整个的东西，要明了他的真相，直观最适当；加以分析，就是他的“分”而不是他的“全”了，“分”未必就是他。文章也是一样；我们要领会一篇文章的真义，我们只是读下去，看下去，当时再不分析哪个是形式方面，哪个是内容方面；读完看完了以后，只要有相当的读书力，我的脑中自然会发生这篇文是好的或是坏的印象。这种判断，并不是像审判官一样，要依据法律，考证事实，加以分析综合的工夫，而后才决定的。对于有些好的文章，往往在一霎时间，就得到很深的印象，永远不能忘。照这样说，“文”似乎是只可以直观的了。但是这直观力怎样辅导学生去养成呢？这真是一个难题了。教员所以指示学生的，必须利用语言文字；而凡可以用语言文字去指示的，往往是经过分析的东西。就“文”

论，我从直观所得的印象，即使说给别人听，如果别人不是自己亲自体验过，总于很难了解我的话的真意，至于“文”的句法怎样，用词怎样，组织怎样，思想怎样，那就很可以说明得使人了解了。这样看来，直观很重要，而文不容易教，那么，怎样办才好呢？难道遵守国文教授老先生的可以意会而不可以言传的话叫学生自己去意会吗？不然的，必不然的。我粗疏的想，分析是直观的基础；不先在分析上用过工夫，直观是不可能的。例如写字，在大书家，只要兴致来了，就振笔直书，那时脑中再无暇顾到什么间架等等，写的字就很好；可是他当初学习的时候，却须把一直一横一撇一捺一钩等等分析地综合地练习；如果不把那些工夫练习得非常纯熟，字是不会写好的，虽然只是练熟那些工夫的未必就能写好字。学文也是一样。初学的时候，不能不把怎样用词造句、谋篇构思等分析地练习。练习熟了，自然能意到笔随，得心应手，不必再分析地留意于“词”“句”……等等。因此，国文教授的目的，自然在使学生能够以直观力得到“文”的形式内容的合一；但是教授的入手，仍免不了把内容形式分析地来注意。不过我这里所谓分析，和上面所说两派的教授很有不同；前者是由偏重而至于偏废，这里是两者并重，不过为手续的方便，有时从形式的观点来说话，有时从内容的观点来说话罢了。在这样的教法底下，国文教科书应该有两类：一类是偏于形式方面的，一类是偏于内容方面的。

三

有人说：“要学习文的形式，最好是了解文的法则；凡是以为文可以意会而不可以言传的人，都否认文的法则说的。不过自从文法书、作文法一类的书出版以后，他们的主张却受了很大的打击了。近来各学校都教文法作文法等，那么偏于形式的国文教科书，可说已经编辑了，你所谓改编的话，是不是就现行的文法书作文法等书改良点呢?”对于这一说，在学文应注意法则一点上，我是同意的；不过我所谓偏于形式的教科书，却不是和现在一般的文法书作文法书完全一样。我听见有人这样说，我们并不知道什么是文法，什么是作文法，但是我们也能够做文；文法作文法等何必学。又有人这样说，教员懂了文法作文法，讲解上容易使人明了；在学生，无论看书作文，文法作文法等并没有什么用；谁是先查了文法书而后作文呢？这两说都是反对法则的。我近来却觉得法则之于学国文，是很重要的。无论哪一国文章，“通”与“不通”，可懂与不可懂，在学习过国文的人的评判，是没有异议的；假使没有公认的共守的律令，哪会有这样齐一的判断出来。在这很浅近的一点看来，国文之有法则，国文之不能背法则，是无可否认的。不过对于法则这东西，有的在实际上练习惯而不自觉，有的先了解他而后在实际上去应用。这两者究竟谁比较的好呢？反对学习法则的，实在无法反对法则的本身，不过以为只须习惯，用不着知道；主张学习法则的，以为应先知道而习熟。我以为凡是一切法则的明白表示出来，都是经济脑力的方法。儿童初学字的时候，让他自由地去写，他未始没有写成像字的一日；但是如果有人把执笔样子、笔划先后等指导他，他的学习究竟省力点。旅行一陌生的地方，东问西寻，未始不可以；但是总没有先看熟了地图，依图而行的方便。没有“尺”，何尝不可以用别的方法去量东西，不过简便能够及得来尺吗？所谓执笔方法和笔划先后，所谓地图，所谓尺，以及其他种种和这些类似的东西，实在都可以当做明白表示出来的各种法则看。我们想想看，那些是怎样的经济人们的脑力呵！国文法则的必须学习，就可从此类推了。从前学习国文，总是知其当然而不知其所以然；某句某字不通，在教员，只是说不通就是了，为什么不通，他是说不出的；在学生，也只认定这是不通罢了，究竟要从哪里注意才能够通，无从知道，他于是只好暗中摸索，摸索得次数多了，总有碰到通的机会，但是已经够苦了。其实，学文在初步的时期，对于通与不通，是很有法则可以根据的。所以我主张为促进学生的国文进步起见，国文教授有大大的注重法则的必要；妄用点时髦话来说，就是国文教授的科学化。就是不要像以前的只是讲点文章、改点文章就是了，要求出国文的法则来使学生了解，使学生应用。而这种教授的试行，应先编纂适于这种教授的教科书。这类教科书，第一，须除去旧形式主义的所谓神理气味等玄虚的话，第二，不是像文法书作文法书等只是注重条例的陈述，使阅者感觉着干燥无味，而又不易和文章联结起来。我对于这类教科的意见，简单说，是采取现时教科书中很通行的混合法，就是把现在所谓文法读本作文等统统编辑在一书中。我且把大略在下边说一说。

这类教科书的要旨，是以文章和法则互为经纬，两相融合，于文章中发见法则，将法则应用在文章上。我觉得离开读本而讲文法作文法等，不如就读本而讲文法作文法来得有用。教读本而不注重在文章中的文法作文法，不能使学生对于文章了解得很明确，因此，混合的教授，恐怕效果会大些。我在教读本的时候，有时会把关于文法作文法的特别提出来说明，学生对于文法作文法等的注意力，好像比单独教文法作文法时强大些。凡是教文法作文法，如果不能多举有趣味的例，学生多有毫无兴致而恹恹欲睡的。

编制要怎样才好呢？这是要先决定在哪一类学校使用。我所说的中学是指初级中学。所以编辑的标准，是初中学生的程度。现行学制，初中是三年。这类教科书，也可分为三种程度，编做三本；因为须仔细研究，每周假定以二小时或三小时学一课，那么一年四十课就够了。

每一课中，应包含些什么材料呢？我以为应具备下列各项：

一、范文　必须选择形式很完善，确是可以当做作文的模范，耐人常常阅读的。

二、文法上的解释。

三、作文法上的解释。

四、修词法上的解释　在初中教修词，恐怕有人反对，以为太高深了。不过我觉得修词法中，有几种格，如比喻等，实在很常用；不但为初中学生所应该知道，而且是他们所能知道的，尽管可以教。

五、意义上的解释。

六、名词上的解释。

七、参考　凡是作者历史以及和本文有关系的文章，都列入这一项。

八、作品的特征。

九、练习　这一项很重要。已经知道那一种法则了，如果不把他应用，还是没有用，所以必须练习。练习的问题，最好就以本课所提出的法则为主。方法很多，举重要的如下：

1. 文法上的练习。

2. 作文法上的练习

3. 修词法上的练习

以上三种练习都可分为两种：一、给与一段文章，叫学生依据所提出的法则来解释；二、叫学生依据那一种法则来作文。

4. 改错　给与一段违背法则的文章，叫学生指出错误，加以改正。一个人如果能看得出别人的错误，对于自己的错误，觉察也会比较容易。

5. 做文

如果经过上列八种手续，对于法则，一定会应用；对于范文，也可以了解得很明确。现在有些学生，对于选文，往往有一知半解、似是而非的情形，这实在由于讲授时并没有很确定的根据。如果能从文法作文各方面的立足来解释，那是会比较的精确。现在教读本的，多偏于难定的注解、意义的阐发，对于法则，却少注意到，这也是一种缺陷，我以为须救正的。

以上八项的材料是什么，次序怎样，这是实际的问题，我只能极简略的说一说。

先说范文。范文应包含四项：一、各种文体都有；二、最著名的作家的作品都有；三、关于可以当做文章材料的各种事物的文章大致都有；四、各种法则都有；就是文体、作家、内容、法则都不偏废，那么，学习者可以依据、可以应用的范围较广，得益就较多了。

范文的分配，我以为第一二两年，可以全选纪事文、叙事文，第三年选说明文、议论文；或者在第一二年搀入些论说文，在第三年搀入些叙记文。学国文的旧法子，往往在学生初学文的时候，就叫他们做什么论、什么议、什么说，那时他们思想不丰富，判断力薄弱，对于这种题目，简直不知从何下笔，于是不能不把许多空泛的话语装进现成的油腔滑调里面去；习惯久了，只有做有皮无肉的议论文的能力。你叫他们做一篇《汉高祖论》、《唐太宗论》，他们却能写成四五百字、五六百字的文章；你叫他们写一封叙事的信，做一篇写景的短文，他们倒觉得很难很难了。这种状况，在现在的国文教授中，还是很不少；一般学校，往往偏重议论而忽略了纪叙。这类弊病，我以为亟须救正的。在初中一二年，应该专注重纪叙文。这有好几种长处：第一、学文的目的，最要的是达意；有怎样的意，就做怎样的文；总要使意和文合一，不因文而把意变更了、减损了。做论说文，有时"文"不能把意达出来，他可把意更改了些，以意就"文"，不以"文"就意；这样，对于"达"的手段，自然不易进步。如果做纪叙文，那么，关于客观的事实，不容以主观任意变更的；他即使"达"不出来，然而总非设法求"达"不可，不像论说文的可以随便的。所以对于练习"达"的手段，在初步时，学纪叙文比较的好。第二、初中学生最忌是惯说空洞浮泛、不着实际的话语。学纪叙文，处处须以实事实物做根据，空话是不能说的。第三、初中学生思考力、判断力不很发达，叫他们做论说文，他们很感材料的难于搜集，势必多说通套话。做纪叙文，则材料都是现成，他们只在整理表出上用工夫就是了。第四，学纪叙文，容易明了"文"和实际生活的关系，藉以认识"文"的价值。第五、做论说文，也不能不依据客观的事实，所以纪叙文可以当做他的根基。因此种种理由，我主张初中须先教纪叙文，后教论说文，而且纪叙文要注重些。

文艺在初中应该怎样教呢？在范文中应该选入吗？我的意见是这样：**初中教科书中的范文是人人必须学习的文；是"看"的模范，又是"做"的模范的文**。文艺，虽是人人须学习，但是要学习的，只限于看；做是不能希望诸人人的。而且学习文艺的创作，应先学习纪叙文、论说文。因为他们一则是文艺的基础；二则虽然学习文艺，但不能离开日常生活，而日常生活上是需要纪叙论说这一类文章的。我曾看见过有这样的学生，小说、诗歌、戏曲即能做得像煞有介事，而写一张通告条子竟写不通，记一段会场的纪事都记不清，草一宣言书也草不来。那样的文艺自然不会好，但是他还能做，至于纪叙文、议论文竟是做都做不来。这是不可不注意的事啊。在初中，文艺可以当做随意泛滥的文，不必加以精细的研究。对于文艺有特别兴趣的学生，自然应该就他们性之所近，辅其发展，但只须教员在课外指导，由他们自由研究；我所谓偏于形式的国文教科书，注重在仔细研究，并不是泛览，所以文艺不必选进去，可另编一种文艺读本。不过这里所谓纪叙文、议论文和文艺的分别，是从文的主要目的而言。其实小说本有列入叙事文中的；就小说论，其中也有记述的文字，也有议论的文字。

选文的标准，文的本身的价值，自然是第一；但学生的程度，也须注意到。至于内容，最好关于下列各方面的都选几篇。

纪叙文中如描写植物、动物、矿物、地理（包含山岳、海洋、湖河田野……等）天文（包含日、月、星、云、雪……等）、四季、色彩、声音、人物（包含言语、动作、行为、事业、容貌、态度、表情、习惯、思想、情绪……等）、社会（包含风俗、人情、时代精神……等）以及传记、历史、日记、游记等。

论说文中如物体的解释、事情的解释、抽象的意义的解释、主张、驳论、辨疏、评论（包含人物的、历史的、学术的、艺术的、时事的）等。

假如此刻要选文，究竟哪几篇文好呢？大概纪叙文在现在最缺乏，说明文也很少。这几年来国语文出产量恐怕是论说文最多了。我们要选文，第一把选材的范围推广，凡古人的国语作品，都在选取之列；第二，不妨从全文中选取数段，凡小说中带有纪叙性质的文字，可以摘选；第三，就应该有的题材，请长于国语文的人去做；第四，外国文中有适当的文章，不妨翻译，但翻译至少须信达。就现有的国语文，选成各种文体、各种内容大致略备的文范，实在怕不够呢。我曾想照这样的计划试选一下，但没法选得完成。至于试选的题目，现在记不起来，只好不说了。

文法上、作文法上、修词上的解释，内容是什么？次序是怎样？我现在关于这一类书，一本都没有，而脑中所记忆得起的，多杂乱无章，请读者恕我不能举实例而详说罢。这一项的根据，自然是文法书、作文法书等，不过下列各端须注意：第一、第一课中所举的文法上、作文法上的法则，必须在本课的范文内应用，也可以说，以一课所举的法则去说明本课的范文。例如某课讲文法的主语、说明语，那么，在讲本课范文的时候，就在这一点特点注意，把范文的每句主语、说明语或由教员或由学生指出来。第二，次序上不必依照文法书、作文法等的系统，不须以教授的方便和学生的了解力为准，简单的在先，复杂的在后。第三、以前所教过的法则，须常和他联络，加以复习。

意义上、名词上的解释，就是就难懂的意义和名词加以注解罢了。

参考一项，最好多搜集有关系的文章，以资比较。比较，是可以增进辨别力的。或是同题目的文章，或是同作风的文章，或是同作家的文章，或是价值更高的文章，或是价值较低的文章，都可以作为参考。

好的文章，个性很显著。能文的作家，总是各人有各人的特殊面目。为养成学生看文的能力起见，作品的特征须指示出来。初学文的时候，文的通不通，都不能辨别；后来通与不通知道了，却辨别不出好坏。好坏知道了，未必就知道各人的文的特点。既然讲文法作文法使学生知道“通”，又讲修词法使知道“好”，那么，使知道个性而讲作品的特征，也是很重要的。

练习一项，极是要紧。不练习，所谓法则，还是死的，不能为我运用。其作文一项，旧法是教员命题；新法，是学生自由出题；新法确是比旧法好了。但是下列各方法，可以作作文的补助，不妨试验试验。

一、默写和笔记　学习国文，不但须练习用脑用眼用口用手，而且须练习用耳。现在用耳的机会很多，如听讲、听演说以及开会等等。我们应有听写到写得出的能力才好。现在，能做文章而不能记录所听的，很有不少的人；因为那是另外一种工夫，须加特殊练习的。我以为这一种练习，应作为国文功课。这种功课，可分两种：一、默写，教员读一段文章，学生须一字不遗漏的写出来；二、笔记，教员读一段文或讲一段话，学生把他的意思用自己的文字写出来。这种练习，又可以助记忆力，助文章的熟练，是很有利益的。

二、约述　学习国文，旧方法往往偏于作文而不注重看书。其实看与作是该并重的。据我的经验，中学生看书的能力，实在太缺乏。他们看书，往往很模糊。看过了以后，不能把一书的重要点看出来，所以看等于不看。看书如没有提要的能力，是很吃亏的。为养成学生这一种的能力计，我以为可用约述的方法。**所谓约述，就是要叫学生把长的文章用自己的文字缩小为短的文章；或把一本书缩成一篇文章。这是于“作”和“看”两者都有裨益的。**

有人以为文法、作文法、修词法三者同时并教，是太失教授的程序了，应该先文法，后作文法而后修词法。我以后这或者是习惯之见。我觉得一篇文章中，文法等三者同时需要，而且这三者的关系，并不是有严密的阶梯关系；他们并不要先了解其一种而后可以了解其他的一种的。固然做文连文法不通的人，自然不必应用修词法；但若就阅读选文论，那两者未始不可以同时了解。譬如讲解一篇文章，凡是句法、段落、用词以及比喻等等，都该说明，那不是须同时应用文法、作文法、修词法吗?

有人以为如果教科书这样编辑，等于教授书了。倘使给学生用，他尽可依据而自修，不必需要教员，教员还有什么事可做呢？我以为**教育本以能够养成学生的自动力为最好；所谓教员，并不要每日在讲堂内照书讲解几点钟，才算尽教员的责任。只要有形中无形中能给与学生以一种好影响就不愧为教员了。那种教科书如编成，学生才真可以自动的学国文，教员只负“释疑”、“改正练习”、“互相鼓励”等责任就是了。**

有人以为如果照这样教国文，太机械化了，未免使学生觉得没趣，而且或者要束缚他的个性的发展。机械化不机械化，我姑且不论，但是我觉得国文的基本练习，注重于法则的运用，是必要的。确守法则，并不即是机械化。宇宙间的事物，有多少没有法则呢？不过有的习惯而不自觉罢了。难道他们都是机械化吗？而且就国文论，各人有共同的地方，有差别的地方；前者是法则的应用，后者是个性的表现。所谓表现个性，常在不违背共同的法则的范围以内，才有可能性。否则，在同国的人，将会看不懂，还说什么表现个性呢？总之，学习国文，法则是必须守的。不过有的在无意识中习惯着，我则主张有意识地使学生了解运用而已。

四

有人以为这几年来国语文对于学生的影响，国语文的本身还是其次，最重要的是思想问题。因为国语文虽然能载旧思想，但近年的作品却是新思想的居多数。因此，学生思想的改变，得力于国文科很不少；而国文科的为有些学校所重视，原因就在于此。而且凡是思想丰富的学生，他虽不注意于国文的法则，而国文往往很畅达，可见内容如果充实，形式是容易的。这样说来，学习国文，究竟注重内容的好。

以上一说，很有些理由。学生思想须改造，我是很同意的。不过有几事须注意：改造思想，不仅靠国文，如历史科、法制经济科、公民科等，只要教科书编得好，教员的见解高，都和改造思想有关系，这是一种。**改造思想，并不是国文科唯一目的、主要目的，我们不要以为他就可以尽国文的能事了；**这是二种。思想开发的学生，即使做文章，他所做的，往往限于论说文，做叙记文的能力仍旧很缺乏，那么，所谓国文的能力可以说还不曾完具，这是三种。至于说只要有内容而自会做文，那不免是一种偏见，上文已经说过了。

我是主张形式内容双方并重的。有了以上所说的一种教科书，并于形式一方面，可以应用了。为启发学生的思想，充实学生学国文的内容，须另编一种读本。这种读本，是预备学生去选阅，并不要专精，材料愈多愈好。他的内容，可以包含三种常识：一、关于自然界的；二、关于人群界的；三、关于文艺的。他和别的科目如理科、历史科等教科书的不同是这样；前者是零碎的叙述，后者是系统的叙述；前者在文字上可以有多种样式，如有的是滑稽的，有的讽刺的，有的小说体，有的游记体；后者在文字一方面须质朴而严正；前者不仅使人“知”，而且要使人“有趣”，后者只要使人“知”；前者在于灌输知识之中，学习国文，后者只是灌输知识。至于取材，除“选”以外，还须就应有的题材，自己著作。

五

总结以上的话，我对于初中国文教科书，主张应编辑三种：一、混合教科书；二、文艺读本；三、常识读本。前一种在于熟练法则以表示形式，贵乎专精；后两种在乎培养情感，启发思想，以充实内容，不妨博览。这两者如并行不悖，国文教授也许比偏重形式内容的任何一方面的有些长处罢。可是我的具体的计划太草率了。即使这很草率的计划幸而有一得，但是这样的繁重的事，如果实行起来，哪里是浅薄的我所能担负，况且我近来是已经不愿做国文这一方面的工作了。我只能受“能说不能行”的责备，把这草率的意见提出来，以和大家讨论。如果大家觉得国文教科书是有成为问题的价值的，因此协力计划，协力编辑，使出版界中有所谓较好的初中国文教科书出现，那是我所十二分的希望的。

六

除教科书以外，还有一件国文教授上所应注意的事，在这里附带说一说。我想**只就国文学国文，就书本学国文，学是学不好的。真要学习国文，须于看书作文以外，再用别的工夫**。书本上的工夫，究竟是死工夫，他虽然不可废，但不是唯一的可靠的。尽有文章在字句结构上都很通顺而实质则很干枯、很少生气的。别的功夫是什么呢？最要的是下列两种：

第一、敏锐的观察。我们所做的文章，不外是纪述事物，表现情思。事物是属于外的，固然非观察不可，可情思的发生，也往往和外物有关。触景生情、因物怀人这种情况，我们常常遇着。以前教国文的，没有教人在实地观察上用工夫的，学生即使做描写景物的文章，也无非堆砌许多浮词，决难写得活现；今后，却非教学生注意于此不可了。从哪一点观察起？观察的顺序怎样？怎样捉住所观察的特点？怎样把所观察的综合起来？都是必须练习的。为养成观察力起见，须实地用观察工夫。因此，学习作文，须和学图画一样，先学实物写生，把一种实物，不论是动物、植物、矿物等，或一张图画，或一张照相，叫学生照样写出来。其次是野外写生，或在晴天，或在月夜，叫学生到海边去，到山顶去，到其他一切地方去，把所见的景物写出来。其次如参观，如旅行，都是必要的。又如速写，在国文中也可应用；看见一位陌生人，就把他的姿势容貌等在短时间中写出来。每周之中，如果都有这样的工作，学生的兴趣和观察力自然会增加起来。而且不知自己和外界的关系，容易流于枯寂寡欢的地步；因为觉得自己太孤立了。如果常用观察的工夫，对于自然，容易发生爱好；对于社会，容易发生情感，这是不但影响于国文一方面了。

第二、正确的判断一个人而不知是非曲直，就是没有判断力，可算是盲于心了。我们如果做论说文，是万离不了判断的。但是这判断力，并不是只在文章中可以养成的。先有了判断力，然后能把他表现成文章；不是先会做文章而后能养成判断力。所以养成判断力，是很重要的事。判断要求正确，须先能应用科学的方法，备具合理的头脑。而着手工夫，是要根据事实以弊除空想，多用分析以救济笼统，多用综合以矫正偏见。这些，教员应该指导学生去试验的。教员不要只出一个题目叫学生做文就算；最好就新发生的或和学生有较切的关系的事实，教学生怎样去搜集材料，怎样去调查实事，怎样分析他的内容，怎样把他综合的观察起来。经过这许多工夫，判断然后可以正确了。我们遇着任何事情，不要简单的加以武断，最好以科学的态度对付他，但这是须养之有素的。

其余如想象力，如情绪，如经验等，都和国文有密切关系，万不可忽略的。

总之“文如其人”一句话，很有道理。要学国文，须先学做人：马尔丁（Marden）说过：“凡中无所有者，决不能形诸其外。大半作者干燥而乏兴趣，这是因为他们没有合理生活的缘故。……所以能享美满的生活，然后有美满的著作，留美满的印象。安琪儿（Angel）有不朽的精神，然后有不朽的画片；辣菲儿（Raphael）有不朽的德性，然后有不朽的令名。……所以人非有不朽之德，难为不朽之作；非竭毕生之力，难期感人之深……”这是学文须学做人的好解释，而为教授国文者所应注意的。

“以言教者讼，所身教者从”，虽是“陈言”，仍有至理。教授国文者，如果自己不能有敏锐的观察、正确的判断以及丰富的想象、深厚的情绪等等，那么要指导学生从这些地方用工夫，也是难的。

以上所说各事，也可当做一种国文教科书看，不过他是没字的、无形的。但是无形的、没字的教科书，也许是无价的教科书罢。

七

国文教授上，还有一件难事，就是程度的标准很不正确。别科，如英文，如数学，程度的高下，是分别得很明白的。一年级上学期是怎样的程度，一年级下学期是怎样的程度，可以规定得很清楚。至于国文，虽然教科书有一二三年的分别，但平常编辑的标准，几乎全凭作文。而某年级作文应有如何程度，全没有客观的标准，纯凭教员的个人判断；这实在是不很足据的。**国文教员应联合起来，就国文程度，商议一精确的规定。而下列三项都要注重：一、阅书能力；二、作文能力；三、常识。**一方面须讨论测验方法。专以作文为国文的试验方法，试验法究竟太简单了。程度问题和编纂教科书有密切关系，所以也说一说。

八

在同一级中，程度的不齐，恐怕没有比国文科更甚的。这是一则因为编级时编得不精确，二则因为学生国文的进步有时是很快。所以**无论行学年制或行学科制的学校，对于国文科的升级，应特别自由，不加限制**。只要合于规定的程度，不管他在学时期怎样，尽可谅他自由升级。三年的功课，如果有人愿以一年修毕，只要程度相合，也可允许他。

17　国文之将来

（十一月十七日在北京女子高等师范学校演说）

蔡元培（1868—1940），著名革命家、教育家、政治家。被毛泽东同志誉为“学界泰斗，人世楷模”。字鹤卿，又字仲申、民友、孑民，浙江绍兴山阴县（今绍兴市）人。蔡元培数度赴德国和法国留学、考察，研究哲学、文学、美学、心理学和文化史，为他致力于改革封建教育奠定思想理论基础。曾长期担任教育总长、北京大学校长、中央研究院院长等职。

蔡元培提出了“学为学理，术为应用”“学为基本，术为枝叶”的观点。并总括地指出：“教育者，养成人格之事业也。”

《国文之将来》，原载《新教育》第2卷第2期（1919），原是一篇讲演的记录。预言国文之将来“白话派一定占优胜”，认为这是世界历史发展的必然趋势，中国也不能例外。文中不但提出了用普通话来统一各地方言，用注音字母来帮助推进这种统一的实现言文一致的战略构想，而且具体预测将来“应用文一定全用白话，但美术文或者有一部分仍用文言”的前景，进而确认以教授应用文为主要任务的小学国文科，“当然用白话文”。这篇讲演，无疑是后来在中小学校开设国语科的前奏，在现代语文教育史上有重要地位。

今日是贵校毛校长与国文部陈主任代表国文部诸君要我演说，我愿意把国文的问题提出来讨论。尤愿意把高等师范学校应当注意哪一种国文的问题提出来讨论。所以预拟了“国文之将来”的题目。

国文的问题，最重要的，就是白话与文言的竞争。我想将来白话派一定占优胜的。

白话是用今人的话，来传达今人的意思，是直接的。文言是用古人的话，来传达今人的意思，是间接的。间接的传达，写的人与读的人，都要费一番翻译的工夫，这是何苦来？我们偶然看见几个留学外国的人，写给本国人的信，都用外国文，觉得很好笑。要是写给今人看的，偏用古人的话，不觉得好笑么？

从前的人，除了国文，可算是没有别的功课。从六岁起，到二十岁，读的写的，都是古人的话，所以学得很像。**现在应学的科学很多了，要不是把学国文的时间腾出来，怎么来得及呢？**而且从前学国文的人，是少数的，他的境遇，就多费一点时间，还不要紧。现在要全国的人，都能写能读，哪能叫人人都费这许多时间呢？欧洲十六世纪以前，写的读的都是拉丁文。后来学问的内容复杂了，文化的范围扩张了，没有许多时间来摹仿古人的话，渐渐儿都用本国文了。他们的中学校，本来用希腊文拉丁文作主要科目的。后来创设了一种中学，不用希腊文。后来又创设了一种中学，不用拉丁文了。日本维新的初年，出版的书，多用汉文。到近来，几乎没有不是言文一致的。可见由间接的，趋向直接的，是无可抵抗的，我们怎么能抵抗他呢？

有人说：文言比白话，有一种长处，就是简短，可以省写读的时间。但是脑子里翻译的时间，可以不算么？

有人说文言是统一中国的利器，换了白话，就怕各地方用他本地的话，中国就分裂了。但是提倡白话的人，是要大家公用一种普通话，借着写的白话，来统一各地方的话，并且用读音统一会所定的注音字母，来帮助他，哪里会分裂呢？要说是靠文言来统一中国，那些大多数不通文言的人，岂不屏斥在统一以外么？

所以我敢断定白话派一定占优胜。但文言是否绝对的被排斥，还是一个问题。**照我的观察，将来应用文，一定全用白话，但美术文，或者有一部分仍用文言。**

应用文，不过记载与说明两种作用。前的是要把所见的自然现象或社会经历给别人看；后的是要把所见的真伪、善恶、美丑的道理与别人讨论。都止要明白与确实，不必加别的色彩，所以宜于白话。譬如司马迁的《史记》不是最有名的著作么？他记唐虞的事，把钦字都改作敬字，克字都改作能字，其余改的字很多。记古人的事，还要改用今字，难道记今人的事反要用古字么？又如六朝人喜作骈体文，但是译佛经的人，别创一种近似白话的文体，不过直译印度文与普通话不同罢了。后来禅宗的语录，就全用白话，宋儒也是如此。可见**记载与说明，应用白话，古人已经见到，将来的人，自然更知道了。**

美术文，大约可分为诗歌、小说、剧本三类。小说从元朝起，多用白话。剧本，元时也有用白话的，现在新流行的白话剧，更不必说了。诗歌，如击壤集等，古人也用白话，现在有几个人，能做很好的白话诗，可以料到将来，是统统可以用白话的。但是美术，有兼重内容的，如图画、造像等；也有专重形式的，如音乐、舞蹈、图画等。专重形式的美术，在乎支配均齐，节奏调适。旧式的五七言律诗与骈文，音调铿锵，合乎调适的原则，对仗工整，合乎均齐的原则，在美术上不能说毫无价值，就是白话文盛行的时候，也许有特别传习的人。譬如我们现在通行的，是楷书、行书，但是写八分的，写小篆的，写石鼓文或锺鼎文的，也未尝没有。将来文言的位置，也是这个样子。

至于高等师范的学生，是预备毕业后，作师范学校与学校的教习的。中学校的学生，虽然也许读几篇美术文，但练习的文，不外记载与说明两种。师范学校的学生，是小学校教习的预备，小学校当然用白话文。照这么看起来，高等师范学校的国文，应该把白话文作为主要。至于文言的美术文，应作为随意科，就不必人人都学了。

[附]

在国语传习所的演说（节录）

蔡元培

这是“五四”时期蔡氏所作的关于语文教育问题的又一篇重要讲演，着重阐述“用那一种语言作国语”和“提倡国语的次序”两大问题。此处节录的是对第二个问题的阐述。本文原载《晨报》1920年6月25—26日。

提倡国语的次序　**我们想造成一种国语，从哪里下手呢？第一是语音，第二是语法，第三是国语的文章。**

语音　近三十年有许多人造简字，或仿日本假名，或仿欧洲速记法。最流行的，要算是王照君的字母，但同时并立的很多。**民国元年，教育部特地开了一个读音统一会，议定注音字母三十九个。**在我个人意见：国音标记，最好是两种方法：一是完全革新的，就是仍用拉丁字母，从前教会中人已经用过了。日本也有这一种拼音法。一是为接近古音起见，简直用形声字上声的偏旁，来替代一切合体的字，大约至多用一千字，也就足了。第一法是有许多人主张的。**第二法是我的私见，因为用这种方法，教授时有的便利，可以从古篆学起，学一字就懂得这个字所以这样写法。又许多字所以同一个音，觉得很有趣味，一定容易记得。**但后来读音统一会议定的，却是这两法中间的一法。既然经过什么正式的会议议决的，比较的容纳多数意见，总胜于私人闭门造车的了。这三十九字母虽然以北音为主，但是有入声，有浊音，可算是南北音都有的。他所收不进的音，还可以加闰音，这也算很便当了。

这些字母所以名“注音字母”的缘故，是不许独立的。因为**中国异义同音的字太多，怕得容易含混。但既然有了简字，还要人人学那很复杂的字，也是不合人情，只要在不致误会的范围内去行用，也是自然而然的。**现在如国语统一筹备会所议定“词的区号”，曾彝进君设旗语时所加偏旁的记号，左贯文君、钱玄同君所研究旧字的省笔，都是救济的方法。

我想现在先可应用在译名上。欧文的固有名词，向来用旧字译的，很繁很不划一，若照日本人用假名译西音的办法，规定用国音某字母代西文某字母；有缺的，在音近的字母上加一点作记号，如国语统一筹备会所议决ㄛ母加“′”读若厄的办法，是最便当不过的了。

这种办法不必经部定的手续，也不必公约，尽可自由试验。我若译音，一定要用这个方法，但附一个国音简字与西文字母的对照表，就比许多中国字的译名，或直写西文，或于中文译名下又注西文的，都简便一点。

语法　中国人本来不大讲文法，古文的文法，就是马氏文通一部。白话的文法，现在还没有成书的。但是白话的文法，比古文简一点儿，比西文更简一点儿。懂得古文法的人，应用他在国语上，不怕不够；懂得西文法的人，应用他在国语上，更不患不够。先讲词品，西文的冠词、名词、代名词与静词，都分阴阳中三性；一多两数。我们的语言是除了代名词有一多的分别外，其他是没有这种分别的。近来**有人对于第三位的代名词，一定要分别，有用她字的，有用伊字的，但是我觉得这种分别的确是没有必要。譬如说一男一女的事，如用他字与她字才分别他们。固然恰好，若遇着两男或两女的，这种分别还有什么用呢？**欧语的数词，十三到十九，单数都在十数前。二十一起，英法是单数在十数后，德语仍是单数在前，但是百数仍在十数后，千数仍在百数后，就不一律了。最奇怪的，法文从七十起，没有独立的名，七十就叫六十同十，七十一，七十二等等就叫六十同十一，六十同十二等等；到了八十，就叫作四个二十；到了九十一、九十二，就叫作四个二十同十一，四个二十同十二等等。何等累赘！我们所用的数词，一切都按着十进，简便多了。静词的级数，动词的时间，止要加上更、最，或已、将等字，没有语尾变化。句法止主词在前，宾词在后，语词在中间，差不多没有例外。文言上还有倒句，如“尔无我诈，我无尔虞”等。语言并这个都没有。要是动词在名词后，定要加一个将字在名词前，仿佛日本话的远字，西文的有字。又文言中天圆地方、山高水长等等，名词与静词间不加字。在白话上总有一个是字，与西文相像。胡君适之曾作《国语的进化》一篇，载在第七卷第三号的《新青年》上，很举了几种白话胜过文言的例。听说他著的《国语法》，不久可以出版，一定可以作语法的标准。

语体文　**文章的开始，必是语体；后来为要便于记诵，变作整齐的句读，抑扬的音韵，这就是文言了。**古人没有印刷，抄写也苦繁重，不得不然。孔子说言之不文，行而不远，就是这个缘故。但是这种句读、音调，是与人类审美的性情相投的，所以愈演愈精，一直到六朝人骈文，算是登峰造极了。物极必反，有韩昌黎、柳柳州等提倡古文，这也算文学上一次革命，与欧洲的文艺中兴一样。看韩柳的传志，很看得出表示特性的眼光与手段，比东汉到唐朝的碑文，进步得多了。这一次进步，仿佛由图案画进为实物画、山水画的样子：从前是拘定均齐节奏，与颜色的映照，现在不拘此等，要按着实物、实景来安排了。但是这种文体，传到宋元时代，又觉得与人类的心情不能适应，所以又有《水浒》《三国演义》等语体小说与演义。罗贯中的思想与所描写的模范人物，虽然不见得高妙，但把他所描写的，同陈承祚的原文或裴注所引的各书对照，觉得他的文体是显豁得多。把《水浒》同唐人的文言小说比较，那描写的技能，更显出大有进步。这仿佛西洋美术，从古典主义进到写实主义的样子：绘影绘光，不像从前单写通式的习惯了。但是许多语体小说里面，要算《石头记》是第一部。他的成书总在二百年以前。他反对父母强制的婚姻，主张自由结婚；他那表面上反对肉欲，提倡真挚的爱情，又用悲剧的哲学的思想来打破爱情的缠缚；他反对禄蠹，提倡纯粹美感的文学。他反对历代阳尊阴卑、男尊女卑的习惯，说男污女洁，且说女子嫁了男人，沾染男人的习气，就坏了。他反对主奴的分别，贵公子与奴婢平等相待。他反对富贵人家的生活，提倡庄稼人的生活。他反对厚貌深情，赞成天真烂缦。他描写鬼怪，都从迷信的心理上描写，自己却立在迷信的外面。照这几层看来，他的价值已经了不得了。这种表面的长处还都是假象。他实在把前清康熙朝的种种伤心惨目的事实，寄托在香草美人的文字，所以说“满纸荒唐言，一把酸心泪。”他还把当时许多琐碎的事，都改变面目，穿插在里面。这是何等才情！何等笔力！我看过的书，只有德国第一诗人鞠台（按，哥德）所著的《缶斯脱（Faust）》（今译为歌德的《浮士德》，编者注）可与比拟。《缶斯脱》是鞠台费了六十余年的光阴漫漫儿著成的。表面上也讲爱情，讲宗教，讲思想行为的变迁，里面寄托他的文化观、宇宙观。成书后到此刻是九十年了，注释的已经有数十家。大学文学科教授，差不多都有讲这个剧本的讲义，还没有定论。不是与我们那些《红楼梦》索隐、释真等等纷杂相像么？《石头记》是北京话，虽不能算是折衷的语体，但是他在文学上的价值，是没有别的书比得上他，又是我平日间研究过的，所以特别的介绍一回。

（六月十三日）

18 教学合一

陶行知（1891—1946），著名教育家、思想家。原名文浚，后改知行，又改行知。安徽歙县人。留学美国，师从实用主义教育家杜威、孟禄学习。回国后，任南京高等师范学校教务主任，继任中华教育改进社总干事，推动平民教育运动，最早注意到乡村教育问题。

陶行知提出了“生活即教育”“社会即学校”“教学做合一”三大主张，生活教育理论是陶行知教育思想的理论核心。先后创办晓庄学校、生活教育社、山海工学团、育才学校和社会大学，探索和实践自己的教育理想（主张）。

陶行知既强调教育的现实功能，又关注教育的终极目的。他在深刻了解中国文化和社会现实的基础上，1919年提出了“教学合一”的学说，系统分析了教师和学生既对立又统一的关系。主张教师应该变“教授法”为“教学法”，教学过程要充分彰显“教学生学”、为学生学习“服务”。这在当时具有相当的针对性。

1925年，当陶行知先生去南开中学作“教学合一”讲演时，张伯苓校长建议，还应该在其间，增添一个“做”的因素。于是，“教学做合一”即应运而生了。《教学合一》原载1919年2月《世界教育新思潮》1号；此处所附《“教学做合一”下之教科书》，原载《中华教育界》第19卷第4期（1931）。

现在的人叫在学校里做先生的为教员，叫他所做的事体为教书，叫他所用的法子为教授法，好像先生是专门教学生些书本知识的人。他似乎除了教以外，便没有别的本领，除书以外，就没有别的事教。而在这种学校里的学生除了受教之外，也没有别的功课。先生只管教，学生只管受教，好像是学的事体，都被教的事体打消掉了。论起名字来，居然是学校；讲起实在来，却又像教校。这都是因为重教太过，所以不知不觉地就将教和学分离了；然而教学两者，实在是不能分离的，实在是应当合一的。依我看来，教学要合一，有三个理由：

第一，**先生的责任不在教，而在教学，而在教学生学**。大凡世界上的先生可分三种：第一种只会教书，只会拿一本书要儿童来读它，记它，把那活泼的小孩子做个书架子，字纸篓，先生好像是书架子字纸篓之制造家；学校好像是书架子字纸篓的制造厂。第二种的先生不是教书，乃是教学生；他所注意的中心点，从书本上移到学生身上来了。不象从前拿学生来配书本，现在他拿书本来配学生了。他不但是要拿书本来配学生，凡是学生需要的，他都拿来给他们。这种办法，果然比第一种好得多，然而学生还是在被动的地位，因为先生不能一生一世跟着。热心的先生，固想将他所有的传给学生，然而世界上新理无穷，先生安能尽把天地间的奥妙为学生一齐发明？既然不能与学生一齐发明，那他所能给学生的，也是有限的，其余还是要学生自己去找出来的，况且事事要先生传授，既有先生，何必又要学生呢？所以专拿现成的材料来教学生，总归还是不妥当的。那么，先生究竟应该怎样才好？我以为好的先生不是教书，不是教学生，乃是教学生学。教学生学有什么意思呢？就是**把教和学联络起来：一方面要先生负指导的责任，一方面要学生负学习的责任**，对于一个问题，**不是要先生拿现成的解决方法来传授学生，乃是要把这个解决方法如何找来的手续程序，安排停当，指导他，使他以最短的时间，经过相类的经验，发生相类的理想**，自己将这个方法找出来，并且能够利用这种经验理想来找别的方法，解决别的问题。

得了这种经验理想，然后学生才能探知识的本源，求知识的归宿，对于世间一切真理，不难取之无尽，用之无穷了。这就是孟子所说的“自得”，也就是现今教育家所主张的“自动”。所以要想学生自得自动，必先有教学生学的先生。这是教学应该合一的第一个理由。

第二，**教的法子必须根据于学的法子**。从前的先生，只管照自己的意思去教学生；凡是学生的才能兴味，一概不顾，专门勉强拿学生来凑他的教法，配他的教材。一来先生收效很少，二来学生苦恼太多，这都是教学不合一的流弊。如果让教的法子自然根据学的法子，那时先生就费力少而成功多，学生一方面也就能够乐学了。所以怎样学就须怎样教；学得多教得多，学得少教得少；学得快教得快，学得慢教得慢。这是教学应该合一的第二个理由。

第三，**先生不但要拿他教的法子和学生学的法子联络，并须和他自己的学问联络起来**。做先生的，应该一面教一面学，并不是贩买些知识来，就可以终身卖不尽的。现在教育界的通病，就是各人拿从前所学的抄袭过来，传给学生。看他书房里书架上所摆设的，无非是从前读过的几本旧教科书，就是这几本书，也还未必去温习的，何况乎研究新的学问，求新的进步呢！先生既没有进步，学生也就难有进步了。这也是教学分离的流弊。那好的先生就不是这样，他必是一方面指导学生，一方面研究学问。如同柏林大学包尔孙先生（P. Paulsen）说：“德国大学的教员就是科学家。科学家就是教员。”德国学术发达，大半靠着这教学相长的精神。因为时常研究学问，就能时常找到新理，这不但是教诲丰富，学生能多得些益处，而且时常有新的材料发表，也是做先生的一件畅快事体。因为教育界无限枯寂的生活，那是因为当事的人，封于故步，不能自新所致。孔子说：“学而不厌，诲人不倦。”真是过来人阅历之谈。因为必定要学而不厌，然后才能诲人不倦；否则年年照样画葫芦，我却觉得有十分的枯燥。所以要想得教育英才的快乐，首先要把教学合而为一，这是教学应该合一的第三个理由。

总之：一，先生的责任在教学生学；二，先生教的法子必须根据学的法子；三，先生须一面教一面学。这是教学合一的三种理由，第一种和第二种理由是说先生的教应该和学生的学联络；第三种理由是说先生的教应该和先生的学联络。有了这样的联络，然后先生学生都能自得自动，都有机会方法找那无价的新理了。

[附]

“教学做合一”下之教科书

陶行知

生活教育与教学做合一对于书之根本态度，生活教育指示我们说：过什么生活用什么书。教学做合一指示我们说：做什么事用什么书。这两句话只是一句话的两样说法。我们对于书的根本态度是：**书是一种工具，一种生活的工具，一种“做”的工具。工具是给人用的；书也是给人用的。**我们对一本书的见面问，是：你有什么用处（当然是广义的用处）？为读书而读书，为讲书而讲书，为听书而听书，为看书而看书，再不应该夺取我们宝贵的光阴。用书必有目的。遇到一本书我们必须问：你能帮助我把这件事做得好些吗？你能帮助我过一过更丰富的生活吗？**我们用书，有时要读，有时要讲，有时要听，有时要看；但是读、讲、听、看都有一贯的目的，这目的便是它们对于“用”的贡献。**在诗的学校里有一首诗描写我们对于书的总态度：

用书如用刀；
不快自须磨。
呆磨不切菜，
何以见婆婆？

中国教科书之总批评。我们试把光绪年间出版的教科书和现在出版的教科书比较一下，可以看出一件惊人的事实，这事实便是三十年来，中国的教科书在枝节上虽有好些进步，但是在根本上是一点儿变化也没有。**三十年前中国的教科书是以文字做中心，到现在，中国的教科书还是以文字做中心。进步的地方：从前是一个一个字的认，现在是一句一句的认；从前是用文言文，现在是小学用白话文，中学参用白话文与文言文；**从前所写的文字是依着忠君，尊礼，尚公，尚武，尚实的宗旨，现在所写的文字是依着三民主义的宗旨。但是**教科书的根本意义毫未改变，现在和从前一样，教科书是认字的书，读文的书罢了。**从农业文明渡到工业文明最重要的知识技能，无过于自然科学。没有真正可以驾驭自然势力的科学，则农业文明必然破产，工业文明建不起来，那是多么危险的事啊！但是把通行的小学常识与初中自然教科书拿来审查一番，你立刻发现它们只是农学的识字书，只是科学的论文书。**这些书使你读到胡子白也不能叫你得着丝毫驾驭自然的力量。这些教科书不教你在利用自然上认识自然。它们不教你试验，不教你创造。它们只能把你造成一个自然科学的书呆子。**国民党以党义治国；党义，从国民党的观点看来，又是何等重大的一门功课呀！果然，党军既到南京之后，没有一家书店不赶着编辑党义教科书。党政府看了这些教科书也以为教育从此可以党化，小孩子个个都可以成为“三民主义”的信徒了。但是把这些书仔细看一看，不由你又要惊讶了。你立刻发现它们只是党义识字书，只是党义论文书。它们教你识民权的字，不教你拿民权；教你读民主的书，不教你干民主的事。在这些书里你又可以看出编辑人引你开倒车开到义和团时代以前。他们不教小朋友在家里、校里、村里、市里去干一点小建设、小生产以立建国之基础，却教小孩子去治国平天下，这不是像从前蒙童馆里的冬烘先生拿《大学》《中庸》把小朋友当小鸭子硬填吗？照这样干法，我可以断定，小孩子决不会成为三民主义有力量的信徒，至多，他们可以成为三民主义的书呆子。

中国的教科书虽然以文字做中心，但是所用的文字不是第一流的文

字。山德孙先生在昂多学校里就不用教科书。他批评英国的教科书为最坏的书。中国初中以下的教科书不比英国的好。我读了中国出版的教科书之后，我的感想和山德孙先生差不多。**我不能恭维中国初中以下的教科书是小孩子值得读的书**。在我的《中国自然科学教科书之解剖》一篇论文中，我将毫不避讳的罗列各家教科书之病菌，放在显微镜下请大家自己去看。我现在只想举一个普通的例子来做个证明。诸位读了下面三节教科书作何感想?

甲家书馆	乙家书馆	丙家书馆
大狗叫，	小小猫，	小小猫，
小狗跳。	快快跑。	小小猫。
叫一叫，	小小猫，	快快跑，
跳两跳。	快快跑。	快快跑。

若不是因为每个小学生必得有一本教科书，每本教科书必得有书馆编好由教育部审定，谁愿意买这种有字有音而没有意义的东西呀？请诸位再看刘姥姥赴贾母宴会在席上低着头引得大家哄堂大笑的几句话：

“老刘，老刘，
食量大如牛，
吃个老母猪，
不抬头。”

这样现成的好文学在以文字为中心的教科书中竟找不着一个地位，而“大狗叫，小狗跳”的无意义的文字，居然几百万部的推销出去。**所以中国教科书虽以文字为中心，却没有把最好的文字收进去。这是编书人之过，不是文字中心之过。**

中国的教科书，不但用不好的文字做中心，并且用零碎的文字做中心，每课教几个字，传授一点零碎的知识。学生读了一课，便以为完了，再也没有进一步追求之引导。我们读《水浒》《红楼梦》《鲁滨孙飘流记》一类小说的时候，读了第一节便想读第二节，甚至于从早晨读到夜晚，从夜晚读到天亮，要把它一口气读完了才觉得痛快。中国的教科书是以零碎文字做中心，没有这种力量。**有人说，中国文人是蛀书虫。可是教科书连培养蛀书虫的力量也没有。蛀书虫为什么蛀书？因为书中有好吃的东西，使它吃了又要吃。吃教科书如同吃蜡，吃了一回，再不想吃第二回，连蛀书虫也养不成**！可是，这也是编书人不会用文字之过，不是文字中心之过。

文字中心之过在以文字当教育，以为文字之外别无教育。**以文字做中心之教科书，实便于先生讲解，学生静听。于是讲书、听书、读书便等于正式教育而占领了几乎全部之时间。它使人坐而言，不使人起而行**。教育好比是菜蔬，文字好比是纤维，生活好比是各种维他命（Vitamin）。**以文字为中心而忽略生活的教科书，好比是有纤维而无维他命之菜蔬，吃了不能滋养体力。中国的教科书，是没有维他命的书。它是上海上等白米，吃了叫人害脚气病，寸步难行。它是中国小孩子的手铐，害得他们双手无能**。它是死的、假的、静止的；它没有生命的力量。**它是创造、建设、生产的最大的障碍物**。它叫中国站在那儿望着农业文明破产而跳不到工业文明的对岸去。请看中国火车行了几十年而第一个火车头今年才造起来，这是中国科学八股无能之铁证！而这位制造中国第一个火车头之工程师，十分之九没有吃过上海白米式的科学教科书。或者也吃过，后来又吃了些糠粃，才把脚气病医好，造了这部特别难产的火车头。**以文字做中心的教科书，在二十世纪里产生不出力量，最多，如果用好的文字好好的编，也不过能产生一些小小书呆子，小小蛀书虫**。

假使再来一个秦始皇把一切的教科书烧掉，世界上会失去什么？

大书呆子没有书读，小书呆子没有读书，书呆头儿出个条子："本校找不到教科书，暂时停课。"

于是，有的出去飘洋游历，也许会成达尔文；有的在火车上去卖报做化学实验，也许会成爱迪生；有的带着小朋友们上山游玩，也许会成柯斯忒；有的回去放牛、砍柴、捞鱼、种田、缫丝，多赚几口饭儿吃。少几个吃饭不做事的书呆子，多几个生产者、建设者、创造者、发明者大概是这位秦始皇第二的贡献吧。

生活教育与教学做合一之总要求。**我们要活的书，不要死的书；要真的书，不要假的书；要动的书，不要静的书；要用的书，不要读的书。总起来说，我们要以生活为中心的教学做指导，不要以文字为中心的教科书。**我要声明在先，我并不拘泥于文字之改变。倘使真的拿生活为中心使文字退到工具的地位，从死的、假的、静的、读的，一变而为活的、真的、动的、用的，那么就称它为教科书，我也不反对；倘使名字改为生活用书或教学做指导，还是以文字为中心，便利先生讲解，学生静听，而不引人去做，我也不能赞成。但是，如果能够做到名实相符，那就格外的好了。

生活用书或教学做指导，是怎样编法呢？最先须将一个现代社会的生活或该有的力量，一样一样的列举，归类组成一个整个的生活系统，即组成一个用书系统。例如：

要培养的生活力	要用的书
一，预备霍乱	一，防备霍乱指导
二，防备伤寒	二，防备伤寒指导
三，防备天花	三，防备天花指导
四，防备感冒	四，防备感冒指导
五，防备肺痨	五，防备肺痨指导
六，防备梅毒	六，防备梅毒指导
七，打篮球	七，打篮球指导
八，踢球	八，踢球指导
九，选择食物	九，选择食物指导
一〇，选择衣料	一〇，选择衣料指导
一一，种菜	一一，种菜指导
一二，种麦	一二，种麦指导

一三，种树	一三，种树指导
一四，养蚕	一四，养蚕指导
一五，养鸡	一五，养鸡指导
一六，养鱼	一六，养鱼指导
一七，养鸟	一七，养鸟指导
一八，纺纱	一八，纺纱指导
一九，织布	一九，织布指导
二〇，扫地	二〇，扫地指导
二一，调换新鲜空气	二一，调换新鲜空气指导
二二，用风车水	二二，用风车水指导
二三，制造抽气唧筒	二三，制造抽气唧筒指导
二四，制造气压表	二四，制造气压表指导
二五，用空气压力钻钢	二五，用空气压力钻钢指导
二六，用氮气做肥料	二六，用氮气做肥料指导
二七，用太阳光烧饭	二七，用太阳光烧饭指导
二八，用太阳光杀菌	二八，用太阳光杀菌指导
二九，用太阳光照相	二九，用太阳光照相指导
三〇，用水推磨	三〇，用水推磨指导
三一，用水发电	三一，用水发电指导
三二，用水化铁	三二，用水化铁指导
三三，用磁石发电	三三，用磁石发电指导
三四，造罗盘	三四，造罗盘指导
三五，用电池举铜铁	三五，用电池举铜铁指导
三六，用煤黑油取原料	三六，用煤黑油取原料指导
三七，造汽车	三七，造汽车指导
三八，造蒸汽机	三八，造蒸汽机指导
三九，用电发光	三九，用电发光指导

四〇，用电推车	四〇，用电推车指导
四一，用电谈话	四一，用电谈话指导
四二，用电相见	四二，用电相见指导
四三，用泥造磁器	四三，用泥造磁器指导
四四，造屋	四四，造屋指导
四五，造桥	四五，造桥指导
四六，造船	四六，造船指导
四七，造纸	四七，造纸指导
四八，造飞机	四八，造飞机指导
四九，用显微镜看细菌	四九，用显微镜看细菌指导
五〇，用望远镜看天象	五〇，用望远镜看天象指导
五一，编剧	五一，编剧指导
五二，演戏	五二，演戏指导
五三，布景	五三，布景指导
五四，唱歌	五四，唱歌指导
五五，画水彩画	五五，画水彩画指导
五六，画油画	五六，画油画指导
五七，写诗文	五七，写诗文指导
五八，雕刻	五八，雕刻指导
五九，弹琴	五九，弹琴指导
六〇，说话	六〇，说话指导
六一，恋爱	六一，恋爱指导
六二，治家	六二，治家指导
六三，生育	六三，生育指导
六四，限制教育	六四，限制教育指导
六五，团体自治	六五，团体自治指导
六六，掌民权	六六，掌民权指导

六七，师生创校　　　　六七，师生创校指导

六八，创造富的社会　　六八，创造富的社会指导

六九，人类互助　　　　六九，人类互助指导

七〇，创造五生世界　　七〇，创造五生世界①指导

以上七十种生活力和教学做指导，不过是我个人随手所选的例子。把他们归起类来（一）至（一〇）属于健康生活；（一一）至（二〇）属于劳动生活；（二一）至（五〇）属于科学生活；（五一）至（六〇）属于艺术生活；（六一）至（七〇）属于社会改造生活。我想这些例子不过是全部生活力之少数，内中之概括的还应该细分，如养鱼便可分为养金鱼，养青鱼，创造相生水族池等等，统统算起来重要总的在三千种以上。**我们姑且可以普通的说，我们有三千种生活力要培养，即有三千种教学做指导要编辑**。这些生活力，有些是很小的小孩子便应当有，有些是很成熟的人才可以得；有些是学了就可以变换，有些是要继续不断的干；有些是一人能做，有些非多人合作不办；有些是现代人共同所需，有些是各有所好，听人选择。专家使性质学力把他们一一编起来，并编一些建在具体经验上面融合贯通的理论，便造成整个的用书的系统，帮助着实现那丰富的现代生活。我们还要随着学术进步，继续修改扩充，使用书继长增高的进步，帮助着生活继长增高的向前向上进。

照这样看来，教学做合一的理论不是不要书；它要用的书的数目之大，比现在的教科书要多得多。它只是不要纯粹以文字来做中心的教科书，因为这些书是木头刀切不下菜来。**过什么生活用什么书。做什么事用什么书。不用书，或用书而用的不够，用得不当，都非教学做合一的理论所允许的。**

教学做指导编得对不对，好不好，可以下列**三种标准**判断它。

（一）**看它有没有引导人动作的力量，看它有没有引导人干了一个动**

① “五生世界”即少生、好生、贵生、厚生、共生之世界。

作又要干一个动作的力量。中国人的手中了旧文化的毒已经瘫了，看它能否给他打一针，使一双废手变成一双开天辟地的手。我们要看它能否把双料少爷的长指甲剪掉，能否把双料小姐的手镯戒指脱掉，能否把活活泼泼的小孩们的传统的几十斤重的手铐卸掉，使几万万双无能手都变成万能的手。

（二）**看它有没有引导人思想的力量，看它有没有引导人想了又想的力量。**中国文人的头脑做了几千年的字纸篓；中国农人女人的头脑做了几千年的真空管。我们现在要请大家的头脑出来做双手的司令官，我们要头脑出来监工。我们不但是要做，并且要做得很好。如何可以做得好，做得比昨天好，这是头脑的天职。我们遇了一本书便要问它是否给人的头脑全权指导一切要做的事。

（三）**看它有没有引导人产生新价值的力量，看它有没有引导人产生新益求新的新价值的力量。**我在《乡村教师》上曾经写过十几首诗，描写一位乡村教师的生活，内中有一首是：

人生两件宝：
双手与大脑。
宁做鲁滨孙，
单刀辟荒岛。

中国教育之通病是教用脑的人不用手，不教用手的人用脑，所以一无所能。中国教育革命的对策是使手脑联盟，结果是手与脑的力量都可以大到不可思议。手脑联盟，则污秽的垃圾可以用来点灯烧饭，窒人的氮气可以用来做养人的肥田粉，煤焦油里可以取出几十种的颜料，一粒种子可以长成几百粒谷，无饭大家饿的穷国可以变成有饭大家吃的富社会。只要头脑子命令双手拿起锄头、锯子、玻璃管、电动机去生产、建设、试验，创造，自然是别有天地了。

生产用书的体裁内容也不可一律，大致说起来，我有下列的建议：

（一）做的目标。

（二）做的材料。

（三）做的方法。

（四）做的工具。

（五）做的理论。

（六）从做这事引导人想到做那事。

（七）如做的事与时令有关便要有做的时令。

（八）如做的事与经济有关便要有做的预算。

（九）如做的事须有途径之指示便要有做的图。

（十）如做的事须多人合作便要有做的人的组织。

（十一）如做的事须多方参考便要有做的参考书籍。

（十二）如做的事与别的事有多方的关系便要有做的种种关系上的说明。

（十三）在做上学的人可引导他记载做的过程、做的结果、做上发生的问题与心得。

（十四）在做上教的人可引导他指示进行考核成绩。

这十四条不是像从前五段教授样要人家刻印板的遵守的。如果你能把它们一齐打破，天衣无缝的写成一本可用的书也未为不可，或者竟是更为可贵。《鲁滨孙飘流记》是一部小说，也是一部探险与开创的教学做指导。歌德失恋写《少年维特之烦恼》，创造一个维特去替死，那么歌德的恋爱史与《少年维特之烦恼》当作一部恋爱指导用书也很合宜。同样，《水浒》是一部打抱不平之指导。自然科学教学做指导，能达到法布尔的几部顶好著作那样好，减少一些闲话增加一点小孩子自己做的机会也就很好了。最要紧的是著书人独出心裁，若求一律，反而呆板了。

初进学校的学生，要他自用教学做指导，当然是不可能。但是他虽然认不得字，话语听得懂，先生不能教他吗？年长的同学不能助他吗？初年的学生，多数的生活力不能从文字上去取得。若受文字的限制生活便枯燥无味。故初年的教学做指导，除说话（即国语）一门外，都可编为先生用书，先生在做上教时所用的书，那么，这个困难便没有了。即就说话一门说，也不必太拘于生字之多少。只要是小孩子爱说的话，便多几个字也不要紧。若是头一课只限于四五个字，编不成好听的话，那么，比十几个字还难认。**认字与写字也不必同时兼顾，若认的字一定要写，那么，又只好限于几个字，而流于枯燥了。**

我想要使这个用书的计划实现，必须有下列六种条件：

（一）各门专家中须有几位去接近小孩子，或竟毅然去当几年中小学教员，一面实验，一面编辑几部教学做指导。

（二）现在接近小孩子的中小学教师，须有许多位，各人开始研究一门科学，待研究有得可以编辑几部教学做指导。

（三）现在教科书的编辑者有志编辑生活用书，如缺少某种准备，专科学术或儿童经验，亦宜设法补足，然后动手编辑。

（四）现在商务印书馆、中华书局、世界书局每年大部分收入是从小朋友那里来的，应该多下点本钱，搜罗各国儿童、成人用书（不是教科书）和工具，聘请上列三种人才，为小朋友多编几部可用的好书。

（五）教育行政当局，从中央直到校长，该给教员们以试验，或选择书本之自由。现在行政方面之趋势是太一律，太呆板，若不改弦更张，实无创造之可能。

（六）全民族对于中国现代的无能的教育，该有觉悟，**对于教学做合一之理论，该使之普遍实现，若再因循苟且，则可以救国之教育，将变成亡国之催命符**。到了那时，虽悔也来不及了。如果大家从此下一个决心，在头脑指挥之下，把双手从长袖里伸出来，左手拿着科学，右手开着机器生产、建设、创造，必定能开辟出一个新天地来。**荣枯安危存亡之故，只在念头之一转和双手之一动，用不着到远处去求啊！**

19　中学国文的教授

胡适（1891—1962），现代著名学者、诗人、历史学家、文学家、哲学家、教育家，在世界文坛极具影响，1939 年曾获诺贝尔奖的提名。原名嗣穈，学名洪骍，字希疆，后改名胡适，字适之，笔名天风、藏晖等。安徽绩溪人。

胡适 5 岁启蒙，打下了一定的古文基础。1904 年，他到上海进新式学校，接受《天演论》等新思潮，并开始发表白话文章。1910 年考取“庚子赔款”第二期官费生赴美国留学。1915 年入哥伦比亚大学研究院，师从教育哲学家杜威，接受了杜威的实用主义。1917 年（26 岁）夏回国后，任北京大学教授，加入《新青年》编辑部，积极提倡“文学改良”和白话文学。同年，在《新青年》上发表《文学改良刍议》，主张以白话文代替文言文。

“五四”时期，胡适因提倡文学改良、提倡白话文而成为新文化运动和国语统一运动的领袖之一。作为一位著名的文化学者，又是非同寻常地关心“国文”“国语”学科建设的前驱。1920 年发表了《中学国文的教授》，1922 年又发表了《再论中学国文的教授》。当“统一国语”主张者遇到如何先建立“标准国语”的麻烦纠缠时，胡适首先认为定国语标准的第一步就是推行国语，把已很通行又已产生文学的普通话认为国语，推行出去，使它成为全国学校教科书的用语。1920 年的壬戌学制，终于保证了国语课程在国民学校中的地位和作用。

《中学国文的教授》原载《教育丛刊》第 2 期（1920），后收入《中国新文学大系理论建设卷》，本《论典》全文直录；《再论中学国文的教授》，系1922年在中华教育改进社第一次年会上所作的讲演，原载《胡适文存二集》，兹略作删节，以为附录。

我今天在演讲以前先要声明一句话：我到这里讲中学国文的教授，实在是一件冒险的事情。为什么呢？第一，我没有中学教授的经验；从前的不过是中学学生的经验，并且不合于现在的时势。第二，现在是过渡时代，中学国文教授的分量上的分配，——就是白话与古文——我平时也没有研究。今天对诸位内行的人谈话，我自己觉得很大胆，希望诸位原谅；但是诸位内行的人许我这个门外汉来谈话，我又觉得很应该感谢。今天讲的题目就是《中学国文的教授》。

I．目的

按我们思想上的标准，中学国文的目的究竟怎么样？我们希望中学毕业生的国文到什么程度？据民国元年《中学校令施行细则》第三条说："国文要旨在通解普通语言文字，能自由发表思想；并使略解高深文字，涵养文学之兴趣，兼以启发智德。"这一条，在当时是理想的标准，并没有实行，所以现在看去还不觉得有什么大错误。最有趣的，是"通解普通语言文字"一句。这句话在当时是欺人的门面语，可是因为几年来文体的变迁在通解普通文字以外，实在要注重语言了。至于"高深文字"一层，现在也觉得很有意义。

我今天凭自己的意思，斟酌现在的情形，**把中学国文的目的暂定为四项：（一）人人能用国语作文、谈话、演说，都能通畅明白，没有文法上的错误。（二）人人都能看平易的古文书籍，如二十四史《通鉴》和《孟子》、《庄子》一类的子书。（三）人人能作文法通顺的古文——指文言。（四）人人有机会可懂得一点古文文学的大概。这四种的**

要求，大概算不得是“苛求”。目的已经定了，然后才可以谈到中学国文的教授。

Ⅱ．内容

部定中学国文的内容是：

年级						总时
一	讲读	作文	习字			七
二	讲读	作文	习字	文字源流		男七　女六
三	讲读	作文	习字	文法要略		五
四	讲读	作文		文法要略	中国文学史	五

依我们看起来，现在中学校平均男三十四小时、女三十三小时的课程，实在太重了，不能不减少，国文至多不得过五时，总数应当在二十时以内。现在假定国文每周五时，暂时分配如下：

年级				总时
一	国语文[一]	古文[三]（近人）	文法与作文[一]（重语体）	五
二	国语文[一]	古文[三]	文法与作文[一]（重文言）	五
三	演说[一]（分组）	古文[三]	文法与作文[一]（重文言）	五
四	辩论[一]（分组）	古文[三]	文法与作文[一]（重文言）	五

习字、文字源流、文学史都废去。习字尽可在课外练习，不必空占时间，所以废去；文字源流可以不必教，并且现在用的商务印书馆出版的书是很荒谬的；文学史也是商务印书馆出版的，也是一样荒谬。文法要略简直是八股体，所以也应该另编。总之，中学国文的内容，一国语，二古文，三文法与作文，四演说，五辩论，至于演说、辩论都是继承国语的教法。在我们提倡白话文的人，定出这样的内容，总算很公平了。

Ⅲ. 国语文

（一）时间分配的说明。因为第三年有演说，第四年有辩论，所以设有国语文一科，并且我们假定国民学校高等小学都有了国语文，中学若再有两年，那就尽够了。

（二）因为我们假定国民学校的国文全是国语，高小学的国文至少一半是国语，并且能够作通顺的短文，所以中学国语文的教材应该带文学的性质。他的内容分三种：

（1）看小说，至少二十部以上五十部以下。

例《儒林外史》《官场现形记》《红楼梦》《西游记》《水浒传》《二十年目睹之怪现状》《恨海》《九命奇冤》《文明小史》《七侠五义》。译本的如：正续《侠隐记》《法宫秘史》和其他白话短篇小说。

（2）白话的戏剧——现在虽然很少，将来一定可以渐渐增加。

（3）长篇的议论文和学术文。

（三）教授法

（1）小说与戏剧都**由教员指定分量，由学生自修**。课堂内只有讨论，不必讲解，因为**讲解是教授文言不得已的方法**。指定分量，不必限定一回，可以一段一段分。譬如《西游记》前八回说孙悟空的历史为一次，因为你就不指定八回，他们学生也自然看完了八回才止的。又如水游传记“生辰纲”为一次。至于讨论的方法，随材料变更，如《西游记》前八回是神话小说，《儒林外史》写严贡生与严监生的家事，是社会小说；都是诙谐，却有不同；都是描写，却又不一样。例如《西游记》写天上的一件极庄严的宴会，却被一个猴子闹得天翻地覆；无上尊严的天宫，经不起一个猴子的捣乱，这种文章自然很好看；但是教员应该使学生讨论：这八回的文章为什么好看？为什么令人发笑？为什么看了不肯放手？又如严贡生临死的时候，却出二个指头，不肯断气。

教员应该使学生懂得这种文章的好处究竟在什么地方，现在有没有这样的人；若是做小说的“过甚其辞”，为什么我们看了觉得有趣。此外如一切布局、描写、用意、人物，都可以作讨论的内容，或则再加以批评。

（2）戏剧应该选最精采的部分，由学生分任剧中的人物，高声念读，练习一切发音说话；能够排演更好。并且讨论他的布局体裁等。

（3）长篇的议论文与学术文也由学生自己预备；上课时教员与学生共同讨论。讨论时应该注重下列几页：（a）本文的剖析。譬如钱玄同先生的《简省汉字笔画的提议》一篇文字，分几段分几节。（b）注重材料的搜集。譬如他这篇文字的证据，是怎么得来的。（c）注重论理的组织。不必先读论理学书，读了许多许多论理学书，是无用的；看名家思想的条理，这便是实用的论理学。（d）加以批评。

Ⅳ. 演说与辨论

演说与辩论都是国语与国语文的实用教法。前几天，国语统一会呈教育部请提倡这种国语实行的方法。这两项应该注重的点：

（一）择题　演说题须用具体的问题，切不可用抽象的。如“说爱国心”，这是人人都能讲的；又如“孔教耶教优劣论”，这又太空泛，不是短时间能发挥尽致的。所以题目应该像“松树为什么冬青?”“豆腐是怎么做的?”“肥皂为什么能去污垢?”等等的学术题和“治安警察法”等等的时事题。时间五分或十分钟尽够了。辩论题应该取双方都有理由可说的。如“鸦片宜禁止”，这只有一方面的理由是不合宜的；如“食素食荤的问题”，很可以用；又如“中学国文应该用白话或是文言呢?”这在现在过渡时代也还可以用。

（二）方法

（1）演说的人数不宜太多，好像一班若是有三十人，那就每年每人轮不到几次；但也不宜太少，太少了演说得没有兴致。最好分作小组，每组约十五六人。

（2）演说不可太长，以十分钟为度，每小时可有四个人的演说。

（3）演说应该带作文的性质。题目由学生在先一周择定，把内容的大纲作好，请教员指点，教员审定以后，再由学生将大纲发挥成全篇；但演说时不能看稿。

（4）演说时，教员与学生笔记他可批评的地点，在下一周讨论。总之，凡能演说辩论的学生，决没有不会做国语文的；所以这两项与国语文占同等重要的地位。

V．古文

（一）教材

（1）第一年级读近人的古文，如梁任公、康有为、章太炎、章行严、严几道的散文。若是高小办得好，任公的浅近文字一定已经能看。小说如其琴南早年译的《茶花女》《黑奴呼天录》《战血余腥记》《撒克逊劫后英雄略》也可以读。琴南早年译笔还谨慎，不像现在的潦草。所以我说读了一部《茶花女》比读了一部《古文辞类纂》还好。

（2）第二三四年级读古人的古文。（a）选本：中学应该有古文选本，按时代顺下或追溯——这我不敢定，看实验的结果——不分什么论辩序跋种种的类，选那些文法通顺的有内容的有文学兴趣的文章。从《老子》《论语》《檀弓》一直到曾国藩，每个时代重要文体的变迁，都要有代表，这就是具体的文学史。现在文学史记了许多杜甫、李白、元徵之种种的人名集名，是无用的。这种文学史，尽可让到大学生去研究。（b）自修的书：史书如《左传》《史记》《汉书》《通鉴》等。我十七岁的时候，看《通鉴》比看什么书都得益。子书如《孟子》《韩非子》《荀子》等。文集随学生性之所近，由教员指定他们购买。

这些教材的时间上的分配，我不敢武断，由教员实地试验去决定。我所定的教材范围，似乎太大太广太高；但是平心而论，并不大不广不高。我的理由有两种：（a）假定学生已通国文，再去看古文，成绩要快得多；好像学英文的人，中文通的比中文未通的进步要快。所以我们不要把学生程度看得太低了。这句话虽然武断，实在是根据经验的。（b）单靠七八十篇的古文选本，决不能教到什么成绩。**古文读本的大病，就是没有兴趣、没有系统，所以不能引起学生的兴趣**。像“汉高祖斩丁公论”，实在是毫无意思。我说与其读《范增论》，不如看《史记》、《项羽本纪》，给他们一些有系统有趣味的材料。像《史记》、《汉书纪事本末》一类的**大部书，让他们自己去摸索，应该有更好的成绩。**我从前念书也没有什么人教，差不多完全是自己暗中摸索出来的。

（二）教授法

（1）**千万不要在课堂上讲书**。每周三小时，每年四十周，一百二十点钟能讲得几篇文章？

（2）**学生应该自己预备指定的功课**，自己查字典，自己加句读。

（3）课堂上作的事有三种：（a）质问疑难；（b）讨论内容；（c）教员引伸这篇文字的意思，加以材料。如像章行严《联邦论》，他为什么做这篇文章？和时局有什么关系？

（4）**提倡自己看书**。我上边说过，看了一部《茶花女》比读了一部《古文辞类纂》还好。按良心说，我们的成绩完全是从《三国演义》《水浒传》《新民丛报》等有系统有兴味的文章得来的。

（5）注重句读的分析与章节的解剖。

Ⅵ. 文法与作文

文法与作文有密切的关系，是不能分离的。现在中学三四年级才教文法，真是荒谬已极。那有在国民学校高等小学已经念了七年的国文，在第十年开始才教文法呢？**我主张高小就应该有国语文法。**现在分两步说：

（一）在中学一年级的仍旧注重语体文法。在一年之中，将它的要旨讲完，一周一小时很够；若是有书，那就更快了。**作文用翻译，从古文译作国语，**或则从国语译成古文。因为翻译不能不懂文法。“己所不欲，勿施于人”一句译作白话，那“所”字就不能不应用文字了。这是我自己的经验。与其没有思想材料硬去找去，不如翻译好，翻译惯了，然后再作文章。

（二）二三四年级教古文文法。为什么先教国语文法呢？因为有一种参考的材料。我在高师教文法，用古文证明白话文法，比单教白话容易。现在应该注意的点：

（1）文法书现在没有好的，最好的还只是《马氏文通》。教员该把《文通》仔细研究一遍，懂得了，然后再另编一部证明的更有条理的文法书。

（2）讲文法时，应该处处和国语文法对照比较，指出不同的地方，不同的理由，与优劣的地点。从前先生往往把我们文章改了，就是说不出理由，就是因为不懂文法。

（3）教员随时指出古书中不合文法的地方。如《孟子》：“天油然作云，沛然下雨，则苗勃然兴之矣。”“之”字就不通，因为“兴”是内动词，他不能有目的位的代词。这不管孟子不孟子，就是孔子在现在也说他不通。

（4）改文用文法作标准。从前先生改文觉得这一句不好，就重作一句，这实在很不对。教员应该指出错在哪个字，并且根据文法哪一条的通则。

（5）论理的条理，内容材料的不充足，由教员指出批出，但不必删改代作。若是先生改文，都勾了自己做，这又何必要我的文章呢？

（6）作文的时间不必多，两星期一次尽够了。平时应该鼓励学生作札记、写长信、办报。写的长信、札记、报纸文字，都可以代课艺；但学校出题目的课艺切不可在报纸上发表。

今天我大胆在这里演讲这无根据的理想的教授方法，我希望有实验机会的人去实验实验看，给我一种教训。

[附]

再论中学的国文教学

胡　适

载《胡适文存二集》。原系作者于1922年10月在中华教育改进社第一次年会上所作的讲演。

今天的讲题是"中学的国文教学"，两年前民国九年，我曾在北京发表过一次（参看《胡适文存》卷一，页三〇三以下），那时候没有什么标准，全凭理想立言。两年以来，渐觉得我那些主张有一部分是经得起试验的，有一部分是无法试验的，有一部分是不能不修正的。此次再来讲演这个题目，先就旧主张略说一说，再加以两年来修正的地方，作为我的新主张。为讲演的便利，分为以下四段：

（一）假定的"中学国文标准"

我在两年前定的——中学国文的理想标准是：

（1）人人能以国语自由发表思想。

（2）人人能看平易的古书。

（3）人人能作文法通顺的古文。

（4）人人有懂得古文文学的机会。

这几个标准，我现在修改作以下三条：

（1）人人能用国语自由发表思想——作文，演说——都能明白晓畅没有文法上的错误。这一条与旧主张第一条无大差异。我所持理由：因为国语文容易学习，容易通晓，而且实在重要。以我数年来的观察，可以说，中学生作古文的，都没有什么成绩。有许许多多中等学校毕业生都不能用古文发表他自己的思想。然而在这几年之中，能做通顺的白话文的中学生渐渐多起来了。**我们认定一个中学生至少要有一个自由发表思想的工具，故用“能作国语文”为第一个标准。**

（2）国文通顺之后，方可添授古文，使学生渐渐能看古书，能用古书。学生**先学习国语文到了明白通顺的程度，然后再去学习古文，所谓“事半功倍”，自然是容易的多**。学外国文也是如此，先学好了一种欧洲语言，然后再去学第二种，必定容易的多。还有一个证据是：据我们的观察和研究所得，可以断定有许多文字明白通畅的人，都不是在讲堂上听教师讲几篇唐宋八家的残篇古文而得的成绩；实在是他们平时或课堂上偷看小说而来的结果。由此我们可以知道国语可以帮助古文的学习了。

（3）**作古体文但看作实习文法的工具，不看作中学国文的目的**。因为在短时期内，难望学生能作长篇的古文；即使能作，也没有什么用处。这次本社年会国语国文教学分组里，黎锦熙先生提了一个议案，他说：“中学作文仍应以国语文为主，……愿意学习文言文者，虽可听其自由，但只可当作随意料……”，可以做个参考。

……

现在我拟定两个国文课程的标准是：

（1）在小学未受过充分的国语教育的，应该注意下列三项：

1. 宜先求国语文的知识与能力。

2. 继续授国语文至二三学年，第三四学年内，始得兼授古文，但钟点不得过多。

3. 四学年内，作文均应以国语文为主。

（2）国语文已通畅的，也分为下列三项：

1. 宜注重国语文学与国语文法学。

2. 古文钟点可稍加多，但不得过全数三分之二。

3. 作文则仍应以国语文为主。

以上为中学的国文课程。以下再讲第三段：

（三）国语文的教材和教授法

（1）国语文的教材：国语文的教材与九年定的大略相同，不过现在的新主张比较旧主张略有增加。

1. 小说

2. 戏剧与诗歌

3. 长篇议论文与学术文

4. 古白话文学选本 依时代编纂，约自唐代的诗，词，语录起，至晚清为止。这种选本可使学生知道——白话文非少数人提倡来的，乃是千余年演化的结果。我们溯追上去，自现在以至于古代，各个时代都有各个时代很好的白话文，都可以供我们的选择。有许多作品，如宋人的白话小词，元人的白话小令，明清人的白话小说，都是绝好的文学读物。

5. 国语文的文法

（2）国语文的教授法：此与九年所拟的完全相同

（A）指定分量，由学生自修。讲堂上只有讨论，不用讲解。注入式的教授，自不容于当代的新潮流，教员在讲堂上，除了补充和讨论以外，实在没有讲解的必要。

（B）用演说，辩论，作国语的实用教授法。国语文既是一种活的文字，就应当用活的语言作活的教授法。演说，辩论……都是活的教授法，都能帮助国语教学的。我可以说："长于演说的人，一定能作好的文章；辩论家也是一样。"

各种国语教材的教授法，我在两年前已大略说过了。只有新添的"古白活文学"与"文法"两项可以提出来略说一点。

教授古白话文学时，应讲演白话文学的兴起，变迁的历史，指出选例的价值。

教授国语文法时，可略依下列之三条原则：

第一，于极短时期中，教完文法中“法式的”部分。所谓法式的部分，就是名词分几类，动词分几类，什么叫“主词”……等。

第二，然后注重国语文法的特别处。如“把他杀了”的“把”字；“我恨不得把这班贪官污吏杀的干干净净”的“的”字；“宋江杀了人了”的两个“了”字；“放了手罢”的“了”字；“那个在景阳岗上打虎的武松”的“的”字……这些都是国语文法的特别处，是应当特别注重的。

第三，改正不会文法的文句。有许多的国语文字是不会文法的，应当随时改正。比如：

“除非过半数的会员出席，大会才开得成。”

这一句的上半句用“除非”，下半句不能用肯定，所以应该改为：

“除非过半数会员出席，大会是开不成的。”

如此，才能免于文法上的错误。

以上讲完了国语文，现在讲古文之部。

（四）古文的教材和教授法

前年的计划之中，这一项惹起了最多的怀疑，而我自己这两年的观察也使我觉得这一项所以不能实施的原因了。现在先摘要说明我前年的主张。

（1）古文的教材：

第一学年，专读近人的文章，自梁任公到章太炎，都可选读。此外还应多看文言的小说，如《战血余腥记》，《穑者传》等。

第二三四学年，分两种：

（甲）古文选本，从《老子》《檀弓》到姚鼐、曾国藩，每一个时代的重要作者，都应选入；于选本之中，包括古文文学史的性质。

（乙）自修的古文书，一个中学毕业生应该看过下列的几部书：

（A）史书：《资治通鉴》，或《通鉴纪事本末》等。

(B) 子书:《孟子》《墨子》《荀子》《韩非子》《淮南子》《论衡》……。

(C) 文学书:《诗经》之外，随学生性质所近，选习两三种专集。如陶潜，杜甫，王安石，苏轼等。

(2) 古文教授法:

(甲) 教员分配分量，学生自己去预备。

(乙) 讲堂上没有逐篇逐句讲解的必要，只有质疑问难，大家讨论两项事可做。

(丙) 教员除解答疑难，引导讨论外，可以随时加入参考的材料。

以上是我三年前的主张。这个理想的计划，到现在看来，很像是完全失败了。教材的分量，早就有人反对了，教授古文，注重自修，大家也觉得难以实行。但这种失败，我还不肯认为根本的失败。我至今承认我当年主张的理由（看《文存》卷一，页三一五一六）没有什么大错。我以为我的主张此时所以不能不失败，只是为了一个原因，就是没有相当的设备。

三四年前普通见解总是愁白话文没有材料可教；现在我们才知道白话文还有一些材料可用，倒是古文竟没有相当的教材可用。我曾说，“那几本薄薄的古文读本是决不会教出什么成绩来的。”这话我至今认为不错。但除了那本古文读本之外，还有什么适当于教科的书籍吗？我提倡学生自读古书，但是有几部古书可以便于自修呢？我曾举《资治通鉴》，但现行的《资治通鉴》，——宋本，百衲本，局本，石印，——哪一部可以供普通中学学生的自修呢？我又说过各种“子书”，但现在的子书可有一部适

(c) 本书的价值　如序《诗经》，应指出他的文学价值。

有了这一番整理的工夫，我们就可以有一套“中学国故丛书”了。这部丛书的内容，大概有下列各种书:

(1)《诗经》(2)《左传》(3)《战国策》(4)《老子》(5)《论语》(6)《墨子》(7)《庄子》(8)《孟子》(9)《荀子》(10)《韩非子》(11)《楚辞》(12)《史记》(13)《淮南子》(14)《汉书》(15)《论衡》

（16）陶潜（17）杜甫（18）李白（19）白居易（20）韩愈（21）柳宗元（22）欧阳修（23）王安石（24）朱熹（25）陆游（26）杨万里（27）辛弃疾（28）马致远（29）关汉卿（30）《元曲选》（31）《明曲选》……（这不过是随便举例，读者不可拘泥。）

有了这几十部或几百部整理过的古书，中学古文的教授便没有困难了。教材有了，自修是可能的了，教员与学生的参考材料也都有了。教员可以自由指定材料，而学生自修也就有乐无苦了。到了这个时候，我可以断定中学生的古文程度比现在大学生还要高些！大家如不相信，请努力多活几年，让我们实验给你们看！

（附记）这篇前三段是用杨君的笔记，末一段是我后来重做的。

20　白话文教授问题

何仲英（生卒年不详），语文教学改革家、训诂学专家。曾任教于吴淞中国公学，后任上海光华大学教授，是“五四”时期致力于白话文教材教法研究的重要人物之一。所编商务版《中学白话文苑》，被认为是“五四”时期最早问世的中学国文科的白话文教科书；发表的重要论文有《国语文的教材与小说》《国语词教学法》《高中读书问题》《中等学生国文学习法》等。著作有《训诂学引论》《中国文字学大纲》等。本文系统地分析论证了白话文教授的目的任务、选材标准，并具体介绍了自己白话文教授的方法，是早期探讨中学白话文教授的重要论著之一。

原载《教育杂志》第12卷第2号（1920）。

（对话体）

客　你们为什么要教授白话文？

我　我们为什么不要教授白话文？

客　这还用教授么？

我　你这句话太笼统。我要问你：第一，白话文有没有价值？是否能够通行持久？第二，假如认为有价值能够通行持久，学生是否应该学习？第三，学生既然学习了，做教师的是否应该教授？

客　你这第一问题，要是问什么顽固的腐儒，三家村的冬烘先生，容或是说没有价值，不能通行持久；不过我领略过许多学者的讨论，也曾实地的研究过一番，大概这个问题，已经过讨论时期，认为有价值，能够通行持久，毫无疑虑。我所疑虑的，就是现在一班青年，不问实际，只是盲人，也谈起白话文来了。这些人都是学时髦，出风头，总一句话“崇拜偶像”罢了，哪里是研究新文学？我却大不以为然……

我 你说“崇拜偶像”这句话，我却非常赞成，现在像这类的人，实在不少；他们本来是崇拜韩柳欧苏……现在又有所崇拜了。不细心研究学问，而崇拜人物，就是现在青年知识薄弱的一种现象，在所难免。我以为现在我们做事，只宜论事，不宜论人。我们觉得白话文果有学习的必要，就让他们学习，又何必阻止他们研究的兴趣呢？

客 你误会我的意思了，我不是说他们不宜学习，我以为只又何必学习。因为现在没有标准国语，哪会有国语的文学；既没有国语的文学，如何能学习？再说，白话文字浅显，容易懂，学生既然学习文言文了，无须学习白话文，自然会看会作。更深一层说，就是叫他们学习了，社会上未通行，家庭里反对，学生守旧不愿学习，又怎么办？

我 我看你这些话有点不对。我先答你第一问：请问标准国语如何样造成？要使中国这么个大地方，全说一样话，是件难事，决非几十年内可以成功，也决非少数人能够为力。我们现在只要尽量看白话文，除去现在白话出版物外以前的如《水浒传》《西游记》《儒林外史》《红楼梦》，宋儒语录，元人戏曲，明清传奇的说白，唐宋的白话诗词，删去那和现在不合式不通行的字眼，尽量用那现在能用的字眼，做我们创造新文学的工具，久久的试验下去，自然会有国语的文学，还怕标准国语不成么？若说方言太多，恐怕现在人用的白话文，各地方难以领会，这倒可不必过虑。你不见福建的《闽星》，广东的《民风》，湖南的《湘江评论》，四川的《星期日》种种周刊么？他们未必能够说京话，然而删去了那些极土俗极不普通的方言，竭力做比较明白的白话文，我们没有看不懂的。再说，有时作文，非用方言，不能传神，那么作方言文，讲方言文，亦无不可。所以你第一问题不成问题。请再答第二问：白话文浅显，正是他的好处。不过有几层说法，你说他字句明白则可，说他意义肤浅，毫无深味则不可；说他是国民的文学则可，说他是引车卖浆的语言则不可。你以为学过文言文就可作白话文么？我觉得有许多人作白话文，文不文，话不话，好像三四十岁的妇人放脚，丑得难看。况且学习文言文的光阴，比较学习白话文的光阴，一定要多；现在我们研究学问，时间有限，谁不愿经济，余出功夫去研究有用的科学。学习文言文好了，固属可以作白话文，难道学习白话文好了，独不能作文言文么？所以你第二个问题，也不能成立。至于你第三问题，更无所虑。教育是改造社会的，是引导社会的；何必迎合他，敷衍他？现在社会上出版物用白话文的已竟很多，通行地方日广，谅可引起一般人的同情。家庭里反对，这恐怕也是不明白话文的真相，若能解释明白，我想必没有反对的。至于学生方面，据江苏省教育会调查，省立各师范附属小学的学生，对于白话文的兴味，皆非常浓厚，而且作文的思想，也比以前清爽而有条理。我以为现在只有少数中等以上的学生，受了以前不良的教育，和腐败的遗传性，一时尚不能清清爽爽，跳出圈子来学习白话文。这种人只要我们细细为他解说，总有觉悟的一天，没有不可救药的道理。总之，我劝你不必狐疑，白话文当然为将来的文学正宗；非但学生要学习，就是教员也要学习——小学教员更要学习——并希望全国的人都学习，这是我们自觉的一件事，不是勉强应酬的，不是因为少数人提倡就实行的。这是多年来未解决的一案，我们现在觉得可以做就做，还疑虑什么？

客　话虽这么说，白话文能否为将来文学正宗，我不敢必；我只觉得白话文可以让学生自己看，随意学习罢了，何必教授？小学生容或因程度不够，教员不得不略为讲解，中学生谁看不懂，还要讲么？就是教员要讲，也无可讲的话头，难道教员东拉西扯，云天海外的说些话就可以搪塞么？教员本是为讲解的，学生懂，无须教员讲解，教员还要讲解，岂不白费时间，生了学生的厌恶的心理呢？

我 你误会了！你把“教授”二字，当作“讲解”不大对。国文教授，包括预习、讨论、讲解、深究、练习种种而言，决非“讲解”就是教授。你说小学不得不略为讲解；我说小学也无所用其讲解。小学生当练习说话和求发音的正确；能够听得懂人的说话，并能够发表自己有条理的说话，那就算教授的效率。假如教材字句有不懂的，尽可让学生相质问已竟明白了，又何必重三倒四，一句一句的细解，浪费光阴？说什么这是三段五段法，简直是死人教授，有何生气可言？至于中学生程度较高，似乎无须教授，可以课外自由阅读；然而有些考据说理的白话文，其中引证西洋哲学和中国古代书籍的甚多，试问学无根柢的人，如何懂得？虽说中学生知识有限，不能教授这些材料，然而在这知识饥荒时期，学生求知心切，什么人生问题、社会问题、文学问题……都喜欢研究，如若不酌量讨论，恐怕陷人歧途，反为不美，这是我们应当供给需求的唯一机会，非教授不可！就是描写事实的白话文，比较容易看得懂，可是一篇文章，不能说“看得懂”，就算尽研究文学的能事；我们教授白话文的，也不能说教学生“看得懂”，就算尽我们教授的责任。还有内容形式方面种种推敲；要大家预备，要大家讨论；讲堂里不是教员一人说话，要大家说话。尽管一篇很短的白话文，一目了然，也许讨论几小时未曾完结……

客 这我倒要请教请教！

我 你以为文言文有话可说，白话文不能么？我老实说罢，文学的要素，是思想感情。文学的方法，是达意表情。达意达得好，表情表得好，便是文学。白话文的达意表情是直接的，有什么话，说什么话，该怎么说，就怎么说；文言文的达意表情是间接的，常常用些典故词藻堆砌上去，还有什么文调宗派来曲为解释，强加附会，遮遮他丑，帮帮他忙。教员讲那类文字，也可推字眼，考据典语，去查《佩文韵府》、《子史精华》、《角山楼增补类腋》……好容易才把他原原本本寻找出来；没有这些书籍，少不得也要翻翻《辞源》、《康熙字典》以及什么评注读本，什么《古文析义》、《古文观止》，然后教授。学生很多是不喜欢参考的，教员就一条一条讲给学生听；讲过了，又重行写在黑板上，不知费时间多少。然后讲“格律声色”讲“讲理气味”，甚而用曾氏“四象”之说，说什么“起承转合”，什么“阴阳刚柔”，拿这许多话，装到学生脑内，教他们默诵无讹，照样的学作出来，以为这样教授，才有话可说，才是好教员。唉！我不知道他们懂不懂教育的原理和教授国文的目的。我们现在教授白话文，应当大反从前所为，别开生面……

客　呵呀！你说的话太多了。现在归到本题，我先问你教授白话文如何选材？再问你如何教授？

我　这是现在很要紧的一个问题。我们要讨论这个问题，先要明白教授国文的宗旨。小学校、大学校姑不具论，中等学校的部令已不适用。我看见近来浙江第一师范学校的国文教授法大纲，倒很可供参考。上边说：“本校教授国文目的有二：一，形式的。使学生能够了解用现代语，或近于现代语如各日报和中等学校以下科学教科书所用的文言所发表的文章，而且能够看得敏捷、正确、贯通；并使学生能够用现代语，表现自己的思想感情，而且要自由、明白、普遍、迅速。二，实质的。使学生了解人生真义和社会现象。”这个意思很对，文学离不了人生，也离不了社会；再就文章的构造上看，没有思想感情，也不成文学。我们为便于发表自己的思想感情及贯彻人生和社会的关系的起见，不得不教授白话文——为小学生升学计，为将来升入大学计，以及为提倡新文学计，而教授白话文，还不是主要点。至于教材选择，倒是件难事，因为从前的白话文，能够做模范文的实在很少。这个原因大概有三层：（一）不纯粹的。如《文选》，任昉《弹刘整文》，前半是很好的白话，到后忽杂以文言；朱子的书札，和唐宋各大诗家的诗，这种毛病尤多。（二）篇幅不相宜的。如《五子近思律》失之过短；元以来的小说，又失之过长，要从中间截取一段来成为有条理的文，很不容易。（三）思想不可取的。如元朝的上谕，蒙汉语相杂，叫人难懂，而且思想太旧，如何用得？这是指以前的白话文而言。现在我听说一个中等学校，全教授白话文，他选材的方法，是以和人生最有关系为纲，以新出版各杂志中关于一问题的文章为目。他的现用分类法是：人生问题、妇女问题、文学问题、科学问题、道德问题……依着问题去寻材料。大约每问题选集了七八篇文章；教授时候，不过讲解一二篇，其余的学生作参考。这种教授方法，我很赞成；不过拘拘以问题为单位，似乎"喧宾夺主"。况且问题别有专科；国文一科，何能"包罗万象"？长此以往，大家皆欢喜讨论问题，发扬虚气；恐怕和国文教授宗旨，越走越远。我觉得现在选取教材，不必限于既往，也不必限于现在，总要以有文学的意味为前提。我大概把能够做模范文的说一说。

一　散见于现在报章杂志里，篇幅不过长，寓意精确，并有很好的结构者可选。如钱玄同《尝试集序》，陈仲甫《人生真义》，孙少候《忏悔文》，任叔永《读杜威讲演的感言》、《湘江评论创刊宣言》，以及种种有趣味有思想的时评、随感录、新文艺等。

二　中国名家小说，虽多长篇，然而，有高尚的思想，优美的结构，能自成段落，节录教授者，不妨酌选。如《水浒传》中"武松打虎"一段；《儒林外史》中叙述"王冕放牛画荷花孝亲"一段（第一回），荆元弹琴，季遐年写字两段（第五十九回）；皆描写如生，可选。其他如《西游记》，选其理解高妙有兴趣者；《三国演义》选其体贴尽至，不背历史事实者，甚而《红楼梦》描写人情世故细微的地方，《官场现形记》《二十年目睹之怪现状》以及《老残游记》记人记事记景，有头有尾能够为白话文模范者，也不妨酌选。

三　唐宋人的诗词，很多近于语辞自然，或完全用白话者可选。就中如白香山的《新乐府》用当时的话，形容当时的事，又反对穷富阶级，反对赎武主义，和女子表同情，大有可取。

四　《五子近思录》，王阳明《传习录》，虽然是研究道学的书籍，思想嫌沉闷一点，语句嫌短一点，这种“格言式”的文章，似乎不可当教材；也可遇机选录给学生自看，当模范文的参考。

五　还有许多零零碎碎的小册子，如梁任公《讲坛》，蔡孑民《演说集》等，很可供采取。

六　其实《盘庚》《大诰》何尝不是当时的白话告示？《国风》《楚辞》何尝不用当时的方言土语？若从广义的白话文看，这些类文皆可选授。唯最要说明今昔语言之不同，以及声音训诂变迁的道理要紧。还有太史公《史记》尽管不是完全用白话文，然而的确用最切近当时语言的文字，来描写当时事实，甚至于说什么地方的事，就用什么地方的方言。还有一层好处，就是把古书上深奥的文字，演成浅近的语言，这是现在我们应当以为模范的。所以《史记》中如《项羽本纪》鸿门宴一段，垓下之战一段，皆是很好的言文接近的文章，亦可选讲。

以上所言教材，大概仍是过渡时代不得已的办法。我们要求真正的白话模范文，非创造不可。现在只好如此……

客　你这选材的方法，大概我可赞同；不过以小说为教材，似宜研究。课堂上既公然讲小说，那么学生课外或是自习的时候，皆可看小说了。拿《红楼梦》为主课，《西厢记》为参考书，天天宝哥哥，天天林妹妹，人要问他，他要说：“我在这上边，修练我词句，发展我思想。”岂非笑话？学监有管理的责任，不准他看，他必定说：“某先生教我看的……”岂非自相矛盾？况且小说只可言消遣，哪能言文学？就是有文学意味，人总当他消遣，我恐少年时代看了究不相宜。

我　哦！你的脑筋太旧了！小说是文学中一大主干，小说不研究，还说什么文学？我们专门研究文学，和普通青年看书，自然两事，不可混为一谈；然而旧体小说之无流弊能启发思想者，新体小说之结构新奇，寓意深远者，不妨指示浏览。小说最容易叫他们知识长进，他们也最爱看小说。你与其强迫他们不看小说，他们反私自偷看不正当的书籍；何不彰明较著，痛说利害，使他们有轨道可寻，能得小说的利益，不至于为小说所害呢？《西厢记》思想不高，没有看的价值。《红楼梦》于年轻学生，亦不宜看；我所许学生看的，是《儒林外史》《水浒传》《三国演义》《二十年目睹之怪现状》《老残游记》以及胡译的《短篇小说》。总之现在讲小说，以时人译著为宜，若读旧小说，不能用文学的眼光去研究，却是耗费光阴，有损无益，这是做教员的应当谨慎的。

客　请再述白话文教授法。

我　谈到教授法，我先介绍浙江第一师范学校的主张如下：

（一）说明　每星期或两星期教员提出一个研究的问题，将关于本问题的材料分给学生，并指示阅览的次序。如学生不能全阅，可指定专阅几篇。

（二）答问　学生对于教材文字和意义，如有不明了的地方，应询问教员。

（三）分析　学生每看一篇文章应该先用分析的功夫。分析的次序如下：①把全篇分作几大段，每段定一小标题。

②把一大段的大意再分析起来，用简括的文章记载出来。这是做一篇大纲的次序。

（四）综合　学生把各篇文章看完后，应对于一问题用综合的工夫。综合的次序如下：①把各篇大段的标题，分别同异；同的合并起来，异的另立标题。②就各小标题的同异，把全问题分作几大段，挨次分定了几个小标题。③把各篇中对于小标题的意见，用简括的文章记载出来。这是做一问题的大纲。

（五）书面的批评　学生作好大纲以后，应该把对于一问题的意见，用文章表示出来，作为札记。

（六）口头的批评　学生作好大纲批评以后，教员随便取几个学生的大纲和批评发表出来，请各学生发表批评；教员又就学生口头的批评，随时批评。

（七）学生讲演　教员请各学生轮流在讲台上讲演一问题的大纲和批评。讲演时间，得由教员随意限定。讲演后，由教员和学生共同批评。

（八）辨难　教员学生得提出对于一问题的甲乙两说，请各学生认定赞成哪一说，两方互相辨难；教员应随时加以判断，并得参加意见。

（九）教员讲演　教员讲演分两种：①把各生札记的内容分别统计，下一总批评。②教员自己对于一问题的意见。

（十）批改札记　札记字句，如有不妥的地方，教员应加改削。

他**这种研究的层次，大可发达学生思想，我非常赞成。不过拘拘以问题为主，我却有点疑惑，这简直是开学术演讲会，教授批评会和什么问题讨论会，什么学校联合辨论会了，还说什么教授国文**！文学本是一种美术，一种技能。中等学校虽不能说研究文学，然而**既称中等学校模范文，当然于意思以外，还重修辞**。白话文尤要注重文法、词类，以及古今语言的变迁，各地声音的差别。这种不研究，反专门研究问题——不是不要研究问题，是比较起来，不应重此而轻彼。假如得不偿失，岂非“庸人自扰”？我所用的教法又是一样……

客　听说你在贵校试教白话文已经多时，不知你教些什么？并且怎么教法？何妨略说一二。

我　我试验教授白话文，尚不很多，现在大概说罢。讲过一篇蔡孑民《杜威生日演说词》，其中引证科学、哲学、经史的地方不少。我预先发文，指示学生参考书的所在，吩咐他们某人参考演说体载，及演说文组织法（见商务印书馆《演说学》），某人参考杜威小史和他的学术大概（见《新教育》杂志杜威号），某人参考杜威在各地演说词，（见《上海时事新报》和《北京晨报》），某人参考孔子略传和他的学术大概（见《中国哲学史大纲》），某人参考孔子弟子问政者几人，问仁者几人，（见《论语》）……简单记录下来，到上课时候，依次质疑、报告，要紧的在黑板上写，繁复的印发，教员加以审定。字句学生大概看得懂；所要深究的，就是杜威、孔子学术的异同，和这种“庄严的应酬”的演说措词方法，不得不详为说明。又讲过一篇钱玄同《尝试集序》，其中引证古籍的地方也不少，什么“字形跟了音变”，什么“说文本字”，什么“形声”、“转注”，什么“正篆”、“或体”。没有研究过文字学大概的，如何懂得？我们正可乘机讲一讲《说文的内容和六书的大意》——我不赞成特立“文字源流”一科，最好讲文时随便教授，较有兴趣。还有引到周秦诸子，历代文学诗学的话，虽然中学生未必已经看过那些书，如何知道他们的异同美恶；没有懂声音训诂近转旁通的道理，如何知道那些意味；我也略略指出几部书籍，给他们参考，并在课外略略教授江氏《说音》《说文部首》《虚字使用法》。我虽不敢说他们完全懂得，可是他们觉有兴味，并且可以去了轻视白话文的心理。我又讲了两篇小说。一篇是《水浒传》的武松打虎一段，从“武松在路上行上几日”起，到“一步步捱下岗子来”，分段写，用新式句读，然后考查《水浒传》的来历（见商务印书馆《小说丛考》），然后研究《水浒传》的内容（学生有看过的，谈起来津津有味），然后询问字义，“怎地”、“凭地”怎么讲？“端的好酒”的“端”字何以作“真”字解？“休得胡鸟说”的“鸟”字，何以就指“男子的生殖器”？不但要明其当然，还要明其所以然，那就不可不研究声音学了。全篇意思既然明白，段落也早分清楚，然后就要问怎样吃下十八碗酒？怎样拿哨棒做个线索？是组织上应当研究的；然后再问“原来那大虫拿人……”“原来打急了……”“原来使尽了气力……”那几句话，为什么要用“原来”字眼？又有读庙门榜文后欲转身回来一段，风过虎来叫声“啊呀”翻下青石来一段，被惊出冷汗一段，……皆故作惊人之笔，如何样描写传神？如何样措词琢句？是修辞上应当研究的。我研究到这些问题，学生没有不欢喜推敲，没有不入神注意，我真敢相信，学生有了这种研究的兴趣，将来有少数的人研究古文，定能“势如破竹”。还有一篇是

《儒林外史》的王冕节录，“王冕已是十岁了”，到“买些好东西孝养母亲”，一段，中间又删去没有关系的一小段，就这当中，也就可以看出王冕是个有感情、有血气、能谈笑的活人；这篇文字浅显，无须讲解。但可参考宋濂作的《王冕传》。一是活文字，一是死文字，又互相讨论一番，不觉就生出读者无限研究的兴趣，还教了许多白话诗，就拿胡适之作的《我为什么做白话诗》（《解放与改造》第一号）和《谈新诗》（《星期评论》国庆日增刊）给学生参考。又教几篇白香山的《新乐府》，就拿戴季陶作的《白乐天的社会文学》给学生参考。有时在课内自己预备，有时课堂上讨论。有时教员一人讲解，有时学生报告心得。没有一定的层次，没有限制的时间。该怎么教授好，就怎么教授。这次教授的方法，尽管不是上次所用的；下次容或又有变动。反正我们教授一篇文章，总有一篇文章的打算。看看这篇文章的性质怎样？学生对于这篇文章的难易的程度怎样？可以讲解可以不讲解？可以预习可以不预习？所谓“神而明之，在乎其人”了。以上我随便说了这许多话，实在是我教授的真相，我不敢露脸，我想错的地方很多，求你赐教。

客　我于白话文教授上，毫无经验，不敢妄议。不过我觉得，既然教授国语的文学，当然要注重语法、词类。中国以前的老书，什么辞典，什么文通，皆不适用了，如何研究白话文的修辞法？我前一向时看见报上为“的”、“底”、“地”三个字，大家辩论了许多，这个说某字作介词，某字作形容词，某字作副词，那个说完全和他相反；又有的说，分就要分得详细清楚，不能随便使用；所以现在有全用“的”字的，有全用“底”字的，不能一律。这岂不是教授白话文的应该研究的一点么？我又看见有人提议要把中国“叠字”分开来写，叫人看了，格外容易明白文字的意见，现在还没有多人讨论，你们教授白话文的，也应该研究才好。

我　语法问题，实是一件顶要研究的事；可是研究起来，非常的麻烦。我看见胡适之在北京高师第一次教授国语文学的记录中间有一段话："我从前编纂孔德学校教科书，往往因一句话，斟酌半天。如'我在火炉边坐''我坐在火炉边'这两句话，都可以说得通。'在火炉边'这分句到底是搁在动词的前面或后面呢？要是说在动词的后面为好，那么'我在操场上拍球'说做'我拍球在操场上'就不顺口哩。我们推广来说：如'我到山西去，''往东走''快点走''我提起笔来写字''放下笔去游戏'等的句子，动词皆在后面；我们若倒过来说，那就不便利哩。"

这一段话很可证明语法的复杂。现在要暂时编辑成书，是件很难的事——商务印书馆代卖的《虚字使用法》，引证语言文字的关系尚好，可惜他对于词类的配置法毫未说明，也没有举例——我们现在只好用归纳法，先举出许多的例来比较，看哪个是对的，是便利的，是普通的，是容易懂的，然后我们才一个断定，认为语法，也就可以认为标准语。什么"的"字、"底"字、"地"字的用法，什么"叠字分开来写"的问题，皆是其中应当研究的一点，将来总该有完满的解决。教育部对于这种著作，现已通令征求，并有酬报；我想大概有许多人正研究了。不知道你还有什么疑虑没有？

客　你的意思我都明白了。我还要问的，就是现在教授的效果怎么样？各方面——学生，学生的家庭，以及其他——对于教授的态度怎么样？文言文是不是参加教授？又处什么地位？这是我现在急要晓得的。

我　你问得有理！教授的适宜不适宜，是看教授的效果怎么样。现在我们教授白话文，虽不敢说大有成效，然而学生作文，有的本来不是很好，自从得了新教材和看看新书以后，居然写的很好。脑筋比以前清楚的多，组织比以前有条理的多；学生的思想感情，更容易从中体察。他们的文章进步的快，实在出人意料之外。他们模仿最快而且最好的，就是作随感录，不限题目，有几条，写几条，大有可取，微嫌刻薄一点罢了。学生对于白话文的感情，大多浓厚；有少数欢喜吟哦古文的，也渐渐的改变初衷，不觉同化。学生家庭的态度，曾经询问学生一次，赞成文言文白话文并重的居十之四五，极端赞成白话文的不过十之一二，痛说家庭守旧，家庭不加干涉，自己情愿研究白话文的，倒也有十之四五。从此看来，家庭的态度怎样，可以不成问题。其他方面，容或因灌输新思潮关系，有校长反对；因印刷多费纸张关系，有庶务员反对；因誊写多费力气关系，有书记反对。白话文本身实无反对的道理，他们也不好表示态度，我们也不问他们什么态度。我们认为是对，就向前去干行了。文言文的地位，在此过渡时期，很难说定，所以现在不得不参加教授。**有人说，白话文将来一定有“取而代之”的精神，自当和欧洲的希腊文，日本的汉文处同一地位。这句话现在虽不敢必，但看大势所趋，将来实现，亦意中事。**现在国民学校课本，部令已经改用语体了；高等小学想亦实行在即；中等学校教授白话文，虽然是凤毛麟角，也就渐渐引起许多人的注意了，高等学校大学校更有特设专科研究。那么白话文自然为文学正宗，文言文的地位，怎能牢固？现在中等学校，有人完全不赞成教授白话文，固属大谬；若是说一二年级不妨斟酌教授白话文，三四年级非讲文言文不可，或是白话文只可当课外教材，不能施于课内，亦属胆怯。**我们现在要奋勇直前，建筑新文学的基础，千万不要因“积重难返”，就怀疑不前。这是我们所最希望的！**

21 中学的国文问题

陈启天（1893—1984），教育社会学家、政治活动家。亦名声翊、国权、春森，笔名翊林、明志。湖北黄陂人。1915 年毕业于武昌中华大学，在汉口民新学校、中华大学附中、湖南一师任国文教员。1921 年考入南京高师，参加少年中国学会，接受国家主义学说，与余家菊、李璜等人力倡"国家主义教育"，1924 年毕业后，任上海中华书局编辑，主编《中华教育界》。他在我国的国文教学中，很早就明确提出了"主目的"与"副目的"说，影响深远。

1920 年，陈启天在《少年中国》1 卷 12 期和 2 卷 1 期上发表题为"中学的国文问题"长篇论文（全文共 6 节，此处选录其中 4 节），针对当时在教学程序问题上的各种不同见解和做法，提出了自己的"因文而异"的教学程序观。他认为"从来的国文教法，应该大力改革，由教员死讲的固然不对，令学生死读也不对；要留心形式，又要留心内容；要启发思想，又要充实思想"。他把国文教材分为三类：一类是"模范文"（相当于现时的"讲读文"），一类是"问题文"（相当于现时的"研读文"或"讨论文"），另一类是"自修文"（相当于现时的"自读文"）。他提出的三类课文的分类和不同教学程序的主张，对语文教学的程序问题进行了思考，并提出了操作路径，帮助教师灵活掌握，相机处理，得以取得良好效果。从这个意义上说，陈启天的"因文而异"的程序设计，对当今语文教学实践，仍有很大镜鉴作用。

一、中学国文要旨的问题

中学的国文要旨，应该怎样？应该照中学的地位和中学生的程序，定他要怎样的国文，和能怎样的国文。换句话说：他的目的空间应该怎样？因便于说明起见，可以分为两桩：

第一，**中学国文教授的主目的**。他的主目的，又可分为三桩：

1. **要能说普通言语**——国语语言一道，为我们日常急需，不可少的。所以中学生必要能说普通语言，才能应用。然而现在中学多半忽略语法，以为能做文章，就是国文的唯一目的，有意而不能直接用口道出，不足为病；那就完全错了。且待末节再为详说语言的重要。

2. **要能看现代应用文和略解粗浅美术文**——中学生的地位只要看了现代应用文，能够了解他的意思就有了；那纯属于专门的骈文和古文，可以不必问哩。中学生又要能看点美术文——诗歌——涵养性情，兼启发文学上的兴趣。但中学是普通教育，不是文学专科，所以只能略解粗浅的就足了。

3. **要能做现代的应用文**——白话文和浅近文，中学生见了什么事，有了什么意思，就能用现代应用文发表出来，这是国文教授重要的目的，是人人晓得的。不过要做古文呢？要做浅近文呢？要做白话文呢？在近今文学革命时代，还是一个大争案。我以为古文是古文专家必要的，不是普通中学生所要的；是古文专家难能的，不是普通中学生能学的。中学生不是个个要做古文专家，也不是个个能做古文专家，所以在不是文学专科的中学，切不可学什么古文。至于浅近文，虽比古文略为通行，却不及白话文的应用能力；白话文直用语言写出，比把意思翻成浅近文的，很觉真实些，完全些，容易些，这是白话文的三大长处，好像浅近文与古文比一样。所同中学生顶好完全学白话文，不过浅近文在现在还有一部分的势力——升学和别的需要——不得不兼学浅近文呢。

升学现也有可用白话文的。

第二，**中学国文教授的副目的**。他的副目的有二：

1. **要启发思想，锻炼心力**。中学生的思想原来简单，要藉国文来启发；心力也本薄弱，要藉国文来锻炼，与别的科学共同养成他们运用事物的本领。所以在国文教授中应该注意促进学生的思考力、观察力、批评力、研究力等，使他们得到求学和作事的无上工具，这是形式主义的好处。那教学生死读和先生死讲的，弄得学生思想闭塞，心力迟钝，就是没有留心于此咧！

2. **要了解和应付人生和自然**。修身、历史、法制、经济等科，使学生了解和应付人生的；物理、化学、生物等，是使学生了解和应付自然的；地理是供给学生人生与自然相关的知识；国文教授，也是帮助这些科学，使学生对于人生和自然了解的程序加深，应付的能力加大。如果国文是一些不关痛痒的材料，或虽相关，而非学生所急需的，那就难以引起兴趣，使他们得极大的益处了。

二、中学的读文问题

中学生读文的主旨，不仅养成作文的能力，还要促进读书的能力；所以国文的教材和教法，应该有个切实的讨究，才能达到这两种目的。

甲、国文教材应该怎样？可以分为两桩来解答：

1. 选文的标准。现在中学用的国文教本，多半是教育部审定的，这是极不好的。因为那种教本是死的，是不能随学生的需要和程度而变动的；并且有不合科学真理的，违反时代思潮的，有背逆人生真义的；再加上一些古奥文词和恍惚论调，令人真堕入五里雾中了。唉！不由教师特别选文，哪里还有济救的好法子呢？但选文又不可无标准，他的标准应该斟酌于文学要怎样，和中学的国文要怎样，这两种问题之间。我根据以前讨论的道理，定一个**选文的标准**，就是：**一、国文的形式要通**

适，不必纯美。形式纯美，不是中学生所要的，也不是中学生所能的；只注重他的通不通，适不适，就可以哩。通适是明白晓畅的意思，越明白越易领悟，越晓畅越易感受，这是选文应该留心的。**二、国文的内容要真，不必俱精俱备**。内容俱精俱备，是中学所不必的，也是中学生所不能的；但真的要件，万万不可缺少，真的有凭证可实验有利益可期求，才能引学生到思想的正路，像那我国素来所传毫无实据的鬼话，与全不由心的假话，就应该一概铲除了。详细说**真的意思：一要合于科学的真理；二要合于人生的真义；还要这样真的内容，是中学生切己的问题，是中学生能解的事实，才易收教授上最大的功用。**

2. 教材的分配。分配教材因教材的种类和学年有些分别，国文可大分为两种：注重美感的，是美术文，注重利用的，是应用文。应用文又可分为两种：叙述事实的是写实文；推论理性的是论文。中学是普通教育，应该注重应用文，略为补助以美术文。又应用文因学年也不同，在初学年程度低浅，应该注重写实文；在末后二年思想稍为充实，可以注重论理文。兹列它的分配略表如下：

年别 类别	第一、二年	第三、四年
写实文	50%	45%
论理文	45%	50%
美术文	5%	5%

上表写实文和论理文的百分数，虽因学年有大小；却相差不甚远。这样分配的缘故，在写实文与论理文应该相提并重，徒重写实文流于枯燥机械；徒重论理文流于虚浮驰骋；学写实文可以使论理文的推断确实；学论理文可以使写实文的叙述敏活。所以二者有并重的必要，那专教论理文的旧习固错了，就是专写实文的新法，也须稍为改革哩。

乙、国文教法应该怎样？从来的国文教法，应该大加改革，由教员死讲的固不对，令学生死读也不对，要留心形式，又要留心内容；要启发思想，又要充实思想。抽象的说，要注重**学习研究批评**；具体的说，可以分教材为三种，在教授时间内的有二：

1. **模范文的教法** 选择国文形式最完备的，当堂**用自学辅导**法，特别留心考究形式，贵熟贵精不贵多。兹把我已试用的法子，列举如下：

①令自行圈点，并质问疑难；

②分段试读，注意发音及读句，指问学生二个以上不能答时，再才告诉他们，并指出字句上未留心的疑问，使他们共同解决；

③分段试讲，同时各行提出疑问共同解决，还不明了，再令优等生，或教者通讲一次；

④通看一次，然后共同分别段落，指出意义，并推究全篇的大意，令分写于黑板上或抄下；

⑤令自行读熟，渗透题情，有疑还可质问。

2. **问题文的教法** 选择国文内容最完备的，当堂用**共同研究法**批评他的是非，每回用一问题，大的分为数个小问题几回讨论。这是启发思想，充实思想的好方法。浙江第一师范已实行了，兹参酌他的方法拟用如下：

①**分阅** 令学生一面圈点，一面质疑，毕即撮记全文的大要及赞否的理由；

②**讨论** 先行提问，然后由主张的发表理由，反对的也发表理由，共同讨论一番，教师随时消除他们争胜的意气；

③**批评** 教师对于学生讨论的结果，先下一番批评，再发表自己对于问题的意见；如遭学生的攻诘，应该从容解说，有时还要容纳一些，总能合乎正道，或者他们辩争不止，只好暂作悬案，留待下回讨论；

④**记录** 讨论和批评的结果，中学生各自记录下来，以备遗忘，或作别种问题的参考。

3. **自修文的教法** 这是教授时间外用的，注重**单独研究，充实思**

想，养成自己读书的能力，应学生个性及程度的差别为个别指导。其法如下：

①指示各人应阅的书籍，杂志，日报，由他们单独研究或印发选择的自修文；

②阅自修文时，须置一**读书录**杂志疑，撮要，批评，并可随时向教员问难；

③检阅读书录，并改正思想和文字的谬误，指示学生以后应该留心之点。

模范文的教法，注**重形式**，所以**要特别留心虚字使用法**，方法要略另教大概。问题文和自修文的教法**注重内容**，所以**要特别留心事实的观察和论理的批评**。

三、中学的作文问题

中学生用文字练习发表思想，全靠作文，所以这个问题在国文当中是很重要的。然而现在多半只定期作文，还不甚注意它哪里能有好结果呢？非赶早改革不可。兹略就我的意见，分论如下：

甲、命题的要件。作文首要命题，有是好题不能做好文章的；断没有不是好题，能做好文章的；所以命题的好歹也是一个要紧的事，大约必具三要件；

1. 要**简明**　题目简明，总能使思想正确，不至误解，做错了文章；

2. 要**含蓄**　文章的意思要含蓄题目当中，才有做的余地，不然不待做，只足拘束学生的思想了。顶好用问题法，引起他们的思想，如题为说赌博的害处，不如改作赌博有何害呢？或赌博的害处在哪里？

3. 要**切近**　命题切近，是学生要知的，也是学生易知易能的，才易引起学生作文的兴趣。切近是怎样呢？一必关于学生的事实和问题；二必关于社会的事实和问题；三必关于人生事实和问题，又为中学生能叙述要解决的。若与学生毫不相干的一些经义史论，就可不必逼他胡说乱道了！

乙、作文的方法。从来一个题目到了学生的手，多半是糊涂想，没有一个系统观念；又多半是糊涂做，没有一个纲目；哪里会有家好文章呢？还要打个草稿，真是枉费许多时间哩！欲补救这些毛病，最经济最当稳的，只有**列表分段法**先整理思想，把要发表的意义，列个简表，再照表分段发挥于文卷，以清眉目；这样才不至做到半途没有话说，也不至随便瞎说了。

现在作文的方法，是定期的，每星期一次或间一星期一次——要国文有进步，这样练习，实在太嫌少了；要学生有说话，这样练习，又嫌多了。所以要他们有说的，又有进步，就要改变方针。依我的意见，应该分三种方法：

1. **定期作文法**　在教授时间内，定期作文，原来带点强制的性质，所以学生多半不愿意。强制过多，不是敷衍了事，就是希图分数；甚至设法逃脱，有的托故请假，有的无故不到，有的虽到也不作文，这还可以不改革吗？再加教员出的题，不是学生想做的，那敷衍和逃脱的越发多了。照这样看来，应为两种改革：一、减少定期作文专靠定期作文，养成发表思想的能力，不是没有思想可发表，就是有思想无由发表。所以减少次数，注重随时作文，每星期一次固太多，每月两次也嫌多了。最好每月只要一次就可以哩。二、间由学生自己出题。纯由教师命题，一来多不合学生的意；二来难以引起学生研究的兴趣。由学生出题，就可以免掉这些毛病了。不过临时要学生自己出题，有的张皇失措，有的随便塞责，宜先期预告他们准备，或是预先由学生出题，再由教员加以斟酌，那就妥帖一些。

2. **随时作文法**　何时有感情，就何时发表，不拘什么期限，实在自由有兴趣。题材，宜取自下三桩：

①**调查实事**。如在校时，为学校调查、都市调查、国货调查、工业

调查等；放假时为家庭调查，农村调查等。一来可以养成学生搜集知识的能力；二来可以促进学生注重实事的习惯。

②**研究问题**。如研究家庭问题、婚姻问题、劳动问题、道德问题、教育问题等的大体或一部，即将各人的意见随时写出，可以养成学生的思考力和批评力。

③**偶发事件**。取偶发事件为作文的题目，如对国庆、外交、政变、学校运动会、展览会、纪念会、追悼会，以及天变、世界事变的感想和记录。

这种文章，或由学生自由作，或由教师指示；但可不必强求一律，致戕贼个性，耗费时光。

3. **按日作文法**　练习**作文的中心**，今从**应该在随时作文法与按日作文法**，定期作文法不过是补助罢了。什么叫做按日作文法？就是做**日记**。做日记，就是指每天修学的心得，作事的经过和对于外界的感想，写在日记本上，有什么话说什么，没有什么，就不说，毫无一点拘束强制，真是练习作文的上法咧！我们会在一二年级实验过，觉得他们不但文章有大长进，还有几桩好处：

①可以**留意自己监促自己**。我们的耳目心思，多半注意外边却忘了自己，这是求学的大病。有了日记，天天反省，可以监促自己振作，不至于过于懈怠了。

②可以**促进思想积累学问**。今天有什么感想记上去，明天有什么感想又记上去，分看起来，是无几大的功用；合拢起来，整理系统，除去矛盾，思想就成片段了。这很可以救济文思涸竭的毛病。

③可以**使生活较有兴趣**。有日记，我们的生活一年有个预计和结算，一日也有个预计和结算；善的照前去做，恶的即时改革，生活常有意识，自然也较糊脑糊头的有兴趣了。

④可以**表现个性和修养的实情**。他们哪个晓得什么，爱什么，做什么，都写在日记上，可以推出他们的个性的大概了。修养的实情，也大

略在日记上，那么教员略知他们的程度和教育的效果哩。

4. 改文和阅日记的方法。现在改文和讲文有是两个教员的，这种办法，实在与教育原理大相违反；不过因为改文板滞、紧难、危险，没有哪个愿意干它，就弄得到这样，以后讲的和改的应该是一个人，以便联络。改文时候，应该注意以下二事：

①不**多改**。改的文太多，不但教员办不到，学生也很扫兴；只要他段落清楚，字句明白，就可以哩。到了初年以后，还要使他思想正确，又有系统，这是当特别注意的。

②不**乱批**。无论是眉批，是总批，总不宜乱批，失了批的作用。要批就批，不要批就可不必批了。批不可过好，长学生的傲气；也不可过歹，短他们的兴趣。好的批出来，歹的也批出来，使他们都晓得，不骄傲，也不短气，这是批的正道。

至于阅日记，或是一星期一次，或是两星期一次，至少也要一月一次。阅时应该注意以下三事：

①订**正文字**。日记过多，虽不能详细订正文字，然重大的错误，也常随时指出来，使他自己改正，或者替他改正。

②**指导思想**。阅日记重大的职任，是在藉以指导思想，所以发现思想的错误，应即随时批出，使得注意，或于发日记时详细谈论。

③**观察个性**。阅日记时，还要留心观察个性，以定教授和训练的方针。

四、中学的演说问题

从来国文教授，只注意养成作文的能力，不注意练习说话的能力，这是极大的错误。作文原来是代说话的，后来忽略说话，只讲作文，于是有仅能作文，不会说话的，这是不知说话的功用有时胜过文章。语言用口直把意表出，比翻成文章总要真实完全一些，这是语言胜过文章的第一桩；语言当面说出，比作文快几倍，这是语言胜过的文章的第二桩；能说话的多，能做文章的少，所以用言语发表意思，比文章的传播力大些，因为说话的态度显出神情，即时使人感动，作文就没有哩，这是语言胜过文章的第三桩。况且现在语言的需要越大越急，有不能不特别练习之势呢。

1. 在现在交际频繁的时代，在需要语言，说话得法就易融洽感情，说话失当，必致彼此参商；非有素养实在不能应对。若效那“三缄其口”的古训，就不免贻笑他人了——如欢迎会不能致答词。

2. 现在作事，常带公共性质，必与群众往来，若开会不能用语言发表意思，就失了开会的功用；接谈不能用语言表示感情，就无异没有接谈，所以演说在作事上的利益很大，能纠合群众，共同作事，不可把他看轻了。

3. 结社讲学和共同研究为求学的不二法门，然而不会说话，就不易结社，交换意见，哪里能够共同研究呢？

照这样说来，国文教授应该注重语法，还要特设**演说科**专门考究。我们实行已有一年，每星期演说一点钟，题目或由学生自由斟定，或由教员先期预告，总要与他们有切近联系的问题和实事。我出的演说题，多半注意我们现在应该怎样的问题和当前的事实。兹举几个出来，作为参考如下：

1. 我们应该怎样求快乐？
2. 我们应该怎样求学？
3. 我们应该怎样改革自己？
4. 我们应该怎样待朋友？
5. 我们应该怎样待差役？
6. 结社讲学的利害？
7. 我和人的联系？
8. 我对闽事的感想？

9. 我们寒假归家的预计怎样?

演说时所用的语言，要正确明了，没有土语和语病；态度要活泼有生气，不可过板滞，也不可过轻佻；材料要真实有条理，有剪裁，又适合群众的程度。演说的题目有时又命为作文题目，使他们的观念越发正确明了，不易忘却。

这篇中学的文学问题是我对于中学文学的大概意见，还有些问题，若像国文与怎样教法？文字源流和文学史在中学应否教授？又怎样教法？中学应否增授论理学？又怎样教法？留待他日再论罢。

22　小学国文教授的诸问题

叶绍钧（1894—1988），即叶圣陶，现代著名作家、教育家、编辑家、文学出版家和社会活动家。原名叶绍钧，字秉臣，辛亥革命后改字圣陶。笔名有叶锦、圣陶、斯提、桂山、秉丞、郢生等。江苏苏州人。1911 年中学毕业后，成为乡镇小学教师。1916 年进上海商务印书馆附设尚公学校执教。我国的第一个童话《稻草人》是他写的。1919 年加入北京大学学生组织的“新潮社”，开始发表小说、新诗、文学评论和话剧剧本。1921 年与周作人、沈雁冰、郑振铎等人发起成立“文学研究会”，共同举起“为人生”的现实主义文学旗帜。

他的长篇小说《倪焕之》，在相当程度上反映了他的教育思想和教学实践，被茅盾先生誉称为“五四”以来的“扛鼎之作”。他长期与夏丏尊、朱自清等大师合作，对我国语文学科教育作出了杰出的贡献。

本文是叶氏较早发表的一篇讨论小学国文教学的论文，原载《教育杂志》第 14 卷第 1 号（1922）。这篇论文反映了他早期的教育观和国文教学方法论，其间可以分明地看出儿童本位主义、儿童兴趣中心主义、“生活即教育”等杜威的实用主义教育思想的深刻影响。而诸如“须认定国文是发展儿童的心灵的学科”“小学国文教材宜纯用语体”且“具有文学趣味”“国文教授里一种重要目的——养成读书习惯”“国文教授并非是限于书本以内的教科”等等观点，则后来形成叶圣陶语文教育思想的重要基础。

22　小学国文教授的诸问题

谈到小学国文教授，很容易引起“没有把握”的感想。这不同算术等科，有一定的学程，有方式的传授，教了就明白，多练习了就纯熟。这向来随教师的意的；程度的浅深，教法的精粗，百问可得百答，各不相同。惟其如此，所得结果从没有定状。有些学生国文程度很好；但由于他们的天赋和努力，是偶然的，不可以律一切的，不能说就是教授的成功；即归功于教师，教师未必敢自承。有些学生国文程度太坏，这当然是教师之咎；但教者亦会竭尽心力，以求有效，归咎非所原任；教者更可说，这一科本来是没有把握的，我即承咎，也不能承其全部。国文教授天天在全国小学校里进行，结果却止见这两种现象。别的且不说，总是正待哺育的学生们吃亏罢了。

国文教授的问题太多了。已往或现在的情状应否改革，已不成问题，因为所谓“没有把握”的办法，就有改革的必要。其外，在已往或现在的情状里，什么是病根？应从何道改革？是一个问题。教材纯用语体还是兼用文言？又从那里去选择教材？是一个问题。教授的方法应当怎样，才能确有把握地收效果？又是一个问题。分析开来，读法话法书法作法又有种种的问题。现在不为分析的说明，但就意想所及，统合地述说如下。

一、已往或现在的情状里的病根何在？

我有一点细小的经验，**国文教授的开始不在学校而在家庭，不在学龄时代而在幼孩时代。**一个学童的国文程度的好坏，与他的家庭，他的幼孩时代很有关系。父母本来是儿童的最初最重要又是无所不教的教师，当然也是儿童的国文教师——我愿轶出本篇范围，敬告为父母的，这是你们应当负荷的责任呀；现在有大多数人卸了肩，这是对不起他们的后继者的。我看见许多家庭里，不仅是贫苦而无暇顾及孩童的，对于孩童，不承认他的本有的地位，不了解他具有可以发展的能力；对他止有玩弄，止有责骂，而没有谈话。更有绝对不理孩童的，当给衣给食或斥责的时候，用着命令的语气吩咐，就完了。在这种家庭里的孩童，虽然同成人住在一起，差不多完全隔离。孩童所以能有种种能力，解释者说由于学习，而学习又由于需要。婴儿不会说话，因为要表出心意，随时随地学习，不到三岁，便能举习见的器物的名称，能说简短的达情意的话。这一种成绩真足以惊人，倘若每三年都有这么长足的进步，或者就是超人了。可是哪里会，他到了差足应用的时候，进步就迟缓了。在不理孩童的家庭里的孩童，便异常不幸，他止从成人那里学到些习见的器物的名称，和日常行动的不完全的表现语，此外就没有情思，没有话语，因为他没有发引情思、练习话语的机会。才入国民学校的学童，十分之七八可归入这一类。问他们一句简单的话，他们便茫然如痴，休说要他们充分地回答。他们启口说话时，大概是不明显不完全的短语。他们日后的国文程度，平均在中等以下。我所见的如此，推想国内学校或者同有这种现象。其外十之二三——此数或犹说得过多一家庭里会与他们以种种的训练，他们便能说清楚显明的话，能就所问的回答，能有丰妙的情思。调查国文成绩时，这一类常属于优良一面。由此可知，**情思的训练和言语的练习与国文程度的高下有关系**，家庭里设备着引起情思的境遇，**常与孩童谈话，便可说是国文教授的正常的基础**。反过来，置孩童于不理，不为他们植重要的基础，便阻遏了他们几分之一关于国文程度的发展力——被阻遏的当然不止此。

学童受教育的历程是不可划分的，他们是在不绝地发展的路途之中。所以教育者什么地方都要注意到“衔接”两字。可是一方面又要注意到弊病的免除，务使学童趋入正轨，不受损害。凡在正轨以内的，那么衔接着以前的状况做去。不幸一般教授国文的却衔接了不良家庭的办法！他们也是置儿童于不理，非授课时间竟判若两国，绝无笑语一堂的时机。所谓授课，便是授学童以教科书，教他们读音，识形，讲解，书写。这四事做完，便谓责任已尽；不管他是机械不机械，切实不切实。教科书里所讲的是不是学童所能讲的，爱讲的？这一层更不暇顾虑。教科书之外，不复与学童以读物。他们也要学童练习，看能否应用所学习的。可是止本自己的主观，课学童以无从设想、莫名其义的文题。学童苟本平日上课时所听闻，鹦鹉似地学语，便可得很好的奖评。倘若本童年的真心，勉强成文，那便招不通的斥责。初学年如此，高学年也如此。学童年级有递升，国文的教法无递进。很繁复的国文教授情形就是这样了。

抉出病根，可得两点，都是教师观念错误之处：（一）不会了解儿童，不以儿童本位一义为教授的出发点；（二）不明白国文教授之真作用，徒视为形式的教科。由第一种谬误观念，引起非正当的教授态度；仿佛儿童本不定需要国文，乃是成人要教他们以国文。于是选材，练习，都归成人作主，学童全居被动地位。由第二种谬误观念，便轻视文字的内容和表出的方法；仿佛学习国文的目的，至能读能识能讲能写而止。于是尽不妨以非儿童所能感受、所能了解的内容和表出法授与儿童，止须他是一个形式。儿童既居于被动地位，所学的又不过是一个形式，即教者有特殊的方法，能够达到他的目的，终认为国文教授的失败。何况在这等状况之下，儿童对于国文科决不感有兴味，便是谬误的目的，也绝对不能达到。

二、小学国文教授应当怎样改革呢？

国文教授要有成功之望，先要教者将谬误的观念改正。第一须认定国文是儿童所需要的学科。在家庭教育尚被视为希世奇珍的时候，儿童大半是被损害的，要待他们自然地需求，实是难遇的事。国文教授常与失败为缘，这也是多种原因之一。然而不足虑；教育所以可贵，乃在能为儿童特设境遇使他们发生需求，努力学习。所以国文教授也须为学童设备一种境遇，引起他们的需国文不以教授形式为目的，这不过是附带的目的；宜为学童开发心灵，使他们视学习国文如游泳于趣味之海里。至于实施之方，将于后幅说明。

三、教材用语体抑文言的问题

照上面所说，似乎国文科的教材，将成非常广大的范围，环绕于学童四周的，无不可为国文教材。这确是如此。但有一层，无论什么事物，都要化而为文字，才与国文有关系。于是文字终为国文科的重要材料。在现时任教的常有一种疑问，语体文既已通用，而文言未能全废，此后小学国文教授，将全用语体文呢？还是兼用文言呢？要回答这个疑问，实在不必多所研虑。先问我们何以要学习文言，岂不因前人曾经以文言著书么？又问语体何以能通行，岂不因语体切合语言，更能通达今人的情思么？**为今人的便利计，自然通用语体。为参观昔人书籍的便利计，于是兼治文言**。小学生有参考昔人书籍的必要么？我想经子之部，乃专家所研究，非小学生所宜涉猎。史书文艺，或有益于小学生，而浩繁者多；宜重加编次，或为之翻译——果能做这两件事，也不妨应用语体。于是更不能寻出小学生需用文言的地方了。所以我敢断言，小学国文教材宜纯用语体。

以文言为教材，也是以前国文教授失败的要因。尽教师的能力，做了一番翻译的功夫，竭学童的心思，做了一番记忆的功夫罢了。至于内容，因出于教师所选择，未必便为儿童所领悟。且一面翻译，一面记忆，更加上几重模糊的外幕。在初步的国文教授，更常有这等情形遇到。譬如训“观”为“看”，固已确切不移，而学者因记音记义；反把活泼的“看”的一个动作淡忘了，倘若竟教“看”字，则不费一语，而教授之效全收；因为平日早已说惯了“看”字，明知“看”是什么意义了。准此一例，即知教授文言所以不能收效之故。教材纯用了语体，于是教师无须有翻译讲解之劳，学童亦不必有勉强记忆之苦。国文教授所应有的事，将迥异昔时。惟事训练情思，使学童对于周围，常常有欲了解、欲发表的冲动。更使练习语言，求发音和语调的正确；一面能正确地传达自己的情思，一面能领解他人的言语。待感到有记录的必要时，便书成纸面的文字。以前所谓引起动机、提示、讲解、应用等等阶段，本是分析的；至此而浑成一气，止是学童全生活里的一件事实。小学教育的不论何科，必须能成为整个的一件事实时，而后学童感觉亲切有味。所以国文教材宜纯用语体。

四、教材的选择的问题

本于上述的见解，教者至少有一种觉悟，就是不可专恃坊间的教科书，以为所需教材，可以在里头取携无穷。现在语体教科书非常之少，而且所有的全由翻译以前文言文而来，其不适于用，已不必细说。进一步说，就是坊间能编出很好的语体教科书，教师也不得遽取应用，不复筹思。因为**既以儿童为本位，则非儿童所自需，就不得强为授与**。而坊间所编教科书，总希望通行于全国，全部的内容，决不会聚集于一个儿童的境遇里。倘若取以应用，一定有一部分非儿童所爱、所能领受的，那就要减少效率了。所以教科书止得供参考，止得备采用，教材还当在教科书以外去选择或搜集。

为欲从事选择或搜集，须先定一个教科内容的普遍的标准。教师既为儿童特设境遇，所希望的，就是在这境遇里可以得到适当的教材。所谓适当的教材，无非是儿童所曾接触的事物。然则将儿童所曾接触的事物，尽行记录或说明，就可算最好的教材么？那又未必。因为儿童的生活，差不多浸渍于感情之中；冷静的理解，旁观的述说，在儿童殊觉无味。要使儿童感觉无味，就不是最好的教材。所以**国文教材普遍的标准，当为儿童所曾接触的事物，而表出的方法，又能引起儿童的感情的**。换一句说，就是具有文学趣味的。儿童的一句随意的话，往往比成人更为文学的，这是我观察所得的经验。文学趣味本是儿童的夙好呢，教师当然要教他们以富有文学趣味的教材了。

夏月乘凉的场上，或是冬日融融炉火之旁，几位老人讲些童话故事，孩子们就听得陶醉了，仿佛全心已窜入童话或故事里。教师从这里可得一个教训，童话故事就是儿童所需要的，应当取为教材。我国地方很大，各地民情互异，传说故事之类，一定含有很好的意义和趣味。可惜从事搜集和汰别，到现在才视为最新的事业，没有已具优良评价的成书可得。所可以应急需，聊以慰情的，止有些外国童话的译本。因风俗习惯太相悬殊的缘故，或者不能充分地引起学生的趣味。所以教师宜应儿童所需，取传说故事之合乎上述标准的，以为国文教材。这是一条来源。

各地有特殊的历史、地理、习俗等等，总而言之，可包括叫做人事。人事是儿童所乐知的，也是儿童所必须知道的，关于这个，各地往往有谐韵的歌曲，演唱的戏剧；歌咏之余，实长民志。教师如获得这等东西，就当视为至宝，取为教材。即使没有，也当酌量创作，以飨儿童——我欲附带说一句：**教师应当能创作的，或者惟教师的精神，才是儿童适宜的粮食；倘若自己不敢创作，而惟赖编辑先生信手挥来的作品以临事，乃是教师的奇耻**。这又是一条来源。

教材也许可以从儿童自身得到。儿童生活里面，恒有大感兴味，永记不忘的。这等事件，在他们的脑际，便是丰妙的情思。出于他们的口，便是有味的一段语言。更令笔之于书，使他们多一种玩索的方法和机会。岂不成为最适切的教材？譬如共同种菜，一切经过的，他们都非常地感有兴味，又令他们自记种菜之事，即令自读，便是最好的教材。这又是一条来源。

总之，**教材或由搜集，或由创作，俱当相度机会，待儿童需要而后与**。所以要说定搜集或创作的范围，是不可能的事。准此理论，可知现成教科书，决非完全切用之本。切用的教材应非整本。今年的二年生与明年的二年生未必讲同样的教材，如其他们的境遇不同，生活互异。

更有一事，应在此节说明。就是：倘若学校里境遇完好，即儿童求知之欲很易引起；在国文教授方面说，便是读书之欲必盛。这正是国文教授里一种重要目的——养成读书习惯——而一般教师常是忽视或遗忘的。科内教材既以含有文学趣味为标准，则日常生活的必需知识之获得，当然更有赖于以外的书籍。此等书籍，但须泛览，不必精读。然而足以补充，可为参考，功用很大。又从分量讲，科内教材有定量，虽足使儿童感兴味，尚不能餍足。惟有取兴味相类的书籍供给儿童，使他们有取之不尽的乐趣。如此，国文教授的收效必更大。本这两个意思，于是搜集教材以外的书籍也成为重要的事项。我以为在现今时代，关于补充用、参考用的书籍，止有教师们努力创作。坊间原堆着满架的书，但大部是非儿童本位，非语体文的，因此难得采用。关于餍欲的读物，则旧有小说、译本童话等，止须合乎标准，便不妨取以供需。但因为数不多，仍急待有创作品出世。

五、国文教授之方法

往昔所谓教授法，殆可谓全属阶段之研究。教授倘拘泥于阶段，将整个的事件判析为零星死物，很有弊害。并且不论何种教材，必使经过同程度的阶段，岂是可通之理？但阶段的区分，并非全属不必要。倘能相机活用，务求保存所教授的为整个的事件，则旧的阶段之节目，正不妨应用，或且更生新义。以下略述教授法的大旨；因为阶段非重要的全部，所以不复分述；但说可以达到国文教授的目的之方法。

前文言**教师当为儿童特设境遇，目的在使其自生需要，不待教师授与**。设备简陋的学校，什么东西都没有，即比不良家庭，亦觉乾枯百倍。儿童处这等境遇里，聪明闭塞，心无所注。然而先生所授的书本，偏要天天相亲。试想，就是书本里满盛着有味的故事，好玩的花鸟，在儿童有什么趣味？所以授与书本之先，必定要有可以引起需求这书本的境遇。有了听故事的习惯，玩花鸟的嗜好，自然想寻求故事，记述花鸟。这个当儿，教师与以相当的书本，最是自然凑拍的事。儿童止觉满足，并不觉我是学习功课。然而功效却比由教师特授的为大。在初学年儿童，才习文字，尤当纯用直观教授。从前授课，也曾有直观教授的方法，教师特取一事物，提示学生，然后教以书篇。这也似是而实非。事物出于提示，可知不与周境相和，而必突入儿童意境。虽然也能引起需求，若论动机，已属被动。倘若境遇里面，已足引起需求，则不必提示，便达目的。譬如儿童早从园庭里审知鸟的一切，教授“鸟”字便算不得一回事。可见**要行直观教授，首须设备的周密**。所以学校里宜有会场、农园、工室、博物室、图书室等等设备；而教师也是儿童境遇里一要件，切不可远远隔离，授课时才相见。果能设备这等完备的境遇，当然不仅国文教授独享其利。可是要国文教授成功，非有这等境遇不可。**国文教授并非是限于教室以内的教科啊！**

既然引起儿童的需求，则此后的事，如观察、试验、批判、欣赏等，可以全归儿童，教师偶或帮助而已。经过这许多功夫，结果便是心灵的发展。这心灵的发展便是国文教授的重要目的。倘若并没有教师所预备的教材，儿童所怀的也就是这些教材；所以他们诵读之际，仿佛就是自己发抒情思。这多么快活呀！根据这层意思，则诵读的练习，不仅要在理解以后，更好要采用表演的方法。我常听小学生读国语教科书，一顿一歇，首尾莫定，竟不辨是什么话。又闻教师说，语体文不能读。这都错了，声音足以表情思，便叫做读。不能读语体文的学生和嫌语体文不能读的教师，他们都将情思和声音分离了。所以**学童读书，须使完全理解内容，更须注意其音节，使声音恰与内容一致**。如表演故事，儿童处个中人的地位说话，情思与声音易于一致，既多兴趣，复收练习之效。其他若演讲、谈话、辩论，都是练思且练习达思的方法，均须常用。国文教授并非是限于书本以内的教科啊！

儿童既有说话的练习，进于写作，实是自然联络的事，并不烦难。因为**写作的本质是情思。本质的符号是许多声音，**由本质化为符号，须遵社会的律令，差一点人家便不懂。练习语言的重要意义，实在模仿这社会的律令。律令既明，以下不过写录这些声音出来的功夫罢了。昔人往往说，古文的通不通竟难明其理；熟读书篇，一旦豁然，谁也不知道究竟是什么缘故。这个疑问正可以说明我义。古文是古人的语言，别有一种律令；熟读古文，犹如练习说话，在模仿其律令；律令学成，写古文自然通顺了。

命题作文，人人知道不对。我以为定期作文，也不很自然。果真儿童心灵充分发展，则随时有丰妙的情思，便随时可以作文。即如阅览书籍，笔记所得，也是一种作文的练习。总之，简单乾粘的生活里，一切不能着手，趣味的生活里，才可找到一切的泉源。

以上标称方法，但仍不外乎议论。实因我国教育，太过幼稚，顾及一端，便牵动全体；前提之前，更有前提；所以不得不以统合的议论，以求全体的改善，前提的确定，本篇绝无深义，语又芜杂，是我的惭愧！

23　对于普通中学国文课程与教材的建议

周予同（1898—1981），中国经学史著名专家。初名周毓懋，学名周蘧，又一学名周豫桐。浙江瑞安人。少年时代，就读于晚清经学大师孙诒让创办的蒙学堂。1916 年，以第一名考取北京高等师范学校（北师大前身）国文部。1920 年以第一名的优异成绩毕业。次年到上海工作。当过商务印书馆编辑，担任过教育杂志社主编，并一度在上海大学执教。后又相继在浙江十中、安徽大学、暨南大学、复旦大学任教。担任过文学院院长、国文系主任、历史系主任。

他为编写教材花了大量心血，如编写了《本国史》《国文教科书》等。本文原载《教育杂志》第 14 卷第 1 号（1922），对当下的教材编写实践与理论研究仍有很大启示作用。上海有几位语文新教材的编写人员读了此文，相识恨晚地喟叹：“早一点读到这篇大作就好咯！”

一、绪论

自“文学革命”的旗帜树立以来，中学国文教授就成为可研究讨论而急待解决的问题。近两年来，关于这方面的著作很有几篇，而且有价值的建议也不少。但是普通不免发现两种缺点：一，作者每每将现在中学国文教师“狗头淋血”的痛骂一顿，说他是老腐败，是文化的障碍物。我以为痛骂是毫无裨益的。中学国文教师一部分腐败的状况固不可讳言；但是**我们用稍微深刻的眼光观察一下，只有悲悯的情绪，只有愤慨前代遗留的恶果和现社会组织的不良，决不能让那班“弯腰驼背”的老夫子们专负这重大的罪过**。况且就现在的教育制度说，中学国文教师绝无增进学识的机会；不论你是谁，担任这职务三五年后，时代落伍者的运命就加在你身上。（关于这种苦况，记者曾稍尝滋味，将来拟另文讨论。）所以依我今天的见解和情感，对于中学国文教师，只有怜悯，只有劝告，只有奋勉，用不着“狗头淋血”的痛骂。二、**作者每每不明了学科的性质和学生的程度，将个人的经验或嗜好作为一般的标准**。譬如他自己是个天才，是个“小说迷”，那么就主张非读二十四史不可，非看过五十部小说不可。若他自已是个社会主义者，或热心社会改造者，就主张以社会问题为主体，以文字为不过一种形式上的辅助。我以为这种见解，在实际上固然比现在中学国文教师高明得多；但是就形式论，恐怕和从前的“妖孽而非选学，谬种而非桐城”的老夫子们死劲教学生读《文选》，读《古文辞类纂》，陷于同一的误谬。但是个人的建议总不免被经验和嗜好所左右，所以我这篇文字或则仍旧免不了这一层的缺憾，这还求读者多多的指正罢。至于这篇文章的内容，有许多取材于从前已经发表的著作；因为有许多建议是我个人所绝对赞成，或是可补我个人意想所不及；这是我对于各作家应该表一番很恳切的感谢的。

二、中学国文教授的目的

想明了中学国文教授的真正目的，非先了解中学校的性质不可。我观察现在一般从事实际教育者，关于这方面，不免发现两种误谬相同而性质相反的缺点：

一种是错认中学校含有狭义的职业学校的性质，所以教授国文，主张绝对的即时的实际应用，而抛弃一切所谓国故的概要和文学的涵养。

这派的建议是因为受列强教育趋势和社会经济压迫的影响而发生的。但据我个人迂阔的空想，我觉得**将十三四岁的儿童，不发展他固有的天才，给他人生应有的艺术，而迫他入狭义的职业，使他将来变成一个会吃饭的机器，这是不人道的，**这是悲惨的事情。在现在的世界，教育仅能在不合理的政治和经济下面活动，这种悲惨的现状是当然的，而我们中国更自然不能免这一出的悲剧。但我总以为这种教育是不正当的，这种不合理的政治和经济的组织是应该推翻的。我们教育家应该将眼光放大些，思想彻底些，决不可受现世悲剧的束缚。这些话非此地所能发挥，拟将来另文讨论，但或则如武者小路先生所说的“比空想家的空想尤其空想”罢！我本不赞成狭义的职业教育；但就是退一步说，也应该中学校和职业学校分立；即不然，也应该将中学校分科，使一部分为职业教育；决不能将普通教育的中学校和打算升学的中学生施以狭义的职业教育。

一种是将中学校的性质和大学文科相混。这派人本无所谓主张，也没有教育上讨论的价值，不过少数国文教师**依他个人的嗜好，在讲坛上这样教授就是了。**我每见许多国文教师，他自己喜欢格调文的，就拿了一部《古文辞类纂》，再选些《史记》《左传》当教材。他自己研究藻饰文的，就拿了一部《文选》来敷衍。高明一点的，专研究周秦的学术思想，专教授诸子的文章。到了现在国语文学胜利的时候，许多人就排斥一切，大教其白话的戏剧小说。我以为他们的主张虽不同，却都把中学校的性质忘记了。**在没有得到文学与学术的普通观念之前，就教以专门的研究，这不是中学生所应该的，也不是他们能力所能够办的。**况且这种以教师为中心的教授法，绝对不适合于现代的教育。

总之，按原理说，中学校是普通教育，是大学或专门教育的预备；不是狭义的职业学校，也不是大学的文科。中学生在学问上，是预备升学的；在社会上，是养成一个完全的人。现在我根据以上的原则，暂定一个中学国文的理想标准：

A. 人人能用国语或浅近的文言，自由而敏捷的发表思想情感，或纪述事实，绝对没有文法上的错误。

B. 人人能懂得中国文学和学术变迁的大概。

三、国文课程与时间分配

按现在教育部所定的中学国文课程是：

第一年级	讲读	作文	习字		共七小时
第二年级	讲读	作文	习字	文字源流	共七小时
第三年级	讲读	作文	习字	文法要略	共五小时
第四年级	讲读	作文	方法要略	文学史	共五小时

我以为这课程有修改的必要，现在一一说明于下：

一、习字可以不必列入课程。习字的意义有两层：一为应用的，一为美术的。就应用方面说，我以为**习字的任务应该让国民学校和高等小学去负担，**决不必延长到中学第三年级。试问习字这一科是否有学习到十年的价值？就美术方面说，我以为中学生无学习的必要。况且一周习字一小时，一小时写几张大字或小楷，有什么成绩呢？或以为中学的科目，图画已经有存在的价值，那么习字也不能删去。这话错了。中学图画有几何画，不是全偏于美术；就是铅笔画和水彩画略偏于美术，但是图画每每可补文字的不及，他的价值决不是习字所能够比的。

二、文字源流可以不必列入。**文字学是国故中很有价值的学问，但也是很繁琐、很不易研究的学问。**编二三万字的教科书，要把形音义的构造和变迁说得明了，这是妄想。试将坊间出版的文字源流细细的读一遍，是否对于文字学的知识有许多的补助？想研究文字学，至单简的，也要像现在北京大学出版的文字学讲义；但是中学能否容纳这长时间的教授？所以我主张这一科让大学预科去担负；不过在中学三四年级的时候，教授几篇关于文字学的文章，如章炳麟《说六书》许慎《说文解字叙》等，使学生明了六书形义的大概就是了。

三、文学史可以不必列入。胡适之先生说：**“不先懂得一点文学，就读文学史，记得许多李益李颀老杜小杜的名字，却不知道他们的著作，有什么用处?”**①。这话我觉得很对。我以为文学史可以避名而取实。这话怎么讲呢？就是当教授文言文的时候，依时代逆溯，于每一时代选出几个代表的文字，而教师于讲坛上再加以系统的说明，这不是实际的文学史吗？这不是强于坊间出版的二三万字的文学史教科书吗？

四、文法要略不但不能删去，并且应该大大的扩充。我以为**文法学是中学国文中最重要的科目；他不仅只对于国文是必要的，并且对于外国语也有许多的补助**。我看见现在专门学校或大学预科教授国文法，学生总是没有兴趣，或不大满意。这是无怪其然的；他们都已经有一点英文文法学的知识，而教师远离取那模仿 Grammar 的《马氏文通》，说这是主格，那是宾格，岂不是太无聊吗？但是在中学的低年级，情形却大不相同；这就因为他们缺乏英文文法学智识的缘故。文法要略又怎么扩充范围呢？我以为**中学的文法学应该包括国语法，国文法，修辞要略。至于论理学大意，虽不能归入这一科，但是和思想及言语的组织很有密切的关切，所以也应该提早教授。**

我现在暂定一个中学国文课文课程与时间分配表，再说明他的理由。

第一年级　国语文（三）　国语法（一）　作文（一）　阅书质疑（一）　共六小时

第二年级　文言文（二）　国文法（一）　作文（一）　阅书质疑（一）　共五小时

第三年级　文言文（二）　修辞要略（一）　作文（一）　阅读质疑（一）　共五小时

---

① 见《新青年》第八卷第一号《中学国文的教授》页三。

第四年级　文言文（一）　日用文法式（一）　作文（一）　阅读质疑（一）　（论理学大意）（一）　共五小时

一、我觉得现在国民学校一二年级改用国语的办法似乎太不彻底。我对于国语的希望：A. 自国民一年级至高小三年级应该完全采取国语。B. 中学教科书，除国文中文言选本外，应该一切改用语体。C. 中学二三四年级应该有演说会、辩论会的组织，以为国语文的补助。根据以上三种理由，所以我主张在中学一年级专授国语文，以为国民高小的结束。

二、就实际说，中学生在现在还有阅览或发表文言文能力的必要；就理论说，中学生也应该懂得本国文学和学术变迁的大概；所以文言文不能抛弃。不过遇见内容相关而文体不同的文章，可将语体文选作附篇。

三、日用文法式是指现代的应用文字，如公文程式、条陈、布告之类。这类文章本来很琐碎质直，没有选作模范文的价值；不过现在中学毕业生在国文方面受社会的诟病，大概因为不能作这类文字的缘故。但是**这类文字杂厕在选本中间，在编制上似乎不大纯洁，在教授上也似乎不能讽诵；不如另编一册书，于短时间内（不必延长一年），说明他的大概。**

四、中学校的作文，在实际上，一小时是不够的，不过我的意思，中学生想养成敏捷的习惯，不能不有相当的限制。所以学校排列课程表时，作文时间后不必继以他科，使教师观察学生的程度和题示的难易，可以临时伸缩。至于在课外作文的主张，我以为在高年级可以实行，不过低年级似乎还有商榷的余地。

五、胡适之先生主张用“看书”来代替“讲读”。他说：“从前的中学国文所以没有成效，正因为中学堂用的书只有那几本薄薄的古文读本。”① 这话固然不错；但**我主张看书和讲读都不可偏废。看书是偏重于学生自修方面；讲读是偏重教师指导方面。**只有看书，流弊或则至于“食古不化”；只有讲读，流弊不免至于学识浅薄。为调剂二者的缺点，应该双方并进才是。但是看书完全让学生自己去窥探，结果恐怕是“事倍功半”。譬如在未看书以前，教师不说明某书的性质和价值，已看的时候，学生无解疑释难的机会；看完以后，教师也无考查成绩的方法；这不是太不经济吗？所以我主张在课程内应该有相当的时间，以便说明、问难或考查。但是这科目的名词一时很不易定；我记得某专门学校曾有“阅书质疑”一科，性质和上文所说的大略相同。这名词似也不大妥当，不过我现在暂时仍用，待将来再改罢。

六、以上假定的课程表，是应用在教室内的；但是想学生实际上的进步，非有课外作业的帮助不可。关于讲读方面，我以为当有看书去辅助他；关于国语文方面，当有演说会、辩论会去辅助他；关于作文方面，当有日记、札记及一切发表的文艺去辅助他。演说和辩论不适合于教室内的功课，只得在课外再行组织会社。

四、文语教材的选择

教材对于学生的影响，量的关系比较少，质的关系比较大。国文教授固然不应当忘了艺术的手腕，但是艺术所凭藉的内容也是很重要的。国语运动，我们很希望他胜利，而且应该加入作运动中的一份子；但是我们决不能说将“之乎”改作“的吗”，就唱起文学革命军的凯旋歌来。读《汉高帝斩丁公论》，固然讨厌；看近来报章讨论无聊的问题，两方面居然扎硬寨打死仗，也不见得有味。所以**我主张国文教材的选择，注重艺术，却不可忘了思想。**

① 胡适《中学国文的教授》页七。

现在我先将国语文言两方面选择的共同标准写下来。以后再分开说。

一、凡思想学说带有神权或君权的色彩，不适合于现代生活，或不足为将来生活的指导的，一概不录。

二、凡违反人道或激起兽欲的文章，一概不录。

三、凡卑鄙龌龊的应酬文章和干禄文章，一概不录。

四、凡虚诞夸浮的纪传碑志及哀祭文章，一概不录。

五、凡陈义过高，措辞过艰，已入哲学专门研究的范围；国语如罗素（Russell）《心之分析》《物之分析》的讲演录；文言如庄子《齐物论》、墨子的《经经说》，主张以学生的程度为本位，一概不录。

六、诗歌中如古风及白话诗，主张入选。理由：A. 诗歌可以涵养性情，宣导血气，增进学生享受文艺的快乐。B. 中学校里教授诗歌，原意在增趣，不在仿作。

七、生存人的文章，主张入选。理由：A. 从前总集或选本所以不选生存人的文章，大意是避嫌；但表面上虽如此慎重，而实际上文学界总是互相倾轧。现在用正当的方法，养成文艺界批评的风气，除去从来“文人相轻”的积习。B. 现代的文学趋势，似乎比较古代尤其重要，尤其使学生有兴趣。C. 使学生由作者文章而起人格上的崇仰，现代人似乎比较容易些。D. 国语教材不得不取材于生存人的文章。E. 文言教材拟依时代而逆溯，想编辑一部完全的文学史式的教科书；也不能不取材于生存人的文章。

以上是国语文言两方面共同的选择标准。

一、国语教材可分议论的或学术的文章，小说，戏剧三种。

二、学术文中如宋元人的语录，不主张选采。理由：A. 宋元人的语录虽是白话，但研究是宋元人的白话，和现代稍微不同。在现在国语运动未成熟与南方学生未学好国语之前，是否对于学业成绩和国语统一前途上，不至发生障碍？B. 语录每每是短促的格言式，很少篇章的组织。

三、小说如周作人译的《点滴》，胡适译的《短篇小说》，很可作范本。

四、**章回小说应用在教室内，似乎不大方便；不如在课外提倡学生自由阅览，由教师加以指导。**至于量的多寡，视学生嗜好和课余时间作标准，不能一概而论。

五、**近人主张取为教材的两部小说——《水浒传》和《红楼梦》——我以为都有商榷的余地。**我不主张看《水浒传》，和我不主张选语录的一部分理由是相同的；就是因为《水浒》杂了许多宋元时代山东一带的方言。（作小说有时故意用方言，乃是文学上另一个问题。）《红楼梦》是问题小说，是有主义、有思想的著名小说，这人人都知道的；但作者的艺术手腕太高，每每引读者化身入大观园，而无暇细细研究他艺术上描写的方法。就我个人的经验说，我从十五岁看《红楼梦》，到现在三次了，没有一次不赔眼泪。去年夏天决意用文学的眼光去看，结果仍是失败。中学第一二年级生正当感情强烈、生理心理发生变动的时候，而中国对于性欲教育又太没有研究，能否绝对不发生恶果，确是一个大疑问。至于有人主张看七侠五义等小说，这是中国文艺界可怜可羞的办法；这些书似乎不能和我们时间的代价相抵罢。至于《西游记》《镜花缘》等虽然略胜一筹，但在最近将来的文艺界，我很希望他们送到中国小说史上作材料去。

六、戏剧如《易卜生集》第一册和《俄国戏曲集》都有可选采的价值。

以上关于国语的。

一、文言教材选取古代以至现今各家的文章。内容大概分为两部：一，艺术文；二，学术文。

二、经史子的文章一例选采。理由：A. 古代的总集或选本，著名而普通的，如萧统的《文选》、姚鼐的《古文辞类纂》，多不主张列入经史子；但中学教科书的性质完全和他们不同，不能援彼例此。B. 四部的分类本不合于逻辑，如《诗经》的国风是艺术文，诸子的论著是学术文；若是不列经子，那么周秦时代的文学无可选采。C. 史传可以作学生学习纪事文的模范。

三、**骈俪体的文章，近人非常排斥；但我主张文言教材中可选入一二篇**。理由：A. 就实际上立论，我也极端反对骈俪体；但用历史的眼光去观察，不能不容许他在中国文学史上占一个地位。B. 文言教材，我主张以读本而兼文学史的性质；若选采六朝文章，弃骈取散，似乎不能表示当代文学的趋势。C. 骈散分途，始终李唐以后，古代实在没有这严密的区别。所以从前通人编辑总集，大抵主张不分；知姚鼐的《古文辞类纂》也夹入骈体，李兆洛的《骈体文钞》也厕有散文，这就是明证。D. 骈文选六朝时有思想有价值的作品，决不是当世所笑的为俳优的“四六”或堆砌典故的词头。E. 选人一二篇骈文，用意在使学生明了古代的文格，不是使他模仿。

四、词曲不选。理由：词曲有格调声律的限制，不是中学生所易领悟，也似乎不必领悟。

五、文言中凡意义肤浅而措辞怪僻用以欺世骇俗，如杨雄《法言》《太玄》等不选。

六、文言中凡故意违逆当时文笔的趋势，而竭力摹倣古人，如韩愈《平淮西碑》等不选。

以上关于文言的。

五、文语教材的排列

教材排列的方法，在编辑小学教科书，是很重要的问题；就在中学，我以为也还有研究的价值。当见许多中学国文教师，对于教材没有预定的篇目和次第；今天看见甲篇好，就教甲篇；明天看见乙篇好，就拿乙篇去付印。这种办法很不妥当，对于学生学业成绩上，一定给他许多不好的影响。

排列国文教材的方法，有讨论价值的，只有四种：**一，按文体来分类；二，以问题为主纲；三，用程度作标准；四，依时代而逆溯**。但是这四种方法都有优点和缺点。按文体来分类，和以问题为主纲，他的用意在于连类比较，使学生容易悟解文艺的作法和思想的同异，这是优点；但是同一文体，含义的精粗和措辞的浅深各异，聚在一处，教授上每觉困难，这是缺点。用程度作标准的，用意在于由浅入深，由简入繁，这是优点；但是文艺的浅深繁简很不容易确定，每每依主观的直觉，而有“仁者见仁，智者见智”的流弊；况且编制上也似乎太没有系统，这是缺点。依时代而逆溯的，用意在于沿流溯源，使学生容易明了文学和学术思想的变迁，这是优点；但是秦汉以前也有简单的作品，宋元以来很多繁富的篇章，强拿时代来分割，于教授上似乎不便，这是缺点。**这四种方法都有缺点，而四种以外又别无好的方法；所以我们只能斟酌情形，于四种中选采一种方法，一方面设法免去他的缺点，一方面设法收取其余几种的优点。**

国语文的排列，我主张采取第二种的方法，就是以问题为主纲，以各种文体不同的文章为内容。譬如说“人生问题”，可将陈独秀的《人生真义》，李大钊的《今》，胡适的《不朽》等聚在一起教授；又如说“文学革命”问题，可将蔡元培的《国文之将来》，胡适的《建设的文学革命论》，钱玄同的《尝试集序》等聚在一起教授；又如说“妇女问题”，以将胡适的《李超传》，潘家洵译的易卜生《娜拉》等聚在一起教授。我所以主张第二种方法的理由：A. 文体分类法适合于从前的总集，而不合适于教科书的编辑，就是因为他太呆板又太琐碎的缘故。B. 程序递增法可以包含在这种方法里；就是问题的次第依单简繁复为标准，而同一问题中的文章，可先教授浅近的，次教授高深的。C. 国语运动的时间很短，而我又不主张选采古代的白话，所以第四种依时代逆溯的办法无应用的必要。D. 采用第二种方法，同一问题，各人的文体不同，各人的思想不同，很可以鼓起学生的兴趣，一方面了解文艺表现的方法，而一方面对于该问题发生深沈的动机。

文言文的排列，我主张第四种方法，就是以时代为主纲，以历代艺术文和学术文为内容。胡适之先生说："第一年专读近人的文章。……后三年应该多读古人的古文。……选本不分种类，但依时代的先后。……每一个时代文体上的重要变迁，都应该有代表。这就是最切实的中国文学史。"① 我很赞成这话；但我以为不能依时代的先后，只能依时代而逆溯。因为周秦的文章，就大体说，总是比唐宋及近代的文章难懂。固然不能一概而论，如近人章炳麟的文章，就是一个最明显的例外。但我以为若是于近代不选过于难深的作品，于古代不选过于简浅的作品，那么或则也可以免去这个缺点。

中国文学史的分期，各人主张不一致；有主张六期的，有主张四期的，有主张三期的；而主张四期的，每时期的划分又各不同。我是赞成四期的；但我以为分期应该顾及派别，决不能完全受时期的束缚。我以为：第一期自春秋的老子一直到后汉的仲长统，人物大概是哲学家或政论家，文章大体可称为"著述文"，《老子》、《易・系辞》、《墨子》、《孟》、《荀》、《庄》、《韩》、《吕氏》、《淮南》、《论衡》、《昌言》等可为代表。第二期自前汉的司马相如一直到初唐的王、杨、卢、骆，人物大概是"朝廷侍从之臣"，文章大体可称为"藻饰文"而每带有贵族的色彩，萧统的《文选》一书可为代表。第三期自中唐的韩愈一直到清末的吴汝纶，人物大概是科第出身的书生，文章大体可称为"格词文"而每带有山林的色彩，姚鼐的《古文辞类纂》一书可为代表。第四期自明末的顾炎武一直到近人章炳麟康有为，人物大概是学者，文章大体可称为"考证文"，《日知录正绩》、《清经解》、《研潜堂集》、《国故论

① 《中学国文的教授》页六。

衡》、《新学伪经考》等书可为代表。我以为在中学二三四年级教授文言，一四两期的文章应该多选，可各延长至一学年之久；二三两期的文章因为没有实学而免不了空疏或继巧的毛病，可以并在一学年内教授。

（六）文语教材的编制

教材的编制，国语文言大概是共同，现在条举如下：

一、教材无论文语，宜一例加新式标点符号。

二、教材无论文语，宜一例画分段落，以醒眉目。

三、教材无论文语，拟一例横行。理由：A. 现在所选采的教材，不免夹有外国文的记注。B. 各科教科书现在已经变印横行的居多，那么国文不必自为例外。C. 按视官的构造说，横行似乎比直行合理。

四、教材无论文语，拟一例按词类分写。就是词与词之间各空半格。理由：A. 帮助学生文法上的了解。B. 打破“中国言语单音制”的谬说。中国文字受形体的限制，固然是一个个方块的字，但是语言已经由单音制进到复音制。所以一个字固然是一个词，但是一个词未必就只一个字了。这个按词类分写的办法，一时觉得很骇俗；但是实行，我敢断言对于文法前途确有几分的帮助。并且最好是先从小学教科书改起，因为他们本没有文字一定要连写的观念。我去年在北京孔德学校教科书编辑会，曾有过这种主张；并且编过一本国民二年级的图文教科书，觉得很有意思。我深愿国内教育家和从事编辑者破点功夫，把这问题详细讨论一下。

五、一切附注附记，仿西洋书籍体例，用小字附注在每页正文下面。

六、教材中如须参考其他书籍，仅附记应该参考的书名和篇章，而不录全文，以增进学生自动研究的能力。

七、教材从善本或名家刊本翻印。若是数本并行，文字略有不同，就择善而从。但教科书不是校勘记，所以不必注明某本作某字样。

八、整理逐日所讲的事项，另编成参考书一部，与选本分订。选本供学生的诵读或阅览，参考书供学生复习或自修时的参考。

九、凡记事文和教材同一题目，而内容有详略或时代的不同；论辩文和教材同一题目，而内容有全部或一部的反对；或题目不同，而所记所论可以互相参证的；都载入参考书以资比较。

十、凡教材原文有字句错误或意义相左处，都于参考书中略加按语。

十一、**参考书于注释外，不录一切评语。理由。A. 评语每依主观的见解，而没有客观存在的价值。B. 容易妨碍学生自由批评的思路。**

十二、参考书中注释的范围：一，题的来历；二，文体的说明；三，作者的略史及在文学史上的位置；四，字义的解释；五，引用事实论著及其他一切的疏注。

七、结论

上文所说的，仅只对于国文课程和一部分教材的设议，并不能包括国文教授的全体。不过我对于教授法、作文、改文各方面的意见，差不多和从前已经发表各作者的意见相同；并且我自己去年曾作了一篇《中学国文教授刍议》，登在《北京高师周刊》上，对于这方面的建议已经尽力宣布，所以现在没有重写的必要，只得从略了。不过我以为关于中学国文教授方面，有两件事是很重要的，现在附在下面。

一、造就师资　自国语运动与文学革命发生以来，国文教师起了一个大变动。从前在中学校担任国文的大半是老先生们，现在居然有许多少年们在讲台上出现了。从前高师国文部的毕业生差不多是销不动的呆货，现在偏远的地方居然想聘请也没有人了。但是我们仔细考察一下，老先生们固逐渐的被淘汰了，现在少年们的国文教师都能够称职吗？这个问题，我想谁也不敢武断说一个“是”字。所以国文教师，就实际上说，很有缺乏的现象。不过我觉得现在高师造就中学国文教师的办法很有些缺点。A. 国内几个高师每每将国文和史地并在一部。我觉得四年功夫研究国文已经只是一些普通的常识，怎么能够同时去研究这古今中外的史地呢？**我以为博而不精，不如精而不博；所以国文和史地应该分为两部，以造就真正的中学国文教师。**B. 国文部的科目不能仅偏于国故方面，如文学概论、西洋文学史、现代文学，应该也有研究的必要。C. 国文部的学生不能仅知道国文，对于外国话至少应该有一种以上能够直接看书，以便了解国外文学的趋势。

二、编辑书籍　现在最适合给中学生读的国文书籍太缺乏了。教科书既然缺乏，而课外的书更饥荒得了不得。我觉得胡适之先生的主张，说看二十部以上五十部以下的白话小说，自修的古文书如《资治通鉴》、《四史》、《孟子》、《墨子》、《荀子》、《韩非子》、《淮南》、《论衡》、《诗经》，陶潜、杜甫、王安石、陈同甫的集都要看，① 这不但是时间上办不到；就是办到，方法也似乎太笨。我以为在**教科书方面**，如国语文选本、文言文选本、国语法、国文法、修辞要略，现在都**应当赶紧着手编辑**。在**参考书方面，**如词典、文学家传略、文章体制（自名词的界说一直到章篇的利病）、虚字详解（当沟通国语文言而求其根源）等，都**非由国内学术有根底、思想有条理的学者去编辑不可，决不能让书贾在剪刀浆糊上用一二月的功夫去投机**。在**课外阅书方面，我以为应该先有一部国故书目提要，将重要书和它的内容、价值、版本一一加以详细的说明；然后将中学生应该读的书一部一部的用科学方法来整理**。举一个例来说明罢。譬如《墨子》，当然要采用孙诒让《墨子校诂》本，先作一个墨子的传略，采汪中、孙诒让、胡适诸说，再加以考正；次将墨子的学说依科学的分类，如分宗教、政治、伦理、经济、论理等，不妨颠倒他篇目的序次，使易于了解。至于《亲士》等伪托各篇和《备城门》等军事各篇，简直可以删去。又《墨子》每篇有上

① 见《中学国文的教授》。

中下而文章大略相同，我们为经济起见，也不必全选 选其中最好的一篇，以见他的主义就可以了。再次录诸家评论墨子的言论；次序录墨学的传授；次说明墨学衰亡的原因；次序明后儒治墨学的著作；次评论各著作的优劣。一切措辞当依中学生的程度，以明显简洁而主。对于本文，施以标点分段，再加以简明的注释。我想这种办法不是比拿一部石印毕校《墨子》在那旁死读经济的多吗？这事不仅为中学生设想；为整理国故计，我以为似乎也应该如此。

一九二〇，十，二四. 上海

[附]

国语文底教材与小说（节录）

何仲英

胡适在《中学国文的教授》中，已主张采用古今白话小说充作中学国语文的教材，只是语焉不详。何仲英所作的这篇论文，针对当时反对讲授白话小说的种种言论，进一步论证了以白话小说作为国语文主要教材的必要性和可得性，并选择10部古代白话小说一一作了分析，同时就白话小说的教授提出了具体的实施方案，可以看作是胡适主张的补充和发展。

原载《教育杂志》第12卷第11号（1920）。选入本《论典》时有删节。

就现在教材底分量说，小说实在是比较的多、比较的好，就教材底课外适宜说，小说实在是比较的有兴趣，比较的能持久。再深一层说，与其读一部高等小学理科读本，不如看一部《上下古今谈》；与其读《徐霞客

游记》，不如看一部《老残游记》；与其读尽乾嘉时文人底专集，不如看一部《儒林外史》；与其模仿这篇传，模仿那篇传，不如看一部《水浒传》；与其学诗、学词、学歌、学赋，不如看一部《红楼梦》和一部《镜花缘》。所以我敢说白话在现在，虽不能说是国语文底唯一教材，也当占国语文教材底大部分。

哪几部白话小说是好的呢？有人主张须看二十部以上，五十部以下。我以为太多，恐怕妨碍其他的学业；而且真正好的，未必有如许之多。特仅仅指出下列几部：

（一）《上下古今谈》

（二）《老残游记》

（三）《儒林外史》

（四）《官场现形记》

（五）《二十年目睹之怪现状》

（六）《镜花缘》

（七）《西游记》

（八）《红楼梦》

（九）《水浒传》

（十）正读《侠隐记》

此外胡译《短篇小说》，周译《欧美名家短篇小说》，以及新近北京出版的《俄罗斯名家短篇小说集》和散见于报章杂志的译体小说，皆可选看。

再述**白话小说底教授法**：

（一）规定分量　先由教师指定书名，自某处起至某处止，让学生自己去看。不必过多，当斟酌他们的时间和能力，不妨碍其他的功课。规定分量的方法，当以一事底起末为标准。如《水浒传》武松打虎一次，打蒋门神又是一次，《老残游记》玉大人诬盗两章可并为一次，济南风景一章可分作两次；又《西游记》前八回，叙述猴子底历史，可分可合，也可为一次。总之以便于研究，规定分量底多寡，不拘泥于章回，此第一要知道的。

（二）提出问题讨论 这是学生看过，在课堂上应做的事。无论哪一篇小说，总有那一篇意义。学生得互相提出问题，由教师聚集归并，并增加，依次条列，令学生答复。譬如一篇小说底主意是什么？怎样的修辞？有没有和他篇比较的不同底地方？当尽量让学生先答，教师再为详细的说明。

（三）练习应用 凡小说内容，可以表演的，选出几段，分配学生在讲台上表演；从文字移到语言上，大可帮助国语底发展，并矫正学生语法底谬误，养成他们言语也能修辞的习惯；或者因此而于演说辩论的技能，练习纯熟。可以发感想的，不妨拟相当题目，令学生发抒议论，或模仿翻译为种种文字，作文上易于进益。

照此办法，预料学生得的益处，至少有三件：

（一）语言上有帮助 不会说国语的，可以说国语；说国语说得不好的，可以说得很好。

（二）引起研究人生和社会底种种问题 和泛读几篇空文章，默诵几部诗文集，徒为陶情怡性的大大不同。

（三）得了许多作文的资料 原来意思枯窘，语句不多的，读了小说，可以源源而来，滔滔不竭。原来结构凌乱，累赘拖沓的，可以层次井然，有条不紊。

24　科学化的国文教授法

邰爽秋（1897—1976），近现代教育家。江苏东台人。出身于贫寒的书香门第。1924 年毕业于国立东南大学，又以优异成绩考取官费留学生，被派往美国深造，先后在美国获芝加哥大学硕士、哥伦比亚大学博士学位。1931 年，同教育界人士共同发起规定每年 6 月 6 日为教师节，倡议利用庙产兴办学校。曾任南京中学校长，中央大学、中山大学、河南大学、辅仁大学、北京师范大学教授，暨南大学教育系主任，大夏大学教育学院院长。中国民生建设实验院院长，国民政府教育部战时教育委员会委员。

20 世纪 30—40 年代，邰爽秋竭力提倡民生本位教育，并在上海、重庆等地农村开展民生本位教育实验达十余年之久，产生了很大的社会影响，与晏阳初、梁漱溟、陶行知并称为“中国教育界四大怪杰”。

邰氏著有《教育调查》《教育图示法》《教育公文大全》等。本文原载《教育杂志》第 14 卷第 8 号（1922）。作为教育统计学专家，其所论“科学化”，侧重在对常用汉字、常见错别字、常用成语和句式等作科学的调查和统计，以纠正其时国文教授在内容上的随意性和教法上的盲目性。

中学校入学试验的国文卷子，七八百本中，找不出一百本清通，没有别字；高等专门大学生，几百人中，也还时常有人写出不通的文章，写出奇怪的别字：这真是现今国文教师应该反省的一个大问题！

我既非国文教师，对于国学，又无研究，似乎不配谈这个问题。不过无论什么事情，总贵乎加以研究。我虽然对于国学没有心得，但是对于现今一般教国文的方法，从旁观察，却也有许多不惬意的地方。现在仅就科学的方法上来讨论讨论。

在讨论之先，须声明的有二点：

（1）本文所讨论的范围，系指由不识字至识字、由不通至通的程度而言，故包含小学、中学、大学在内。

（2）文言白话，各有优点；就中国现在各方面的情形看来，文言还很要紧，所以本篇讨论，姑仍以“文言”为主，但“白话”亦可适用。

一、选字问题

教授国文的第一步，就是选字。这一层，在小学校里，尤其重要。究竟在国民学校（此处姑仍照旧制而论）毕业、或是高小毕业的时候，应当学过多少必要的单字？通常所用的课本，凭编者的意思，自由插入。这些插入的单字，自然是习见的；不过我要问：除去这些单字之外，究竟有没有较为重要而未经列入的呢？这句话，当然不能回答。我曾经听说：一个儿童读完了一部《论语》，走到街上，看见“此路不通”一块木牌，忽然读不下去；因为全部《论语》里找不着一个“此”字。现今的小学国文教科书，恐怕也难免没有这种笑话！

因此我们就发生了选字问题：究竟这几十万汉字当中，哪些是最普通最习见的？国民毕业应当读过哪些字？高小毕业又应当加读过哪些字？这些待决的问题，我没见有人研究过；从去年夏间，南高教育科才从事单字的调查。他的方法，先从《红楼梦》《水浒》《西游记》《圣经》《妇女杂志》《官话国耻小说》《北京半周刊》《注音字母报》及其他书籍新闻纸里，采取单字材料，依笔画多寡，部首形状，逐句逐字，分类记录。预定搜集百万余字，约要两年。据最近检查的报告，已搜集三十万二千一百十七字，三万四千四百六十七句成语（此处成语大概指的复语词，如“学校”便是一个成语）。其中以“的”字发现最多，计九八四〇次，占百分之三．二七；其次是“我”字“是”字，“我”字发现四三六七次，“是”字发现三九八二次；再其次是“一”字“人”字，“一”字发现三六七八次，“人”字发现三四六二次。**将来调查成功之后，就可依发现次数的多寡，编为语汇。**小学国文教材，即可拿这种语汇来做根据，依年级的高低，定教授的先后。这样选字，方可以没有遗漏。

二、改正错字问题

错字共分两种：一种是写法之错，如“团”误作“团”，“武”误作“武”；一种是文义之错，如“必须”误作“必需”等。

关于改正错字一层，我觉得很有用科学的方法之必要。现在通用改错字的方法：有的是由教者改正，写在文卷的上边；有的是由教者做出记号，先由学者自行订正，若仍有错误，更由教者改正；又有的是由教者编出错字正字对校表，叫学生留意。这三种都有不适当之处，述之于下。

错字由教者改正，学者方面丝毫未经困难；虽教者改至十遍八遍，学者仍易错误。我记得我在师范学校的时候，五年之内，教师都用这种方法；一有错字，便改在卷上。我当时并没有注意此法的优劣，有一次整理五年来的作文，忽然发现一件很奇异的事情，便是：有几个字，我时常写错，教师已经在卷上改过五六次；他的心力白白的费了许多，而我错写的习惯仍未能十分矫正。

而且就算这种方法可以改正错写的习惯，教师的精力也觉得太不经济。因为一班学生至少有二三十人，有时多至四五十人，教两班的教师，竟至七八十人。一个教师，要改这些卷子；而每卷之中，又有许多错字；一个错字，又要许多次数才能改正：这真难怪现今的国文教师都叫苦连天呀!

第二种方法，教者作记号，由学者自行校正，利用学生自己思考，当然比第一种好的多。但是他的缺点：第一是教者的精力不经济；第二者当自己错点所在的时候，常时把错字放在心中盘旋，能够自己改正还好，否则，反将错误的印象加深，以后纵经先生改正，也往往失了效力。所以自己改的办法，有无危险，依我看来，还属疑问。

第三种方法，更不适当。因为我们改正一种恶习惯，只应该拿另一种好习惯来代替，不应该再拿坏的习惯来做例子，加深不好的印象。而且某字错误的习惯，不见得人人一样；那些不错的学生，常常因为看了不正的印象，反将习惯变坏。从前有些不明训育原理的先生，常时训斥儿童，不应当做某种坏事；其结果，做这种坏事的儿童，却未因之改好，而未做这种坏事的儿童倒反因为他的教训，得了许多做坏事的方法。拿错字叫儿童留意，所犯弊病，正和这一样。

我以为改正学生的错字，当用编纂错字字汇的方法，分团体与个人两种：

(甲) 团体的错字语汇

有些错字是少数人容易写错的，有些字是多数容易写错的；如前所举的“团”误作“団”，“武”误作“武”，“必须”误作“必需”之类，是多数人所容易写错的。这些错字，既系共同的错误，那做国文教师的，就应该联合起来，做一种调查。搜集大中小各学校学生作文的原本，分头检阅。一遇有别字，便摘录下来，并记其发现的次数。然后汇拢起来，依发现次数的多寡定次序的先后，编为错字语汇；以后教授的时候，便可根据这种语汇，做下面的两件事——

(一) 将错误发现次数最多的字，请国学专家编为诗歌，无形编入；更请书法专家，制为范书，由学者临习；如此联络教授，自可无形之中，收改正的功效。

(二) 将发现错误次数最多的字，书于长幅上，挂在教室中，由学者常时揣阅。

（乙）个别的错字语汇

团体错字语汇之外，尚须用个别的错字汇语。此法令学者将每次作文中经过改正的别字，汇录笔记簿上，每星期临习一次，以免错了又错之弊。

总之，**改正错字的方法当由练习抄写入手；那些卷上批改错字训诲的种种方法都不可用。**

三、教授成语问题

中国文学里常引用许多成语，就是日常谈话之间，也时时有人用到；所以教授国文的时候，对于此点，不能忽略。但是我国各种学校的国文教授，注意成语的很少；就是讲到，也不过附在文章里顺便讲讲。有些极通常极适用的，每每讲不到，而有些极高深极罕见的，或者倒讲得津津有味。这种教法，可算是偶然的而非科学的。**科学的成语教授法的手续，也和选字的方法一样。先定下成语的标准，再由社会上通行的书报里分类记录，依发现次数的多寡，定先后的顺序，编成成语辞汇。**由小学至中学，各年级国文的材料（此外却尚须略选模范文），即可依次将成语插入，由浅入深，循序渐进，自可无躐等或不适用的弊病。

四、改正成语问题

因为教者忽视成语的教授，所以近今学生闹出笑话的很多。我常时看见中学生往来的书信上说："尊信已付红桥"；又常时听人称赞平辈道："后生可畏"；此外说人家有病，则曰"河鱼之疾"；送朋友上火车，希望他"一帆风顺"。诸如此类，不胜枚举。我以为矫正这种误谬成语的运用，也应当用前面的方法，搜集社会上（至少搜集学生的作文及信札）各种错用的成语，记其发现的次数，编为错误成语表。教授的时候，便将这些成语的正当用法特别讲授，令学生时时练习。这种错误成语表，并不与普通成语表冲突；错误最多的成语，并不见得是社会上最通用的成语，所以二者可以并用。

五、选文问题

普通选文的标准，可分下列几种：

（1）依文章的种类：如论说几篇，记事几篇……

（2）依文章的文学史上的价值：如选《楚辞》《文选》等书所载的名著。

（3）依一般人的嗜好：如《讨武曌檄》《滕王阁序》等，都是脍炙人口的文章，故在被选之列。

（4）依社会的应用：如往来信牍，及关于社会常识等等文章。

（5）依学者的程度：如在低年级，则选易解的文章；在高年级，则选难解的文章。

（6）依教者的偏向：有些教师喜读论说的文章，则多选论说；有些好读叙事的文章，则多选传记。

以上六种，都不是科学的标准。我们应该知道：**一个学生由小学经中学至大学，读国文十多年，为什么还不能通？这固属是由于我国文字的本质太难，然而亦因为教授的不得法。**我以为学生读的文章，并不在乎多，而在乎注重至少的精粹。中文的句调是有限的；学者能把这有限的句调，多多熟读，多多练习，自可以通顺。我姑举几个例来说明：“岂不…乎？”“不但……而且……”“焉能……耶？”……这种种文章上的句调，学者时常会弄成“岂不……矣”“不但……况……”“焉能……也”……这些错误，皆由于句调读得不熟，所以文义上不能衔贯。其实一个学生由小学至大学所受教的文章很多，即以中学生论，四年中至少也读过一百篇了。学者果能将此百篇读熟，固也不难通顺；可是现在的中学生，终日奔走于英文、算学之间，那还有功夫来把所读的国文篇篇读熟？而我们国文教师又不能不求他们通顺，于是就不得不求一个最经济的方法。这方法就是精选范文，其步骤如下：

第一步　先从报章杂志及通行的书籍里，搜集国文（白话文言皆可）的各种句法，并记其发现次数。

第二步　依各种句法，去选今古的文章，看那几篇文章能将搜出来的句法包括在内。

第三步　依发现的句法次数的多寡，定文章先后的顺序，定为各年级的范文。

这几篇范文是从精选而来的，便可算是国文的至少精粹。教的时候，篇数不妨多选，但是这几篇范文一定要读熟。普通的教师，多数是不叫学生熟读的；纵叫学生熟读，也不过用上面所说的几种选文的标准。这种偶然选择的方法，一定有许多极紧要的句法，还漏未选，所以读这些选文的学生，文章虽读过多篇，而提起笔来，仍难免没有不通的句调。我说到这里，或者有人要问：我们用纵前的方法，也会教通学生，又何必再改呢？须知我们的意思，并不是说用旧方法不能把学生教通，乃是说用旧方法太不经济。譬如说，我们通常所用句法有一百种，用旧方法旧标准选文章，也可以于无意中在所选的文章里齐备了这百种句法，并且用功的学生，多读几十篇，一定能把这些句调读熟，把国文弄通。不过这种偶然教通法，非常危险！假使所选的文章，不曾包含某种重要的句法，那便怎么样好呢？又假使学者偏偏未将包含某种重要的句法的那几篇文章读熟，又怎么样好呢？从前的老先生教国文，总是说“多读”；多读的意思就是要于无形中将各种句法完全读熟，仿佛鱼类不善保卵，不得不多生卵子，求偶然的机会，以绵延其种嗣一样。这可算是最笨拙最不经济的方法。所以我以为在现今学生功课繁重的时代，**教国文的方法，不在教学生多读，而在教他们精读。精读的结果，是少**

花时间，可将国文弄通；多读的结果，也可将国文弄通，但是多花了时间，牺牲了别的功课了。

这种方法如照前面三步做下去，最为完善；如以为第一步的手续繁杂，则不妨由少数对于国学有研究的人，根据国文文法，将日常习见的句法，尽行搜罗起来，再照第二第三两步办理。比较起来，简而易行；所得的结果，也一定比那几种通常的选文方法好的多。

六、改文问题

关于改正别字问题，首段已详细说明；本段所述，专在改正句法。改正句法的科学方法，亦与前同，就是搜集小学、中学学生的作文成绩，由国文教师分头检阅；凡遇不通之句，即行录出；然后依其发现次数的多寡，立为一表。以后教授的时候，遇到此类句法，即当特别注重。如“岂……乎”句法，如果是大家所最容易用错的，那么，以后教授的时候，就应当多多运用，令学生多多练习，使这种错误无形免去。至于个人错误不通的句法，亦当仿用矫正别字的方法，将错误句子的正当用法（如“岂……也”之句当作“岂……乎”），列为一表，常时提出练习，以免屡次发现的弊病。

关于搜集学生不通的句法一层，我有一个提议，希望国内高等学校和中学校的国文教师特别帮助。我以为每届暑假，各学校招考的时候，由中等学校考高等专门大学，及由高等小学考中等学校的人数，无虑千万。我希望各校的教师，就在阅国文卷子的时候，把考生不通的句子，分类抄下；然后汇至一处，将中学生与小学生之卷，分成两起，看中等学校毕业生有那些共同的错误，小学校毕业生又有那些共同的错误。最后将结果报告于各中等学校小学校，以为教授时注重的标准。此法只须国内国文教师，各人帮忙，也属简而易行。如全国国文教师，不能一致响应，则就一省范围，专研究投考中等学校的学生亦可。倘使一省中各中校不能联合，则只就数个学校，将历年考生国文卷做搜集的材料，亦无不可。不过材料少了，结果有些不正确罢了。

以上所述，皆系鄙人对于改正一部分国文教法的意见，是否有当，尚希国内国文教师指教！

25　文艺在中等教育中的位置与道尔顿制

孙俍工（1894—1962），教育家、语言学家、文学家和翻译家。原名孙光策，又号孙僚光。湖南省隆回县人。1916年考入北京高等师范学校，在校与同学组织文艺社团，参加“五四”运动。毕业后到长沙第一师范任国文教员，曾做过毛泽东的书法教师。尔后赴上海任教于中国公学；赴日本入上智大学研究德国文学；回国后任复旦大学教授；到南京国立编译馆任人文组编译。抗战爆发后到成都任中央军校政治主任教官和华西大学教授。他毕生从事著述，且擅长书法。著作内容广泛，包括诗歌、小说、戏剧、散文、文艺理论及文艺史、国文教科书和文学翻译等几大方面，文字优美生动。据统计，抗日战争爆发以前出版的主要著作，已达五百多万字，是一位多才多艺、著作丰盈的学者。

“五四”以后，提倡平民教育，桃李遍天下。著有《记叙文作法讲义》等多种有关文章作法的专书，在中学任教期间，提供白话的文艺文的教学，并积极从事道尔顿制的改革实验。道尔顿制在文科方面的实验并不成功。本文未能深入剖析这方面的消极影响，是为不足。

本文原载《教育杂志》第14卷第12号（1922），选入本《论典》时作了删节。

（一）

关于这个题目底上半截的意思，酝酿在我底脑子里，本有好些时候了，只是平常没有得到发表的机会——也许是偷懒的缘故——所以就搁着了。现在乘着出“道尔顿制专号”之便，我就把彼写了出来；而且也把“道尔顿制”这个名词连了上去，这也许不是偶然的罢！

“文艺”这个名词在中国历史上有无何种出典，我现在没有这许多闲工夫把彼来考证明白；我也决不能似一般穿凿附会的，再把“文”字解作古之遗文兼赅诗、书、易、礼、乐、春秋，把“艺”字解作礼、乐、射、御、书、数；我在这里所说的“文艺”就是最近代所流行的“纯文学”，彼底真实的内容就是诗歌、小说、戏剧三者。

我们须知道文艺底使命，就是用美的形式把人类底感情思想描写出来；换言之，就是人生底表现。彼底与人类底关系，好似是人们生命中底花，在人们底生命没有消灭的时候，这朵花应该艳艳地开着在人生底长途的。因此我们现在——也许是永远的将来——要把这向来不见重于士林的“文艺”，一般道学先生所目为野而且贱的，从已经弃罢不值一顾的境地当中把彼收拾起来，从已经死去了的境地当中使彼苏醒过来，培养彼，灌溉彼，把彼底再生的生命散布在人们底生命中间：这是今后我们所应引为唯一的责任的了。

（二）

至于在教育上，文艺底位置到底怎样呢？

在“五四运动”以前，凡学校——自初小以至大学的国文都是用文言教授。单以中学而论，据我自己所经历的，大都不外以下四种文章：

（一）《古文辞类纂》

（二）《昭明文选》

（三）《经史百家杂钞》

（四）唐宋各名家底诗

这四种当中除第四种属于文艺，第二种有一小部属于文艺底范围而外，其余什么词章、训诂、声调，什么“词人才子”“飞文染翰”，什么“涓涓之水，以海为归”，我们看彼等底文艺价值究竟在哪里？而在中学里面则方且珍视为载道之工具，穷究精研，如一二年级多采用第一种的文章，三四年级多采用第二第三两种的文章，这不是造成“桐城谬种”“选学妖孽”的阶梯吗？

“五四运动”以后，白话文运动也跟着新思想发展长进，有好些中等学校已经采用了白话文作为教科，于是一班浅见者流，以为从此文艺有了再生的生命。但据我个人的观察，现在一般实行做白话文的，并不是因其有文艺上的真价值而实行做着的，我敢说有一部分的人，还免不掉如书贾一样的见识，只是因为彻底时髦，因着彼为流行品而做着的。这于真正的文艺底发展有什么关系呢？况且现在实行的人又不见得多而且坚确；尚未实行的人，固然，在那里观望徘徊的也有，已经号称实行的人在那里不胜眷恋骸骨之情而颓然思返的也有；这样，文艺在中等教育中的位置，岂不是简直等于零吗？

文艺在从前被一班道学先生们“文以载道”的见解，把彼来遮掩住了；在现在又几乎被一班趋时附会者流全不了解彼底真意义，只要是白话的作品就可叫做文艺，就说是文艺已经得着再生的生命了的，把来污蔑了不少；这样，文艺底前途岂不大可隐忧！所以我以为**在中国现代的文学界里，如果不极力把文艺底意义阐明到极真确的时候，把文艺底生命扩张到了人们全体的时候，把文艺底基础弄到极称固的时候，不但永远没有真正的纯粹的文艺呈现出来，甚或至于连现在所流行的时髦的白话文底声浪也将要毫无声息地销沉下去，**不至一班“桐城谬种”“选学妖孽”捲甲重来恢复他们底天下不止。这实在是可为文艺底前途隐忧的呵！

我们要想为文艺底前途销除这个隐忧，我们唯有如前书所说把彼从已经死去了的境地当中苏醒过来，培养灌溉，使彼底再生的生命发展到人们底生命中间去。这是我们唯一的责任。要实现这个责任，第一步的办法，我敢说非把彼在中等教育中的位置从等于零的地位增加到极高的限度不可；换句话说，就是**文艺在中等教育中，此后应该占一个极重要的位置**。这是本文里面所欲详细申说的。

（三）

现在且说一说文艺在中等教育中应该占一个极重要的位置底理由。

中等教育中的国文科无论在文言在白话的时期，都不看重文艺，已如前所述。但是为什么不看重呢？我以为就是不知道文艺底内容与中等学校应该教授的文章底范围的缘故。所以我在未说明文艺在中等教育中应该占一个极重要的位置底理由以前，还要把这两项先说明一下。

文艺底内容，就是诗歌、小说、戏剧，前面已经稍微说过了。这三者又称纯文学，以别于非文艺的杂文学而言。彼等底详细的内容和杂文学底区别，以图表示出来，就是——

- 文学
  - 纯文学—诗（情的）
    - 律文诗（吟式诗）
      - 客观的律文诗—叙事诗
      - 主观的律文诗—抒情待
      - 主客观的律文诗—剧诗
    - （读式诗）散文诗
      - 客观的散文诗—叙事文
      - 主观的散文诗—抒情文
      - 主客观的散文诗—小说
  - （知的）杂文学—文
    - 叙述文
    - 评论文
      - 伦理的
      - 政治的
      - 历史的
      - 哲学的
      - 科学的
      - 宗教的
      - 美术的
      - 社会的

据这表，可以知道纯文学与杂文学底详细的内容和区别了。

纯文学底特色是情的，故彼底内容与形式以表现美为目的；杂文学底特色是知的，故彼底目的在于实用；因此又有人把文学分为实用的文章（普通文）与美术的文章（美文）二种的。（见日本芳贺矢一、杉谷虎藏合编的“作文讲话及文范”）

实用文：
- 法律、命令、调令、告示、咨问、答案、记录、控告、判决书、报告，……
- 学说、主张、评论、攻学、辩驳、辩解、说明、释义、训诂、考证、讲义、评释、解题……
- 谕告、劝诱、拒斥、契约、广告、通知、书信、绍介……
- 其他主实用的文章

美文：
- 歌（短歌、长歌……）
- 俳句
- 诗（古诗、律、绝、偈）
- 新体诗（新体诗、唱歌）
- 谣（俗歌、童谣……）
- 小说、传奇……
- 脚本、歌剧，
- 谣曲……
- 小品文、纪行、随笔……
- 其他主美感的文章

所谓美文，就是纯文学，就是我这里所谓文艺。

文艺底详细的内容与非文艺底区别，据这两个表看来，想很可明白。我现在再根据这两个表提出一个中等学校应该教授的文章底范围的主张，就是在中等学校底国文科里纯文学应该占十分之六七，不然，至少应该与杂文学并重。说到这一点，我们最好还是把从前教授的文言文底范围再拿来详细地比较一比较。

从前教授的文言文，前面说过有四种。这四种当中第四种可不必说，我们把其余三种底内容详细地分析出来，我们就可以看得出彼等底范围了。

《古文辞类纂》分为十三类：一、论辩，二、序跋，三、奏议，四、书说，五、赠序，六、诏令，七、传状，八、碑志，九、杂记，十、箴铭，十一、颂赞，十二、辞赋，十三、哀祭。

《经史百家杂钞》分为十一类：一、论著，二、词赋，三、序跋，四、诏令，五、奏议，六、书牍，七、哀祭，八、传志，九、杂记，十、叙记，十一、典志。而曾氏又把十一类大别为三门：一是著述门，包括一、二、三类；二是告语门，包括四、五、六、七类；三是记载门，包括八、九、十、十一类。

《文选》分为三十七类：一、赋，二、诗，三、骚，四、七、五、诏，六、册，七、令，八、教，九、女，十、表，十一、上书，十二、启，十三、弹事，十四、笺，十五、奏记，十六、书，十七、檄，十八、对问，十九、设论，二十、辞，二一、序，二二、颂，二三、赞，二四、符命，二五、史论，二六、史述赞，二七、论，二八，连珠，二九、箴，三十、铭，三一、诔，三二、哀，三三、碑文，三四、墓志，三五、行状，三六、弔文，三七、祭文。

这三种分类是如此。我们再就这个分类把这中间纯文学底部分抽出来表列于下：

诗（唯萧本有，其余无。）
杂记（姚、曾选本有，萧本无。）
（以上）纯文学
赋（骚、七、辞、连珠）
论辩（设论、对问、史论……）
序跋（序）
奏议、表、上书、弹事、奏记
书说（书牍、启、书、牍、檄）
赠序
诏、册、令、教、文
传状、碑志、行状（碑文、墓志）
箴铭、颂赞（符命、史述赞）
哀祭（诔、哀、弔文、祭文）
叙记、典志
（以上）杂文学

诗与杂记中纪行、纪游等小品文，可以说都是属于纯文学的。词赋中有一部分如纪行、游览江海、物色等也可以勉强列为古代底纯文学底范围里，虽然彼底价值并不如现代我们所需文艺。其余都可归之于杂文学。

据这表现很可以看得出**中学里文言教授的内容，杂文学底位置实在占得重要**。此外还有一种商务印书馆出版的《中学国文教科书》，彼底内容，大概同前表所列差不多（但无诗、赋、奏议等），不过编辑的方法是时代逆溯而上的，如第一册为明清底文章，第二册为五代、宋、金、元底文章，第三册为晋、商北朝及唐代底文章，第四册为周、秦、汉、魏各朝的文章，有这样一个不同罢了。

总之，中学校里文言文教授的内容，分析起来，杂文学比纯文学所占的位置实在重要，这一点我们大致已很明白。我们姑就这个范围所包含的体类拿来审查一下，我恐怕比较稍微有点价值能够存留的，姑无论其在纯文学中只有诗、杂记、词赋中的一部这极小的部分，就是在杂文学里也只有辩论、书说、序跋、叙记这四类有完全存在的价值了。因为如七，如连珠，如奏议、诏、册，如箴、铭、颂、赞、符命等，实在已成了过去的废物一般的东西，不值得研究。碑志、行状、赠序、哀祭等是一种虚伪应酬品，也没有什么存在的必要了。因此**杂文学底范围应该大大地缩小，纯文艺底分量就应该增加，而彼底位置也就应该比较从前占得重要。**

以上拉杂说了许多话，我底目的一面是在说明纯文艺底内容和中等学校应该教授的文章底范围，一面是反复申说前两节里所应说而未说及的话，也可以说是文艺在中等教育应该占一个极重要的位置底消极的理由。

（四）

我们对于文艺在中等教育应该占一个极重要的位置底积极的理由，简单地说有三个：

第一，我们对于文艺，本来可以说有三种的兴趣：一是赏鉴，二是创作，三是研究。研究是专门的，彼底目的在深造，在得到一种精确的心得，或发见，或高深的了解；创作是天才的，彼底目的在于创作者发抒自己底天才，没有创作天才的人，创作的兴趣不容易学得的。所以有这两种兴趣的，只限于少数特别的人，原不必大家都具备。至于第一种——赏鉴——则不必一定是专门的学问家，也不必要有特别的才能，都应该有这种赏鉴文艺的兴趣了。因为这是人类底一种本能，我们自孩童时候即知道从父亲母亲或是兄姊或是旁人处学得一个歌，或者听得一个故事，便孜孜自喜喝个不休，或且津津地对同辈述说着。这种兴趣实在不是从人家学习得来的呀！在中学时代底学生，对于文艺，虽然说不到专门的研究，说不到天才的创作——有这两种兴趣的原也不妨——但赏鉴兴趣的培养实在有十二分的必要呢。我们为培养赏鉴文艺的兴趣底缘故，不得不把文艺底位置看得重要了。

第二，真正的文艺总以白话的比较来得有价值。我们证以历史上所存留的诗歌——如《诗经》，如陶潜的，如杜甫白居易的；小说——如《水浒》《红楼梦》《儒林外史》等；戏剧——如元朝底杂剧等——其比较有价值的总是白话居多数，这就可知道了。所以白话文与文艺有密切的关系；我们要提倡白话文，同时必得提倡文艺——白话的文艺才好。现在一般新的教育家，一面在那里提倡白话文，一面又反对由白话文所产生的新文艺，这种见解何等地矛盾呀！现在我们第一须知真正的文艺离不了白话，第二须知文艺再生的时候就是白话文底基础稳固的时候；因为直接地注重文艺，就是间接地提倡白话文。我们为稳固白话文底基础底缘故，也不能不把文艺底位置看得极为重要了。

第三，中国人们底生活素来是偏枯的、干燥乏味的；他们对于物质上的生活既不见得十分满足，而所谓精神上的慰安、心性上的同情以及超脱的理想等无论哪方面也俱没有经过十分的涵养的。那么生活底调剂成了必要之举了。悲哀的时候得到了意外的同情，苦痛的时候得到了意外的意悦，抑郁无聊的时候得到了意外的慰藉……这些我都认为是生活得了调剂的时候。我认定这些个时候，除了文艺底使命，没有什么样一种的能力能赐给我们以这多量的理想与快乐的。所以为调剂我们自己底生活起见，也必得要把文艺底位置看得重要！

总之，我们为赏鉴文艺而注重文艺，为稳固白话文底基础而注重文艺，为调剂生活而注重文艺，这三个极粗浅的理由，在现代这个情形之下，也许要成为极重要的理由吧！

（五）

现在要说到题目底下半截——“道尔顿制”了。

“道尔顿制”的办法在仲九底《国文科试行“道尔顿制”说明》一文里，已经详细地说过，这里可以不用重复再说。我所要说的，不过就“道尔顿制”实行以后这短期间里实际上所得效验，无异把我们底文艺在中等教育中的位置应该看得极为重要这主张给我们以很确实的证明。我现在先把我们办法上特别注重的地方提出来说一说：

教授目的底确定——我们底教授的目的。

（1）人人有迅速阅看国语书报的能力，以启发思想并且了解现代思潮底大概。

（2）人人有精密赏鉴国语文艺的能力，以培养美的感情，并且了解彼底变迁和性质。

（3）人人能用国语自由地、明确地、敏捷地发表情思，记叙事物。

这三条教授的目的，本来早就定了的，算不得“道尔顿制”底特点，不过这里面有极重要的两个注意的地方，一是国语，一是文艺。国语，在现在看来好似不成什么问题了；但是我们还认定是一个重要的问题。我们看近来报上翻印古书的广告，大有风行雷厉之概，而一般提倡整理国故的声浪又洋洋盈耳；这种徒助保存国粹派的张目的举动，实在为白话文前途忧虑，不仅是文艺前途的忧虑。“道尔顿制”是重在个人自由作业的，详细讲解的时候比较的少（我们现在暂定为每周每组一小时至两小时）。我们若再给学生以极艰深的古文，使他们去自由研究，结果恐怕非弄到“童头齿豁”而不能穷究一经那个地步不止。所以我们在这里特别地注重国语和文艺。

教授范围底确定。——学生作业的范围，就是根据教授的范围而确定的。

我们所用为学生作业最主要的书，要算《初级中学国语文读本》了。这部书分六编，每编约适用一学期。全书材料的分配，第一二编注重记叙文（包括记载文、记叙文）；第三四编略注重论说文（包括解释文、论辩文、诱导文），而各以文艺为辅；第五六编则为国外小说名作底翻译，而另外辅之以长篇翻译剧本及诗歌（这二者虽不在读本以内，但为必读之书）。把彼表列出来就是：

年级	主要的教材	辅助的教材
第一年	记载文 纪叙文 } 杂文学	诗歌 小说 } 纯文学 戏剧
第二年	解释文 论辩文 } 杂文学 诱导文	同上
第三年	诗歌 小说 } 纯文学 戏剧	

学生作业底范围，可以说是完全依照这个表底范围而支配的。这个范围，这种支配法，对不对，当然还有可商酌的余地；但是我们底意思以为国文一科所以含有独立存在的性质的，正因为其属纯文学的缘故。至于杂文学所含的，如记载文、纪叙文、解释文、辩论文等，除国文科应有的教授外，与他科也有密切的关系：如社会常识科中底地理与记载文有关，历史与叙述文有关，科学常识科中底理化博物具与解释文有关。而“道尔顿制”实行后，学生对于各科都是自作笔记或批评，练习杂文学中所含有的文体的机会正多，所以这时的国文科唯有纯文学有永久独立存在的价值。这实在也是我们所确定教授的范围——也可以说是学生作业的范围——中以文艺为主的一点意见了。

作业方法底确定——从前讲演式的教法，只有教员在台上讲解，学生除每星期或间一星期照例做一篇敷衍的文章而外，其余没有一点什么事可以做，所以也没有什么研究方法底必要，“道尔顿制”重在各个人自己作业，故指示学生以作业的方法，成了必须的条件。我们所给学生作业的方法，大略已见前文《国文科试行“道尔顿制”说明》当中，此地所要说的，只是我们所指导学生的几个实在的例子。

先说我们所拟定的文艺底作业方法罢。

（一）分篇作业法——以篇数为主。就是每读一篇文艺做一篇杂记（或读书录）或一个简短的评论。这里我们应该使学生注意的是：

（a）本篇梗概（限二百字以内）；

（b）本篇人物志要（年龄、性情、思想及相互的关系等）

——以上二项任作一项。

（c）本篇所含蕴的思想问题；

（d）本篇所表现的人生问题；

——以上二项任作一项。

（e）我对于本篇底感想；

（f）我对于本篇底批评（内容的、形式的）。

——以上二项任作一项。

（二）家别作业法——以著作者家数为主。在这里应该注意的：

（a）作家略历；

（b）作家底思想学说；

（c）作家艺术上的主张（人生的艺术或艺术的艺术）及派别（浪漫派、自然派或新浪漫派等）；

（d）作家所受时代精神与环境底影响；

——以上四项任作一项或二项以上，看学生底能力如何而定。

（e）例证或比较（作家与作家或篇与篇）；

（f）其他感想和批评等。

（三）国别作业法——以著作者所居的国别为主。

此外还有分组作业法——把一段中所有的文艺各篇中关于思想问题或艺术上相同的点抽出来，分成若干组而每组做一篇简短的评论——和总评等，都是属于文艺一部分的，可不必详说了。

其次说到我们所拟定的作文法、语法等作业的方法了。

单以作文法一门而说。作文法分为四段作业，所用的书是陈望道编的《作文法讲义》。所分四段底作业法是：

（一）自第一页至三九页为第一段。这段应研究的范围，为词、句、段等。所以我们拟定的作业题为：（a）试自举不纯粹的词底各例；（b）自造张句与弛句的例子；（c）按照段底实质（分段底标准）试演下列各题；每题至少须三段，每段至少须百五十字；（甲）我底家，（乙）日记三则，（丙）论中国宜裁兵废督。

（二）自四十页至五十一页为第二段。这段研究的范围为记载文。我们拟定的作业题为：（a）试以《月》为题，作一篇科学的记载文和一篇文学的记载文；（b）试用下列的材料作一篇简短的《西湖》或《金字塔》的记载记文；（材料颇多，姑从省。）（c）于下列各题中任择一题做一篇纯净的记载文。题为《我底故乡》、《黄浦江晚景》、《海边》、《军人日记》、《病中记》、《狱中记》、《秋日的田野》等。

（三）自五十二页至八十六页为第三段。这段应研究的范围是纪叙文和解释文。我们拟定的作业题：（a）把《老残游记》第一回（海上观船）或《儒林外史》第一回（王冕）编成一篇简短的纪叙文；（b）举例说明解释文底七条件；（c）试就《偶像》、《革命》、《贫穷的原因》三题中任择一题作一篇解释文。

（四）自八七页至一八一页第四段。研究的范围是辩论文、诱道文等。我们拟定的题为：（a）辩论文和记载文纪叙文及解释文底分别；（b）试就下列各命题——《学校应该废止毕业》、《家庭制度宜废除》、《偶像破坏论》——广举事例，证明其成立的理由（以一题为限）；（c）发起自然科学研究会或文艺研究会宣言。

总之，这种作业的方法，是预先指示学生以应研究的书或题以便学生自由作业。这与从前的考试大有不同：一、从前考试是限在一个时候的，二、考试重在讲义底呆记，一点也不能自由，而作业法则不拘什么时候，皆可自由研究、自由作题，并可参考各种同样书籍；作业既很自由，而所得的知识并不限于几页讲义上的呆板的记忆。我再拿丙组

《一个青年的梦》底作业题来说。《一个青年的梦》，在丙组也分四段，我们所拟的第一段（第一幕全）的作业题为（a）武者小路实篇底略历和思想；（参《新青年》里《日本的新村》、《新村的精神》、《新潮游新村记》及中华书局出版的《人的生活》等）；（b）第一幕梗概；（c）就这幕里所看出的战争的原因；（d）从这幕里所看出的战争底罪恶；（e）青年演说的大意。这种作法，我恐怕写从前讲解式的教授法底下所产生的考试方法大有分别罢。再看我们所拟的《易卜生集》作业题（已组用的），（1）易卜生传略（参《易卜生传》），（2）易卜生著作年表，（3）易卜生主义略说（参《易卜生主义》），（4）《娜拉》剧底梗概，（5）娜拉小传，（6）林敦夫人底思想，（7）商医生底人生观，（8）《娜拉》剧里的宗教和法律观，（9）《娜拉》剧与妇人觉醒，（10）《群鬼》剧底梗概，（11）《群鬼》剧里所表现的科学，（12）端琴底走，（13）阿尔文夫人底批评，（14）《国民公敌》梗概，（15）司铎门汤姆医生小传，（16）司铎门比得市长底批评，（17）《国民公敌》剧与家庭革命社会革命，（18）司铎门医生演说述略（第四幕），（19）全集总评，（20）读了《易卜生集》以后的我。这样作业的方法，效果底好坏，我虽不敢说，但我敢说决非在专门讲解式的教授底下所能做得到的。

因为以上诸种缘故，所以我们在试行“道尔顿制”这很短的期间，我们竟得到了平时所得不着的两种效验，一是学生对于文艺这门功课引起了极大的注意，一是学生真正能够发展他们各人底自由研究的精神。

26　文字的自然教学法

吴研因（1886—1975），近现代教育家。原名挚嬴，江苏江阴人。他国学根底深厚，喜好诗赋，15 岁时作七律《吊阎典史》，深沉大气。1906 年毕业于上海龙门师范学校，早年曾任江阴县立单级小学和上海尚公学校校长，上海中华书局、商务印书馆编辑，江苏省立第一师范学校教员兼附属小学主任，尚公学校校长。为小学低年级学生自编油印教材，开小学使用白话文教科书之先河。所编《新法教科书》（1920）、《新学制教科书》（1923）等多种小学课本和教员用书为当时广泛使用。1931 年参加由蔡元培、朱经农等主编的《最近三十五年之中国教育》一书的编写工作。1935 年任全国义务教育委员会当然委员。1935 年 9 月与叶圣陶、王志瑞等发起编写《小朋友文库》，旨在为小学生提供合适的课外读物。1947 年 11 月任教育部国民教育司司长。

本文原载《教育杂志》第 14 卷第 3 号（1922），是他早年写的一篇重要教育论文，文中反对往日“由教师做主支配，学生跟着作机械”的所谓“不自然”的教法，提倡以“学生自觉的需要”“学生已具的动作和经验”“学生学习的兴趣”这三者为依据，实行“自然”教学法。作者所持观点，其源无疑是来自美国教育家杜威“儿童中心主义”“教育即生活”等等教育主张，其积极意义在于对传统封闭式、注入式、机械式教学予以彻底否定。

我国文字难识、难写、难解，实是我国教育上文化上的一大障碍；这见解，许多教育者都以为然的。现在有人竭力提倡语体文和注音字母，就是要求免除这种障碍的意思。但是语体文虽然比文言文容易了解，注音字母却不能替代文字；所以文字的障碍在这时还不能完全解除。

文字的障碍既不能完全解除，改良文字的教学法，使文字的教学法变得“自然”些，不沿用以前那种生敲硬打的法子，那就不能不算是现今教育上的一个重要提议了。

要知道文字教学怎样“自然”，须先知道以前文字教学的怎样不自然。**以前文字教学法的不自然，**单就读书方面说起来，就有如下几种：

（一）拘泥教科书　教科书无论如何编得完善，总是死的、呆的、有限的；所排定的课数顺序，虽说有时依照时令，但是程度适合与否，分量足够与否……实在没有一定的意义。教书的往往死守着教科书，看他好比“金科玉律”一般，依照了教下去；也不管他时期颠倒、程度深浅、分量多少、学生是否需要。每本教科书，编书的以为该教半年，他就依着教授半年。课数的顺序既不敢随学生的需要而颠倒；分量少的，也不想另加补充材料；分量嫌多，也不敢舍弃其中的某一部分。这种教学法，简直依着教科书敷衍罢了！教科书之外，有许多活的、动的、无限的文字，他只不管；你想一本教科书，寥寥数十课，每课寥寥数十字，谈了四个或七个年头，究竟能有多少进益？至于不完善的教科书，所有教材，大半枯燥乏味，读了令人生厌；教员用这拘泥的态度教下去，更不消说可使学生昏昏欲睡，无甚进益了。

（二）拘泥教授顺序　我们以教育改良家自命的，往往也能活用教科书，也知教科书不完善而能自己编集教材；但是照着教授顺序教下去，也未免觉着不甚活动。什么引起动机或指示目的，什么预习或概览，什么练习话法，什么教学生字，什么读讲，什么深究整理，什么应用……一项项千篇一律的做下去；不必预习的也强要预习，不必深究的也强要深究。这种方法，也觉不自然之极！最可笑的：一个“人”字或“一”字，其实只须在学生需要的时机，轻轻指示一下，也就够了；我们也偏要练习话法，深究应用。这种模型式的教学方法，徒然枉费工夫，却又何苦来呢？

再就教授顺序的各段上说，也有许多不妥之处，例如：

话法练习　教员把课文演译成口语，一句句说给学生听，教学生一句句跟着他学，在教员很费工夫，在学生毫无趣味：真所谓“鹦鹉学语”罢了。

教授生字音义　在练习话法之后读讲课文之前，往往插入一段生字教学。话法读讲都重在完整的内容，生字教学却又注意零碎的形式；什么四声五声的辨别，一撇一捺的练习，浪费了许多时间，不但把完整的个体破碎了、隔断了，而且一时之间，要使学生读过一字，认识一字，且要能够分析书写，这也实是“硬做”！

深究形式　课文既已读讲过了，教师还恐文法上不大仔细，所以又加入深究形式一段，专在文法上做工夫。什么句法、章法、篇法，什么比喻、拟态、反复、重叠，什么总起分承，分起总结……噜哩噜嗦说了一大套文法上的名称，学生听了实在莫明其妙。

应用练习　课文文法深究之后，教员以为可以教他把学过的文法活用了，所以在每课教学的末了，结以应用练习一段。**刚才明白或者还未明白的文法，马上就要使他活用，好比刚才知道要求吃饭的小孩，马上就把坚硬的东西给他吃，吃了还要他马上消化：这也太不自然！**

以上单就读书方面说，已发见了许多不自然的现象。至于缀文写字，也有许多违反自然的。例如：

（一）缀文　缀文往常有基本练习、构成指导、自作三种，基本练习中，什么正误、填字，什么视写、暗写，什么仿作、改作，都是由教员做主支配，学生跟着做机械，既没有开始的动机，也没有一定的目的，实在是很不自然的。构成指导，也往往有这弊病；为什么要构成这一篇文章（动机），为什么要用这方法构成，构成之后有什么用（目的）……这些问题，都被教员忽略过。命题自作，**教员出了和学生毫不相干的题目，教学生向壁虚构，更觉没有动机，毫无目的，不自然之至！**

（二）写字　往常做教员的预备了一套范字，悬挂在学生面前，或放在学生桌上，谆谆然对学生说这一字音义怎样，笔顺怎样，间架结构怎样，怎样写就好，怎样写就不好……自以教学的能事已尽；而学生却是你这样说，他这样听，究竟如何算好，他也实在英明其妙；动机何在，目的何如，除掉依样葫芦，随便写写以外，简直没有什么！所以这样写字教学法也觉得很不自然。

我们现在觉悟不自然的教学的结果，非但“事倍功半”，使学文字的人，觉着文字难学；而且因此终身厌恶文字，觉得读书毫无乐趣。一念不喜读书，凡书籍上所记载的古今中外的知识学问，就好比封锁在积谷仓里，终年不去过问，这真是教育上的绝大的危机！

自然的文字教学法，就是把以上种种不自然的教学法，竭力避去，改得自然些。教科书固然可以随时随地活用，教授顺序也不拘拘乎千篇一律；什么练习话法，教授生字音义，都没有显然的痕迹；什么深究形式，应用练习，也没有施行的必要；缀文写字，更是各有动机，各有目的，不教学生专做盲动的机械：这一来，虽不能把不自然的教学法，绝对避去，至少也可以改掉十分之六七了。

抽象说起来，文字的自然教学法，实际也不外乎把如下的各种原理做根据：

（一）学生自觉的需要　**要使学生自觉缺少文字，和缺少食物一般；凡人类缺少了食物，不能生活，生了需要的感觉，自然千方百计自己去求；学生缺少文字，不能满足他的求知欲，也自然尽心竭力欢喜去学。**

（二）学生已具的动作和经验　学生动作的倾向在哪一方面，教员就把哪一种文字的教材去教。例如他相信猫狗能说话，草木有思想的时候，教员就把这一类的文学书给他读，他有研究猫狗草木究竟是什么的倾向了，教员就把猫狗是动物、草木是植物的记载给他读。所选的文字教材，要恰和儿童的经验成一交点，所用的文字教授法，也要恰和儿童的学习成一交点。**文字断不可离开儿童的实际生活太远，要把文字做儿童生活中代表实事实物的工具；如此文字在儿童生活中，方才显得活而有价值了。**

（三）学生学习的兴趣　呆板的教材，要使儿童学习，儿童不知他价值何在，意义何如，自然生不出什么兴趣来。不生兴趣，自然就以学习为苦而没有什么功效了。文字的枯燥无味，实在和普通体操一般，教员选择的材料，和取用的教法，假使略带激急性，或者取那足以引人入胜的，那才可以使学生的兴趣油然而生，不致对文字而生厌苦之心。

具体说起来：文字的教学，该把语言的学习做基础。儿童学习语言，是因为常和社会接触、环境周旋，常有使用语言的需要，练习语言的机会，所以不知不觉自然学习的；决不是空空洞洞、呆呆板板、由大人预备了语言的教材，在教室里教学的。文字的教学法，也该有这种色彩。要把儿童的社会环境，设备得常有使用文字的需要，常有练习文字的机会，学生也自然不知不觉学会文字了。而且**文字是语言的代表，文字的程度要跟着语言的程度而增高的。儿童学语言，因为常常经验的缘故，能够数量增加**（识得许多名物），**意义明确，次序不乱；**他所学习的文字，也自然数量增加，意义明确，次序不乱了。所以文字的教学，要把语言做基础，和儿童的社会环境，也很有关系；也决不可空空洞洞、呆呆板板，不顾他的语言程度，不问他的社会环境，而专把文字符号灌输给学生的。

以上的说话，还嫌笼统，我且再把教学文字的步骤，述在下面：

第一步　教室里的东西，学校里的地段，同学们的姓名……一一用文字标记，使儿童自然识得许多单字、名词、语句。往常学校里，用了许多工夫，教学“人”“刀”“一”“二”……每个字要费两三点钟；改用这法，文字的范围可以不拘，文字的数量可以大增，而所费的时间却倒很少。而且使学生一方面见字形，一方面直接认识实物等，和实物等的功用……所教学的文字的意义自然格外明确了。

第二步　用文字替代语言，发布命令，指导学生的动作，使他们自然知道许多日常应用的语句。例如“起立、就坐、开门、关门、刷牙齿、洗手、扫地”……一切学生应有的动作，教员在学生既有习惯之后，只须写字不必说，教他们依着所写的字做事，那就觉得文字和事物动作联络一气，不相分离，文字的效用也就显得是活的了。

第三步　故事图上一部分重要处，用文字记载，使儿童听了教员所讲的故事，看了故事图，知道所记载的文字的意义。故事童话，是儿童所喜欢听的，故事图是儿童听讲故事时所直观的重要处有一部分用文字记载了，儿童因为直观的缘故，也自然容易注意这一部分的文字了——这时图多字少，图容易明白，字也可以不觉得烦苦；不比教科书字多图少，要识了字才能够明白插图。

第四步　已经能口诵的儿歌，用文字记出，使儿童复看文字。儿歌是儿童喜欢口唱的，到他略能看文字的时候，便把他能够口诵的儿歌，用文字记出，给他们看，他们一定很有趣味，肯看了文字吟唱。

第五步　故事的上半段口讲给儿童听，到紧要处忽然停着不讲了却用文字记述下半段，使儿童自己去看。讲故事讲到中段，听的人的兴趣，已经提起了，必定注意急急要听下半段，现在停顿了不讲，用文字给他看，他也一定肯注意看的。

第六步　到此方才把书本给儿童读，先读文学书，次读经过文学化的各种书如自然研究，社会研究，卫生修身等许多故事读本。在读书以外如第一步第二步的方法，仍旧继续不断的行下去，文字的教材既然很有生气，教学方面的能事也自然可以说一半完成了。而且所读的文学等书，也要有自然的排列法，例如：

一、**先教学字句多反复的童话传记**。例如“小猫拾着一个皮球，当他是宝贝。小猫拿了宝贝给鸭看，鸭道：“原来是一个大蛋。”小猫拿了宝贝给鹅看，鹅道：“原来是一粒大谷。”小猫拿了宝贝给猴子看，猴子道：“原来是一只大桃子。”小猫拿了宝贝给孩子看，孩子拿起来拍几拍；小猫叫道：“不好了！不好了！宝贝要破了。”这一类的故事很多很多，给低年级儿童读最相宜，生字可以不多读，所读的字句，却可以多次反复，使儿童格外认识得确实些。

二、次教学简短有韵，意思明了的白话诗歌。这一类自然成韵的诗歌，儿童也最喜欢读。因为儿童喜欢读这些东西，记载这些东西的文字，也间接使儿童认识了解了——这也是低年级很相宜的。

三、**次教学字句不必反复而内容却很简单有趣的童话传记诗歌等**——这是适于中年级的。

四、**最后教学不离现实的传记小说剧本等**——这是适于高年级的。

此外还有一个辅助，就是引导他们自己到图书室里去看图。图书室里陈列许多有趣味可参考的书籍，由学生自己去看。儿童遇到了新事物，发生了新问题，往往没有解决的方法，图书室里的书籍，实是他们的先生朋友，教师应当利用机会，使他向这些先生朋友们问难。

以上单就读书方面说，缀文写字方面，也很有许多自然的方法。例如：

（一）儿童做的成绩品，或儿童自己的东西，都由儿童自己写标签，标明名目功用等。

（二）教师发了命令要教学生做的事情，由儿童自己记录下来以免遗忘。

（三）对教师报告，对同学布告，都由儿童用文字代表语言。

（四）所有看见过的，听见人家讲过的，一切新接触的事情，都由儿童一一记录下来。

（五）定期开展览会等，预备一切缀文写字的成绩。

（六）演戏布景和教室装饰，要用的对联中堂等，都由儿童自己制作。

（七）和人家通信。

（八）办学校新闻。

（九）……

实际读书、缀文、写字，本不必显然分别；缀文写字两项，更可不必分别。用这等方法教学，似乎有动机有目的，比那无故要读书，无故要缀文，无故要写字，岂不自然活动得多了吗？

至于读书的教学顺序，也只要很平常很自然的教学下去。在引起动机决定目的之后，教师从旁指导，使儿童努力欣赏，得到些读书的趣味也就算了。不要练习话法，不要特地教授生字音义，也不必深究文法应用练习。

有人说："文字是语言的背景，不练习话法，如何能够了解文字？"不知语言的练习，要在平常谈话和讲演会中，讲故事等的时候自然练习的，不是照了死的课文敷衍衍绎，就可以算练习的。照课文敷衍衍绎，不但不能使语言练习得纯熟，读文字的时间，反被他无端耗费了。

有人说；"生字的音义笔顺不特地教学，轻轻指点过去，将来如何能识能写？"不知文字的识和写，是要慢慢儿自然学会的，读过了许多，自然能识能写了。在读书时间，初见的生字，如何就要他能识能写？硬要他能识能写，所以加上这一段教学，其实结果和没有这一段教学同，倒枉费了许多无谓的工夫。假使说中国的文字不是特地练习，不容易使儿童能识能写；那也可以特地练习文字的，每天在读书之外制定五六分钟，预备了许多纸片，每片上写了单字或名词，一闪一烁的给儿童辨认（闪烁练习）；或者教儿童竞争速写，或者把容易误写的字由教师写正了贴在墙壁上，时时提醒他们。这样虽然也有些不自然，但是时间短少，方法多变换，也就不觉不自然了。

有人说："文法方面的公式，不深究不应用，将来如何能够了解，能够活用?”不知文法的了解活用，也都和经验有关系的；读书多了，自然会有文法上的经验，谆谆告戒是无用的。必要指点文法，也要在读书既多的高年级时，每课书都把文法上的公式指点他们，并且使他们仿作，如何有效呢?

总之所谓文字的自然教学法，也并不是绝对的把以前的方法废掉，不过把以前许多费时而无效的方法力求改良罢了——缀文的命题作文，写字的临写范本读书的练习生字指导文法等，也不是绝对不用；不过用的时候，总要有动机，总要有目的，断不可专教学生做教师的机械。苟其在一个“设计”的中间，要命题作文要临写范本……等，那就不妨仍旧暂用旧法。在设计中间而用旧法，那就不觉得旧法不自然了。

文字的自然教学法，结果非但可使学生自然认识许多文字，并且可使学生能够控制文字，整理文字，对于文字生兴趣；换一句说：就是可以养成学生能够读书，喜欢读书的习惯，不做书本的机器，文字的奴隶。你看世间有两种读书人：一种名为读书而实际不读书的，他把书本“束之高阁”，不去过问；一种也觉喜欢读书，“手不释卷”的常和书本亲近，但是除掉记诵之外，没有一点灵性。前一种是学校教书，专由教员分析注入使学生兴味减杀的结果，后一种是私塾教书，专由学生盲然诵读养成机械的习惯的结果，两种都是所谓“不自然”的教学法的遗误。这样说起来，不要说我国文字难识、难写……格外要改良教学法，即使文字改良得易识易写……了，教学法的改良也是必要的。

27 国语科“话法”教学的新案

黎锦熙（1890—1978），著名语言文字学家、词典编纂家、文字改革家、教育家。字劭西，湖南湘潭人。在普及白话文、《国语辞典》之编订、文字改革、推广普通话等方面成就卓著。1911 年毕业于湖南优级师范，开始从事教育工作。1915 年应教育部之聘，到北京任教科书特约编纂员。1917 年他向教育部建议编纂《国语辞典》。1920 年，他促成教育部改定小学的“国文科”为“国语科”，以白话文取代文言文，并废除小学“读经”。黎氏先后任北京高等师范、北京女子师范大学、北京大学、燕京大学国文系教授。1937 年随北京师范大学西迁，任系主任、师范学院院长等职。1948 年回北京，任北京师范大学文学院院长兼国文系主任。

专著《新著国语文法》，第一次科学地、系统地揭示了我国白话文内在的语言规律，是我国第一部完整的、具有自己独特体系的、将传统语法体系应用于现代汉语的专门著作。黎氏对国文国语学科改革，用力甚劬。

本文原载《教育杂志》第 14 卷第 4 号（1922），以方案的形式，对国语科中说话、听话训练的内容、要求和方法作了详备的说明。“话法”教学，是当时正引发开垦的全新领域，因此其《新案》引起了教育界的瞩目。

我曾在这杂志上登过一篇《国语的标准语与话法》的讲演稿（见第十三卷第六号“国语号”），后来我又将对于国语话法教学的感想，在所谓《国语教育百论》中，陈述了两篇：一是说明话法教学与读法不同的特质；一是主张将全国的方言粗略地分为十二区，各用适宜的话法教学法，不必求其一致（见十年六月间的《时事新报》学灯栏）。近来各处到北京学习国语的人，时常问我这话法的实际的教学法，究竟应该怎么样；我也因半年以来，教育界主张口语统一的，对于标准口语的教学方法，渐渐地有了切实的讨论，平稳的觉悟；所以本人的经验，参以时贤的著述，特地草成这篇“新案”，以供实际教育家的采择。不过预先要声族是用他们家乡的方言，而保育儿童的奶妈或与儿童最接近的雇工们又是本地人，于是儿童开始就学得两种语言；若是以后转地太多，这个儿童的语言大抵渐渐地化为一种混合的音调，为他个人所特有。所以**在标准语地方，而不是本地人的家庭，虽平时不能不说说家乡话，却要认定一种标准语，作日常的用语，那么，在怀抱中的小孩才能得到一个摹仿的定范。**

（2）蒙养园自然要用标准语的：一，因为保姆不能全是本地人，若不大家练熟一种标准语，于保育上组织上便生出许多障碍。二，标准语地方也有应淘汰的土语，也就得靠有教育性的标准语来矫正一些。

（3）若是在家庭受了标准语的训练的幼稚生，到了蒙养园，自然没有什么困难。若是在家庭说惯了异乡话，那就要施特别的训练，教他从这新的环境内学习第二种语言——在事实上，一个都会的蒙养园，断没有能说许多异乡话的保姆；所以这种幼稚生势也不能不模仿第二种语言了；不过训练上的精神和兴趣，一时间要稍微受点儿障碍罢了。

（4）蒙养园的功课，大都单是使用语言的，便可随时随地施话法上相当的教学——虽然蒙养园有时也可以练习写读，但主要的教学工具还是语言。

（5）国民初年级也还不可开始便教学读法。因为——

读法所用的教材，总要比儿童语言的程度略低。文字原是表示语言的符号，他的生命全在语言上；儿童不会说的话，须先教给他，使他能说，然后看读这种符号，在心理上才有根据；所以读法教材必须跟着儿童语言程度的后面走。

因此，国民初年级，先从话法教学——就是从实物或图画上问答或谈话——入手，在读法的预备上，就有两个好处：一，可以约略测定他们所能运用的“字量”；二，可以约略整齐划一他们语言的习惯，使将来读法上减少许多困难——大约从开学起，至少一星期，不要用书。

（6）若发现初年级儿童中有语言上的障碍的（如未经标准语训练的或从他乡初来的等），便须另行处理；或看学校情形另设一班；或特加教学话法的时间，从新练习第二种语言，和远于标准语的地方一样。

（7）本来初年级教学读法，是应该从“实物示教”“图画示教”入手的，一方面固然是叫儿童从经验上直观上真切的了知那教材的内容；一方面也就是叫儿童从经验上直观上真切的学习种种生活必需的语言。趁这机会，施行相当的话法教学，利用儿童发表的冲动和摹仿的本能，整理、矫正、改良他们惯用的语言，叫他们能够一致的向着标准语的进程练习去：这就是读法前的话法之精意所在。

〔附言〕杜威博士在南京讲演《教育哲学》，有一次是专讲语言文字之教授的，现在将笔记节录一段于后，以相证明：学习语言的过程，大约可分为三步说明——

（1）增加词句的数目　不但所见人物的名称，就是行为等等，总要愈多愈好：这是词句分量的增加。

词句的数目有两种：（a）主动的，自己可以随意运用，而且总能了解；（b）被动的，自己不能随意运用，只能看人家运用而领略其意。总之这两种都是想把经验推广。经验的范围愈广，语言的数目愈增。

推广经验的方法——学习语言的方法，就是要与环境接触。环境中一切词类，都是从实事物生出来的，所以总能清切了解。但是学校里教的语言，大概从死书里来的，所以是死的、不明意义的、不能运用的。

（2）认识逐渐精切　普通对于词句的意义，大概是含混不清，所以对于一种事物，似乎有十个八个词都可以合用而不知究竟用哪一个最妥当、最能表达这种事物的意义；所以他就随意用了七八个似是而非的词，以为总有一个可以命中；而不知只要发射一个子弹就大可以命中的。

（3）使所用的词句前后衔接　语句的组织（Uniting）最要紧。学校里常用两三个不成句的词类来表意义，又如用“填字法”。都不足以造成连络衔接的习惯。常人说话，多重复，意义常不清楚，前后又不相贯串。所以教授语言的要点，在于使儿童的经验，能够前后一贯，中间无空。范话之后，再使反复练习，那儿童就能有天然的连贯，天然的系统，天然的组织了。可是要使他能自由发挥，才是自动的贯串；不要照教师对书本去作抄袭的机械的死的贯串，否则终不能养成有系统组织、有条理秩序的语言。

（二）**读法内的话法**　到了国民学校用读本作教学的工具的时候，国语科的教学算是以读法为主体了。但是读法决不专是对着书本讲解诵读；这种送子弟上学校去“念书”的误解，在中国，因为科举遗毒太深，大多数的家庭还是如此；小学教师也还有错认读法只是对书讲读的。退一步说，读法的狭义只在教儿童讲解诵读；国语科的最大目的，原在求儿童能够看书，欣赏文学；尽管如此，也不可不随时从话法方面培植一个基础。因为现在国文已改为国语，语体文中精密的意义和活动的精神，断不是书本上能够完全得到的；一定要把这种作语体文标准的语言，了解得真，运用得熟了，根据着这种语言上的经验，才能得到这种语体文里头的神味。所以单靠读法上的方法来教学读法，是不能使读法教学彻底的；所以在读法前的话法外，还要注意读法内的话法，现在列举出来：

（1）读法教材，尽先从耳中听熟，口头说熟的材料中去采取，再加意匠经营，便成文学化。若到不能不用儿童经验以外的——语言中所未有的事物作教材时，便须注意以下两事：

（ㄅ）形式方面的语句组织，要比较正在学习的程度容易一等——

如此，读法才可以得透切的了解，不至影响模糊；并且儿童预习时才易发生阅看和进求的兴趣。

（ㄆ）这种经验以外的新教材，总须设法先从说话方面打进去，这就是教授阶段中“预备”段的职务。

（2）某课要从“实物示教”“图画示教”入手时，那问答、说明所用语词的选择和语句的组织，或示范、或矫正，处处都要看作话法的实际教学——在教段的“整理”段中，儿童问疑、教师试问、儿童发表，都要注意此点。

（3）初年级用故事童话等作教材时，读本文字尚短，自然不能尽其原委曲折；那么，教师因先用口讲（斟酌可用故事画），使儿童们静听。然后叫他们问疑，然后试问，或使他们学讲，然后看书。教师当口讲时，要注意以下两事：

（ㄅ）语词要多使用儿童已经学过的；语句要适合他们语言的程度。

（ㄆ）新的语词（就文字言，即是生字），名词要用实物或图画标本来示意；动词形容词等要用“仿效的动作”或拿“比喻的形状”来示意。这些新词的示意方法，必须预先酌定。总须使听讲者真切地了解，毫不含糊；学讲者也真切地发表，词意交融，“意内言外”，并非机械的朦胧的仿说一遍。

（4）年级渐高，课文渐长，儿童又有了“预习”；上课时应先使他们口讲，要注意的，也有三事：

（ㄅ）第一不要对着书讲。

（ㄆ）只须简单说个大意，不是背诵全文

（ㄇ）留心考察他们对于这课中的新词句究竟在预习时真切地了解没有。

（5）当儿童口讲大意完了，还没有把新词和难语句质疑（即整理段中事项）以前，还有一段很重要的手续：就是**教师要先把课文朗读**

一二遍，只叫儿童静听，不看书。这是磨练他们的听官，使之和正确的语音语调结合得极纯熟而牢固。耳根既利，口齿自清。这是话法教学的要点。教师朗读时，也有三个要项：

（ㄅ）要用谈话或演讲的态度（即美读法），不只是读课文的字音。

（ㄆ）遇着新的词句，也要逐一的用“示意方法”表明出来，如上第（3）条（ㄆ）项所说的法子。于是儿童预习时所有的难语句，要质疑的，就此可以从教师的说话和动作中得到一些真切的意义了；这是离开书本，叫他们从耳目的经验上得到字义、解释疑团的一种方法。

（ㄇ）新词句既用了适当的方法示意了，还可以把这新词句设为种种的例句，马上（或朗读之后）叫儿童们先从口头上摹仿练习，以为读解的准备——这也是离开书本，叫他们从口耳和肢体的动作里，把所得到的字义，更加一番真切的工夫，即此可以增加他们语言的经验。而这种活动的方法，更可帮助记忆，引起兴趣。

（6）教师朗读和示意练习的种种手续完了，接着便可以打开读本，从事整理吗？还要慢着！且叫全班儿童跟着教师的范读大家朗读一遍。新词的发音，难而长的语句，不妨多读几遍。然后看书。

〔注意〕以上（5）（6）两条所说，似乎要属读法的范围；可是这种手续，重要之点在“不看书”，专作口耳的练习，所以是话法教学一种示范的方法，并且是使话法和读法联贯一致的最好方法。

（7）自此以后，打开书本，就可以完全按着读法上的教学程序施行了。可是在“整理”“比较”“应用”等等阶段中，到处有练习话法的机会，都可以照第（2）条所说的意思做去；而“表演”一项，更是和话法教学融成一片的。

以上七条，都是就教授新教材方面说的。至于复习旧教材，向来只是按课温习，不离书本；若是要从读法里运用话法的教学，便需另用一种复习的方法。**读本的复习，与话法的练习，可使发生很密切而很便利的关联。**

（1）当新课未教之先，至少要把一时间复习前课。寻常的方法，未免偏重眼和手练习，如默写、缀句、笔答等。应该添加口耳方面的练习法：起首，就叫学生静听教师朗读一遍，再使全班跟着朗读一遍。这是很容易的练习，然而也是很重要的练习。因为上课之初，专心致志的听读一回，对于正确的发音和语势，可以得一种清新明了的注意和观念之再生。然后作较难的练习，便可预防许多记忆上习惯的错误。

（2）其次，要把前课的材料作十几分钟的“会话”：或师问生答（指名问答），全班批坪，再由师决（或全班同答，均可），或互相问答（要指定程度较高的；使他生听，或批评）。

（3）于是教师在以上两项练习的时候，应看明白全班对于旧课的成绩究竟怎样。其中若有普通的困难之点，便须特别提出，另设种种方法，反复练习——这些困难，有时在教材的实质方面，好像不是语言词句上的问题；但是也须从语言上去矫正他们的实质上的谬误。其实，语言方面的困难，究竟较多，如连词不能命中、组句不能达意种种毛病，这是最要留心矫正，特别提出，设法练习的。

（4）若是没有这种困难了，便须把旧课里边最重要、最有用之点，也特别提出，设法再加练习。如前课新出现的句式，在以后各课常要用的，便须就从前已学的材料，多设同式的句子，使他们作口头的反复练习。又如前课有习用的成语，便须多设不同样的句子，叫他们练习语言中活用这些成语的方法——上条是矫正的练习法，这条是扩充的练习法。

（5）读法中关于内容的练习，以及其他各科的练习，与其多出题目作纸片的问答，不如多用语言作口头的问答。用语言的练习，不但能增加话法教学的机会，就在各科的教学上也有很多的好处——

（ㄅ）要知道所教学的功课，儿童们真能领会吗？没有误解吗？记得清楚吗？可以活用吗？惟有用语言的练习，可以立刻考验出来。

（ㄆ）发观他们的误谬和缺点，可以立刻设法矫正补救。

（ㄇ）问答时，容易唤起他们的注意；并且可以变换方法，容易添加兴味。

（ㄈ）尽管反复练习，所费的时间，比较的总经济得多。所以各种教材的练习，若都能注重于使用语言，那么，话法的教学，就可如“水银泻地，无孔不入”了。

话法的正式教学法，一在读法前，一在读法内，已如上所说。在标准语地方，施行此法，自然便利。是方言太多的区域，势不能骤然完全改变；虽也不妨采用这种正式教学法，但只算是方言的话法教学，不是标准语的话法教学了。所以**“读法外的话法”，倒是多数地方要实行的；必如此，方不苦教师以所难，又易收统一的功效。**本节开首已将编制和教学法的要点论述一个大概，现在再补说一点具体的教学方法。

在远于标准语的地方，如闽、粤、苏、浙一带的人，语词语音，十分之九和标准语不合，一旦要学习标准语，实在和学习一种外国语的情形差不多，不过彼此还有统一的文字罢了，然而在话法的教学上，文字也是用不着的。所以这**“读法外”的话法教学法，实在可以斟酌采用欧美近来通行的“外国语教学法”。**条述于下：

（1）现在远地教学国音国语的，大都先教注音字母的发音部位，次教拼法；再教五声；都用汉字注明。这是先把无意义的音素，和自短而长的音组，教给学生，从音的方面打一个基础，然后教学有意义的语言。旧法教学外国语，也是先从字母拼音入手，一般批评家说他的短处，在不用音来达意，枯燥无味；是很近论理的方法，不是合乎心理的方法。所以此法用来教成人的标准语，倒有一点“提要钩元”“举一反三”的妙用；用来教小学生，便不合他们的心理，而效果减少了。

（2）也有起首就教有意义的单词短语的，先练习字与词的国音，再练习句子（因为字母拼法已在读法中教学，所以不列入话法）。这和一般所用读法的步趣相同，未免将话法的特质混于读法；压抑语言的活气，使屈就书本文字的范围；还是偏重读书，不是精练“口”“耳”。

（3）又有用固定的“会话”课本的，起首就用句子，自然比较的合乎语言的心理了。可是固定的材料，往往与目前的生活环境无关；在儿童，因觉凭空问答，情景不切；在成人，也觉无谓寒暄，了无佳趣——以上两个方法，教学外国语的旧法也多用之。

（4）近来外国语的教学上风行一种“直观法”（The Direct Method），其要点——

（ㄅ）用眼前实物或图画作提示的教材；从而发生种种的言语，教学生听和说——先就教室内所有，如提示一本书，说“这是一本书”“这本书是我的”……或指着一幅风景图——用简单句子说明；程度依序渐进。

（ㄆ）遇着动词等，教师并用仿效的动作或态度示意。

（ㄇ）非必要时，不加译解。

（ㄈ）以能发表思想的整句为主；非到相当的时机，不用分解法（Analytic Method. 如（1）（2）两种，都是用分解法起首的），剖析字义。

（5）直观法还有一种不须特用实物或图画示教的，就是法国孤音式（Gouin System）的教学法中之“循序演进法”（Serioies Method. 或译为连珠法）。此法最注重动词的用法；教学的时候，描摹各种事情的动作，大都依着次序，蝉联而下，毫不参差凌乱。用此法时，教师须有优美活泼的姿势，随说随做，教学生完全摹仿。现在举一个教学英语的例：（见张士一《英语教学法》讲演录）

“如拿 I open the door 做题目，就照开门时候所做的各种动作，顺自然的次序，用短句说出来，I walk towards the door. I stop at the door，I stretch out my arm. I take hold of the door handle. I pull the door open.”

（6）以上两种方法，都有长处；大可以采作纯粹话法的教学法。此外还可以加用一种“命令动作法”，开首就用命令的句子，教学生照着实行各种的动作，使语言立刻发生效果。也引张君的讲演录中一段来说明：

例如教员说 Stand up，同时用手势示意。使学生做。学生照做了之后，教员说 Sit down，也用手势示意，使学生做。全班同做几次之后，教员可以单指一个学生说。这两句变化练习了多次，可以再添两句。

例如指一个学生说 Stand up. Come here. Go back. Sit down. 教员随说，学生随做。等到学生听得回数很多了，才使他们学说。起初学说的时候，教员可以指一个学生说 Stand up，而使其余的学生也向他说这句话。以后可以使一个学生说给又一个学生做，或者说给教员做。可以用种种变化练习的方法。这里不过举一个例罢了。

用这个法子教授，要注意以下四点：

（一）所命令学生做的动作须要是显而易见的大动作，例如上面所说的四句。还有如 Open the door，Close the door 等类。

（二）命令的时候，教员所在的地方须要逐渐变换。例如起初教员站在讲坛上对一个学生说 Come here。以后教员站在别的地方，或坐在别的地方，说 Come here。使学生在各种情景里头得到确切的意义。

（三）拿句中所用的字来做各种的配合，成为各种新的句子反复练习。例如 sit 一个字见在 sit down 一句话里头以后，here 一个字见在 come here 一句里头以后，再要配合成为 Sit here 一句去练习。

（四）所用示意的手势等类须要逐渐逐渐脱样，使学生能够单从声音上得到意义。

这个命令动作法，大概有以下几个优点：

（一）自从第一天起，就用英语来发生语言的效果。因为学生要听他做动作的。因此，学生的态度，较近于人生真的用语言时候的态度。注意较多而学得真切。

（二）在初学入手的时间，宜乎使学生先听得清楚。不必急于使他们说得出，因为凡是没有听清楚的声音，必不能仿效得清楚。过于早说而没有听清楚，反使说错，是不经济的办法。强迫他们不说又是不好。

现在使他们听音而做动作，他们就自然多注意于听和做，而急于要说的倾向减少了。

这种倾向的减少，在入手的时期以内，实在是很有益的。

（三）这种肌肉的动作，可以帮助得到语言的意义。因为动作的经验和语言的经验联在一块之后；语言的意义更加真切而丰富。也更加容易记得了。

（四）显明易见的动作，做得对不对，大家容易看见。因此教员容易立刻晓得学生懂不懂。同学在旁听而看的也容易明白做的对不对，因此也得到较多的温习。

（五）因为有动作，多活动，所以多变换而有兴趣。

（六）这种命令的句子，以后在上课的时候，就有日常应用的价值。

（七）这个教法，不但起首就有用全句的好处，并且各句天然相合成组。例如 Stand up 之后，天然是 Sit down。Come here 之后，天然是 Go back。还有 Stand up. Come here. Go back. Sit down 之类，也连贯成组，递演而进，记忆较为容易。

这种命令句教了许多之后自然要逐渐加入其他的句子，如 This is a book 之类…………

（7）以上（4）（5）（6）三条，**虽然是教学外国语的方法，但在方言太远的区域，学习他们素所未闻的标准语，那些新的名词动词……和新的成语等（句法组织，各地方言却大抵相同），若还避去那富于倚赖性的翻译法，音注法，而使脑筋里有直接的结合，筋肉上得充分的操练，便须多多的采用此法了。**等到程度渐进，可用故事传说、风景等作教材之后，这话法教学的大部分也就可与读法联合了。然而有不能尽纳入“读法内”的，还是仍旧添设“读法外”的话法时间为宜。

[附]

中等学校国文讲读教学改革案述要（节录）

黎锦熙

早在1938年，黎氏任教西安临时大学时，就对中等学校国文科的讲读教学和各级学校的作文教学，分别提出了“改革方案”。1949年，黎氏参加了《国文月刊》编辑工作，就将修订后的这两个方案公开发表，以纲要形式全面表述了他对语文教学的基本观点。

讲读教学改革案，要求人们严格地区分白话文和文言文的不同教法。黎氏强调：“白话文以‘耳’治始，以‘目’治终，其成绩之表现则全在‘口’，口耳与‘手’相应，而白话文之写作进步矣。文言则始终以‘口’为主，口治之极，自能影响‘目’与‘心’……”这一独特见解精奥而并不玄秘，甚具可操作性。此外，黎氏还主张用图解法来解剖课文的章法或句法，列出全篇主旨及每段大意之标题，都不失为讲读教学中有助于理清学生思路之良法。

原载《国文月刊》第51期（1947）。

中等学校国文教材和教法的改进问题，方面很广，事项至多。在造就中等师资的师范学院课程里，分科教材教法研究，已经列为必修，而学分不少，且辅以实习的科目。时贤对于中学国文教材和教法改进的种种意见，近年在各种刊物上也不断的提出发表。愚意以为历来全国中等学校之本国国语文成绩殊不见佳，其原因在教材方面的少，在教法方面的多；要谋中等学校的国文教法的改进，泛说固无益，偏举也太繁，宜以纵横统筹的眼光，察看其症结之所在，抓住病根，对症下药。

症结何在？就在教学讲读时，不知道把白话文的教材与文言文的教材分别处理，而只知道笼统地用一种大概相同的教学法。我于数年前曾拟具一篇《中等学校国文讲读教学改革案》，（登在国立各师范学院合编之《中等教育季刊》第一期，又西北师院抽印单行本）案中之主要点，就是针对着这种症结，想下一副根治的药剂。现在把那“两纲四目”的原则重述如下：

改革中等学校国文讲读的教学法，白话文与文言文各具一根本的大原则，每一原则又各具实践的两要目，合为“两纲四目”：

纲（甲）**白话文须与语言训练相联系：**

目（1）先须“耳治”（初讲时，学生不可看本文。）

目（2）注重“朗读”（须用美的说话式，并随时矫正字音、词调和语气。）

纲（乙）文言文视与外国语文同比例：

目（3）必须“背诵”（预习时，即宜熟读；已读者，分期背默。）

目（4）澈底“翻译”（逐字按句，译成白话，确依文法，勿稍含糊。）

这两纲只是两个大原则，四目也不过是对于这两大原则各做两个实践的说明，究竟当实际教学时，白话文与文言文教法不同之点安在，再把原案中较为具体的“教学程序”及所举教材实例中的重要说明，合并提述，并各补充如下：

（**ㄆ**）预习（在本篇讲授以前，全体课外各别行之。）

注意照两原则：

（甲）**白话文之预习，令其偏重“理解”；**

（乙）**文言文则偏重“记诵”。**（第3目云：“预习时即宜熟读。”凡文言文预习之参考品，最好即用简明的注解本，或令略检普通预习时所用字典辞书之类，并不要求其完全理解，不理解处，尽可预备“质疑”；最要在偏重“记诵”，如可能，即熟读。）

（**ㄆ**）整理（上堂讲授，只是整理其所预习者，使完全“理解”，故本节即名整理，当然包括矫正、补充等工作而言，此盖采用自动主义教学的意义也。)

(一)预习报告(本篇开讲时指名行之,至多以五人共十余分钟为度。)

注意照两原则:

(甲)白话文报告全篇大意及分段要点,但"绝对不可对看本文。"(是为第一个绝对)

(乙)文言文除略述大意外,短篇或韵文,直令"背诵";如办不到,则对本文试为美的朗读。(生字之注音,预习时最低限度须查明自注,故理解虽未易而诵读无难也。)

(甲)(乙)二者,皆须随时矫正其口头之字音、词调和语气。

(二)教员范读(长篇一遍,短篇或韵文二遍;逻辑式的美读示范;诗歌式的吟诵,重读押韵各字使合辙。)

注意照两原则:

(甲)**白话文之范读,必兼"表演"风味,学生只用耳听,目视教员,绝对不可对看本文。**(第1目云:"**先须耳治。**"白话文初讲时,最忌离开语言的声音笑貌,而专以目治文字。)

(乙)**文言文亦用"美读法",但学生须对看本文而听。**

(三)学生齐读(全体相和。)

注意照两原则:

(甲)白话文只跟着教员循声诵读一遍,仍"绝对不可对看本文"(**以上一、二、三三项,在白话文皆须绝对不可对看本文,是名"三绝对",即纯以"耳治",及本改革案精要处,**请特予注意!若不如此,此三项教学手续即完全失去效力。)

(乙)**文言文则全体对书自读,教员不复导读,但正其字音、词调和语气。**

(附注)以上"预习报告""范读","齐读"三项手续,其关于白话文"先须耳治"及训练"朗读"之学理根据,可参看"新著国语教学法"

（商务馆十四年版，二十八年修订）第一百页。

（四）学生个读（各别表现。指名行之，长篇则分段轮读，至多以三人共十分钟为度。）

文言白话皆对看本文而读，一人读完，共同批评之。（注意自此项起，白话文始令学生看本文，以目治。）

（五）学生质疑。

（六）教员试问（此非考问，乃反问其应疑而不知疑者）。此“质疑”与“试问”两项手续，即系将全篇中难字、难词、难语句之解释，及名物内容之疏证等，用此问答的“启发”方式，一一讲授，择要版书，督其笔记。（向来所谓教国文，仅仅办了这个，而且很少用此问答方式，只是“注入”而已。）

但若采用本改革案，教至此“质疑”与“试问”阶段时，白话文与文言文又自然大不相同。

注意照两原则：

（甲）白话文已提前，此补充。——即在前（二）项**“教员范读”时，学生系绝对不可对看本文，纯以“耳治”，如或遇有听不真与记不清**（谓已预习，听范读时应能了然，但或记不清楚）**之“难字、难词、难语句”，每一句组读毕，便命自由发问，**即当“提前”行引（五）质疑（六）试问之两项手续，且即提前版书并笔记，而学生仍绝对不看本文也；及到正式的（五）（六）阶段时，学生已看本文，必尚有“难字、难词、难语句”，在（二）项范读时未及提前教学者，至是则“补充”之而已。

（乙）文言文则循序，不提前。

（ㄇ）练习（或深究）

（一）概括图解

形式方面：篇章词句之文法总图解；

内容方面：全篇主旨及每段大意之标题，（如上项总图解完成，本项可即标列于其上方或左方；此即将前“整理”节目开始之“预习报告”作最后之修正，写成定本也）。

注意照两原则：

（甲）白话文以内容方面之分段标题为主。对于形式方面，须侧重篇章之组织；其词句之分析，可但挑出其难语句而做文法的图解；若本篇或篇中之一段须准备作白话译为文言之练习者，则宜完全图解。

（乙）文言文则以形式方面之词句分析及篇章组织之总图解为主。（此即使学生练习手抄课文一遍，但非呆抄，须依教员之版书，节节图解，随讲随抄耳。又宜特注意者；此并非教学文法，乃依文法的图解形式，以统整其对本篇所得之知识，及思想表现之规律，俾能细入而大涵；但若就此图解随宜提示文法上之术语，或另于规定之作文时间藉此实例以略授文法系统，亦无不可。）仍于图解之上方或左方，作内容方面之全文主旨及分段大意之标题。

（二）批评讨论

形式方面：如本篇文体之种类，文法及修辞之特点（此项不可泛说，必须就“总图解”指点，）与其在文学上之地位等；

内容方面：如本篇作品之时代关系及其影响，作家之生平及其著作背景，篇中名物、事实及问题之探讨与辩论等。（一般所谓救国文者，这些亦大抵办到，然如“文体”、“作家”等，往往开首便讲，未免逆节。）

（三）比较翻译

（甲）白话教材译为文言（自不必篇篇备此手续；应译者亦不必全篇，可择其重要部分。）

（乙）文言教材译为白话（原则第4目云：“澈底翻译”。故文言教材，应以篇篇翻译成白话为原则。）

凡文白对译，皆须根据前（一）项之“总图解”为之：若无总图解，而但以对译为作文题，则非“澈底”研究，而不属于讲读范围内之“练习”工作矣。练习文白对译，亦须用问答式。每翻定一字，即令学生用铅笔在所抄之“总图解”上照改一字，每读毕一句，就所改者顺文读之，随读随再斟酌，或省或添，务使文从字顺，两体判然，举凡易犯之不通或欠妥等等应注意之点，无论文白，在此均可触机广说，而皆有文法上确切的根据与通贯的系统矣。全部译完时，（甲）白译为文者，可只就“总图解”齐读一遍，不必另写。（乙）文译为白者，齐读后，各自誊写一遍，附于文言教材本篇之后。——大抵文译为白者，须教员有充分的准备，愚曾详举一实例，名曰“《礼记·礼运》篇‘天下为公’一节的文法图解和译白”，实以注释为主，简称“天下为公”（登在四川省《中等教育季刊》第一期，又西北师范学院抽印单行本），又于“国文讲读教学改革案”中，用此实例编成三个教案，意在贡献于中等学校国文教员，参采此法，每学期试就其应讲授之文言教材，分配担任，每人准备数篇，各撰成“天下为公”式之小册子，以图解为控制，以译白为归宿，则关于本篇名物、训诂、文法、修辞一切应解决之问题皆得解决，一切应备之材料皆充实而精当矣。

（四）分期温诵（温诵篇目，应统括以前一切已读而应温习之文，为之分配适宜的期间与分量，不应以本学期新授者为限，特新授者宜随篇趁势更多复习耳。其作业自在课外，但考核须在课内，半月一次，每次平均半小时。）

注意照两原则：

（甲）白话文对文朗读（第2目云：“注重朗读：须用美的说话式。”此与语言训练关系最大；朗读时，只考核其字音、词调和语气、态度，不须记忆，并非背诵。若关于所读内容之考核，则俟正式考试时出题条答可也。）

（乙）文言文背文诵默（第3目云：“必须背诵：已读者分期背默。”“背”即背诵，择定某短篇或长篇之一段，指名令掩卷口诵；“默”即默写，亦择定篇段起讫，令全体掩卷手书。各记其错误之有无多少，定为平时成绩之一部。背诵时之考核，亦须复核其字音、词调与语气、态度。文字音调不误而气度又合于美读法者，斯为上矣。默写亦可酌参“听写法”，听写法在白话文温习时亦可适用，但其功用大半在练习“写字”之赴速急就，与语言训练殊少关系，即在文言文，亦缺少考核读音之作用耳。

白话文以“耳”治始（初讲时，绝对不可对看本文），**以“目”治终**（练习考核时，只须“对文朗读”），**其成绩之表现则全在“口”，口自与“手”相应，而白话文之写作进步矣。文言文则始终以“口”治为主**（预习时即熟读，已读者必背诵），**口治之极，自能影响“目”与“心”，若一霎时之“眼到”与偶然间之“心到”，而“口”则长期不“到”。**如今学生之听讲文言文者，则其效果必等于零无疑也。口与耳关系密切（自读熟，自听惯），文言文若能贯彻“口到”，自然“声入心通”，既得于“心”，而应于“手”，故亦足促进其写作。

（匚）发展（即应用，系本篇讲读以后与一般课业联络关系。）

（一）创作（此指本篇讲读时与“作文”指导应联络之诸点。大凡作文出题与指导，必使与已讲读之教材有密切的关系，批改亦必使能据已读之文而反省。）

（二）活用（所指本篇精读时与“略读”指导应联络之诸点。大凡课外略读教材之选定，必以“精读”诸篇为中心，组成大小“单元”，而使对于精读之文得补充及扩大之益；并指导读法门径，使能系统化。）

※　※　※　※

（附言）上述改革中等学校国文讲读教学法之两纲四目及其在实际教学程序中文言白话两类教材分别处理法，是卅一年所草《大学国文之统筹与救济》文中之一节，题曰“根救”。今为补充作文教学改革案之基本的训练条件，故复提作专篇。原文续称：“其实，对着大学生的症候，预下中学生的药剂，不过是要把中学生六年间新讲授的文言文教材，让学生篇篇都能背诵而已。这种背诵，当然不是要回复到从前科举时代那种背书如流而全不晓其文义的情形，倘若以此相嘲，自应恕不接受（已经定有“澈底、翻译”一条原则可作保障）。但我敢保证：只要高中毕业生能办到这一点，一但升入大学，对于部颁的这个包罗四部、古香古色的大学国文选目五十篇，讲习读解，可以毫无问题。所以这是根救。”总之，我对于国文讲读改革的主张，只有两个要点：第一，**假若中等学校竟不选授“文言文”教材，我一定赞成，毫无犹豫；但若选授文言文教材，则一定要熟读背诵，否则全是浪费。第二，假若中等学校所授“白话文”教材，一律改用国语译音新字，我向来如此主张，毫不退转；但现实上仍不能不用方块儿的国字，则一定要照国音国调，高声朗诵，读成标准国语。否则，全民族共同欣赏的真正新文艺，乃至普遍应用的语文新工具，都永无建设成功之日。**

[附]

各级学校作文教学改革案（节录）

黎锦熙

黎氏曾提出国文教学三原则：一、写作重于讲读；二、改错先于求美；三、日札优于作文。其作文教学改革方案，正是以该三原则为指导思想的。基于此，黎氏把作文训练分为先后两个阶段：先求“通”，再求“美”。同时，又主张采用“符号批改法”：教员在有错的地方加上各种符号，由学生根据符号所示自行改错。此外，还要求指导学生在自行订正错误的同时，把各种错误及其订正办法，分类记载在相关的订正表内。黎氏的这种改革思想和方法，体现了一位语言学家治学治教的严谨性。如能坚持这样的改革案，不仅有利于培养学生掌握运用语言文字的规律，也有利于培养他们日后进行各种学术研究的能力和习惯。

原载《国文月刊》第52期（1947）。略有删节。

一 写作前之准备

一、“通”与“美”之标准及其指导与认识。（此属文法与修辞学之范围，应于讲读时就所选教材设计指点，并以朗诵〔语体文〕及熟读〔文言文〕为基本的训练条件。另详“讲读教学改革案”。）

二、字体之矫正与通融。（此属文字与声韵学之范围。亦应于讲读时注意及之。但实施矫正之工作重心，则在作文时之批改。）

三、出题法及作文前之指导。（另详专篇，如“作文或演说之三编十二法”等。）

二 批改法之改革及错误之分析

——使用“批改符号”之实际方案

作文批改及指导办法九条（民国二十七年八月西北联大国文教员周会议定，三十二年七月陕西省暑期中等教员讲讨会修订，三十四年九月西北师院国文系重订。）

一、批改中小学及专科以上学生作文，均应按照教育部“修正初中国文课程标准”作文练习第（2）项之规定：“采用各种符号，俾自行修改。”

二、用批改符号，以（1）用红笔，（2）标在字之右旁为原则。所用符号，务求简明。

三、教员于眉端或篇末仍可随意加批语。惟文中应改之处不可遽改，必须一律先用色笔照上列符号仔细标明，以凭反省自改。

四、标明符号后，发还学生自改：（1）用墨笔；（2）改在字之右旁。限期改毕复缴，然后核正记分（复核时，始为正式批改，即凡自改不成，与改得不对之处，再予订正；如遇文中佳处，仍可随意加圈点或双圈，或连点连圈），发还指导。

五、**每作文一次**，由各班教员于下次作文前**制佈全班“四种错误表”**如下：

（1）字体错误表（可简称误字表或错字表；但已承认之“异体字”亦可另表附于其后）

（2）文法错误表

（3）事实错误表

（4）思维错误表

每表（一）记出实例，（二）各按学理之系统种类，分别归纳之（如1表之白字错笔须依“语文学”分形、音、义归纳；2表须依“文法”系统及“修辞学”种类，分别归纳），（三）并分析其错误之原因。

六、前条“四种错误表”，应于每次作文批改后，即将材料分别登记，以资汇制；可令学生于“发还指导”时间内，各将所作篇中“错误”及“订正”，并原文“实例”，分别照录于小纸片。每个错误为一行，每种符号为一纸，当堂交齐。教员即加整理（用剪贴法）汇制为“四种错误表”，于下次作文前佈知。

（附注）此项小纸片，名为“错误登记表片”，可印成五栏表式：最上一短栏为“作文次数”，但记一数码，表明为第几次作文。次栏为“订正”，照录卷中订正之字。三栏为“错误”，照录原文错误之字。四栏为“实例”，摘抄原文，其抄法须注意四点：（1）“误字”但举一词，如“己”误作“已”，实例中只须举“自己”一词；（2）误字如系错笔及不成体，无须上下字证明者，即可不举实例；（3）“不通”等始录其有关之语句为实例；（4）凡所举实例，其中误处，及订正之字，均已分列在上两栏，实例中只须作一短直线，如“己”误“已”之实例，只须写作“自——”；（5）字句相同之错误，只须于“错误”栏中字之右上角，添注“2、3……”等码，记出次数，不须重举实例，填作一行；（6）标点错误，只分别记明次数，不举实例。上六点登记实例手续，教员须予以训练，俾臻熟习。五栏为“备注”，备教员分类归纳之用，学生登记时亦得自注其意见。又表外首行，上填“批改符号”如“ㄅ”为一片，“ㄘ”另为一片，每片用完，换发新片；首行下填“姓名”。每次作文，自改复缴，核正发还，当堂登记表片，仍须连卷交回。

七、相同之错误，于表中“错误”字句之右上角，用“二、三……”等小字记出人数，用“2、3……”等小码记出次数，以凭统计。（每人之次数，已由学生自行照卷登记于表片，此但由教员据表片总计之。）

八、每人之错误，须按名分项逐次登记（只记每项错误之总数，参后附注），惟相同之错误至两次以上者，须注意予以递重之警惩。

（附注）此项登记用纸，每人一纸，依序汇订，名为“学生写作错误登记册”，亦可印成五栏表式：最上一栏为“作文次数”；次栏为“全篇字数（约计）”；中栏为“错误单位”，再分“字体”、“文法”、“标点”、“事实”、“思维”五目；下栏为“分数参考”，最下一栏“备注”。

九、每学期末，总汇各次之四种错误表及各生之错误登记册，制成各种统计表，并可加以评断及改进方案，集体发表为论文或专著。

三　修养日记及读书札记

中等以下学校，学生例有“周记”，于实用上之写作训练，关系至巨，但多流于形式，故年级较高者，应改写“修养日记”，至于专科以上，则应兼写“读书札记”，或合并于修养日记而扩大充实之。兹列实际方案如下：

日记写作办法十四条（民国二十七年八月西北联大国文周会议订，三十四年九月西北师院教务处修订。）

（甲）修养日记

一、每周上国文（或文选）第一堂时，由教员按名分发“修养日记”格纸每人若干张，每张若干字，为本周写作之用。平均每日至少须写若干字。如多写致格纸不足时，可依式自行购用（或续以白纸，但大小行格须一律)。次周上国文第一堂时，一律将全周日记呈阅。

二、每周日记呈阅时，须先于第一页首行外写明“第几周修养日记”，下署“班别及姓名”。

三、**修养日记，以逐日于临睡前写讫为原则。以对于自己生活之反省与认识为主旨**。每日起居、行动、思想、言语、修己、治学、应事、待人等，依全日生活过程略记，随件反省，述其迷悟。对于社会国际问题及时事校事等，亦可自由发表其感想。

四、写日记时，文言白话随便，但须养成随写随加标点之习惯，(如句读圈点系占一格时，须注意行末之圈点不得转行，即加于本字格内。)字体不忌行书及便体字，但须整洁入格，不可潦草难辨。

五、教员评阅时，于文字、文法、思想、事实四方面，均适用“作文批改符号”(偶予直接改订亦可，由教员酌行之)，并可随加圈点及评语于眉端。按周记其成绩；其最优或太劣者，随时分别奖戒。

六、教员须兼任该班各生之导师，日记评阅后，按周分别汇送主任导师参考。参考后，由主任导师或仍由教员发还各生。各生应依符号自行改订，慎重保存，并逐周依次汇订，每学期为一册，以作个人之历史。主任导师及教员，皆可随时调阅。

(乙)读书札记

七、每学期开始，备生自备“读书札记”纸本或纸片(用纸本者，须分上下二册，以便呈阅时递换)，每月呈阅一次，其成绩并入“习作”成绩内计算。为简单便利计，亦得将“读书札记”与“修养日记”合并，即总名为“修养日记”(因读书亦系知识上之修养也)。

八、**读书札记，于每日听讲读书有得或有疑时，随手写记，一事为一条**(凡不与“修养日记”合并者，每条下须注明年月日)，所记长短多寡随意。最好以课外参考或浏览之书籍报志引其端绪，或记见闻实事，与所学互相印证；不可与听讲笔记重复，亦不可凭臆作空谈。

九、写札记时，所用文体及字体，准照前第四条之规定。

十、教员评阅及记成绩，准照前第五条之规定，惟札记中“疑有”各条，可随宜予以指导。其不属国文范围者，则批令持向他科教员请予指导。

十一、教员评阅后，分别发还，各自检讨。如仍有疑不能自决，可随时持向教员请益。其不属“国文”范围者，分向他科教员请益。

十二、札记各条，例无秩序，因每时所读书报，其内容不能限于一方面也。惟于每条之眉端可随时标一数目字，以资分类。

十三、**札记届满一学期或一学年，即可按标类之数码，检集同类各条，组成单篇，分标题目：积久即为各种专题研究论文之资料。**

（丙）附则

十四、如潜心课程之温理参考（课外整理听讲笔记，并就笔记补充材料），或致力专著作品（如课外习作诗词戏曲小说等，或搜集调查语文或国学之专题资料），或担任文字宣传（如壁报，一般物刊投稿，社会服务），以致无暇依第八条写札记时，即将所作之上述各件，每月继续呈阅一次，以代札记。（如实因学力太差，尚须对日常功课作全时间之技术的练习者，可依照前（甲）项第三条仅写简单之“修养日记”以当学业报告。至于既无札记，又无其他各件及日记报告者，每月终由担任“习作”之教员开报主任导师。）

四　结语

各级学校本国语文科，其水准颇有江河日下之势，原因全在教学方法之陈陈相因，不凭经验以谋改革。今如欲求进步，谨拟教学上之三原则如下；

一、写作重于讲读

这本来是一般人都承认的，只缘各级学校之国文教员，大多数因为负担太重，时间不够，对于学生作文的批改和指导，实在太轻忽了，所以特提出来，作为第一原则。但是，注重写作，并非单单的要学生作文的次数加多，教员的批改和指导，也须把握一个原则。

二、改错先于求美

一般改订作文，多属凭虚望气。对于四百号的“语文”基本工具，师生都还运用未熟，纰缪百出，乃但凭霎时间的主观私见，一味做八百号“文艺”上的笼统批评。“通”“不通”的问题还没有解决，就净说些“美”“不美”的鬼话。今矫此弊，故以改错当先，求美居后。本篇前（二）节之批改指导实际方案，要义有二：一在使学生反省自改，如此方能“不贰过”，否则错误成习性者，不易转移；一在制布四种错误表，如此即是“师生合作”，为师者根据此种实际好材料，细心分析，统计研究，藉以长养自身学识，并可发现自己错误，较之浏览浅尝，空谈无补，胜万万倍（鄙意以为“文法”“文字”“音韵”以及表现的“心理”等学术，学生作文簿中的错误，实是头等研究材料；从此等材料作不断的研究，必然对于上举诸种学术有创造的贡献），而学生之分别登记（见前办法第六条）实亦大有助益于其师之工作也。故师之勤勤恳恳，终宵摩挲学生作文簿，实是“为己”之学；生之一改再核，三检四登，澈底自省求进，亦大呈献其“为人”之效。彼此皆能人己交利，故乐莫乐于国文教员之改订作文，然而现实则大以为苦，这原因又安在？

三、日札优于作文

日记札记，有内容，重资源，比之堂上限时作文，偏重语文形式之正确无误者，当然益处更多，效用较大。日记札记，包括堂下拟题写作等，应当积极的有目标有用处，不像堂上作文仅是消极的备考核，供改订而已。前（三）节之日札写作实际方案，要义亦有二：一为实现“训教合一”，导师从每个学生每日生活的自白与课业心得的自述中，可以得到训育上较为切实的参考资料，便于各别领导。一为专科以上之“论文准备”，读书积理，早定方针，从日札上即可作点滴的搜集和长期的浸润，免致像现在临到毕业才张皇抓题，糊乱抄袭，**大学的毕业论文，竟成为徒备形**

式，无关课业的废物，毛病就出在平日缺少具有固定方式与轨道的指导。课业、泛览、生活、与论文各不相联系，惟有日札才可使一元化。

总之，作文仍以讲读为基，讲读教学方法若不改革，习作必受其影响。为互相照应计，别述之于专篇。

28　中学校国文教学问题

穆济波（1889—1976），早期著名的语文教育家。四川合江人。成都高师毕业。长期在南京东南大学附中任教。在1922年新学制确立后的课程标准，其中，《高中必修科国文科学程纲要》，就是由穆氏拟定的。所谓“必修科国文科”，就是针对高中学生中国文基础相对较好的学生特为设置的。《纲要》阐明其内容含2项：甲为文字学，乙为文艺概论。文字学又分言语与文字、字音、字形和字义；文艺概论又分文学概说、中国历代文学之变迁、近世西方文学思潮之激变。如此精深的内容，拟订者非有深厚的学养很难胜任此项工作。

在语文教材发展史上，早期文、白分编的革新尝试中，穆氏曾为中华书局编过《初级国语读本》《初级文言读本》《高级国语读本》和《高级文言读本》，分别供初中、高中使用。

穆氏《中学校国文教学问题》一文原载《中等教育》第2卷第5期（1923），着重探讨了三个重要问题：第一，国文国语在教学上有何价值？第二，语文的本身是不是教育的目的？第三，国文国语教学的目的何在？宋文翰、朱自清对穆的论述，进行了认真的讨论与批评。深入研读他们的不同观点，对我们当前深化语文教育研究，不无启迪与裨益。

原载《中等教育》第2卷第5期（1923）。

一、国文国语在教学上有什么价值?

这个问题，似乎不值得讲，因为同是中国人，绝没有不曾理会得国文国语在教学上的价值之理；而且一般中学校通常都以本科为第一必修科目，这尤其可以证明人人都知道国文国语教学的重要了。但是细心调查，事实上每每不如此，不特中学生不了解，有时连办学校的对此科教学观念也未必明了；不特办学校的对此科教学观念有不明了，就是本科教员在职分内也不免发生误解；所以要讨论本科的教学问题，根本便须要将国文国语在教学上的价值重新估定。

我以为**国文国语在教学上的价值**，可以分三方面讲。

在个人方面：(1) 是**满足现实生活的需要**；(2) 是**发展精神生活的需要**。

在社会方面：(1) 是**社会生活巩固的需要**；(2) **社会生命永久的需要**。

在国家方面：(1) **是国家组织的需要**；(2) **是国家存在的需要**。

何以说是满足现实生活的需要呢？因为个人的生活，在自我一方面，不能不有表示思想意念的要求；不能不有表示知识经验传达的要求；而在社交一方面，所以济殊方言语之穷与求情意的普遍，也不能不要求有一种公共的言语文字与夫一种公共的言语文字之法式。假使一个人在这社会里生活，而不能与一社会的群众有情意流通的工具，这人有多少苦痛，这其间又有多少隔膜?

何以说是发展精神生活的需要呢？因为人类一切知识经验的供给，全靠语言文字的传达，因此如个人情绪与情操的培育，意志的建设与锻炼，信仰的基础，总之人格训练与修养不能不有赖于此；而艺术生活的陶冶，如欣赏的增高，创作的引诱，人类精神欲趋向于“真”、“善”、“美”之途，更不能不以是为发轫之地。个人奄忽的生命之存在与否?

胥视此而定，人间欲求不朽的事业，假使莫有言语文字这群众生命精神的寄托，更从何处去寻找呢？

何以说是社会生活巩固的需要呢？一个社会里群众情感生活的流通，与思想精神的一致，为群众精神团结的根本。情感所以能流通，精神所以能一致，非有统一的语言文字不易成功。假使社会中个体顿呈分裂之象，社会生活便不稳固；假使社会中有多数人完全无精神生活、现实生活所必要的语文知识，则此偏枯的群众，与一个社会无形隔膜，不特一切利益无从享受，而且为一个社会团结之累，不幸的根源；何况一个社会不能不有社会过去的生命，生命进化的蜕变，一切学术技艺的渊源。总之古代文化的存在，所以形成今日的社会生活者，无一不在此共同应用之语言文字中。人类能继续发展，便当首先习成此公同应用的工具。

何以说是社会生命永久的需要呢？人们承受古代文化而发展为现代文化，又将现代文化传达后代便是社会生命的寄托。未来社会之创进，正赖人们现在的努力，所有新人生的启示与指导，理想世界的显现，非有语文为之传达，何由表布？故知社会生命的永久与否，全基于此。

何以说是国家组织的需要呢？许多民族合为一个国家，这国型成立之原因即基于文化之调和，而语文实文化中最大最要之一端，国与民之连锁即全赖乎此。国家成立以后，其立国之精神，即由语文而继续传衍(所谓国魂者是)。亡人之国，必灭其语言文字；反之，国虽亡而语言文字不灭，文化并不因之衰歇，则古国之生命仍可永远存在。吾人今日尚可考见古代希腊民众之精神者以此。国防于边防于海者形，所以不为与国精神之征服者，必其国有永远立国之文化；浅言之，必有代表一国之语言文字。

何以说是国家存在的需要呢？一国而希求一国生命之永存，则国民之先觉者必有所以诏其国中未来之主人，所谓国民的教育，乃国家的事业。譬之今日之中国，如其苟欲存在于二十世纪之世界，则于举国欧化，无论其为物质的非物质的，均一致颓然无以自立之际，首先便当显示吾国精神事业之永久存在于一般国民，而此国家主义的教育，便当首由一般学校国文国语科中贯彻。若舍此不谋，则以今日之势力论，何不一致英语英文化，反较与欧人接近。所以必然保持国文国语之教育，正为国家生命与民族精神寄托所在，不能不于此文化征服的势力之中，皎然谋国家与民族精神之独立。

总括我上面所说：国文国语在教学上的价值，并不只如一般学生与学校办事人所想像之单纯，亦并不如一二教师只墨守“知的教育”而忘去“人的教育;”或空言世界化，而忘去民族精神。画家生命，在今日尚当竭力提倡，竭力保持之必要。一般之教者学者必当知此义而后可与言国文国语的教学。

国文国语在教学上的价值：

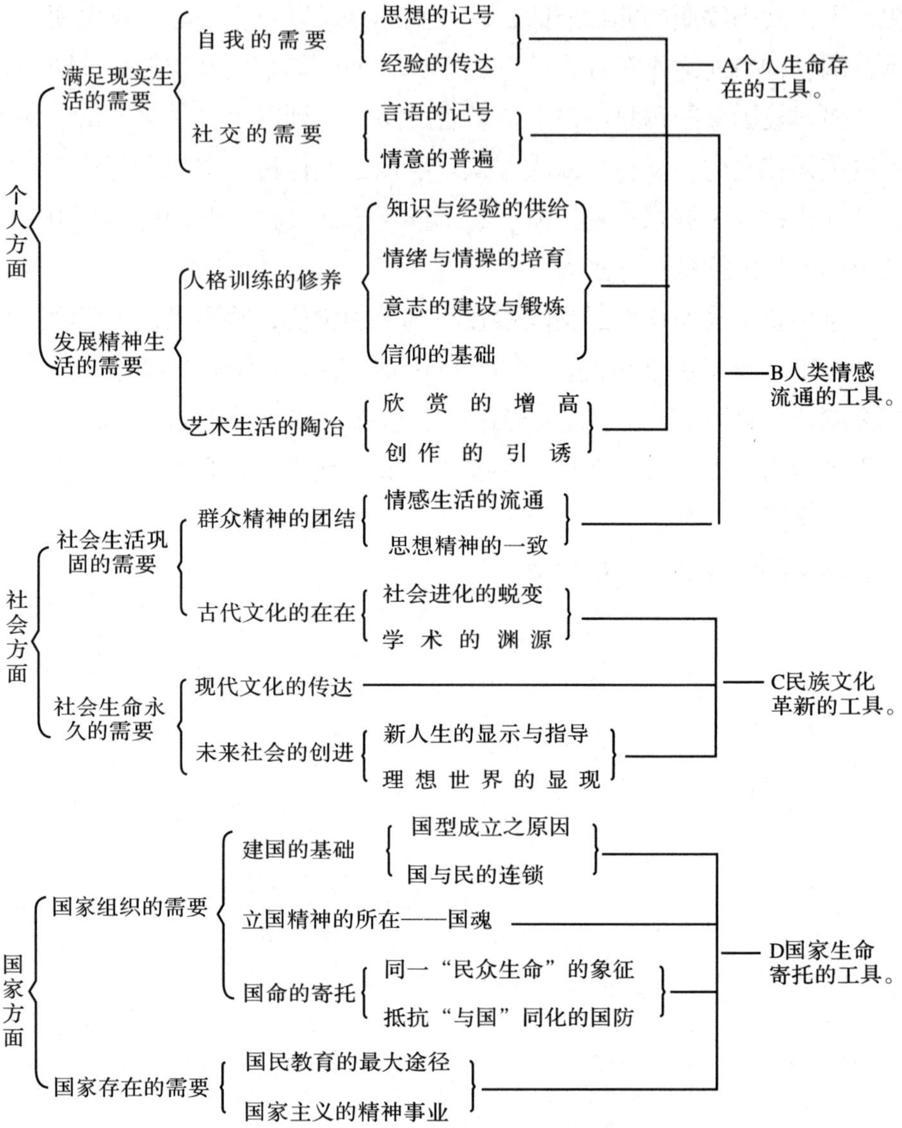

二、语文的本身是不是教育的目的

这个问题，应当是国文教学中最重要的一个问题了。有许多人不问教育的究竟，每每认手段为目的，把一切教育人类方术中所掇取的材料过于重视，而忘却了教育本来的意义，结果养成人类子孙都成了近视，在人生的路上倾侧欹斜，颠倒梦幻，渺不知其所归，以致造成这样纷乱的社会、纷乱的世界，这岂是教育本身应有的罪过么？

退一步说，人间一切学科，无论他可以达到人类何种目的，既成立了一种学科，值得供后人探讨，当然借这科学所有的知识来传衍推展，更开拓成了大道，使后来的人类更容易前进。在这一种科学中努力做传衍推展的功夫，不能说他不含有教育的意义，也不能说他莫有教育的价值。但是传衍仅传衍，推展仅推展，全副精神仍然贯彻在如何为后来的人类更谋进益上。一切的推展传衍功夫只是教育的手段，而非教育究竟之目的。教育究竟之目的安在，绝不能举任何科学的本身以对。从前的读书人把读书认为是取功名的途径，目的错误，兹无论已，陋习相传，矫枉过甚，敬者又从而提倡限于文字语言之范围，以为尽所能事，不知于“人的教育”“国家的教育”之途相去愈远。试问二十世纪中华民国的新教育精神安在？国家之所以赖教育，与夫人民之所以待教育——处此国际情形，纷乱社会之下，应该要有何种适宜的教育？并不闻一般学科的教师对此教学方针有所协商，定出各科学的根本精神，编配各科学的精密计划，使有联合共进之一致的趋势，而人自为战，只致力于各科形式上之探讨，以为必如此方是急所当务；以为必如此方切实可凭，不蹈空论；以为必如此方合于科学教员之责任；此决非讨论教学问题之忠实的态度，亦决不知国文科教学之价值。普通中学中，数理工商一切基础科学、职业科学抱此态度犹有可说；**惟本国语文一科，较诸学科实居于特殊地位，如上所说，其关系民族精神，建国基础，一切文化传统所在，何等重大**？学校训育实施，一般教育界所期望于青年之修葺，除国文科外，了无更亲切之学科，可以藉资。若只注意于文从字顺，便以为尽教师之职责，窃“期期以为不可”。

一言以蔽之，“语文的本身绝不是教育的目的所在”，语文只是人

类生存必有之一种工具。人类生存之目的别有所在；换言之，**即教育之目的亦别有所在，而语文不过为便利达此目的之工具**。若今日之语文教师，只甘心于为学者修饰工具之技师则已；否则一谈“教育”，一谈“教育青年”，一谈到“为国家办教育”，便应当浃背流汗。此非故唱高调，教育家之责任本应如此。个人之能力能不能达到此种期望是另一问题；但决不能因为我，或因为他，或因为多数教师未能如此，便谓不应如此。去年暑假前，何仲英君讨论初中国文教学一文，谓“‘如何为学？如何做人？’这一百二十斤的担子单独加在我们国文教师肩上，小区区便要退避三舍”。其错误便是看轻了国文教学的责任，反以“规规”与“龟龟”等区别为最重要。其实“规规”与“龟龟”在古人载籍未始不可以同音相假；在今人以龜龜为龟龟亦未始便不可通，犹之何君提倡国音字母，绝不能责其大背楷法，或不合六书。教师能如此义，庶不为一切法式形体所拘束，而于教学之精神始得以自由运用。否则，言文章必宗桐城，言书法必归篆籀，终为古人之奴隶。譬如近年所习见一闻倡语体文而以为国粹将亡，一闻倡简体字而以为不合书法，是皆不知时义者之所为。

三、国文国语教学的目的安在

据新学制课程标准委员会所拟课程纲要草案，既无各科公共之教学目的，亦未根据何项决议或旧章，明订全部纲要所据为基础之教学宗旨，问因征引，加以翻阅，即生莫大之惶惑，岂有全无宗旨之教学而可以规定课程？岂有课程总纲而无各科教学相互联络之办法？最奇者国语教学，除称发表思想、能看平易古书而外，便只“引起研究文学兴趣”一条；高中则仅以欣赏文学名著为第一义，使用古书为第二义，继续发展语文技术为第三义而不及其他。私意窃不敢承认国文国语教学之目的涵义只此，试取以较民国元年《教育部令中学校国文要旨》三条，浅言之无“通解语言文字”之要求；深言之亦将“启发智德”一层完全删去，而处处以能看古书为号召。一般中学生是否有人人须读古书之必要，尚是另一问题；即为国文教学不可不有此项要求，则教学中应更先要求者，或不仅只读古书一项。此种错误，若不加以修正，将来影响于中等国文教学前途，其为害正不可细计。

余去年在女子金陵大学讲演，曾列举普通国文教学应有的目的如下。

（列举的）

A 养成适应相当需要的能力。

1. 普通语言文字能充分运用自如。

2. 社会习用的文章法式能充分了解与应用。

B 养成自由发展思想的能力。

1. 情意的活动能充分表现。

2. 情意的活动能自由浚发。

C 养成观察与批评现实生活的能力。

1. 最近的环境与时代趋势的了解。

2. 人生的欣赏与眷注。

D 养成自由读书的能力。

1. 有学术研究的嗜好与整理的能力。

2. 古书的通解与辨正。

（统括的）

A 养成德性健全、能适应生活的国民。（普通的）

B 养成才力优越、能自由创作的作家。（特殊的）

彼时个人曾私拟有新制初高级中学国文科教学目的四条——（甲）普通的目的

1. 了解本国语言文字之法式及其应用。

2. 发展思想，涵育情感。

（乙）特别的目的

3. 认识旧代文学之精神，就可能者加以整理。

四、寻求文学艺术之真价值，为文学的尝试与创造

自信前项尚能赅括，而于先后位置，亦有层次浅深之别；次项则简括为四条，但终以末两条另为特殊的（或优秀分子或最高年级），不以此责一班中学生徒。

今年在东大附中国文教授会议，因鉴于各科教学对于中等教育之宗旨未能贯彻，而“教”与“育”的分张其危险已时时发觉，故提出修订本校必修国文科课程纲要草案。兹将关于讨论教学目的及升级标准各条，附举如下。

重定本校初高级中学必修国文课程纲要草案

（甲）拟定本纲要之三大要件

（1）本科教学目的在贯彻中等教育的宗旨，反对专以本科知识与技能为主的教学。

（2）本科教材与教学计划绝对采用语文分级教学办法，反对语文混合的编制与兼习。

（3）规定两级各班特殊教学之标准，矫正历来随意教授不相联络的积习。

（乙）**本科教学唯一之目的**

养成有思想，有作为，有修养，在中等教育范围以内，有充分使用本国语文技能的新中国少年。

（丙）本科教学各方面之目的

初级中学必修国文科

1. 在人生教育上，须使明了人生现实之可贵，及社会的共存，与个人应有之责任。

2. 在国家教育上，须使明了国民资格之修养，职业的联合，及今日国际的侵略与压迫的危险，起谋自卫。

3. 在民族教育上，须使明了民族之特有精神，及现世的堕落现象与其补救的方法。

4. 注意社会现象的观察，奖掖青年能力可能以内的救济。

5. 注意青年团体的团结。与共同生活应有的知识与修养。

高级中学必修国文科

1. 在人生教育上，须使明了人生之究竟，及社会的永存，与人类进化的轨迹与趋向。

2. 在国家教育上，须使明了国家政治与国民生计的变迁；注重改进社会经济与树立民本政治的途径。

3. 在民族教育上，须使明了中国民族结合的渊源与其文化之发展。

4. 注意时代进化的程序与学术思想的更新。

5. 注意往哲精神生活的向上，训练个人精神独立的思想与习惯。

（丁）升级标准

初级中学一年级

1. 能用普通语言文字，叙述个人及团体生活，描写自然风景，发抒单简的思想，记载实物性状，谈话，故事，得充分运用自如。

2. 能读日报或普通刊物（如《中国青年》《学生杂志》及浅近短篇小说（如鲁迅《呐喊》），并有感发，可录为笔记。

3. 了解语法词品及单复句的性质，使用新式标点符号，无大讹误。

4. 习楷书能笔画端整，有间架，不苟且，不写破体字。

初级中学二年级

1. 能用普通语言文字，说明事物因果，与辨证学理之是非得失，阐发己见，著为驳论或演说，可供应用。

2. 能阅近人长篇论著（如梁任公《讲演集》《欧游心影录》）及长篇小说（如《上下古今谈》）等，有所批评与论述。

3. 能了解辩论术之方法与其学理。

4. 习草书能自由运笔，有帖意。

初级中学三年级

1. 能加意描写自然风物或社会现象及作构象丰富、情绪深永之文艺小品文字或小诗，无多大疵弊。

2. 读近人长短篇名著，能得其大意，且能略为分别作品思想艺术之高下。

高级中学一年级

1. 能用简净文言叙述事状变迁，因果关系，或描写特殊人物，可兴会淋漓，与记载舆地、形胜、风俗、制度沿革等，无大差谬。

2. 能节读史传（如《史记》《汉书》《左传》）、地志（《水经注》《方舆纪要》）及典要（通志通考）诸古籍，无十分难窘之处，并能启疑与探索，有补益或更正。

3. 能批评近代古文，有矫正其思想与纠举其作法未合处之能力。

高级中学二年级

1. 能用酣畅之笔，畅发史事成败关系，演述往哲思想，驳诘学术异同，可说理不竭，办事无疑。

2. 选读诸子或经传之一节，可整理其思想，勉力编录条贯，著为札记。

高级中学三年级（特设国文）

1. 能读诗骚短赋，汉魏六朝古诗，唐代名家专集，及宋词元曲，得欣赏之趣。

2. 能评阅明清人长篇小说传奇，研究其思想艺术高下。

3. 有成篇著作，可供人欣赏。

此下尚有关于课程标准等，当于别篇讨论。在我以为**国文国语教学之目的，应根据国文教学本身之价值与现代社会之要求而定**。不宜空空洞洞悬一二条具文之目的；应斟酌时代关系，环境关系，虚心深虑，定一详细计划，使一校各级教学均有一贯之精神，各科亦得相互联络。否则“教”与“育”分途，学校精神因之萎顿；而各科又严别畛域，各不相谋，或一科今年如此明年又如彼，教师变更，教学计划亦从而变更。可怜一般学者，风来随风，雨来随雨，以零零碎碎之国文常识，七镶八搭之断片的科学知识，如此而欲建筑无数健全人格的青年，有益于未来的国家生命前途，虽抉我目，吾固不信。

十三年一月三十日在南京

接新学制课程标准，国文科简略已甚，济波曾有专著载《中华教育界》十三卷八期（十三年二月）加以补充修正；所拟课程标准表，及高初级必修科课材分配表等，足供海内同志研究之一助，国文教学问题中关于课程讨论，兹不再及。

济波附志

29　初中学生学习国文底旨趣

杨贤江（1895—1931），著名教育家、教育理论家。浙江余姚人。1917 年于浙江一师毕业后，受聘到南京高等师范学校，一面工作，一面进修教育学、心理学等课程。1921 年，被商务印书馆聘为《学生杂志》主编。他著有《教育史 ABC》《新教育大纲》等。

1924 年 3 月，杨贤江在《时事战报》上发表《答复澄衷中学校长曹慕管的信——讨论国故》，批判了国文会考试题。他指出：“稍有常识的教育者应该明了中学教育的目的，应该明了国文与国学的区别。中学所欲造就的是健全的国民，绝不是‘专门人才’，一个健全国民不会用本国语言发表思想，不能懂得本国国情及世界大势，这是不应该的。”

本文原载《学生杂志》第 10 卷第 11 期（1923），是为指导初中学生学习国文而写的。文中提出的重要观点是：主张初中学生只要求能读平易的文言文，不必要求读古书；主张学习国文要内容与技术兼顾；主张初中学生要能写具有真情实感的、通顺简洁的文章，少数有创作能力的学生要多发表充满革命精神、刚健性质的作品，不要唱柔靡的没骨气的滥调；主张初中学生要重视口语和书法的训练。全文语言亲切，论述平实而切中肯綮。

我没有做过国文教师，也没有研究过教学法，现在来讲这个问题，难免要见笑于专家。但是我有我的见解，我也有我的经验，把我的见解和经验向初中的同学们陈述，或者能有供给讨论的价值也未可知；所以我便往下写了。

照新制初中课程纲要起草委员所拟的国语科纲要看来，（一）项“目的”是（1）使学生有自由发表思想的能力。（2）使学生能看平易的古书。（3）使学生能作文法通顺的文字。（4）使学生发生研究中国文学的兴趣。（二）项“内容”是：（1）读书。（2）作文。（包括文法讨论，演说辩论。）（3）习字。（三）项“毕业最低限度标准”是：（子）阅读普通参考书报，能了解大意者。（丑）作普通应用文能清楚达意，于文法上无重大错误者。（寅）能欣赏浅近文学作品者。（详细可看本志“学习法专号”选载栏）这里边除“目的”项（2）使学生能看平易的古书一节，我以为须改为“使学生能看平易的文言文”外，别的我都认为适当。

我的意思，**初中学生不必定要会看古书，因为古书对于初中学生，实在太难读了，而且古书的内容多半是与现代生活无关系的，所以我主张不读。如为晓得古代的文化，前人的事业起见，尽可从历史及选文或另编的纲要书去学习，用不着费许多功夫去读整本的古书——初中学生当然讲不到研究国学。**

至于我主张“能看平易的文言文”的理由有二：（一）是为学习高中国语课程的基础。（二）是为阅读近代人的名作的预备。

我们知道文字只是种符号，是种工具，是用以发抒真情、传达思想的利器。所以国文有两个方面：（一）是**内容**方面，就是所**能以发抒能以传达的本质**。（二）是**形式**方面，就是所**藉以发抒藉以传达的技术**。我们学习国文，应把这两方面看得同等**重要**。我们自己发表文字时，如要充实内容，则**应对于其他学科及人生事象，多方留意观察才对。要娴习技术，则应对于文法、修辞及伦理学大意，从事研究练习才行。**总之，**不要只从国文去学国文，不要只将国文当国文学。”**这两句话（见夏丏尊先生的《教学小品文的一个尝试》）实可作为学习国文的格言。

此外关于学习国文的方法及其他应注意的话，在下面诸位先生所作的文章里已经说得很详细，很周到了，我可以无须多讲。现在我所欲讲的，只是零碎的几个意见，聊供小朋友们的参考罢了。

第一，讲到作文我要劝诸君两句话：（一）要有些真实的货色。（二）**要加些精练的工夫**。凡是“无病呻吟”的——如胡适所说的”对落日而思暮年，对秋风而思零落，春来则惟恐其速去，花发又惟惧其早谢。此亡国之哀音也。”——**抄袭而成的文字，都没有真实的货色，都要戒绝。凡是敷衍、啰嗦、夹杂、不联贯的文字，都未经磨练的工夫，也应改良**。所以我要说：**我们作文，内容要真情实感，形式要通顺简洁**。

第二，对于一般初中同学，我要劝他们**不必妄想定要会做诗做小说**。我们虽须有欣赏文学作品的能力，但不必定有创作的能力。因为文学——也是一般的艺术——的创作，多少要有些天才。没有天才的人，也想勉强创作，实在是“东施效颦”，只落得个“出丑”。这又何苦来呢？

第三，对于有创作能力的小朋友，我要劝他们多发表些充满革命精神，刚健性质的作品，别再唱“花呀！月呀！爱人呀！甜蜜的梦呀！”那种柔靡的没骨气的烂调。

第四，我要劝一般小朋友对于演说，须要注意练习。语言文字原都是发表情思的利器，而语言应用的范围更比文字要广，所以我们应该看重它，至少和作文一样。**演说时，最好用国语，以便实际生活上的应用**。

第五也是最后，**我要劝小朋友们对于习字也要注些意**。虽然我们不必定要学得成“体”，但至少终要达到一个端正、清楚，使人家看了不讨厌的程度。在一张白纸上写一篇文章，也得要写得大小匀称，排比适宜才好。

30　中学国文修学指导

萧楚女（1891—1927），教育家，中共早期青年运动领导人之一。原名树烈，又名萧秋，生于湖北省汉阳县。1912 年考入武昌新民实业学校读书。1915 年起，先后担任《崇德报》《大汉报》《新蜀报》主笔，主编《中国青年》《中州评论》等报刊。1920 年起先后任教襄阳湖北省立第二师范学校、宣城安徽省立第四师范学校、四川泸州师范、重庆联合中学、万县四川省立第四师范学校、重庆四川省立第二女子师范学校、广东大学。担任过广州农民运动讲习所教务长，黄埔军官学校政治教官。

萧楚女做过跑堂，没有上过正规大学，但博学多才，文章笔锋犀利，在社会各界影响很大。

本文原载《中等教育》第 2 卷第 5 期（1923），是萧氏在重庆第二女师任教时，为乙、已两组学生制定的“作业须知”，从中可以了解萧氏“随时进化、不主故常”的课外自修指导和课内谈话讨论相结合的教学方法，以及他对师范生提出的特殊要求。

（这是萧先生在重庆第二女师任国文时对乙已两组同学所做的作业须知。特录于此，以供大家参考——编者志）

甲　看书的方法

教员对于某一个特定时间所指定的某一种书，都是按着那书底内容和同组中最低程度的学生底能力而定的。倘若自己底读书能力，可以不要那么多时间读完，尽可不守那指定的时日——把时间抽出来，去做别的功课。例如某书，教员原定的是两个学周看完；现在我只要一周，或五天看完；那么，我便可在这一周或五天，把《读书录》做起；余时，自去研究别的学问（但至多不得逾过教员所指定的定期）。

“看完”的标准，以自己对于那书底内容，有明白的了解为准。不要模糊地走马看花，以为从头看到了尾，看了一遍，便算看完。倘若你这样模糊地敷衍塞责，虽然做了一个乱七八糟的《读书录》——但（一），教员对于你底成绩，还是不能便给你一个“好”；而（二），你自己还是一点益处也得不到的。

看书时，应当另备一个抄本，将——

一、不认识的字和不懂得意义的单字或名词；

二、不了解的文句；

三、不知道的史事（典故）；

四、不明白的理论和条理；

随手抄下。抄下后，自己知道应该去翻什么书参考的（如《字典》《辞源》……）便去自行翻阅参考；把所觅的解释，复抄在各条之下。自己不知道应该在哪里去参考的，可请教员逐条指出参考书名，仍然由自己去翻阅搜寻。实在找不到了，或是虽然找到了而还是不了解时，才可要求教员直接解释。总之，**总要尽自己底力量先去作业，不到万不得已时，决不假手教员——以期培养我们将来独立研究，或作教师去指导他人底能力。**

看书时，每看完一段（如小说之一章，戏剧之一幕等。其原来分段之长书，我们自己可以把彼按文气转折的大着落处，分成若干段），至少要有十五分钟的沉默回想——使记忆上得留较深的印象。

（回想该能帮助记忆，时间可不必限定——编者附志）

看书时，最好是和同组的同学，互相辩诘（自然以不妨害别人作业为限）。

乙 《读书录》底作法

《读书录》须（也只须）记载下列六事——

一、月、日、时《即读此书之时日）。

二、书名或篇名。

三、书中之某一篇，某一段，或篇中之某一段，某一节。

四、各篇或各段或各节底提要（把书中底大意和要紧的处所，用自己底言语叙述出来）。

五、摘录（这是把书中要紧的地方，照原文摘抄下来）。

六、杂记（对于这书随便什么地方，随时所感觉得的片段的感想—— 一两句或数十句——都可写入。又在书外参考别书时，所得的东西，也可斟酌写入）。

上说的是乙已两组共同的作法。已组程度较高，除了照上面所应述的六事之外，还应记载全书或全篇底提要，发抒自己对于全书或全篇底批评（感想疑问、理解、驳论，一并包在内）。《读书录》固然是规定每周缴，但也不必每周缴。惟计算成绩，却仍是按规定周数（一学期内应缴的次数）计算。某人底《读书录》，是按着教员规定的那本书底时间，分四次缴的，固然他能得四次的分数；但我若能在一周内把四周的一齐做了——把分做四次做的工作，一次做了——教员自然也会给我一个相当于他的成绩。但不按次数缴的，须在卷上注明“这是作为七次的工作”，以便教员评定时考核。

丙　作文

作文，每间两周作一次（即每学期六次）。其范围——

乙组为：

（一）听讲笔记——记载。

a 月、日、时。

b 题目。

c 分段（把教员所讲的话，分出段来）。

d 提要（把教员所讲的紧要地方，提出记载下来）。

e 杂记（述些自己底意见，或和这讲演有关的事）。

（二）约述（就是把课外看的书，或听教员讲的约其繁而述之）。

（三）写生（就是看见什么写什么，想到什么写什么）。

（四）短篇通信（无论是真的和朋友或家庭——限于可以公开的——的通信，或是假想的）。

己组为——

（一）写生。

（二）日记。

（三）长篇通信。

（四）随感录。

（五）演说稿（自己随便立意）。

（六）短篇小说（自己随便立意）。

（七）理论文（由教员出题，如不愿作教员底题由自己出题亦可）。

以上各种作文，任各人作哪一种——每次只作一种便行。但己组的人，却不能回回都只作第四项以前的——因为己组是最高级，应当练习高深一点的作品。

丁　谈话或讨论

每周每组都有几点钟教室的时间，在那些时间里，除了教员讲解外，可以随便谈话或讨论问题。谈话，是教员和学生随便谈（就和在家庭里一样，在这时希望学生把教员也看成是一个同学一样），总以关于常识为主（或社会情形，或科学浅识，或时事，或文学上底问题）。**讨论，则纯以学生为主，教员只居于主席和评判员的地位。**由同学自行提出问题，于一周前交给教员，由教员审定该问题是否可以成为问题，并把别的同学所提出的同样的问题，归并起来，编辑成表，发给各同学。届时由同学各自互相辩论。但每次讨论会，不得超过两个问题。

谈话和讨论，都不作正式成绩记分，只在练习言语，启发思想。各同学尽管大胆放言，说错了也不要紧——有教员马上纠正你（教你下次再不会错）。

戊　学期笔试

每学期终了，笔试一次，由教员出题作文。

己　文字规格

作文或作《读书录》时，无论用文言或语体，均须守下列规格，以期整齐划一：

（一）字须写清白（却不必呆板正楷）。

（二）全文须打标点符号（打错了也不要紧，教员会替你改的）。

（三）每段开首，须低二格；每句完了，须空一格。

（四）标点须打在字底下面。

（五）私名号和书名号须打在字底右边。

（六）通篇写法须一律（如标点有时打在字底下，有时打在字旁，便不行）。

（七）行与行之间须留宽一点，以便着笔涂改。

（八）下面底字须遵守着用——

（a）人身代名词和物底代名词

男性			女性		通性	
数别	单数	众数	单	众	单数	众数
第一身	我	我们	我	我们		
第二身	你	你们	你	你们		
第三身	他	他们	伊	伊们	他	他们
底物第三身					彼	彼们

（b）里面外面用“裏”，这里那里用“裡”。（编者按，此处两个“里”，因简化而无区别了）

（c）指示代名词的“那”用“那”，疑问代名词的“那”用“哪”。

31　国文教学的几个问题

杜佐周（1895—1974），著名心理学家、教育家。字纪堂，浙江东阳人。1915年考入武昌高师。1920年公费留美，在美国爱俄华州立大学研读教育学，获硕士学位。1923年获博士学位。回国后历任武汉大学文学院院长、厦门大学教授、暨南大学教授兼秘书长。1943年出任国立英士大学校长，致力提倡学术研究，扩充院系，为抗战建国培养人才。1947—1948年受聘国立社会教育学院教授。

杜氏毕生从事高等教育和教育学、心理学研究。著译有《教育与学校行政原理》《普通教育》《字汇研究》《小学行政》《苏联的教育》《麦柯尔教育测量》《世界教育史》《心理学》等10余种等。

本文系杜氏在对江苏、山东、湖北、广东、浙江等省中小学生的读书能力进行抽样测试以后所写的报告，文中提到的测试方法固然可以反映当时国内一些心理学家对国文教学进行科学研究的概况，其中就国文教学发表的七条意见，更说明心理学家论国文教育自有其观察的方法和立论的角度。原题为《国文教学的几个问题及现在一般儿童读书能力的测验》，载《教育杂志》第15卷第7号（1923），选入本《论典》时作了删节。

绪　言

国文一科在小学校及中学校课程表上所占的地位，比别种功课重要，差不多人人都承认；在国民学校内，尤居各科之首，所有讲读时间几占全部时间百分之七十。因为文字是求智识的工具，无论何种科学，非他不可。我们是中国人，当然以中国文字为基础。一般学生，若是中文清通，则学习别种功课，自必非常便宜；否则，终不免觉得有种种困难。专门学校及大学校内，国文一科不十分注重，这并不是忽视他，实在因为学生曾经受过小学校、中学校或其他学校的教育，应该备有这种求智识的工具了。至于中文在社会上的重要，更不消赘说。倘读者设一假定："社会上若是没有文字，那么我们将要到怎样的田地?"试解答这个问题，则文字重要的地方自然就可以明白了。

国文在学校里及社会上的重要，既如上述；则小学校及中学校对于教学国文的责任之重大，也就可以想见。从前科举时候，国文教法，千篇一例，非常笨拙；求学五年或十年，还有许多人是不能看书写信。这种情形，真是可怜！**现在学校里，教法与从前不同，教材也已经变更了。成绩如何，虽没有经过科学方法的测验；但比较科举时候所得的结果，理想上总应当好得多。然而一般舆论仍旧不满意学校的教学；学生自小学毕业，或甚至自中学毕业，还有不能作明白的信札、读普通的书报的人！这也是无可讳言的。**

我国现在教育未能普及，能在学校里读书的人，不过占人口全数极小的一部分；这小部分中的大部分，又只能受初等教育；其能在中等学校毕业，则又是小部分中的小部分了！小学校毕业的学生，既已不能上进求学，势必到社会中去谋生活。倘使国文成绩不良，则学校里数年的教育，不特对于他们没有多大的利益；就是对于社会，也没有多大的贡献。结果，对于学校自身的进步，也有很大的妨碍。那些能力勉强可以送儿童进学校的父兄，也将因此怀疑学校教育的功能，减轻他们的责任心了！民治国家的治安，全视国民的智识而转移。我国现在因有种种困难，还不能实行强迫教育制度；那么增进人民对于教育的信仰，可说全仗学校自身的良好成绩。**国文为国民第一应具的要素，则小学及中学对于这科的成绩更有注意的必要了。**

我鉴于这个问题的重要，又有感于一般对于学校国文教学的批评，于是在去年秋间拟了一个测验的方法，函托江苏、山东、湖北、广东、浙江各省的小学校和中学校的教员，请代为实行测验一般学生读书的能力。当时因为自国没有已成的成绩可以比较，所以拿美国用同样异文的材料测验异国同级的学生所得的结果为标准。至于此番测验所用的材料、方法和结果等，都详载于后，以便读者参考。热心初等和中等学校教育的人，倘能用同样的材料、同样的方法去测验同级学生的成绩，则一可与自国学生的中庸（Median）程度比较，再可与美国学生的中庸程度比较；其结果，不仅可以知道自校国文教学的成绩，并且因此可以知道各个学生程度的差别。因为**学生各有各的兴味，各有各的能力和天赋；所以教者应该观察他们不同的地方，施以相当补救的方法**。倘若优劣同室，仅用惟一不变的方法，则不是遗误优良的学生，就是妨害笨劣的学生，而他们将终没有个人发展的机会了！此文原是报告此番测验的结果，并不是研究教学的方法；但是有几个极重要的问题，愚将乘此机会，略一提出，以与读者诸君商榷。

（一）教材必须在社会实际上有用者　国文虽是求智识的工具，但他自身也必须有增进智识的功能。学校是社会的一部，也是养成国民的机关；无论何种科学，应当以灌输在社会上有用的智识为目的。换言之，学校教科所用的教材，必须以在社会实际上有用的为标准。无论古文或今文，若是对于学生智识确有补助，国民教育确有裨益，则都宜采择作国文教材。若是陈腐无用的文字，就是写得非常优美，也都不应加入教材之内。我从前在国内参观一个高等小学校，他的国文教材还是

《古文观止》里面的《诤臣论》《快哉亭记》那一类文章，真堪发笑！我不必批评他教学的方法，只问这种教材对于学生有什么用呢？

（二）教材必须适合儿童的兴味　兴味对于儿童心理的重要，教育家都已承认。有了兴味，则儿童无论读书做事，都特别注意；不特可以增进他们的成绩，补助他们的记忆力，而且能养成他们有一种自动求进智识的精神。国文教材，若是不合儿童的兴味，那就是死的。即使教者确定他在社会上是有用，对于国民教育是有益，儿童也鲜能注意他。勉强去学的东西，总是不能十分融会贯通的。所以选择教材时，必须注意这一点。但在社会上果是有用，儿童果须学习的材料，倘教者排列得宜，提示适当，使儿童自己知道这种教材对于他们有特别的需要，则他们也自然可以发生一种兴味了。

（三）教材必须为儿童所能理解者　兴味的重要，既如上述。然各种教材欲使儿童生有兴味，第一的条件，必须为儿童理解力所能及；否则，无论用如何方法，兴味也无由而生。倘使教者只选择文学家意义渊奥的著作作为国文的教材，不问学生能否理解，这是教学上最大的错误。因为有这种毛病，所以一篇文章，必须先生自己逐字逐句解释，而后学生能懂。结果，遂养成他们为一种被动的机械；以后读书，亦非有先生帮助不可！那读书五年或十年还是不能看书写信的人，就是受这种教育的害。愚见以为国文一科，与别种科学一样，必须由学生自己自动。倘若所用的教材都为儿童所能理解，则这种自动能力的养成，毫不困难。其后由易而难，一步一步，逐渐而进，结果必较从前教学方法所得的成绩为佳。

（四）教材必须时常更换，分量必须逐渐增加　国文教材既须以社会实际上有用的为标准，对于学生既须有一种增进智识的功能，则教材宜时更换，分量宜时增加，自然另成为一个重要的问题。智识范围甚广，社会各方面的需要各有不同，教材自亦当向各方面慎重选择，随时更换。并且这对于儿童的兴味，也有很大的关系。倘若只用一方面的材料，则索然寡味，学生必易生厌倦心。如上所言，**学生当养成一种自动的能力，则分量亦宜就其能力所及，逐渐增加。如是，学识才有进步。**从前每一选文，必反复诵读，这不仅时间不经济，对于智识，也没有什么进益。若说作文发表己见，非熟读他人文字不可；这种见解，实毫无学理的根据。最大的害处，就是灭绝学生创造的能力，从事模仿他人。而且模仿他人，能否成功，还是一个疑问。现在**学生所学，倘都是他们理解力所能及，且都适合他们的兴味，则必时半功倍，分量自然可以增加，而发表能力也自然随之进步。**至于单独一篇文章，有什么价值，可以要求学生费了许久时候反复去读他呢？

（五）注重静读　我国国文教法，差不多百分之九十九是叫学生朗读；静读的方法，向来没有人说过。我上面说：学校为社会的一部，无论何种科学，当以灌输社会上有用的智识为目的。试问社会上能朗读的地方有几？演说、报告、发表意见等，虽是今日国民常有的机会；但朗读国文，对于这种能力，究竟有什么补助呢？我以为凡此种种，学校内部应设有特别时间练习之，万不能借重朗读的方法。**至于静读一节，则社会上几无时不需用他。我们读报、览书，增进智识，探求新闻，没有不以静读为主。**现在学校所学，非社会所用；社会所用，非学校所学；这真是违背教育的宗旨。但我所谓静读，与平常所谓默读不同。静读须有特别教学的方法，注意速率和理解力，时时须有求进步的精神。否则，我们读报览书，默读的机会正多，但于读书能力毫无进步。譬如歌者非受有特殊的教育，即终日孜孜，练习不休，亦不能成为一歌家。现在文化灿烂，所应学，所应知的事极多；倘学校里仍旧拘守旧法，注重朗诵，忽视静读，则学生费数点钟工夫，所读也不过数页。恶习一成，后将难改。既缺乏读书优良的能力，想成为一个富于常识有用的国民，就不容易了。所以除低级儿童有时必要朗读外，必须注重静读。选择儿童有兴味、理解力所能及的材料，养成他们有一种自动的能力。以一定的时间，静读一定的分量，然后解答关于所读的问题。或笔书，或口述；一则可以为作文的补助，一则可以练习演说、报告、发表意见等能力。如是，教练一二个月，学生读书的能力，就是速率和理解力，便可进步许多。

（六）利用学生自己的成绩，鼓励他的竞争心　利用儿童的竞争心以为施行教育的一种手段，近代教育家言之已详，我国教者也都知道注意这种心理了。但我以为学生与学生比较，若是智力不一样，则这种竞争就极不公平，且极不卫生。儿童各有各的兴味，各有各的能力和天赋，例如同级的学生，静读一样的材料，快者每分钟能读四五百字，慢者每分钟只能读七十余字。关于所读的答案，前者还往往比后者好。若是以这样成绩互相比较，而鼓励学生的竞争心，倘非教者措施得宜，则前者或致意气高扬而生骄慢之心，后者或自问太不如人而意气阻抑，不复有志进取了，对于他们前途，都有很大的妨碍。现在假使利用学生自己的今日的成绩，与昨日的比较，昨日的与前日的比较，或一星期与一星期比较，一月与一月比较，则学生对于所学的东西，必格外有兴味，格外有希望，格外有谋进步的精神。他们自己自然会去想出种种练习的方法，力求超过从前的成绩。这种竞争心，比较在一级内与他人竞争，实在好得多。但我并不是反对共同习作。共同习作，对于教育实有很大的利益；在团体内所做的事，往往比个人所做的好，也比个人所做的快。我所不赞成的，就是以智力不平均的学生之成绩互相比较。

（七）利用全级或全校中庸的成绩比较他级或他校的成绩的竞争心　同级学生的成绩互相比较，不能有美满的结果，既如上述。然一级与一级比较，一校与一校比较，或与一般的标准比较，则仍有很大的利益。**儿童各个比较，虽相去甚远；但集许多儿童为一级，则优者劣者必仅占全级之小部分，其数往往相若。**至于大部分，则必为中材。其排列的曲线，每成一弧形。所以一级与一级比较，或一校与一校比较，并没有那同级各个学生互相比较的弊病。**倘教者能因儿童程度的不同，与以适宜的教材，施以合理的方法，使他们各尽所长，各尽所能，增高全级平均的程度，随时与他级或他校的成绩比较，则儿童对于这种合作，不特很有兴味，努力前进，**

而且对于全体有一种责任心，对于同学有一种协助的精神。

上面所述七条，不过就管见所及，以为是当今小学及中学教学国文最紧要的问题。至于详细方法，固可每条再事分析，逐一解释；但此文系报告测验结果的性质，所以不能再偏说这方面了。

32　教学小品文的一个尝试

夏丏尊（1886—1946），著名文学家、语文学家、教育家、出版家。名铸，字勉旃，后改字丏尊，号闷庵。浙江绍兴上虞人。先后任教浙江两级师范、浙江一师、湖南第一师范、春晖中学、立达中学等校国文教员，上海暨南大学中文系主任和开明书店编辑所所长、开明书店总编辑等职。

夏氏长期从事语文教育和编辑工作，创办了《月报》《中学生》等杂志。他和叶圣陶长期合作，编辑有教科书《国文百八课》《开明国文讲义》等，著作有《文章作法》《文心》《阅读与写作》《文章讲话》《文艺讲座》《平屋杂文》等，译著《爱的教育》成了好几代青少年爱不释手的课外教育读物，影响深远。

本文系夏氏发表较早的一篇语文教学论文，原载《学生杂志》第10卷第11期（1923），选入本《论典》时略有删节。“劝学生不要只从国文去学国文”，“劝学生不要只将国文当国文学”，是夏氏提出的两个著名观点，因为它深刻地揭示出语文教学的规律，所以，后人在论及语文教学时经常引用，并从不同角度加以发挥。

本文作者夏丏尊先生是春晖中学的国文教员，对于国文教学法深有研究。本文原题为《作文教授上的一个尝试》，是从教者方面说话的。但我们认为这对于学者一样地可以适用，所以特把它登在“国文研究法号”上，而改为现在的这样一个题目。——记者

国文在学校中，是个问题最多的科目。其中作文教授，尤是最麻烦讨厌的部分。说起这星期要作文，先生学生都大家害怕，先生怕改文课，学生怕作不好，这是一般学校作文教授的现状。

我在春晖担任国文科教授快一年了。这一年中，为想改进作文科教授，曾也费过很多心力，想过许多方法，稿上订正、当面改削、自由命题、共同命题、教授作文方法（曾把文体分为说明、叙事、记事、议论等几种，编了讲义分别讲解），大概普通教授上所用的方式，都已用到，而学生的成绩，总是不良。现在中等学校学生的作文成绩，实在太幼稚了；本校学生的作文能力，较之一般同等学校的学生，也许并不特别不良，但不良总是不良，无法辩解的。

举例来说。叫他们作日记，他们就把一日的行事账簿式地排列起来，什么“晨几时起床上午上课四班……九点半钟就寝。”弄成每日一样每人一样的文字。叫他们作一篇像“公德”题的文字，他们就将甚么“人不可无公德”，“中国人公德不讲究”，“外国人都很讲公德”，“我想，我们非讲公德不可”，“我劝同学们大家要讲公德”等无聊的套语凑集起来，再加以“为甚么呢？因为……所以……”样的自问自答，把篇幅伸长，弄成似是而非敷泛不切的一篇东西。现在通行的是语体，本校各班又都在教授语法，学生在词句间，除了几个特别幼稚者外，毛病不用说是很少的。结果教者可以改的只是内容了，不，只是补充内容了。但是又因为他们的文字中，本没有内容，结果补充也无从补充，于是只好就顺序上繁简上勉强改削一下，把文课还给学生，而学生也感不到特别的兴味，得不到甚么益处。注意点的学生呢，从改笔上理解了关于繁简顺序等表面上的方法。下次作起文来，竟可一字不改，而其内容的空虚无聊，还依然如故。

这大概是现在普通教育中作文教授的一个公式罢。一般的现状，如果确如我所说，我以为真是很可悲观的事，因为如此作文，是作一千次也没用的。用了语体作文，表面上已叫做“新文章”了，其实除了把文言翻成白话以外，内容上何尝有一点的新气？现代学生文课中的“外国怎样好，中国怎样坏”，同从前学生文课中的“古者……今也则否”有何分别？“西儒说……”，杜威说……”，不就是新式的“古人有言曰”，“子曰”吗？“我所敬爱的某君……祝你健康”，不就是从前“某某仁兄大人阁下……敬请台安”的变形吗？但改变了文体的形式，而不改变作文的态度，结果总无甚么用处的。

如何可以改变学生作文的态度？我为这问题烦闷长久了！我近来对于学生学国文，有两种见解：**一是劝学生不要只从国文去学国文，二是劝学生不要只将国文当国文学。**现在学生读了几篇选文，依样模仿，以为记了几句文句或几段大意，作文时可以用的，于是作出文来，就满纸陈言，千篇一例。这就是只从国文去学国文的毛病。现在的所谓选文，并不是像以前的只是空洞的文章，或是含着什么问题，或是记着什么事理，内容很复杂的。如果学生只当作国文去读，必至徒记诵着外面的文字，而于重要的内容不去玩索，结果于思想推理方面毫无补益，头脑仍然空虚，仍旧只会作把文言“且夫天下之人……”翻成白话的文章。这就是只将国文当国文学的毛病。

上面所述的我的两种意见，第一种是关于作文教授的，第二种是主要地关系于读解教授的。现在只把我第一种意见的办法来说：

学生作文能力的不发展，我既认为是只从国文去学国文的缘故，那么，叫他们从什么地方去学国文呢？我所第一叫学生注意的，是自己的生活，叫他们用实际生活来做作文的材料。可是在入校前向无玩味自己实际生活的习惯的学生们，对于自己的生活，所能说的只是账簿式的一种轮廓（像前面所举的日记例），并不能表出什么生活的内容或情调来。并且摇笔即来的滥调，往往仍不能免。记得有一次，我出了《我的故乡》的一个题目，竟有一个学生仍打起老调，说什么“凡人必有故乡……”一类的空话的！

我想设法使学生对于实生活有玩味观察的能力，以救济这个病弊，于是叫学生学作小品，叫他们以一二百字写生活的一断片；一面又编了一点小品文的讲义，教授讲解。行之几时，学生作文的态度及兴味，似乎比前好些。题材以实生活为限，命题听学生自由。学生很喜欢作，作来的文字，虽还不十分好，然较之于以前的空泛，却算已有点进步，至少不至于看了讨厌，替他们改削，也不至徒劳了。现在录几篇学生的成绩，给大家看看。这些成绩中，有的在词句及繁简上已经教者修正，但内容却都是学生自己的本色。

(引例略)

因限于篇幅，不能将全数成绩揭载出来，很是恨事。上面所列的成绩，是依题材的种类各选一篇，并非一定择优选录。这样的成绩原不能就说可以满足，不过学生作文的态度，却可以认为已变了不少。我以为只要学生作文的态度能变，就有方法可想。在这点上，却抱着无限的希望。

小品文性质实近于纯文学，叫中学生作纯文学的作品，似乎太高，并且太虚空不合实用。关于这层，大家或者有所怀疑。我要声明，**我的叫学生作小品文，完全是为救济学生的病起见，完全当作药用的。**小品文自身，原有价值可说，兹不具论。我所认定的，只是**小品文对于作文练习上的价值，**略举如下：

(甲) 能多作。无论如何，多作总是学文的必要条件之一。现在校中每月二次或三次的文课，实嫌太少。小品文内容自由，材料随处可得，推敲布局，都比长文容易，便于多作。

(乙) 能养成观察力。小品文字数不多，当然不能记载大事，用不着敷泛的笔法。非注意到眼前事物的小部分不可，这结果就可使观察力细密而且锐敏。有了细密的观察力，作文必容易好。

(丙) 能使文字简洁。现在学生作文最普通的毛病是浮蔓不切，或不应说的说，或应说的反不说，因为他们还没有取舍选择的能力的缘故。小品文非用扼要的手腕不可，断用不着悠缓的笔法。多作小品文，对于材料，自然会熟于取舍选择起来，以后作文，自不致泛而不当了。

（丁）能养成作文的兴趣。我国从前作教师的，往往以国家大事或圣贤道德等为题，叫学生作文，学生对于题材没有充分的知识，当然只好说些泛而不切的套语来敷衍了事（这恐怕不但从前如此，现在的教育也还是依然如此的）。结果学生没有好成绩，而对于作文的兴趣，也因此萎滞了。小品文是以日常生活为材料的，题材容易捕捉，作了不佳，也容易改作，普通的学生，也可偶然得很好的成绩。既有过好成绩，作者自身就会感到兴趣，喜于从事文字起来。

（戊）可以作长篇的准备。画家作画，先从小部分起，非能完全画一木一石的，决不能作全幅的风景。非能完全写一手一足的，决不能画整个的人物。**我们与其教学生作空泛无内容的长文，实不如教学生多作内容充实的短文。**

这几种是我教学生作小品文的重要的理由。总之，我觉得现在学生界作文能力薄弱极了，薄弱的原因，一般都以为是头脑饥荒的缘故，主张用选文去供给他们材料，或叫他们去涉览书籍。但我以为学生学国文的态度，如果不改，只从国文去学国文，只将国文当国文学，一切改良计划，都收不到甚么效果，弄得不好，还要有害的！现在学生作文力的薄弱，并非由于头脑饥荒，实由于不能吟味咀嚼题材。就是所患的是一种不消化的病症。如果对于患不消化病的人，用过量的食物去治疗，肠胃将愈不清爽，结果或至于无法可治。患不消化症的大概将食物照原形排泄出来。试看，现在学生所作出来的文字，不多就是选文或甚么书报上文字的原形吗？

我们不要对于消化不良的学生，奖励多食了！作文的材料，到处皆是，所苦者只是学生没有消化的能力。我们为要使消化不良的有消化力，非叫他们咀嚼少量的食物不可。叫学生作小品文，就是叫学生咀嚼玩味自己实生活的断片。

教学生小品文，是我近来在国文教授上的一种尝试，原不敢自诩成功，却以为或有可供大家参考的价值，所以特地把意见及经过一切写了出来。

33 国文学习法

陈东原（1902—1978），著名教育史学者。安徽合肥人。1929 年毕业于北京大学教育系。曾任安徽省图书馆馆长。后留学获密西根大学、哥伦比亚大学，获硕士学位，1937 年回国，曾任安徽省教育厅督学，安徽大学教授，中央教育部督学兼社会教育学院教授，重庆女子师范学院院长兼教授。

陈氏长期从事教育管理和教育科学的教学与研究，尤专中国教育史。其 1936 年版《中国教育史》影响尤大，被誉为“第一部中国教育史专著”。

陶行知改“教授法”为“教学法”后，极大地促进了当时各级各类学校开始注意到对学生学习方法的指导。《学生杂志》第 10 卷同时刊载陈东原《国文学习法》、周予同《中学国文学习法之商榷》、何仲英《中等学生的国语国文学习法》与杨贤江《初中学生学习国文底旨趣》等论述。陈氏这篇论文突出了学生自学国文的意义，还对邰爽秋先生《科学化的国文教授法》的个别观点、方法作了补正。本文原载《学生杂志》第 10 卷第 6 号（1923）。选入本《论典》时作了删节。

中学时代正值青年的知识基础确立的年龄，这时的学识，不仅国文，莫不与一己终生有莫大的影响。当然在小学期间，识字读书也很重要。然那时的亏蚀，尚可补之于中学。过了中学，一部分人须谋事业，当然不会再有补习国文的时机。就是那升学的，他的教授先生，也决不会给他补习国文的机会。因为**这以后所取的，是自由研究的途径；你没有力量上路的，只好在路头啜泣罢**。中学的国文之重要，由此可以想见。故这时期学习国文底目的，可说有三个：

一、求有自由发表情思的能力；

二、求能看书报杂志及平易的古书；

三、求有研究中国文学的兴趣与素养。

这三个目的是我归纳各家的主张订下的。虽不精当，总可谓已包括大体。以后我们只讨论达此目的之方法，及我们取材的标准，与应持的态度。

这目的之下首先发现的问题，**是中学生的国文应有什么程度**，应读些什么书。在新学制初级中学课程纲要里说："毕业最低的限度标准：（子）阅读普通参考书报，能了解大意者；（丑）作普通应用文，能清楚达意于文法上无重大错误者；（寅）**能欣赏浅近文学作品者**。"这自然是最低的限度。然欲达此标准，实有语体文与文言文并重的趋向。商务书馆新出版的《新学制初级中学国语教科书》对于语体与文言的分配法，已订为：

	语体	文言
第一二册	十分之七	十分之三
第三四册	十分之五	十分之五
第四五册	十分之三	十分之七

这个标准，暂可不必去评断。只是我们藉此可知有这一种趋向。

学习的方法，我以为有三步：

一、阅书　这一类里，又分为（1）**精读的书**，（2）**泛览的书两种**。有一些书是只要涉猎一遍就可以的。大概这一类所可取材的，大部分在含意，其次就是结构。这种书不必文辞华美。有一些书是非要精读不可的，那就是因为它描写的精到，叙述的美丽，或者结构严紧，含意深刻，辞章秀好，这两种全有不同的性质，我们所得的也不同。

现在的学生，多不喜欢精读。语体文原也读不上口。然就因为不读的原故，逐使很多的辞句成语，不会记熟，不会运用。究竟这不可读的语体文，是否要有别种方法来代读，尚是疑问。而在文言文本身，却非读不足以收效益。不过精读的书，总要经过一番科学的整理，庶乎才能经济。郃爽秋先生在他《科学化的国文教授法》里，主张选文的方法"第一步，先从报章杂志及通行的书籍里搜集国文的各种句法，并记其发现次数；第二步，依各种句法去选古今的文章，看哪几篇文章能将所搜出来的句法包括在内；第三步，依发现的句法次数的多寡定文章先后的顺序，定为各年级的选文。"（见《教育杂志》14 卷 8 期）这种方法，诚然是科学化的，只可惜太不容易做了。**对于文章句法的观察，决不能像化学方程式那样准确。因为文句的变化，决没有限制，同是一个意思，就可有许多种的表现方法。**我们只能就其中看出一个较好较坏，很难评其差异就是几分几秒。若说觅同样的句法，那怕是难之又难的了。我的意思，只要拣择那好的文章，能说明其好的所在的，取出精读，就可以了。至于阅书时注意的对象，等下面取材的标准里细说。不过这里还得补充说一句，泛览的书并不是说就不要用心去看的。在我那篇《为什么要学？怎样学?》里，已经说集中注意力的方法。自然我们现在无论看什么书，都要实行集中注意力。所谓**"泛览"不过像那机器缝衣一样，针在上面吃一遍就算了；那"精读"却是绣花，要密密地绣，细细地端详。**

二、运用　学来的东西，能运用出的才能算是我的。所以运用差不多与阅书有相等的重要。这一步也有两类：一、**用口的**；二、**用笔的**。用笔的里面，又可分为（a）**读书录**，（b）**叙述文**；（c）**议论文**；（d）**信札**；（e）**诗歌小说的创作**。

用口的运用方法，只有**演说，辩论，与说故事**这三种在文艺上实在也很重要。因为**口的叙述，其结构、含意、辞藻，莫不与笔墨发表的一样。不过一个是时间性的，有这一点不同。**

读书录的性质，有时只是所读之书的一种概论（Outline）。有时却于概论之外附以批评（Outline and Criticism）。这要看我们的程度如何。阅书的人倘不能知道书中的哪一部分是重要，哪一部分是不重要，则决不能得着书中益处，也决做不出好的概论。若同时据一种眼光予以批评，才是好的读书录。

叙述文与议论文，完全是两样性质。然叙述文亦应标明主见，不可有记账式的干燥无味。叙述文有了主见，才算有了灵魂，才能够好。至于议论文类，又与后面所讲的思考及观察有极深密的关系。

创作的好的意想，固然半由于天性半由于经验得来，但那描写的手腕，艺术的修饰，则全恃广博的阅览，深刻的观察。

运用不仅可使学来的变成我的，而又可整理思想，促进进步。然能运用得好的，总要有很深的——

三、思考　这在运用上非常重要。不善思考，决不能使所学变成我的。譬如现在做一篇文，参考了很多的书，或者以某书做主体；（参考书籍，大都要认定一个主体。）然因为未用思考，或思考不善，遂不免使全篇或为抄袭。

思考后所说的话，虽主张有时不免与人同，然因自己有一番道理，即可说不是盲从。这“盲从”二字，颇应明白，是重在“盲”字，而不在“从”字，这二字的恶批评，不是叫我们不要“从”，是叫我们不要“盲从”。若说凡是从人的都不好，那么世界上除大发明家大理想家以外，有几个人不从人呢？今人从古人，中国人从外国人（也有外国人从中国人的），大家都是从。假使胡适之不从杜威，哪里来他的“实验哲学”？

思考的作用，大概分为三种：（一）**概念**。（二）**断定**。（三）**推理**。

概念之过程：（1）**观察**，为概念构成之基础。将事物之性质部分，细为认识。在学习法中，据很重要的地位。我们要识见丰富，或辞藻精确，应多多观察。（2）**比较**，将观察所得一一加以比较。（3）**抽象**，比较以后，乃发现共同与特异之点，抽其共同的，弃其特异的，进而（4）**概括**，将抽出的合为一体。（5）**命名**，概括好的意象，命之以名，使成一个完整的东西在脑子里。

有了概念，便加以断定，断定这个概念与别的概念之关系。然后再以断定所得的判断为根据，以推出未知的新判断。看一本书，论一件事，都要这样用思考才能有大效益，才能认识哪一部分是我所阅的书之主要意思，哪一部分是饰辞，哪一部分是骈枝。而又可推知我的新见解。

上面“看书”“运用”“思考”，这样写下来三个步骤，究竟不一定是这样排列的。而**学习的人，在用脑用眼用手用口的刹那之间，实在也不必分什么先后。看书时要用思考，思考时要用思考，运用时也要用思考；看书时要看书，思考时要看书，运用时又何尝不用看书**？所以**虽然说是三个步骤，做起来尽可不必分；也许想分也分不出来。**

取材的标准（即研究的对象），应注意（a）**含意**，此项最要在断定书中所说，要有我自己的断定，才可寻出他一贯的道理，或者不至于盲从。而阅古书时，一经我们断定其时代的关系，及作者的环境后，即应设身处地全为作者想，如此则书中设辞致理的优劣，才能领略到。（b）**识字**，某种意思，是某个字可答出的，我们不若识某字，则叙述时势非用别的几多字代替不可。此在运用上太不经济。文艺上也不简练。故识字一项，不可轻忽。且看古书时，此直为最重要的一步。（c）**成语**，有些成语，也和识字一样重要。（d）**文法**，旧文里常以章法为文法，因章法之变化不可捉摸（其实无大变化），遂谓“文无定法”。这里所说的文法，专指造句述意而言。（e）**修辞**，此项与下一项，乃为旧文里所说的文法。（f）**结构**，与上面修辞实是常在一块的好兄弟。我们现在所应走的道路，用外国文修辞的法则，来规律中国的文艺。这一件工作，尚无人做到。我想不久的将来，一定有一部“中国修辞学”

出世的，那时于我们学者就便利了。至于结构一层，中国的文式里实在一无可取。什么“八大家笔法”、“桐城章义”，简直是拘束人的枷锁。然而学者亦值得费一点时力去看一下，宁如去参观历史博物馆。

学者的态度，也应注意，简单的说，应持——

A. 真实的态度　是的还他是，非的还他非，读古人书时，自己就要做古人；读今人书时，自己就要做今人。尤其是批评时，最不能忘却时代的关系，与作者的地位。

B. 科学的态度　要有系统，有组织，合逻辑的。有人以为文学与科学是两样东西，文学不必注意因果，其实这是错的。真正的文学，莫不含有科学的精神。

C. 严竣的态度　阅书时，观察时，要有深刻的眼光；然后深刻地判断，深刻地推究。

D. 艺术的态度　同时也要很浪漫的，庶乎精神有开拓放张的机会。而爱美的灵魂，应无时无刻不占据我们的研究文学者的脑中。

有一句结束的话：此文甚是普通，实际尚有些经验及例证，未能写入，很是歉疚。但也许这是“自然”给我的机会，叫我留一些话，到《学生》出《国文研究专号》时再说。

34 初中国文之教学

孟宪承（1899—1967），现代著名教育家。字伯洪。江苏武进人。早年毕业于上海的南洋公学中院和圣约翰大学。1918 年留学美国，入华盛顿大学专攻教育学，获教育学硕士学位后又赴英国，在伦敦大学研究生院深造。1921 年回国后，受聘于国立东南大学、圣约翰大学、浙江大学、湖南国立师范学院等高校。发起创办了光华大学。曾一度担任国立第四中山大学秘书长、国立中央大学教育学院院长、浙江大学文学院院长。1933 年，在杭州创办民众实验学校，研究和推广民众教育。主要著作有：《教育概论》《教育史》《西洋古代教育》《大学教育》等。

本文原载《新教育》第 9 卷第 1、2 期合刊（1924），对当时中学国文科在教材和教法上进步及其存在问题，提出了自己的看法，文中指出：“现代教学的精神，根本上是要生徒活动，生徒自学”，“向来国文课，只有教师的活动，没有学生的活动，只有教师的教授，没有学生的学习，这实是国文教学失败的总原因”，全文于此立论，对当下语文教学仍然具有良好的借鉴意义。

一

在《对于初中课程的讨论》一篇文章里，朱经农先生说："旧式中学校里面教授国文的实在情形，人人都知道的。一个教员拿了几张油印的讲义（或现成的国文课本），在课堂上逐字逐句的讲解。下面听讲的学生真是七零八落。那种精神涣散的样子，实在叫人看了短气。坐在前面的几个学生，虽然"一心以为有鸿鹄将至"，表面上总算在那里看讲义。至于坐在后排的学生，有的在讲义旁边放着一本英文教科书，自己在那里阅读；有的低着头做他的算学题目；有的女生还在桌子下面打手工，有的偷看小说；有的简直睡着了。教员勉勉强强敷衍完了一点钟，夹着讲义去了；学生也就一哄而散。试问这样研究国文，究竟有何结果"？（《教育杂志》十六卷四号）朱先生这里所描写的，是那国文教学不好的学校，不能代表普通初级中学。但是我们对于初中，如果仔细调查起来，一定也能发现许多可惊的事实。朱先生末了问，"试问这样研究国文，究竟有何结果"？**现在初中国文教学，因为教材的未经组织，方法的未经讨究，比起其他各科教学来，缺乏结果，实在是无可讳言的。**本国语言文字，为最重要的教育工具，此而没有结果，岂不成了严重的教育问题！

二

推究到国文教学所以没有良果的原因，最普通的答案有两种：一是教师不能引起学生的兴趣，二是教师不能启发学生的思想。现在分别的说一说：

（一）兴趣说　大家知道，**没有兴趣，很难有学习的动机。**旧式教学，全不顾到生徒能力上的差异，心理上的需要。所以从教材方面而言，所选的读物，往往有很艰深，很古奥，而不合现代精神，不合学生心理的材料。现在初中读本，各人选材容有不同的标准，而“浅显有趣”，欲为一共同的倾向。我们试将五六年前流行的读本如商务所出许国英《国文读本评注》翻开目录来一看；他所选的：是周树槐《汉高帝论》，薛福成《海瑞论》，梅曾亮《士说》，袁枚《原士》，王世贞《蔺相如完璧归赵论》，刘大櫆《焚书辨》，吴敏树《杂说》，吴敏树《说钓》，梅曾亮《观渔》，邵长蘅《渔父》，梅曾亮《游小盘谷记》，龙启瑞《病说》等等。我们再将民智书局所出孙俍工、沈仲九两先生合编的《初级中学国语文读本》第二册目录翻开来一看便大不同了。上面所选的，是胡适《一个问题》，托尔斯泰原著《三问题》，孙少侯《我对于一切人类的供状》，《新青年》杂志的《宣言》，李大钊《少年中国》的《少年运动》，李大钊《由纵的组织向横的组织》，戴季陶《到湖州后的感想》，鲁迅的《孔乙己》，胡适《吴虞文录序》，仲密《祖先崇拜》，冰心女士《笑》，爱罗先珂原著《我底学校生活底一断片》等等。我们把这两种选本，对比一下，便立见他们的异点。（1）旧本所选的是古代文学，新本是现代文学，旧本是文言文，新本多语体文，并且有时是翻译西洋文学作品的语体文。（2）旧选文体，多论说文，兼及记叙文；新选文体丰富，各类文艺作品，小说、诗歌、剧本都有。（3）旧选没有思想的内容，如《汉高帝论》《蔺相如完璧归赵论》等，而新选的多现代思想上流行的问题；这种教材当然易于引起兴趣了。有了这种教材，教法自然随之变更。旧式教学，先生讲，学生听，国文课往往是最枯窘的。**新的教材，有的可以讲解，有的可以讨论，有的还可以表演。教师口才好的，往往逞其雄词博辩，来宣传新主义，解决新问题，或则妙语解颐，利用小说故事材料，来破国文教室的沉闷。**这是兴趣论在国文教学上已奏的灵效。但是兴趣论这样东西啊，是很容易遭人误解的。**哥尔文教授在《学习的历程》里说：**“近几十年来，教育上的兴趣论的注重，把教学法革命了。在许多方面，他的利益，是很大的，而其随伴的误解与流弊也很多……他是近来一种**'柔性的教学'**（soft pedagogy）所由起。这种柔性的教学，在心理上没有根据，而在教育上是没有效力的。说要维持注意，必先引起兴趣，原是不错的。但是引起儿童兴趣，不单是供给儿童娱乐……须知**真的兴趣，并不和严正的工作相对抗，并不和为要制胜困难获得结果而用的努力相抵触**。遇必要时，在作业上含有劳苦的机械的部分，教师应绝不踌躇地要求生徒的注意。"（Calvin，Learning Process，p. 283）

在我们国文教学上，兴趣论也很有危险。教材上，教法上，都有故意趋易避难迎合生徒一时的嗜好与娱乐，而不顾他们永久的需要与国文教学自身目的的弊病。至于单用语体文、翻译文，来达到国文教学目的，也还是可以根本怀疑的。

（二）启发说　国文教学失败的第二原因，是不能启发学生的思想。旧式教学，偏于记忆，不重理解。在教材上，很少与学生的时代社会有关系的问题，能促起他的思想的。现在极端的一派教材，专搜集讨论现代问题的文字，如前面所引《初级中学国语文读本》即是代表。他们的意思，以及"为增加学生读书的效力计，与其叫他读《庄子》、《墨子》、《荀子》等，不如叫他读《胡适文存》、《独秀文存》一类书；因为一则难懂，一则易解；一则未必适合于现代思潮，一则可以当做现代思潮的一部分的代表。就轻重缓急论，要做一现代的人，不懂《庄子》、《墨子》等学说，却不要紧；不懂国语文提倡的理由，不懂女子解放问题、贞操问题、婚姻问题、礼教问题、劳动问题等，却是要做一时代的落伍者"（沈仲九《中学国文教授的一个问题》，《教育杂志》十六卷五号）。根据着这样观念，所以有簇新的以国语文为形式，社会问题为内容的教材出现。有了这种教材，所以方法上自然也废除了逐字逐句的讲解，而注重到问题的讨论。这不可谓非国文教学上一大解放。然而我以为这样的启发思想说，也多少不免一种偏见，而含有必然的危险。国文科的训练，本注重思想的形式上，至于思想的内容，是要和各科联络，而受各科供给的。现在专重社会问题的讨论，是否不致反忽了形式上的训练，喧宾夺主，而失却国文科主要目的，很是一个问题。此外还要注意的，人生思想内容，很复杂而很多方面的，单以这一类的问题为中心，是否不致养成偏见与武断，对十三四岁的儿童宣传社会上政治上种种主义，是否不致揠苗助长，阻碍思想自由的发表，又是一个问题。**“教育不是传布偏见，不是灌输成说，乃是解放幼年的心灵，发展他自己的判断力**。换言之，**教育不是给人见解，乃是帮助人得到见解”**。（陶孟和《社会学科的性质》，《教育与人生》三十四期）在教学上宣传独断的主义，我们现在举目一看，到处有这危险，正不仅在国文教学上为然啊！

上文总结起来，即向来国文教学的失败，虽然都归咎于：（一）不能引起学生的兴趣；（二）不能启发学生的思想。而从这两方面改革的结果，则对于兴趣尚不免一种误解，而对于启发也还有许多偏见。这种误解与偏见不能捐除，就很可以为健全的教学的障碍。据私见看来，所谓不能引起兴趣，所谓不能启发思想，还是果而不是因。为什么不能引起兴趣？为什么不能启发思想？其最普遍的原因，还别有所在。

现代教学的精神，根本上是要生徒活动，生徒自学。好的学问不能由教师代学，正如好的馔，不能由他人代吃。《学记》上说的好：“虽有嘉肴，弗食不知其旨也；虽有至道，弗学不知其善也。”《孟子》也说：“君子深造之以道，欲其自得之也。”这些话，都很合教学的原则；我们国文教学所以失败，正为造反了这一个原则。**向来国文课，只有教师的活动，没有学生的活动；只有教师的教授，没有学生的学习，这实是国文教学失败的总原因**。能引起学生的活动，指导和督促学生的学习，一定不患不能诱发兴趣与理解的。让我们本着这个见地，再进一步看看初中国文教学法问题。

三

《新学制初中国语课程纲要》里，国语科作业支配分（子）读书（丑）作文（寅）写字三项。除习字专属技能，暂置不论外。请分读书、作文两项来讨论。

（一）读书《课程纲要》里所谓读书，分二种。（1）精读选文（由教师拣定书本），详细诵习研究；大半在上课时直接讨论。（2）略读整部的名著（由教师指定数种），选用笔记，求得其大意；大半由学生自修，一部分在上课时讨论。这种教材，私意以为精读宜以中国文言文为中心，略读则除散文、诗歌、小说、戏剧外，宜分年择定一种平易的古书——如《论语》、《孟子》、《左传》等的选本——为中心。我们这里因为讨论教法，所以涉及教材，至于为何要这种教材？理由很长，不更冗赘，以免论点分歧，请读者参阅拙著《初中国文教材平议》（《教育与人生》二十八期）后，指正为幸。

略读的教材，怎么样教学呢？《课程纲要》上定为大半由学生自修，只有一部分在上课时间讨论。“讨论”两字，太含糊了。这种**课外的阅读，事前要有适当的指导，事后要有切实的考查。**指导的事项，包括（1）读什么书？（2）怎样读法（计划和方法）？（3）有什么特别意义要指示的？（4）有什么特别困难要讨论或说明的？考查的方法，则或令学生作阅书划记，或由学生在上课时轮流提出口头报告。而我们的目的，既在养成阅读的能力，则所谓阅读的能力，尤不可不明白确定他是什么，然后再问用什么方法去养成。读书的能力，分析起来，至少包括领解与敏捷两个原素。要试验这种能力，则可于限定的时间内，指定篇幅令学生标点，或于限定的时间内，举行口头或文字的问答，这是课内的。如要试验课外长篇阅读的是否领解，更有一简省时间的试验法，即将全文要点，分列问题若干条，命一级中学生人答一题，会合起来，全文内容，已提纲挈领，显豁呈露了（Thomas：The Teaching of English in the Secondary School，p. 250）。各种方法，本说不尽。以上所述，也不过发凡起例罢了。假如每周上课时间略读占两小时，则读书指导约占一小时，而考查试验，约占一小时。这样认真的做起来，略读的目的，是不难达到的。

精读的材料，怎么样教学呢？上边略读的指导和考查两层，自然都是适用的。《课程纲要》定为大半在上课时直接讨论。这“讨论”两字，又太含糊了。选读的教材，当然要有相当的指示。这个提示，却不须逐字逐句的讲解，而要将这文的背景与大意，文法上与修辞上的特点，为一个扼要的有趣味的说明，作一番有力的介绍。使学生热烈地要去读他，读了欲罢不能地要去玩索他。**“精读”一个名词，大多数教师，恐怕还只有很模糊的一个观念。其实为明了正确计，不如直截了当地把他作为“熟读精思”解释，包含记忆与理解两个要素。**名为精读，而不能记忆，怎样能永久地欣赏与应用？**旧时读书背诵，并非不好，其不好之点，乃在只能背诵而不能理解。**至于已经有理解，而不能背诵，则还是不能受用。**现在学校各科作业中，都有一大部分记忆工夫，何以独有国文则随讲随忘，教师不令学生背诵？这真不可解。**桑代克在《教学之原理》中说：“现在痛诋记忆为知识的奴婢，是很时髦的，好像在什么类化、兴趣、思考等等名词中，“记忆”连一学都不配……**其实记忆有什么不好，单记忆文字而不了解内容，才不好耳……内容了解了，则愈能记忆愈好**……在学业中有一大部分，生徒并不难于了解，倒是单了解了而不刻实地努力，便不会给他们享用”（Thorndike：Principles of Teaching，p. 24）。这几句名言，真好像为我们国文教学而发的！有许多文章，学生看了，只需稍为指点，便已了然，何用逐字逐句的去讲解，白白地费了多少可贵的光阴，而学生依旧是一无所得。至于试验记忆的方法是默写，试验理解的方法是课题。默写可随时指定文章的全部或一部为范围，课题可就形式上（字法、句法、篇法）内容（思想、感情）出为简短问题，令学生笔答。依我浅短的经验，每星期上课时间，精读如占两小时，则所选的文章，又可限一篇，以一小时提指教材，而一小时试验学习的所得，我觉得必须这样切实的读文，方能读一篇得一篇的益。

还有朗读、默读的问题，这里也附带提一句。**普通阅览，自然重默读，而为文章的精研，朗读也不可废。所谓“朗读者，熟练文章之习惯于口的筋肉，使此等型范的结合，容易再现于他时”**（郑宗海《修学指导》，四八页），也有他的价值。上课时间，可以由教师范读，**学生个别的朗读，则可在课外行之。**

以上**读书教学根本的精神，是的确要使学生能读书，而不单成为教师的讲书。重的是学习，不是教授。**如上所述，**教师的职能，在诱起学生的兴趣，帮助他的了解，指导他的学习，督促他的努力，考查他的成功。哪里是寻章摘句，敷衍讲解，便算完事？更哪里有工夫来谈故事闲话，讨论初中学生所不了解的社会问题？**

（二）作文《新学制课程纲要》上规定的，共四项：（1）定期的作文。（2）无定期的作文和笔记。（3）定期的文法讨论。（4）定期的演说辩论。用什么作教材，倒没有规定。私意以为此项教材，应为一种混合文典。其目的在训练学生运用文字发表思想和感情的能力。内容为文法修辞上普通规则的说明，各体文章的示范（包括应用文程式的举例），各种作文和练习，而为小学中学语文之过渡衔接计，尤须有语法和文法的比较与联络。和这种教材平行的，便有许多练习（演说、辩论、笔记、作文均在内）。单提作文出来讲，有命题的，不命题的，限时的，不限时的。可以随时的相间的指定。而要在训练发表技能的有效，则不但注重学生的习作，还须注重教师的订正。寻常教师易蹈的错误，不出二途，一是太省事，单将原文加些圈点，末了加一个很笼罩的批语，就算了事。一是太认真，把原作改得体无完肤，面目全变，学生看了也莫名其妙，这样作文，多作有何效力？矫正这种错误的作文次数欲多，而篇幅不妨稍短，订正则每篇要有两次的手续。第一次只用几种符号，标出文中的缺点，或加眉批说明其理由。批后以原卷发还学生，令其自行研究，自行批改。有不能改的，可以详细质问。改好后，另卷誊正，再作第二次的批改，不用符号，竟为涂抹笔削。发还时再加以个别指导（限时的作文虽在课内，而种种订正指导工夫，都应在课外做的）。这里根本的精神，也是重在学生的活动，与上文是一贯的。

以上几种教学方法，没有一种是新奇的，只就个人参观或实验所及，而比较认为有效力的说一说。我很感于篇首所引的朱先生那一问，那“这样研究国文，究竟有何结果”？而窃望依着上提的教学精神与方法，可以作一答案道：“这样教学国文，或者会有点结果。”

35 对于初中课程的讨论·国语科的内容

朱经农（1887—1951），著名的教育家、学者、大学校长、诗人、教育行政高官、出版家。浙江浦江人。获哥伦比亚大学师范学院教育学硕士学位。1925年起历任沪江大学文科主任，光华大学教务长，教育部普通教育司司长、教育部常务次长，中国公学代校长，齐鲁大学校长，湖南省教育厅厅长，中央大学教育长，教育部政务次长、上海商务印书馆总经理兼光华大学校长等。

民国10年，朱经农任北京大学教育系教授，发表了有关教育的文章，享誉一时。民国12年在上海商务印书馆主编中小学教科书，并与陶行知一起主编我国第一套《平民千字课本》。任湖南省教育厅长期间，在推行小学义务教育，增设中、小学，创办大专院校方面，做了不少工作，使民国时期的湖南教育有了前所未有的发展。主要译著有《明日之学校》（杜威著）、《教育大辞书》《现代教育思想》《教育思想》等。

《教育杂志》1924年开展中学课程建设讨论，本文是发表在第10卷第4号的专题论文，内容涉及初中各科，这里节选的是其中的第四部分，专论“国文科的内容”。文中所述的重要观点，如主张让学生变“被动听讲”为“自动阅读”，认为“学生的研究精神和讨论兴趣，须由教员慢慢地培养成功”；强调初中学生应“多作实用的文字”，并以口语表达训练促进书面表达训练等等，都是值得重视的灼见真知。

35 对于初中课程的讨论·国语科的内容

讨论国语教材，是一件极不容易的事。两年来和人谈到这个问题，感受无穷困难。因为中国的“读书人”，差不多人人以国文专家自居，蔽于已往的经验，各有成见在胸，绝少商榷的余地。大家都忘了人类的个性彼此不同，甲所得之经验移到乙身上去，未必能够适用。在甲环境中所得经验，移到乙环境中去，就完全不对。把个人读书偶得的经验认为研究国文普遍适用的方法，实在有些不妥当。我希望读者暂时抛弃以往的经验，牺牲胸中的成见，平心静气把各中学校国文教室里的实在状况研究一下。

旧式中学校里面教授国文的实在情形，人人都知道的。一个教员拿了几张油印的讲义（或现成的国文课本）在课堂上逐字逐句的讲解。下面听讲的学生真是七零八落。那种精神涣散的样子，实在叫人看了短气。坐在前面的几个学生，虽然“一心以为鸿鹄将至”，表面上总算还在那里看讲义。至于坐在后排的学生，有的在讲义旁边放着一本英文教科书，自己在那里阅读；有的低着头做他的算学题目；有的女生还在桌子下面打手工；有的偷看小说；有的简直睡着了。教员勉勉强强敷衍完了一点钟，夹着讲义去了；学生也就一哄而散。试问这样研究国文，究竟有何结果？

有一天我去参观一个私立学校，看他们上了一堂国文课，心里觉得烦闷非常；出了校门，信步走过一家小茶馆门口，看见一个“说书先生”在那里指手划脚的讲故事。下面十几桌人吃茶，座位挤满，一个个整顿全副精神，望着“说书先生”的脸孔，听他说书。我觉得那时茶馆里几十个人的心思已经打成一片，人人忘却自己，随着“说书先生”的意向，忽悲忽喜。那个“说书先生”也不知不觉把他的真人格完全流露出来。（这种人格不一定是好的，不过魔力很大，能使几十个未受教育、不守秩序的粗人变成鸦雀无声、正襟危坐的听者。）我在茶馆外面立了五分钟，不觉发生许多感慨。**我觉得学校里面的国文教员如果都有这位“说书先生”那样的魔力，那就好了。为什么教授国文不**

能像说书这样有趣?

对于这个问题天然的答案，就是“国文的教材与说书的材料不同”。**说书先生处处体贴听者的心理，所选材料都是极有趣的。国文教员只凭着个人的主见，选些教材，对于学生的心理不大注意，所以不能引起他们的兴趣。说书先生所讲的，都是听者所欲详知，而尚未知的材料；所以人人整顿心神，伸直头颈，目不转睛，听他演讲。国文教员所讲的，多半都是学生已经懂得，不用琐碎述说的。**一篇油印的讲义，学生只要五分钟或十分钟，就看完了。纵使其中有一两个不认得的字，或一两句费解的话，教员只须把这一两处特别提出说明一下，也就够了，何必逐字逐句的解释，白白花费一点钟可宝贵的时间？倘使能够预发讲义，学生在上课以前，把不认识的字或不易解释的句子先行研究一下，上堂的时候更不用费许多时候去逐字讲解。**在茶馆里听说书的人，因为自己不认识字，所以不能不全靠耳朵去听。中学学生都是认得字的，有了书可以自己去看，用不着以耳代目，事事劳动教员的唇舌。教授国文专用注入式的演讲，是很不经济，而且很无味的。**

胡适之先生主张用看书来代替“讲读”，是很有道理的。**我们如果希望学生对于国文一门有一点确实的心得，除非把“被动听讲”改或“自动阅读”不可。**中学学生如果自己不去看书，全靠每天在讲堂上听先生讲解几句古文，那是没有什么大进步的。不过教员对于学生看书，须加积极的指导，万不可专取放任主义。不加指导的阅读，是要发生流弊的。并且学生阅书以后，没有一个研究讨论的地方，兴趣也要减少。我们所看过的书，如果经过一番讨论，必定了解得格外清楚，记忆得格外真确。否则，烟云过眼，随看随忘，也就没有多大用处。譬如一个教员指导学生们去看一种文学书，看过之后，就应该在讲堂详加讨论，究竟这一种书的好处在哪里？全书的布局如何？哪一处是书中最重要的关键？全书可分多少段落？每段之内有几个要点？怎样入题？怎样发生转折？哪几处文字特别有精彩？用字造句有什么可以特别注意的地方没有？有许多地方，学生阅读的时候，不曾十分留意，被先生几句话提醒，不觉恍然大悟。有时候，先生不曾留意的地方，学生也可以特别提出讨论。学生如有特见，先生应当加以鼓励，为之表扬，万不可装出一副学问非常渊博的嘴脸，表示你们所讲的早已在我腹中，一点不觉得出奇的样子。学生的研究精神和讨论兴趣，须由教员慢慢地培养成功的。

阅读要分两种：一种是“精读”，一种是“略读”，照“新学制课程标准起草委员会”所下定义，**所谓“精读”，乃由学生详细诵习，反复研究，其大部分须于上课时直接讨论。所谓：“略读”，乃由教员指定书籍数种，令学生自修；阅读之时，参用笔记，但求得其大意，便可以为满足；上课的时候，只须提出要点，酌加讨论而已。**

精读的资料就是各种模范文。初中第一年所用教材，语体文应较古文为多；第二年语体文与古文各半；第三年古文应较语体文为多。为什么缘故初级中学还要选读语体文呢？因为“课程起草委员会”认定：在小学校内，以教语体文为原则；高级中学以多阅读古书为原则。初级中学的国语一科，一方面须与小学国语课程相衔接，一方面须为学生建立阅读古书的基础；所以应该逐渐由语体文过渡到古文。教材里面语体文逐年减少，古文逐年加多，就是这个缘故。

略读的资料，就是各种文学作品，尤重近人著作。这是初中国语课程与高中国语课程微有不同的地方。因为高中偏重读古书；初中偏重读近人的著作（此系专就略读的资料而论）。初中略谈的资料分“散文选本”、小说、戏剧诸类。其细目已详载课程纲要中，此处不必重复述说；不过有几个地方应该略略说明一下。

（一）近来的人很有一种误会，以为提倡语体文的人都不主张读古书。**其实所谓“文学的国语”决不是毫无剪裁的白话。有文字价值的语体文是经过一番陶冶的。**中国的古书和西洋文学作品都可以帮助文学上的陶冶。提倡语体文的人似乎也应该提倡读古书。胡适之先生不是提倡国语文学最力的人吗？试看他所作《中学国文的教授》一文里面所开自修书目，就知道他绝不反对读古书。再看胡先生所拟高中国语教材，几乎完全取材于古书；不过对于古书，要加一番整理罢了。**“读古书”与“作语体文”尽可并行不悖，并不是读了古书就非作古文不可的。**中学校学生也不妨练习用文言作文，但是主张非古文不作，那是错了。“生在二十世纪的人，想拿秦汉或唐宋的文字来发表思想，总不免有太笼统或不正确的弊病。”——这句话我从前不大相信；近来看了许多“古文家”所发表的言论，使我发生反感。他们的文字确实有些太笼统或不正确的毛病——一半由于思想上缺少精密的训练，一半由于文学上变了拘束。初中学生国学根底浅薄，还是多做语体文的好。

（二）初中国语课程中略读一项采入各种小说，很有许多人对此怀疑。其实中学校学生很少不看小说的；不过从前是偷看，现在是公开的阅读。学生偷看小说，毫无选择能力，往往购阅有害于青年身心的坏书。看小说如果公开，教员就可以指导，使学生以文学眼光去辨别小说的好坏。这样办法，既可增进他们文学的兴趣，复可以使他们少看坏书，岂不是一件有益处的事情？胡适之先生说：一个中学校学生在毕业以前要看二十部以上的小说；大家都觉得，因为时间的关系，恐怕做不到。但是我们实地调查一下，中学校的学生在年暑假内，看《侠隐记》、《续侠隐记》、《天方夜谭》这类的小说，平均每年阅看六七种，实在没有什么为难。因为每年暑假、年假合起来，差不多有三个月的光景，每个月看三四本小说书，究竟有什么稀奇？如果每年平均能看六种小说，初中高中合起来，共有六年功夫，六年之内阅看二三十种小说，不算什么奇事。何况除了年暑假外，学生也还有看小说的机会呢？所以胡先生所定标准并不算十分高。不过我们对于新小说要加一番选择，只把有文学价值的介绍给学生看。对于旧小说更要加一番整理，许多不相宜的地方，应该把他删掉，并且加上新标点，细分段落，另行出版，以供学生阅看。欧美中学校里所阅小说，也多经过删节的，《天方夜谭》就是一个好例。

在初级中学里面，国文与“国故”不能完全混为一谈。国故的范围很广，有的属于历史，有的属于哲学，有的用于公民，所以应该分开研究。我们不能把一切国故都归纳到国文里面去。初级中学教授国文的目的不过下列三项：（一）使学生有自由发表思想的能力。（二）使学生能看平易的古书。（三）引起学生研究中国文学的兴趣。至于整理国故是高等专门以上学校的责任。这一副千斤重担，初级中学的学生是万万挑不起的。要知道初中第一年级学生的年龄，不过和从前高小第三年学生一样。初中毕业的时候，也不过达到旧制中学二年生的年龄。国人对于初中学生期望太高，往往想把经、史、子、集一起都叫他们去研究，“揠苗助长”，非徒无益，而反害之。我想初中学生看看《孟子》、《左传》，是做得到的；要他讲解《大学》、《中庸》，就不行了。试问对于一个十三四岁的学生，要他了解程子所谓“放之则弥六合，卷之则退藏于密”的哲学，和朱子所谓“人之所得乎天，而虚灵不昧，以具众理而应万事”的明德，如何能够不发生困难！不要说《大学》、《中庸》，就叫他们去读《孟子》，遇着什么“志，气之帅也；气，体之充也。夫志，至焉，气，次焉。故曰：持其志，无暴其气”。和什么“其为气也，至大至刚，以直养而无害，则塞于天地之间”。恐怕也有些莫明其妙。**从前读书，只要能够背诵，书中意义能否了悟，似乎无关紧要。现在的教育注重兴趣，学生所读的书，总以能够彻底了解为是。**所以从表面上看起来，学生所读古书比从前少得多；但是我们希望初中学生读书不再像从前一样含糊了事。从前的私塾里面很有许多学生混名叫做“字纸篓”或“书柜子”，因为他们肚子里所装载的书虽然很多，却一句不曾懂得，一点不能应用。**这种造就“字纸篓”或“书柜子”的教授法，不宜介绍到初级中学校里面来。**

以上所说，都是关于阅读方面的话。现在对于初中学生作文方面，也有一定意思要发表。初中学生应多作实用的文字。**张东荪**先生说：**“于初级中学，国文教授不宜为文学而应写文章的。”**（参看《教育杂志》第十五卷第二号张先生通讯）周予同先生以为“现代应用文字……琐屑质直，不能选作模范文；但为应付社会的需用起见，初级中学毕业生似乎不能不晓得一点。”（参看《教育杂志》第十四卷《学制课程研究号》周先生所作《新制中学的国文课程》。）我对于张、周两位先生的主张，很表同意。**我所谓“实用的文字”范围其广。譬如学写各种函牍，作新闻访稿，办学生杂志，编辑学校日刊或周刊等等，都可以练习实用的文字**。我们并不希望制造督军署的秘书，专门教些“等因……奉此”“等情……据此”的死格式。

还有一样可以帮助学生练习作文，就是预备演说会或辩论会的稿件。**初级中学里面，每年应该开一两次演说会。其目的不在造就一二雄辩家，而欲全体学生得着普遍的训练**。所以在开演说会以前，各班学生每人都要预备一篇演说稿先在本班比赛，然后选出代表与各班合赛，演说题目最好由各人自择，因为学生的兴趣各有不同，若使全体学生演说同一题目，必有一部分学生觉得无味，因此失却练习演说的兴趣。草拟演说稿是练习作议论文的好法子。学生在校中组织学术研究会、文学讨论会等等，每周期开会一次，每次有二人轮流演说，演说完毕，大家共同讨论所演说的问题，这也是于学生很有益处。至于辩论会，应该先行分组。每组三人，选定题目，正反两面，各由一组担任。在辩论以前，须有充分的预备。搜集材料往往须费极长时间，并须由教员加以指导。**无论作何主张，总要对于反对方面所持理由研究得清清楚楚，然后逐条驳复。措词务求圆到；态度务求和蔼大方。这种训练，于学生作文上有极大的帮助**。因为经过这种训练的人，下笔的时候一定有条理得多。

作日记，作游记，也是练习作文的好方法。作日记不仅可以练文字，并且于训育上很有功效。一个学生把自己所作事体，于写日记的时候自省一番，岂不有益？至于作游记，很用得着优美的文字，学生自己做了一篇游记，再把古人的游记拿来看一下，很可以引起欣赏古文的兴趣。

胡适之先生主张中学学生应该练习翻译——把语体文译或古文或把古文译成语体文。近来朋友们对于这种主张做过一番实地试验，据说很可以引起学生们的兴趣。**把语体文与古文互译，作一种比较的研究，很可以帮助学生了解两种文字的特性。并且翻译文字，不必自己搜集作文资料，所以把全副精神注重在字句上，于练习作文工具，收效较速。**

还有一样，应该附带提及，就是使学生研究中国文法。中国人向来不注重文法，所以目前著名的“古文家”下笔的时候，也不免有文法上的错误。初级中学里面教国文的时候，对于文法，应该注意。**我所谓文法是广义的。不但造句、用字应该注重文法，并且对于修辞方面，如分章、分段、标点及全文布局等等，也要加以讨论。**

本文仅就外间对于初中国文课程纲要草案怀疑之点略加讨论。匆匆命笔，疏漏颇多。请阅者便中参看该草案原文，俾见全豹。

十三年四月四日灯下

36 初中国文科读书问题之研究

林轶西（生卒年不详），曾任中学国文教员、圣约翰大学教员。有著述《应用文教本》（1933）传世。本文原载《教育杂志》第16卷第6号（1924）。

自新学制中小学各科课程纲要颁布以后，中学国文科内容应规定学生读些什么书，成了人们普遍关注的问题。国学大师梁启超拟“国学入门要目”，新文化运动倡导者胡适拟“一个最低限度的国学书目”，开列书目都在百部千卷以上，文史专家周予同给中学生指定的“几部最重要的书籍”，也仍有百部。这些书目都远非中学生所能读，也非中学生都需读，真正从中学生的需要和可能着眼，该指定读哪些书、读多少书呢？作为一位有经验的中学国文教员，林轶西提出了自己的看法——其对象特指初中学生。若能结合阮真先生《中学国文校外阅读研究》（1929）一起研读，无疑将加深对于课外阅读相关问题的共识。

一 引言

自学制革新、课程纲要宣布以来，各处中学校对于校内各方面都有一番新面目新精神发见——学级的编制，课程的改组，学分的支配，教法的革新……——而在课程改编之中，尤其是国文科组织和内容的改良。从前学校对于国文，不过聘请几位教师，挑选几篇古文，按照钟点，在课堂里面，逐篇讲解讲解，每周或每两周练习一次作文罢了；此外简直没有顾到学生课内或课外的补充材料及辅导方法。现在呢，大家觉得学生国文成绩不良，是因为国文科目和内容的偏枯；于是在所谓模范文哪、语法哪、文法哪、修词典哪、课内和课外读书哪，五花八门，次第增添，国文材料比较从前可算丰富得多了。而对于读书问题，尤其格外注意。在从前丝毫不想到这一方面，现在却以为**要增进学生国文程度，只有提倡读书一法是最关紧切了。**

各校对于读书问题，既然如此重视；但是国文的书籍浩如烟海，学生读书的标准渺茫莫定；究竟初中学生依据哪几种标准去选择书籍呢？哪几类书籍可以供初中学生读呢？如何指导学生去读这类的书呢？学校用什么方法去考查学生读书成绩呢？这都是急待解决的问题。这些问题不解决，或解决而未彻底，都不能得着读书的效果。《新学制课程纲要》里关于初中国文读书项下有书目举例和指导法大略；胡适之、梁任公以及《学生杂志》“学习法专号”、“国文研究法专号”各位论文，对于这个问题虽然亦有一番讨论；但他们所举的书目或方法，或太高深，或太漏略，终觉没有具体的切实办法，对于我上文所提出各问题不能予以圆满的答复。我以为这个问题，凡是研究教育当国文教员的，应该竭全力去研究它，解决它，不可只凭少数人来负这个重大责任；所以现在我亦不揣冒昧，把个人研究所得的写出来，以供大家参考。

二　选择书籍的目标

（1）**不可太偏于文艺性**　据委员会复订的《初中国语课程纲要》末了读书目录举例，列有小说十三种，戏剧若干种，散文选本若干。我以为初中学生读书的目的，重要的是要增进国文常识，启发思想，训练文章技术而措诸实际的应用。现在关于培养这个最要目的的国文书籍并不曾举出，仅仅举几部小说和戏剧来代表，未免太偏了。**从前学校禁止**

学生看小说，固然是不对；现在却主张纯粹看小说，而忘掉别种有益的书；不及与太过，其为犯偏颇的误谬，是一样的。记得胡适之先生在他《中学国文的教授》一文内（《胡适文存》卷一）说："现在中学毕业生能通中文的，都是自己看小说得来的。"这话亦只可认为一部分的事实，决不是普遍的。**中学毕业生国文固有从看小说而通的，亦有不看小说而看别种书而通的。**这话梁任公就反对他，《时事新报》曾登载过——据我个人的经验，少时候并不喜看小说。记得八九岁时，从叔父处偶翻《三国志演义》和《聊斋志异》二书，未毕即被禁止了。后来自高小而中学，因为教师禁止看小说，所以我也不去看他了。虽然我在中学时代不看小说，丝毫未得到小说的益处；但在中学时国文成绩并不见得比那些好看小说的坏些。所以提倡初中学生看小说，固然是一种法门；但主张专纯的去看小说，这是我不能不怀疑的。

即如近来翻译的小说，语法太偏于欧化，亦很不宜于初中学生阅览。如纲要所举周作人译的，我曾经给学生试验过，大多数感一种莫名其妙的困难，实在因周先生的语体太欧化了。在周先生固可自成一派，而为一般"文字未顺"的初中学生打算，非但减少兴趣，并且还有流弊。为什么呢？因为学生看惯了《水浒》、《儒林外史》、《老残游记》、《镜花缘》一类的语法通顺的文体，忽又参入这种欧化的语调，势必使学生无所适从，弄成一种非欧非中、杂糅不通的语调，这是何等的危险啊！我近来因上海学生喜看《快活》、《半月》、《红杂志》一类的堕落小说，为矫正他们流弊起见，很提倡看《小说月报》；但学生试看之后，对于这书感情不很好。这个缘故，故然因其中涵义太深，不易领略；但文体太不自然，以致兴味减少，也是无可讳言的。

（2）不可忽略身心修养的材料　**梁任公在他《读书法》里说现代青年所应特别注意的三点：**

一、我们生在这种混浊社会中，外界的诱惑和压迫如此其厉害，怎样才能保持我的人格，不与流俗同化？

二、人生总不免有忧患痛苦的时候，这种境遇轮到头上，怎样得到精神上的安慰，不致颓丧?

三、我们要做成一件事业或学问，中间一定要经遇许多曲折困难，怎样才能令神志清明，精力继续?

这三项，我认为修养最要关头，必须通过，做个人才竖得起。这种修养要靠实际上遇事磨练，自无待言；但平日没有一点预备工夫，事到临头，又从哪里应用起？平日工夫不外两种：一是良师益友的提撕督责，二是前言往行的鞭辟浸淫。良师益友可遇而不可求，前言往行存在书册，俯拾即是，读书对于修养上最大功用、最大利便就在于此。

我对梁先生这段话认为中肯切要之论。**初中学生是学做人的，不仅仅是能识字、看书、做文章罢了。所以国文读书关于修养身心的材料是不可忽略的。**但是一定有人怀疑，以为身心修养该让公民学去负责，不应由国文科越俎代庖。这话固然也不差，但我主张在国文方面增添这些材料的理由有两方面：

从理论方面说：初中公民学钟点每周仅一二小时，国文钟点至少有五六小时——课外阅书尚不在内。照心理学上讲，凡是刺激次数愈多，则印象愈深，记忆愈牢。况且国文材料内容大都离不了修养一类的话头。无妨利用机会。为相当的灌输，以补充他科所不逮呢。就事实方面说，大凡一校学生风气如何，思想如何，受他科的影响绝少，而受国文的影响特多；推其原因，无非是因国文钟点独多，材料独富，天天的浸润灌输，不知不觉的潜移默化所致。并且国文材料比较公民学切实，譬如向学生说了许多人格如何提高、节操如何培养一类的空话，不如令他看看古今伟人传记之为亲切有味；向学生说了许多如何引起美感、如何表现悲情，不如令他读些美妙哀感的文章之易受印象。

按《初中国语课程纲要》三条目的：（一）使学生有自由发表思想的能力。（二）使学生能看平易的古书。（三）引起学生研究中国文学的兴趣。我觉得这些目的的规定，似乎没有顾到做人的问题，与他科太不联络了。

（3）不可不顾到学生的应用和能力　清华学生会请胡适之先生拟了“一个最低限度的国学书目”，共有百八十五部——中有十几种丛书都在百卷数百卷左右——总计当在万卷以上。后来梁任公又拟了“国学入门书要目”，共有百三十二部——《通鉴》、二十四史都在内——总计当在五千卷以上。胡、梁二先生所开的书，在中学方面可算完全不适用。就如《学生杂志》、《学习法专号》周予同先生在他《中学国文学习法之商榷》一文内附有“几部重要的书籍”，共有九十二部——《四库全书提要》、《全上古三代秦汉三国六朝文》、《唐文粹》、《宋文鉴》、《全唐诗》、《宋诗抄》、《词综》、《宋六十家词》……都在内——总计亦不在千卷以下。我觉得这个书目给高中生阅读已嫌太高，初中生更不能够领略了。试问中学生每日除去其他科学、吃饭、运动、休息之外，尚有几多工夫可以阅读国文的书籍呢？退一步说，即使有一部分学生情愿竭全力去读这类的书，大家知道今日中国最缺乏的是科学，欲救中国非提倡科学不可；**现今要中学生知道国文常识，何尝不可，若欲学生个个去读如许的国文书籍，为学生时间上能力上打算，对于科学方面恐怕要发生影响罢。况且初中毕业生有升学的，有不升学的；那不升学的即须在社会上自营职业，平时对于应用的国文常识亦不可没有相当的素养。**所以为初中学生应用方面着想，既然不可令他们专在故纸堆中讨生活，尤其不可纯粹的沉浸在西洋文艺或新文化译品中间；穆济波君在《学生杂志》、《国文研究法的我见》文内所列“初中应读书目”，就犯这个毛病了。

兹把上文所说的总括起来，初中学生读书应该注意的有下列几点：

1. 关于帮助身心修养的…………
2. 关于增加国文常识启发思想的
3. 关于欣赏文艺的…………
4. 关于实际应用的…………

（以上四点）共通的——练习文章技术

三　书籍的支配和编订

近来很有人反对初中学生读古书，以为古书句调艰深，且句读段落不分明，极难引起学生阅读的兴趣。这话固然有一部分理由，**初中学生为在社会上应用起见，实无读古书的必要；但是要培养完全国民，对于本国文化中心所寄，图文常识所在，伟大人物前言往行之足以为人模范的，倘一无所知，这还成什么国民？**古书难读，固属事实，然亦不能因噎废食。况且古书如《孟子》一类条达的文字，苟加以简明的注释，亦并不难读。所以吾主张一部分的古书可以给初中学生阅读，而且是必要的。兹把初中应读的书，不论古今中外，依上列标准和年级略为分配，且指示一部分古书编订方法如下：

1. 关于帮助身心修养的

《孟子节本》

梁任公说："《论语》为二千年来国人思想之总源泉，《孟子》自宋以后势力亦与相埒。此二书可谓国人内的外的生活之支配者，故我希望学者熟读成诵。即不能，亦须翻阅多次，务略举其辞。"其价值可知了。但使初中学生看《论语》，必发生三种困难：一、句调艰深，难以领略。二、单辞只语，缺乏趣味。三、零零碎碎，绝无统系。今为适合初中程度起见，取《孟子》一书，重为删订，以便诵读，办法约略如下：

一、删节《孟子》文章大抵平实条达，并且很成篇幅。唯中间亦有单词只句的，亦有前后辞意重复的，亦有极不容易了解的——如言养气言性一类的话——都可删节掉一部分，以便阅读。

二、句读　用标点符号分段句读。

三、注释　旧注太繁，如《注疏》不消说了；即如朱注亦嫌太多。最好每篇之后附以简明的语体注释。

《墨子节本》

墨于思想很切近时代精神。历来孔墨并称，可见他影响于民族心理的势力实在不小。应择其明浅而合于青年心理的——如《兼爱》、《尚同》、《非攻》之类——汇为一册。分段句读注释，以供学生阅读。至如《经上下》、《经说》一类的艰深费解的篇章，概行删去。

《古今名人传》（上中下三册）

我前面说过，与其向学生说些修养人格的空话，不如令看些伟大人物的传纪之为亲切有味；这就是我要编《古今名人传》作为初中生阅读的旨趣。编订方法略述于下：

一、从四史以迄近代国史，挑选伟大人物传纪约百余篇，如大文学家、大政治家、大美术家以及气节竣拔魁奇侠烈之士……——分订上中下三册，作为初中三年阅读之书。

二、排列不必以时代为次序，而以文字浅深为次序。但每一册之内须具有各类的人物。

三、古史传纪大抵篇幅长的居多，中间不免有些冗离的纪载——例如史汉，往往把人物的著作文章都列入传内之类——无妨节删掉一部分，如《史记汉书精华录》的办法，使初中学生易以阅读。

四、分段标点，每篇之末略加简明语体注释。

《郑曾左家书选》

郑板桥、曾涤生、左文襄家书明切显达。郑氏家书尤饶趣味，唯篇章甚少。曾左二家书较多，但颇有稍涉琐碎的，都须节删，汇成一二册，很可为学生修养上或文章技术上的帮助。

2. 关于增加国文常识启发思想的

《饮冰室自由书》（商务出版）

梁任公《常识文范》（中华出版）

梁任公《欧游心影录》（《梁任公近著》第一辑之一部，商务出版）

《胡适文存》（亚东出版）
《蔡孑民言行录》（北京大学新潮社）
《学生杂志》（商务出版）
《东方杂志》（商务）
《晨报副镌》
《青年之友》（《教育与人生》之一部，中报馆出版）

3. 关于欣赏文艺的

《古今浅易诗歌选》（上中下三册）

坊间无适用的本子，亦须另外编选。其编次不以时代而以浅深为序。唯近来的白话新诗，大都未曾成熟，尤须慎选。

《西游记》（亚东）
《三国志演义》（亚东）
《上下古今谈》（商务）
《儒林外史》（亚东）
胡译《短篇小说》（泰东）
《侠隐记》（商务）
《老残游记》（泰东）
《徐霞客游记》（群益书局）
《茶花女遗事》（商务）
《小说月报》（商务）

4. 关于实际应用的

《普通应用公牍》

兹再将上列书目按照初中年级分配如下

初中一年级应读的书

《古今名人传》（上册）
《古今浅易诗歌选》（上册）

以上二种系精读的书。这里精读的意思，就是详细了解，能做详细的读书笔记；至于诗歌，须能成诵。

《郑曾左家书选》

《饮冰室自由书》

《西游记》

《三国志演义》

胡译《短篇小说》

以上五种系略读的书。略读就是了解或欣赏大体的意思。

初中二年级应读的书

《孟子节本》

《古今名人传》（中册）

《古今浅易诗歌选》（中册）

以上三种系精读的书。

《欧游心影录》

《蔡氏言行录》

《上下古今谈》

《老残游记》

《侠隐记》

以上五种系略读的书。

初中三年级应读的书

《墨子节本》

《古今名人传》

《古今浅易诗歌选》

以上四种系精读的书。

《常识文范》

《胡适文存》

《儒林外史》

《徐霞客游记》

《茶花女遗事》

《普通应用公牍》

以上六种系略读的书。以上规定初中三年略读的书，并非不可增减，这不过比较的可用。果然另外有更适当的书，关于启发思想或文艺方面的，当然可以改易。

四　指导方法

（甲）精读的指导法

初中国文科目除了模范文、作文、文法钟点之外，应每周至少须有二小时作为读书指导讨论的机会。这个办法，由教员预先指定书的范围，令学生自己去预备——如检查字典、辞典、参考书籍之类。上课时的工作，就是：

（1）学生质疑　学生如有疑难，教员不可立刻替他解释，须先令他生代为解答；如全班没有人能解答或解答而不透彻，教员才可详详细细的替他们解释。

（2）讨论内容　教员提出论点，经过学生一番讨论之后，教员可参加意见，使他们更易明白。

（3）指令讲说　注重字句的解释和章节的要旨，指定学生轮讲，以验他们对于指定范围是否彻底了解。

（4）指令讽诵　诗歌应注意讽诵玩味，才能欣赏他。学生平时对于诗歌是否能够成诵，上课时须令试读。

（5）读书笔记　本课既经讨论之后，即须由学生做详细的笔记。这项笔记可于课外做成，交给教员评阅指正。其内容可分：1. 难词难句的解释。2. 段节的要旨。3. 读后感想或批评。（读完一书须作全书的感想或批评）

（乙）略读的指导法

略读的书，宜在课外阅览，亦不必在课内讨论。最好学校设一公共国文阅书室，内除置公共报章、杂志、字典之类以便学生自由阅览或检查之用外，学生且可带所欲读的书入内阅读，办法如次：

（1）每日规定一小时由各教员轮值在室内监视，兼备学生质问疑难。

（2）学生每次所看的书，须将月日起讫及要旨等项记入读书笔记。

（3）每周由教员调阅笔记一次，以验勤惰和心得。

五 成绩的考查方法

（1）课室口试 上课时学生答问——讲说、讨论、讽诵——都须记分。

（2）定期笔试 每月由教员就一月内所读的书出题考验一次，每学期则就一学期内所读的书出题考验一次，都须记分（精读略读均须举行）。

（3）考查读书笔记 精读的笔记每周二次，略读的笔记每周一次，并须记分。

37　中等学校国文教学的几个问题

朱自清（1898—1948），现代著名散文家、诗人和语文教育家。原名自华、号秋实，改名自清，字佩弦。1920年北京大学哲学系毕业后，较长时间在江苏、浙江多所中等学校教授国文，同时积极参加新文学运动，进行诗歌和散文创作。后来历任清华大学、西南联合大学教授、系主任等职。著作有多种单行本和开明书店四卷本《朱自清文集》，还与叶圣陶等合著、合编国文教学论集和国文教科书多种。在西南联大任教时，参与创办、编辑《国文月刊》。

本文原载《教育杂志》第17卷第7号（1925），系朱氏早年发表的第一篇语文教育研究论文，他在分析研究当时胡适、穆济波、孙俍工、欧济甫、夏丏尊等人的各种理论观点的基础上，对中学国文教学问题提出了自己思考后的结论，对当下语文教育仍有相当的指导意义。

一　理论与实际

据我所知，关于中等学校各科的教学法的论文，要算是国文科的最多了。这件事实包含两种意义：（1）国文科范围太广泛，又当新旧绝续之交，故问题最多。（2）国文科向来与英文、数学并为中等学校事实上的基本科目；加以“古文”的积习，“文白”的竞争，都易引起人们的特殊的注意。我于国文本是外行，五年前因偶然的关系，被决定了，也来做国文先生；因此，颇留意于这种论文。我虽不曾有作必读，自信却也读得不少了；感谢诸位作者，我确得了许多的益处！但是我同时也上了他们的当！原来照他们的论文所说，真是条理井然，圆满而且周到，真是理想的好系统！而事实却总是参差错综，决没有那样整齐，不能由你遵照定章，按部就班地做去。那些论文里的详明的计划，到了教室里，至少要打个五折！说来可笑，我自教国文以来，每班开始授课时，总有一篇规约；而这篇规约往往总成了具文，冉冉地退出于学生们乃至我自己的记忆中！这种规约便是从诸论文采择而来，中间也略参己见；本已约之又约，而实施之难尚有如此：这可见**理论与实际相差之远**了！所以有这样蹶蹶的情形，据我所想，不外三种缘故：**（1）是论者所定的标准太高，事实上不能做到；**如胡适之先生在他的《中学的国文教授》里所希望中等学生读的书，那实在超乎现在一般的中等学生的时间与精力以上了！但持这种见解的究竟很少；所以第一原因并不重要。（2）是**教师的标准和精力不及**。国文教师的无标准，本不自今日始；但现在更是显明。旧部章固不在教师们的眼中，《新学制课程纲要》也还无约束的力量；所以现在的情形，只是各出心裁，毫无共通的路！又现在的国文教师所任功课，两班的颇少，三班的最是普遍，多的竟有到四班的！以我的经验，**教师要忠实地尽指导的责任，两班已有拮据之势**——假定每班四十人——三班，四班，那简直无论是谁，非"拆烂污"不可！这自然是经济的关系；有人已见及此，颇思设法改进了。要知在这种情形之下，无论怎样周密的计划，都是可望而不可即，都是空话！（3）是学生的不用功。在**现在一般中等学生的心里，国文科实是一个矛盾！被看重，同时又被忽略**，便是国文科的运命！看重是因它传统的价值：一个学生进学校时，他的父兄第一总教他用心国文；他们考查他的成绩时，第一也是检阅他的作文。忽略是因它比较的容易：英文要记生字、记文法，算学要记公式、记定理；国文究竟是"国"文，身为中国人，天天看中国字，写中国字，说中国话——他想，难道还怕不会读中国的书报，作中国的文章吗？慢慢用功好了，慢慢用功好了！——以上三种情形，便是现在一般中等学校国文教学的实际！

我所读的论文里，也有一两种是报告实施的结果的；如穆济波先生所作的一部分和张煦侯等三先生所作的《中学国文教授法》（这实是一本小书，书名、出版处已记不清楚了，但知张先生现在清江浦成志中学校而已）都是，但极少极少！我虽有五年的经验，也都是失败的经验；屡想从实施方面发表些意见，而终觉无可告人！只是五年来心中蕴积着许多问题，不能解决；自己虽有意见，大都未能实施，也无从断其当否。颇思贡其所怀，就正当世；现在就写下来吧。我所写虽仍是理论，但时时总想着我的实际；我只想老老实实说出我的所感，不想造成巧妙的系统。有些问题，如课程分配，我明知道甚为重要，但一时间尚无特殊意见，只得存而不论；这是要请读者原谅的！

二 目的

我也和穆济波先生一样，不赞成以语文的本身为国文教学的唯一目的。但他似乎将**"人的教育"的全付重担子都放在国文教师的两肩上了，似乎要以国文一科的教学代负全部教育的责任了，这是太过了**！即如他所举的"本科教学各方面之目的"，初级小学必修科第一条云：

在人生教育上，须使明了人生现实之可贵，及社会的共存，与个人应有之责任。这岂仅是国文一科所应做的事，公民科也不要做同样的事吗？我以为这种是全部中等教育的宗旨，无论哪一科均须以此为基础，谋本科的发展，却不必详细规定于某一科内。穆先生自己说得好：

本科教学目的在贯彻中等教育的宗旨，反对专以本科知识与技能为主的教学。

这就对了！既说"贯彻中等教育的宗旨"，**"中等教育的宗旨"原**

是全部的，何须在一科内详细规定呢？我以为**中学国文教学的目的**只须这样说明；（1）**养成读书思想和表现的习惯或能力；**（2）**“发展思想，涵育情感。”**这后一条原是穆先生所举出的；但他将所要发展的思想，所要涵育的情感——规定（如上文所举的一条便是），我觉可以不必，只大体说明好了。这两个目的之中，后者是与他科相共的，前者才是国文科所特有的；而在分科的原则上说，前者是主要的；换句话说，我们在实施时，这两个目的是不应分离的，且不应分轻重的，但在论理上，我们须认前者为主要的。所谓读书（包括报纸、杂志等）的习惯或能力，指“善观大意”，注意句式、成语、生字等，而读书的嗜好的培养，也甚重要。所谓思想的习惯或能力，指思想的条理与疏密等。所谓表现的习惯或能力，则指运用适当的材料，适当的法式，依照适当的条理而表达出自己的情意。这三种习惯或能力的养成，同时更要着眼于效率，要迅速与自由！至于“发展思想，涵育情感”，**我以为初中宜侧重（不是专重）文学趣味、人生、国性、现代思潮数方面；高中则可再加世界文学思潮、本国古代学术思想两方面。**这些，关于本问题的各论文中多有论及，现在不一一说明了。

三　教学与训育

中等学校各科的教学，须有联络的中心，方有圆满的收成；穆先生所谓“贯彻中等教育的宗旨”，大约也是此意。这个联络的中心，我想便是训育了。我五年来深感“知的教育”的苦痛，觉得**教师若只是贩卖知识，决不能做出好事**！他以为只要本科能够尽责，便可安然，殊不知世上奉没有这样容易事！平日毫不过问学生的性行，要他用功你所教的一科，那是梦想！便是能对付几回考试，也只是敷衍而已；决不会真地认识该科的目的的！他终于得不着“自己的”知识！这真是“教而不育”了！就说国文教学吧：你上课时，个个学生是注意听讲么？有人谈话么？有人在桌子底下偷看别的书么？最要紧的，你能断定没有一个人想着别的事么？——今日讲的，他们会如你所嘱地预习过了么？昨日讲的，他们上自修班时曾复习过了么？这些固然要看你的教法如何，但更要看你的人格影响如何，更要看你的校长和同事们的人格影响如何；换言之，你们平日怎样实施你们的教育宗旨，怎样实施训育，上课时便是怎样的气象。平日不去指导学生的言行，要在区区的上课的几小时内，使他们顿然改过迁善，这除非是奇迹！现在我们都怪学生不用功；**学生比较地更不用功国文，确是真的，但我们也何尝能为他们造出一个好的国文研究的环境？何尝能为他们造成一种国文研究的空气？**这就算尽了指导的责任吗？学生不用功，原更须指导，现在因了他们的不用功而说无法指导，这是什么真理！论国文教学而不知从训育下手，真是具文具文！——自然也不独国文一科如此。

四 教师

真正的教师，所负的责任是很重大的；真正的国文教师自然也是如此。而国文教师因改文等关系，似乎比别科教师更要忙碌！我以为在现制度之下，国文教师至多只能任两班功课（假定每班四十人），庶可勉尽个别指导之责。报酬不妨班别科稍优；亦合于均劳逸之道。若任三班四班，则简直是“挨役”，毫无生趣可言；哪里还说得到忠于所事！教师责任既如彼重大；而国文为中等学校各学级均有的必修科，其间应有联络，该科教师责任尤不能轻易卸除。理想地说，教师本应与一校相终始，不可见异思迁。但在现制度之下，聘书只送半年或一年，使人只能存“五日京兆”之心，不愿作长治久安之计，那又怎样办呢？这在国文科，尤感不便；因为它应是在各学级间有机地联络着的——**我的理想，每班学生最好只由一个教师指导，自始业至毕业为止。**或者有人说：这太偏而且单调！学生于数年之间只听一先生之言，容易固执一先生的成见；且旦旦相见，岂不觉着乏味！我却以为这样办法可以增加指导的效力；因教师于学生个性都已透熟，彼此感情也较亲密，诱掖自是容易。新的教学法是以学生为本位，教师只加以协助；教师虽有偏见，既不执学生而强灌之，似也无大碍吧。若仍怕“旦旦相见”，减少趣味，却也不妨“思其次”；便是**先由本科教师公议，议定各学级的课程、教材标准、教法联络等，再由各学校的“固定教师”按照公定的程序，分别施行；这也可前后一贯，**不致断成几撅。所谓“固定教师”，是我杜撰的名词，譬如二年级由甲教，总是由甲教，三年级由乙教，总是由乙教，这样可使各学级的课程等更圆满地发展，而各学级间的联络也可愈臻密切；因为各学级的程度，专任该级的教师知道的比别人更多！若说连这种固定都不要，那是太凌乱不经济了；而教师之不能久于其位，便是这种凌乱不经济的另一面！——但我前面说，一教师专任一班国文，自始业至毕业，也并非说一切包办；所有课程等项，仍应决诸公议。现在中等学校的国文教师所缺乏的，便是这种公议——就是有，也只有形式！他们彼此各出心裁，互不相下：于是甲来文言，乙来白话；第一年级甲教《黄冈竹楼记》，同时或以后，第三年级乙又教《黄冈竹楼记》；甚至同是一班，第一年级时甲教《黄冈竹楼记》，第二年级时乙又教《黄冈竹楼记》，第三年级时丙还是教《黄冈竹楼记》：于是乎一踏糊涂而后已！

五　教材

这个问题曾困苦过许多人；我至今也无好办法！且先说“文白”的分配。有人主张文言、白话分教，初中教白话，高中教文言；另于初中设文言选科，高中设白话选科，以为调剂之用。穆济波先生的意见便是如此。他以为“文白”分教，有所专习；（1）不致混乱学生心思，（2）不致使学生作的文，文不像文，语不像语！至于愿兼学的，则固有选科在。有人却主张文言白话混合教；事实上也是混合的多。他们虽主张混合教，但初中高中分配比例，自是不同；初中以白话为主，高中以文言为主。高中兼采白话，如上所说，自然有人不以为然；但群议所集，尤在初中兼授文言一节。反对高中兼采白话者，以为初中三年，白话教材已很够用，白话作文能力亦已有相当培养，不必再分心于此；且白话文之盛甫及数年，精深博大之作可以供高中教材之用者，究属甚少，若须选用，势必降格以求——人亦何乐而为此？我却以为初中若将文言白话混合教；则“三年已足”一层，自无依据；而白话教材缺乏一节，我也以为是过虑！我想凡事皆无止境，高中何必以文言自封呢？至于初中兼采文言，反对者孙俍工先生曾举出他的三个理由：（1）从文艺本身上说，从来好的文艺都是国语的；（2）从思想上说，古代的文章里没有好的思想；（3）从教育的效果上说，中国教育的无效果，古文的势力，“中学为体”的思想，实在要算最重要的原因之一。①我以为照孙先生的理由推论起来，不独初中不必教授文言，就是高中也不必教授文言；因为文言是无价值的！高中学生虽较有辨别力，但文言若竟全无价值，又何必教授呢？现在问题的焦点在文言的价值！**我是承认文言有时代的价值的；时代的价值者，文言与其所代表的思想是过去文化的一部，对我们现在的生活有多少的影响。**我们不是赞成初中的学生懂得一点现代思潮么？我们若宽大一些，就将觉得初中的学生懂得——不是迷信！——一点本国古代思潮，也未尝不是有益的事；虽然初中国文教学的主要目的并不在此。还有，**就事实而论，现在的书报——尤其是报——还有许多是用文言的；若没有阅文言的能力，是很不方便的！还有，白话的词类、兼词、成语等甚是贫乏，势不得不借材于文言；阅读些文言，于了解别人文字与自己作文都有帮助！**——至于说混合教足以混乱学生心思，我想是杞人之忧；因为只须分别轻重，学生自知孰主

① 参看《中等教育》二卷五号《初级中学国文教授大纲的说明》。

孰从，不致与教师的期望相戾的。便是**作文时容或有语不语、文不文的现象，那也毫不要紧；我上面已说过了，现在的白话正要从文语里搜罗些旧料，建筑新屋——语不语，文不文，正合于这个趋势，怕甚么呢？**

读物的选择也是重要的问题。最通用的是选文；近几年来又加上课外阅书——教室里所讲授仍为选文。用《国语文读本》或《国语教科书》等，也算是选文，因为原理一样。但有人觉着选文无意义，主张课内也讲书。我想先研究研究选文的利弊。据我所知，中学语文课本，用选文的办法的，实不仅中国为然；可知其中必有重要的缘故。反对选文的说选文无意义，是因一篇一篇各不相涉，虽有联络，亦非有机的联络；在学生只觉一盘散沙，只觉东一榔头西一棒，最易忘记；因此收效极难！况实际读书，总以一部一部的书为多，便是报，每天也有自然的联络，决非零沙碎石可比！要养成学生读“成片段”的书报的能力，却用不成片段的材料，这岂是办法！有人以为小学课本也是不成片段的；但那是因为小学生思想力未发达之故，中等学校岂可因而不改？况且作文的能力也有关系，从前读简短的古文时，中等学生下笔千言的极少极少；现在读繁复的白话文的，这却已是“家常便饭”了！这与思想的枯腴、文笔的敛纵都相关甚密。若易选文的办法为读书，在他们想来，学生的作文能力当有更可惊的进步，因为思想愈丰富，文笔愈开拓了，但主张选文的也自有说。他们说选文的弊病都可用课外阅书法来补救，而选文的好处却为阅书或讲书所不能有。**教室中的教学，原重在指示方法，养成习惯；国文的讲授原重在指示读书与思想的方法，养成读书与思想的习惯。**而任读何书，均有章节，即无章节，亦有段落，故均系由短而长。读一篇一篇的文，正是从近处、低处下手，并无不合理之处。而讲授有定时的间隔，散篇易完，不致使学生读前面时，惦着后面，读后面时，又忘了前面！如此过程较短，注意较易集中，习惯之养成自较容易。而所养成的习惯的适应性也较大；因为选各文含有各种重要的思想，各样动人的情感，和各种重要的体式，非专读一二书，习偏于一隅者可比，而因此也可免了单调的弊病，常能引起新的兴味。用选文指示方法，用课外阅书俾学生无意之中运用所习的方法；我想这是较周密的进行。

选文的标准如何？据我所知，**不外三种：从内容分，从体式分，从时代分**。我以为**初中选文，宜以内容为经，体式为纬；高中则宜以时代为经，内容为纬**。以内容为经者，使学生的注意不至太散漫，且与读书的实际亦较相合；因同类的文字的集合，大致可抵得一本小书。但以一类文字为一单元，纵不过繁，却也须防学生感着单调；故又以体式为纬，便常有变化。至于以时代为经，则因高中须加重世界文学思潮与本国古代学术思想两方面，依时代逆溯而上，较易显明迁流之迹；关于本国古代学术思想文学，用各时代的代表作；关于别国文学思潮，则用代表作的译本——短篇选全篇，长篇节选。以内容为纬，用意同初中之以内容为经；不言体式者，初中三年，体式大致略备，总之，不外抒情、叙事、说理三端；到高中时，可令学生自己留心，不必再由教师谆谆告语了。

课外阅书的方法如何？我赞成欧济甫先生的说法：“一校之中，学生阅书；与其由教者自由选定，令学生阅看，不如各年级规定若干种。”他说“此种办法，优点甚多；我以为两种最是紧要：（1）书既规定，教员预备自易；学生有疑问时，不致照顾不到。（2）书不规定，随教员嗜好，必致程度不一；各级课外阅书，散漫无稽，发生冲突。”①至于宜阅何书，“学生杂志”“国文学习法专号”中论者甚多，他处亦间有论及，我无特殊意见，姑且不论。既规定各学级应阅的书，使当限程督促；我以为有两法可并行：（1）每周指定一时，专供报告本周所读书的梗概之用；教师预先依照中材学生的程度，将各书的分量按周分配。上课时每种书指定一人报告；如有错误或遗漏，令他人纠正，如有

① 参看《中等教育》二卷五号《我对于中等学校国文教学一点根平常的贡献》。

疑难，亦可于此时质问。这样，可使学生很经济地得着许多的知识；且可练习语言，发展表现的能力。（2）每八周中，令各学生缴读书笔记一次，即作为一次作文。笔记中或就读的全部批评，或就一端批评，或仅录梗概，均无不可。此外尚有课内读书一法，前举《中学国文教授法》一书中曾详论之。他们以为课外阅书难于课功；主张两周间（?）规定一时，令学生挟书入教室，以半时阅读，半时作劄记。我觉此法因较切实，但太迂缓；且读书若太勉强，亦觉乏味！**课外阅书难于课功，虽是实情；但我以为只要教师们能从训育上下手，养成好学的风气，而所选的书也甚合学生程度与需要，随时再加以督促，也不见得不能施行有效。**然我所说，亦就现行制而言；若行道尔顿制，那又当别论。关于图文科行道尔顿制，本志十四卷十一、十二两号中论之甚详，“中等教育”二卷五号穆先生文中也说及；我觉国文科行道尔顿制应该比现行制好，但还不能证明。

六　文法、作文法、修辞法及国音字母

在中等学校里——尤其是低年级里——学文法和修辞法，实是最困难的事；因材料零星不整，不易引起浓厚的趣味。若是国文科全教这两种，那是趣味将更少了！而且只讲琐碎的法式，不常见成篇的组织，也不能明白那全体大用的!，我意文法、修辞法和作文法，事同一例；在中等学校里都要教，但须有些分别。作文法与修辞法，我以为不必系统地教；只须在讲授选文时随时指示，较为有益。文法则因节目太繁，若不先知纲领，只怕无从说起；我赞成胡适之先生的办法,① 先将法式部分赶紧教完，然后特别处所，随时提出研究，以选文中文句为例。这种文法纲要，最好着重语文共通之点，俾以后可常作比较研究，更易明了

① 参看《胡适文存》《中学国文的教授》。

文法的意味。教授这种纲要，最好在一年级时；我赞成周予同先生的话，一年级时教此，学生尚无英文文法的观念，不致十分厌倦，且于学习英文文法也有帮助。①

国音字母的教学，一以统一语音，一以植拼音文字之基础，我觉是甚重要的。但据我的经验，教得有效却极不易！原来在大多数的学校里，实在没有国语的环境；只是一星期教一小时国音，“一齐人傅之，而众楚人咻之”，又有何用？而且学生决不觉得国音字母的需要，也是无办法！我想第一须教学生用字母拼方音，以引起他们的趣味。如国音字母不够用，可添造国音字母。教会了拼方音，再教拼国音；另于课外设国语练习会等以督促之，这样或可较有成绩。教国音字母，亦宜于一年级；教时只须略示发音机关部位，不必高谈音理。但教师须懂方言，又须明音韵之现，却是不易得的；在必要时，可请能任此课之人专业此课，与国文科其他课程分离。

七　在教室中

国文教师在教室中做些什么事？除阅书报告课及文法课、国音字母课、作文课不必详说外，我是要说在讲授选文时，教师要做些什么事？我认为有五件事是要做的；（1）令学生报告预习的结果：我赞成穆先生在“道尔顿制班”里用的方法，想将它用到“非道尔顿制班”里；这是“联合全班，共同作业，分组参考之方法”。② 譬如参考作者的为一组，参考难字的为一组，参考成语的为一组，（后两组中可分段担任）……这样使学生预习；到上课时，便分别报告他们的结果。（2）令学生分述各段大意及全篇大意。报告参考结果时，报告者即应分段朗

① 参看《教育杂志》十四卷一号《对于普通中学国文课程与教材的建议》。

② 参看《中等教育》二卷五号《初级中学国语文教学研究》。

读原文，（藉此亦可练习朗读能力。现在中等学生朗读能力实太缺乏，不是嘤嘤，便是喃喃，清晰响亮者极不多！这是要由小学校负责的！）每段作一单位；每段考查难字成语等既毕，即令其他学生述说大意，宜详不宜简，简则容易“拆烂污”。再则令他们述全篇大意。如此随考查随述大意，比先全体考查讫，再转来研究每段大意的，较为经济。（3）较容易的材料，可不必令学生预习；临时行默读法，令学生分述每段大意及全篇大意。此等文字中，难字、成语等当较少，可由教师讲解。如此可增进学生默读的能力。（4）一篇授毕，可与学生研究篇中情思与文笔。此种研究或讨论，必使每一学生均有发言机会当注意那不愿发言的人，加以督促。即不能做到每次每人均发言（因时间也许来不及），亦须在两次讨论里，每人均实言一次。这个一方面可使学生注意于所读的文字，一方面也可练习表现和批评的能力。（5）一篇教完后，可行口问或笔试：口问是问大意及难字、成语等，宜于短篇；笔试用测验式，宜于长篇。（中华书局有《国文测验举例》一书：商务印书馆有《中学默读测验》两类，系改进社编制，均可参看）

八　改文与作文、说话

凡做过国文教师的，一提及改文，头痛的有百分之百！改文确是苦事！某校有一国文教师因改文过劳，发了精神病，只是用了笔在粉白的墙上施涂抹圈点，终于死了！这虽是极端的例，但改文之忙，于此可见！改文既如此费力，它的效果又如何呢？——我且说作文发出后学生的情形。他们第一是看总批，第二是看圈点和眉批；至于改作，光顾的竟是很少；便是光顾了，也往往莫测高深——除一二优等生之外。所以你辛辛苦苦的改作，几乎是白费力！我说改文不苦，所苦在改了没用！因此有人主张多作不改，教师只指导学生作文而不改文，常燕生先生即是如此。① 但因历来的习惯，学生虽不看改作，却要教师改而且详改；学生家长考查学生成绩，也以作文为最重，故也要教师改而且详改！现在的家长大都还是“古文”的脑筋，而且除作文外，别科怕就无从考查（因为外行!）；故看作文特别仔细。他们看儿女或弟妹的作文，正是一种享乐；而更爱看改作，仿佛改作若好，就可将能力传染于他们的儿女弟妹一般！他们有这样信仰，故重看改作，更远过于他们的儿女弟妹们！其实家长们只是迷信，学生们更是盲从！常先生的话才真有所见！但我的朋友夏丏尊先生却说：好文章改得好，坏文章改得好，大多数的普通文章改不好！好文章略加改动，便有可观；作者既能做这样文章，对于改作，亦自能加意领略：故是有效的。坏文章经删改后，与原作大异，原作毛病因此显然；作者可从此知道什么叫做“通”：故也是有效的。我于前一层无异议，于后一层仍是怀疑；改作通而原作不通，相差既远，叫他如何领略呢？又我于前一层虽无异议，但以为不改也可，只须指出毛病，令作者自己去改，当更有味！所以我终之同情于常先生的“不改说”。但我的意见还稍有不同。我认为改虽不改，看仍要看：看后用眉批与符号指出应行修正之处，令学生自己修正，或相互订正。此项修正或订正，每次以一小时为限，于教室中行之，由教师随时指导，却不必再交文卷。眉批择有关于思想、论理、结构者，指出毛病；而句的不妥与不顺，字的失宜与误写，俱用符号指明。眉批宜少，少则易使作者注意，且易着手改正。有人主张详细，其实反觉琐碎，使人厌倦失望；而一次要改去许多毛病，势也做不到——不如权其轻重，一步步地做去。至于符号，亦愈简愈妙；我认为只四科便够了：（1）#，句意不妥；（2）≠，句不顺适；（3）×，字不妥；（4）√，字误写。从前许多人主张用许多符号，精密是精密，但学生不记得，终于置之不理，奈何！

① 参看《中等教育》二卷一号《中学校国文教授之我见》。

作文宜在课内，抑宜在课外？宜由教师出题，抑宜由学生拟题？我认为这都是自由与干涉的问题，我是主张自由的。我的经验，出题令学生做，在教室内令学生作文，都足以束缚学生的思想力，使它不能发展。这种方法只可偶一用之，使学生也经验经验限题限时的情境；俾将来遇这种情境时，也可适应。平常则以用自由的方法为宜。至于“文白”之别，我以为初中应全作白话文，高中亦应以白话文为主，其愿意作文言者听之——因无论如何，我相信将来通用的只有白话文！

近人多提倡演说、辩论、演剧。这都很好，但在中学校里，实施的机会一定很少；因功课忙，无时间做这些事。便有少许时间，也只能让几个人练习，不像作文之能普及。故**我意练习说话能力，应注重教室中的讨论；演说等只算辅助的方法**。三者之外，我意还可添故事竞争会一种，可行于初中一二年级；同时可令学生“听写”。三者之中，我想**演剧最有效力，因趣味丰富；而演说比辩论更近自然，最足表现自己，也宜常行，辩论偶一行之可已**。总之，每学期必令一班各生皆轮着一次，才好。

五月二十三日

38　国文教学祛蔽

吕思勉（1884—1957），著名历史学家。字诚之，江苏常州人。幼年系统阅读经学、史学、小学、文学等各种文史典籍。二十三岁后专治史学。1905 年起开始从事文史教育和研究工作，先后任教东吴大学、常州府中学堂、南通国文专修科、上海私立甲种商业学校、江苏省立第二师范学校、沪江大学、上海光华大学等。曾任中华书局、商务印书馆编辑。吕氏是我国近代“史学四大家”之一。史学代表作品有：《白话本国史》《吕著中国通史》《秦汉史》为代表的四部断代史和《吕思勉读史札记》等。

民元以后，吕氏曾编南洋图书沪局版《国文教科书》和商务版高校新式《国文教科书》等二种。本文分析评论当时国文教学的所谓六“蔽”，其立论重在批评忽视古文、忽视诵读等倾向，自成一家之说。他强调学生自习，强调读书应由驳杂而趋于专的精神，是为确论。原载《新教育》第 10 卷第 3 期（1925）。

老氏曰：“大道甚夷，而民好径。”甚矣，世之好径者之多也。国文者，一国所独有；其传之必且数千百年；宜其研究之法无不明，而教授之法无不得矣。然而竟不能然者，何也？则有物蔽之也。有物蔽之，则康庄在前而不见矣。

（一）偏主文言白话之蔽

文言白话，非有判然之界限也。今试将现行文字，案其性质之古近，而严密区别之，则当分为下列三种：

（甲）古文　其词类及语法，皆以古为标准者也。非至古代之词类语法，必不能用，或必不足用时，必不轻变。

（乙）白话　其词类及语法，悉以今日之口语为标准者也。非至口中实无此语时，决不参用古代语。

（丙）普通文　界乎（甲）（乙）之间，口常应用之文，如公牍书札等，皆属此类。普通文者，所以合和文言白话，以应社会之需要者也。今有甲焉，以板凳击乙；乙避之，触桌子，伤而死。板凳桌子，在古文中例代以几席字，然于此事则固不能，则古文穷矣。又设此事而闻于理，理官援律以蔽甲之罪，其律文或沿之自古，岂能译以白话？则白话又穷矣。然则文言白话之并行，社会固自有此需要也。

文字所以代表语言，本应与口语相合。然而不能然者？则**一国之人，知识有高下，好尚各不同；所治之学问，所操之职业，亦复殊异；此部分人所需用之言语，未必即为彼部分人所需用。故文字语言，有通行于全国者，亦有仅流行于一部分者，**——非独文言白话相较，有专普之殊也。文言白话之中，亦自有之。作文言者；文中之字，不能入诗；诗中之字，不能入词；词中之字，又不能入曲甚至散文之辞句，不能入骈文；宋四六之辞句，不能入汉魏体之骈文；选体诗之辞句，不能入西江派之诗，皆是物也。说白话者，则如江湖上之切口，各种商业中所特有之名称等皆是。尝有治化学者，告予曰：“中国表颜色之字，不过十数，必不足用”。予谓“若尽蒐之，可得数百。”其人不信。予曰“子不当但求之字典中；当集染坊，绸缎肆，布肆，漆肆中人而问之。凡菜青，月白等复音字，皆是也。”彼乃释然。——故文言白话，并无一定之界限。以为死语，则凡我所不用者，皆死语也；抑且此时此地所不用者，在此时此地，即死语也。以为活语，则药笼中物，何一不可储以待用？而人之用语，亦岂有限制乎？

又天下事不必论其可不可，且先问其能不能。抑究极言之，所谓可不可者，固仍以能不能为标准也。今试问：举全国之人，使之尽通文言，能乎不能乎？往昔私塾学生，自六七岁入塾，至十五二十之间，所诵者尽文言也。其成绩如何？即谓私塾教授，不得其法，亦决无枉费工夫，至如此其多之理。盖文言自为某种人所需用；性质不近；所治之学问，所操之事业，而与此无干者；即强之，亦不能通也。而今之偏主文言者；偏谓学国文非通文言不可；甚至强谓文言并不难通，而置向者科举时代，学童读书十年，下笔不能成一字之事实于不顾；甚矣，其蔽也。

凡文之所以成为文者三：（1）读音，（2）词类，（3）文法也。读音为另一问题。今姑勿论。以言乎词类。则今日极纯粹之白话中，其所有者，实不足于用。事理稍精深繁复，即须取资于文言。然此尚不成问题，因文言中之词类，固无不可出之于口也。至于语法，则在纸上者，决不能操之口中。以白话代文言，其最大之理由，即在乎此。然今日白话之语法，固有不完善，不能不藉文言以改良之者。今日白话之语法，其大病，在“累赘”与“游移”。试以同一意思撰成文言之句，又撰成白话之句；两者相较，文言句必简短，而意反确定；白话句必冗长，而意反游移。向之官府告示等，其一部分求人易晓者原未尝不用白话；其大部分则卒不能；其理由亦在于此。然则居今日而言国文，除一部分天分甚低，及所治之学问，实与国文关系甚浅者外，虽可用白话发表。必须能阅读文言何者？**白话中之词类，既须取之文言，不通文言，则未能彻其根原；虽了解必不真实。而能多读文言，则其所作白话，多少有几分文言化，可稍谨严也。而其性质本近文言，或其所治之学问，与文言关系极密者，更无论矣**。而今之偏主白话者，又谓文言绝不足学，日以报章小说及无聊之新诗授人，枉费功夫，难期进益，甚矣，其蔽也。

要而言之，则但习白话，或兼肄文言，当视其人之性质，及其所习之学科，所择之职业而异，不能作一概之论也。

（二）讲俗陋文法之蔽

因有文字，乃加标题乎？抑因有题目，乃作文字耶？此不论何人，皆能答曰：因有文字，乃加标题也。然向之应科举者则不然。彼以应科举故而作文字，则其文真为题而作者也。然使其所命之题目，大方正派，犹不至堕入恶道也。乃科举时代之试官，每好以难题试士，——此因便于校阅故。昔时之科举，实类今文官考试，官额有定，则科举之额，不能无定；科举之额有定，而应举者甚多，其程度又皆相仿佛，则去取无以为凭，乃不得不为此无理之举。唐人帖经题，好取孤章绝句；清时八股试题，割裂至不成文义；皆此之由也。——其所谓题者，本无文可作，而以应试之故，不得不强作一文，于是种种无理之法生矣。本以应科举故，不得不作此种文，乃不得不有此种法；其后习非成是，忘其本来，乃以为作文之法，本当如是；于是笑柄百出矣。今之国文教员，科举中人，诚已不多，然此等谬论，行于社会者既数百年，彼其师皆此等人也；彼其所耳濡目染之评本选本，皆此等物也；自非天分绝高，或别有渊源之士，孰能出其范围者乎？**今之国文教员，年事稍长，自谓通知旧文学；而社会上亦推许为通知旧文学者；其意见，十之八九，未能尽脱科举时代之陋习也。**孟子曰：“所恶于智者，为其凿也。”所恶于**科举时代之文法者，亦为其凿也。所谓凿者，本为事理之所无，彼乃凿空而强说之也。学文者一入此途，百无是处。欲讲教授国文，须先将此等谬说，一切摧陷而廓清之，——旧时俗陋之选本，及近出之俗陋选本，如学生国文成绩等，宜一概屏绝。**

（三）并旧文学与国文为一谈之蔽

今之自谓通知旧文学者，十之八九，实未脱尽科举时代之陋习，吾既言之矣。至其十之一二，则又贤智之过，而并国文与旧文学为一谈。此辈之所谓旧文学，乃真正之旧文学，非夫名为旧文学，而实系科举时代之陋习者比也。其所讲授，亦诚有法度，足以开示门径，然用之学校之教授国文，则谬矣。文学者，美术之一，以文字表现之。然非凡以文字表现者，皆可成为文学也。文学与国文，虽有关系，决不能并为一谈，——普通文言，乃较高等之国语。普通之文字，人人所能通也。美术之文学，非人人所能通也。即谓可略通知其意，亦断不得施诸中等以下之学生。即今之大学学生，于旧文学，亦只可指示其极浅近者，俾略知门径耳；高深处决说不上。何也？智识之程度及年龄，固如是也。吾为此说，今人决不肯信。**文学之美，除有天才者外，普通人在二十以下之年龄，是否能领略？**吾亦姑勿置辩。**然文字必有其内容，不通知其内容者，于其美的方面亦必不能真解，此则可无异辞者也。**极美之文学必有极深之内容，其感觉之锐敏，观察之周到，情感之浓厚，所包孕之事实之丰富，恐均非二十以下，读书未多，阅世未深之学生，所能知也。——感觉，观察，情感，以主观言；然客观方面，必有促其感觉，供其观察，动其情感之事物，此等事实，**文学家所注意者，往往非常人所知。且不能但于书本上求之，必阅世稍深之人，乃觉其亲切而有味。**故高等学问之领悟，自非天才，必待相当之年龄。此而强聒不舍，日诏以古人文字，如何之美，彼知为何语乎？更责以措语必求雅驯，下笔必守义法，则更为隔膜矣。故旧文学除对于一二有天才者外，普通之国文教授，丝毫不可羼混。——必尽破除文学家拘墟门面之习，乃可以言国文教授。

（四）误国文为国故之蔽

近时又有一蔽，则并国文与国故为一谈是也。此蔽也，随整理国故之声浪而俱与。**夫国故二字，本为极笼统之名词；**实与洋务二字相等。

今试诏人曰：“汝宜留心洋务。”其人必不知所指。吾不知今之混言整理国故者，将使人何从下手也。彼将曰：“依科学之分类，各就其所能整理者整理之云尔。”此言是矣。然与国文——高等国语——何涉。即谓受教于吾者，其人之性质，确适宜于整理国故，亦岂得与研究国文，同时并进乎？夫作事必有先后之序，欲研究国故者，必先通国文，犹之欲治外国学问者，必先通其国之语言文字也。谓通外国语言，与治外国学问，即为一事，可乎？谓初肄外国文者，即能同时并进，以治外国学问，有是理乎？乃以吾所见，则今日中等以下之学校，竟有将经子史汉，……列为课程者矣。**以此诸书作国文课本，犹有可说。乃彼其意，则非以之作国文读，而侈言整理国故也**。经书文义，初未通晓，已评论汉宋之短长，争讼今古文之真伪矣。诸子读未终篇，已满口周秦学术流别；朝代且不省记，已纵谈史书体裁得失矣。**教者信口开河，学徒之谨愿者，初不知为何事；其浮动者则摭拾牙慧，如涂涂附。人人侈言整理国故，而不能自读一卷古书**。王荆公曰：“本欲变学究为秀才，不图变秀才为学究。”今也，**以学究之学，欲率童稚之子；超乘躐等，以幸致于秀才，岂不哀哉？**

（五）偏讲理论之蔽

凡事必先明于事实，而后可下评论，此不易之理也。今也不然。于事实概乎未有闻知，而顾以评论此事实之语，强聒不舍，此则万语千言，悉成“戏论”而已矣。科学可以理智求，文学必由直觉得。李白之诗，杜甫之诗，其句之长短，字之平仄，无以异也。韩愈之文，与柳宗元之文，其所用之文法，亦无以异也。所异者，**大家之文，各有其面貌性情，彼此不能相假。此则非自己直观，不能认识，教者无从口说以喻学者矣**。文学作品之区别，固亦有形式上指得出者。然其真正之区别，决不在此。但知此等粗浅之处，犹之不知也。**欲知稍精微之区别，**

则非自己读书稍多，用功稍深不可。至于偏观诸大家，而各得其个性；因以知其彼此之异同；由是通观古今，而知各时代之风会焉；而知其变迁之所自，及其得失焉；自己受文学之熏陶既深，因以知文学之性质，及其功用焉；此则非读书更多，用功更深不可。语曰："下学而上达"。明知彼之空无所有，何必诏以此等空言阔论。今日中等以下之学校，所有文学概论文学史等科目皆可一概删除也。——即在大学，亦宜俟读书稍多之后授之。

（六）不重自习之蔽

然以上所论，实皆支节之谈。根本上之弊病，则在重讲授，重讨论，……而不重实际之阅读。**凡事必先立基础，基础稳实，其余一切，皆可不烦言而解**。否则无论有何妙法，终属空中楼阁。夫文字所以代表语言，故习文之法，与习语同。今试问：**人耳中听话甚少，口中亦不常说，而日日告以语法如何则合，如何则不合；与之讨论说话如何则动听，如何则不动听；有益乎？无益乎？**读书犹之听话也，作文犹之说话也，必先多听然后能说，故读书尤要于作文。——昔人分读与看为两项。所谓读者，朗诵或熟诵之谓。所谓看者，则默诵之谓也。此所谓读，当彼之看彼所谓读，吾谓可缓。凡文字之必须朗诵或熟诵者。其故有二：（一）小孩非此不能上口；（二）专门文学家，非此不能精熟也。若已能阅看，又非专治文学之人，则但阅看已足。阅看时固无不默诵者，但求音调之和谐，而不棘于口，即此亦已足矣。今之学生，读过之书，实属太少。故有何种意思，当以何种语言达之，彼竟茫然未之知者。夫何种意思，当以何种语言达之，既知之矣，而操之不熟，犹不能无扞格，况乎其竟未之知邪？生疏之至，遂至惮于读书，而作文无论矣。夫文法如何则合，如何则不合；说话如何则动听，如何则不动听；**苟能多读，即不语之，自亦能知**。迎机语之，尤极容易。若其从未读过抑或所读太少，则虽耳提面命，亦属茫然。**故今日谆谆之讲授，及无谓之讨论，十分之九，皆可省去也。**

自读之法，姑以吾所经历者言之。吾小时读四子书，日十行，行十七字，凡百七十字，高声朗诵，一分钟可一遍。今日中等学校之学生，程度当高于吾读四子书时；默诵较朗诵，时间亦可节省，今姑勿论。一分钟读百七十字，一小时亦可得万二百字。再减少之，以一小时读一万字计，日读书二小时，一年亦得七百二十万字矣。**读书愈多则愈熟，愈熟则愈速**。半年一年后，所读必不止此数，今亦勿论。读三年，亦得二千一百万言也。**功贵勿忘勿助，一日二小时之读书，苟能持之以恒，三年后必有成绩可见。较之今日，浮光掠影之听讲，肤浅无实之讨论，其功效必不可以道里计矣。**

（七）自行读书之法　吾所希望之两种书

然则当读何书乎？曰：此无一定。“**吾所最好读之书，即吾所最宜读之书**”，此予之格言也。大抵人之性质，各有所近。就其所近者而求之，则相说以解，毫不费力。就其所远者而强为焉，则事倍功半，甚至终无悟入处也。夫文学之种类亦多矣。以与口语之远近言之，则有文言白话之分；以其主于应用或不主应用言之，则有纯文学杂文学之别。凡此种种，悉数难终，而要之性质相近者，自能一见如故结为好友也。大抵人之读书须经过杂读及乱读之一时期，而后趋向乃定，此其一关系年龄之长幼，一关系学问之浅深。至趋向略定时，本已无庸教得。所贵迎机指导，略与辅助者，则正在其杂读及乱读之时代耳。然此时代，最宜听其自由，——其实干涉亦无效，——除必不可读之书外，宜一切勿加禁断也。

已过杂读乱读而入于趋向略定之时代——大约在中学末年，或其事毕业后，——则其读书，宜略带硬性。此时非欲肄国文者，已可移其精力于别一方面——经过前此之杂读乱读，必已能作通畅之白话，清浅之文言矣。——若欲更求深造，则非于古书上用力一番不可。何也？古书为后世文字之根源也。古书之所以为后世文字之根源者，何也？曰：（一）文法多习惯相沿，习惯皆导源于古。（二）文学之美，在其神气，神气恒互相摹仿，后人亦多本之前人故也。凡事必有其根源，通乎其根源，则其支流皆不烦言而解矣。

纵论及此，则吾觉有甚需要而极缺乏之两种书。

（一）**凡必读之古书**，如群经四史及周秦诸子，……**必有简明之注释详晰之符号**，——或并附适当之考证及评论，——以引起其兴味且使之易读。**此等书不妨极浅，然不可流于陋。**

（二）为讲明训诂之书，读书必先识字，人人能言之。今人亦好讲小学。然其所谓小学者，非高谈文字，即专讲《说文》。夫**《说文》为治小学之一书，初不足概小学之全；专治此书，又非初学所有事。初学所最要者，在通知常用数千字之训诂，持之以读古书**，此固非略知文字学之条例不能。**然空谈文字学之条例，而于逐字之训诂，顾未研求，则又与空谈文学概论，而不读文学作品者同蔽矣。**欲迎中国文学者，自古及今易，由今溯古难。——通文言者必能通白话，通白话者不必能通文言，即其确证。——此事人人知之，而人人不知其故。予谓此不难知也。今中国常用之字，不过数千。守旧者既以此诩中国文字之长，趋新者又以此訾中国文字之陋。其实皆非也。**中国常用之单字，虽不过数千，然累增之复音词，则不可偻指计。**此复音词类，皆集合单字而成。故单字实为复音字之根源。而单字之意义，亦多辗转迁变；每一单字，又多以最初之本义，为其根源，**明乎一字之本义，则于其引伸之义，无不可迎刃而解；明乎各单字之本义，则于复音词之义，又无不迎刃而解矣。**然则稽求字义，最要之条例，实惟引伸；而次之即为假借。今宜特纂一书，先略说六书条例，音韵转变，以为绪论。——以能持之以读本论为断，不必过高。——其本论则举数千常用之字，先说明其本义，次及引伸假借之义，又说明其所以引伸假借之故焉。孰是书也，持之以读古书，必不虞其扞格矣。此实今日国文教授上最需要之书，然编纂殊不易也。

39　我学国文的经验

岂明，周作人（1885—1967）之笔名，鲁迅胞弟，浙江绍兴人。原名櫆寿（后改为奎绶），字星杓，又名启明、启孟、起孟，笔名遐寿、仲密、岂明，号知堂、药堂、独应等。新文化运动中是《新青年》的重要同人作者，并曾任“新潮社”主任编辑。“五四”运动之后，与郑振铎、沈雁冰、叶绍钧、许地山等人发起成立“文学研究会”；并与鲁迅、林语堂、孙伏园等创办《语丝》周刊，任主编和主要撰稿人。曾经担任北平世界语学会会长。

1901 年入南京江南水师学堂学习。1906 年赴日本留学，开始学建筑，后来走上文学创作的道路。1911 年回国，曾任浙江省教育司视学、浙江第五中学教员。1917 年到北京，先后任北京大学国史编纂处编纂员、文科教授。1920 年底参与筹组文学研究会，倡导为人生而艺术的现实主义文学。1921 年后写了许多针砭时弊、批判封建文化的散文。1937 年抗日战争爆发以后，留任北京，曾任伪职，抗战胜利后因汉奸罪被监禁在南京。1949 年后，居家北京从事翻译与写作。主要著有《自己的园地》《雨天的书》《泽泻集》《谈龙集》《谈虎集》《苦茶随笔》《苦竹杂记》《风雨谈》和《知堂文集》等。

本文最初发表于《孔德月刊》第一期，署名岂明，后收入北新书局 1928 年 1 月版的《谈虎集》下卷。本文用大半篇幅较为详尽地叙述自己学习国文的许多有趣经历和故事，用很少篇幅谈到学习的体会：“请多看书”，指出古今中外的各种书都要看一些，包括好的、坏的都不可以不看，“不然便不能知道文学与人生的全体，不能磨炼出一种精纯的趣味来”，但也须有人“作指导顾问”。“其次要别方面的学问知识比例地增进，逐渐养成一个健全的人生观。”

我到现在做起国文教员来，这实在在我自己也觉得有点古怪的，因为我不但不曾研究过国文，并且也没有好好地学过。平常做教员的总不外这两种办法，或是把自己的赅博的学识倾倒出来，或是把经验有得的方法传授给学生，但是我于这两者都有点够不上。我于怎样学国文的上面就压根儿没有经验，我所有的经验是如此的不规则，不足为训的，这种经验在实际上是误人不浅，不过当作故事讲也有点意思，似乎略有浪漫的趣味，所以就写他出来，送给《孔德月刊》的编辑，聊以塞责：收稿的期限已到，只有这一天了，真正连想另找一个题目的工夫都没有了，下回要写，非得早早动手不可，要紧要紧。

乡间的规矩，小孩到了六岁要去上学，我大约也是这时候上学的。是日，上午，衣冠，提一腰鼓式的灯笼，上书“状元及第”等字样，挂生葱一根，意取“聪明”之兆，拜“孔夫子”而上课，先生必须是秀才以上，功课则口授《鉴略》起首两句，并对一课，曰“元”对“相”，即放学。此乃一种仪式，至于正式读书，则迟一二年不等。我自己是哪一年起头读的，已经记不清了，只记得从过的先生都是本家，最早的一个号叫花塍，是老秀才，他是吸鸦片烟的，终日躺在榻上，我无论如何总记不起他的站立着的印象。第二个号子京，做的怪文章，有一句试帖诗云，“梅开泥欲死”，很是神秘，后来终以疯狂自杀了。第三个的名字可以不说，他是以杀尽革命党为职志的，言行暴厉的人，光复的那年，他在街上走，听得人家奔走叫喊“革命党进城了！”立刻脚软了，再也站不起来，经街坊抬他回去，以前应考，出榜时见自己的前一号（坐号）的人录取了，就大怒，回家把院子里的一株小桂花都拔了起来。但是从这三位先生我都没有学到什么东西，到了十一岁时往三味书屋去附读，那才是正式读书的起头。所读的书我还清清楚楚地记得，是一本“上中”，即《中庸》的上半本，大约从“无忧者其唯文王乎”左近读起。书房里的功课是上午背书上书，读生书六十遍，写字；下午读书六十遍，傍晚不对课，讲唐诗一首。老实说，这位先生的教法倒是很宽容的，对学生也颇有理解，我在书房三年，没有被打过或罚跪。这样，我到十三岁的年底，读完了《论》《孟》《诗》《易》及《书经》的一部分。**“经”可以算读得也不少了，虽然也不能算多，但是我总不会写，也看不懂书，至于礼教的精义尤其茫然，干脆一句话，以前所读之经于我毫无益处，**从来的能够略写文字及养成一种道德观念，乃是全从别的方面来的。因此**我觉得那些主张读经救国的人真是无谓极了，**我自己就读过好几经，（《礼记》《春秋》《左传》是自己读的，也大略读过，虽然现在全忘了，）**总之就是这么一回事，毫无用处，也不见得有损，或者只耗废若干的光阴罢了。**恰好十四岁时往杭州去，不再进书房，只在祖父旁边学做八股文试帖诗，平日除规定看《纲鉴易知录》，抄诗韵以外，可以随意看闲书，因为**祖父是不禁小孩看小说的。**他是个翰林，脾气又颇乖戾，但是对于教育却有特别的意见：**他很奖励小孩看小说，以为这能使人思路通顺，**有时高兴便同我讲起《西游记》来，孙行者怎么调皮，猪八戒怎样老实，——别的小说他也不非难，但最欣赏的却是这《西游记》。晚年回到家里，还是这样，常在聚族而居的堂前坐着对人谈讲，尤其是喜欢找他的一位堂弟（年纪也将近六十了罢）特别反复地讲“猪八戒”，仿佛有什么讽刺的寓意似的，以致那位听者轻易不敢出来，要出门的时候必须先窥探一下，如没有人在那里等他去讲猪八戒，他才敢一溜烟地溜出门去。我那时便读了不少的小说，好的坏的都有，看纸上的文字而懂得文字所表现的意思，这是从此刻才起首的。由《儒林外史》《西游记》等渐至《三国演义》，转到《聊斋志异》，这是从白话转到文言的径路。教我懂文言，并略知文言的趣味者，实在是这《聊斋》，并非什么经书或是古文析义之流。《聊斋志异》之后，自然是那些“夜谈”“随录”等的假《聊斋》，一变而转入《阅微草堂笔记》，这样，旧派文言小说的两派都已入门，便自然而然地跑到《唐代丛书》里边去了。不久而“庚子”来了。到第二年，祖父觉得我的正途功名已经绝望，照例须得去学幕或是经商，但是我都不愿，所以只好“投笔从戎”，去进江南水师学堂。这本是养成海军士官的学校，于国文一途很少缘分，但是因为总办方硕辅观察是很重国粹的，所以入学试验颇是严重，我还记得国文试题是“云从龙风从虎论”，复试是“虽百世可知也论”。入校以后，一礼拜内五天是上洋文班，包括英文、科学等，一天是汉文，一日的功课是，早上打靶，上午八时至十二时分两堂，十时后休息十分钟，午饭后体操或升桅，下午一时至四时又是一堂，下课后兵操。在上汉文班时也是如此，不过不坐在洋式的而在中国式的讲堂罢了，功课是上午作论一篇，余下来的工夫便让你自由看书，程度较低的则作论外还要读《左传》或《古文辞类纂》。

在这个状况之下，就是并非预言家也可以知道国文是不会有进益的了。不过时运真好，我们正苦枯寂，没有小说消遣的时候，翻译界正逐渐兴旺起来，严几道的《天演论》，林琴南的《茶花女》，梁任公的《十五小豪杰》，可以说是三派的代表。我那时的国文时间实际上便都用在看这些东西上面，而三者之中尤其是以林译小说为最喜看，从《茶花女》起，至《黑太子南征录》止，这期间所出的小说几乎没有一册不买来读过。这一方面引我到西洋文学里去，一方面又使我渐渐觉到文言的趣味，虽林琴南的礼教气与反动的态度终是很可嫌恶，他的拟古的文章也时时成为恶礼，容易教坏青年。我在南京的五年，简直除了读新小说以外别无什么可以说是国文的修养。一九〇六年南京的督练公所派我与吴周二君往日本改习建筑，与国文更是疏远了，虽然曾经忽发奇想地到民报社去听章太炎讲过两年“小学”。总结起来，我的国文的经验便只是这一点，从这里边也找不出什么学习的方法与过程，可以供别人的参考，除了这一个事实，便是**我的国文都是从看小说来的**，倘若看几本普通的文言书，写一点平易的文章，也可以说是有了运用国文的能力。现在轮到我教学生去理解国文，这可使我有点为难，因为我没有被教过这是怎样地理解的，怎么能去教人。如非教不可，那么我只好对他们说，请多看书。小说，曲，诗词，文，各种；新的，古的，文言，白话，本国，外国，各种；还有一层，好的，坏的，各种；都不可以不看，不然便不能知道文学与人生的全体，不能磨炼出一种精纯的趣味来。自然，**这不要成为乱读，须得有人给他做指导顾问，其次要别方面的学问知识比例地增进，逐渐养成一个健全的人生观。**

写了之后重看一遍，觉得上面所说的话平庸极了，真是“老生常谈”，好像是笑话里所说，卖必效的臭虫药的，一重一重的用纸封好，最后的一重里放着一张纸片，上面只有两字曰“勤捉”。但是除灭臭虫本来除了勤捉之外别无好法子，所以我这个方法或者倒真是理解文章的趣味之必效法也未可知哩。

一九二六年，九月三十日，于北京。

40 中学国文教学底几个根本问题和实际问题

张文昌（1901—1963），现代语文教育家。浙江嘉兴人。曾任浙江省之江文理学院附中教务处主任、国立蓝田师范学院国文系教授兼附中校长。本文的价值，除介绍了启发法、自学辅导法、分团教学法、设计法、道尔顿制等教学方法外，还在通过张氏的陈述和剖析，帮助我们看到上世纪20年代后期在“中学国文教学改良”之呼声日隆的背景下，中国的国文科教学依旧普遍地“承袭旧法”的状况，让我们体会到在旧体制、旧观念支配下教育教学改革之艰难，加深对语文教改艰巨性、长期性的认识。

原载《新教育评论》第3卷第8期（1927），选入本《论典》时有删节。

一 起语

没有一个人不承认国文教学的重要，但同时也没有一个人不承认现在国文教学的不满意。所以自“五四”以来，特别自新学制实行以来，关于国文教学改良的讨论甚嚣尘上；在文字上、演讲中连篇累牍，层见迭出。真可为近来国内教育界中心问题之一。

事有出于意料之外者，国文教学改良的声浪虽这样大，但，真正的影响却微乎其微。**理论只顾理论，事实只顾事实，这是我国人的普通恶现状和怪心理。**不幸所谓“国文教学的改良问题”也有了这种倾向。

试去一实地观察各学校的国文教学，无论国立、省立、县立、私立、教会立等校，至少我敢说百分之九十是因袭旧法，毫未改良。这到底是怎么一回事呢？

以前的讨论虽也根据事实和学理立论，但太趋理想、太重主观。舍本求末自难以实行，结果养成一个改良理论而不改良事实的国文教学。

小学乃文字形义联合训练时期，大学已为专门学术研究之地，均无甚重大关系，最重要者厥维中学之六年，因作是篇曰："中学国文教学底几个根本问题和实际问题。"

二　根本问题

（一）教师问题　教师为人生经验的导引者，学者结果的成败完全基于引导者的如何。**现在国文教学的腐败，大部分的原因即缺乏良善的教师，这是大家公认的事实。所以任你"高唱入云"地讨论怎样改良国文教学，不去改良教师的本身，即使说得天花乱坠，或舌敝唇焦，也是无补于事。**但怎样讨论这个根本问题呢？

（甲）师资的训练　老的教师我们不能满意，新的教师又何尝可以成功？尝记某省立中学请了一个国立大学文科的毕业生去教国文，结果非但不能胜过老式教师，反而引起学生的恶感。说他只能谈新名词、新方法，而胸中毫无实学，最后终被学生闹跑了。这虽有些像极端的例子，然而这种情形我相信是很多的。**所以好的教师不是新旧问题，乃为学问、教法与人格的问题。**一般老教师固然不行，然他们所缺的尚不过是教法；而所谓新进的青年，大多根底浅薄，性骄行躁，人格与学问二者俱缺，任你用怎样好的方法也是不行。在此青黄不接的时代，国文教学的现象真是不堪设想。挽救之道端在师资的训练，换一句话说：即为国文的师范教育。

还有一样，**以后的国文教师须受检定，凡由短期或长期的训练学校**

中毕业者，得受检定，给以证书，即可为正式教师。否则不能得同样待遇。如此“冬烘”和“南郭”先生可渐渐淘汰下去。不过，给这种证书须严格，不可胡乱发给，反引起不信仰和反对；只求质量的精良，不在数量的众多。

（乙）教师的待遇　教国文是最不容易的一件事，且是最辛苦。有课内之书，更有课外之书，有精读，有略读，有作文，更有笔记，有习字，更有演说及种种与国文有关的课外作业。但现在的国文教师大多薪俸少，钟点多，一日到夜预备、改删还来不及，哪里有余暇去作课外指导及自修呢？所费少于所求，这种工作尚有什么效率可言？尚能尽什么责任？

所以我以为**要根本改革国文教学，必先改良国文教师的待遇，凡得训练证书者，尤应特别优待。**

（二）学生问题

（甲）学生对于国文的观念　学生自来的因袭观念，国文班为虚应故事的休息班，可以打瞌睡，可以作闲谈，可以读他书；先生指天画地对墙壁说法，学生们则心不在焉，视而不见，听而不闻。**且自欧化以来，社会家庭醉心于英文，以为只要英文好，就是使子弟发洋财的工具，什么国文早已弃若弁髦了。**父兄以是诏子弟，子弟以是劝朋友，早已成为社会的普通观念。学校中课程内有国文一科，也不过是敷衍门面的官样文章，无论教师与学生多互相利用欺骗；前者为金钱，后者为分数，其实早已名存实亡，就是说国文科完全废止，亦无可无不可。这种态度，真是万劫不复，非彻底改革不可，这是社会、家庭、及学校与教师的责任。

（乙）学生对于国文所费的时间　《教育杂志》第七卷二号洪北平先生的《中学国文教学底先决问题》说得好：“中学国文与其他课如英文数学是普通中学注重的功课。这是人人总会说的。若考其实际，却又未必尽然。试问一问一般中学生，每天用在这几门功课方面的时间各有若干，就显然有了轻重的分别了。我也曾用过一番调查功夫，问他们每天除上课以外有多少时间来研究国文。大多数总说苦于时间不够。他们并非没有自修时间，但多半耗于英文与数学了。”

挽救此弊的方法有四：（1）实际调查学生的自修时间。（2）与各科教师协商，使功课指定的分量按平均比例而支配，对于他们的脑力和体力，不使太易也不使太难。（3）多有问试，或口或笔，使学生不得不预备。（4）但第三法太消极和被动，最好在引起学生的兴趣，有自动研究的倾向，结果自能满意。

（丙）学生对于国文的个别　个别在教育上是最重要的一点，在国文教学里尤是重要问题。有的聪明而敏捷，有的愚笨而迟拙；有的盛于感情，喜读情感的文字，如诗歌，小说，戏剧等文学作品；有的富于理想，喜读议论文字、哲学作品；有的性喜科学而淡于文学；有的善思想而拙于发表；有以上的种种不同，故宜有种种不同的对付方法。然而现在的国文教师绝少能注意此点，**执一不变的教法，全级单调的学习，这样自然使学生不感兴趣，兴趣一失，随便怎样多读也读不进去，那就糟了。**

挽救之道，最好用分组方法，以各组比较的能力或嗜好分组，各有不同的功课指定，或竟是不同的教材亦可。不过此教师必须绝有能力，受过相当训练，所以我论教师问题在前，因为没有好的教师，教不出好的学生。

不过分组时，更宜注意几点：（1）十分捷敏或迟拙的学生，应使升级或降低，不致多数的学生因为少数而耗废时间和精力，教师也不致因是而难于应付。（2）分组的标准应客观而准确，最好用测验。（3）全级与全组应有一最低限度的标准。（4）不时应有试验，依成绩的优劣及天才与努力的高低，可使易组到比较的最适当为止。

（丁）学生对于国文的入学升学及职业程度　中等教育承上接下所谓八面玲珑，且中学毕业后或读了几年后即入职业界或升学，所以跟着这种情形就起了不少问题，国文为国民的交接和发表的最要工具，自然首当其冲。**试看现在小学的国文程度如何，真是一年不如一年，文言当然不成问题，国语文也不能满意。字若蟹行者有之，层次不清者有之，别字满纸者有之，措词不通者有之，**但他们终算是小学毕业生，若入学限制太严，必致大多数落第，无处求学，失却办学之宗旨：倘若贸然收了，则程度降低，参差不齐，于效率太不经济，此其困难者一。

还有升学问题，由中学至大学，此过渡在教育各段联结中为最难。且现在我国中好的大学绝少，而读书者日渐增多，所以大学的入学考试就为难关，在国立大学中国文一科更为难开的中心。即以北大、东大及武昌师大的国学常识测验而论，若没有研究过文字学、文学史、经学通论、国学概要，而且曾略读过几部专书的，不能答出。试问现在一般中学中，有这样完全的国学课程有几处？此其困难者二。

读了几年初中或高中，或毕业后入各界谋职业的学生也很多。中学的责任就应把应有的职业指导和常识给他们。国文在社会中为发表的工具，如函牍契约等等应用文字更为重要。但现在的中学生能此者绝鲜，所以新教育往往为社会所诟病而疵为“读洋书”者，这样的国文教学而望其有效率，真是缘木求鱼，此其困难者三。

解决之道，第一、第二两题可并为一起，即初等中等及高等的行政者应有联络，公定中庸的标准，使入学时不致太难，学校的程度也不致降低。第三问题，就应特别注重应用文字、国文常识，及养成读书为娱乐的习惯。

（三）教材问题

有了好的教师，好的学生，但没有好的教材仍是没用。孔子说“工欲善其事，必先利其器”，但就是这个器，成了问题，其选择与支配，议论纷纭，莫衷一是。今且以各说胪其要者略为批评如下：

（甲）目的　目的最为重要，但一般国文教师，随随便便毫无目的。课前对于教材既无详细的考察与预备及应达到之点；课后亦敷衍门面，不问学生方面究有何种影响，对于所希望之点能否达到，及补救方法。这样的教学，结果自可想而知。但自改良教学以来，讨论此国文教学目的者亦很多，如《新学制课程纲要》叶绍钧所拟之四条目的及三条最低限度说——

目的　（1）使学生有自由发表的能力。

（2）使学生能看平易的古书。

（3）……作文法通顺的文字。

（4）……发生研究中国文学的兴趣。

最低限度　（1）阅读普通参考书报，能了解大意者。

（2）作普通应用文，能清楚达意，于文法上无重大错误者。

（3）能欣赏浅近之文学作品者。

以上不过为笼统的鸟瞰，且照应格里司（Inglis）在他的《中等教育原理》一书第422页所说，国文的目的为（1）文化的（2）职业的（3）社交及艺术的。说起来，此四种目的和三种最低限度，亦欠充分发挥包括。

教材的选择须因目的而定，因了这目的，就发生三个不同的主见：——

（1）国文须注重文学而艺术化，以实施人文教育

主张者如常乃德等——见《中等教育》二卷一期《中学国文教授的我见》，他说改良方法，须明《文学是艺术》，不重分解，乃在综合，不重学理乃在赏鉴；不重理解，而重练习。

（2）国文须注重思想而学术化，以实施文化教育

主张者如张岸勤等——见《中华教育界》十三卷十二号《一个月国文教材的计划及教学上经过之实况》，他虽亦说注重点亦旁及文艺及兴趣，但他的教材组织，根本就是用问题式，他所用一月中为劳工问题。他自己说此种问题排列式的优点有二："一为养成研究问题的兴味，二为养成学生系统的思想。"

（3）国文须注重实用而社会化，以实施实利教育

主张者如周廷珍等，见《中等教育》二卷五期之《国文教学与实用》，他说，“国文教材不切实用的毛病，根本原因是一般人误认国文科完全为寄托感情之物，娱乐之科。其实文学欣赏在中学里只能算是副目的……所谓应用文不外书信、文牍、规程、广告、契约和新闻记录等。……”

其实以上的所谓文学、思想和实用，正是应氏所说的艺术的、文化的和职业的，所以正宜各有价值，各守疆土，不可互相攻击。不过在初中应多注重欣赏，高中多注重学术，文牍皆宜注重，可惜现在一般的国文教师，对于实用方面，太不注意。据我的意思定标准如下：

初中——文艺文 50%，思想文 30%，实用文 20%

高中——文艺文 30%，思想文 50%，实用文 20%

（乙）课本　教材的中坚就是课本，但是要找好的课本真是一件难事。全国最大的书店只商务、中华两处，而其二处中有好课本的，尤不多见。初中的中华的《国语读本》三册，与商务的《新学制国语教科书》六册，文言与语体，以比例增减，尚称合式。但所谓《现代初中国文读本》及中华的《古文读本》极不适合现代思潮，完全文言。即以《国语读本》和《国语教科书》而论，对于思想文、文艺文方面，固尽量采取，其采取篇之当否亦为问题。然于实用文方面，实太缺少。至于高中则非但好的课本少，简直找不到。

以上所说的话，非故意吹毛求疵，对于中学生，这样的课本，实在觉得不能满意，尤其是高中的课本，不知几位大教育家大编辑家尊见若何？我以为中学的课本，应照我前列表中之分量分配，初中多注重语体及近代文学，高中多注重文言及古代文字，对于哲学、文学，有相当的介绍及稍读其原本，俾为常识及深高研究之基础。但此种理想的课本，只好俟之将来。

（丙）讲义　因为无良好的课本，所以**很多的学校对于国文一科，**

多用讲义，以救其穷，倒也是一个变通办法。但有一个危险，就是太主观，教师喜文言的就多选文言，喜白话的就多选白话，喜思想的就多选思想，喜文艺的就多选文艺，学生无普遍的知识而完全以教师个人的主见为范型，流弊也大。且油印的常有不清爽及错误之弊，铅印的也常有错字，改之便多费时间，绝不经济。但若高中之缺乏良教本，则为暂时办法起见，也不妨采用此法，惟须注重以下的几个标准：

（1）分量　照前表：

（2）质量　1　合于近代思潮的，

2　有裨身心的，

3　合程度的，

4　合兴趣的。

三　实际问题

（一）精读问题　国文教学最大的一部分就是精读。但怎么样为精读呢？这是很要明白，否则教学时就无所适从。按孟宪承先生在新教育九卷一二期之教育改进社年会论文专刊“初中国文之教学”内，说应分为四部份：1　理解　2　记忆　3　朗诵（文艺文）　4　默读（思想文）

又按中等教育三卷四期之浦东中学国文教学法商榷书有三要点曰：（1）彻底了解其意义、章法、结构，

（2）彻底了解作者之作意而批评之，

（3）熟记背诵其紧要部分。

又按朱经农先生在各科教学法课中之演讲曰精读须：

（1）功课指定—生字、难句。分段、组织、优点、弱点。

（2）功课讨论—目的、层次、要目、标点、文法，修辞，增减。

（3）功课考问—默写（精彩段）生字，意义。

以上诸说各有其长，今为并合如下：

第一步——功课指定

注意文义之了解、章法、结构、修辞、有大纲使学生有充分的课外预备及课内解释。

第二步——功课讨论

注意作意之了解，作者之作意及动机，使学生有批评的眼光与手段。

第三步——功课考问

注意学生之了解与纯熟，有朗诵、默写、问题、口答及笔答，使学生能记得其紧要处、精彩处终生不忘。

虽然这样教起来即中等长度之文，亦须一星期始能卒业，长篇文字则必数星期始克告终，未免太不经济；以我个人意见，则与其“贪多嚼不碎”，毋宁细嚼而收其实际效益。故**取材不可不精，读书不可不细，如此方为精读。**

（二）略读问题　前根本问题所说之补充读物即为略读，惟前者注重材料，后者注重方法。方法如何，请言于后：

（甲）分组—用测验或按平日成绩，分为有略读与无略读（当然是少数）两组。有略读者应将可读之书目列出，让学生自检一种，择其书相同者为一组，列表公布，同组之人共互相合作（此略读时间须有至多与至少限定）。

（乙）集会—只学生自读而无教师指导，又何贵乎教育？故宜定一定时间，师生相集于一堂，是种集会可名之曰读书会、以各人之疑问、心得、新见解等等互相讨论，教师为指导。

（丙）笔记——笔记为自修之利器，自来中西古今大儒莫不有此，故**略读者必须有笔记，每月交一次，其格式方法，教师须先示知。**

如此读法，最多一学期或一学年，一部或二部，如此乃有进益。

（三）作文问题　作文一项学生大多视为具文，教师视为畏途；盖二星期一次二小时内交卷在课室内之作文，学生本视为具文，虚应故事而已；而教师拿了几十本卷子一字一句的改去，关上了房门，写秃了笔尖，耗费了精神，辛辛苦苦改好了，发给学生，学生不过拿了一看，掷于一旁，所以结果终是不行。

（甲）文题　题目常是一件难事，挖出教师的枯肠有时仍就不讨好。所以出题的方法也须改良。

（子）标准　（东大附中国文科会议议决案）

1　描写动的现实生活——个人、学校、社会，

2　静物描写，

以上初中一二年级最适宜。

3　发表主张，

4　辨明事理真伪与是非，

以上初中三年起，至高中一二年最适宜。

5　想象，

6　抒情，

以上高中二三年级最适宜。

7 应用　（此三项各级皆宜有一部分的注重）。

（丑）出题

1　教师择相当时机出题（有兴趣，为临时发生者）。

2　学生自撰并得教师之改正或许可（学生有一时之感触发见者）。

3　在学期初，教师先出若干题目，使学生有正当的观念与充分之准备，作时秩序也可以任意颠倒（此法常时可用、惟须注意抄袭或代作之弊）。

4　在学期初，教师与学生共同议决相联之问题或题目若干，顺次作去（此法在高中极可试用）。

（乙）时间及地点与篇幅

1　初中一星期一次至多一小时，在课室内，须极短，不可过一

千字。

2　属于出题类中之1、2两项者同上。

3　高中两星期一次，时间不拘，在课室外，篇幅不拘。

4　属于出题类中3、4两项者同上。

（丙）删阅

1　笔试者可令学生互数其错误处，或教师，或助手，检其课而定数分，不必改。

2　笔记，学期文，临时设计文字，只阅其大意，指其错误与优点，不必改。

3　初中一星期一次。属于出题类1、2两项者，须改（照改文标准）。

4　高中二星期一次。属于出题类3、4两项者，须改（照改文标准）。

（丁）改文标准（根据南高国文科会议议决案）

1　尊重学生作意，

2　不必过于吹求，

3　先看一遍，

4　好处特加标识，

5　必要时加眉批，

6　必要时加总批，

7　新式句读错误改正，

8　文法及修辞之普通错误与别字、误字、失落处宜作记号使学生阅后自改，至下次作文时一同交上，教师校阅其更正处有何错误。

9　必要修改时，只可改一二字句，或删一二字句，或增一二句，度学生能自正者，留记号使学生自改。

10　注意（最好用记录）学生的个别错误，与公共错误，及个人之进步（分数宜因努力率之高低而定）。

11 有特别情形时，在课室内宣布之。

12 有公同错误时共同订正之。

（戊）奖励

1 作错误改正进步表，

2 陈列最佳之文字，

3 投稿于校内刊物，

4 投稿于校外刊物。

（四）文法问题 文法教学在今日的新式国文教学中成了一个新名词，由是就有许多新的文法课本出来。从《马氏文通》起一直到现在的**所谓国语文法，大多是欧西文法的变相，若是也同样列为一样，为课内教学，必至枯燥无味**。现在好的，最新的外国语课本，文法即列入读本中，我国的课本（高级小学与初中）亦宜仿此。**现在好的课本未产以前，教师就宜在读本文中寻出可为例子的教他们。在高中里宜注重修辞学、文章学、作文等等，亦宜在精读文字中取材，使学生易留具体的观念。**

教文法还有一个最好、最直接、最有效率的方法，即利用作文的改正处以为例子而教，教学生自己去错误更正，惜现在有好多教师见不及此！

（五）书法问题 书法为社交工具之一，亦同为艺术之一，所以最好求其速而亦求其善。但在现在的“效率”时代，书法的美的问题，已让艺术家、书法家去研究，普通的人们只要求其清楚与快速而已。中学生宜如何练习书法，请述于下。

（1）临帖 中学时期，大多临帖，临帖之初，必须谨慎，不可胡乱临写，常常换写。必至一体学成有根底后，才可换帖变化。

（2）习写 书法是一种艺术，只要把肌肉的技能养成就好，所以习惯的养成最为重要。

（六）方法问题 革新教学，即注重方法，如何使学生得到有效率的结果，所以方法一事成为重要问题。**顶好的文学家和著作家未必即是国文的好教师，因为国文教师非但要根底好而且还要明白方法。**什么样的方法呢？

1　明白学生　教学如科学，必得有客观的眼光才行。他不可依自己的心理和标准，须以学生的兴趣和程度为标准。所以为国文教师者，至少须读过教育原理，普通心理学，儿童心理学，教育心理学，及教学法等等。至少须有一年的实习。在教授新学生前必有一种科学的测验，以明白学生。

2　方法变通　**方法是死的，如何利用方法是活的，所以任你怎样好的方法，死板无生气的教师有法变成无法，遇有兴趣有生气的教师无法能变成有法，以下有许多方法，在学理上本是好的，但教者不可固守陈法，须常保持其试验的态度，观结果何者最适合即用何者。**

（甲）**启发法**（Development method）　利用问题，以已知启未知，注重口述的讨论，根据学生已有的经验。自苏格拉底之会话法后，到十九世纪之培斯泰洛齐及哈巴徒时盛行。教师须注意，不要作无谓虚泛的讨论。

（乙）**自学辅导法**（Supervised study）此法于美国极为盛行，凡家庭环境不佳及不能在家自修之学生，可指出一定时间（钟点内或钟点外），在课室中予以自修。教师二人或一人轮回巡走指导。教以自修方法，指导困难，养成其常规习惯，激发其兴趣，测验其进步，以问题助之，但不可完全助之，使之用自己能力。（参观 Parker：Methods of Teaching in High School）此法在初中可用，其成绩劣者格外可以采用（若学校有另外自修时间而附指导者，可省去）。

（丙）**分团教学法**（Group method）　此法韦雅齐博士极端主张，在沪大附中试验，结果成败参半。此法完全以教师的能力为转移。在讨论时依个别的差异分组，有自动的思想，每人有发言的机会，激发兴趣而快思路，实有不少裨益，若用之不得其法，则成死的形式，学生课前毫无预备，上课时可随意闲谈；让几个勤勉的学生垄断，其余的自顾自，空想、不合作、以讨论的结果抄下来预备背熟，预备考问，流弊也很大。所以此法最好先冠之以五分钟的笔答，后用启发式的讨论。在自修时间内，则可用分团法而加以指导，则更为满意。

（丁）**设计法**（Project method） 此法虽大部分适宜于小学，但在初中，甚至于高中，也有相同的价值。此法最好与别科联合施行，每逢良好动机即可实行，如开会、出版、演剧、演说等等。教师必宜有充分的经验与兴趣，学生宜有好的动机与心愿，否则必劳而无功。（参观商务所出之《设计教育大全》）

（戊）道尔顿制（Dalton Plan） 此法自美国柏克赫司特女士发明，在道尔顿中学试验成功后，盛行于英国及欧洲大陆、日本，现我国亦很风行一时。但发祥地的美国反不如他国之盛，倒也是一件很稀奇的事。**我国以试验此制著者有吴淞中国公学及南京东大附中，结果有成有败。这与分团法一样，也全赖教师**。用此法之教师必须学力优长，精神丰富，有充分的预备支配教材，订立表格，同时在试验室中因无上课与下课之分，须长期间在教室中批阅学生笔记及答复随时问题。学校的组织管理和课室支配及设备，也须大改。**此法之利在自由伸缩发展个性，其误用之弊则忽略群性与合作的美德，易变成无生趣、枯燥、单调、疲乏，所以最好在高中试行。而先决的问题就是教师的才力和兴趣。**

（七）时间分配 在规定课程钟点内之时间分配法，须有规定，否则杂乱无章，轻重倒置，必不得好的结果。

（八）课外作业 **课外作业是国文教学的一件重要事情，教师宜特别注意。**

（子）演说辩论

（丑）演剧

（寅）文学研究会或读书会

（卯）旅行参观

结　论

为文至此尽矣，然国文教学问题，非常广阔，兹篇所述，第不过其重要者。所见或有不当，尚祈海内国文教学家指教。挂一漏万，在所不免，愚者千虑，或有一得，尚望为国文教师者，有所采取焉。

41 小学读文教学的新贡献

沈百英（1897—1992），著名的小学教育家、儿童教育家，以教材编写著名。又名沈菊泉，笔名石英、白丁。江苏吴江人。1918 年江苏省立第一师范本科毕业后，翻开了 70 年教育生涯的篇章。任教层次从幼儿园、小学、中学到大学。曾与叶圣陶在苏州甪直小学和商务印书馆两度共事。从事设计教学法研究和实践卓有成效，盛极一时。担任商务印书馆编辑 35 年。编著有《设计教学法演讲集》《小学基本国语》《儿童文学读本》《小学生文库》《幼童文库》等；为《教育大辞书》副主编。

本文充分肯定了白话文教学与设计教学两大改革，着重论述了有关小学读文教学的七个问题，方法具体，表述简明，大体反映出 20 世纪 20 年代部分小学读文教学的概貌。原载《教育杂志》第 19 卷第 8 号（1927）。

读文科从文言改为白话，是一大进步；从阶段式的教顺改为设计的进程，又是一大进步。有此两大改革，读文成绩，还不能有长足的进步，这是什么缘故呢？不是改革原则的不对，是应用原则的不得其法。因此特草本文，以供同志参考：

（一）教生字有什么方法？

无论哪一本国语教科书，每课书上的上列或下列，都有几个生字。再查社会常识算术等书，没有生字标出，可见国语教本以教生字为最重要。

但是国语科的重大使命，是否专在教授生字？当然的回答“否否”。**他的主旨在于介绍儿童文学，开发儿童的想象，描写动物的生活，充分涵养他们的美感。所以编著课本时，要极力减少生字，唤起儿童的读书兴趣。**

有人要问，认识了本课的生字，是否能明了全文？解决这一个问题，可分以下几层解答：（一）教科中之生字，是编书人的生字，是全书中初次出现的字。有时儿童对于某生字经常很熟（别种书上读来的，书报上看来的，广告招贴上认识的，从专名字上认识的……）该字就不能称为某儿童的生字了。（二）各个生字，反复的次数不同，有的反复多次，历久不忘，永远变为熟字；有的只发现了一次，从未反复过，以后再读到这一个字时，视同生字一般了。可以教授生字，不能专依课文上表出者教一教，就算了事，应该叫儿童将课文逐句看下去，各人摘出不认识的字，抄在黑板上，根据质问的人数，定教授的先后。好比一级中有三十个学生，对于“越”字有二十八个人不识，对于“先”字仅有一个人不识，那么，可定先教“越”字后教“先”字，多练“越”字少练“先”字的标准。

认识单个的生字，是否能够连带明白生词？例如认识了一个“许”字，能说对于“许多、也许、许可、姓许的许”等词，都能明了吗？谁也都能回答说，不能不能。因此教学生字时，最好合生词一同提出来教。

字音的辨别，要注意个别的训练。倘使同声齐唱，难免音调混杂，字音反不正确。

字义的解释，要用多方的训练：（一）教“坐、跑、笑”等字，可用表演的，就用表演法教。（二）教“黑白、快慢”等字可用比较法教的，就用实物比较法教。（三）教“窗、椅、书”等字可用实物指示的，就指给他们看。（四）教“什么、就”等字，可用证明法教的就用证明法教，好比指了粉笔说这是什么东西，指了黑板说这是什么东西……等。又如吃了饭就上学，散了学就回家，……等。（五）不得已而要用土白翻译的，就用排比法教。例如教玩耍两字，排示“游戏”、“白相”一起教。（六）有两字以上要连教的就连教。例如“睡觉、蝴蝶、为什么”等。

教生字时，辅助的方法，也要注意一下：（一）写示的字，要大而清楚。（二）写时宜侧立，使全体人都能看清。（三）多指名板书。多得练习的机会。（四）有笔记簿的，每字抄写十次，帮助记忆。（五）会查字典的自查字典。

学习上最重要功夫是复习，可是学生最怕的也是复习。复习而有变化，可以免除儿童的厌倦。方法有：（一）字片闪烁练习法，（二）字片游戏练习法，（三）哑口表演练习法，（四）抄写练习法，（五）默写练习法，（六）缀句练习法，（七）集类练习法等。

（二）用什么方法矫正儿童的读音?

读音应该照国音读，应该照国音方法教。这是不必疑惑的。但是教师的读音尽管正确，发音尽管清晰，对于儿童的得益与否，还要加番研究的功夫。儿童的发音机关，各人不同；儿童的听受能力，也各人不同。要使因材施教，人人得益，须注意以下各要点：（1）教授生字时，要先听清教师或同学的发音，然后模仿。不要先用齐唱法，胡闹一下。（2）初次说的时候，遇到难发的音，易错的字，要多次范读，逐一矫正。（3）发音困难的字，可将声母介母韵母分开来读。教“汪”字，先令合口读ㄨ音，再开口读ㄤ音。教师的口腔有意装腔作势，使儿童易于模仿。（4）凡两字以上的词类，要连在一起教。使音域有自然的变化。读出优美的音调。（5）可以表情的文字，须分别轻重的读法。（6）全文中有一二字不正确的，——好比唱歌时发出不协和的音——要特别提出，多次练习。（7）凡与方言容易混淆的字，也要特别注意。（8）高年级可用图解法，根据发音的部位去教授。

（三）指导欣赏法有几种?

现在的读文，完全是文学的材料。文学能兴起优美的感情，养成审美的欣赏和求美的意思，因此教文学最重要的方法是欣赏。**欣赏两字，说来很容易，实行起来，却最困难。因为欣赏要使儿童自己领受，不能由旁人注入。要使儿童自己体味，旁人不能代为说明。困难之点，就在精神的感受。**兹将普通注意之点，写在下面：（1）音调的欣赏。儿歌诗文，有韵可唱的，吟唱起来，要随自然声调，不必有意做作。要唱得圆滑爽利，字字合音，句句入调，如能脱口而出，就知道他能欣赏入神了。（2）散文剧本的读法，要读得句读合宜，音节合度，好像对人演讲，见客应酬，说得伶牙俐齿，使听的人自然领会，可以证明读的人欣赏合度了。（3）能否欣赏，要看他的面部表演。文中有喜怒哀乐之情，读起来应该注意抑扬顿挫之语势，把文意完全表达出来。（4）读游记好似身历其境，读传记好似目睹其状，读书诗，身为文中主人，这样就能证明他欣赏入神了。（5）阅读时虽不出声，但对于激烈、悲哀、活泼、快乐等神情，似乎都能吐露出来。读时不觉手之舞之，足之蹈之，欣赏程度，达乎极点了。

（四）指导朗读有几种方法?

书本应该注重默读，白话文更应该注重默读。但是**朗读也有用处：第一是凡有音节的韵文，可当歌唱的，读了能陶冶吟唱的兴趣，欣赏美妙的音调。第二是可以收集各人的注意力，一读之后，精神焕发，疲倦就去了。第三可以调查各人的读书能力，不读不能考察他领会不领会，**

声音正确不正确。一读之后，真相毕露了。第四是可以帮助听觉型的人，从朗读上学得一点经验。

指导朗读，有几种注意点：（1）读书的声调，韵文像唱歌曲，散文像演说报告，剧文像说白。（2）有依照方言小曲编著的教材，就依原调吟唱。（3）朗读时不能引领长鸣，弄得嗓子破裂。（4）极力免除一种文言调、拉拉调、呆板调、喃喃哄哄的和尚调。（5）要把重要的字，急切的话，读得响亮清楚。（6）语调中要读出语势来。（7）朗读适用于低年，高年级以少用为妙。（8）一人朗读，众人静听，使注意集中。（9）读时有错误，切勿立时更正，断其进程，应该在读完了再讨论。

（五）指导默读有几种方法？

一般人都以为默读不必指导，并且也无从指导。实际不然。教读文最困难的一点，就是指导默读法。因为阅读速率，随智力而不同。聪明的一目十行，瞬息数遍；迟钝的格格不吐，一遍难竟。一班中因快慢不同，指导法就发生问题了。并且默读不用声调，无从查知读与不读，努力与不努力，指导上又发生问题了。因此指导默读，应该格外仔细研究，救济种种弊病方法如下：

（一）阅读时有不识的字，要养成以下几种习惯：（1）将不识的字先看上下文，自己体会出来。（2）生字旁作一记号，跳过生字看下去，推想能不能明白大意。（3）将生字问近旁的同学。（4）自己查字典。（5）质问老师。

（二）增进阅读速率的方法，有以下几种：（1）喊了“起”同时阅看。（2）规定时间内调查谁看得最快。（3）教师范读，儿童指阅。（4）指名伴教师读。（5）指定阅读长篇课文，逐次加增速率。

（三）读后一定要有考查的方法。（1）轮流演述书中大意。（2）反复讨论。(3) 用笔记簿考查勤惰。

(六) 用游戏教学有几种方法?

儿童爱游戏，就用游戏法教，常用的有下列各种：(1) 直接游戏法。教材的本身，是个游戏材料，当然就用游戏法教。(2) 吟唱游戏法。凡韵文中仿作俗曲小调鼓词的，就依照原调吟唱。(3) 表情游戏法。有时教材本身，并非游戏教材，而可以用音乐上的表情法教的就照了唱歌指导。(4) 模仿游戏法。文中描写职业生活，或动物生活，有事实可以模仿的，就用模仿游戏法。(5) 演剧游戏法。可以表演的，实地演习一下。(6) 练习游戏法。凡练习、抄写、阅读等，为减少儿童的厌倦起见，可以参用各种变幻的游戏法，好似试演魔术一般。(7) 比赛游戏法。为鼓吹儿童的努力起见，利用他们的好胜心理，用各种比赛的游戏法。

应用游戏法时，要防止几种流弊：(1) 不要兴奋得太利害，超过了疲倦状态以外，使上完这一课后，觉得全身发懒，无心再上他课了。(2) 不要流于浮滑。浮滑不是教育的。处处要注意。(3) 不要使儿童流于放浪。因为游戏是一种有趣的活动，凡是演习的、旁观的，都把全副精神，倾注在游戏上。结果弄到拍手狂呼，仰天大笑，一时秩序大乱。应该养成他们举止文雅，欢笑合度的习惯。

(七) 复习法有几种?

读书目的中要使儿童记忆、应用，非用复习法不可。方法有以下几种：(1) 生活上不常用的字，尽可以少练习。(2) 已经练到十分成熟了，不必多费时间去练习。(3) 教新材料时，旧的也要有相当的复习。(4) 不要在一时内练得太久，以致减杀练习的兴趣。(5) 复习时发现特殊困难，要当新材料教。（6）复习不单是旧材料的反复，要有相当的新组织。

以上七个问题，在读文上占着重要的位置。因此特地提出来讨论一下。误谬的地方，请指正为感。

42 小学高年级国语教学的两个研究

吴增芥（1906—2005），著名教育心理学家。江苏江阴人。1929 年中央大学教育系毕业，获教育学士。曾任职中央大学实验学校、苏州女子师范、浙江大学师范学院、苏州社会教育学院等。

吴氏长期从事教育心理学的教学和研究工作。在著名教育家、其父吴研因影响下，青少年时代就热心研究新教育。在中央大学求学时，一面读书，一面在中大实验学校参加儿童心理实验工作。大学毕业之后 60 多年，为心理科学在教育领域的应用，推进我国中小学教育科学化作出了很多贡献。

从上世纪 30 年代起就发表研究成果，先后出版了《理想的培育法》《学习心理》《心理学与小学教育》等著作 6 部，论文 50 多篇。1933 年其与父亲合作完成的《小学教材研究》，是我国最早利用儿童心理学来研究小学教育的著作，影响了我国小学教育几十年。该书被国家列为 1949 年以前中国学术名著。

本文系关于小学高年级国语教学的实验报告，其中在小学高年级开设“自由阅读课”，实为中大实验学校的一个创造。吴氏对此项实验，付出的心力尤多。当年的教育革新者，不倦地探索儿童读书能力培养的途径，不乏管窥之功。原载《教育杂志》第 21 卷第 5 号（1929）。

小学国语教学，近几年来，多少总算有些进步。初行新学制时，注重改革材料内容，以后大家讲到方法上，研究探讨，不遗余力，实在是

小学教育界的好现象。去岁暑假后，我要知道小学校的实情和获得教学的经验，所以在中央大学实验学校兼一点教职，担任高年级的国语教学。现在把我对于国语科教学研究的结果，公诸同志以供参考。

我校认说话、作文、读法、自由看书（阅读）几种作业同样重要，所以以每星期除四小时读法课外，规定作文一小时，自由阅读一小时，讲故事或读书报告一小时，合六小时。关于读法教学和《一个小学十年努力记》所载，无甚出入；本篇所要报告的，是儿童阅读问题的研究——尤其是指导学生看书的方法，及如何使学生不写错字——至少是少写错字的方法，以供大家讨论。现在把这二项分述于下：

一　自由阅读

1. 理由　**凡是懂得教育的人，总承认教学不是灌输知识，而在使儿童自行探求知识；换句话说，就是培养儿童读书的良好习惯**。现今小学校国语教学，方法上固有进步，而对于如何选择适合儿童兴趣、生活和需要的教材，却又成为严重而急待解决的问题。假如不慎重取材，足以减杀儿童读书的兴趣，使其视求学为畏途，而教师只以强迫注入为能事。我们为避免这种弊病，一方面尽力搜集适当的材料；但还因一班学生太多，适于甲者，未必适于乙，所以在课内订定自由阅读时间，或许可以弥补教学上的一部分缺陷。

以上的话，都是儿童自由阅读的重要和理由，约言之，共有三端：（1）适应个性，矫正班级教学的缺点；（2）培养读书能力——从这一点产生第三种理由就是（3）扩充知识。这三种理由，是荦荦大者，其他细节，以限于篇幅，不能详述。

2. 布置读书环境　据我个人观察所及，要满足小学生读书兴趣，必须多备各种书籍，因此要有一种特殊环境。近年来，美国小学校读书教学上已有大的变更，他们主张创立儿童图书馆，以应儿童需要。芝加哥大学试验学校，费六年心血规划儿童图书馆，现在已成为该校主要设备。凡四年级、五年级和高年级学生，每天可以进去看书，并有一位教师专负指导和管理图书之责。凡是参观过的人，总惊叹儿童显然沉醉于书本中。我校有高级图书室和中级图书室，而无专任指导的教师。儿童的确看他们所中意的书，不过供给自由阅读机会时，应该以读者（即指儿童）自己的兴趣，做选择书籍的指导；因此，学校里设法鼓励儿童从浏览书帧中满足他们的兴趣。有许多学生，兴趣本来很高，读书习惯早已养成（指高年级学生言），实际上不会发生困难；但大部分儿童须加以强烈的刺激。刺激之道，在开发正当兴趣。我们把读书地方悉心布置，务使引起儿童读书动机；图书放在书架上，大家都能看见，并且便于取阅。坐位排列和普通教室不同；课桌围成长方形，接近书架，使儿童便于阅览。现在正极力设法布置读书的环境，叫儿童一进图书室，就充满着看书的欲望，觉得书籍是乐趣的泉源。

3. 什么儿童需要指导？和怎样指导？　教师在儿童开始看书之前，先把各类书籍放置的地方、深浅和宜于看那一阶段的书（图书阶段分法，详见《小学十年努力记》，兹不赘），详为说明，使儿童得到一个概念，以为准备，免致茫无头绪选择书籍时，也不致多费时间。讲过之后，学生就可以去拿书，教师对疑惑的和胆怯的，无形中加以指导。教师最初要细细观察儿童，视其兴趣如何，作指导选择书籍的准备。已经找到适当书籍的学生，可以听他去看，等他读完后，需要别种书籍时，再行指导。他也许要教师把内容比较深奥的书指示给他，教师当视其程度，知道他是否了解，暂时考查的方法，是随时发出几个问题，他能答出，就可以允许他看深一些的书。因此，教师不仅要了解学生，同时还要了解书籍的内容。后者毋庸多说，前者有时可以从标准读法测验的结果，察出学生读书能力。但只是一种提示，而非绝对可靠的，所以不能做指导的根据。指导的方法，应视各个儿童而异。在指导之前，必先发现哪一种儿童是需要指导的；据我个人的经验，需要指导的学生是：

（1）读书迟钝的学生。他们喜读艰难的材料，以致看书能力和速率都不能发展。

（2）兴趣单薄，而因之阻滞其读书的进步之儿童。

（3）专读小说而不喜读其他书籍的儿童。

（4）仅看讲女孩子故事的女学生。

（5）选择图书时，受年龄较长的儿童或成人影响的学生。

需要指导的儿童已如上述，第二步就应该就各人的缺点，加以指导。现在依次分说于下：

（1）读书迟钝而喜看高深材料的儿童，为数甚少。这种儿童具有特殊兴趣，他喜探讨书中的思想，不愿迅速看去，而获得大意；因此他所看的书很少。教师应常常把比较浅易而内容和他原来所读材料类似的书提示给他，同时表示和他同样爱好并欣赏那种材料，以增加他的兴趣；这样可以矫正他固有的弊病。不过我们要注意的，就是提示的另一材料时，要和原来的材料有关系；否则足以减杀他的兴趣，匪特无效，而且得不良的结果。

（2）兴趣单纯的儿童，也仅占少数。这种儿童的读书能力，也许很高；但其惟一的缺点，在认定看某一本书，正像儿童专吃某一种食品一样。他对于某一种故事发生了兴趣，就不再寻找其他新颖而类似的故事，也不重读原来的故事；因此，许多宝贵而值得看的书，他都未曾涉猎，而读书的实惠，也不能多多享受。教师的责任，是要和他讲许多有趣的书，指示几本，并鼓励他去浏览和他所深感兴趣的故事和相仿佛的书。这样，他就不致囿于一隅了。

（3）专读小说是普通的现象。许多儿童在自由阅读时，总是看小说，对于诗歌和其他作品，绝不涉猎。这好像儿童仅吃一种食品，不得正当的营养而窒碍发育一样。教师应该提示非小说的书籍，并时时告诉他们。当专读小说的儿童要求指导选择书籍的时候，指导员就可以领他到放置别类书本的书架那边，把饶有兴趣而他从前没有注意的书给他看。假如是韵文，随即读几首给他听，他听了自然会羡慕；如系传记，可以把那个英雄或名人的事迹，极简单的讲一下，引起他的求知心。况且高年级儿童，本来有崇拜英雄的心理，他一定自愿去看的。这样，使儿童除小说以外，得欣赏别种作品了。

（4）（5）要矫正仅看关于女孩子故事的女学生和选择图书时受别人暗示的儿童，应注意书架的布置。每一书架上要放一块揭示板，上面写着书名，著作人姓名，并且把书中最有趣的地方，用图画表示出来，儿童见了，大为诱动。书籍是常常更换的，所以揭示板上的字与画，也常常更换。这种方法使儿童专看任何一类的书，不受别人的暗示，而直接为书本内容所吸引。揭示板上还可以写："这里是女孩子的好书"，"你知道某某故事么？如果不知道，请快到这里来看罢"。这一类句子，是正常的暗示，同时可以鼓励她。

综上所言，指导阅读的方法是：（1）揭示板；（a）贴示书名；（b）用图画表示内容；（c）人物或某地方的图；（2）和需要增进读书能力的学生作个别谈话。（3）和全班学生讲"调济看书"的重要。（4）叫学生记录大意。（5）使学生注意书中某某几部分。（6）提示最优良的书。（7）对全体和个人多多给予暗示。（8）让儿童自己的兴趣做选择书本的根据。这样教师必须了解儿童和儿童手里所握的书。

4. 儿童自由阅读的情形　指导方法，前面已经说过。现在所要研究的是儿童图书馆应该置备什么书，才可以适应他们的需要和兴趣。要解决设置书本问题，当然先要明了儿童阅读情形。从前成人自以为知道儿童要读什么书的，因此著者喜做悲哀和寓有训诲意义的小说，叫儿童看了，可以和成人得同样的影响。这种观念，完全错误的。**我们必需决定儿童读些什么书，他们对于所读书籍的意见怎样，他们在什么地方得到书籍的；换言之，就是要调查儿童看书的兴趣、难易、意见，以及书籍的来源。儿童的答语是解决阅读问题的关键。**美国测验专家推孟（Terman）和里麻（Lima）说："儿童文学，还在试验时期；儿童是书籍的最后评判人。”这话很有意义。我曾经调查我那一级四十六个学生所看的书，格式如下：

书名　著者　出版者

读者姓名　年龄　岁　男或女

Ⅰ. 来源：（1）自己买的□（2）向别人借来的□（3）家里本来有的□（4）别人送给我的□（5）属于学校图书馆的□

Ⅱ. 难易：（1）太容易读□（2）不太难也不太容易□（3）稍有困难□（4）太难了，看不懂□

Ⅲ. 兴趣：（1）是我所读过的书中最好的一本□（2）一本好书，我喜欢读□（3）不大有趣□（4）我不喜欢读□

Ⅳ. 读：（1）一遍□（2）二遍□（3）三遍□（4）四遍□（5）五遍□

上列各项中，儿童假如适合的，就在□中做一个“＋”符号。结果四十六个学生共看四百多本书；他们所看的书，大概是叙述英雄侠客的事迹，而且都是长篇巨制。假如他们不感兴趣，决不会看下去的。一班学生的调查固不可靠，但也可以看出儿童喜欢哪一种故事。图书馆里关于该种书籍，要特别多备，以适应需要，使儿童在读书中求得真正乐趣。现在把上列二十三种书籍调查的详情列后：

来源：（1）自己买的——三十二人。（2）向别人借的——二十四人。（3）家里本来有的——十九人。（4）别人送给我的——五人。（5）属于学校图书馆的——三十三人。

这样看来，儿童在图书馆里取阅的，少于其他来源；前者占八十人，后者仅三十三人；足见图书馆里关于这类书籍缺少，而儿童的需要却很大，以后应当添买，否则无以满足他们的欲望。**书籍来源是教师所要明了的。**

难易：（1）太容易读——十人。（2）不太难也不太容易——八十九人。（3）稍有困难——二十人。（4）太难了——二人。

兴趣：（1）是我所读过的书中最好的一本——廿一人。（2）是一本好书，我喜欢读——七十五人。（3）不大有趣——六人。（4）我不喜欢读——〇人。

读几遍：（1）一遍——七十二人。（2）二遍——三十二人。（3）三遍——八人。（4）四遍——二人。（5）五遍——〇人。

从难易一项，我们知道认为艰深难读的仅二人；太容易读和稍有困难的，也占少数；不太难也不太容易的人最多。这就是表示此类书籍，大多数高年级儿童都能够了解的。讲到兴趣，一看就知道是浓郁的，不喜欢读的人一个都没有，而认为是所读过的书籍中最好的一本者二十一人，不可谓少。他们既感兴趣，所以读了再读，甚至有读三四遍的人。从这几方面的事实综合起来，我们可以说高年级儿童是需要这种书籍的。我们要知道学生需要何种书籍，不妨用这些问题叫他回答，使我们有个根据。最后还希望各校都做这种试验，共同求得更准确的结果。以后关于三四年级学生需要的书籍，也要加以研究，使欲购置儿童读物，和对于阅读问题正待解决的学校——尤其是乡村小学——可以参考。

二　怎样使学生不写错字

小学生写错字，是普通现象，也是一个大毛病；因为学生作文，在发表他们的思想和情感，假如常写错字，就不能正确地传达出来，我们应该设法铲除这个弊端，务使学生能自由操纵发表工具——文字；这不独于他目前有益，就是对于他将来就职时也有帮助。因此，“怎样使学生不写错字”，是值得教师研究的。兹将个人平时试行的方法，写在下面，以资讨论。

（1）诊断　儿童写错字，不是无故的，要探求校正方法，必先寻出原因之所在，否则无从着手。譬如医家替病人处方，必须论断；教师为学生指导，也要先行诊断。诊断二字的意义是说：要帮助学生学习，当先通晓他种种情形。学生写错字的原因，总说一句，是对于字体的观念不准确，析言之有以下几种：

（a）因同音而错误的　许多儿童，因为他所认识的字不够用，逼不得已把一个字用在不适当的地方，拿它来代表某种非它所能代表的意义，结果，闹出许多笑话，这就是因同音而错误的缘由。譬如一个学生把“版”字写作“板”字，他说：“……因为书没有出板。”就是一个实例。他拿“板”字替代“版”字是错误的，但“板”“版”字音却完全相同。余例很多，不再列举。

（b）因形体相似而错误的　因字形类似而写错的，不在少数。这是因为认识不准确的缘故。例如把“欢”字写作“观”字；结果“欢欢喜喜”变成“观观喜喜”；二句的意思，大相迳庭。因形体类似而发生错误的学生，大概平时上课，不十分注意悉心静听；自己看书的时候，又太忽略；所以应用起来，就不正确了。

（c）因不明了意义而错误的　因不明了意义而写错字的学生，其程度必低；自己读时，不求甚解，只求迅速。关于这一类的错字，像把“糟蹋”写作“糟踏”，这因为他不懂踏字的意义，所以写错。

（d）因缺少练习而错误的　练习可以加深印象，写正确字是一种习惯；按习惯养成的原则要：（1）反复，使感应结强固；（2）练习支配得当；（3）做成正确的感应结。（a）（b）（c）三种原因，在感应结的不正确；而第四个原因，在缺少练习机会。练习可以使印象深刻也就是使感应结加强，所以缺少练习，是写错字最大的原因。我们所谓练习，当然是正确的练习。

（e）因粗心而错误的　除以上各种原因以外，学生写错字，是在不用心。他信笔写来，不问对不对，但求早些做完；也许他因为作文时，身体上或心理上不舒服，就敷衍了事，这种情形是常有的。

（2）校正　前面说了许多写错字的原因，（e）项容易避免，余者都宜研求校正方法。俞子夷先生所著《一个乡村小学教员的日记》中，对于学生写错的字是用设计的练习法的。第一步，报告学生写错的字，使他们自己觉得需要练习。第二步，共同讨论练习的时间，大约每天一次，不过十分钟光景。练习是个别的，教师把各人所写错字拣出来写成一表，表上只写正字，练习时发给学生。所用方法不外抄写、默写，或者看了字，闭着眼在桌子上用手指头空写。如果练习不著宏效，可以用帮助联想方法。俞先生所说的方法，很可以供我们参考。我个人所用方法，是重在由读法、书法作业和测验，加以校正，使学生获得更多的练习机会，提高他们的兴趣，而免去呆板乏味的弊端。现在分述如后：

（1）防患未然的方法　所谓防患未然的方法，就是教师平时上读法课，讲解新材料的时候，要特别注重生字。生字先由学生提出，教师写在黑板上，但不随即解释，却是要叫他们查字典，使他们先有一个印象，留心字体结构。学生查出后，如仍旧不懂，教师加以说明。讲解时务必把生字的意义充分表示出来。要充分表达，最好不单讲那个生字，而是要把其他的字凑上去，使生字意义格外显著。譬如讲“厌”字，可以说“讨厌”“厌恶”“读书读厌了”，同时还要把“厌”和“压”二字不同的地方讲出来，叫他不要和压字混淆。新教材教过之后，叫学生用生字做句子，做得愈多愈好，错的句子，教师要详细指出。儿童自由看书时也要养成不苟且的习惯，遇见生字，就要问教师。这样日积月累，儿童对于字的意义，不致含糊。意义弄清楚了，决不会因二字同音或同形而错误的；就是有；也属少数。

（2）改正错误　学生的错字，当然要叫他们改正，但不能专用呆板的方法，因为呆板方法不容易记牢而且干枯乏味。我所用的方法是用错字嵌在一段文章里叫儿童默读一遍，再行改正错字。各人写错的字不同，所以每段文章都殊异的；换言之，就是个别的。不过全体写错的字，也可以叫全体更改。举个实例如下：

“我最喜欢的故事，与**象**不同；别人**观**喜什么神鬼故事，侠义故事；我却喜看**真**探故事。我们都知道福尔摩斯是著**各**的**真**探大家，他的本灵非长之大，什么地方出了人命按，只要他去真察，就可以水落石出。”

这段文字里有许多错字，要学生细心辨别出来。一次改不正，第二次再改，直等完全改正为止；但材料要变换。假如把全班共同错误的字嵌在文章里叫他们改正，还可以用比赛方法鼓励他们。

（3）使学生感觉不愉快　学生作文本上，写了错字，要在上课时订正。教师宜用种种方法，使写错字者感觉不愉快，而知道写正字的重要。教师要叫儿童明了写错字不能传达思想，并且引起别人的误会。举个例来讲：有一次一个学生的作文里有：“别人换他的母亲，把我惊醒”一句。换字显系“唤”字之误，我就把原句写在黑板上；我还没有讲解，学生们已笑个不住；他当时很难为情，顿时领悟写正字的重要。我随即把“换”“唤”二字的意义与用法对他说明，以后他竟不会弄错了。

（4）把正的字做成字范，在上书法课时练习　这种方法，很容易办到。教师先把各人所写的错字记下之后，以正确字写在纸条上，叫他们练习。

（5）学生作文时十分留心　学生作文的时候，假如有不会写的字或不能自信的字，应该细审一下，或翻查字典，或问教师。最好是把疑难的字先空在那里，等作成后再设法填进去，以免打断思路。做好之后，教师要叫他们复看一遍，再行交卷，这样可以免去许多错字。

（6）用默字测验　默字测验的方法，可用以改正错字。教师叫学生把正确的字默出。这种方法，要常常利用，效果很大的。

以上所述自由阅读和校正错字的方法，是根据我个人平时教学的经验，以后还要继续探讨；不当之处，还请小学教育界同志指正。

43 国文教师的责任

王森然（1895—1984），著名教育家、革命思想家、社会活动家、史学家、美术家。原名王樾，字森然，号杏岩。河北定县人。曾任陕西榆林中学等多所中等学校国文教师，又先后任河北大学、北京师大、华北大学、中央美术学院等20多所高校教授。执教70年。为中华民族培养了诸如刘志丹、谢子长、安娥、李广田、张启仁等多方面的优秀人才。著有《文学新论》《近代二十家评传》《近代百家评传》《中国古代剧目》等。

早在1927年，王氏在多年教学改革实践的基础上，写成《中学国文教学概要》，评述了蔡元培、鲁迅、李大钊的教育言论，提出了一套完整的教育改革思想。他提倡教育为进步事业服务，为祖国、为民族服务；提倡教育与人民大众结合，为人民大众服务；提倡教育变革；强调教育不能脱离时代；强调教师要有正直的人格和渊博的学识。这是中国现代教育史上早期的一部有重要价值的教学法论著，曾产生了很大的影响。梁启超为之作序，“嘉其用意之善，有力之劭”。先生上世纪20年代任中学国文教员期间，生活艰苦，课务繁忙，仍认真开展教学研究，积极参加进步的民主运动，并在众多领域取得丰硕成果。他的国画作品获得意大利总统奖。一度主政大西北的习仲勋先生是“王森然研究会”的会长。本文原为《中国国文教学概要》绪论之第二章（1929）。

43　国文教师的责任

我读了《南洋大学学生生活》上一篇《国文堂上的写真》，和后面附有挽天君一段在天津高工、唐山大学读书时，国文讲堂上的情形，《清华生活号》内《课室生活里的国文课》诸文之后，引起我许多感触。我想南洋大学、唐山大学、清华学校，都算是我国有名的几个大学，凡国中的老师宿儒，都有力量有方法，可以罗致得来，为什么国文一科，还会闹出这个不成话的样子来？

无论教学哪一种科目，固然要有良好的教学法，也要有相当的真实责任心。这种责任心，只有自己才真实晓得。我担任这一科，我就能按照时间上课，也能应付学生，使他在课堂课外，都觉着无话可说，就表面上看，很像已尽了责任。但是学生是否能得实益，还是个问题。所以真实的责任，还在自己，他人是管不到的。**我以为真正的责任，是要对学生负责，不是对学校负责**。我既担任这科，我就该发誓在相当期内必使学生对于这科得到相当的益处。假使在相当期内，学生得不到相当的好处，就算自己没有尽责任。凡是学校教员，都能把这种责任，负在身上，那就不论他用什么教学方法，总比饰人耳目，不对学生负责的，更好一些，而且这种对学生负责的人，我敢相信他必定虚衷乐善，周咨博访，对于良好的教材和教学方法，能尽量采用；我更敢说绝不致发生以上各学校国文课内所有的现象。可是所谓负责，必须注意下列四条：

一

教师与学识——这项可分两层：一属于本科的学识，一属于本科以外的学识。**担任国文的人，对于国文范围以内的学问，固然要充分的储备，就是对于国文范围以外的学问，也不能不多方涉猎**。因为现在中等学校国文教学范围，还没有确切的规定，有时势不能不旁及他科，旁及他科，一有失检，或违反现在科学知识的地方；学生方面，就无形失去几分信仰。**我以为在中等学校担任国文的人，他的学识，若不与时俱**

进，非但对于学生本科以外的知识，无从指导；就是对于学生本科以内的知识，也不免辜负。因为学生程度一年高一年，为学的方法也许一年进一年。国文是包括外形与内容两方面的，假使无相当的学识，试问能不能尽指导的责任？所以，**为尽指导的责任，扩大学生的学习范围及连贯起见，对于本科或本科以外一切常识学科，都应该刻刻求进。**

二

教师与人格——我总觉得教育界生活的人，比其他各界总要有点分别。无论教那一科的人，对于这人格两字，都得要留意。尤其教国文的人，对于这两个字格外要注意。因为国文一科，除了文字外形方面以外，总免不了讲到文字内容方面。自古至今的好文章，多属于秉性过人的贤哲所做的。文章里面所包含的思想情感自不能不替学生剖析。但是教的人如果没有相当的修养，恐怕自己也不能完全领略文章的内容。就是能领略，而自己操行不轨，专犯忌讳，对学生讲时，怎能引起注意？譬如狂嫖大赌的人，来替学生训“明德新民止于至善”，或是弯腰驼背规行矩步旧礼教脚下踏着的老先生来替学生讲新文化运动，怎么能叫学生信仰？**我以为作国文教师，不但是局部的国文学识，能作青年的向导；还要有人生哲学的研究，社会改革的经验，藉以指正青年的错误。**有时师生当合作的时候，就一同合作；当快乐的时候，就一同快乐；学校行政一样可以参与；社会活动一样可以加入；能就学生之一言一动，是非醇疵，都加以纠正。我一想到此，就慄慄危惧，恐稍微指导不得其道，就影响其一生。国文教师既负了这无形的重大责任，应该如何郑重？

三

教师与教材——

国文一科在五四运动以前，自初小以至大学，都是用文言教材，单就中等学校国文教材论，不外《古文辞类纂》，《昭明文选》，《经史百家杂钞》，《唐宋各名家诗》，这些词章，训诂声调之文，词人才子，飞文染翰之句，他底价值究竟在哪里？而中等学校竟视为载道之具。没有旁的贡献，只多造了些桐城谬种，选学妖孽。五四运动以后，白话文运动也跟着新思潮发展长进，有好多中等学校，已经采用了白话文作为教材，一班浅见者流，以为从此文艺有了再生的生命，其实一班实行做白话文的和教白话文的，有许多不是因为在文艺上有价值才实行去做，决然去教，还免不掉如书贾一样的见识，因为时髦才去做，因为时髦才去教，所以中等学校的国文教学，真是五光十色，莫衷一是了。实行纯粹教白话文的也有，实行纯粹教古文的也有，白话文古文都有的也有，在那里观望徘徊的也有，已经实行教白话文的人，在那里不胜眷恋骸骨，颓然思返的也有，弄得一班青年学者，对于文艺的观念，成了瓮中听琴瞽者论目了，这种危险，如不赶紧救济，甚于“盲人骑瞎马，夜半临深池”，不得不深加注意。

以前的教育，对于教法，主张注入的，对于训练，主张拘束的，对于管理，主张严格干涉的，理想学生的人格，不过是朴实耐劳；未来的目标，亦不过升官发财，教育制度的根本精神即是整齐划一。所以国文一科，崇经尚古，不遗余力。**现在教育革新，对于教法，主张自动的，对于训练，主张解放的，对于管理，主张辅导自治的。理想学生的人格，是活泼有为，未来的目标，是接近社会，为改造社会的基础，教育根本的精神，全在自由发展，尊重个性，所以把学生自治看作很重要的事项，极力发张德谟克拉西的精神，所以国文教材亦跟着适应社会进化**

的需要，发挥平民教育的精神，谋学生个性的发展，注意生活的问题……但是请看现在做国文教师的，他底脑袋，被旧思想旧礼教，腌得腐烂不堪，简直不知道教育是怎么一回事！拿着些竹头木屑，牛溲马勃，作他最神秘不过的好教材，简直不是肉食类动物所吃的东西，他硬逼着一群胃弱的学生去吃，这是何等痛心的事？尤其可恨的，将一群活泼泼的无罪的学生，按时的打入囚牢受罪的教室里去，将忠孝节烈的案件披开，启庭审判，拷问口供，试问这些办法与人生有什么关系，连他自己也莫名其妙！这样生活即生活，学科自学科，学科与社会实际生活顶少离开十万八千里。作文都是纸上空谈，实际上谁能应用。无怪学生一见畏怯，虽然照例上课，勉强去学，亦不过是敷衍了事，各自骗骗罢了。因为学生没有丝毫的兴趣，自然就不乐意研究。自欺欺人的教师！

四

教师与方法——桑戴克说："现在的教育是野蛮的，是呆滞的，对于未来的新时代的精神，不但不能迎合，并且要加以防止，所以现在急需一种良好的教育，将这些谬误困难除去！"这是何等迫切的话。蒋梦麟先生说过："一个小孩子，本来是活泼泼地，他会笑，会跳，会玩耍，近山就会上山去采花捕蝶；近水就会去捞水草，拾蚌壳，捕小鱼；近田就会去捕蝗虫青蛙；他对于环境有很多的兴会。他的手耐不住要扑这个，玩那个；脚耐不住的要跑到这里，奔到那里；眼耐不住的瞧这个，那个；口关不住的要说这个，那个；你看如何活泼？我们办学校的，偏要把他关在无山无水，无虫无花，无鸟的学校里，把他的手脚绑起来，使他坐在椅子上不能动；把他的眼遮起来，使他看不着四面关住的一个课堂以外；要他的口来念：'天地玄黄，宇宙洪荒'。'人之初，性本善'，'赵钱孙李，周吴郑王'，种种没有意思的句子，现在改了'一支猪'，'一支猫'，'哥哥读书，妹妹写字'这些话，就算是教科书了……”中等学校里，何尝不是这样？不管学生的本能如何，经济如何，社会的需要如何，硬拿一些死文字，装入学生的脑子里；而且只以教师为本位，把自己所知道的尽量输入，不知体会学生能不能领略？**这种教法，真是误人不浅。我们要打算改革教育，第一要在教学方法上着手，一方面要在实际上求适应，打倒以前空气的论调；一方面要在历程中，求进步，推翻以前死板的方法。选教材的时候，一方须满足学生现在的需要；一方又得改变将来的需要。教法，仅可帮助学生满足需要，用不着耍神圣的师尊，摆老夫子的臭架子。**知识方面，应当抛弃腐朽的古渣，投向事实的海中求珠宝。文艺方面，应当抛去一切自己加在自己身上的桎梏，而去忠诚的描写自己对于生活的感触。处处要存着一个从已经死去了的教育当中，苏醒过来，培养灌溉，使他再生的生命发展到人们的生命中间去。这就是教师唯一的责任。

GUOWEN GUOYU JIAOYU LUNDIAN

国文国语教育论典

下

顾　问　陶本一

主　编　李杏保
方有林
徐林祥

语文出版社

· 北京 ·

44　小学国语科教学的三种新趋势

赵欲仁（1895—1965），小学语文教材教法早期的研究工作者。江苏苏州人。从贫家子弟逐步成长为教师、校长、民国政府教育官员、省督学。曾积极参加黄炎培所创立的中华职教社。著有《小学国语科教学法》《小学默读教学法》《小学生作文题目之分析的研究》《国语科教学的几个实际问题》等。其中，《小学国语科教学法》曾再版六十余次。教育家俞子夷作序说："赵君这书，又进了一步。中国用科学的方法研究国语教学，还不过几年的事，这书里已经一一介绍。这是一个特色。"赵氏主编的两套国语教科书，从1933—1942年为民国教育部核定教材，是20世纪三四十年代使用人数最多的国语教材。

本文原载《中华教育界》第18卷第12期（1930），选入本《论典》时略有删节。文章比较全面地分析了20世纪20年代初我国小学国语科教学发展的趋势。所谓"艺术化趋势"，源于儿童兴趣中心主义，"科学化趋势"，源于教育实验的科学化要求。作为小学国语科教学的历史发展记录，这仍是一篇重要史料。

我们在没有讨论小学国语科教学新趋势以前，先要研究一研究国语科在小学校里为什么占着十分重要的地位。简单说来，由于：

1. 中国文字难于学习。譬如英国文字，仅二十六个字母，日本文字，仅五十个字母，字母认识以后，拼缀方法一明白，学习便非常便利了。中国文字，为数既多，而且一字有一字的解释，一处有一处的意义，无论阅读，无论发表，无论书写，比任何国家的文字为难。

2. 国语科是其他各科的基本。譬如学习算术，假使国语的程度浅陋，解题能力不够，就不容易进步。其他常识、音乐、体育等等科目，凡材料的参考，词句的欣赏，大都与国语科有关。所以国语科之在小学校里，可说是各科的基本。地位如此重要，似有特别提出讨论的必要。

*　　*　　*　　*

小学国语教学，最近有三个新的趋势，现在简单地说明于下：

一　艺术化的趋势

从前的国语教学，教师是主动的，学生是被动的，教师先讲，学生后讲，教师先读，学生后读，教师怎样，学生怎样，结果，学生干燥乏味，教师也兴趣索然。现在国语科教学，则有趋于艺术化倾向；即以艺术的材料，艺术的方法，教学儿童，使儿童在活泼自然的情景里，把国语科的能力，一天一天发展开来。

a. 写字的艺术化

写字教学要注意的，不外用笔缀字和运用筋肉的三项。乡下人手拿数十斤重的东西，一些也不觉得吃力；但一执了笔，手就颤抖起来；这是不惯于用笔的表示。可见儿童用笔，也一定比较书写自如的成人为难。成人对于字的组织，字的拼缀，是很清楚的；可以摇笔即来，提笔即挥，随心所欲，没甚困难发生。但在儿童，则这字有几笔，那字怎样写，在下笔之先，不得不有一番仔细的推敲。儿童初学写字，不知道究竟运用哪部的筋肉，往往有“耸肩”、“霎眼”等怪现象发生。假使不明所以，无理责罚，或不加指道，听其自然，那么，恶习惯一经养成，往后便难于矫正了。上面的种种弊病，可用下列各法，使儿童减少学习上许多困难。

关于用笔方面，最好使儿童执了笔，先做“跳过蜡烛台”等游戏使于不知不觉中，获得自由用笔的经验。

跳过蜡烛台——横直的练习。

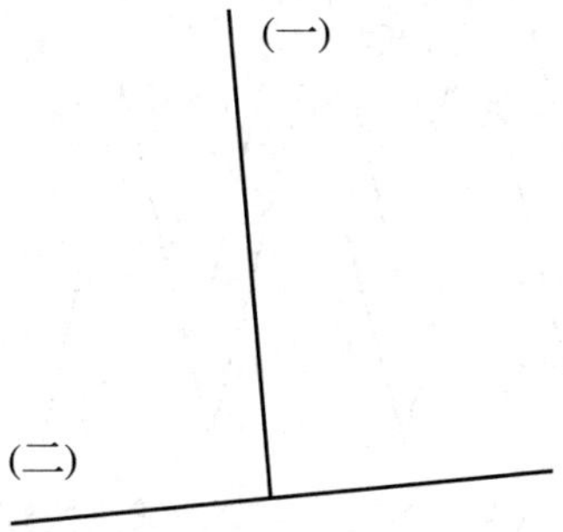

(一)这是蜡烛台，(二)大家来！

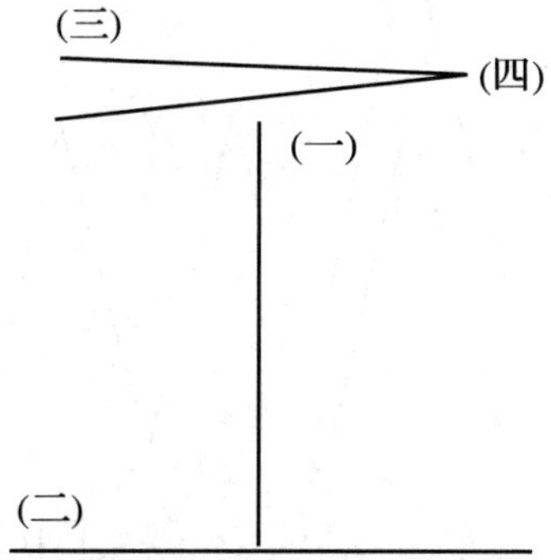

(一)这是蜡烛台，(二)大家来！
(三)跳过去，(四)我跳过来！

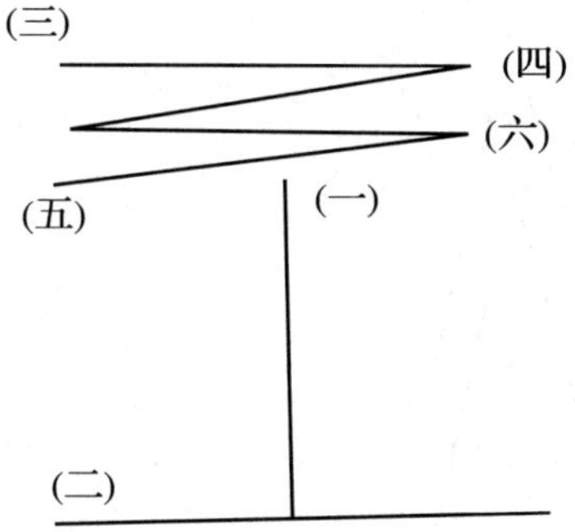

(一)这是蜡烛台，(二)大家来！
(三)你跳过去，(四)我跳过来！
(五)你跳过去，(六)我跳过来！

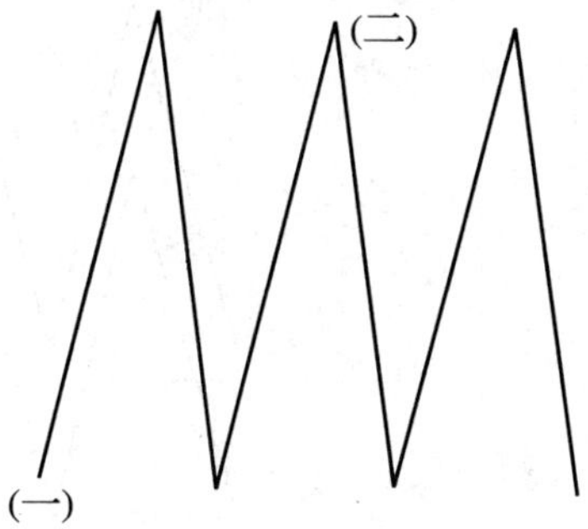

(一)这是一座山。
(二)大家快快爬！

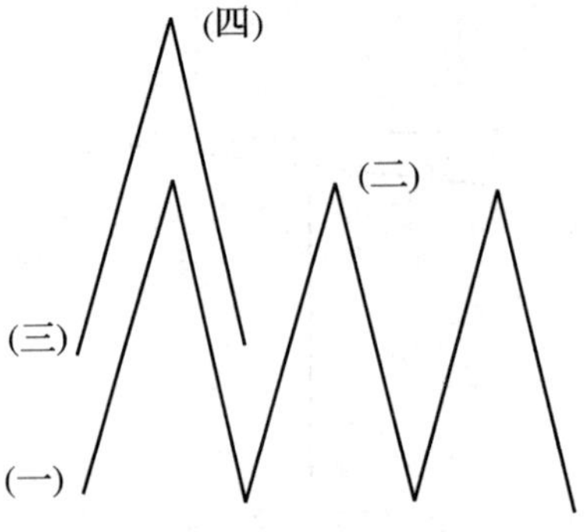

(一)这是一座山，(二)大家快快爬！
(三)爬上去了，(四)爬下来了！

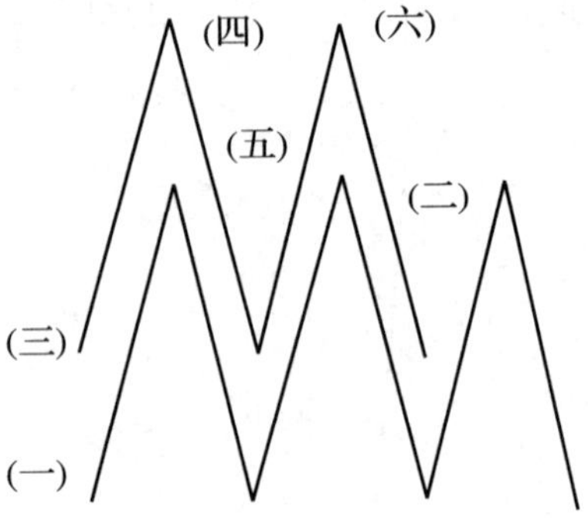

(一)这是一座山，(二)大家快快爬！
(三)爬上去了，(四)爬下来了！
(五)爬上去了，(六)爬下来了！

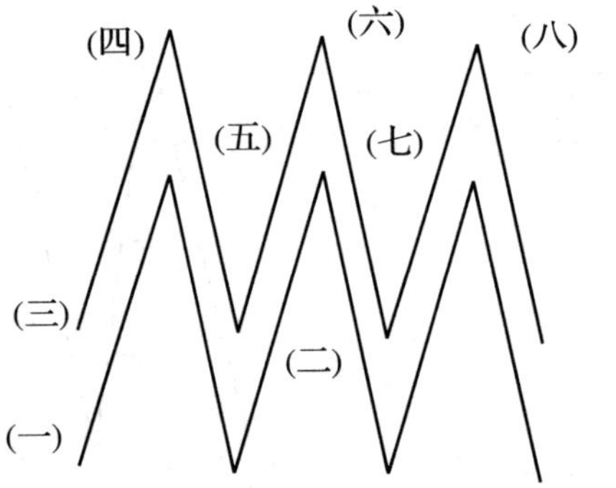

(一)这是一座山，(二)大家快快爬！(三)爬上去了，(四)爬下来了！
(五)爬上去了，(六)爬下来了！(七)爬，爬，爬(八)爬，爬，爬！

其次，开始学习用笔时，可用硬笔在沙盘上写，后用蜡笔在硬纸上写，最后可用毛笔在白纸上写；这样，用笔困难，可以解除了。

关于缀字方面，指导的方式，旧时是用书空法的，例如口唱“画、画、撇、捺”，成一“天”字；或用数目字注笔画。大概中国字的笔顺，都是以上而下，从左而右，从外而内的。等到他们知道这种“运笔法则”以后，书空等方法，便可停止练习。但遇有特别写法的，也应提出讨论一下。

关于运用筋肉方面，从前私塾里的教师，于学生写字时，用自己的手放在他们的手上；这样的把笔，方法极好。因为写字笔画的轻重顿挫，用直接指示法，可使儿童格外明了。现在教师所用的空口指导方法，实在不能收效的。

b. 读书的艺术化

从前儿童开始阅读的书，可以用“一千三百四十五”的一个数目字来表明：“一”就是块头字，“千”就是《千字文》“三”就是《三字经》，“百”就是《百家姓》，“四”就是四书，“十”就是《日用杂字》，“五”就是五经。这种种教材，不是儿童所需要，所以读的时候，枯燥乏味，昏昏欲睡。后来学校成立，改用“天地日月”的教科书了；再后来改用“人手刀尺”的教科书了。这就表面看来，似乎进步得多；但终非儿童所愿学。因为从海阔天空的自然界，进而教以日常接触的人事界，大多出于儿童经验所有想象所及以外，丝毫没有什么艺术意味的。再进一步，改用“狗，大狗，小狗；大狗叫，小狗跳”的教科书了。这可说进步的改革了。但材料变化不多，儿童几经练习，也感不到深切的趣味！所以现在主张采用含有艺术意味的“故事教材”了，举例如下：

三只熊

1. 从前在树林里有三只熊：一只大熊，一只中熊，一只小熊。他们一同住在一个小小的房子里。

2. 房子里面有一张桌子，桌子上面有三只碗：一只大碗，一只中碗，一只小碗。大碗是大熊吃饭用的，中碗是中熊吃饭用的，小碗是小熊吃饭用的。

3. 还有三张椅子：一张大椅子，一张中椅子，一张小椅子。大椅子是大熊坐的，中椅子是中熊坐的，小椅子是小熊坐的。

4. 另外在后面房间里，还有三张床：一张大床，一张中床，一张小床，大床是大熊睡的，中床是中熊睡的，小床是小熊睡的。

5. 有一天，大熊、中熊、小熊在家里烧粥吃。粥烧好了，大熊拿他的大碗盛了一碗，中熊拿他的中碗盛了一碗，又给小熊盛了一小碗。

6. 大熊去尝尝他的粥，大声喊道：“太烫！太烫！”中熊也去尝尝他的粥，高声喊道：“真烫！真烫！”小熊说道：“那么我们出去玩一玩再来吃罢！”

7. 树林旁边有一家人家，家里有一个很美丽的姑娘，名字叫做珍儿。她对她的母亲说道：“今天天气很好，我要出去玩玩。”母亲说：“好的！你出去玩玩罢。”

8. 珍儿走进树林，远远地看见一所小房子。跑到门口，在门缝里一看，看见里面桌上有三碗粥。

9. 珍儿就轻轻地走进去，尝尝大碗里的粥，觉得很烫；尝尝中碗里的粥，还是很烫；尝尝小碗里的粥，觉得正好。她就一口气把他吃个精光。

10. 珍儿又看见三张椅子，一张大的，一张中的，一张小的。她就爬到大椅子上面去坐坐，觉得太高太硬；爬到中椅子上面去坐坐，还是太高太硬。

11. 后来珍儿爬到小椅子上面去坐坐，觉得不高不硬，恰巧正好。但是坐得太重，把它坐破了。

12. 珍儿走到后面，又看见一张大床，一张中床，一张小床。她就爬到大床上面去睡睡，觉得太高太大；爬到中床上面去睡睡，还是太高太大。爬到小床上面去睡睡，觉得不高不大，就呼呼地睡熟了。

13. 大熊、中熊、小熊玩了一会，回到家里，大熊看看他的粥，大声说道：“我的粥有人吃过了！”中熊看看他的粥，高声说道：“我的粥也有人吃过了！”小熊一看他的碗空了，就尖声哭道：“我的粥给人家吃掉了！”

14. 大熊、中熊、小熊又去看看他们的三张椅子。大熊说道：“我的椅子有人坐过了！”中熊说道：“我的椅子也有人坐过了！”小熊一看他的椅子破了，就尖声哭道：“我的椅子给人家坐破了！”

15. 大熊、中熊、小熊急急地跑到后面去看看三张床。大熊喊道：

“我的床有人睡过了！”中熊说道：“我的床也有人睡过了！”小熊一看珍儿睡在他的床上，就尖声喊道：“一个小姑娘！一个小姑娘！”

16. 大熊、中熊，三脚两跳，跳到小熊的床边。珍儿张眼一看，看见三只熊；吓得连忙爬起，跳出窗门，头也不回，一直跑到家里。

从上面的例子看来，情节是有变化的，字句是多反复的；儿童读了一段还要一段，读了一课还要一课，是很感兴味的。有人说：“儿童脑筋简单，几个生字，还弄不清，读不熟；怎能阅读这种长篇故事呢！”不知这种材料，篇幅虽长，生字不多；而且富有艺术意味，很合于学习心理的。不过关于“故事”的材料，有赞成用神话的，有反对用神话的。我们觉得绝对的神话，当然是不可用；最好根据：

1. 组织的成分是儿童脑筋里所有的。

2. 配合的情形，是儿童经验里所没有的。

3. 有变化而且多反复的。

三个原则，组成富有艺术意味的故事如《蠢孩子》等（见拙著《小学国语科教学法》七十八页），那么，儿童阅读，趣味横生，理解记忆，都感便利了。总之：现在小学里的读书教材，受了艺术化的影响，已从“单字”进到“句子”，更从“句子”进到“故事”了；这是一件十分显明的事实。

c. 作文的艺术化

现在可先把误字的矫正来说一说：以前教师，为矫正儿童误字起见，往往制成一张误字表，挂在教室里；以为这可使时常观摩，易于改正。其实这是不很好的办法。譬如我们今天看见了面貌相像的甲乙两人，明天见了甲以为是乙，后天见了乙以为是甲，一定弄到模糊影响，无从辨认。如果于平生发现错误的时光，再来设法矫正，收效一定较大。譬如学生多数错写了一个“看”字，教师然后提出“看”字是从手从目的；多数错写了一个“旦”字，教师然后提出“旦”字是从日从一的；一即是地平线，日刚刚升在地平线上，不是旦的意思吗？这样矫正，儿童容易明白，容易记忆，比预先调制悬挂误字表要好得多哩。

又如人们说话，往往犯着重复的毛病；有的“这个、这个”不绝口，有的“那么，那么”不绝口，旁人听去，怪好笑的。一旦发生了学生犯这个毛病，并且议定设法矫正；那么，可在教室中，挂起如下一张表，把学生每次容易犯的“口头禅”，分别记载起来。最好，教师也加入他们团体中活动。这样，大家说话的时光，对于重复毛病的革除，个个留心；不久，所有缺陷，可在十分自然的情境里一一弥补起来。

现在再可以举一个实在的例子：有一次，美国某处地方的教育会，请某校轮值举行成绩展览会。学生们得到了消息，都兴高采烈地写信去邀请来宾。后来开过了会，许多来宾，大多写信来致谢，当时学生把来信讨论研究后，又决定各人写一封复信。学生两次写信，十分郑重，十分努力。这样练习，非常有意义，关于书信的格式，在不知不觉中学习应用，没有勉强的痕迹。如果特定时间，研究练习这种机械式的书信格式，不但学习时索然无味，而且时过境迁，实际需用时，反而完全忘却了。

语病矫正表

姓名	甲学生	乙学生	丙学生	……	……	……						某先生
犯的语病	这个、那个…	那么、那么…	然而、然而…									为什么呢……
犯的次数	? ?	? ? ? ?	? ? ? ? ? ? ? ? ?									? ?
矫正的时期	4月28日	6月12日										3月8日

以上三个例子，都表明作文教学艺术化了所收的成效是非常伟大的。现在我们听到的“语法文法在需要时教”，“题目出在儿童经验上”。“低年级作文要先口述而后笔述”等呼声，不容说是艺术化趋势发生后的几个倾向了。

二　科学化的趋势

小学国语科教学第二个新趋势，是科学化。以前国语科教材的革新，教法的改进，往往由几个先知先觉者，发表了一种直觉上的主张，于是小学界里的国语教师们，依样画葫芦地跟了向前走，究竟为甚要这样革新？这样改进？革新的根据是什么？改进的步骤怎么样？大家往往是混混沌沌莫名其妙。等到有人发现了直觉的主张的错误，于是又骤然的改变过来。我们就把学习注音字母时期的一个问题来推究一下，便可见非科学研究的不可靠了。有人会主张学生注音字母应从初级一年级起，于是初级一年级儿童，便ㄅㄆㄇㄈ起来；有人又主张注音字母应在三四年级检查字典时学习，于是注音字母的在低年级，便成了束之高阁的东西。这种骤雨狂风似的改变，不但旁观者莫测所以，便是身当其冲的，也有时弄得彷徨歧途，无所适从。好了！民十以后，国语科教学的研究，受了“教育科学化”的影响，一天一天走到科学的路上去；到了现在，这种趋势，愈加愈明起来。下面随便举几个例子作有力的证明：

a. 识字问题

在欧美各国，对于这个问题，已有相当的解决。如低年级应该识多少字？高年级应该识多少字？哪几字应该先识？哪几字应该后识？字应该怎样排列？字应该怎样印刷？都有各种科学研究的结果，供实际教学者的参证。但就十年前的中国情况说，似不足以语此。有人会把商务印书馆出第七册《国文教科书》里生冷字十个，去试验大学生，结果是：

	觎	阗	毹	迤	衺	逶	撷	橐	馔	○
认识者	19	12	2	15	17	17	15	17	18	14
常用者	12	3	0	11	9	6	9	9	15	2
不常用者	6	4	4	5	14	4	5	5	4	9
未用过者	1	13	15	1	2	7	4	4	1	8

以大学生的知识程度，对于这十字尚有未识未用的，反来教初级四年级的儿童，不是太滑稽了吗？近几年来，研究这个问题的，日渐增多。最著的，如陈鹤琴氏，用儿童用书、新闻报、杂志、小学生课外读物、古今小说、杂类等统计；结果得五十五万四千四百九十八个字。其中发现次数最多的，计四千二百六十一个单字，编了一部《语体字录》。但有人以为这种研究，偏于贵族生活所用的文字，对于平民，不能完全适合。张耀翔氏，曾把北平各著名商店招牌，统计一下；结果，知“恒、祥、丰、盛……”等二十个字，为普通商店招牌上所常用。由此，可解决小学识字问题的一部分。俞子夷氏，曾做过一番姓氏统计；把小学生、中学生、大学生和工人的姓名，统计一下，知有几多字是普通姓氏里常用到的；识字问题的解决，也不得不有赖于此。邱大年氏，把普通人民日常生活，分作四种活动：第一种卫生方面，如日常饮食起居；第二种经济方面，如农工商；第三种社会方面，如交际应酬；第四种文化方面；如婚礼丧仪。他主张派人与民众接触，把他们日常生活所必需用的语言统计起来，用做识字的根据。不过也有人主张中国字是单字，一个字与甲字连缀起来，成了贵族用的字，但与乙字连缀起来，却是平民日用所必需。总之，他们都想解决识字问题，根本上是没有多大冲突的。俞子夷氏，更以为小学生经验不足，教以生活不接触的文字，便属无用。譬如“糖”字，在一般书上是不常见的；然而“糖”字却容易使儿童了解，容易使儿童记忆，因为小学生是喜欢吃糖的。因此，他主张小学里要教学生识的字，是应该用小学生经验里已有的。但

也有人以为有许多字不在儿童经验界里也应该识的；如广东小学生终年不见雪，这“雪”字也不可不识。就以上各界研究看来，识字问题，现在用科学方法去解决的，着实不少；可是对于应该识多少，应该先识后识两个问题都依旧没有圆满结果呢。

关于字的排列，俞子夷氏，曾把中美两国儿童读本的生字，做过一个比较；大概如下：

	中	美
全书字数	1550	6730
新字数	490	125
新字与全书字数百分比	32%	18%
新字发现的机会	3	53
应用时间	半年	半年

看了上面的统计，我们可知：美读本中生字，每半年，平均反复五十三次，而中仅三次。同为半年用书，中仅有一千五百五十个字，美则多至六千七百三十个字；叙事详略既异，儿童读时兴趣自然不同了。又中读本中一千五百五十个字中，有三分之一的生字，而美则反不及百分之二十；足见生字太多，熟字太少，读时非经教师解释，不能自动学习。以此，可见读本的优劣了。近李步青氏编辑《小学校国语文学读本》时，生字假定和实际反复次数的比较如下表：

册次	课文总字数	生字数	反复次数
第一册	假定 1200	200	6
	实际 1271	210	61
第二册	假定 2541	225	9
	实际 2217	237	8
第三四册	假定 7587	500	12
	实际 7613	519	11. 5

以此，我们可知最近编辑教科书的，已经注意生字排列方面反复次数问题了。至于生字排列先后的研究，据艾隆舟氏意见，应为：

1. 教科书最初的五课，字笔要限定以一画至十画之间；好比开始用“读书”二字，不如“做工”二字的好。

2. 在可能范围内，生字介绍，宜取偏旁相同的；假若在一课内同偏旁的时常相见，接触既多，反应自易。

至于字的印刷问题，前见南京市低年级教学研究会，曾规定：

1. 字体　用头号字或二号字。

2. 字形　用全体字。

3. 标点符号　用。：？！“ ”六种。

4. 字间　至少限度须一毫米半。

5. 行间　至少限度须和字体阔度相等。

上面的规定，大概适用于幼稚园和一二年级；据曹刍氏的研究，各年级字的印刷，最好采用下列方式：

年级	个体字	字与字行与行间隔
Ⅰ	至少须9毫米见方 （即头号字大小）	至少须4.5毫米
Ⅱ，Ⅲ	至少须7毫米见方 （即二号字大小）	至少须4毫米
Ⅳ	至少须5毫米见方 （即三号字大小）	至少须3.5毫米
Ⅴ以上	至少须4毫米见方 （即四号字大小）	至少须2.5毫米

d. 字典问题

字典是自动学习的工具。旧有字典如《康熙字典》等，对于小学儿童，殊不适用。因此，各书坊编印了不少的《学生字典》《平民字典》等出来。可是新出的字典，一经科学的分析，也是弊病百出，缺点丛生。最显著的，有（1）查不出字，（2）查不出音，（3）查不出义的三点。英美所用字典，是依字母先后排列的；知道了拼缀方法，要查的字，迅速地一查即得。查中国的字便不同了。譬如“之乎者也”四字，在富有查字典能力的人也得费去几十分钟光阴，才查得到。无怪缺乏经验的儿童，检查字典，往往感到乘兴而来，败兴而归的苦痛了。胡适之氏说：

部首检字法，缺点为：（1）部首太多；共有二百十四部，势难一一记得。（2）字的分部，有时很难看出；如“公”属“八”而“分”在“刀”；“仝”在“人”而“全”在“入”；“舍”在“舌”而“含”“合”在“口”；至“众”在“目”而“兴”在“臼”，“卯”在“丨”，更不易捉摸了。（3）字的笔画不容易分断；“子”“幺”何以算三画？“弓”何以不能算四画？“马”何以又算十画。（4）同部之字太多；如艸部近二千字。（5）同部又同笔画之字太多；虽有分画的法子，仍旧难定何序。

这是第一个缺点。字查到了，该读的音，又难于一查即得。普通注音方法有“音”、“反切”、“读若”、“注音字母注或罗马字注”等种种方式。“音”的一个方式，往往有“甲音乙”，“乙音甲”转辗相注的情形；儿童废掉许多时间，时常发现“查与不查等”的事实。反切的方法，如“公古红切”，要把“古”分做“葛鸟”两音，“红”分做“或翁”两音，再把“古”分析所得的第一音“葛”和“红”分析所得的第二音“翁”，连缀拼合起来，才可得到“公”字的声音。这般的分析组合，脑筋简单的儿童，当然要看做一件难事了。关于“读若”的方法，往往要把原音加以平上去入的变化才得。好比“读若天，去声”，不能读“天”的原音，要读“天”的去声才对；这样，儿童当然也感到困难的。关于“注音字母注”和“罗马字注”的方法，先要识注音字母和罗马字才可检查，不容说多了一番手续。小学儿童所用字典不一律时，教室内的空气，往往弄到十分紧张，十分混沌；教师应付，有时竟致捉襟见肘，窘像毕露：这是第二个缺点。关于意义的注释，一加研究，也令人深感不满的。如初级用《学生字典》，“卜”字的注释是：补宝切，问龟曰卜，谓灼龟以取兆也。（书）枚卜功臣，惟吉之从。试问：儿童检查以后，对于字的意义，究竟能不能明了？又如“一”的注释是：“数之始也”，儿童查了，究竟能不能了解？这是第三个缺点。此外，关于字的大小，标点的有无，图画的多少，纸张的好破等，如用科学眼光，稍稍分析研究，便可觉得小学字典，有从速彻底改革的必要。

关于改革字典的进行，在现在有不少事实可以陈述。改革查字方面，最近已有成效可见。如王云五氏的四角号码字典，张凤氏的点线面字典，万国鼎氏的《新桥字典》等，不但用科学方法去研究，而且研究的结果，已在设法推行中。据某氏的调查，关于查字方法的改良，研究有得的，有三十二种之多，这虽不能和拼音文字字典检查的利便相比较，但较以前的旧法，似乎要进步得多。又据上海市立第一实验小学字典试验的报告：旧式字典检字方法，易学难精，四角号码字典检字方法，难学易精。我们很希望各省的实验小学和附属小学，分工合作的用科学方法来把新字典和旧字典检字方法，新字典和新字典检字方法，统统比较试验一下，那么，最近的将来，小学里应该采用那一种检字方法，也许可以得到一个比较可靠的根据来。

改革查音方面这问题似乎容易解决。现在一种字典采用一种查音方法和一种字典采用多种查音方法，统有改革的必要。最好，把查音的几种方式如“音”、“反切”、“读若”、“注音字母注”、“罗马字注”等，也由各省实验小学和附属小学来用科学方法试验研究。试验的时候，只要注意：哪种方式比较的优胜便了，以后小学生所用字典，完全改用比较优胜的一种方式，前面所说的种种查音时发生的缺点，当然一一可以免除了。

改革查义方面现在还没有人把科学方法研究过。第一，字典的释义，应该改用语体文。第二，字典应该依照学生程度，编印好多种。第一点的改革，一望而知；第二点的改革，要加以简单的说明。据我们的理想说来：小学生所用的字典，和中学生、大学生所用的不同的。这种字典的编辑，先用较科学的方法，查出多少字是一二年级学生所必需认识的；这种字，如“猫、狗、糖、饼、哥哥、妈妈、大、小、红、黄……”等，叫作“基础字”。这种基础字，因在一二年级早已认识明白了，字典内，不必再行进入。再就字的难易价值，编成三四年用字典，用基础字来注释；再编成五六年用字典，用三四年字典里的字来注释。注解的语句，是适合于儿童经验和想象的。好比“犬”字，与其注为：“哺乳动物之一也”，不如注为“家里养了在夜里看守门户的”来得好。这样，学生查一字，完全明白所含的意义，自然自动工作的效率可以格外提高了。

关于字典其他方面用科学方法研究的，可举浙江一中附小的字典研究来做一个例子；下面是研究归纳所得的一张表，至于哪种字典较合用，不在本文讨论范围以内，恕不列举。

c. 眼动情形问题

眼动情形和读书效率的高低是非常有关系的，现在就最重要的几点，把已有科学研究之结果的，大略说一说：

1. 识别距　读书时一停息间所能认知的范围，各人不相同的。有人停滞在几个字上，有人一目十行；这和读书速率，当然发生很大的影响。要希望识别距阔大，第一要有明确的目的，第二要选合宜的材料，第三要用适当的方法。有人曾试验过：用如下木板，中穿小孔，另用纸片，上写各种语句，迅速地在孔中露现；识别距经了这种练习，可以一天一天的加阔起来。

又据人试验过：用普通材料，在一定时间内，天天阅读，也可把识

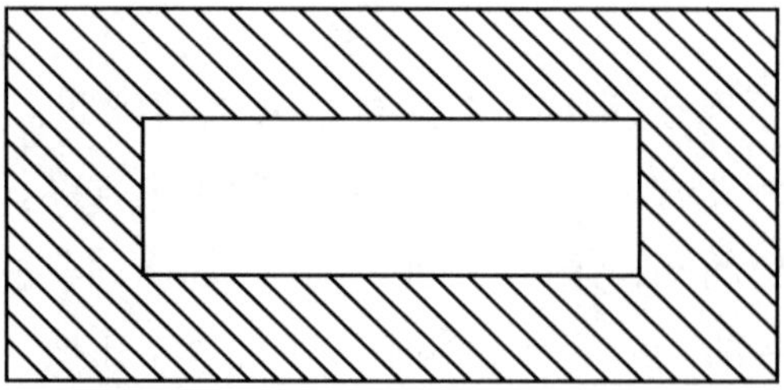

别距自然地渐渐地阔大的。

2. 眼停时间　据人研究所得：眼球的移动，全是间断的移动，在每一行字内，眼动要停顿好多次。只有停顿（注视）的时间看见字，在移动中，简直看不见字。这个注视时间，比较移动时间多得多，大概从三分之十二至二十四分之二十三的时间，用在注视；十三分的之一至二十四分之一的时间，用在移动。所以眼停时间，愈小愈好；这样，速率可以增加。同一人而眼停时间有大有小，这原因也同前项所述。大概材料难，眼停时间随之而大；材料易，眼停时间随之而小。没有一定目的时，眼停时间小；有一定目的时，眼停时间大。又朗读时，眼停时间大；默读时，眼停时间小。我们教儿童读书，要使眼停时间小，以便有良好的速率才行。

3. 回复眼动　有人读书时眼动的情形如下图：

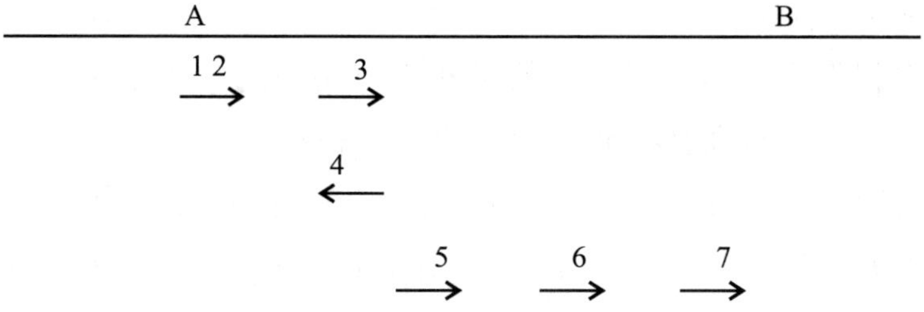

图中 AB，是一行直行排列的文字。1　2 3 4 5 6　7，为眼停的位置和次序。箭形表示眼动的方向。从 A 看到 3 时，因上面意义未甚了解，又回看到 A 的地方。从 3 到 4 的眼动，叫做回复眼动。回复眼动次序愈多，费时也愈大，效率也愈小了。所以这种动作的多少，和读书能力的优劣，适成一反比例。

4. 扫视　从前行终到次行首的眼动，叫做扫视，这虽和读书效率没有多大的关系，然动作过于错乱，好比读完第一行而读第三行，或读完第七行至读第六行，那么影响于读书的速率也不小。我们须注意：

甲、养成有规则的眼动的习惯；

乙、行列不过长。小学生读物的每行字数，宜在二〇个以下；超过此数，以分列两行为宜。

丙、字体不宜过小；

丁、两行之间，宜保持相当之距离。

这样，扫视的动作，有一定的规则，就不至耗费时间，妨碍读书的速率了。详见《教育杂志》第十七卷十二期，一八卷二三期杜佐周氏《读法心理》一文。

上面把用科学方法研究解决国语科教学问题的材料，介绍了两三种；此外，如《作文量表》《写字量表》的编造，《默字测验》《识字测验》《默读测验》的厘订，《读书心理》《写字心理》的发表，以及《作文题目的分析研究》《默读朗读的比较试验》《映写临写的试验研究》等，我们不论阅读书报、听讲演，都有不少科学研究的报告可以接触到。这不是国语教学化的一种明显趋势吗？

三　三民主义的趋势

小学国语科教学第三个新趋势，是三民主义化。中国国民党四三次全国代表大会，便通过中华民国教育宗旨为："中华民国之教育，根据三民主义，以充实人民生活，扶植社会生存，发展国民生计，延续民族生命为目的；务期民族独立，民权普遍，民生发展，以促进世界大同。""三民主义的教育"，无疑地成了全国教育界的中心问题。所谓"三民主义的教育"，不是劝人入党的教育，不是束缚个性的教育，不是一种宗教仪式的教育，而且不仅是一种学科的教育，不仅是总理遗教之一部的教育，“三民主义的教育”，是适合中华民族性的教育，是适合中华民族环境的教育，是适合教育进化历程的教育，是适合世界教育思潮的教育。简单明白地说：“三民主义的教育，是以实现三民主义为目标的教育，是以三民主义精神，应用于教育行政、学校行政、课程、教学法、训育、课外作业上，使儿童得尽量发展其个性，并获得党治下公民生活所必须的基本理想、知识、习惯与技能的教育。”（见程柏庐氏《三民主义的教育》）最近教育的宗旨如此，目标如彼，不容说小学国语科教学的趋势，自然地向着“三民主义化”的大道前进了。现在就最显著的改革，说明几点在下面：

a. 适合平民生活

以前的教育，是贵族式的教育；一切设施，对于平民生活，丝毫不顾到的。现在是把平民生活做设施时的对象了，国语科教学上的改变，有种种事实可以证明：

1. 提倡俗体字的认识与练习俗体字如：“体”、“礼”、“万”、“义”、“灵”、“灶”、“刘”、“声”等，以前的文人学士，以为这是贩夫走卒的工具，不入大雅之堂的。现在从竖的时间上看：俗体字的应用，由来已久；普通社会，自然地在相互使用着。从横的空间上看，英美各国文字，都由繁而简；拼音文字，就且如此，我国象形文字的必须改变，确是自然的趋势。基有两点，三民主义的教育，以平民生活为背景，所以俗体字认识与练习的提倡，一天一天的显明起来。最近教育部颁布的《小学新课程暂行标准》，在国语科作业要项里，明白规定俗体破体字的认识练习，为三四学年和五六学年作业之一，更可推知用意的所在了。

2. 注重默读　在平民生活上讲，默读的机会是较多于朗读的。好比普通读书，阅报，看信，以及其他种种需要阅读时，几无一不用默读的，按教育的原则，凡学校内所习的功课，当以致用社会为目标；读书教学的注重默读，也是自然的一种需求。部颁《小学新课程暂行标准》读书项教学方法要点上，曾注明“读法练习，低年级默读朗读并重；二年级以上，默读的时机，要较朗读的为多。”从此，我们可以知所取舍了。

3. 增添说话科　部颁小学新课程里，国语一科目，增添了说话科；所有作业要项，教学要点，毕业限度等，统有详细的规定。这因平民实际生活，用说话的机会多，用文字的机会少。小学教育，如果偏重在文字的训练，对于生活需要十分急切的说话作业，不用力打一个深厚的基础，那么，将来生活上定感许多困苦的。所以在一二年级里，定六十分钟说话时间，在三四年级里，定三十分钟到六十分钟说话时间，在五六年级里，定三十分说话时间；这种支配，是必要的，是妥适的；各地的小学，尤其是乡村小学，应该遵照着实行起来。

4. 废除起草誊清手续　以前小学生作文，一篇文章，要费三次手续：先起草，次缮写，末誊清。这种浪费时间精神的办法，是和平民实际生活冲突的，实有从速改革的必要。部颁新课程作文项教学要点说：“作文教学，要养成思想贯注和起腹稿的习惯。”这完全是主张废除起草誊清手续的意思。担任作文教学的教师，不可不努力实现的。

5. 增加行书练习　普通书写信件、账目等等时，往往提笔即挥，用行书记录的。这也因人事日繁，各种工作，不能不求经济所致。部定写字新课程，三四年级里，有行书的认识和简便行书的学写两项的规定，五六年级里，有通用字行书的认识和简便中小字行书习写的两项规定，可知最近趋势的一斑了。

6. 重定写字标准　以前写字的标准，注重在美观统一方面。在闭关自守时代，消闲时多，明窗净几之下，随意书写，以畅身心，原不必厚非。现在时代不同了，要努力的工作，何等的繁重？因此，写字的速率，不可不加以相当的注意；于是写字的标准，应先“正确”，而后“迅速”，而后“美观”，也成了一种自然的趋势了。

b. 发挥革命精神

三民主义的教育，也可说是革命的教育，以前对于博爱、忠诚、刚毅、牺牲、奋斗……等等美德，或缺而不完，或讳莫如深；教育的结果，仅仅养成自私自利的人物。以致民气消沉，民志衰颓，缺乏发扬蹈厉的精神，国弱民贫，事事落后，这可说是致命伤了，实施三民主义教育以后，尚智、尚勇、尚仁，一洗往昔积习；然后人人视国事如家事，为实现三民主义而革命，抱着富贵不能淫，贫贱不能移，威武不能屈的大无畏精神，向着光明灿烂的前途奋斗，国语科教学受到这个影响，首先要改革的，便是选材标准的改订。现在举一个具体的例子来说明。

不安分的小鸡

这是一支不安分的小鸡！

小鸡住在旧屋子里，沉闷极了；逃出樊笼，走向田野去。

绿荫满枝，杂花在树。三四小鸟，或歌或舞。

小鸡用力向树顶爬去，跌下来了；小小的腿竟跌伤了！

高冈在前，坦途在巅，三四小狗，或踢或斗。

小鸡用力向冈上奔去，摔下来了；小小的头竟摔坏了！

微波荡漾，萎萎满塘。四小鸭，或游或泳。

小鸡用力向塘中跳去；沉下去了；小小性命竟牺牲了！

我们看了上面所举的例子，一受标题“不安分”三字的影响，奋发有为的精神，不自主地萎缩起来。实际，我们对于现实生活的境况，愈是不满意，愈是向前干，那么，伟大的事业，才有完成的希望。好比有了煤油灯，不满意，才有汽油灯；有了汽油灯，不满意，才有电气灯。要是十分满意于煤油灯而不想改进，汽油灯和电气灯是不会发明出来的。物质文明的发展是这样，精神文明的发展也是这样。国语科教学，既把发挥革命精神为唯一的目标了，那么，选材的标准，自然应该重行改订一番。前面所举的《不安分的小鸡》的标题，为发挥革命精神计，似乎应该改为《奋斗的小鸡》或《多么勇于奋斗的小鸡》，才可表示出百折不回努力革命的时代精神呢。部颁《课程暂行标准》所定的读书选材标准，大半是发挥革命精神的，现在摘录于下：

甲、不背本党主义，或足以奋兴民族精神，启发民权思想，养成民生观念的。

乙、积极前进，乐观解放，而非消极退缩，悲观束缚的。

丙、提倡合作、互助、勇敢、劳动、规律，而非自私自利懒惰浪漫的。

丁、是有曲折有含蓄而且含有优美、壮丽、滑稽、美等的儿童文学，但不取可怕而无寓意的纯粹神话。

戊、是流利的国语的语体文。

己、合于儿童心里，并便于教学的。

其次，国语科教学为了发挥革命精神而改变设施方针或办法的，有：

1. 举行党义演说竞进会　最近各小学为使儿童明了党义、练习口才起见，单独成联合举行党义演说竞进会的，非常之多。大概低年级注重在故事的讲述，如孙中山先生故事，朱执信先生故事，七十二烈士殉难大概等；到了中高年级，往往注重在演述、辩论各方面，如练习讲演“三民主义是救国主义”“平均地权和节制资本的方法”等是。

2. 表演富含革命色彩的剧本　自从剧本表演在小学里占着相当的教育地位以后，各小学便盛行起来。但所表演的剧本，如《三蝴蝶》《可怜的秋香》等等，不是意义复杂，不合儿童程度，便是音调凄凉，不适儿童欣赏。最不堪的，如《妹妹我爱你》等歌曲的表演，靡靡之音，儿童一经陶冶，勇往前进的精神，无形地不知逃到哪里去了。教育部有见于此，一方面禁止不正当歌曲的采用，一方面限制不正当剧本的表演。剧本表演，既占着相当的地位，今后应选取的，自然是《总理伦敦被难记》《黄花岗之役》等的富于革命精神的材料了。

3. 书写标语　这项作业，也从革命势力到达以后产生的，现在到各小学参观，“打倒帝国主义”，“三民主义是救国主义”，“行易知难”，“作事不怕难”等标语，随处可以映入我们的眼帘。我们所希望的，除掉所写标语不要含义太深外，还要注意到刺激反应的原则，别使标语的粘贴，变成一纸具文！

此外如革命故事的讲述，革命事实的阅读，革命传记的练习等，各小学实行已多；因望文生义，毋须解释，不再缕述了。

c. 以儿童为本位

三民主义的教育，不是束缚个性的教育，前面已经大略说及；所以国语科教学，就最近情况说，不论选取教材，使用教法，总以适应儿童心理为出发点。下面是几种例子的说明：

1. 练习时间的排列　部颁《课程暂行标准》国语科教学方法要点总则项说：“说话写字和读书作文、文字练习等时间的排列，都应恰合分布练习的原则。”因这样排列，是十分适应儿童心理的；同时，经各种实验结果的证明，效果又非常之大的。因此，好比每星期有一百二十分钟的写字时间，排列起来，与其用甲式，不如用乙式；与其用乙式，不如用丙式；与其用丙式，不如用丁式。

$$\text{甲式 }120\left\{\begin{array}{l}60\\60\end{array}\right.\qquad \text{乙式 }120\left\{\begin{array}{l}40\\40\\40\end{array}\right.$$

$$\text{丙式 }120\left\{\begin{array}{l}30\\30\\30\\30\end{array}\right.\qquad \text{丁式 }120\left\{\begin{array}{l}20\\20\\20\\20\\20\\20\end{array}\right.$$

2. 语法文法的教学　关于语法文法的教学，以前往往特定时间。儿童对于这项作业，因学无所用，用非所学，大多弄得意兴阑珊，漫不经心。最好，用功夫在实验生活上。好比说的话，作的文，听去看去觉得不对了，然后对症发药，立刻加以改正的工夫。部颁《课程暂行标准》上曾有这几句话："语法文法作文格式等一切规则，要在发生困难或实际需要时，从已经熟习的材料中指点，不要死教。"这也是适应儿童心理的一个办法，实际担任国语教学的，应该从速实行的。

3. 用具的采用　国语科教学所用的教具，如识字的解字的，用字的，以及缀句的，作文的等等，一天一天的增加起来。有了适应儿童心理的教具，儿童对于国语科各种能力的发展，一天一天的迅速而有效起来。此外，如毛笔的使用，要在粉笔、蜡笔、石笔、铅笔等硬笔书写经验稍稍获得以后；写字用纸，在低年级里，不用任何线格以拘束儿童的自由练习；国语课本，要式样美观，纸张无反光，装订坚固等，都可说是为了适应儿童心理的最近的设施。

4. 废除呆板方法　现举填字方法来说明：以前教师对于低年级作文，往往采用"今天　热"填字方法。不知就此而论，仅有"天"、"很"、"不"、"炎"、"微"、"酷"等字可用。而且填起字来，还要受到"能应用"、"能记得"、"能书写"三种限制，在儿童讲来，是一件十分麻烦而困难的事。现在大家知道改用"今天……"的补充法了；更有改用"儿童自己命题"的方法了；更有改用"先口述练习而后笔述练习"的方法了：这也是适应儿童心理的最近可以看到的一种趋势。

5. 多用游戏法　儿童是具有游戏本能的。国语科的学习，最近很多利用游戏方法，使儿童在活泼愉快的活动里，把阅读、发表、书写的能力，自然地发展开来。我们如果披阅新出教育书报，关于识字游戏、默字游戏、阅读比赛、作文比赛等试验报告的文章，一定很多的可以接触到。游戏是手段，发展各种能力是目标。等到各种能力发展到相当的程度时，游戏的色彩，便一天一天的减少下去。低年级采用设计教学法，高年级采用问题教学法，分别的枢纽，便在此。

*　*　*　*

上面把小学国语科教学最近的三种趋势——艺术化、科学化、三民主义化——简单地解释过了。我们能够适合三民主义化的一种趋势，国语科教学，便有了目标；我们能够适合艺术化、科学化的两种趋势，国语科教学，便有了办法。小学国语科教学发生了这三种趋势，前途是十分光明的，十分灿烂的。我愿实际担任小学国语科教学的教师们，适应这三种趋势，发挥这三种趋势，使小学国语科教学的生命，一天一天地丰富起来！

45　一个改良中学国文教科书的意见

宋文翰（1894—1971），语文教育家和语文教科书编纂者。字伯韩，浙江金华人。毕业于北京师范大学。一生从教50年，颇多建树。著有《国语文修辞法》（20世纪30年代白话修辞学代表作）、《文言虚字》《文法初阶》《说文解字正误》《中学语文教材教法》等，编有《新编初中国文》和《新编高中国文》（中华书局）等国文教材。

本文在总结以往各家编纂中学国文教科书的成败得失的基础上，依据作者自己的认识和经验，对如何改良中学国文教科书提出了比较系统的看法，如“以国文科而论，应有的特殊目标是什么？依国文科的性质和所独备的责任来说，我认为最重要的只有两事：（1）阅读，（2）发表。”首先确立教材中语体和文言的分量，其中对教材的选择标准、组织排列方式、多项助读内容的安排以及初高中整体设计等等，论述尤为详备。是研究中学国文教科书编辑思想的一篇重要资料。原载《中华教育界》第19卷第4期（1931）。

所谓国文教科书，是国文教学上的教材问题。这问题，以前曾经许多专家讨论过；并且各书局为供应教育界的需求起见，亦曾时有新编的国文教科书出版。可是，事实上，一般国文教师在实施教学时还嫌不适用，天天在闹着选材，叹着无良好的工具，是足见现行的教科书尚有急待于修正。至其所以然的缘故，我可以简括地指出以下一般国文教科书的通病：

（1）上下程度不衔接　就一般的编辑大意看，编者在编制教材时，自然下过一番斟酌的工夫。只是所谓斟酌，大多根据编者的理想，究竟实际上学生程度怎样，可以说是不大清楚的。例如商务的《初中国语教科书》，在教材的选择和编制上都很过得去，所以采用的学校特多。然而编者究竟是凭理想的，所以三年下期用的第六册，一般教师对之只得割爱，因为它内容广博艰深，较上一册的程度至少要差一年，决非初三学生所能领会。中华的《初级国课本》，亦一时曾被各学校所采用，而结果，都认为一部分的教材亦太深，或须按现今学生程度编制过。但以上还只就国文教科书的初中部而言。为顾全整个的教学系统，在中等教育段的教科书，我以为一部真是好的国文教科书，编者还要注意到高初中程度的衔接，把中等教育段定个整个的计划，然后再从事选材编辑。如果能够更进一步，使中学的国文教科书下与小学上与大学相衔接，则尤为教育界所希望。

（2）文字不合于学生的智力　初中学生年龄幼稚，所有知识经验，以及了解力、判断力、总摄力等都非常薄弱。所以对于生词句过多，内容较为复杂或艰深，篇幅太长的文字都不适用。而现行的一般国文教科书皆不能避免此种通病，生词句以文言文为多；语体文则篇幅过于冗长；至内容则说明的语体文，类多关于哲学或社会问题的，决非初中生所能了解。如某国文课本，一年级的教材，一叠选上《美国的妇人介绍》《桑格尔夫人》《珊格夫人自传》《女子的根本的要求》《母》五篇讨论妇女问题的文章。同样，在某一本里又选上《人生目的何在》《人生真义》《今》和《不朽论》四篇讨论人生问题的文字。像讨论这样的大问题的文章，我想当国文教师的谁都会承认那些不可以当初中低年级教材的事实。就是最近出版的某高中课本，在高一选到《佛教教理概要》一文，我以为亦不合学生的程度。

（3）不适合于学生的兴趣与需要　**教材是用以达到目的的工具，其选择标准，应以儿童是否有兴趣与需要为定；因为兴趣与需要可以吸**

引学生的注意，而增加教学的效能。现行的教科书，就它的内容来推测，如上所述选些人生问题、妇女问题之类，大半编者都以成人的见解、趣味、观念等为主，而未尝顾及学生的兴趣与需要。所以教学的结果，终是失败的时候多，成功的时候少。这可以拿两件事为证：（一）凡为学生感觉有趣或需要的必为学生所注意，一经学生注意，必定于教学时会发生一种反应；（二）凡为学生所注意的文字，时能引起其爱好心，教材中的语句常被采用到文课中去。是否如此，凡有经验的教师都能明白。

（4）编制不完善　以前的国文教科书，大都没有系统的。如果刻板地顺次一课课教下去，忽而一篇论文，忽而一篇游记，忽而一篇纪传，又忽而一首诗、一篇小说，在学生固会给你教得莫明其妙，在教者自己，如果有个聪明的学生问你“为的什么如此教”？一时亦会瞠目不知所答。用这种教科书去教学生，还有什么好结果？所以最近出版的国文教科书，在组织方面看，编者大都明白了这个缺点而加以改良，这不能不说是国文教科书的一种进步。但编者仅只注意到初中或高中的一部分教材的组织，而不曾打过高初中整个的系统，更不曾顾及上一级的大学的教材，联小学编成一部合理的有整个系统的国文教科书。而且在教学的经过，时时感觉到编者选材的困难，故不时有勉强凑数的作品在内，其实那都是些不可用的。更好笑的，有的编者为组成一组教材，只看名义，不问内容或体式，竟有把教材认错了的。例如某书局高中的课本叙事文中选进《六一居士传》，这显然地被“传”字所欺弄而致误的。

（5）注释未妥善　教科书之附注释，原为节省教学双方的调检词典或原书的时间与精力而设。而现行国文教科书，遇有较难解释的生词语，皆付阙如；即下注释，亦大都是抄些成注，应用以前的老办法，只在引证成语，以明出处罢了，其本身应作如何释解，仍未为说明。因此的关系，有时讲解一个生词语，在教学上，教者反而要化二倍的工夫。

如教学生预为自习，仍得费无数时间去翻词典或原书。如此，又何贵有注释呢？

以上所指五点，是一般国文教科书不能尽免的最显著的通病。出版界如果有意编成一部较为完善的中学用的国文教科书，编者对于上述的各点万不能不加以注意，不过造成它如此不良的结果，亦有它重要的原因。不把它原因说穿，上述的毛病仍不能革除。所谓原因，有下列三事：

（甲）不明白国文科的性质　国文科在学校的一般科程中，含有特殊的性质，不与其他各科相同。别的学科重在知识的传授；国文科重在传授知识的文字的运用的训练。别的学科重在内容实质的深究；国文科重在形式表现方法的探讨。别的学科在使学者明了；国文科则于明了而外，尚须使学者能运用。故别的学科——工艺美术除外，可说是知识的学科，而国文则是技能的学科，两者性质是显然不同的。且国文为用本国文字写之于纸上的东西。文字是人们表现思想的工具，他的本身不能独存，必得有思想或感情为其内容，然后具有意义。故从表面看，凡以各科知识为题材，用本国文字写之于纸上，无论是历史性质的传纪，地理性质的游记，讨论社会国家的论文，研究人生问题或别的关于哲学的著作，以及说明自然现象或其他学科单篇的文字，概可以“国文”二字名之。但从内容上分析，则历史自历史，地理自地理，社会学自社会学，其他哲学、自然科学、美术等亦如此，彼此界限至明，绝不能相混。于此，**编者或教者又须明白：国文教科书所以选史传，选游记，选古人嘉言懿行，甚而选关于讨论社会问题、人生问题的文字，目的并不是在叫学生明了及记忆其内容，是因为文字必附于思想或感情或其他的事迹、自然现象等始具有意义，借此以见古人运用文字的技巧及其发表的方式，藉以增进学者阅读与发表文字的能力。一般教者和编者既不明国文科的性质，又昧于选材的用意，再惑于古人文史不分之说，定不下国文科的范围与对象；选起教材来，不过依着一般的因袭的见解，个人**

的趣味，就普通所谓好文章，随意采集充数。所以国文教科书的种类虽不少，但欲得一部选材精审，编制完善，没有上述的通病的教科书，在目下还不曾见到。

（乙）不明白国文教学的目的　从教育的立足点说，自然，无论担任何种学科，教者都得把重心倾向到整个的教育目的上去。但同时除整个教育目的而外，各科为完成整个的教育目的，亦各有其特殊目标，这目标，教者亦须注意设法完成它。而且依个人的意见，各科的目标，较之整个的教育目的，教者尤当重视。何以呢？第一，各科的特殊目标所以完成整个的教育目的的。如果各科的目标都完成了，则整个的教育目的亦就完全达到。第二，**各科的特殊目标，是根据教育目的随各科的特性而定，各有各的特质，且负有一种为他科所不能负的责任。如果放弃或疏略本科应有的责任，而强拉他人的工作，或包办一切为本科所不能胜任的事，结果，不但本科得不到什么好处，而且侵入他科的范围，妨害他科的统一，破坏及学校各科平均发展的趋势。**那么，**以国文科而论，应有的特殊目标是什么？依国文科的性质和所独备的责任来说，我以为最重要的只有两事：（1）阅读，（2）发表。**如果在一定期间，经过相当的训练，学生能把自己所见、所闻、所想到、所感得的一切，运用文字，自由发表出来，而且写得正确、明达，没有文法上的错误；同时，在阅读方面，能由平易的书报、日常的应用文字，进而阅读浅显的文言文，更进而看得懂整理过的古书，并且养成一种良好的读书习惯，则国文教师很可以大胆地声言："我们的国文教学已成功了！"至于养成文艺的兴趣，或要使学生明白文学、学术变迁的大概之类，固不能说是与国文科无关，却是它的次目标，待正目标完成再理不迟。还有**涵养德性、启发思想各项，那是要与其他各科共同负责完成，非国文科所能包办，亦非国文科所应包办的。**但事实上，我们的贤明的国文教师，决不甘退让，仅以努力于本科应负的责任，训练学生娴习文字，得到自由阅读与发表的知能为止；他们还自告奋勇，要把全部教育责任放在自己肩上，整个的教育目的在本科教学上实施与完成他。我且举穆济波先生的主张作个代表。他在《初中国文教学问题》一文里说：

“本科唯一的目的，在养成有思想，有作为，有修养，在中等教育范围之内，有充分使用各国语文技能的新中国少年。”

他又详为规定如次之本科教学各方面的目的：

a. 在人生教育上，须使明了人生现实之可贵，及社会的共存与各人应有的责任。

b. 在国家教育上，须使明了国民资格之修养，职业的联合，及今日国际的侵略与压迫的危险，起谋自卫。

c. 在民族教育上，须使明了民族之特有精神，及现世界的堕落现象与其补救的方法。

d. 注意社会现象的观察，奖掖青年能力可能范围以内的救济。

e. 注意青年团体的团结，及共同生活应有的知识与修养。

看了这，我们实在不能不怀疑：像这样重大的责任是否国文教师能够胜任？这样繁重的工作是否国文一科所能完成而且其他各科分内应有的事是否国文科所应包办？这显然是把国文教学的目的和整个的教育目的混为一谈所生的错误。朱自清先生在《中等学校国文教学的几个问题》里批评穆先生的主张说得好——

“他似乎将‘人的教育’的全副重担子都放在国文教师的两肩上了，似乎要以国文一科的教学代负全部教育的责任了，这是太过了！”

又批评穆先生所定的上述五条中的第一条说：

“这岂仅是国文一科所应做的事，公民科也不要做同样的事吗？我以为这种是全部‘中等教育’的宗旨，无论哪一科均须以此为基础谋本科的发展，却不必详细规定于某一科内。”

我对穆先生所规定的其他四条，与此有同样的感觉。朱先生既把整个的教育目的和国文科教学目标分清，故所定的教学目标就好得多了。他把（1）“养成读书、思想和表现的习惯或能力”定为国文科所特有的目标；(2)“发展思想，涵育情感”为国文科与他科相共的目的，使两者分出主要的与非主要的界限来，一清国文教师的头脑。然而事实上朱先生似乎还不能不夺于众论，所以到后来又说了：

“至于‘发展思想，涵育情感’，我以为初中宜侧重（不是专重）文学趣味、人生、国性、现代思潮数方面；高中则可再加世界文学思潮，本国古代学术思想两方面。”

此话实则既为各科共有的目标，又何必另行规定呢？虽说是文学趣味、世界文学思潮、本国古代学术思想三者的诱导与灌输，为国文科特有的专责，但在高中设有选科，不可以担此完全责任吗？

自从误认整个的教育目的为国文科教学目标的大错铸成以后，影响所及，教育界以此求，出版界以此应，所有国文教科书几乎成了百科全书，而国文教师亦似乎非具有古今中外的学识不足以胜任。其在实际上，好多的国文教师因为认不真本科的教学目的，发生三种不良的现象：第一种以为国文就是教育，选些什么纲常名教，先圣典型的文字来做教材，日把圣经贤传里的腐话去麻醉青年。第二种以为国文就是国粹，专讲些什么国学，选周秦诸子的，侵入哲学科范围；选史汉传记的，不啻是讲历史。第三种是把国文看做开发思想或涵育感情的工具，日与学生讨论问题，或是专谈文学，结果，前者成了变相的社会学科，甚而迹近宣传主义；后者似乎要把学生个个养成为文学家。像这样教学国文还有什么好成绩！

(3) 不明实际的情形　国文教科书的编者，自然不能说是对于本科没有教学的经验，但或者离开学校多时，或因为别的关系，对于目下中学实际的情形，实在不能说是一切了然。现在部定十二岁为初中最低年龄，最大的有十五六岁，平均年龄约在十三十四之间。说到他的学识与能力，薄弱得很可怜，对于字义多不明了，字体常常伪写，即使识得几字，又不明白在语言里相当的意思；对于句式，只能抄袭或模仿成句，不能把语言很自由地写成文字；对于全篇结构呢，因为不能整理思想，常常写得颠倒错乱重复，而且上下不贯联；文法呢，那更有连句读段落都分不清的。至于常识亦自然贫乏得很，有时竟有目前事物都不能辨认的。像这样知识幼稚的学生可以和他们讲人生意义、社会问题或世界思潮吗？然而现行新出的国文教科书都不能免这个毛病。

其次国文教科书的编辑，高初中大多不是同一个人负责，彼此不相谋，编成的教科书，高初中的程度不相衔接，而且有的教材重复，有的高中的反不如初中的艰深，发生与学生的智力不合的毛病。至于因编制的不善，在实施教学上发生困难，那是更普通的事。其实此类的毛病，有时编者亦自知，我且引二段他们的编辑大意里的话来作证：

“……加以我们的学识很浅陋，文章的别择很不精确，所以这书定有许多缺陷……我们所期望的，只是在别的较好的国语文读本没有出现以前，因为国语出品底逐渐进步，我们自己别择文章的能力和教授经验的增加，而我们这书底缺陷得以逐渐减少罢了！”民智书局《国语文读本》。

“本书的编次和分配，全凭编者个人的经验酌定，各处学校情形不同，希望使用本书的人，随宜采择配置，期适合教学的进程。”中华书局《初级国语读本》。

像上述的话，决不是编者故示谦虚，而是有经验者之谈，因为事实如此，不可以掩饰的。

已往的国文教科书的通病已如上述，兹进而说明选材与编制上应注意之点，以供编纂国文教科书者的参考。

关于国文教材选择的标准，去年教育部曾经分别精读与略读各有规定，所举各条，大都妥当可用。兹根据教育部所定高初中国文暂行课程标准，参以各家讨论选择国文教材的意见，拟列选材标准如下：

（甲）积极方面：

（1）文字深浅适合于学生领受力的。

（2）文字组织须合于文法或逻辑的。

（3）造语自然并与现代语言接近的。

（4）叙事明晰，说理透彻，描写真实的。

（5）各种文体须足为学生作文楷模的。

（6）各种作品须为某个作家或某个时代的代表。

（7）文字的内容须具有下列条件之一的：

（a）对于品性修养上可以得到方法的指导与实际的受用的。

（b）对于思想启发上可以得到理论的指示和实际的自得的。

（c）含有改进社会现状的意味的。

（d）合于学生心身发育的程序的。

（e）合于现实生活，乐于社会生活的。

（乙）消极方面：

（1）文字晦涩，怪僻，不通行于现社会的不取。

（2）陈义过高，措辞过难，不易了解的不取。

（3）语句冗长，不便诵读的不取。

（4）用意肤浅，故作艰深文字的不取。

（5）专事模仿，无创造性的不取。

（6）耽心辞藻，堆砌典故的不取。

（7）文字内容具有下列条件之一的不取：

（a）思想或学术有违党义或时代潮流的。

（b）态度消极，足以消磨青年志气的。

（c）评论古人古事无关得失的。

（d）文字含有应酬或干禄意味的。

但于此有一点应加注意，国文教学的目的，在训练学生使得自由运用文字以发表思想及阅读书报的能力。教材选到史传、游记、古今人的嘉言懿行，或讨论一切问题的文字，是因为文字本身不能独立，必附有思想或义理或事实始具意义，借此以见古人运用文字的技巧及其发表的方式，用以增进学生阅读或发表文字的经验；决不是和其他历史、地理，或哲学、社会学等科一般，旨在传授知识，叫学生明了或记忆其内容。不然，必重犯了以前不明国文教学目标所致的大病。所以编者似乎在选材时还须注意下面的二事：

（1）为贯彻本科教学的目标，凡能使学生对于国文的知识与技能获得广博的观察和深切的领会，而足以助长其发表与阅读的能力的皆选；

（2）为分清国文科与其他各科的界限，凡是关于学生品性的涵养，思想的启发，或足以授予学术与文学上的知识，而同时于其发表或阅读无相当助力的，宁可割爱。

如果能够办到这一点，不但可以矫正一般教者专叫学生死记内容，致与他科发生冲突之弊；并且可以节省学者许多无谓地记忆事迹或其他知识的时间与精力。如果善为指导，将省下记忆内容的时间与精力，使学生用之于发表和阅读二方面去，获益当加倍于前。但于此或者有人要怀疑，以为学生的不记书本的知识，知识将益加浅薄。不知知识获得的途径甚多，除读课本而外，若观察自然，若思考问题，若与人谈话或通信，或与社会相接触，处处时时都可以得知识，而且所得的是活经验，不是书本的死知识。不但如此，所用为作文或发表意见的知识，不一定要取之于国文一科——如果单靠国文科而获得知识，一星期四五小时的讲读，实在有限得很——其他各科都有充分的供给，只怕学者发表力不足，无能写下罢了。

关于选择教材已如上述。兹再进而讨论组织教材问题。编纂教本第一须有系统，而国文则选自古今文字之适合于教学者，是零碎的，是片断的，不比其他科学自成系统，故编纂成书，往往犯有凌乱、混杂、重复或深浅倒置等弊病，近几年来，各书局新出教本，似能注意及此。但因为编者究是编者，少实地试教的经验，于编制上对于上述种种弊端仍未尽免除。因此在实际教学上发生以下各种不良的现象：

（1）基于前后重复，则

（a）浪费教学时间与精力；

（b）引不起学生学习的兴趣与努力。

（2）基于教材排列的错杂，则

（a）教者不易达到预定的目的；

（b）为达预定目的而变更课文的篇次，每引起学生轻视与厌恶的心理；

（c）不能如其他各科可以依学校规定授课时间，告段落；

（d）学生在技术上思想上所得，多为零碎的杂乱的知识，而不能有成片断的或概括的概念。

（3）基于教材难易审择欠详，则

（a）遇艰深教材不易收教学的效力；

（b）遇过浅的教材，学生对之每不注意听讲；

（c）如适合学生的学力选而用之，则教材不敷用；油印补助教材，又以多花钱，每为学校所不喜。

（4）基于文章体式的偏重，则

（a）在教学上，材料大多类同，学生每认为单调，引不起学习的兴趣与注意；

（b）在技术上，因为仅仅懂一种或两种发表的方式，习作时，千篇一律地只会写一种文字，近来学生大多只会写些自叙的文字就是明证。

为免除上述的弊端，决不能不注意教材组织的系统。欲使教材组织有系统，不能不有个整个的计划。所谓整个的计划，第一要看一看：现今小学国语的程度怎样？教材是些什么东西？语言文字上哪些已有相当的训练？哪些应当继续施教的？哪些应当教授的？以及其他种种有关的事项。这样，至少的限度，教材不至与小学相重复，文字难易的程度亦有个大致的标准，同时教材的取去亦可得到相当的暗示。其次要把初高中通盘计划，例如教材选择标准问题，语体文言分量支配问题，各种文字教学先后问题，教材组织问题，都得把初高中作整个的问题看。这样，则上述各种弊端亦当随编者的能力而减少，以至于无。再次，还要看看大学所教的是什么？所需要在中学里训练成功的是什么？以便上与大学程度相衔接。至于教材是否与大学相重复，可以不问，因为大学所习多系专门性质的功课，在理不应有单篇文字如教中学生似的给予普通的讲解。即需某篇文字为参讨研究的资料，则因目的方法不同，并无妨害。

那么，有系统的编制究应怎样办呢？兹分项说明于后：

（1）教材分配问题　这可分为文语分量和文体先后二点述之：

（ㄅ）就一般分语体和文言的分量论，如遵从《中学国文暂行课程标准》，采递升递降法，列语文的比例如下：

（a）初一　七与三之比；

（b）初二　六与四之比；

（c）初三　五与五之比；

（d）高一　四与六之比；

（e）高二　三与七之比；

（f）高三　二与八之比。

如此，上可与小学下可与大学国文程度相衔接。

（ㄆ）就文体教学的先后论，初级中学，按学生思想的进程，可以酌分次：

（a）初一　以纪叙文为主而以描写文为副；

（b）初二　以描写文为主而以说明文为副；

（c）初三　以说明文为主而以论辩文为副。

至于高中，因思想已达于完成期；且经过三年有系统的训练，对于各种文字的习作和阅览已有相当的成就，各种文体不应再有所偏。故高中教材分配，别定标准，不复采用文体按年分配法，有其标准是：

（d）高一　注重文字的技能，用以完成前三年之所学，作一个总结束；

（e）高二　注重文学的流变，用以诏示各种文学作品的产生、构成、流变及其价值，并藉此引起学生研究、欣赏及增进写读的能力；

（f）高三　注重中国学术思想的流变，用以诏示各种学术思想的产生、影响、流变及其价值，并藉此引起学生研究、批评及增进写读的能力。

（2）教材组织及排列问题　为顾全教学双方便利计，分初高中为两种组织法，略述如次：

（甲）初级中学：

（一）初中国文教材的排列，采取分组式，交互错综联类排比，使成为有机的组织。其各组构成的标准如下：

（a）教材的文字表现方法相似，或相异而足资比较研究的。

（b）教材的文字内容性质相同，相近，或相互有关系的，藉以引起学生研究讨论的兴趣，促进其阅读与发表的努力。

（c）教材的文字取其同题材的两种译文——一为语体，一为文言，《爸爸的看护者》与《医中侍疾之童子》之类，或为文言和文言的译语文，如《冯驭》和《冯驭的译文》之类，藉此使学生明白文言与语体两者的用词造语等在文法上的异同点，促进其由语体渡到阅读与写作文言的能力。

（二）关于时令或受时间限止的教材，如写景和纪念日等的文字，须妥适地排在相当的季候或某一定的时间，视某大单元可告段落处插入，前者如《扫墓》《大家都放起风筝来啊》之类，只合在清明前后讲，《苦旱行》《炎旱》诗只合于夏日讲，《桃花山》《黄河上》《打冰雪合战》《雪球》只合于冬日讲的；后者如《劳工神圣》《劳工之神》《我的新生活观》之类，只合在五一节前后讲，《黄花岗烈士事略叙一》《叙二》《黄花节杂感》之类，只合在黄花节纪念前后讲，因为这些教材都得受时间的限止的。

（三）国文教材排列的次序，不当以文字的字数多寡为断，应视语句组织的单复，用字的难易，内容的深浅而定。

（乙）高级中学：

高级中学国文教材的排列，就文字的体式或内容，各学年分举目标，自成组织，合之成整个的系统。大致如下：

（一）高一，注重文字的技术方面，将在初中学得的如语法、文法、修辞作文法等零碎知识，作一次有系统的整理。教材的排列，即就纪叙、描写、说明、论辩、诗歌及小说各体，检选足资学生习作楷模，或同题材的文字，如《晋赵盾弑君》合选左氏与公羊二传，《郑伯克段于鄢》合选左氏谷梁二传，《虞师晋师灭下阳》合选左氏公羊谷梁三传，《巨鹿之战》合选《史记》和《通鉴昆阳之战》合选《后汉书》和《通鉴》之类，分编参互排比，以便学生作分析、综合，比较的研究。遇有论及作法上的文章，即选附在某类文字的后面。

（二）高二，依照文学的流变，就诗歌、古文、骈文、史传、词、小说及戏曲，各自成单元，自古而今，为有系统的历史的编制。其教材排列方法：每种之先，列有关于文体流变的文字；次列各时代的代表作品；末殿以评论该种文学作品的论文。目的在藉文艺作品的欣赏，引起其研究文艺的兴趣，使于国文知识与技巧获得广博的观察和深切的了解，用以助长其发表与阅读的能力。但教材分量过多，本年无能全部容纳，可将骈文和戏曲编入高三教本。

（三）高三，依中国学术思想的流变，就各时代关于学术思想的论文，检选可于教材用的各家代表作品，作有系统的编制。其排列方法：先列论述各派学术思想源流的文字；次列各家代表作品，遇有评论各家的文字即附于后，以资参讨；最后列总评该时代学术思想的论文，以明大家的得失。其目的在藉此引起学生讨论深究的兴趣，养成良好的发表或批评的态度与方式，同时便于国文知识获得更广更深的观察与了解，用以助长其作文与读书的能力。

（4）教材的分量不妨加多，使得在某年级教材中可加入一部分同题材、同性质或同体式、同表现方法的较为浅易的文字——最好分正副篇，以字之大小或顶格非顶格排印相区别——使教者可以斟酌各校各级学生的程度，自由采用讲授，不致有教材贫乏和拘束的痛苦。同时，在学者自修又得有比较研究的资料。

此种组织实为一种新的试验，虽不能说绝无一失，然而上述几种较著的弊端总可以免除，几年来试教的结果，颇自以为可用。最近世界书局所编《高中国文》，从编制的方法上看，大致采取作者的主张。可惜选材不精，文体别择时多舛误，如选《白居易》《六一居士传》，在文体上，传有二义，一为纪传的传，如《史记》《汉书》所纪载的传是；另一为传笺的传，是一种解释的说明文字，如《左传》《公羊传》之类是。入纪叙文，梁启超《论时代思潮》以及其前后四五篇说明文字为论辩文，都是极明显的错误。

（5）关于注释，就各书局出版的教本来看，好似大家都在争着社会给予的“注解详细”的美评。自然，注释愈详细愈省教者与学者的时间与精力，凡是做国文教师的大概都欢迎的罢！可是事实上怎样呢？据作者观察所得，却因此而发生极不良的现象：

（甲）就注释本身看，是——

（a）详于普通易解的，而缺于难知或不易知的；

（b）成注的谬误的，无论原样抄录或译为语体，都不知改正。

（乙）就教者方面看，是——

（a）抄文言的成注而不加解释，讲书反费二倍的时间；因为讲明本文之外，还得用一点工夫解释附注；

（b）因教本上已注得明明白白，竟有视为法宝可恃，课先绝不预备功课的；不幸而遇难题，注解中不曾给它注明，则面红耳赤，以含糊了之。这对于教者学力之消失和教学的失败，其损失怎样？

（丙）就学生学习方面看，是——

（a）国文为一种技术的学科，练习愈多，成效愈大。书本的注释一经详细，学者在预习时，除了用眼之外，绝不用一点思想，还有什么练习？所以结果，往往养成国文常议极少的学生或连极普通的字典或《辞源》都不知翻检，或会翻检而于一字众义中不明何者为所要字义，多半是随便抄上一个塞责的。

（b）因为有详细的注解，觉得考起书来亦不怕；所以在听讲的对于国文类多不注意的。

因此，我以为注释固有利于教者或学者，但须分别看，不必一律详为注释。总之：凡是易检易明，在《辞源》或普通字典上可以找得到解释的，都应该学生自己向字典或《辞源》找去，有如学习英语之检查生字一样。至于古人用的引伸假借字，以及一切生僻不易查得的史事或古典，那不能不给予他们以简明的释义，附在文后。万一为顾全教者的经济、时间及精力，认为有详注的必要，为避免上述的毛病，主张仿小学国语教科书的办法，于教科书外，另编教授书。

（6）去年教育部订定中小学暂行课程标准，于作业项定有文法与修辞的指示与练习，因而各书局新出教本将于本文之后，附加注释而外，又当加入文法与修辞。唯据作者的经验，与学生正式的拿起书来讲文法或修辞，教学双方都会感到干燥无味之弊。如果就课文而予指导，则有时苦于无某种需要的教材，否则东拉西撕，易陷于零碎无系统的毛病。而且如果按一般文法书的次第讲下去，因为不曾审择语言文字的缺点究则为何，往往得到“所学非所用，所用未尽学”的结果。所以，作者以为如必欲在课本中附加文法或修辞的功课，编者应避去国人学习外国语的成例，不必仿照外国语文法书的组织，在词性上或普通易知的语句组织上作工夫；因为这些东西，除开术名不知道外，于实际生活上早经获得理解和运用的习惯了。因此，可迳把教学这部分熟知用法而未识术名的工作时间减少，用之于普通所不注意而其实至为重要的工作上去，如文位，如连词，介词和助词的用法，如变式语句的组织（有如省略、颠倒、代替、比喻等）。其办法约可分为四点：

（1）于可能范围之内，把九种品词的名称、意义及用法赶快支配完妥；

（2）如句子为单位指示各种品词应处的文位所任的职务，使获得正确而灵敏的词类的用法。因为国语的词类没有严格的区分，为名为动或为什么，常随他在句子里的位置和所任的职务而定，而本身无丝毫的变化，不免使学生对于名、动、形、副彼此活用而生怀疑。故于此不能不多费时间，详为指示及予以充分的练习。

（3）所以表示字与字，语与语，句与句间相互的关系为连词；介绍名词到述说词或形容词上去表示时、地、方法、原因等关系的为介词；用以表示语言文字的神态的为助词。这三类，以前统叫为虚词，实有关于语言文字的通顺流畅及其他音调神态等关系。学生文字是否清通亦可于此决之。惟教者以其无意义足以解释，往往置之而不问，殊为缺憾：故编者对此应特别注意，视其难易分期多与练习，一方帮助以前教者解决那无可解释的虚字问题，他方使学生对于虚词得有一种正确使用的经验。

（4）正式的普通的句子，因受语言文字习惯的影响，易知易写；不用多讲。而变句则知而能解之者少，在阅读上发生极大的困难。变句有二种：一种为古文里句子成分的省略或颠倒其位次的语句；别一种是受新思潮的影响而来的欧化的句子：这些都因不习惯之故，学者常为阅读上的难题。故编者对于此种变句的组织方式亦当尽量予以良好的指导。

以上都就文法说。至于修辞，说者多持狭义的见解，仅看为遣辞造句的事，而其实自构思以至下笔写成文字，中间的过程，广义言之，均得称为修辞。因此可把它分为两部说：（1）关于遣词造句，可并入文法教学而注重于字的代替或譬喻；（2）关于篇章组织，可分别规定各种文字的阅读法的格式，使学生先则就课本研究，次则模仿习作，渐次达到自由创作的目的。如此，较之专拿作文教本专讲作文法得益来得多。

（7）文后附录作者生平事略，如果作者是个某时代的代表作家，不能仅将作者的生卒年月，生平事迹，略加说明即已，并须将作者在文学史上的地位与其前后的影响作个简明的介绍。

（8）文后附以关于本篇的讨论问题，使课外练习，藉以增进其了解与发表的能力。

（9）还有一件小事，就是课本文字和标点符号，就各种教科书看，时多伪误，未及校正之处。作者以为此事虽细而所关实大，尤其标点符号。因为文字的伪误，教者类多注意，一觉有错，即予改正。标点符号向为国人轻视，大多数都置之不问。谁知标点所以明句读，限止语义的变动，不得随意乱标。否则一经错标，语义全变，反不若不加标点符号之为愈。希望编者对于课文伪字及标点的校雠，亦要加以注意。

（10）为指导学生深究并养成良好的阅读的习惯，课本前可附印各种文字的阅读法。兹附录泸校同仁拟订之五种阅读法于后，以供参考。

（11）为供给学生略读用，应按各种文体精选模范文各数十篇，编为副教本，使藉此可得更广更深的国文智识，助长其发表阅读的能力。

【附录】

一、纪叙文阅读法

（一）题目及作者：

（1）题目。

（2）作者姓名，籍贯及其生卒年月。

（3）作者生平事略及学术思想。

（4）作者的著作。

（二）旨趣：

（1）本文的主旨是否在开人知义？

（2）本文的主旨是否在动人观感？

（3）本文的主旨是否在供人欣赏？

（三）内容。

（1）人物：

（a）实有的或假设的？

（b）个性？

（c）状貌？

（d）言语动作？

（2）事迹：

（a）实有的或假设的？

（b）开端？

（c）进展？

（d）结束？

（3）地方：

（a）实有的或假设的？

（b）著名的或偏僻的？

（4）时间：

（a）实有的或假设的？

（b）古代或现代？

（四）表现的方法：

（1）本文是采取下列的第一身称的叙述法吗？

（a）由文中的主人翁（主角）自述？

（b）由文中陪衬人物（副角）述说？

（c）由文中若干人自述？

（d）书简式的导说？

（2）本文是采取下列第三身称叙述法吗？

（a）作者用全知的视点而叙述？

（b）作者用限制的视点而叙述？

（ㄅ）用第三身语法由书中主人自述？

（ㄆ）用第三身语法由书中不重要的人物述说？

（ㄇ）用第三身语法由无与其事的叙述者取纯客观的态度，如实地直陈其事？

（ㄈ）用第三身语法由作者叙述时，加以好恶的批评？

（3）本文纪叙的次序是顺叙由因及果？或倒叙由果而因？或两法参用，因果交错？

（4）本文表现人物是采取以下的直接的表现法吗？

（a）论说法——直称其才行以表现人物？

（b）描写法——用具体的描写，直示读者以人物？

（c）心理分析法——明示读者以人物的心理作用？

（d）评论法——示以书中其他人物对于主人翁的批评？

（5）本文表现人物是采取以下的间接表现法吗？

（a）记述其言论？

（b）明示其动作？

（c）描写其环境？

（d）详叙其事迹？

（6）本文曾将背境写出吗？

（7）本文曾将主人翁的个性写出吗？

（8）本文的观点前后一致吗？

（9）本文观点的流动是快或是慢？中间有无中断处？

（10）本文所纪述的事迹有无学理或不合人情的弊病？

二、描写文阅读法

（一）题目和作者（同纪叙文阅读法）。

（二）动机？

（1）是否为现象的刺激？

（a）受了何种现象的刺激？

（b）现象的刺激用作者情感受到如何的变化？

（2）是否为往事的迷恋？

（a）这往事如何用作者迷恋？

（b）迷恋的情绪怎样？

（3）是否为艺术的冲动？

（a）由个人的游戏？

（b）基于对他人的同情？

（三）对象。

（1）时间：

（a）是何季节？

（b）是何时候？清晨？黄昏或黑夜？……？

（2）空间：

（a）都市或乡镇？

（b）田园、湖池、河流、山谷、海洋？……？

（3）实像：

（a）自然风景？

（b）人物？

（4）虚像？

（a）幻想？

（b）梦境？

（四）表现的技巧：

（1）作者对于所描写的对象，有无适当的选择和配置？

（2）作者怎样表现描写对象中的主点？

（3）作者怎样表现个性？

（4）作者怎样表现视觉、听觉、味觉、嗅觉或触觉动觉？

（5）作者所描写的对象你可曾经阅历过？

（6）作者所描写的对象有无过大或软弱的弊病？

（7）作者所描写的对象有无过于懵懵或显豁的弊病？

三、说明文阅读法

（一）题目和作者（同纪叙文阅读法）。

（二）思想方面的讨论：

（1）作者曾否表示过作文的动机？

（2）本文所说明的是事象或意象？

（3）本文的说明能否令人彻底了解？

（4）本文的说明有无含糊或矛盾处？

（5）除本文之外，作者曾否见过说明同样的事或物或意象的文章？其说明与作者意见相同否？

（6）简叙本文的大意？

（三）组织方面的讨论：

（1）本文有铿有形的导论？其起讫如何？作用何在？

（2）本文全篇可分若干节？每节的要旨如何？

（3）本文有无有形的结论？其起讫如何？作用何在？

（四）说明的方法：

（1）作者对于所说明的事物或意象有无明确而赅括的定义？

（2）曾否述说过其语源及历史？

（3）曾否指明其隶属的种类？

（4）曾否举出其特征？

（5）有无分类的说明或分类表？

（6）有无例证举出？

（a）理论的？

（b）事实的？

（7）有无相反的事物或意象举出，以资对照？

（8）有无举出类似的事物或意象，以资鉴别？

四、论说文阅读法

（一）题目及作者（同纪叙文阅读法）。

（二）思想方面的讨论：

（1）作者曾否表示过作文的动机？

（2）本文所讨论的问题是什么？

（3）能举出较本问题的范围更广或狭的问题吗？

（4）能举出与这问题相类或有关系的问题吗？

（5）作者的主张是什么？

（6）何以见得作者的主张是正确的？

（7）何以见得作者的主张有武断或矛盾之处？

（8）除本文外，曾见过讨论同问题的文字否？其主张是否与作者相同？能作一个比较的说明否？

（9）简述本文的大意？

（三）组织方面的讨论：

（1）本文有无引论？其起讫如何？作用如何？

（2）本文全篇以若干节构成？每节的要旨如何？

（3）本文有无结论？其起讫如何？作用如何？

（4）本文的中心论点是什么？在何处标出？

（5）本文中举理由兼举证据之处有几？

（6）本文中仅举理由而未举证据之处有几？

（7）批驳对方的理由之处有几？

（四）辩证法的讨论：

（1）本文的论证采取何种方法？

（a）归纳法？全篇中有几处？试举出例来。

（b）演释法？全篇中有几处？试举出例来。

（c）类推法？全篇中有几处？试举出例来。

（2）本文所引的证据是属于哪种的性质的？

（1）因果论？（以原因推论结果的。）

（2）符号论？（以结果推论原因的。）

（3）例证论？（引结果相同的事例来作证据。）

（4）譬喻论？（引结果相似的事例来作证据。）

（5）本文所举的证据，理由是否充足？能举更有力的证据吗？

（6）能举出本文的反证来吗？

五、小说阅读法

（一）篇名及作家（同前）。

（二）背景：

（1）在什么地方？

（2）背景和本篇要旨有什么关系？

（3）背景的大概怎样？

（4）背景是流动的或是固定的？

（三）结构：

（1）本篇的结构是单纯的或是复合的？

（2）能说明下列各点吗？

（a）全篇的情节怎样？

（b）叙述的方法怎样？

（ㄅ）怎样开端？

（ㄆ）中间怎样转折？

（ㄇ）本篇转折之处有几？其起讫如何？

（ㄈ）怎样结束？

（c）本篇的最高点——使读者起了一种期待焦燥之情的——和次高点在哪里？

（3）读过这篇小说觉得有兴味吗？

（4）最感兴味的地方在哪里？

（5）最没有兴味的地方在哪里？

（6）这篇小说所述的事件是真的或是类真的？

（7）全篇开端的文字是平常的或是特别的？

（a）下笔适当吗？

（b）读着有兴味吗？

（c）能给你多少暗示吗？

（8）情节进展的快慢如何？

（a）快或慢？

（b）约占了多少时间？

（9）本篇标题所指示的是主要人物？背景？内容？

（10）题目欠当，你能想一个更好的来代替吗？

（四）人物：

（1）篇中的主要人物或其他人物是属于社会的哪一阶级？

（2）人物是真的吗？

（3）你可曾遇见过这种人物？

（4）主要人物是怎样描写的？

（a）内面的——思想，情绪，性格……

（b）外面的——状貌，服饰，言语，行为，表情，事业……

（5）能简略地介绍其他人物吗？

（6）人物的配合适当吗？

（7）作者怎样介绍人物？

（a）直接的表现法？（参看纪叙文阅读法。）

（b）间接的表现法？（参看纪叙文阅读法。）

（8）对于上述表现法能就本篇举几个例子吗？

（9）有无神秘人物混杂在内？

（10）欢喜篇中哪个人物？最恨哪个人物？能说明你的爱好或憎恨的理由吗？

（五）格式：

（1）叙述是否简明？

（2）叙述有无特殊的地方？（如诙谐或警惕之处。）

（3）能指出全篇中描写最好的地方吗？

（六）价值：

（1）本文所描写的是爱情、社会幸福、家庭生活、学校、政治、旅行、冒险或其他？

（2）作者曾否指出这篇小说的目的？假如没有，你能猜中他的目的吗？

（3）情节转变有无出人意料之处？

（4）你欢喜这篇小说的结果吗？

（5）读完这篇小说你觉得有什么价值？给你一些什么教育？

46　初级中学课程标准之讨论

程其保（1895—1975），著名教育学家，原名深，字稚秋，江西南昌人。求学清华学校期间，与同学创办周末半日学校，热衷于乡村社会教育。1923 年在哥伦比亚大学获教育博士学位。曾任教国立东南大学教育系、中央大学教育系，一度赴济南齐鲁大学主持教育系务，1932 年后任教育部部员兼任中央政治学校教授，并主持边疆学校校务。他一生致力于教育事业，由乡村教育、社会教育而学校教育，后又从事国际教育。

著作有《小学教育概论》《初等教育》《教学法概要》《教育原理》《中学教学法之研究》等。程氏十分重视各国教育的比较，本文开篇的“本国语文”一节即可稍见端倪。本文发表后的第二年，程氏便受教育部委派赴欧考察教育。本文原载《教育杂志》第 23 卷第 9 号（1931），选入本《论典》时有删节。

本国语文

本国语文一科，在全部课程中占有主要地位。其他科目，分量上，可多可少；性质上，或为选修或为必修；但国语及国文一科，大都不受何影响，或减少其分量，或变易其性质。所以在本国初中课程，国文语一科，共为三十六学分，实占全部一百八十学分之五分之一。此种情势，不独我国为然，在欧美各国亦莫不如是。兹分析如后。

（一）美国——本国语文实占全部时间六分之一。除社会科学而外，几无其他科目可与对抗。

（二）德国——在 Gymnasium 或 Realgymnasium 的最后四年，约百分之八·六的时间费在学习德文。在 Oberrealschule，德文时间则为百分之十·五。在德国高级学校，德文仍为每个年级的必修科。

（三）法国——在法国的中学，法文的时间尤较德美为多。平均计算约自百分之一六·四至百分之十九·一。

（四）比较三国的时间，在同一年级，英文分量在美国似多于德文之在德国，但少于法文之在法国。同时我们应该注意，德、法两国对于外国文极为重视。凡中学生必须纯习一种外国文，决不似美国后有外国文一科，而实际上究不能有何应用。

本国语文一科，实包括国语与国文两种科目。在普通学校，性质上，常不明白分析，因之教学上发生极大障碍。当然，国文与国语，本互有密切的关系，但从各个的价值、宗旨与方法上看，实系两种不同的科目。国语一科，在求能应用以表示自己的思想及从语言与文字中以明了别人的思想。国文一科，则注重在使学生了解文学的形式及内容，因以发展感赏阅读的习惯。这两种的价值与目标，若不分别清晰，在教学方法上，常易发生几种危险；第一，过于重视文学，因之使语言一科的分量减少，或使语言的学习只附带在文学的学习中。第二，不明白文学教学的意义因之采取语言教学的方法，用之于文学的学习。如只注意于一种文学字句上的分析，而不使学生感赏该种文学的精神与内容，即其显著的例子。

国语

国语的教学，应注意两种的功用：**一即利用语文以协助思想的进程；一即利用语文以为传达思想的工具**。关于第二种功用——即语文为传达思想的工具——乃公司承认的，自无须加以详细的解说。至于第一种功用——即语文可以协助思想的进程——或者不易明了。语与文，形式上不过是一种符号。但是在实际上，思想若无此等符号的协助，即无从进行。符号乃是思想进程的一个根本条件。所以杜威说“思想的原质都系建设在语言上面。”（见杜著 How We Think 一七五页。）

从上列两种功用，因以发生三个教学上的程序：（一）字汇的发展；（二）字的应用，使能正确的表示个人的思想；（三）字的联贯，使能便利有联贯的思想与谈话。以上三种程序，乃系节节相关的；在中学的国语学习，尤应给以充分的注意。兹分别讨论之：

（一）字汇的发展：字汇的获得有两方面，一从与事物广大的接触；二从运用字的经验。**字汇的获得乃思想的根据。缺乏广大的字汇，绝不能有广大的思想，但是有广大的字汇，不一定就有广大的思想。**其原因由于所谓“被动的字汇”常超出于所谓“主动的字汇”之上。所谓被动的字汇，即指每个人的全部字汇中，至少有一部分的字，与其他的字相联贯时，或发生相当的意义，但是单独存在时，却不能用以表示他的思想了。**教育的工作，就在**使减少此种被动的字汇，**使学生所学习的每个字，皆能发生真确的意义，以作思想的工具。**然而普通学校患此种弊病，实不知其数。有些学校反常常努力于鼓舞学生去多多获得此种被动的字汇，与思想的发展毫无半点的协助。**一个小学毕业初入初中的学生，大都有一种缺点即对于字与字的关系或有相当的训练，而对于字与思想的关系却反疏忽了。**

（二）字的应用；表示每种经验与事物的意义，乃系字汇获得的根据。至于求思想与表意的正确则属于字的应用问题。其实说起来，字的正确应用，较之字汇的获得，尤为重要。普通初中的学生，所认习的字数，总较其能应用的字数为多。换言之，即被动的字汇常超过其主动的字汇。概括的分析，他的全部字汇，从其正确的意义上观察，大都系含混的、普遍的，有时还是错误的。除非我们的教学能使他们的字汇有正确的应用，不独他们不能利用已得的字为思想的工具，反足以促成他们思想上的错误。

（三）字的联贯：每一个字有其本质的意义，亦有其附带的意义。本质的意义是不变易的。故一个单字，无论在何联贯，皆有其本质与个性，与其他的字不相混合。但是同时，同一个字可以有无穷的运用。所以同是一个字决不会在几种运用之下，皆发生纯粹同一的意义。因之有所谓附带的意义。此种分别，对于我们的思想实发生莫大的影响。要求得广大的字的本质意义的获得，乃是一件简单的工作。普通小学的教育，大都可以应用。至于要求得广大的字的附带意义的应用，却是一件繁杂的工作，恐怕要从中学做起。而进行的方法，则须注意于充分运用字汇，以作有联贯的思想与谈话。

以上的分析，如果认为是正当的，那么中学国语教学根本的目标，就在发展学生的能力，使能应用已得的字汇，为表示思想的工具。所以关于国语的一切科目，如作文，文法，修辞等等，皆应以此为最重要的目标。果如是，则作文不致于流为一种干燥的表意；文法不致于徒重形式，而修辞亦不致失其本来的功用。

语文为协助与传达思想的工具，固属明显，但在实用上，确有几种极显著的限制。

第一，国语的训练，若不时时加以相当的思考，常易流为机械，因之使语文的应用不能超出习惯的范围，最足以阻碍更广大的功用。吾人的习惯对于语文的应用，大都采取最便利的途径。所以有许多字的意义或语句的方式，虽明知不能表白正确的思想，吾人毫不假以思索，使用之而不为怪。

第二，**现在的国语训练，多靠书本，因之有许多字句，在实际上是毫无用处的，皆要学生费去多少精力去学习。此等字句，只含有符号与符号的联贯而缺乏符号与思想的联贯，统称之为被动的字句。**

第三，前几段已经声明过，字汇的大小，与字汇的应用具有同等的价值，而价值的表现，就在能使所知道的字作有联贯思想的工具。此种功能，在作文科中，尤为重要。在平常生活中，应用字汇究竟不假斟酌。至于正式的作文，则非假借比较与选择的工作，使字与字间皆有正确的意义，不足以尽作文的能事。然而普通的学校作文，对于此种富有思考的字句上的比较与选择，究竟能做到什么地步，实是一大疑问。在教师方面，对于学生固有思想与已得的字汇多半不能了了。而学生自己，在作文的进程中，常常感觉到困难，不能寻得正确的字去表示他的思想，其结果，必致使其思想受字汇的限制，不得不在其狭隘的字汇中寻找字句，勉强表现他的思想因之进步的机会永远不会获到。教师只感觉学生思想上的枯燥，而不知学生的困苦的所在，因之亦不能给与实际上的协助与提携。

第四，**良好的字句的应用，最好能养成习惯，使此种应用可以于无意识中受习惯的指挥**。但是在现在学校组织与教学方法之下，国语班中所能养成的良好习惯，每每因其他班次不能与以协作，致被摧残。除非国语教学与其他教学能发生密切的联贯，专靠国语班训练语文，决得不到完全的成功。**教授国语，固是国语教师的专责，但是也是其他各科教师附带的责任。**

文学

文学的教学具有二种目标：

第一，社会性的目标——文学富有社会的价值，可以从两方面观察，（一）文学可以使学生有广大的经验的与人群的接触；（二）文学可以使学生与直接环境以外的经验、习俗、思想相接触，因以富有所谓“集合”的价值。**在中学校，文学的教学，如果主持得当，其价值并不亚于历史、经济或公民的教学。其实人类有许多经验与活动，并不为历史，经济或公民等科所论及，而在文学却视为主要的资料。普通社会的**

观念、习俗与思想，大都可以在其文学中观察得到。而社会的遗传，所依靠于文学的地方，尤为巨大。

第二，休闲性的目标——在全部中学课程中，最富有休闲性的科目，就算文学了。二千年以前，西色罗（Cicero）曾说过，“文学乃系一切的时代、一切的年龄和一切的地方的娱乐的源泉。”到现在，我们还可以加一句“文学乃系一切人的娱乐的源泉”现在的社会，经过了种种的工商业与社会的革命以后，人类的休闲时间比较加多，而阅读的能力比较扩大，所以人人不独有欣赏文学的能力，并且皆具有欣赏文学的欲望与要求。既有此种的欲望与要求，我们的努力就应集中到如何去满足这些欲望。因之发生几个根本的问题：（一）什么是人们欣赏的资料？（二）如何使人们欣赏？

依据休闲的目标，文学的教学注意在发展学生对于文学的欣赏与感受。**但欣赏与感受，全靠有正当的标准。**现代社会文学的环境，总算很丰富了。有一部分的作品，固且是有价值的；但是也有一部分的作品是恶劣的。**普通的学生，究竟受何种作品的支配，则在乎学校所能给予的训练与指导。**

前面已经分析过，文学有二种目标，一即社会性的目标，一即休闲性的目标。**文学教学的价值的判断，即在是否对于这二种目标能否满足。所以一种文学，如果是用以满足社会的目标的，至少应附带有休闲的价值；如果是用以满足休闲的目标的，至少应附带有社会的价值。但是最大的效果，仍在综合二种目标，同时满足。**

文学最大的功用还在欣赏。此种欣赏功用，对于中学学生，尤为重要。普通的人们，究竟是文学的消耗者而非文学的创造者。文学的消耗者乃系普通的，而文学的创造者则属于少数。所以**教文学的方法，最宜注重在文学的精神，而不必拘于文学的形式与结构。**

现在学校对于文学的教学，确有几点可以值得我们深刻的考虑。第一，**中学校一种普通的趋势，就是过于趋重文学的教学而轻视国语的教**

学。其原因由于教授文学，比较上似较教授国语为易；同时，文学的教学亦较国语的教学更有兴趣。这种比较究竟有没有根据，很不易处断，但是普通大都有采用最便利的途径的倾向，可是显然的事实。第二，**现代中学文学的教学，大都有倾向休闲目标而忽略社会目标的趋势**。其实这两种目标，无论偏重那一种，皆属不正当。第三，现代中学文学的教学，多有偏重于字句的分析与形式的研究的趋势，因之不易引起学生对于文学乐于阅读及富于欣赏的欲望。第四，前已言之，本国文的教学，固有专任的教师负责，但是要想得到最大的结果，全靠一切教师的合作。此种合作，在现在中学，不能实现。

［附］

关于新课程标准实验方法的意见

杜佐周

1929 年 8 月，当时的教育部颁布了中小学课程暂行标准。其中，小学国语课程标准由吴研因、赵欲仁等拟定；1932 年 8 月，教育部又重行聘请周予同、夏丏尊等加以审核修改。同年 10 月，该课程标准才正式公布施行于全国。作为教育家的杜佐周，正是在拟订暂行标准与颁布正式标准之间提出实验方法的意见。杜氏就小学国语教学提出的实验意见，条分缕析，简明扼要，其思路方法，举一反三，可供日后中小学语文教学实验时参考。

原载《教育杂志》22 卷第 3 号（1930）。有删节。

现在我们姑且讨论一种比较简易的实验方法。为便利计，选择所应用的实验教材，并入一起讨论。这种讨论，对于教育部所颁布的小学课程标准之应用，或更为切要，而容易进行。所谓简易的方法，就是依照教育部所规定分科教学的标准，将各门学科分实验的意思。今欲在这短时间内，将各学科之实验方法分别为之讨论，事实上必不可能；无已，只得择举一门学科为例而说明之。兹特讨论国语。小学教学国语的目的，在养成儿童有下列五种能力："1. 练习运用本国的标准语，以为表情达意的工具，以期全国语言相通；2. 学习平易的语体文，以增长经验，养成透澈迅速扼要等阅读儿童图书的能力；3. 欣赏相当的儿童文学，以扩充想象，启发思想，涵养感情，并增长阅读儿童图书的兴趣；4. 运用平易的国语和语体文，以传达思想，表现感情，而使别人了解；5. 练习书写，以达于正确、清楚、匀称和迅速的程度。"这些就是教育部所颁布教学国语的目标。我们在实验时，自应切实记着这些目标，不过此外尚要设法解答下列几个问题：

1. 这些目标，是否完善，或有增添修改的必要？

2. 小学毕业的儿童，如已达到这些目标，将来在社会上活动，对于语言文字等的应用是否已可满足实际的要求？

3. 达到这些目标，是否需要全部小学时期继续教学；换言之，若在小学全部时期内，继续教学国语，是否仅能达到这些目标？

4. 这些目标，是合于社会上的实际需要么？

5. 这些目标，是合于儿童身心两方面的实在要求么？

6. 这些目标，对于整个教育的宗旨，是否确有密切的关系；若有关系，在何方面？

7. 这些目标，若因各地环境之不同，儿童能力之殊异，以及教学方法等之差别，是否亦应有伸缩的余地？

上面这些问题，尚是举例的性质。各位在实验的进程中，更宜继续提出他种问题。

我们既已明白国语科的教学目标及应行解决的各种问题；现当进而研究其作业类别方面的材料。这次暂行标准中对于国语科的作业类别，共分四类，就是：1. 说话，2. 读书，3. 作文，及4. 写字。对于说话一类，又分日常的和临时的两种。说话是社会上一种很重要的交际工具。平常一人说话能力的优劣，关于事业的成败极大。其应为作业类别之一，自不待言。至若对于读书一类，亦另分精读和略读两种。关于这种分析我稍有点意见要发表。我以为精读和略读只是方法上的改变，并非是作业上的差异。其实，在读书项下的作业分析，应为默读和朗读两种。默读和朗读，不特在社会上的功用各不相同；而且所有学习的心理亦有差异。故在课程上，何种应更为注重，亦当明白规定。至于作文，不仅限于文字发表；口头发表也是一种。且在每项下，尚宜详为分析其他各种不同的作业。他若写字，则对于应有品质和速率等标准，均应根据实际的调查及研究，分别规定，以为实际教学的指导。我们实验时，关于此种分类的情形，亦宜常抱怀疑的态度，在可能范围内，先谋改进其原有的项目；然后继续补充每项的内容。

就实际编制课程的原则而言，作业的详细分类，最好根据社会上实际活动的详细分析。如是，则我们实验时，可依各种活动的价值进而选择材料，及规定它所应有的教法。倘若教育部所颁布的标准，做到这层，则我们的工作必更轻而易举了。惜乎此种材料，尚付缺如，仍须由我们自己去分别研究！可是实际活动的以分析是一件很不容易的事。稍后，我特把说话一种作业下所包括的活动，加以分析和说明。其余各种作业，此地因时间关系，不能为之一一分析；至于他们学科，更不必论了。在暂行课程标准书上，亦有各学年作业要项的规定，例如第五六年，就说话项下，有：1. 日常会话；2. 故事的讲述练习；3. 普通演说的练习；4. 辩论的练习；5. 国音字母与汉字的互译等；但这些仅是一个范围，究宜应用何种材料，仍须由教师自己去选择。故欲进行此种实验，真不是十分容易的；我们必宜具有很大的努力及坚忍的态度去干才好。

说起普通选择教材的方法，计有五个重要原则，我们应该注意的：1. 必须在儿童能力范围以内者。如说话一项，须调查儿童在什么时期，常说什么一类话等，均应精密记录起来。2. 必须能引起儿童的好奇心的。因儿童常被好奇心所驱使，而愿意努力以求解决。如是，他学习时必可更有兴趣。3. 必须在社会上有实用价值的。教育以致用为目的；所以教材自非对于社会有用不可。4. 必须能适应时令的要求的。譬如在夏天研究冰雪，就会失了实际证验的机会；换言之，学习时必无充分的动机。5. 必须能满足地方上的需要者。例如我们住在厦门，就应以厦门的需要为标准，去找相当的教材。此外，还有一条补充的原则，就是必须选择那比较更有价值的。因为任何材料，都有相当的价值；但为时间与精力所限，自应只能择更重要者而教学之。我们选择各科教材以为实验的资料必须顾及以上各种原则，才可免除许多意外的失败。

可是要根据上面原则选择教材，尚须先从事于实际活动的需要，否则，什么材料是适合儿童的能力，是能**引起他们的好奇心**，是**具有社会上实用的价值**，是能**适应时令的要求**，是能**满足地方上的需要**，或是比较更有价值者，都无从知道了。所以编制课程，最要紧的工作，就是一种详细活动的分析。这种工作，实非一二人所能完全负责，必须由多人合作进行，才可成功。现以说话一项为例，约略分析它的实际活动，以资参考。

就普通而言，说话的动境，有：1. 桌面上的说话，如在家中或在公众宴会中等是；2. 社交会集中的说话，如在欢迎会、茶话会、跳舞会、俱乐部中等是；3. 讨论团体中的说话，如今天大家在此开讨论会，及其他委员会等是；4. 公众场所上的说话，如在运动场、戏院、学校及公众讲演所中等是；5. 旅行及买卖物件时的说话，如在街上、旅舍内、商店中及火车上等是；6. 介绍朋友时的说话，如刚才主席介绍我和诸位相见的谈话；7. 拜访朋友时的说话，如道喜、安慰、商议、请求及联络感情等是；8. 在会议时的说话，如学生会会议等是；9. 会客时的说话，如亲戚、朋友、僚属或生客等之来造访等是；10. 与朋友相遇或分别时的说话，如在路上，或者其他场所中是；11. 其他各种日常动境上的说话，如对于父母、兄弟、姊妹、朋友、师长、邻人，或仆役等说话等是。以上原是举例的性质；需要说话举动的动境，当然不仅如此简单；不过能如此继续分析，然后再在各种动境上搜集相当材料，以为实验教学的工具，就可应用不完了。其他各门学科，也自然都可仿照这种方法分析动境。

其次，得到这些动境后，在未实际搜集教材以先，尚应进而分析这些动境中所需的智识、技能、态度等。例如说话一项，至少须注意以下各种要点：

1. 要研究怎样可使说话有兴趣。达到这个目的的方法有多种，如应利用各种机会和人谈话，并注意其结果；在学校里应培养儿童有丰富的智识，以为谈话的资料；且宜养成其有良好能力，去搜集有价值的事实等是。他若阅读高尚有趣的小说或故事等，以备在闲谈中消遣之用亦为必要。从前我们所受的教育，就缺少这一部分的训练。譬如在公众开娱乐会的时候，若要随便请一二位谈述几个故事或笑话，给众人听听，各人就感觉非常困难，而将互相推诿。这种情形，西洋人就比我们好得多；因为他们从幼时就有训练。其实这种讲笑话的技能，亦是很要紧的。他若每天阅报等习惯，则不特可藉以明了时事或社会上的情形，且可用以为谈话的材料。

2. 要研究怎样可使说话能令人动听。这是说话者的态度及音调方面问题。譬如一种相同的材料，而由能力不同的二人去讲述，一则姿势适当，声音合度；一则姿势呆板，听音嘈杂，则其结果必不能相同。换言之，前者说话，必较后者更为动听。

3. 要研究怎样应用美妙的文学来说话。说话时如能应用适当和美妙的文字，则辞意必更婉转而易感动他人的心绪。

4. 要研究怎样说话才有意思及合于文法上的组织。同是一种意思，说话时的表出，常有粗莽与文雅的分别。前者常为普通所憎恶后者常为普通所欢迎。

5. 要研究怎样倾听他人说话才为适当，这亦是很重要的。如在公众讲演的会场中，个人缺乏相当的修养，任意咳嗽，或私谈，或高声行动等，则不特自己不易领受讲演者的意思，且将妨碍他人的秩序。此种习惯在修业时期，就要注意养成。

以上不过举其大者数端而言，此外如在和人家谈话的时候，应该预想人家的情境，体察人家的心思等，均应注意。诸如此类，实在不胜枚举。

总之，在什么时候，或在什么地位，应该说什么话，都宜详细研究。例如介绍朋友相见后，应该说什么话？在会议场中讨论时，应该说什么话？开会时发表意见，修正议案时，应该依照什么方式说话等，都足以供研究的资料。以上所举的，不过是关于说话方面搜集材料的举例。其余各种活动或各科，均可依此方法类推；惜此地不能为之一一说明。

47　关于小学国语读本的几个重要问题

朱文叔（1895—1966），语文学家和语文教科书著名编辑。浙江桐乡人。杭州省立第一师范学校就读时，与丰子恺、杨贤江同学。赴日本深造后，执教于杭州师范学校。民国10年（1921）进上海中华书局，任编辑，参与编纂、修订《辞海》。著有《深与浅》一文，吕叔湘誉为研究汉语辞汇的范例。编有中华版初中《国语与国文》、高中《国文读本》，小学《国语读本》等多样教科书。

本文从编辑素养、教材内容、选材标准、教材编法等四个方面，阐述了作者的见解和实践经验。其中提出的"鸟言兽语"等问题，在20世纪30年代初曾经有过争论。作者对上述问题，都作了恰当的分析，并提出了自己的观点。本文原载《中华教育界》第19卷第4期（1931），原文共四个部分，本《论典》选用前三部分。

关于小学国语读本，问题真多极了，现在我先举出几个来，加以讨论：

（一）编辑者的素养问题

小学国语读本的编辑者，究竟应得有怎样的素养？我以为小学国语读本的编辑者，至少须懂得：

（1）民俗学　就大处说：**小学国语读本的编辑者，一定要懂得民**

俗学，然后他所选的教材才能有悠久的历史的根据，合于民间一般的好尚，有深入人心的势力，而收陶冶国民性之效。既小处说：要是编辑者不懂得民俗，往往容易闹笑话，引起实际教学时意想不到的困难，例如“乌龟”“兔儿”等词，用得不谨慎，便容易发生这种困难。

（2）言语学　小学国语读本的编辑者，**一定要懂得言语学，然后遣词造句，有合理的依据。**我们向来都知道，在小学国语读本中，最先出现的应该是名词和动词。但据近来唯物论者的说法，言语是起源于劳动的呼声的。又据经验，我的第三个女儿还只七八个月的时候，在外婆家里，每次看见树上飞鸟总发出“砰”“砰!”的呼声。而无论哪个幼儿，也都会发“啊”“哇”等叫声，可见在儿童的言语上，最先发达的是叹词和各种表声音的字。所以我们在低年的国语读本中，不妨多用叹词；表各种动物叫声的字，如“咪呜”“咩咩咩”“吱吱吱”等，虽然将来的应用价值较小，也未尝不可以用。又，我们向来都以为言语是表达思想的工具，**其实言语和思想，是二而一、一而二的东西：思想便是不出声音的言语，言语便是有声音的思想。**所以**我们要达到训练思想的目的须得在国语读本中致力于言语的训练，**换一句话说，就是**要在读本课文之中，包含言语训练的材料，要使读法和话法合一，要把儿童所读的和所说的连结起来。**

（3）文字学　文字学和国语读本，当然也有密切的关系，我们由文字学的研究，可以知道一个字的意义，孰为本义，孰为引伸义，怎样由本义而转为引伸义，怎样更由第一引伸义而转为第二引伸义；可以知道意义类似的字，例如“美”之与“善”，“优”之与“良”，所不同的细微之辨在哪一点，这在文字出现的先后和课文中下字怎样才能妥贴这两点都很有帮助。又据艾伟氏的研究，说在可能范围内，文字介绍，宜取偏旁相同的；此说在文字学上也很有根据，例如“烧”之与“浇”，偏旁相同，同由“尧”得音，而一从水，一从火，意义便不相同。我们要是把这两个文字在同一课内介绍，儿童学习自较易。

（4）音韵学　**国语读本中课文的第一要件，是要使儿童读起来顺口，不觉得佶屈聱牙，**这又须有赖于音韵学的研究，懂得了音韵学，才能知道：哪几个音是儿童容易发的，哪几个音是不容易发的。例如丫己二音是容易发的，乚音就不容易。唇音在儿童生活上比较最先发生，例如“妈妈”“爸爸”二词，在儿童词汇中要占最早的位置。有人说“妈妈”这个音是由小孩子吸奶的动作发生的，“爸爸”一词也有同样的起源，是“妈妈”的转变。此外，我常听得懂旧戏的人说：唱戏的人最怕唱辞末尾是叠连的两个阳平声，因为发音不容易正确，唱起来很费力。我们在编国语读本的时候，也常有类似的经验：同声符的字，叠在一起，读起来往往很费力，并且容易使儿童听不分明，在教学上发生窒碍。又如全句都是旧入声字，读起来便觉急迫短促；全句都是阴平声字，读起来也因为没有抑扬，觉得乏味；这虽然在实际说话的时候，声调自有变化，但总以能避免为是。

话说得太多了，这样写下去恐怕占篇幅太多了，所以下面只简单的说除上述四门学问外，国语读本的编辑者，当然还要懂得——

（5）语法文法

（6）修辞学

（7）论理学

（8）文学

（9）儿童心理学

（10）教育学

（11）教育方法

（12）各种常识

最后还有四个重要的条件，就是——

（13）陶冶民族精神　小学国语读本，是陶冶一般国民，以兴奋其民族精神，启发其民权思想，养成其民生观念的重要工具，所以要能够用深入浅出的方法，把民族精神渗透在文艺教材之中。

（14）会说标准话　我们若是把国语读本作为统一全国语言的工具之一，那么这一层是必要的；我们若是要求国语读本的文字是活的不是死的，是生动多变化而不呆板单调的，那么这一层也是必要的。

（15）明了社会需要　为使国语读本能适应社会需要起见，它的编辑者必须明了目前的社会需要；他应得时时留心各种记载报告和调查统计，以明了各地方的实际情形，由此以推求社会的实际需要。

（16）知道教育上新趋势　国语读本又是主要的教学工具，所以它的编辑者又必须知道教育上的新趋势；他应得时时留心各种教育研究、教育实验、教育视察的报告，以供编辑时改进的参考。

（二）关于内容方面的问题

关于小学国语读本内容方面的问题，最重要的有下面几个：

第一是小学国语读本，究竟应该从实有的经验出发，还是从虚设的童话寓言等等出发？

童话寓言等等，可以满足儿童的好奇心，可以发展儿童的想象力，可以涵养儿童的情感，可以在无形之中陶冶儿童的德性，原是极好的小学国语教材，但是过于偏重，用得太多了，也不大妥当，我以为童话寓言等等，只是儿童文学的一部分，不是儿童文学的全体。除童话寓言等等以外，描写儿童日常生活经验的文字，也未尝没有极好的儿童文学作品；除鸟言兽语以外，描写习见动物的实际生活的文字，也未尝没有很好的儿童文学作品。例如《老虎叫门》《两只羊过桥》（见中华出版《新小学国语文学读本》）《狐狸想吃肉》（见商务出版《小学校初级用新学制国语教科书》），固然是好的儿童文学作品，而

小妹妹
走来
走来
大哥哥抱抱你

一二三
跑啊　跑啊
快快快
到了
哥哥第一
好好好
拍手　拍手

哥哥画一个人
有脚有手
弟弟画一只狗：
有脚没有手
小妹妹画一个鸡蛋
手脚都没有

等三则，（前二则系拙作，后一则见小学校初级用《新中华国语读本》）也未始不值得给儿童读。再进一步说，司马光碎缸、文彦博取球等老故事，要是好好的描写起来，又何尝不是好的小学国语教材？《白鸡做饼》《你拾着大尾巴吗》（见《新小学国语文学读本》），固然是由鸟言兽语构成的儿童文学作品，而描写动物的实际生活的，如拙作

一只黄蝴蝶　拍着翅膀　慢慢飞下来
越飞越低　越飞越低
小猫看见了　快快扑过去
逃　逃　蝴蝶飞上天
小猫扑个空　抬头向天看

早上　鸽子飞出笼　飞到屋背上
他向前跳跳　向后跳跳
他站住了
他伸伸颈项
头向左转转　向右转转
咕咕咕　咕咕咕　他叫了几声
扑扑扑扑　他拍着两只大翅膀　飞去了

等两则似乎也未始不可以作为小学国语教材。

最近，吴研因先生和尚仲衣先生为了“鸟言兽语问题”，很辩论了一下。我的意见是：**在小学国语读本中，鸟言兽语，是应该用的，只是**

分量应当有限制。因为，第一，无论在家庭，在学校，在儿童日常生活之中，自有许多资料，可以写成国语教材；并且这些资料，本身已富有兴味，正不必再借鸟言兽语表出来，以迎合儿童的好奇心。第二，要是太偏重了，满纸都是鸟言兽语，那么不但在实质方面，只看见小鸡小狗小猫，单调而少变化；就是在形式方面，语法、句式等等，也容易为材料所限，在不知不觉之中流于板滞。这对于本科教学的目标“增长经验”、“应用工具”两点，恐怕都不免有遗憾。

所以，我对于这第一个问题的答案，是：**小学国语读本，不可以专从虚设的童话寓言等等出发，在童话寓言等等之外，至少须加入等量的从儿童实际生活中抽取出来的教材。**

（三）选材标准问题

此所谓选材标准，指内容方面说，就是一篇东西在内容方面要具备怎样的条件，才可以选为小学国语教材。这在课程暂行标准中已有规定，如下：

“教材和教科书的选择，应注意下列各点：

（甲）足以兴奋民族精神，启发民权思想，养成民生观念的。

（乙）积极前进，乐观解放，而非消极退缩，悲观束缚的。

（丙）提倡合作、互助、勇敢、劳动、规律，而非自私自利，懒惰浪漫的。”

我在这三条之外，还想补充一点意见，如下：

（A）一篇教材到手，先要用教育的眼光从各方面估量一下，要是有不合于教育目标，或容易发生流弊之处，那么虽合于儿童心理，也不是好教材。我们知道，成人和儿童之间，有许多差异，小学各科教材都应得合于儿童心理，我们万不能本成人的眼光来替儿童选取教材，成人懂得儿童不懂得的材料，无论怎么好，也必须割爱。但是，我们又知道教育目标和儿童心理之间，也有许多不相符合的地方。儿童的天性原是教育的根据，但儿童的天性又必须藉教育而加以改换。**说一句呆话，要是像极端的教育上的自然主义者的说法，儿童的天性都是好的，那么又何必有教育？**譬如说，我们虽然不相信儿童生活就是原始人生活的复现之说，但儿童在天赋上总不免有蛮性的遗留，我们决不能以合于儿童心理为理由，就把可以激发儿童蛮性的教材选用；儿童又喜为种种恶作剧，我们也决不能以合于儿童心理为理由，就把可以引起儿童试为恶作剧的教材选用。再进一步说，儿童是欢喜新奇的，我们也决不能因为一味迎合儿童好奇心的缘故，使读本中教材所包含的事实，都没有可能性，满纸都是不会有或者做不到的事情。因为这些教材虽合于儿童心理，而以教育价值衡量之，则不免有缺憾也。还有，日本近来有所谓"大众文艺，"因其迎合一般社会的低级趣味，颇为世人所设；儿童的趣味，我们当然不能用成人的眼光来衡量他，说他是低级趣味；但是儿童究竟是幼小者，儿童的一切，究竟还没有达到完全发达的境地，教材的功用就在供给他们一种适当的刺激，逐渐变换他们的本能和兴趣，帮助他们达到完全发达的境地。杜威曾说："儿童自己之经验，非能不假外求而显其意义，其经验非为固定的，终局的，而为变换的，过渡的。"又说："新教育之危险，在视儿童现在之能力与兴趣不事外求与变化，而自身具有积极的价值。……来'儿童研究'之风大盛，然果以此而使人以为儿童在任何年龄皆已具有若干之旨意与兴趣，教育之事，不在变化之而在培养之，则适足以滋患害。……取任何年龄之现象，以为不假外求而自足者，终必至于姑息与纵态。**夫一种能力，不论其为儿童的或成人的，果以现状为已足，是皆失于放纵。**须知现有能力之真义，乃在供吾人以促进之极以进于较高之域，予吾人以一种材料以为着手之起点。若徒依其现境而迎合其兴味，是直等于虚扰，仅以之为玩弄之资，挑动不息而不能导之于正轨以有所成就。"我很服膺这话。张士一先生曾经说："我们应该用稳妥的东西来做教材，不应该拿儿童的心理来做游戏品。”又说：“无论用哪一种教材，从教育的各方面着想，总要是无流弊而有价值的。”我也很服膺这两句话。不过我要声明一句，**我不是说：小学国语教材，不该迎合儿童心理；我只是说：兼顾教育价值和儿童心理，才是最妥当的选择国语教材的标准。**

同样，教材的功用，一方在能适应社会需要，一方又须能纠正社会缺陷。纠正民族性的缺陷，小学国语读本也应得负一部分责任，所以我又添加了下列的选材标准：

（B）要思想正确，不模糊笼统。

（C）要多采发明的故事，文艺化的科学谈。

（D）要可以引起同情，不残忍、惨酷、刻薄，尤忌能激发儿童不良的情感之材料。依这个观点说柳宗元氏的三篇寓言——《永某氏之鼠》《黔之驴》《临江之麋》结果都不免惨酷，似以不用为妥；“老虎外婆”和“蛇郎”，虽是我国最有权威的二则民间传说，也不是好的教材。又，我国原有的笑话，大部分是迎合社会低级趣味的无意义的讥诮，可用的也极少。依我的眼光看来，中国的民间文艺，差不多没有一篇可以照原样用作小学国语教材的。

（E）要多用中国故事，但必须注意除去其封建思想；士大夫阶级的传统意识，尤须扫除净尽，使在小学国语读本中不见痕迹。依这个观点说，“狐假虎威”和“鹬蚌相争”虽同是有权威的中国故事，但后者不妨用，前者可就不能用；因为“狐假虎威”正是官僚政治最大的缺点，我们宁可使幼小者终身不懂“狐假虎威”这句成语，不愿在他们幼稚的头脑上，留着这句成语所指种种鬼鬼祟祟卑鄙龌龊的事实的影子。

（F）要能养成做人正当的态度：正直，独立，平等；不自卑，也不自傲；不欺人，也不欺于人；不畏强御，也不侮弱小。要能打破隐士生活，独善思想，以及袖手旁观，放任小人为恶，安分守己，听天由命等消极的传统观念。

最后，为使国语读本适应社会需要起见，还有一个重要的标准，就是：

（G）小学国语读本的选材，要注意顾到乡村儿童的经验，与其偏于城市方面，无宁偏于乡村方面。这有两个主要原因：第一，因为将来的学校，总是在乡村的多，我们的教科书似乎应该为较大地域、较大多数的儿童谋便利，第二，因为城市小学，设备较完全，教师较有余力，自选城市适用的补充教材或自编读本，比较容易；乡村小学则设备比较不完全，参考书比较缺乏，每一学校往往只有一二位教师，一天到晚忙个不了，要自选补充教材或自编读本，事实上都很困难。

48　国文科考试之目的及方法

阮真（1896—1972），又名阮乐真，著名语文教育家，我国第一位语文教学法硕士研究生导师。浙江绍兴人。是少年中国学会的首批骨干，“五四”运动的先驱者。他是二十世纪三十年代中学国文教育研究成果丰硕的语文教育家，是我国现代国文教育在理论与实践的结合上，进入系统研究的开拓者之一。所著《中学国文教学法》，是当时国文教育理论研究的集大成之作。该书首创了“先总论后分论”的教材编写方法，在国文教育研究的理论建设上具有承上启下、继往开来的意义。

著有《中学作文教学研究》《中学作文题目研究》《中学国文各学程教学研究》《中学读文教学研究》《中学国文教学问题》等。本文除论述国文科考试的目的外，着重对国文科考试方法进行分类研究。文中慨叹“今日中学国文教学之效率几等于零”，“而于教材、教法、教学制度、考试方法，以及语文教学之基本问题缺乏专家为专门之研究，实其主要原因”。作者“独怪吾国学者于国学中极细小之问题，无关于今日社会者，恒为考据之研究。而目前关切于数十万小学生数百万中学生之国文教学问题，则反无人为专门之研究”，其语不可谓不剀切。

本文原载《中华教育界》第20卷第5期（1932）。

（一）国文科考试之目的

学校各科考试之普通目的有三：一曰求得学业成绩凭证也；二曰察看教学实际功效也；三曰督促学生平日用功也。国文科考试之目的则更有进者。国文科分读作二项。就读文言，平日讲授所以增进学生阅读之基本能力者；而课外读文，则使其应用此种基本能力而求其扩展。读文考试之一方面，所以察其平日讲读之能否理解记忆；而他一方面，尚须察其阅读能力进于何种标准程度。不待令其日知所无，月无忘所能；且须令其阅读速率之增高，理解能力之进步也。

就作文言，一面须察其内容之思想与事实之材料；一面当察其所以发表思想与运用材料之能力。思想与材料，基于学生之知识经验；凡读书闻见之所得，皆足以助其对于文题之剖解与判断。而发表思想，运用材料之能力，则在单字复辞典故成语之选用适切，文句之构造平稳，而篇章层次清楚，布置妥善。苟能此，则已尽普通作文之能事矣。若夫所谓修辞之简洁雅驯，琢句之隐秀雄健，立意之警辟超卓，声调之铿锵和谐，与夫对仗工整，结构谨严，则非所望于今日之高中学生者，以其超乎普通作文能力之范围也。而作文之考试，即由其思想材料而判其知识经验达于何种程度；由其选辞造句布局谋篇而判其发表思想运用材料之能力达于何种标准也。

国文科考试之目的既如上述。则其考试之方法，能否达到各科考试之普通目的，与本科考试之特种目的，大有研究之价值焉。吾国举办新教育已将四十年，而学校国文科考试之方法，多数尚不脱科举考试与书院考试之习惯。无论月考、期考以及入学考试、毕业考试，皆不过由教师命题，令学生作文一篇而已。近年更有许多大学中学，尚以命题作文为限制学生之自由发表过甚，于是令学生自由拟题，任意作文，随便交卷。流弊所至，令学生不努力于读文作文，徒在一学期中随意交文一二篇，取得学业成绩之虚伪的凭证。而教师亦以其可省力于批改，更不问其成绩之是否真实，取此一二篇作文以批分，则国文即已及格矣。故学生有于一学期中未尝读文作文，而国文成绩无有不及格者。此在各科考试普通目的之第一项尚未能达到，遑论其他？呜呼！教不严，师之惰，学生国文之不进步岂无故哉！

（二）国文科考试之方法

国文科考试之方法，可分三类言之：

（甲）国文基本能力之测验

此种测验，可在入学考试、毕业考试、能力分班考试、各校或各班比较考试行之。此种测验，约有下列六项：

1. 字汇测验　此项测验，先须制定各级程度之标准字汇。此种字汇，依据各个应用次数之多寡，而定其次序。用机会选择法，每隔二十字或三十字选取一字。共得若干字，以测验学生。其测验之结果，可知学生识字量确实在某种标准程度。

2. 词汇测验　其方法略与上同。

3. 典故及成语测验　其方法亦略同上。惟此种测验之制定，更为不易。

4. 读文速力及理解力之测验　取假定适合于各级程度之文数篇，先经多次之试行测验（至少须测验各级学生数千人以上），而后确定某年级学生阅读之标准速率及标准理解力，如欲提高程度，可将试行测验结果之平准速率及平准理解力提高一四分差。然后以原材料为测验材料，在规定之标准时间内，令学生阅读。读至何处令各作一铅笔记号。然后测验其对于文章内容之理解，达于何种程度。例如阅读速率已及八十分，而其理解仅及六成。则其于标准时间内，阅读某级标准程度之文章，仅得四十八分。若其理解及于九成，则已得七十二分矣。（如欲以此种测验为研究材料者，被测验之学生须年龄相同，学级相同，智力相等。尤须避免外界刺激之影响。如大寒大暑，学生疾病，或功课繁剧等等）。

5. 文法测验　取包含文法最简易以至繁难之文句若干，经多次试行测验之结果，而确定其各级之标准程度。然后以某级标准程度之测验材料，测验某级学生，即能确定其文法了解之程度。

6. 造句测验　取学生未经读过之名人文句若干，由易至难，大略具备。（其最易至人人能作或最难至全班无一人能作者，则须取销之。经多次试行测验后，可以确定。）教师仅以白话解释其意义而令学生构成文句。比较其文句之优劣，而定各级之标准程度。其未达标准程度者，为不及格；已过标准程度者，即为逾格。以距离标准程度之远近，而确定其实在程度。（文章原句，不令学生知之。）

用上六种方法，测验各级学生国文之基本能力，而后可以确定学生实在之国文程度而有科学之根据。**通常所谓学生国文程度之好坏，仅据一篇作文以定分数者，实缺乏科学的根据也。盖学生对于各种文体，各种题目，恒以知识经验之差别，而各有其短长。仅据一篇作文以判断其国文程度，固未得为甚当也。**

（乙）读文考试之方法

现今一般大学中学之读文，几至全无考试。此其原因有三：一、向来习惯，只考作文以定国文成绩。如教师欲考试读文，鲜有不为学生反对者。二、国文教师之能负责于改文者，其劳作已倍于他科教师，实无精力再为考试阅卷。三、不负责任之教师，畏麻烦而图省事，不欲作法自弊。因为读文不考试，故学生每以其他功课忙迫，放弃读文。读文既可放弃，听讲亦不认真。即每二星期作文一次，国文岂能进步？而很多中学有每学期作文仅三四次，大学则有作文仅一二次者。如是敷衍教学，则国文一科等于学校虚设之课程矣。

读文之必须考试，既如上述。而其考试之方法，自不可不加以研究。兹略述管见如下：

1. 背诵与默写　**背诵为考试读文最旧之方法。其优点在能令学生注意读音之正确，声调之抑扬，气势之流畅。并能使其将句法语调与重要之辞句典故成语，熟习于口的筋肉以帮助记忆而保持永久。**则于作文时，因追忆联想之敏捷，不觉自现于毫端纸上，所谓“汩汩乎其来也”。普通文字，固不必皆求熟诵，而愈近于专门文艺者，则愈有熟诵之必要。然背诵之法，亦有其缺点。使学生口诵而不心维，则熟诵全无益处，一也。此种强记工夫，费力太多，而获益不能与所费之力相当，故天资较高之学生，每视为劳拙之工作而不喜之，二也。多耗上课时间，而仍不易普遍于多数人之班级，三也。只能矫正其字音之错误，而不能矫正其书法之错误，四也。故行此法者当注意获得其优点而避免其缺点。在班上只能任指三五人背诵文章之一段。当多令劣等生背诵，而少令优等生为之。其有在班上背诵不熟者，须令到教师房中重背，不可令其在班上多费时间。而**班上举行背诵之时间至多不得超过十五分钟。**

默写之法，可补背诵之不及。教师可矫正其书法之错误，且能全班普遍。惟其缺点在不能矫正其字音之错误；且所读之文，不能篇篇默写；而教师在退课后之阅卷，更将不胜其烦。以国文教师改卷之工作太重者，不易再多阅默写卷也。故余虽尝令学生默写，但一学期不过二三次；而背诵则尚可间周行之。

2. 填补脱字　即于**每篇取其一二重要文句，句中删去几字，令学生填补之也。此法可以补救默写之缺点。其效力等于默写，而能普遍于多篇。**且教师阅卷时间，甚为经济，而令学生不得不将考试各篇，完全读熟。惟中间略有侥幸成功之机会，是其缺点也。

3. 改正错字　其法略与上同。惟将句中重要之字，改易他字，而使其仍可通解者，令学生改正之。苟非将原文读熟，则不易辨别其错误。此法与前法功效相当，而更能使学生为精密之观察而推敲其辞意。使于读书时不得不为精细之思维。惟亦有侥幸成功之机会，其缺点与上法同。

4. 解释辞句　旧时所谓还讲，只适于个别教学而不适于班级教学。以班中人多，不易普遍；且一人还讲，令多数学生无事可做，其耗费上课时间，与背诵同。惟于一辞一句之问答，亦可随时行之。当考试时，可取各篇文中之重要辞句，令学生笔述其解释。惟看考试卷时，教师多费时间，其缺点也。

5. 读文问答　此项问答与各科考试所用者相同。

6. 读文标点　取未经读过之文一篇，令学生自加新标点，分清段落，并画出文中重要部分，有时可令用夹圈圈出文中佳句。此以试其阅读能力及欣赏能力者。

7. 读文提要　取未经讲过之文一篇，令学生自行阅读一过，用笔述提出文中之重要意义。其文意复杂者，可令其分类归纳作一纲要。

8. 古文语译　取古文短篇或一段，令学生译成白话。此法不独可试其对于原文之了解程度，并可使其练习语体之文法修辞，甚有助于作文。

上述八种方法，于考试读文均有相当功效。教师如欲令学生不放弃读文而实得其益，则均可采用之。至于举行次数之多少，则当视学生程度、上课时间与教师任课之轻重而斟酌行之。

（丙）作文考试之方法

通常考试作文之方法，不外命题作文而已。其实作文练习中尚有几种方法亦可应用于作文考试者。兹述之如下：

1. 命题作文　作文考试之命题，当取多数学生皆能了解，而有思想，有事实可发表者。题义不可过深，而内容之范围亦不可过大。作文批分，在作文量尺未有制定以前，当有相当之批分标准。（参看拙著《中学作文教学研究》第三章）

2. 同题重作　此法即取学生已读之文章、小说或报纸上之新闻纪事，令其重行改写。题目相同，事实相同，材料相同，而文字作法不同。须**令学生完全表达原文之思想事实，而不能照原文抄袭。此种考试，可以比较各生发表同一思想，运用同一材料之能力。且可比较其作文速率。此种方法，用于平时作文练习，亦甚有功效。**

3. **听讲笔述** 教师先行演讲一问题或一故事，后令学生笔述之。此**可考察学生之字汇追忆力及文句组织的能力；并可训练其听觉；亦可比较各生写述之速率。**

4. 语体文译 取短篇语体文一篇，或一段，令学生译作文言文。此法可使学生了解语法文法不同之关键；并可察其选辞构句之能力；亦可比较各生写作之速率。

上述四种方法，均可应用于作文之考试者。教者如欲达到各科考试之普通目的与本科考试之特种目的，则于考试之方法，不可不加意研究也。

今日中学国文教学之效率几等于零，虽有多种复杂之原因，（参看拙著《中学国文教学问题》，广西教育厅出版丛书第九种。）**而于教材、教法、教学制度、考试方法，以及语文教学之基本问题缺乏专家为专门之研究，实其主要原因也。**吾国文字，至繁且难，学习固已不易。昔日书塾，专习国文，中才之士，恒经十年而后通。今日由初小至高中毕业，凡十二年。其专习国文之时间不足三年。而教材教法之不经济，仍与昔日无异。即班级教学制度较前略为经济，而亦甚不宜于教国文。（参看拙著《中学国文教学问题》）且一教师恒教百数十人，教师于改文阅卷所费之工作时间，恒当五倍至七倍于教课时间。其有不能负荷重任者，乃复以敷衍了之。则安望其能从事于教学之研究，忠于其终身之专业，而求学生之进步哉？

今日学校之国文教学，已为各科教学中至繁且难之问题。即并数十专家之心力，穷数十年之研究，犹恐未能竟其全功。**西洋教育家之于语文教学，往往研究读法作法中之一问题，穷数年或数十年之力而后成。吾国则尚未知语文教学之当为科学研究。而社会且未承认国文教学之为**

专业。以为凡通文者无不可教国文。而身为国文教师者，则缺乏科学方法之训练，更无研究之倾向与兴趣，亦无研究之机会与时间。其能尽职于教学者，亦徒照例办事，而不能有所改进。其不忠于教学者，则且敷衍塞责而已。独怪吾国学者于国学中极细小之问题，无关于今日社会者，恒为考据之研究。（如某大学为孟姜女寻夫之考据是也。）而目前关切于数十万小学生数百万中学生之国文教学问题，则反无人为专门之研究。则今日国文教学终无办法而已。真不敏，教授大中小学各级国文已十三年。目击今日学生国文程度有每况愈下之势。虽经数年研究，而一无所成。兹篇特供其一得之愚以与当世教育家共研究之。

49　文字与教育

周谷城（1898—1996），著名历史学家、教育家、社会活动家。湖南益阳人。北京高等师范学校（今北京师大）英语部毕业后在湖南第一师范执教。1924年出版第一本专著《生活系统》。1927年后到上海以卖文和翻译作为谋生手段，发表过多篇讨论中国农村和改造中国教育方面的论文，出版了《农村社会新论》和《中国教育小史》等书。先后任教上海暨南大学附中、中国公学、中山大学、暨南大学、复旦大学，兼任中山大学社会学系主任、暨南大学史社系主任、复旦大学历史系主任、教务长等。撰著《中国通史》上下两册、《中国政治史》等。

20世纪20年代中期，他在上海国立劳动大学教育系任教后，为《教育杂志》《东方杂志》撰写了不少论文。《文字与教育》一文中指出“国文教学上的一个浪漫倾向……是把国文看成纯粹灌输学术思想的科目，而丧失了训练文字技术的效用”。周氏表明“自己不是教国文的”；其实，该文所述却正展示了一位“旁观者清”的方家识见。

本文原载《东方杂志》第30卷第24号（1933）。

现在青年学生的文字技术，较之数年前同等级学生底倒底进步了抑只退步：因没有仔细研究过，颇不易说。但目前青年学生的文字技术，除少数特出者外，大体不好，我却信以为真。这可分为几项说：

1. 关于字的——别字太多，词性闹不清，常把名词，作动词用，或动词作名词用；或形容词作动词用，用来全不得当。

2. 关于句的——太不讲究文法，往往一句话中没有动词，如“你张先生?”将“是”字丢掉。或用字重复，如“你有否看见张先生否?”“有”字固不当，“否”字竟两个。

3. 关于章节——全无一定。或一节中混几个意思，或几节之中不外一个意思。

4. 至于字汇——我倒不十分替他们感觉缺少：一则因现在文章中用字并不多，如数十万字的三民主义，据中山大学教育研究所的计算，其中只有三千多个字；二则学生倘能将所识之字好好利用，便不会十分缺少。

学生认识了字，而不善利用，甚或不能利用。结果文字语言的教育；完全失了意义。在教者为枉费心力，在学者为一大损失。这其中的原因，究竟在那里？据我个人的考察，我以为现在国文教学上的一种浪漫的倾向，是一大原因。这倾向大体是**把国文看成纯粹灌输学术思想的科目，而丧失了训练语言文字技术的效用**。用国文灌输学术思想，未始不当，但抛弃文字技术的训练却失了国文的效用。这倾向，若具体说来，含有下列诸种不良现象。

1. 作文不限时间及次数。课表上定了两小时，事实上往往延长到十余小时，乃至三两日。课表上定了每周一次，事实上往往一月不作一次。

2. 教员重理论者，喜出大而无当之题目，如“我的国是观”之类。喜作小品文者，爱出只有象征意义之狭窄题日，如“卖橘者言”之类。怕学生作长篇大论的，则出干瘪无味的题目，使学生无从下笔

3. 学生有思想的，每次都写长篇大论，偷懒者则敷衍了事。

4. 因限时不严，教者收卷不齐，天天向学生讨，如同付债，自觉无聊，索性不讨。（如是懒学生偷闲过去了。）好学生拿长篇大论来，教者看了点头，觉学生有思想，有发表天才。但一想到要替他改正错误，不禁悲从中来，觉当国文教员的都是牛马。

5. 教者认定自己是牛马，于是只在减轻自己工作上着想，对于学生语言文字技术上应有之训练，不免稍懈。

这些不良现象，乃至上面所举学生文字技术不良的几点因我自己不是教国文的，说来或有失实之处。教国文的朋友，视之为愚者千虑中之一得或半得，留作参考可也。兹就我所见，将关于国文教学的几点意思申述如次。

1. 讲授的文章，无妨每篇都有学术思想的价值。但每篇须提出一二关于文法之点，使学生于文章结构上得一印象。但绝对不宜多，而已指出的却非记住不可。

2. 最中选的文章，当以自己最熟悉预科学生可以懂得六成的为好。尽最熟悉之文，无味的亦讲得味出也。

3. 学生每篇文章之长短，当依时间而定。鄙意以为至短不得少于三百字，至长不得多于五百字。此外且不许有犹夷的标准或限制。这并非机械，要使学生得到语言文字上的训练，非如此不可。

4. 学生如礼拜六日作文，教者必须于第二次作文前四天改好发交学生。且每次发卷时须相同，尽可以使学生满足一种希望，且可以养成其整体的精神，更可以计算自己的进步。绝不可今日发几本，明日发几本，使精神散漫。

5. 文章中错字必改，句子不合文法的必改，一节有数意思混合的，须代为理清或统一，或批示。不对题的闲文完全删去。文尾不必附总批，以免浪费时间。平均每生作四百字，倘有一班学生三十人，每周共只改课文一万二千字，无论如何可以仔细改，国文教员决不至像牛马一般。

6. 学生只作三四百字之短文，不是埋没了发表天才么？这有两层解答：第一允许有思想要发表者偶尔自拟题目作长篇。教者绝不必细改错误甚或不改。只作一总批，表示自己的见解，或指出作者优异之点或应行商讨之点。盖这偏重与学生商讨，或奖掖学生，当与基本训练两样。第二，学生基本训练够了，很会利用文字了，有正确思想，要写出来，绝不至写不出的。只有基本训练缺乏，思想又笼统，才会满纸糊涂。

7. 教员命题，不可出大而无当的，只有象征意义的，或枯燥的题目。最好的题目，是意义明显，内容丰富，意思极易推阐出来的。学生有具体意思可写，其文决不至十分糟糕。

8. 每出一题，教者须为中材生说出作法，示以分段，各段讲一些什么。

近年来因见到学生于作笔记、答课卷、写信札、出通告，甚至在报章杂志上发表文章，都常常显见得不能善用文字；常常显见得他们认识了很多的字，用之不得其当，而感到国文教学法之重要。故略贡鄙见，外行的话，希教育界的朋友因我用意善予以原谅。

细细研究一字一句的文法修辞，而只是把文字当作求知的工具，希望识了若干字，便可以看一般的书报，从这些书报的阅读，可以扩大眼界，增加见闻，改进技能，获得新知……所以以不准备做文学家或入文科的一般大众来做我们施教的对象，识字自身是没有什么价值的。这是我们应注意的第一点。

第二，我们要知道，**识字量不是用识字的方法所可增加的**。因为字不是单独可以识的，如此识法，即使识了，未必能读书看报。我还记得，在中学时代，因学英文，会把一部字典从头到尾读到烂熟，但是遇到了生字，还是不懂，反而愈弄愈糊涂了。因为**一字一义的极少**。任何字的真意义必须看他的上下文而定，所以**就是已识的字，换了一个新的位置，也许意义与所识的大不相同**。譬如洪深先生在他文中所引的“白果树”一段中“浑吞”二字，若离了上下文，恐怕连国学专家也不知道是什么意思。况且**在今日文化剧变之中，字的意义常常在增加与改变，新字也不断的产生，**因此字典也须时时修正增补。在这种情状之下，我敢武断的说，虽受了高等教育的人们，对于所识的字，未必完全认识。**单独的识字自苦了教者学者的脑筋，耗费了教者学者的时间，以识字为目标的课本，虽则内容以课文为单位，课文组织仍是牵强以翼字的认识，也是笨法。**

第三，我们还要记得，民校的对象固是成年的民众，即短期小学所收容的也大半是失学青年，都不是十岁以下的儿童。在过去，他们根本没有阅读的习惯，甚至于对于读书这件事丝毫不感兴趣。况且他们不像儿童那样终日嬉游，空着没事做的，一般的大众受着生活的压迫，一天到晚是繁忙不停的。假使编的课本是些空洞简单的字句，便要使他们发生象洪深先生的雇工一样的感想："这是小孩子们念的东西，我学它做什么!"

根据这三点，我们可以说，识字不是文字教育的基本，而且识字与读书在心理上是根本不同的两种心理过程，甚至于会互相冲突。因为读书重了解意义，识字往往斤斤于形音的认识。读书时太重形音，则读不快，甚至于不易获得全篇意义。反过来说，一篇文中或一本书中有若干字不识，只须大意可懂，尽可不去管他，至于字的音不识更不重要，各地方音不同，读法就可以大异！就是字的形记不清楚，也情有可原。鼎鼎大名的作家尚且有写别字的时候，况且别字写惯了，便成为简体字，还要取正字而代之呢！

文字教育的基本是阅读，而在施行民教与短期义教的时候，

第一步先要引起阅读的兴趣，

第二步再设法养成阅读的习惯，

第三步还须增进阅读的能力。

第一步要把他们对于阅读的态度根本转变。大概他们年龄既大，总抱着读书是一件苦事的心理，吃力不讨好，读的书若内容简单更使他们厌倦。所以在以往办民校的对于招生留生都发生极大的问题，据我们的调查，四个人入民校的，读完千字课的不过一个，就这一个人，在离校后因千字不够应用，不到半年已忘记了一大半。其他一小半即使记得也

不过可以对人夸耀，他是识字的人罢了。因此我编了一套人人读（商务已出八册，后四册在续编中），前四册中几乎完全是有趣味的故事，使他们看了以后欲罢不能。现在一般小书摊上出卖的小本头故事书唱本等，所以有生意，便是因为许多略识之无的人们欢喜买来看。

引起了兴趣以后，必须设法养成阅读的习惯，才不至于前功尽弃。千字课的大错便是既不能引起兴趣，又未尝养成习惯，所以中途离学的多，毕业后继续求知的极少。人人读中四册，仍多有趣味的叙述，但内容渐加实质的材料，使读者潜意识中感到可以藉阅读获得新知。如此读完八册，要看一般书报还是不懂，不过已经有见到书便想翻翻看看的习惯了。

要看得懂一般书报，必须一方面了解现代国际与国内重大问题，一方面对于各科门径与修学方法知其大要。这便是人人读后四册中采取材料的方针。一般民众读这十二册书究需多少时间，尚待实验。编制方法是以一月为一册修读时间，这里所谓修读，不是咬文嚼字，也只是得其大意，字音字形都不重要，字义只望其逐渐了解。大约中才以上的成人与青年，社会经验比较的丰富的，不难月毕一册。前四册虽也可自己阅读，但遇着困难，最好有先生从旁指导（非硬教），中四册便可回家自修，偶而请教先生，后四册亦然。

至于人人读所选的字大致根据我的《基本字汇》（民智版），这个字汇是从六种不同的来源中选出，分为常用、备用、罕用三种字。常用字约二千八百，我以为必须认识，才可看普通书报，不过字义是从文中去寻求去增广，不是单独的认识。《人人读》各课课文既长，而生字密度却比任何课本为低，如此在阅读生字甚少的课文，使读者对于生字不感头痛而逐渐了解其用法，字的认识便可从阅读经验中获得。

民国初年上海沪江大学董景安先生有通俗六百字的选择，十年左右又出现了千字课，和最近洪深先生一千一百基本字的试定，我以为都是不通之路，除非我们能把人类理性化，以后一切书报，所用的字不得超过所定范围之外，写文章的人也不得任意用字，更不得造出许多新字来。姑勿论这不易做到，即使做得到，恐怕于文化进步上反有防害，而且连文艺也根本推翻了。不然的话，单用这些字来另编许多读物供识这些字的人读，这也不易做到，而况即使做到，便是把全国人分成两个阶段，殊有背于德谟克拉西的精神。因此只有选已通行的字之一法。我的《基本字汇》是半客观半主观选定的，但在编《人人读》时尚不感大困难。蒋成堃、杜佐周两先生在厦门大学对于儿童与成人常用的字曾作精密的调查，结果民众方面常用不同的字也有二千七百七十四个。可见识一千字或一千四百字无论如何是不够的，若无法使识了这些字的人继续自修，所施的文字教育便是浪费时间与金钱，在今日国家经济极端困难的时候，对于这个问题，不可不慎重考虑与进行。

50　与刘叔雅论国文试题书

陈寅恪（1890—1969），江西九江市修水县客家人，生于湖南长沙，中国现代最负盛名的文史学家、语言学家。清华国学研究院四大导师之一。

陈寅恪先生先后留学于日本、德国、瑞士、法国、美国等，通晓梵文、突厥文、满文等多种东、西方语言文字。他一生中为人们留下了大量著作，为后来人开辟了不少新的学术领域，更提供了新的治学方法。

他的教学极有特色，曾言："前人讲过的，我不讲；近人讲过的，我不讲；外国人讲过的，我不讲；我自己过去讲过的，也不讲。现在只讲未曾有人讲过的。"因此，他的课上学生云集，甚至许多名教授，如朱自清、冯友兰、吴宓、北大的德国汉学家钢和泰等都风雨无阻地听他的课。

陈寅恪讲学还十分注意自然启发，着重新的发现。对学生只指导研究，从不点名，从无小考；就是大考，也只是依照学校的规章举行，没有不及格的。

1933 年，他曾代替清华国文系主任刘叔雅拟制入学考试题，出了"孙行者"，要求考生对答下联。此事成了几十年来高考出题的佳话。至于为什么要出这样的考题，陈先生在《与刘叔雅论国文试题书》中作出了极富学术性的阐述。原文载自《金明馆丛稿》，很值得广大语文教学工作者认真研读。

本文小引（按：原文小引）

——印欧语系之文法，不宜施之于不同语系之中国语文。——不能根据某一特种语言之规律，推之以概括万族。——欲详知确证一种语言之特殊现象及其性质，非综合分析，比较研究，不能为功。而所与互相比较者，必须属于同系中大同小异之语言。——从事比较语言之学。必具一历史观念，始不致自乱宗统。——对对子能表现中国语文特性之多方面，可以测验应试者之国文程度与思想条理。

叔雅先生讲席：承命代拟今夏入学考试国文题目，寅恪连岁校阅清华大学入学国文试卷，感触至多。据积年经验所得，以为**今后国文试题，应与前此异其旨趣，即求一方法，其形式简单而涵义丰富，又与华夏民族语言文学之特性有密切关系者，以之测验程度，始能于阅卷定分之时，有所依据，**庶几可使应试者，无甚侥幸，或甚冤屈之事。阅卷者良心上不致受特别痛苦，而时间精力俱可节省。若就此义言之，在今日学术界，藏缅语系比较研究之学未发展，**真正中国语文文法未成立之前，似无过于对对子之一方法。此方法去吾辈理想中之完善方法，固甚辽远，但尚是诚意不欺，实事求是之一种办法，**不妨于今夏入学考试时，试一用之，以测验应试者之国文程度。略陈鄙意，敬祈垂教。幸甚！幸甚！**凡考试国文，必考其文理之通与否，必以文法为标准，此不待论者。**但此事言之甚易，行之则难。最先须问吾辈今日依据何种文法以考试国文。今日印欧语系化之文法，即《马氏文通》“格义”式之文法，既不宜施之于不同语系之中国语文，而与汉语同系之语言比较研究，又在草昧时期，中国语文真正文法，尚未能成立，此其所以甚难也。夫所谓某种语言之文法者，其中一小部分，符于世界语言之公律，除此之外，其大部分皆由研究此种语言之特殊现相，归纳为若干通则，成立一有独立个性之统系学说，定为此特种语言之规律，并非根据某一特种语言之规律，即能推之以概括万族，放诸四海而准者也。假使能之，亦已变为普通语言学，音韵学，名学，或文法哲学等等，而不复成为某特种语言之文法矣。昔希腊民族武力文化俱盛之后，地跨三洲，始有训释标点希腊文学之著作，以教其所谓“野蛮人”者。当日固无比较语言学之知识，且其所拟定之规律，亦非通筹全局及有统系之学说。罗马又全部因袭翻译之，其立义定名，以传统承用之故，颇有讹误可笑者。如西欧近世语言之文法，其动词完全时间式，而有不完全之义。不完全时间式，转有完全之义，是其一例也。今评其价值，尚在天竺文法之下。但因其为用于隶属同语系之语言，故其弊害尚不甚显著。今吾国人所习见之外国语文法，仅近世英文文法耳。其代名词有男女中三性，遂造他她它三字以区别之，矜为巧便。然若依此理论，充类至尽，则阿剌伯希伯来等语言，动词亦有性别与数别，其文法变化皆有特殊之表现。例如一男子独睡，为男性单数。二男子同睡，为男性复数。一女子独睡，为女性单数。二女子同睡，为女性复数。至若一男子与一女子而同睡，则为共性复数。此种文法变化，如依新法译造汉字，其字当为“㑞”。天竺古语，其名词有二十四啭，动词有十八啭。吾中国之文法，何不一一仿效，以臻美备乎？**世界人类语言中，甲种语言，有甲种特殊现相，故有甲种文法。乙种语言，有乙种特殊现相，故有乙种文法。**即同一系之西欧近世语，如英文名词有三格，德文名词则有四格。法文名词有男女二性，德文名词则有男女中三性。因此种语言，今日尚有此种特殊现相。故此种语言之文法，亦不得不特设此种规律。苟违犯之者，则为不通。并非德人作德文文法喜繁琐，英人作英文文法尚简单也。欧洲受基督教之影响至深，昔日欧人往往以希伯来语言为世界语言之始祖，而自附其语言于希伯来语之支流末裔。迄乎近世，比较语言之学兴，旧日谬误之观念得以革除。因其能取同系语言，如梵语波斯语等，互相比较研究，于是系内各个语言之特性逐渐发现。印欧系语言学，遂有今日之发达。**故欲详知确证一种语言之特殊现相及其性质如何，非综合分析，互相比较，以研究之，不能为功**。而所与互相比较者，又必须属于同系中大同而小异之语言。盖不如此，则不独不能确定，且常错认其特性之所在，而成一非驴非马，穿凿附会之混沌怪物。因同系之语言，必先假定其同出一源，以演绎递变隔离分化之关系，乃各自成为大同而小异之言语。故分析之，综合之，于纵贯之方面，剖别其源流，于横通之方面，比较其差异。由是言之，从事比较语言之学，必具一历史观念，而具有历史观念者，必不能认贼作父，自乱其宗统也。往日法人取吾国语文约略摹仿印欧系语之规律，编为汉文典，以便欧人习读。马眉叔效之，遂有《文通》之作，于是中国号称始有文法。夫印欧系语文之规律，未尝不间有可供中国之文法作参考及采用者。如梵语文典中，语根之说是也。今于印欧系之语言中，将其规则之属于世界语言公律者，除去不论。其他属于某种语言之特性者，若亦同视为天经地义，金科玉律，按条逐句，一一施诸不同系之汉文，有不合者，即指为不通。呜呼！文通，文通，何其不通如是耶？西晋之世，僧徒有竺法雅者，取内典外书以相拟配，名曰“格义”（“格义”之义详见拙著《支愍度学说考》），实为赤县神州附会中西学说之初祖。即以今日中国文学系之中外文学比较一类之课程言，亦只能就白乐天等在中国及日本之文学上，或佛教故事在印度及中国文学上之影响及演变等问题，互相比较研究，方符合比较研究之真谛。**盖此种比较研究方法，必须具有历史演变及系统异同之观念**。否则古今中外，人天龙鬼，无一不可取以相与比较。荷马可比屈原，孔子可比歌德，穿凿附会，怪诞百出，莫可追诘，更无所谓研究之可言矣。比较研究方法之义既如此，故**今日中国必先将国文文法之“格义”观念，摧陷廓清，然后遵循藏缅等与汉语同系语言比较研究之途径进行，将来自可达到真正中国文法成立之日**。但今日之吾辈，既非甚不学之人，故羞以“格义”式之文法自欺欺人，用之为考试之工具。又非甚有学之人，故又不能即时创造一真正中国文法，以为测验之标准。**无可奈何，不得已而求一过渡时代救济之方法，以为真正中国文法未成立前之暂时代用品，此方法即为对对子。所对不逾十字，已能表现中国语文特性之多方面。**其中有与高中卒业应备之国文常识相关者，亦有汉语汉文特殊优点之所在，可借以测验高材及专攻吾国文学之人，即投考国文学系者。兹略分四条，说明于下。

（甲）**对子可以测验应试者，能否知分别虚实字及其应用。**

此理易解，不待多言。所不解者，清华考试英文，有不能分别动词名词者，必不录取，而国文则可不论。因特拈出此重公案，请公为我一参究之。

（乙）**对子可以测验应试者，能否分别平仄声。**

此点最关重要，乃数年阅卷所得之结论。今日中学国文教学，必须注意者也。吾人今日当然不依《文镜秘府论》[1]之学说，以苛试高中卒业生。但平仄声之分别，确为高中卒业生应具之常识。吾国语言之平仄声与古代印度希腊拉丁文同，而与近世西欧语言异。然其关于语言文学之重要则一。**今日学校教学英文、亦须讲究其声调之高下，独国文则不然，此乃殖民地之表征也。**声调高下与语言迁变，文法应用之关系，学者早有定论。今日大学本科学生，有欲窥本国音韵训诂之学者，岂待在讲堂始调平仄乎？抑在高中毕业以前，即须知“天子圣哲”“灯盏柄曲”耶？又**凡中国之韵文诗赋词曲无论矣，即美术性之散文，亦必有适当之声调。若读者不能分平仄，则不能完全欣赏与了解，竟与不读相去无几，遑论仿作与转译。**又中国古文之句读，多依声调而决定。印欧语系之标点法，不尽能施用于中国古文。若读者不通平仄声调，则不知其文句起讫。故读古书，往往误解。大正一切藏经句读之多讹，即由于此。又汉语既演为单音语，其文法之表现，即依托于语词之次序。昔人下笔偶有违反之者，上古之文姑不论，中古以后之作，多因声调关系，如“听猿实下三声泪”之例。此种句法，虽不必仿效，然读者必须知此句若作“听猿三声实下泪”，则平仄声调不谐和，故不惜违反习惯之语词次序，以迁就声调。此种破例办法之是非利弊，别为一问题，不必于此讨论，但读此诗句之人，若不能分别平仄，则此问题，于彼绝不成问题。盖其人读“听猿实下三声泪”与“听猿三声实下泪”，皆谐和亦皆不谐和，二者俱无分别。讲授文学，而遇此类情形，真有思惟路绝，言语道断之感。此虽末节，无关本题宏旨，所以附论及之者，欲使学校教室中讲授中国文学史及词曲目录学之诸公得知今日大学高中学生，其本国语言文学之普通程度如此。诸公之殚精竭力，高谈博引，岂不徒劳耶？据此，则知平仄声之测验，应列为大学入学国文考试及格之条件，可以利用对子之方法，以实行之。

（丙）**对子可以测验读书之多少及语藏之贫富。**

今日学生所读中国书中，今人之著作太多，古人之著作太少。非谓今人之著作，学生不可多读。但就其所读数量言，二者之比例相差过甚，必非合理之教育，亟须矫正。**若出一对子，中有专名或成语，而对者能以专名或成语对之，则此人读书之多少及语藏之贫富，可以测知。**

（丁）**对子可以测验思想条理。**

凡上等之对子，必具正反合之三阶段。（平生不解黑智儿［一译“黑格尔”］之哲学，今论此事，不觉与其说暗合，殊可笑也。）**对一对子，其词类声调皆不适当，则为不对，是为下等，不及格。**即使词类声调皆合，而思想重复，如《燕山外史》中之“斯为美矣，岂不妙哉！”之句，**旧日称为合掌对者，亦为下等，不及格。**因其有正，而无反也。**若词类声调皆适当，即有正，又有反，是为中等，可及格。**此类之对子至多，不须举例。若正及反前后二阶段之**词类声调，不但能相当对，而且所表现之意义，复能互相贯通，因得综合组织，别产生一新意义。**此新意义，虽不似前之正及反二阶段之意义，显著于字句之上，但确**可以想象而得之，所谓言外之意是也。此类对子，既能备具第三阶段之合。即对子中最上等者。**赵瓯北诗话盛称吴梅村歌行中对句之妙。其所举之例，如“南内方看起桂宫，北兵早报临瓜步”等，皆合上等对子之条件。实则不独吴诗为然，古来佳句莫不皆然。岂但诗歌，即六朝文之佳者，其篇中警策之俪句，亦莫不如是。惜阳湖当日能略窥其意，而不能畅言其理耳。**凡能对上等对子者，其人之思想必通贯而有条理，决非仅知配拟字句者所能企及。故可借之以选拔高才之士也。**

昔罗马西塞罗 Cicero 辩论之文，为拉丁文中之冠。西土文士自古迄今，读之者何限，最近时德人始发见其文含有对偶。拉丁非单音语言，文有对偶，不易察知。故时历千载，犹有待发之覆。今言及此者，非欲助骈骊之文，增高其地位。不过借以说明对偶确为中国语文特性之所在，而欲研究此种特性者，不得不研究由此特性所产生之对子。此义当质证于他年中国语言文学特性之研究发展以后。今日言之，徒遭流俗之讥笑。然彼等既昧于世界学术之现状，复不识汉族语文之特性，挟其十九世纪下半世纪“格义”之学，以相非难，正可譬诸白发盈颠之上阳宫女，自矜其天宝末年之时世装束，而不知天地间别有元和新样者在。亦只得任彼等是其所是，而非其所非。吾辈固不必，且无从与之校量也。尊意以为何如？

附　　记

三十余年前，叔雅先生任清华大学国文系主任。一日过寅恪曰，大学入学考期甚近，请代拟试题。时寅恪已定次日赴北戴河休养，遂匆匆草就普通国文试题，题为“梦游清华园记”。盖曾游清华园者，可以写实。未游清华园者，可以想象。此即赵彦卫《云麓漫钞》[2]九所谓，行卷可以观史才诗笔议论之意。若应试者不被录取，则成一游园惊梦也。一笑！其对子之题为“孙行者”，因苏东坡诗有“前生恐是卢行者，后学过呼韩退之”一联，‘韩卢’为犬名，“行”与“退”皆步履进退之动词，“者”与“之”俱为虚字。东坡此联可称极中国对仗文学之能事。冯应榴《苏文忠诗注》四五未知“韩卢”为犬名，岂偶失检耶？

抑更有可言者，寅恪所以以“孙行者”为对子之题者，实欲应试者以“胡适之”对“孙行者”。盖猢狲乃猿猴，而“行者”与“适之”意义音韵皆可相对，此不过一时故作狡猾耳。……

［注释］

〔1〕《文镜秘府论》：诗论，唐时日本僧人遍照金刚（即弘法太师）作。全书不分卷，分天地东南西北六册。乃作者于来华留学回国后，为向日本人民介绍汉语汉文而作。讲述六朝至唐初关于诗歌体裁和声韵、对偶等方面的理论。有日本“东方文化丛书”影印古钞本及讲谈社校印本。我国 1975 年出版校点本。——编者

〔2〕《云麓漫钞》：宋赵彦卫撰。彦卫字景安，开禧初官新安郡守，绍熙间宰乌程，又通判徽州。此书有开禧二年序。初名《拥炉闲笔》，本止十卷；后官新安，并刻后五卷，始易今名。书中记宋时杂事者十之三，考证名物者十之七。《四库提要》称其“考证颇为赅博”，考“唐制科之名目……皆史志之所未详。”——编者

一九六五年岁次乙巳五月七十六叟陈寅恪识

（《金明馆丛稿二编》）

（编者注：原文作于 1933 年）

[附]

国文试题与科举精神
——《中学生》卷头言

《中学生》杂志原是在校青少年书面上的良师益友。每期“卷头言”正是编者们同青少年读者探讨问题、沟通思想的渠道。这篇“卷头言”，抨击了当时国文教学中弥漫着的陈腐的科举精神，认为这种状况如不改变，青少年的思想必将受到严重禁锢，无法生动活泼地得到发展；青少年运用语文工具自由地抒情达意的能力，无法得到有效的培养。为应试而读文，为应试而作文，“源远流长”，于此可见。

原载《中学生》第30号（1932）。本文系该期“卷头言”之一。

近来在某报上看见一篇文字，题目是《因政府考试的国文题说到学校的国文课》，里面说近来中央各机关用人大都用考试制度，“因政府力求提倡国学，恢复固有知识，故国文题目泰半取材于古人典籍之中，如最近军委会之政治训练班国文试题为《从离骚一书中论屈平之写人》，司法行政部之监狱训练班试题为《刑乱国用重典论》，政治学校之土地研究班题为《论王者之政必自经界始》，以及法官考试之试题为《分争辩讼非礼不诀论》，于以知国家提倡国粹的一班。”接着说，这几场考试的成绩却并不怎样好。便归咎到学校的国文课程，尤其是中等学校的国文课程，它不曾替学生打好稳固的国学根基，遇到这类题目当然做不好了。

一部分人对于中等学校课程的认识就是这样，上面提及的一篇文字可作代表。他们以为国文课程里的“阅读”一项，目的在把一些杂乱无章的材料装进学生的头脑；“写作”一项的目的呢，便在教学生应用了这些材料，对于稀奇古怪的题目写得出文字。这一部分人中间，有对于子弟怀着热望的父兄，有对于学生期望“类我”的国文教师；我们平日见到这类人并不少。

父兄这样想，自有他们的理由；国文课程如果不对准这样的目的，遇到《论王者之政必自经界始》之类的题目岂不就要缴白卷？缴白卷岂不就得不到什么什么训练班的分数，因而做不成官？**国文教师这样想，也自有他们的原因；自己就是在这样阅读和写作的教养中长成起来的，现在照样来教养自己的学生，他们以为一定没有错的。**

这情形实在就是科举时代的延续。科举时代每一个青年在书房里读书、作文，无非为着装进材料，预备应付题目。一朝应付得法，考试中式，就是读书的成功。当时有一些明白的人明知道这是可笑的事情，另外去做一点“实学”，但总说这是“敲门砖”，完全不顾是不应当的。现在科举是废掉了，学校教育却承受了科举精神；父兄与教师有意识或无意识地把课程认作“敲门砖”，所以见学生做不好《论王者之政必自经界始》之类的题目，就太息痛恨，差不多要说现代学生已经陷落在泥坑里了。

科举制度对于统治阶级有什么好处，听过一些时历史课的学生都能够回答。像前面引起的四个题目，你若说为的是“提倡国粹”，出题目的先生就会在那里点头暗笑；你若板起面孔说这太不合“专家政治”的潮流了出题目的先生就会骂你牛头不对马嘴。总之，按照科举精神，出题目的先生是不错的。

还有，各大学每届举行入学试验，也常常出一些稀奇古怪的国文题目。他们不希望投考学生说一些自己的话，从而考察他们的思想与情感，他们只要投考学生“应制”地说一套“题中应有之义”摹唇仿舌像个样儿。这与科举精神也是一贯的。

在科举精神弥漫的现时，父兄的告诫与教师的教导必然集中精力，使学生做得好《论王者之政必自经界始》之类的题目方才罢休。但是，从学生方面说，做不好这类题目是应该的，毫不惭愧的。试问，一个学生便能把《论王者之政必自经界始》这个题目说得天花乱坠，头头是道，于他的实生活又有什么关系（除了他能在什么什么训练班得到一百分）？丢开科举精神来说，中等学校的国文课程自有它的目的，就是我们在上一期说的

“整个的对于本国文字的阅读与写作的教养”。**关于写作一项，最宜着眼于生活和发表的一致。如果学生不能用文字发表自己的思想与情感，不能用文字记录实生活上的一切，那才是能力上的缺陷。**不能或者不肯“应制”地说一些与实生活全不相干的话，正是青年率真的表现，有什么不应该？有什么可以惭愧的？

习惯着“应制”作文，就不很能够亲切地发表自己的思想与情感，记录实生活上的一切。从前颇有人做得很好的文章，可是不能写一封抒情寄意的书信；这因为他们早已把写作与生活分隔开来，而写抒情寄意的书信却是生活上的事情，所以没法应付了。可见有一些父兄的告诫与教师的教导正是学生的灾难，他们希望增进学生的写作能力，实际却在阻遏学生的写作能力。凡是不甘受灾难的青年，遇到《论王者之政必自经界始》这类的题目，只有缴白卷了事，可不是？

对于大学入学试验常出一些稀奇古怪的国文题目，贤明的中等教育家是应该提出抗议的。中学生该有怎样的写作能力，大学对于投考学生所要考察的到底是什么，都得请大学当局想一想明白。虽然明知科举精神笼罩着整个教育系统，但若能打破一点，总是青年的福利。

末了，我们要对青年学生再说一遍：你们做不好《论王者之政必自经界始》这类的题目是应该的，毫不惭愧的。你们学习写作，目的原在发表自己的思想与情感，记录实生活上的一切，而并不在“应制”作这类的题目。

51　语言文字之演进过程与社会意识形态

吴承仕（1884—1939），字检斋，号展成，又号济安，安徽歙县人。曾受业于章太炎门下，研究文字、音韵、训诂之学及经学。与黄侃、钱玄同并称章门三大弟子；与在南京大学任教的黄侃有“北吴南黄”两大经学大师之称。

吴氏17岁中秀才。翌年中举人。23岁以殿试一等第一名被录取，并被点为大理院理事。拥护辛亥革命，民国初年，出任司法部佥事，但与军阀政府不合。遂绝迹仕途，改任教育工作，历任北京师范大学、中国大学、北京大学、东北大学等校的教授和北京师范大学国文系主任、中国大学国学系主任。

任中国大学国学系主任时，倡导和改革了该系的课程设置，开始在课堂上以历史唯物主义观点讲学，成为我国第一位用马克思主义观点从事经学研究的学者。

国文国语学科的教学任务，说到底，就是要教学生正确使用一国语言文字的本领。吴承仕先生以辩证的思考，阐述了语言文字之演进过程及其相关的社会意识形态，帮助广大教师和学者从本质上认识语言与文字的社会功能及其互相修正互相渗透的关系，增强了语言文字教学与研究的自觉性与科学性。是当年一篇十分难得的马克思主义语言学观的文献，也是一篇高屋建瓴宏观指导国文国语教学的经典。

原载《文史》1卷2号（1934），此文录自《吴承仕文录》（北京师范大学出版社1984）。

一　语言与工作

在鸿荒远古时代的我们的老祖宗，能够争取得征服自然宰制万物的领袖地位，完全靠一双手会制造工具与一张嘴会说话。我们从手与口的作用方面看，它当然是辩证的，互相修正互相渗透，追求着光明之路而进行着的：即是说因语言的效用，改进了工作的经验；因工作的经验，同时又增加了语言的效用。追经若干万年之后，更发现用符号代语言的文字，得尽量的将工作经验，告诉不同时不同地的亲戚朋友或子孙们：这文字与语言的关系，仍然是互相修正互相渗透追求着光明之路而进行着的。所以世界上现有的一切文化，无疑的建筑在工作与语言这个历史过程上面；同时我们想要研究我们列祖列宗的工作成绩与其反映于上层的意识形态，除古物遗留及地层发现而外，自然以语言文字为唯一而可靠的材料。

因需要共同工作而有语言，因需要扩大与延长语言而有文字，因语言文字之发生发展变迁生灭，而使我们得着研究历史过程及社会意识形态最可宝贵的材料：这好像是比较有绝对性的一条原则。但是在没有发现这个原则以前，有多数传统的形而上学者，在他们模糊观念中发表了好些谬误的推论与解释；在社会科学渐次发达的现代的我们，似乎不得不稍尽“干蛊”之责。

二　语言与思想

扬子《法言》：“言，心声也，书，心画也”；孔颖达《书疏》：“言者意之声，书者言之记”。他们对于语言文字与思想的关系，曾经下了一个简单明了的解释，似乎是毫无疑义了。其实，语言不但是发表思想的工具，而且是构成思想的工具。现代语言学者，大都以为：“思维是没有声音的语言，”——即是说“说出口的语言是语言，不出口的语言即是思想”，换言之，**思维是一人独自语言，语言是两人共同思维**。所以人们在某种病态或某种紧张情态中，每每不知不觉的发生“自言自语”的事情，这不过是一种失其常态的思维而已。佛书中常有“不可思议”及“言语道断，心行路绝”的文句，实与我们所谓“不能想象”的意义相近。佛书中的“言思所行径”，实与我们所谓“思维”的意义相近。可知二千多年前印度的最高唯心论者，已经比较唯物的给了一个“思想进行”的定义，而后来扬雄孔颖达辈，尚不免犯了心物二元的嫌疑啊！

我们固然可以闭目冥想，虚构出一个世间没有的东西，但是你的虚构，仍然要依傍你现有的语言作为进行的路线。除非你去找得面壁十年的达摩老祖，或能告诉你他的“现量证知”、“不可思议”的定中境界；不，假使有“定中境界”，他也不能用语言来告诉你，你也不能用语言——思维——去领会他。

应用这个论据，可以得着“没有某种语言，即没有某种思想，没有某种生活情态，即没有某种语言”这样一个原则；所以只看某民族的语言粗略与精审丰富与贫乏的程度，即足以证明他的思想基础的经济状况之程度如何。而观念论者所谓“虚灵不昧具众理而应万事”及“六经注我”“致良知”一切玄妙之论，不独落伍于哲学部门，即此“不能离语言而思想”这一命题，他亦无从了澈。

三　语言缘起与工作

在各种“语言缘起说”中，除《创世记》式的神力缘起说不值一顾外，我以“感叹词缘起说”较为可信。

《乐记》曰：“凡音之起，由人心生也，人心之动，物使之然也；感于物而动，故形于声，声相应，故生变，变成方，谓之音。”将这音乐缘起说移作语言缘起说，也同样的相当正确。即是说：人类的神经，受了自然界物的戟刺，不自觉的发出简单声音，以显示其生理反应，这还是一种本能的表现，尚未成为有意志的语言；要在人类共同劳动的时候——原始的生产过程中，不断的有“警告”“呼召”“命令”的必要，将这必要用几种不同声音表示出来，在他们集团中，得着“某种声音含有某种意义”的相互了解，这才能为语言的最初形态。原来最简单的语言，是由几个声音的原素——深喉或浅喉——而成立的，如我们常用或常见的“唉”“呵”“啊呵”“唉呀”“吁”“嘻”“粤”“于”“爰”“唯”“呜呼”“噫嘻”等，往往可以将这些感叹词呼召词命令词应诺词发语词联为一组而互相通用。所以我想近代社会学家以为语言起于劳动呼声这一主张，骤观之，似乎有穿凿附会之嫌，若质言之，“劳动呼声”云者，不过将上列各词合为一组，先求其何以如此而后加以概括的抽象的说明而已，又何必因概念与名词的转换而发生恐惧和奇异之感呢！

人类为生活而劳动，因增进劳动效能而有呼声。《小雅》鹿鸣之诗曰：“呦呦鹿鸣，食野之苹，”《郑笺》云：“鹿得苹，呦呦然鸣而相呼，”这不是四条腿的远房兄弟和姊妹们的劳动呼声么？然而我们能随心所欲反脸无情的驱策它玩弄它宰割它，正因我们除了“呦呦”而外，还会得各种复杂呼声的缘故。

四 语言缘起与文字缘起

在先进民族中先有语言而后有文字，在落伍民族中还有只有语言而没有文字的：这是件铁般的事实，无须再行提示的了。可是在传统观念的烟幕中，章太炎先生未发表《语言缘起说》以前，至多只意味到语言文字有相当关系罢了，绝没有把这关系作为历史过程去分析它研究它的。正因为我们考古的唯一材料，只有用文字写成的历史，从来不会想到从地面下可以发见古人古物古兽遗迹，当然不会想到未有文字以前，尚有几十倍长“有语言无文字”的先史时期。是故小学家仅有讨论文字缘起，没有讨论语言缘起的，这许是超出了他们的思想领域之故罢。

西汉纬书，每将画八卦，定人道，制文字——如《易纬乾凿度》以八卦即天地风山水火雷泽八字——联为一事，刘歆又将八卦推本于河图，郑玄更具体的说：“河图洛书，皆天神言语所以告王者”：即是说语言文字，由圣王承受神命而一时创造的，这纯然是最幼稚的“神学”传说。在各种传说中，比较有历史意味的，还是许慎《说文序》，《说文序》大略本于《易系辞》之《九事章》：

“古者庖犧氏之王天下也，仰则观象于天，俯则观法于地，观鸟兽之文与地之宜；近取诸身，远取诸物：于是始作八卦以垂宪象。及神农氏结绳而统其政。庶业其緐，饰伪萌生，黄帝之史仓颉见鸟兽蹄迒之迹，知分理之可相别异也，初造书契，百工以乂，万品以察，盖取诸夬。”

他将文字缘起分成三阶段，粗略画出了一个历史轮廓，我们不把它视同纯粹史料，而作为一种象征的记述。

伏犧氏象征着狩猎或畜牧时代，已能用简单的线条符号来表示意思——即语言，并辅助记忆——即语言的复述；后人以此为指事先于象形之证，亦有相当理由。此为符号期。

神农氏象征耕稼时代，结绳记事，其作用大抵与画卦相等，郑玄所谓“大事大结其绳小事小结其绳”是也。此亦符号期。

黄帝是象征着“有一个中央权力统治着多数诸侯”的最初的封建国家，汉儒自马班以至郑玄，都说“黄帝方制方里封建万国”，这虽然是虚构的理想事态，但是国家形成与稍有系统的文字渐次成立，足为文明开始的唯一征候，是一种比较可信的推测；我们并不具体说：文字是“黄帝史官仓颉”一人所独创，也不说“黄帝”是封建开始时第一个大皇帝。此为最后文字成立期。

即令许氏所说，大体可用；然而我们还想到：如果画卦结绳与文字有相当联络，也许是亲戚兄弟的关系，而非父祖子孙的关系；如果“黄帝”时代有比较多数和统一的文字，那么，“黄帝”以前若干年，一定有少数和杂乱的文字；如果**文字是文明时代的产物，言语是蒙昧时代的产物，两时代之相去，当有很长的时间，而非如前人所想的短距离，甚至看成语言文字是一物的两面**；如果两时代距离甚大，那么，相应于某时代的经济状况与其反映于上的意识形态，当然不能同年而语。这一系列的概念与探讨，正是我们现在要试探的历史之环。

五　语言时代与文字时代

虽然在科学发达的现代，想上溯三千年以前，以至三万年三十万年的宇宙进化史，总难免有渺茫无稽之感。不得已采用历史学家比较近似的推定，自有人类以至现在，大抵为二十万年；（摩尔根以为十万年，似乎太短，）更据摩尔根的理论，将“二十万年”的全史，分为蒙昧野蛮文明三时期，蒙昧野蛮又各分为下中上三时期。人类明晰语言之形成，却是蒙昧下期的收获；而文字创造，则伴同铁的发现（？）为人类自野蛮此岸渡到文明彼岸之舟之双桨；可是从诞登彼岸的当时算至现在，不过区区五千年的最短时间而已。**为希望人们对于这观点容易了解起见，不妨把二十万年化成万米跑道，两条腿的人们，从起点跑到二千米时已能用口说话了，须要再跑七千七百五十米到最后二百五十米开始时，那才能用手写字呢！**

我们很了解；语言文字都要经过发生发展变化各种阶段；绝不会一有语言，即是完成的语言。一有文字，即是完成的文字。此后亦仍然变迁生灭的演进着，永远没有理想的完成时候。

推考一个传说中的“神化”人物的年代，以定文字的发生时期，自然不可靠而亦不可信。今姑据《竹书纪年》及李兆洛所推，自“黄帝元年庚寅”至民国二十三年，计四千四百二十五年；然而“仓颉”以前，一定有他的先驱者：有如章太炎先生据《荀子》“好书者众而仓颉独传”之说，证明仓颉不过是就不整齐不画一的文字而整齐之画一之。那么，我们再将文字创始时期，推上千数百年，更与历史原则相合。自不待言。将这无聊的考据，与古代社会学家“世界文明不逾五千年”之说相印证，总不能不说是“少分相应”罢。

六　语言文字与社会意识形态

语言即思维：有系统有组织的思维，而为社会相互间所认识所理解的，即所谓社会意识形态。社会意识形态，则因社会经济基础而被决定。从社会生产技术生产关系进化的纵的时间方面看，无疑的是从“万米跑道”的起点，用愈跑愈快的加速度而进行着的。那么，社会的语言，亦无疑的从万米的起点，随着经济关系的生灭变迁而展开着的：这是一条比较可信的历史原则。

黄季刚向来主张（现在是否如此不可知）：“现代的语言，无一字不能在《说文》九千三百五十三文中，找到它的最初根据，所以《说文》全部的字，到现在还是一个个的活泼泼的跳跃着。”当时我想：人类的语言，必有所受，所受又有所受，不会有突然发生的现象，所以对于他的主张，付与以相当的同情。后又这么想：石器时代的人，不能想象“铁”，夏殷周初期的人，不能想象“蒲桃”“苜蓿”与“璧珋离”，我们的曾祖或祖父，不能想象“德律风”与“摩托卡”，甚至周人不能想象“坐”着“椅子”和靠着“桌子”；又可想到：现在已经灭种的十几万年前的奇特而庞大的动物，你能知道老祖宗们怎样的称呼它？现在的“劳动工银”“商品价格”“国家政权”种种名词，你能保证千万年后的子孙们还要用口说它用手写它么？假如你不是考古的话，在语言文字中还用得着“三年祫五年禘”这类名词么？所以我们肯定说：生灭变迁这样原理，是无始无终一息不停的在那里活泼泼的跳跃着。因为这条原则是永生的，所以《说文》中的字，不独不能跳跃到现在，恐怕当时已有好些是“鼾声大作深入黑甜”的了。

因为文字的呱呱坠地，距今不过五千年，在人类全史中，实是一个很可怜的极短促的瞬间，它不发生很大的突变，盖亦无足深怪；特别是土地广大交通梗塞经济落后传统的权威维持很久的中国，也许有比较固定的可能。在语言文字与意识形态的关系中，还有一种普遍性：即是语言的内容，不得不随着社会经济基础而变，而其外包的躯壳，则相对的可以迁就不变：比方说，财产的“财”字，最初是与材料的“材”同意，不过是生产资料之一；到了“货贝而宝龟”——以贝壳为交易媒介——的时代，可用贝去计算财富，故其字从贝作财；然而到了“废贝行钱”甚至用“信用的空纸”及“不可捉摸的股票”的时代，还是用“有贝之财”去计算财富；即如国民政府的官吏，总难免有“行贿”“受赂”“贪赃枉法”的事情，他们又何尝授受一枚贝壳呢？又如“军”字的语根，实与包围的“围”同意；到了车战时代？才制造此字，故从勹从车；可是废车用骑甚至用飞机化学毒气鱼雷潜水舰等，仍用此车战时代的军字：这观点颇近于小学术语中所谓“引伸”，其实是语言文字中固有的惰性，亦即是历史过程中所固有的辩证式的矛盾性。

我们既可以从《说文》中找得好些“木乃伊”，那么，在五千年后二千年前期间，当然更有多数“木乃伊”，为许氏所不曾保留，更为我们所不能想象。倘再推想到十几万年以来冥冥长夜的永久时间，其无从记载的语言，不独找不到完整的“木乃伊”，恐怕也找不到残缺的“化石”。

据上来论述，**确知语言与文字，文字与训诂，其内容与形式之间，因社会生活前进之轮而发生不断的矛盾；我们恰好利用这些矛盾，去发现社会前进之轮的“车辙马迹”**。但是灵敏猎犬之鼻，遇到“辙乱旗靡”的时候，也难免要“自厓而反”罢！兹且举男女二字为证：

《说文》“男，丈夫也，从田从力，言男用力于田也”，“女，妇女也，象形。”据形体说：男从力田会意，可证明他们的生产方式，已进到画界分畴农业大兴的时代；又因家族已经分业，男子担任获得食物与制造工具的责任的缘故，女子早已降到奴隶地位，故女字象屈抑掩敛之形。据声音说：“男之言任”“女之言如”，即男字语根，由于担任劳作，女之语根，由于顺从男子，据他们声音形体完全相应这一点，毫无疑义的证明了制字——男女二字——时代的社会生产及男女不平等的情形，亦可谓“惬心贵当”了罢！但一追溯到“万米跑道”中有语言无文字的茫茫先史，却又“一言难尽”了。比方说，在十几万年前蒙昧时期，人类的口中，是否名男为“男”，名女为“女”？假令有此两名，声音是否同一？假令声音相近，对于“男”“女”两词的意识是怎么样？据个人的推想：男女两词，至少应有十万年的生命，因社会生产技术与生产过程的殊异，或是男卑女尊，或是男女平等，俱有可能：总之几万年前与几千年前的社会意识形态绝不一致，总该是铁一般的历史事实罢！所以我们不能将文字时代男女两字的声与形的内含之义，作为语言时代的“男”“女”两词之义；否即难免有削足适履之讥哩！

章太炎先生“转注假借说”，发见了一条语言滋乳的重要原则：“语言之始：义相同者多从一声而变，义相近者多从一声而变，义相对相反者多从一声而变。”男属泥纽，女属娘纽，古音泥娘不分，当然是一声之变；但是我们要问的是：人类语言中有“男”“女”两词的蒙昧或野蛮时代，那两词的意义是相同呢？相近呢？还是相对相反呢？男尊女卑的意识，可否适用于原始共产社会呢？即就文字言，男从力田，又何尝有“男统”“父权”的意味呢？诸如此类，即是我们所谓“辙乱旗靡”“不可踪迹”者也。

在有文字以后，它仍然被支配于矛盾律之下，自不待言。比方说：公侯伯子男，为封建领主之称，“男者儿也”，为父子相对之称，“孔融鲁国男子”，为“大丈夫”“男子汉”之称；女字含义，除女与妇对，一为未嫁一为已嫁外，虽比较不变；可是将来发展到社会主义最高形态的若干年后，“女象屈服”的观念，也许非我们远代子孙所能想象的罢！甚至“男”“女”两词，为某种世界通语所代替而一瞑不视，也不见得不可能罢！

多数人以为：中国字衍形，西洋字衍声；其实除稍有小学常识者外，不问他用口讲用手写，又何尝意识到“男从力田”“女象屈服”呢！

* * *

根据上述的理论和事例，证明了**语言文字的名与实在时间空间两方面，无一处不存在着它的辩证的矛盾性；我们恰好应用社会科学的条例，去发现，研究，说明这些矛盾性，作为“帮助认识社会阶段”的一支效率最大的生力军，这是现代语言文字学家的历史任务。**

二十三年，五月二十五日，北平。

52 初中国文教学经验谈

祝世德（生卒年不详），20世纪40年代，曾任四川汶川县、珙县县长。对我国文史甚有研究，也很关注国文教育。有著作《爱国词人辛弃疾》（《新认识》第1卷第5期，1940年7月）、《汶川县县志》《大禹志》（1945）等传世。其中《大禹志》是迄今所见全国唯一的一部翔实准确地记述禹生汶川石纽的志书，为西汉史学家司马迁《史记·六国年表》所载“禹兴于西羌”的记述提供了重要的佐证。

初中国文教学往往较之于小学、高中更能引起教学改革者们的关注。祝世德先生，则自认是以专家之外的立场，从实际经验出发，申述自己别具一格的见解。本文原载《中华教育界》第21卷第1、2期（1934），选入本《论典》时作了删节。这篇经验谈以调查为依据，强烈要求改革教科书，主张分别编写正、副读本，切实保证精读必精、略读务略，观点鲜明，不乏某些可佐参照之具体方法。

一 引言

偶闻光华大学教育系国文系所编之《中学国文教学论丛》时，不觉百感交集！朱经农先生在《对于初中国语课程的讨论》一文里，描写“旧式中学校里面教授国文的实在情形”，他说：

“一个教员拿了几张油印的讲义（或现成的国文课本）在课堂上逐字逐句的讲解。下面听讲的学生真是七零八落。那种精神涣散的样子，实在叫人看了短气。坐在前面的几个学生，虽然‘一心以为鸿鹄将至’，表面上总算还在那里看讲义。至于坐在后排的学生，有的在讲义旁边放着一本英文教科书，自己在那里阅读；有的低着头做他的算学题目；有的女生还在桌子下面打手工；有的偷看小说；有的简直睡着了。教员勉勉强强敷衍完了一点钟，夹着讲义去了；学生也就一哄而散。”

这当然是一幅太“好看”的图画，所以朱先生描写完了以后，便不觉感叹似地问道：“试问这样研究国文，究竟有何结果？”——这里，可惜我不能当面问一下朱先生：“先生描写的是‘旧式’中学，不知‘新式’中学的成绩又是怎样？他们是怎样‘研究国文’的？其‘结果’是否比‘旧式’好？”

孟宪承先生在《初中国文之教学》里引了朱先生的这一段话，接着加上一个按语，是：“朱先生这里所描写的，是那国文教学不好的学校，不能代表普通初级中学。但是我们对于初中，如果仔细调查起来，一定也能发现许多可惊的事实。”这“许多可惊的事实”，孟先生到现在也许还没有去“仔细调查”，所以依然没有“发现”。这且不去管他。最有趣的是孟先生似乎认为“普通初级中学”的国文教学都不坏，只有“那国文教学不好的学校”才是如此的态度。其实，如果照我的“调查”，却是除掉了极少数国文教学好的学校外，其余全国最大多数，不管他是普通的或不普通的中学，差不多还是像朱先生所描写的形状。

我们中国现在的社会经济总算艰苦到了极点，一般初中学生毕业时，大半不能升入高中；高中生毕业时入大学的当然更少。但**不管初中或高中的学生，如果一旦出了学校，到社会上去服务，因为在学校里对国文没有相当训练的缘故，于是应用起来，无论就何种职业都感受困**

难。这责任，究竟该谁人担负？如果比较起轻重来，谁的责任又应担负得重些？

在这里，我们应该留意的是从十二三年起，讨论中学国文教学的人是那样多，发挥过的议论又是那样丰富，那么，为什么国文教学的状况反不及以前呢？

我们该觉悟了，**高谈学理的空洞议论是不对的！我们要的是实验！我们要的是实验后的教材，实验后的教学法！我们要的是实验后的教训，失败的与成功的！**所以**学理是可贵的，经验是尤其可贵**。下面，我愿意把我个人的经验写一点儿出来，希望由此引出更多人的经验，以补助或匡正我的不足！

二　教材问题

一说到教材，首先我们应当想起现在沪上各书局出版的初中国文教科书。我不知道编这些教科书的人有没有教初中国文的经验，如果以我的经验来说，则学生大多数对于是项教科书没有情感，大有“尔为尔，我为我”之概。这教师之不善教是一个原因，教材之不适合也有很大的关系。现在我愿将那些不适合的地方分析出来：

A. 拿量的方面来说：各书局出版的教科书，少的有些是四十课，多的到了五十课以上。这些数目，如果是作精读用的，就嫌太多；如果是作略读用，可就嫌太少；如果说是有些精读有些略读，那又实在笼统不清，使教的人无所措手足，只好一篇二篇地讲下去，讲到那里便是那里，精读略读且不管他。结局是一塌糊涂自不用说。

B. 拿质的方面来说：一句话说完，是博而不精。打开任何一本教科书，差不多都是：论文几篇，叙述文几篇，说明文几篇，小说戏剧几篇，游记几篇，诗几首……**仿佛一个学生只要读一本便什么都可以学会似的，而其结局，却是一无所得！**

这是普通的缺点，其于特殊一点的后面再谈。

因为教科书的不大适用，于是有些人便主张教师自由选授。选授的弊病据我所知道的较教科书为多，这里也不怕厌烦地列举出来。

A. 与部定的标准多不适合。自己选授的教师，他所选授的标准大约不外两项：1. 以自己为中心，自己高兴的文章就选。结果是他自己高兴国学的就尽选国学的文章，高兴文学的就尽选文学，高兴学术思想的就尽量谈学术思想；**教授的结果，好的学生可以变成准文学家，准思想家，坏的还是莫明其妙。**2. 以学生的趣味为中心，而投合学生的嗜好。这结果更见糟糕！我们知道**引起学生的兴趣当然重要，但应当是教师在“引起”而不是去“投合”。**并且，老实说，**学生的兴趣每每是低级的，就是谈思想，也止于浅薄的“新”“奇”上面，不易再向深处走。教师不去引导或纠正他们，使他们向正道、向深处走，已经是未尽教师的职责，再要去投合他们的嗜好，简直是罪过了！**

B. 就算没有上面所说的短处，他所选授的教材与部颁的标准是适合的，并且，分配也适当（注意：这是最不易办到的事！）也适合于学生的需要的，但是，油印机器出了毛病呀，错句错字太多了呀，不美观呀……都会使教者与学者减少兴趣，发生许多旁的困难。有经验的教育者，大约都会在厕所里面看见过油印的国文讲义吧？那么学生对它的情感怎样，当然可以知道了。

因为教科书与油印讲义有以上所说的弊病，所以讲折衷的人就一面用教科书，又一面辅助以油印讲义。这，自然也是一种不得已的办法，较胜于单用一种。但我的意思，是改良教科书来得好一些，或者说激烈一点，是国文教科书革命！

我的国文教科书改良——或革命——的主张，是从经验及多次调查得来。经验，上面已说了一些，至于调查（自然广义地说，调查也是一种经验），且单举最近的一次来看：

<table>
<tr><td colspan="5">江西省立四中初三甲组国文教材调查表</td></tr>
<tr><td colspan="5">调查日期：二十一年十二月二十八日</td></tr>
<tr><td colspan="5">受调查人数：十八人</td></tr>
<tr><td colspan="5">教材：新中华教科书初级中学用国语与国文内文十一篇古风二首，词四首及补充教材文一篇，剧诗一篇，诗词约二十首。</td></tr>
<tr><td colspan="5">方法：投票表决自己所爱好之篇什</td></tr>
<tr><td rowspan="18">教科书</td><td rowspan="12">文章</td><td>题目</td><td>作者或采录之书名</td><td>票数</td></tr>
<tr><td>室语</td><td>唐　甄</td><td>十六</td></tr>
<tr><td>＊爱尔兰爱国诗人</td><td>刘　复</td><td>十八</td></tr>
<tr><td>＊郭橐驼传</td><td>柳宗元</td><td>十六</td></tr>
<tr><td>丐者王承福传</td><td>韩　愈</td><td>五</td></tr>
<tr><td>不为与不能</td><td>孟　子</td><td>六</td></tr>
<tr><td>古文十弊</td><td>章学诚</td><td>三</td></tr>
<tr><td>文学改良刍议</td><td>胡　适</td><td>五</td></tr>
<tr><td>鲁仲达不肯帝秦</td><td>战国策</td><td>八</td></tr>
<tr><td>信陵君之客</td><td>司马迁</td><td>十二</td></tr>
<tr><td>赤壁之战</td><td>通　鉴</td><td>十一</td></tr>
<tr><td>＊赤壁赋</td><td>苏　轼</td><td>十七</td></tr>
<tr><td rowspan="6">诗词</td><td>词四首＊：破阵子</td><td>辛弃疾</td><td rowspan="4">十五</td></tr>
<tr><td>诉衷情</td><td>陆　游</td></tr>
<tr><td>西江月</td><td>刘　过</td></tr>
<tr><td>满江红</td><td>文征明</td></tr>
<tr><td>古风二首＊：大雪行</td><td>陆　游</td><td rowspan="2">七</td></tr>
<tr><td>南将军庙行</td><td>王士正</td></tr>
</table>

说明：（1）凡有＊号者，学生平时皆能背诵，仅能成诵而已。

（2）票数共一九三，平均每课约得一〇．七票；文十一篇，共一一七票，平均每课约得一〇．六票；诗词二，共二二票，平均每课得十一票。

续表

		题目	作者或采录之书名	票数
补充教材	文章	柏林之围	胡适译	十七
	诗词	长恨歌	白居易	十八
		琵琶行	白居易	十八
		节妇吟	张　籍	十七
		兵车行	杜　甫	十六
		忆江南四首	李　煜	十六
		江城子二首	苏　轼　秦　观	十四
		王贞女行	钱　载	十五
		苏苏	徐志摩	十三
		怀远	王　维	十二
		于阗采花	李　白	十
		古诗上山采蘼芜	古诗源	九
		嘱子	陆　游	九
		悯农诗	聂夷中	八
		李延年歌	李延年	八
		华山畿	民　歌	六
		弹词	长生殿	九
(1) 此项教材学生皆能背诵。 夫文一篇十七票，诗词每首平均约得十二·四票。				

从上面的表里作一次鸟瞰，便可以得到这样的结论：补充教材比教科书受欢迎；诗又比文受欢迎。再仔细地分析起来是：太长的议论文在

初中教学里一定失败，（《文学改良刍议》仅得五票，《古文十弊》更可怜，只有三票了!）抒情的叙述的文字——如《爱尔兰爱国诗人》《赤壁赋》《郭橐驼传》等——才是学生欢迎的文章。再就补充教材的诗来说：如《嘱子》《悯农诗》《李延年歌》《华山畿》四首都不是特别提出来讲的材料，是因为讲到《古文十弊》里的“剜肉为疮”的典故才讲《悯农诗》（诗内有“医得眼前疮，剜却心头肉”之语），讲《长恨歌》首句“汉皇重色思倾国”，才讲《李延年歌》（歌内有“一顾倾人城，再顾倾人国”之语），讲陆游的《大雪行》时须讲他的思想——是中华民族的爱国诗人——才讲他的《嘱子》（可怜他临死时还在吟：“王师北定中原日，家祭勿忘告乃翁!”），讲《上山采蘼芜》时讲民间文学的大略才带出了《华山畿》，所以，如果除去这几篇，则诗的平均票数更多，几乎平均每首可以得十四票。而一半叙事一半抒情的故事诗之受热烈欢迎，更是显而易见的事，所以《长恨歌》《琵琶行》都是十八票，《兵车行》《王贞女行》也不弱。强烈的抒情诗也不错，因此《忆江南》《江城子》《苏苏》也受欢迎。比较出乎我的意外的是《上山采蘼芜》，这大略是艺术手腕太高了，初中学生不易领略的缘故。至于《弹词》之票数也少，则由于到了最后行课的一星期，学生已无心听课了。

拉拉杂杂地说了一大篇，不过为要谈我的“教科书改良——或革命”的意见而已。我的意思以为**现在的初中国文教科书**除了我在上面所说的缺点外，最重大的还没过于**不曾将精读和略读的教材大胆地列举出来**！——自然，这不能专怪几家书局，或几家书局里的编辑先生，如果让我冒昧地说一句，那么**当今的一般教育家，都不会把“精读”和“略读”闹得清楚**。他们大多把“精读”解作了“学生详细诵习，反复研究，其大部分须于上课时直接讨论”，“略读”则差不多只是“看书”，教师不过要学生“……笔记……得其大意……上课……时……提出要点，酌加讨论”而已。（见《中学国文教学论丛》）我敢说：前者的解释虽是在读，然而不精，后者却是干脆未读。因此，在表面上看来，一本教科书似乎都是精读的材料，实际却未曾精读到十分之一，至于略读什么课外书籍，那就只好让不负责任的教师及好玩的学生偷懒了！

要改良我所说的这一个弊病，唯一的办法，我认为是改良现在的教科书——或者说“革现在教科书的命！”**我以为教科书**（本篇所说的教科书，自然都是指国文教本）**应该用两种，为求明白起见，我叫做正读本副读本。正读本是作为精读的用的，副读本是作为略读用的。**（我所谓的精读略读的解释与别人不同，详后。）因为要精读则正读本不能太多，至多不得超过三十课；因为要略读，则副读本亦不能太少，至少亦不得少过四十篇。正读本要诗文参半：诗多选故事诗或吟咏故事的诗；文则绝对不选语体，宜选偏于文学的或文学化的材料；副读本以语文为主体，小说、戏剧、议论文、应用文……等，凡学生需要的材料与形式都选进去。理由如下：

A. 我为什么主张正副两种读本呢？——这自然是我解释精读略读与旁人不同的关系。简单地说，**我所谓的精读不特要深思，而且要熟读；不特要熟读，而且要“能背诵”。我所谓的略读也真是要读，要彻底了解，要能成诵，至少也要能记忆——**这些明白规定后，不负责任的教师大约多少也要负一点责任，好玩的学生多少也会多用一点功。近年来我国教育的大弊，大概要算一般教师的因循苟且，“照例”敷衍了吧！如果有正副教本出来，我相信总有一点新的变化的。

B. 为什么因为要精读，正读本至多不得超过三十课呢？——因为在一个学期内，除去考试及纪念等放假日期，差不多只剩下了十五周行课的日子。以我这两三年来教国文的经验，一个学生大约三周内只能背诵两篇文章（一周内却可背诵短诗小词四五首乃至十首）如果遇着《柏林之围》或《爱尔兰爱情诗人》那一类的长文，则两周内就能背诵一篇，假如把绝句诗或小词以五首算一课，那么一个学期大约可读文十篇（或说十课），诗词共十课（当得诗词四五十首），其余多了的几课，留作教师的选择。这是顾及学校的作业时间。还有，替一般学生着想，精读的课文也不能太多。我们知道，现在一个学生差不多每天受六小时的课（自然，星期六及星期日除外），还要自修两小时；在自修的两小时内，又几乎还不够他们翻英文的生字，演数学习题，如果八小时的工作制可以适用于精神的劳动者，那他们就委实不应在被加上一个重担了。所以责备他们背诵的国文，不宜过多。

C. 为什么要略读的副读本，至少不得少过四十篇呢？——告诉你，学生读小说的能力，确实比以前进步得多，所以副读本内的小说，是不用怎样指导的；其他各种文字因为多是语体要学生自己读，教师稍加指导，再用问答，测验考试诸方法考核其成绩就够了。最近教部颁行之《初级中学课程标准》，国文项时间支配里，略读指导每周便占去一小时，而一星期内指导学生读两三篇语体文，的确并不算一回难事。不过此处应该注意的，是选材要精粹，教师要告诉学生默读或朗诵的益处，——筋肉之活动可以帮助记忆——不只是看书，而硬是在读，不到能记忆时不止。或想，一个学期读四十篇，当亦不是奢望。

D. 正读本为什么要诗文参半……偏于文学的或文学化的材料呢？——答复这问题，上面的那一个调查自然可以给我们一个暗示，但我却有进一步的理由，是因为：一，**文学的有永久性；她能使我们爱不释手**；二，而**诗又是文学里的皇后，她更能使我们反复咏叹，不能自己**。现在分开来说：

一，文学的永久性。这可引美国威司来扬大学英文学教授文却斯德的文字来解释明白。文却斯德说："文学……的本质具有不灭的兴味……是因为在根本上是具有'诉于人的感情之力'的。……知识与感情的根本……差异之一，即在于知识是永续的而感情是消失的。我们熟知了某事实，只要常常把持着，知识便即增加。所以一次熟读了诉于知识的某篇论文，完全明了之后，就不想再读了。这为了那论文中的事情，已经永远成为我们的所得物，读书自然也被放弃。然而所谓感情，其与这根本……不同者，乃本来是瞬间的。知识是永续的所得，而感情当为变化的经验的连续。诵诗而生的感兴，两小时后便即消灭也说不定。然而即使感兴之度不强，在再读或想起的时候，感兴一定再会涌起的。这样我们可以再三再四地赏鉴他……因为文学成为不朽的……”（见章锡琛译之《新文学概论》）

因为文学是“诉于人的感情之力”，是由于“感情的时间性”获到她（文学）的永久性，所以她可以使“我们……再三再四地赏鉴她”。而我所主张的精读，正非有这样的东西不可，所以我主张正读本非偏于文学的或文学化的材料不可！

二，诗是文学里的皇后。文学里面包括了小说、戏剧、游记及传记散文……等，他们虽能使我们百读不厌，但如果是语体，却又不易使我们读熟到背诵起来。惟有诗，她真是能使人沉浸其中。《诗序》里说：

“诗者，志之所之也。在心为志，发言为诗，情动于中，而形于言。言之不足，故嗟叹之，嗟叹之不足，故咏歌之，咏歌之不足，故不知手之舞之，足之蹈之也。”

谁的心理也有志有情，故谁也有作诗或至少是读诗的要求，因此我主张在精读的正读本中多加上一些诗词（词也是诗），虽然一些胆小的先生们见了也许要骇得发昏，聪明一些的先生也许要骂我“胡说乱道”，但我总觉得如果他们把我的精读的意见打不倒以前，是没有反对的余地的。何况以我这二三年教学的经验来谈，多读诗又是可以帮助学生修辞的呢！

E. 为什么副读本要以语体文为主体……凡学生需要的材料与形式都选进去呢？——我不曾忘记：一、小学校里的教材尽是国语，现在如果正读本内尽是或大多数是古文或古诗（注意：新诗自然有许多可以选入正读本的，如吴芳吉的《两父女》，沈玄庐的《十五娘》，徐志摩的《海韵》与《苏苏》……都是经过实验的好教材），岂不弄得不相衔接？我的主张是将正副两种读本算作每学期的必读教材，这是以副读本的语体来补助正读本的遗恨的。二、教初中学生，是要注意训练他们的思想形式的，换句话说，是应当使他们学会各种文章的体裁，不是专门来造成一般文学家或准文学家的。现在正读本内既都是文学的或文学化的教材，则其他不能文学化的——如议论文、应用文等自不能不放到副读本里去！所以这里应特别声明：我之所以主张有正副读本，绝对不含有轻视副读本的意思。我要学生在正读本里背点一些模范的文章，以取得作文的技巧；有副读本里观摩以法，以学得各种文章的体裁；是并重的，无所轻重于其间的！为避免误会起见，不称正副换个名称，亦无不可！

还有，在这两种读本里，各种教材的分配问题，当然应该依照部颁标准，即使还须讨论，也不是本文范围内的事了。

三、几个教学法的讨论

这里，让我首先谈谈精读和略读的教学法。为便利讨论起见，故分作两部份谈下去：A 精读，B 略读。

A 精读——精读的意见，大要地说，我见了三种。第一种是最近教部颁行的，现在全部引在下面：

“精读　教学要点如下：

（一）教员对于选文，应抽绎其作法要项指示学生，使学生领悟文字之体式与其作法，并将其内容及作者生平概要叙述，使学生对于全篇有简括之认识，重在引起自学之动机，不必逐字逐句讲解。

（二）令学生运用工具书籍，如字典、普通辞典、百科辞典、人名地名辞典等，并指导其使用方法。

（三）教员于讲解前应先令学生运用工具书籍，查考生字、难句及关于人地时种种疑问。

（四）在选文中遇有初见或艰深之单字及术语，应特别提出讲解。

（五）教员在讲述后，应指导学生作分析、综合、比较之研究，务使透彻了解；或提出问题，令学生课外自行研究。

（六）指导学生于不妨碍他人工作之范围内，川国青讽诵，以养成欣赏文艺之兴趣。

（七）应令学生将教员所指道之要点及其自习时研究之所得，纪录于笔记簿上，以备参考。

（八）临时考查成绩，其方法如下：

（甲）复讲

（乙）问答

（丙）测验

（丁）默写或背诵

（戊）轮流报告及讨论

（己）检阅笔记（二十一年十二月的申报）”

大体上说来，总算是好了。但如果本了我前面对于精读的主张来看，则有一个很大的缺点，依旧是“读”而不“精!”**有句谚语说：“熟则生巧”，所以我主张精读非至能背诵不可。**而教部的规定却将背诵放在第八项下，且加上一个“或”字。第六项的规定的“讽诵”照我的主张只能适用于略读项下。二三两项的规定更近于高调，不曾顾及现在全国各学校的设备及学生的作业时间。我们要老实地承认，现在全国有几个学校曾多备了几部字典，辞典，及人名地名大辞典？即使有，学生可不是一天至少要用去一小时以上的翻阅工作？据我这二三年来的经验，这一项非常不容易办。有许多学生在准备时他们偏不去翻阅，却以已意揣测上下文句；有许多学生便干脆不翻，只对你说“我不空”，或“图书馆里只有一部字典，翻不过来”；有的一点也弄不清楚国音或反切。翻了后还是要你解释——这些困难由于数年来堆起来的，自非一朝一夕所能改去。我在这里特别声明：我不是主张注入式的教学法的，教部规定的原理我也并不是不赞成，只是在我主要的精读理论下，我要学生澈底地明了（自行翻阅多办不到），将功夫多用在诵读上去，便不能不主张教师应“稍微”替学生劳苦一下子。我的详细的主张，后面再说。

第二种是《初中国文实验教学法》的著者权伯华先生的意见——他比教部颁行的调子还要唱得高——他说：

“……按照部定的课程标准，曾于精读项下说明：‘教师在课室内，只须略述课本的背景及大意，不逐字逐句的讲解。’作者也曾于指导预习时，告以背景及大意等，专留词句，给学生预习。哪知学生的惰性，惯于依赖，并且是得寸进尺。你若是在更换教材时，告以背景大意；他于自习时，对于背景大意，便不肯自己去研究参考，每次更换教材时，都要你替他讲解。不但如是，他于你讲解背景大意时，还乘势要求你讲解词句。你若稍不坚定，便要逐字逐句的讲解，同从前注入式讲演式，没有什么分别。作者后来，索性全不讲解，只指导他们预习方法，丝毫不予以依赖的地方，行之日久，便能完全自动。……”

权先生作“国文教师”虽然“将近三十年”，经验自不能不算丰富，但这一段，我无论如何也要怀疑是出乎他的“经验”范围以外的高调。权先生多讲白话，并主张选“古语文”“最高的限度，也只能到明末为止”（其实不见得明代以上就莫有浅显明白的文字，如墨子的《兼爱》《非攻》等，就尽是学生欢迎的；明代以下也不见得都浅显明白，《古文十弊》一篇就可以翻出六十个以上的注释来），那么他的学生也许有时间去翻字典词典……但要学生自己去找一篇文章的背景，而且“全不讲解”，我就不知道是否可办得通了。举例来说：如《柏林之围》一篇文章，是初中三年级的学生最欢迎的，但它的背景是普法战争，是德意志的独立运动，请问权先生叫学生从何去准备起？如《爱尔兰爱国诗人》，它的背景是爱尔兰的灭亡史，痛苦史，是英爱交仇的原因，请问叫学生怎样准备？——**精读的教材贵使学生澈底了解，我以**

为教师不讲解是行不通的。

第三种是孟宪承先生的意见，和我的主张最相近的。孟先生说：

“……‘精读’一词，大多数教师，恐怕还只有很模糊的一个观念。其实为明了正确计，不如直截了当地把他作为‘熟读深思’解释，包含记忆与理解两个要素。名为**精读，而不记忆，怎样能永久地欣赏与应用？**旧时读书背诵，并非不好，其不好之点，乃在只能背诵而不能理解。至于**已经有理解，而不能背诵，则还是不能受用。**现在学校各科作业中，都有一大部分记忆工夫，何以独有国文则随讲随忘，教师不令学生背诵？这真不可解……”（《中学国文教学论丛》二九——三十页）

这真是“先得我心！”不过，孟先生还有一个小小的缺点，是不会把“背诵”的真正好处揭示出来，因之不会主张“背诵是精读的最高目的”。孟先生也忘记了白话文与非文学化的文言文是不易背诵的，所以不会对教材发生疑问。至于我的意见，以为**精读就是要求能背诵，而且是很流利的背诵**！所以要求了解，是为的要背诵！要求对文章的组织形式布局都澈底明白，也是为的背诵！**只了解不能背诵不叫做“读”，只能背诵不了解不叫做“精”！所谓精读，是既“澈底明了”，而又能够“流利背诵”！**

现在先说几句我这种主张的理由，然后再说教学法。

一、我国社会上有几个谚语是：“书读千遍，其义自见”“熟则生巧”“熟读唐诗三百首，不会吟诗也会吟”“能读千赋方能赋……”这些话都并不错。我们要学生背诵，就是要他们读，要他们熟读；真正熟读得多一点（当然不定要他们读三百篇或千篇），他们自然会“得心应手”，不致得一题时，感得茫无所之地不能下手。**一般反对背诵的人，大约是颇有点“洋化”了的新教育家，他们说“记忆是知识的奴隶”，那么，背诵是进一步的记忆，当然是进步的知识的奴隶了。他们却不知道，近来一般教初中英文的人，有时还常常叫学生背诵，独于国文，却老是反对，似乎怕一经背诵便变成“国粹家”似的。**

二、这种教学法的实施状况，是首先指出精读的篇名令学生预习，以能将生字难句人名地名查出为原则，如不能查出时，亦不加勉强。临上课时教师务必详细讲明背景组织命意遣辞读端，以期学生澈底明白，但亦绝对避免逐字逐句的讲解。下次上课时以复讲问答……等方法促其理解，而尤注意于其分段的背诵。

这里，再说一下我这二三年来督促背诵的经过。

当我初次要学生背诵时，学生非常感觉困苦。那时我自己的方法也未尽善。我要学生在每次月考时，非能背诵两篇文字不可。月考的方法除了问答翻译外，无论如何总有一项默写，要默写出来当然非背诵不行。但结局学生每每不能背到两篇，尤其是长文字如《柏林之围》之类。于是只好减到一篇文几首诗；一学期便大约只有四篇文十几首短诗了。不过就是这样，学生对国文的兴趣也就浓厚起来，因为他们“以前对国文从未留意”的关系（用一个学生的谈话）。我因此更相信背诵的效力；但要他们多读多背诵，他们依然叫“没有时间”。本学期我改变了方法。我每天在上课时便指出第二次背诵的材料，大致最多不过三百字，最少也在一百字以上，要他们在下次上课时背诵；每次上课时最初五分钟或十分钟内，便随意指定学生背出来；背诵后或随即要他讲解；不能背诵或讲解者罚站立几十分钟。因此这一学期的背诵成绩较以前任何学期好，学生的国文兴趣也较以前任何学期浓厚。可惜有许多时候我忘记了指下次要背诵的材料，因此这期还不会一期以十五周记算，则背诵的时间约可得六十次；这就是说要背背得如我所期望的那样多。我想：如果每点钟学生能背诵二百字，诵一万二千字，约得文章二十篇。我前面说的十篇文，十课诗，正不难办到。**我记得以前我每夜从学生的自修室外过，学生不是在演数学，就是在读英文，心里常常感到阵阵的难过。这一学期，不特在夜间可以听着学生诵读国文的声音，就是在绝早的清晨，已可以听得了。**

B 略读——略读项下，我没有什么特别意见可说。我唯一的主张，是办到“读”而不仅是“看”。所以我以为教部最近颁行的精读倒可以适用在我所主张的略读项下。如果要说明白一点，是：

（一）讲授前应指导学生预习，包括教部所颁行㈡㈢㈣三项。

（二）讲授时每周一次，每次至少讲二篇，至多四篇，分析的，比较的，综合的研究，使学生领悟各种文字的体式与其作法……包括教部所颁行的㈠㈤两项。

（三）讲授后须督促学生研究，鼓励学生讽诵，并考查其成绩怎样，包括教部所颁行㈥㈦㈧三项。

至于教部颁行的“略读”一项，我以为可以本之以指导学生阅读课外书籍。为便利参考起见，引录于下：

“略读　令学生按个别的兴趣与能力，选读书籍，除定期刊物外，每学期至少两种。其教学要点如下：

（一）设法引起学生读书之动机，并指示各种阅读之方法。

（二）就学生所读书籍中，提出问题，令其作有系统的研究。

（三）提出所读书籍之参考材料。

（四）令学生在笔记簿上记录教员所指导之阅读方法，问题解答及自习时所摘出之要点或问题讨论，以备参考。

（五）注意学生之阅读速率与了解程度。

（六）应定期或临时举行考查成绩，其方法与考查精读成绩方法之（乙）（丙）（戊）（己）四项同。”（二一年十二月《申报》）

近年来国内许多学校办学人既因循苟且，国文教师又得过且过，我坚决地相信，**如果略读的材料不明白地规定出来，教学的成绩是一定会弄到“等于零”的。**

其次，让我再谈谈文法和修辞的教学法。

A 文法——要学生作文时没有文法上的错误，自然是一件非常重要的事，但要办到这一层，据我所知，却不是讲解一二部《国语文法》所能收效的。在过去，有许多学生，平时仅管能够明白词位、词性、句式的意义，做起文章来，却依然免不了冒犯文法上的规律，就是明证。这是因为文法书里，每每只举了一些正面的例，而忽略了反面的；即使举出了反面的例证，也多和学生不发生切身的关系，所以他们依然应用不来。因此，我的主张是：国文教师当然应当有丰富的文法的智识，但不必呆板地对学生一条一条地讲文法（既没有那样充分的时间讲，讲了也没有多大的功效），最好是在学生的作文卷中，多多地录出他们的错误的句子来，于每点钟上课时，抽出几分钟写几条在黑板上，先叫他们看有无错误；如全班人都看不出来时，教师才在句子旁边加上注意符号，再让他们看；看出来后（如再看不出来时，教师当然可以说），便要他们改；改得好应加鼓励，不好时才告诉他们你——当教师的——是怎样改的，并随即告诉他们这文句的不合文法的地方。这样几乎教一句便教了一条文法；学生也因为是本身的错误，也更留意些，至多一误再误，绝不会三误的。

B 修辞——教文法是要使学生的文句通顺，教修辞却是要在通顺以上增加文字的美丽与活泼。我记得有许多高级中学，就特别设有修辞的选科，但其结果，学生依然不能够修饰他们的字句，因为**教者是只能予人以规矩，可是不能使人生巧的**。所以我如果在这里来谈教修辞，也许有人以为我在唱高调罢？——不，我的意思又差不多和教学文法一样。过去的教者每每只训练了学生的脑，所以学生虽然背熟了一些修辞的原则，也依然用不到手上来。**我的主张，是要训练学生的手，原则不必告诉他们许多，可一定要应用出来。我有一个训练他们的中心思想，是“惟陈言之务去”，换句话说，就是绝对避免烂调和套语**。现在学生的作文句子，这一类的调子每每非常的多，如“悲哀的我”，“蔚蓝色的天空”，“十八世纪的思想”，“我的爱人呵”！……之类；一言“耳”差不多就只能“鼓”，一说“心”差不多就尽是“弦”；不知“第一个把美人比作花的是天才，第二个跟着说的就是傻瓜！”（泰西某批评家语）平时我一见这类套语，便忍不住只是叫“讨厌讨厌！”但要使学生不去用它们，唯一的办法自然是使学生能创造新词。有一个期间我曾将心字写出二十个词汇，要每一个学生造二十个句子。那结局也不算坏。学生在本期终了将各个造得较好的句子归拢来，编成了一个题目叫“一串心”，发表在三年级（友声社）出版的级刊上。

53 语文之间 “通同之共轨”

陈望道（1891—1977），著名思想家、社会活动家、教育家、语言学家。原名参一，笔名佛突、雪帆，浙江义乌人。获日本中央大学法学学士学位。曾任杭州浙江省立第一师范学校国文教员，复旦大学、上海大学、安徽大学、广西大学、中山大学教授，复旦大学中文系主任、新闻系主任、代教务长、校长等职。发起成立了“上海语文学会”“上海语文教育学会”。曾任《新青年》《民国日报》副刊《觉悟》《文学》《太白》等报刊编辑。20世纪30、40年代，陈氏等发动了“大众语运动”、中国文法革新问题讨论。毕生从事进步语文运动和语文科学的教学研究，建立了我国修辞学的科学体系，对哲学、伦理学、文艺理论、美学等造诣较深。主编《辞海》，著有《作文法讲义》《修辞学发凡》《文法简论》等。

陈氏在社会科学特别是语言学领域作出了不可磨灭的贡献，同时，也对语文教育发表过不少卓绝见解。1939年甚有影响的《拟请议决修改初高中国文课程标准并规定大学入学试题不限文体案》，即由陈氏代表上海语文教育学会起草。本文原载《太白》第2卷第6期（1935），发表时署名南山。本文是他对当时甚具权威的国立编译馆潘尊行主编的《初中精读国文范程》所作的严肃而科学的批评；也是对“一些常说学好文言文才能做好语体文的人”所作的恳切告诫。

最近国立编译馆出了一册《初中精读国文范程》，形式虽然也是教科书，却和一般的教科书编制方法大不相同。第一，它完全不谈内容，就连内容有关的字义，也只在篇头记明部属，让学生自己去查。第二，在形式方面，它又反对“措意”“篇章”。主张“措意”“字句”，把形式讲究的范围也限得极狭，单在字法句法上讲究。第三，讲究字法句法的方法，又着重在语体和文言互相翻译，讲语体时一定想出一些字句来翻成文言，讲文言时又一定要提出一些字句来译成语体。理由是“汉文语文之间有其通同之共轨，亦有其蜕化之关键。”（见编者《自叙》）“语文互翻示例，在使学者于语文间之词气，明其符同，而知有所会通。”（见《凡例》）所以每一课里都有语文互翻。虽然也说“亦有其蜕化之关键”，却全着重在所谓“通同之共轨”。

我看这是一本有问题的书，长处也有，短处也真不少。就语文教育来论，第一、第二两点，都可以成为问题。至于第三，则不但关于语文教育，还涉及语文的认识问题。我们常常听见有人说先要学好文言文才能做好语体文那种话，就是由于相信所谓“语文之间有通同之共轨”而来。这种相信到底是不是可靠，这本书正好做一个细心检查的实例。

这书因为相信“语文之间有通同之共轨”，处处都将语文互翻，而且处处指明语里的某一字就是文里的某一字，像下面这样：

〔翻例一〕的（句中一）＝之。

（1）石上的春藤＝石上之青藤。（页八）

〔翻例四〕的（句末一）＝者。

（1）柳丝长长的＝柳丝长长者。（页十三）

在这样的翻例中间，我们可以看到许多很有趣的例，如：

（1）了＝已。

例：他走了一程＝他已走一程。（页二七）

（2）了＝以（＝拿。）

例：颈上围了皮领子＝颈上围以皮领子。（页一二一）

（3）了＝于。

例：散遍了旷野＝散遍于旷野。（页一九二）

（4）著＝其。

例：抱著花儿＝抱其花儿。（页三九）

（5）著＝之。

例：有虎神管著＝有虎神管之。（页一三〇）

（6）著＝于。

例：忙著收割＝忙于收割。（页一七六）

（7）著＝以。

例：点缀著成群的牛羊＝点缀以成群之牛羊。（页一七六）

（8）著＝夫。

例：当时我真羡慕著静，羡慕著做和尚＝当时我真羡慕夫静，羡慕夫做和尚。（页一九六）

（9）道＝之。

例：他们也知道＝彼等亦知之。（页一七八）

（10）道＝其。

例：不知其几千里也＝不知道几千里啦。（页二六一）

这样的互翻，据编者自己说，是“就语文互翻详示其例，务使学生对于某字某用获得一明确之概念”。但是实际，并不见得能够如此。如（9）和（10）明明是同样的一个“知道”，却要硬分成了两个，说一个等于“之”，一个等于“其”。这样的互翻，越翻得多，只会越把学生弄得莫名其妙。

所谓互翻，实际是拿自己以外的标准来分裂自己的一种工作。讲语体时拿文言做标准来分裂，讲文言时又拿语体做标准来分裂。与其说是讲语文“通同之共轨”，倒不如说是讲语文的彼此的分裂。

这本书讲文法很有许多“新义”，可惜将这样的分裂做中心发表出来。但从反面去看，它从分裂显示出所谓语文“通同之共轨”实际有限，使一些常说学好文言文才能做好语体文的人知道一点语文错综复杂的状况，它的短处，也未尝不可以说也是它的长处。

54　时代思潮与中学国文教学

阮真　本文原载《中华教育界》第22卷第1期（1935）。这是上世纪30年代发表的一篇颇为难得的、联系时代思潮概述中学国文教学历史发展的论文。文中的历史分期方法是否科学，固然值得研究；但其肯定时代思潮对中学国文教学施有重要影响，无疑是正确的。阮氏对“五四”运动以后，新思潮、新主义的勃兴，颇有微词，显露出思想观念上的某些局限。

一　绪论

我国自有中学以来，不过三十余年，在这三十余年中间，国内思想界受了时代环境的影响，经过几次剧变。最易受这种剧变的影响的，莫过于中学时代的青年。因为小学生思想不甚发达，多是信仰他们的教师；他们对于老师的教训，“如甘受和，如白受采”，新的也好，旧的也好，自身本来没有什么意见的。大学生的见识，比较得开展了，对于各种思潮，有些比较选择的能力，不至于完全迎受某种思潮或完全拒绝某种思潮；即使有一部分的迎拒，只要指导得法，也可使他们有容忍研究的倾向，不至于有激烈的主张或反对。只有中学生，识见较为狭窄，信仰最易偏颇，对于一种思潮的迎拒，颇有“朝闻道夕死可矣”的态度。

在这思潮多经剧变的时代，于中学各科教学上影响最大的，又莫过于国文教学。自然科学的发明虽然说“日新月异”，而教材教法，决不至于全盘改变。社会科学的学说上虽有改变，而其所根据的实质与教法，并无大变。技能科学，在中学教学上的基本技能，本来不用跟着艺术上的主张而多所变更。而且这几种学科，除社会科学外，对于所谓时代思潮，本来没有什么大关系；也不致受了一种思潮的影响而改变其大部分的教材与教法；因为那种学科的教材，在中学教学上都有相当的定量与定程，决不至于像国文一科，各人所教，大有出入，或者竟至完全不同的。

时代思潮，所以在中学国文教学上直接发生重大的影响，尚有其他原因。

1. 近年教中学国文者多注重文章的内容与思想，而不注重文字的本身与文章的形式。

2. 因为人生观与伦理思想的改变，古人的老文章，多被摒诸教材之外。

3. 因为文学革命，而各种文学的体式，尚在逐渐改造，而未完全确定。

4. 教国文者多把国学与国文混为一谈，国文的地位，往往跟着国学的地位而改变。

5. 许多附和政治革命与社会革命者，往往利用国文教学，宣传其主义。

在这思潮剧变的时代，做中学国文教师的，真是难乎其难。因为青年学生易受时代思潮的刺激，对于新旧思潮，表示极端的迎拒；而大多数中年老年的国文教师，对于接受新思潮的态度，不能同学生一样的敏速而果决。即使已经接受新思潮的教师，对于新教材的选择，又将发生困难；因为**国文教材中，毕竟是旧的很多，新的很少，新而好的更少。即使得到了新教材，而适应这种新教材的教法，又不免要花样翻新；适**

应不当，即要失败。所以中学国文教师中，发生了三派人才。一派是代表老年的，他们脑筋比较固定，不易变改，只有拒绝新思潮，一味守旧，对于传统的教材与教法，毫不改变；这当然要受学生的反对了。一派是代表中年的，他们对于新旧思潮的迎拒，审慎周详，徘徊瞻顾，而取新旧调和的态度；但学生却不容他们的徘徊与调和，不免提出要求——如要选某种文章，要做某种题目等——要求不遂，便起反对。一派是代表少年的，多是新毕业的大学生，或是曾在新文学界出点风头的。有的专来谈主义问题，而忘记了中学国文教学的目的；有的专来做新诗小说剧本，不管中学生的需要和这些教材在中学国文教学上应占的位置。这派教师，所选都是崭新的教材，容易引起学生的兴趣，还能骗过学生，或者大受学生的欢迎。但是，教学没有计划，教材没有组织，教法适应不当，根据中学国文教学的目的看来，也有必然的危险与绝大的错误。（参看拙著《论高中读文教学》，载《中华教育界》十四卷六期）。

有人要问："照你说来，中学国文教师，没有一个认清教学目的，而教材教法采用得当的吗？"这个自然，**良教师的产生，要待国内学者对于中学国文的教材教法研究得有相当成绩以后**。便是现行的班级教学制度，对于教国文，也是极不适宜的。现在**纵有良教师的人才，而没有良好的利器，在现行的教学制度之下，断不能有良好的教学成绩**。我们试留心一看，各地中学学生反对教师，最多的不是国文教师吗？中学各科教学的成绩，最失败的不是国文教学吗？（参看拙著《中学作文教学研究》附录一，民智书局出版）同时对于教材教法，主张纷纭，莫衷一是，左支右绌，喊冤诉苦的，不是许多国文教师吗？（参看各种杂志上中学国文教学论文，作者不久将有《中学国文教学论文提要》出版）

作者在本文要将时代思潮影响于中学国文教学的一方面，详细述说一番，读者便可知道中学国文教师对于这种影响的难于应付了。作者于本文，要按**时代思潮，分六期述说**：

第一　中学为体西学为用时代

第二　注重读经时代

第三　废止读经时代

第四　提倡白话文新思潮时代

第五　研究国学整理国故时代

第六　翻译文学大盛时代

作者本文按上面六个时代，详述中学国文教学的经过情形，可以当作一篇中学国文教学历史的概述。目的在使读者知道历来中学国文教师应付时代思潮的失败，中学国文教学上，时时发生重大的问题，而于国文的教材教法以及教学制度，均有彻底研究，根本改造的必要。这种研究事业，不能完全责望于几个学者，也不能责望于一般现任的教师，更不能请求一二名人发表一些意见，便来唯命是从。我以为应该教育行政机关和学校合作，几个专门研究者和全国教师合作，应有相当的组织和经费设备，还须有调查统计书记等助理人员。因为**这种实际教学的科学研究，必要事实的根据，不能像研究文学，靠几个人关起门来读书写作的；而现任的教师，课务繁重，只能希望人家供给他研究的结果，而赖他供给一部分研究的资料以及研究结果的实验；若说依靠名人随便发表一些意见，便当格言奉行，这是最简便最懒惰的法子，但是事实差得太远，结果总是失败的。**现在我们且来看一看每个时代中学国文教学的情形如何。

二　中学为体西学为用时代

这是光绪廿几年初办学校的时代。当时朝野士夫一般人的思想，以为中国的旧学问总是经国大道，是齐家治国平天下的基本学问，这是西洋人万万不及的。只因打了几次败仗，方才害怕他们的船坚炮利，同时惊叹他们的机器制造品的精妙，以为中国格物致用的实学，委实不及他们，所以要办新学，习洋文，研究数理格物之学。那时一般人的心理还是看重国文，学校也是注意国文，要旧学已有根柢的，才去习些新学的皮毛。所以“中学为体西学为用”这句话，成了一般人的口头禅。那时所谓头等学堂，便是专科大学；二等学堂，便是普通中学。那时科举还没有停止，但是考试除经义八股外，也加上了事务策论；考秀才也开了数理实科。

二等学堂的国文教师，多是举人进士出身，学生多是秀才。那时学校虽然注重国文，国文经学教师的地位，列在各科第一，但是国文教师的薪水，远不及英文数理教师，这是因为前者太多而易聘，后者太少而难聘的缘故。但在学生眼中，也把国文教师看得很轻，以为他们不过是一班老学究罢了。专练八股出来的国文教师，能做策论的还是很少；而学生的倾向要做时务策论了。那时学生的欢迎策论教师，正如现在学生的欢迎普罗文学教师。但是对于八股教师，也没有显然反对。因为秀才出身的学生，旧学大都有点根柢，进学堂的目的是来读洋文求新学的，对于学校所重视的经学国文，他们不过是敷衍过去罢了。他们的国文程度，至少已读过四书五经《纲鉴易知录》《古文观止》，并且学过八股文试帖诗了。他们所做的文字，大都已经通顺。所谓国文教学，只有书院式的讲学考试。国文教师虽不为学生所重视，但在教学上还没有什么重大的问题。

三　注重读经时代

光绪末年，各府书院改为府立中学堂，各县书院改县立高等小学堂。各乡镇也办初等或高初两等小学堂。学部通令中小学堂注重读经。大概初小读《论语》，高小读《孟子》，中学读《经书》。那时朝中士夫深恐青年学生不读经书，家长也深恐子弟进了学校不读圣经贤传，所以有学部的通令。他们眼见得学生不爱读经书，作文也专学报章文字，不入眼的新名词，连篇累牍，文章太不典雅了，所以要一面注重读经，一面注重国文，并行不悖。这种见解，毕竟还是“中学为体西学为用”思潮的末流。

那时中学的国文教师，多是举人；学生还有好些是秀才。高小毕业生的国文程度，还比现在初中毕业生好得多。我还记得，宣统三年，山会县立师范的入学考试，只有两场国文，不考英算科学。两场国文的题目，都是从四书中来的。第一场题目是《嘉善而矜不能义》，第二场题目是《柳下惠不去父母之邦论》。这很可代表当时中学注重国文而尤注重读经的情形了。那时学校的学期学年考试，修身经学国文都考文章，史地也考文章，甚至理化也考文章。所以只有国文好的学生，方可考上最优等。

那时中学国文教师所选的文章，多是从《古文观止》《东莱博议》来的；但是学生多喜欢学《新民业报》一类的时文。旧派国文教师所出作文题目如：《梁亡义》《鲁平公将出义》《秦皇汉武合论》等；新派国文教师所出题目如：《大彼得论》《秦始皇拿破仑合论》《求富强策》《开铁路以利交通说》等。有些学生不满意于教师的选文、题目、改作，背后给教师加上“悖哥”“老悖”“呆举人”种种绰号；有时文卷批得坏了，还在自修室发出不平的呼声：“呜呼！吾岂老悖也哉！”但因学校管理甚严，学生不敢反对教师。**其实在那时，学校要聘一个比较好些的国文教师，也很不容易。那时的中学生，多是在书塾读过几年四书五经的，国文的平均程度，还比现在高中文科毕业生好得多。国文本来不是靠在学校里学好的，教师尽管不负责任，学生也能敷衍过去。**所以当时的中学国文教学，表面上也没有什么问题。

四　废止读经时代

民国初元，部令废止读经，中学生减轻了课程的负担，能多致力于英算科学，这未始不是蔡孑民先生的恩赐。但同时学制改革，小学的五四制改为四三制。中学中经七年小学毕业者多，读过私塾者少，于是中学国文科所负的责任比前重大，教学上就不能不成为问题。

这时代在民国元年至民国八年五四运动以前。中学国文教师，还是一班老先生。所教的文章，仍然不外乎《古文观止》《东莱博议》，有的兼教《左传》，教科书有商务许国英编的《中学国文读本评注》，中华谢无量编的《国文教本评注》。这两种教科书，除了略选经史子书的文章以外，多是古文。学校教学多用选文，或在教科书中选教。教师所出作文题目，以史论为主，陈说次之，书启杂记又次之，经论通论又次之，其余各类所占分量甚少。（参看拙著《中学作文题目研究》第二章，民智书局出版）经史论题，仍然不免科举时代的习气（如《齐人伐燕取之义》《攘羊证父论》《秦始皇论》《范增论》《伊尹武侯合论》等）；书启杂记，尤多文人雅事（如《邀友探梅启》《馈友人兰》《约听黄鹂》《小园补梅记》《秋夜赏月记》《踏雪寻梅记》《种荷记》等）；多是超越一般中学生经验以外的。

从七年小学毕业出来的中学生，除了几本教科书之外，没有读过什么书。中学国文教学，又只有在课堂上讲几篇古文，学生又不顾去读熟，用功的学生，自已随便看书，暗中摸索，事倍功半。有的看《四六文钞》，有的看《随圆诗话》，有的只爱看《玉梨魂》《雪鸿泪史》一类的小说；不用功的学生，连听讲也不愿意，课外绝对不看书的；所以中学生的国文程度，不能不年年低落了。到后，中学国文教学问题，也渐渐有人注意。但仍没有人去研究。一般老先生以为教国文便是讲文章，还有什么别的办法？一般校长以为我已聘了国文很好的教师，还怕国文教不好？谁知道**教学的责任，重在指导督责，而不重在讲书；国文教学成绩的好坏，除了教师的学问以外，还有许多复杂的问题呢。**

在这时代，社会上对于中学生的国文成绩，时有指谪；便是学生的家长，也有好多不满意的表示。有些校长，很注意增加国文钟点，聘请好教师，改良国文教师的待遇（如改文加薪，或一小时照一小时半计薪等）；但是教学成绩，仍然如旧。那时学生对于国文教师，也有很多不满意的表示。国文教师往往被加上“头脑腐败”、“思想陈旧”、“两脚书厨”种种的徽号。但是各校国文教师，大都如此；学生心目中又不重视国文；加以学校管理甚严，风潮不易发生；所以很少反对教员的事实。不过学生不满于国文教师的心情，已经蓄积很久了。

五　提倡白话文新思潮时代

自从民国六年胡适之发表《文学改良刍议》后，白话文的提倡，便入于讨论时期。到了民国八年，白话文的讨论已经成熟，教育部通令小学教科书改用语体文。同时各种主义各项问题的讨论，和白话文双毂并进；到了五四运动以后，更有蓬勃的气象。中学国文教学，到这时候便成为极大的问题了。

那时学生会的势力，足以压倒校长，压倒全体的教员，反对校长反对教员的风潮，时有所闻。教员之中，被学生反对最烈，赶走最多的，便是国文教师。往往有一校之中，四五个国文教师全被学生赶走的。一班老先生慌忙失措，的了呀吗的白话文，固非素习；从洋文中来的新式标点，尤感不便；而新文学思潮的教材，又不易选取；便是学生不反对，也只好自动辞职了。于是许多校长不得不向大学或高师文科去找新国文教员。

新国文教师的枪法，颇不一致了。有的来教白话新诗小说，有的从旧式白话小说中选取教材，有的从报章杂志上看见时人发表的论文，只要是白话的，便不问好歹，一起抄来（何仲英编的《白话文范》可为代表）。这原是不得已的过渡办法，——因为好的白话文很少——我们应该原谅的。又因为古文中多是言之无物，空虚无用的文章，新国文教师，又不得不注意思潮，所以好些教师来宣传各种主义，讨论各种问题，教国文只是离开文章来讲演主义讨论问题了。辞句的解释，视为无用；文法章法，也不值得注意；因为这都要被学生讨厌而引起反对的。结果中学生最出风头的，都有主义了。有所谓“基尔特社会主义”、“马克司主义”、“安那其主义”、“波尔希维克主义”、“世界主义”、“人道主义”等等，在报刊上大出其风头了。其次的中学生，也爱讨论问题。有所谓经济问题、劳动问题、妇女问题、贞操问题、遗产问题、亲子关系问题，还有最切身而最欢迎的恋爱问题、婚姻问题等等，闹得天翻地覆，如雷震耳了。有些教师竟把“了解人生真义和社会现象”视为中学国文教学的目的（参看本志第一期拙著《中学国文教学目的之研究》）。有些教师也不得不去信仰几种主义，找得几个问题，来应付学生的需要了。实际上那时所谓新思潮，人生哲学和社会问题，几乎占了全部的地位；从报刊上抄下来的文章，也多是讨论主义问题的新思潮。还有好些教师，不知白话文如何讲法，倒不如拿些主义问题，可以离开文字，凭空口讲。**只要学生欢迎，便是一等新教师，一等新教法！新的便是好的，更有谁去怀疑中学国文教学的真正目的是否应该如此？所谓新而好的教法，是否应该如此呢？**

从此，**中学国文教学紊乱不定，各教师只顾各用其长，各献其技，各自迎合学生的意思，各自教各人所选的文章，教材无所准则，教法无所依据，国文教学没有一致的中心思想，国文教师也就愈加难做了。**有些中学的学生，因为各有主义的信仰，分成数派。一个新国文教师到来，各派学生便去问他，“先生信仰么主义？”没有主义的教师，一时答不出来，马上请他滚蛋。即使有主义的，得到一派同主义学生的拥护，也就不免要受一派异主义学生的反对。还有前教师专教新诗的，后教师不教新诗；前教师专教小说的，后教师不教小说；前教师会谈问题的，后教师不谈问题，都不免要受学生的攻击，说他“时代落伍者”、“开倒车”、“不懂新文学”了。于是有些聪明的教师，每学期受课之前，先来调查学生意见，然后宣布大政方针。看看学生爱读什么一类文章，爱读什么一类文字，然后苦心经营再来选教材出题目，迎合他们的意思，这样蔗几可以不被学生反对了。但是，有时一班学生的意见分成数派，趋向极不一致，“公要馄饨婆要面”，教师接受了一派的意见，定要受别派的反对；若要和各派敷衍，面面周到，也就难为媳妇了。

这时各书店编成各种不同的中学国文教科书，以应各校不同的需要。商务于《初中国语教科本》之外，又编《现代初中国文》《高级白话文选》；中华于《国语读本》之外，复编《古文读本》；民智也有国文国语两种。但是，学生的心理，喜欢教师选文印讲义；不喜欢依照教科书讲授。倘有依教科书讲授的，一定视为教师没有货色，又要群起反对了。同时学校方面，因为白话文太长，抄印讲义的工力纸张多费几倍，为节省经费起见，定要采用教科书。教师介乎两者之间，没有办法，有时书记来不及，只好自己抄讲义。那些谈主义问题讲小说的新教师，一学期教二十来篇文章，讲义要印四五百张。

自从中学国文教学注重思潮以后，学生的白话文，往往做得洋洋数千言，长的有做到二三万字的，不注意篇章的结构，辞句的修饰了。教师也就没有工夫替他一一修改，只好略看一遍，让他过去了。实际上那些复杂纠缠的长文，决不能从篇章结构上去修改，正如一堆瓦砾，一束乱麻，从何清理起？**又因为白话文言并教的关系，学生的文章弄得文言不通，白话不顺，不文不白，似通非通了**。讲到思想方面，因为**政治经济社会一切问题主义，无所不谈，无所不为，国文教师也就难有彻底的见解，学生更是一知半解，**只有从报刊上抄袭些皮毛了。但是，能养成几个高谈问题主义的高才生，总算是中学国文教学的成绩。至于国文的基本技能，社会的应用文字，却还不会学到！于是中学国文教学的问题，愈趋严重了。

六　研究国学整理国故时代

民国十一年以后，中学国文教学上谈问题主义之风渐息，而研究国学整理国故之论以起。当时全国风从，中学国文教学受了很大的影响。一般中学校长以为学生国文程度低落，大约是一班新国文教师没有国学根柢的缘故。于是学校很想请几个国学稍有根柢的教师；教师也就竞相附和，拿他挂一漏万仍无所得的国学来教学生，以趋时髦而自夸其渊博。书坊上也就出了《国学业书》《国学文库》《国学必读》《四部精华》等等书籍来适应时代潮流的需求。中学国文教学，有用《十三经注疏》的，有用《国学文库》的，有用胡适《中国哲学史大纲》的。至少在选文中也要多选些经史子书的文章；在作文题目上也要出几个《评史汉之优劣》《孟荀学说之比较》《大学研究》《中庸研究》《孟子研究》一类的题目。但是，**学生程度越低，教学标准越高，教学成绩不得不越坏**！有些空谈的学者，好高骛远的国文教师，还开了几千几万卷的国学书目教学生去课外阅读（参看拙著《中学国文校外阅读研究》，民智书局出版）。而学生有无能力时间去阅读，教师全不顾问；甚至阅读的方法，阅读的成绩，也是全不顾问的。我真不懂那些国文教师何以要开许多书目去骗学生？这大约要使学生望洋兴叹，而教师坐得渊博之名吧。如果教学生研究国学而开不出一大篇书目，岂非有损于国文教师的面子！

有些学生听了那些时髦国学教师的话，也要研究国学了。他们也来问我“国学如何研究?”我便说：“研究国学要做四种预备工夫：第一要通小学，方可自由阅读古书，而文义难解，字句错讹的地方，也可考订校正。第二要知道科学方法，则研究的途径不致走错，也不致呆读死书，一无所得。第三要有一种专门学做根柢，然后拿专门学的眼光去整理研究国学中的极小部分。第四要熟知历代史及沿革地理，还要穷搜博览，才有印证的材料。现在**你们学国文，不是学国学。你们只要多读些文章，多认得几个字，多记些应用的辞语，把文法弄得清楚，文字做得通顺，拿起笔来写得出，而且写得正确而有法度，然后再看些文学书籍，也就好了。至于研究国学，你们还谈不到，等到你们要做博士论文的时候，自然知道了。”**

其实，在这时代中学生并没有去研究国学，也不愿去读国学的书籍，不过有几个名人提倡，有一部分校长教员去盲从，使中学国文教学愈加紊乱，青年的头脑加上一重纷扰罢了。国文教师中增加了一派翻陈出新的国学家，中学国文教学上又增加了一条歧路，于是旧的极端主旧，新的极端主新，信仰旧教师的学生反对新教师，信仰新教师的学生反对旧教师，所以在甲班教熟的教师不能教乙班，在乙班教熟的教师也不能教甲班；在甲校很合式的教师，到乙校就被学生反对，在乙校很合式的教师，到甲校也是如此。这是中学国文教师各走歧路，中学国文教学没有一条公共的轨道的缘故。我以为**文学创作上的派别，固然可以分树一帜，各走各的路；但在中学国文教学上讲，教学必要有一致的中心思想，教材教法必要有一条公共的轨道**！

在这时期，虽然已有很多教师感着教学的困难而注意研究国文教学法了。讨论中学国文教学的文章，散见于报章杂志的，据我所知有百余篇。我大部分都已看过，觉得不过是各人说各人的主张，写各人的感想，述各人的教法，而不会有一个人做过真正的研究，并且还没有找到重要的问题与研究的方法。只有教育学者孟宪承与邰爽秋曾有一些研究意见的贡献。

七　翻译文学大盛时代

这时代在民国十五年国民革命军北伐以后。一部分中学生投入国民党，倾向于三民主义的宣传；也有一部分投入共产党，倾向于共产主义的宣传。国学派受了好多人的攻击，在中学国文教学上，势力渐渐的薄弱了。许多新文学研究者，在先前虽曾翻译印度日本及西洋各国的文学，不过是许多名著的介绍，还是智识阶级的文学。他们的目的，不过在助成文学革命，本没有社会革命，阶级斗争的意味的。到这时代，政治革命与社会革命同时并进，又有一派人起来介绍各国的新兴文学。于是普罗列塔利亚文学，又掀动了青年学生的脑筋，做中学国文教师的，又不得不去拿最新的俄德文学来做教材。

于是从前讲小说新诗，谈问题主义的一等新国文教师，因为不曾投到社会革命团体，不曾主张无产阶级文学，在青年学生的眼中看来，又变成时代落伍者了。听说某大学附中对国文教师，甚至罢课要求学校更换，起因为着学生不满于教师讲《史记》的文章，要求教师讲普罗文章，编中国文学史要以劳动问题为中心。

拿外国的翻译文学来代替中国文学，占了中学国文教材的重要地位，在中学国文教学的目的，教材的位置看来，都是很不应该的。孟宪承先生已经有过相当的批评了（参看孟宪承《初中读文教学之研究》，见《中学国文教学论业》商务书馆出版）。我要进一步来说，无论英美德法，他们的中学国文教材，大都是已经评论家估定价值，在文学上比较有固定的地位的作品。近十年来的新兴文学，便在俄国德国，也未必马上选作中学国文教材吧！在英国法国，新文学应否选入国文教科书的问题，争论甚多，但编教科书者，却还慎之又慎，不敢造次。现在我国，有无提倡无产阶级文学的必要，还是一个问题；而这种创作的很少，却是事实。如果要从俄文德文中去翻译，固非中学国文教师所能办到；即使办得到，如要拿它做为正式的教材，我以为不如教学生去随意看看。因为在中学国文教材中，应教的文章种类很多，这种浅近的翻译文学，不宜占了正式教材的位置。但是，**有些中学国文教师，正如江湖卖技者，不得不求花样翻新，以博观众的欢心，所以来大教其普罗文学。前任教师已经提倡普罗文学，后任教师如难乎为继，必然要受学生**

反对的。

在这时代，学潮更加汹涌，主持学校行政者，不敢不从学生的要求；做教师者，又何敢违逆学生的意旨！选文章固然要看学生的好尚，做文章也要看学生的愿意，如果有个教师要规定一种计划，加上一些督促和限制，都不为学生所喜欢的。学生不愿做教师所出的题目，只好让他们自由拟题，交卷的日期，作文的次数，其权都不在教师了。学生的自由作文随便写些什么都可敷衍，又哪有教学的计划呢？（参看拙著《中学作文教学研究》第二章。）所谓**中学国文教学，只有随时应变，随地应变，随学生应变而已！试问哪一种学科的教材教法有这样不固定的情形呢？无怪一般教师多说科学易教国文难教了。**

八　结论

本文历述三十余年来中学国文教学的情形：有几点我们应当注意的：

1. 历来国文教师没有满意的人才。
2. 历来国文教学没有很好的成绩。
3. 旧国文教师不能应付时代思潮的剧变。
4. 新国文教师于教学上没有一致的中心思想。
5. 国文教材教法没有公共的轨道，遂致主张纷歧，教学紊乱。

作者在本文第一节已经说过，“良教师的产生，要待国内学者对于国文教材教法研究得有相当成绩以后。”因为**别种学科的教材多是别国人已经研究过的，只有国文教材完全要待我们自己研究。**而现行的教法与教学制度，是否适宜于国文，也是要待研究的问题。倘使教材教法有了公共的轨道，则教师的主张不致如是纷歧，教学不致如是紊乱了。至于国文教师于教学上没有一致的中心思想，实因一般中学国文教师，多数没有经过良好的师资训练，没有研究过教育学、心理学与教学方法的缘故。一般校长以为只要能做诗做文做小说的，都可做中学国文教师。不知各人拿了文学家的态度去教学生，不拿教育家的态度去教学生，教学便失了一致的中心思想。又何怪几十年来的中学国文教学，演出千奇百怪的情形，而没有一致的趋向呢？

在这时代，有些中学国文教师，已有于教材教法及教学制度必须彻底研究的觉悟。我在广州中山大学时曾接到湖南广东江苏几个中学国文教员的来信，去年听到江苏方面已有中学国文教学研究会的发起。但是，还很少研究的结果发表。只有心理学者艾伟与杜佐周，于国文心理学方面，有些小小的实验；而作者于作文程度、作文评判、作文题目、课程整理、初中读文教材分析，略有小小的研究发表。其他尚有几种专著，几篇论文，还不过是一种研究的预备工夫。至于严密的科学研究，尚非私人力量所能办到。

附注：本文中所谓教学上一致的中心思想，即指学科宗旨、教学目的、教学进程标准、选材原则、教材排列及编配方法、课程在教学上的需要位置、功效以及教法上应注意的要点等等。

55 作文指导方法的比较实验

吴震春（生卒年不详），毕业于南昌师范学校。先任母校图书馆管理员，后调充母校附小任教。求学时代喜文学、好创作；工作中极感儿童教育的有趣，遂专攻教育。著有《农村歌谣初集》《农村歌谣二集》《儿童生活指导新法》等书。作为20世纪30年代农村小学的国文教员，锐意用比较实验的方法改进对小学生作文的指导，并取得一定效果，这对当今中国小学语文教师以科学态度努力提高作文教学素质，也不无促进意义。

本文原载《教育杂志》第25卷第4号（1935）。

目次：

一 引言

在我国农村经济破产的时候，一个儿童要在小学高级毕业，是很不容易的一回事。据教育部在十九年度发表的初等教育统计看来，全国初小学生数为9,145,822人，高小学生数为1,396,704人。是高小学生实不过占初小学生七分之一弱。所以负有小学教育责任的教师们，对于这第二代国民之基础知识的获得及生活技能的训练，应该特别注意才是。但观一般高级小学毕业的学生，应用的知识技能，实在是太贫乏了。别的暂且不提，单拿高小学生的发表能力——作文来说，委实离我们所预期的教育目标太远了，写出来的东西，不少文理不通词不达意的现象。我们服务小学界的同人不得不来作一个自我的检讨，以作今后改进的指南针。

一般小学校的作文教学，我观察得有下列诸种病态：

在教师方面：第一对儿童有知识的灌输无思想的整理，每观教师们在教室里口讲指画的讲解，讲解毕又要儿童好好的熟读。但一到作文课时，教师出了文题，学生又不知如何下笔，他们不是说这个文题太难了，就是要求老师多出几个题目。到了作文课就好似到了他们吃苦的时辰，这是什么缘故呢？为的是他们的思想经验，尚无好的方法很有条理的发表出来，成了哑子吃黄连，说不出的苦。第二卖力的批改，学生无长足的进步，有些教师对于儿童作文每喜多改，看到文理不通的文章，多半删去一段，甚至全篇涂去，把儿童活泼泼的灵机失去了，而卖力添改上去的文句，发出去，儿童又多搁置在抽屉里而不看。这又是什么道理呢？原因是儿童们的心理是无不希望自己的文章作得好的，但你批改出去的文卷，涂抹得厉害，实在使他们大失望了，以为对于作文，横竖是绝缘，所以索性不看。这是如何卖力而不讨好的事啊！

在学生方面，因为教师们未给具体的方法作他们发表的工具，所以有下列种种易见的病征：

思想上的病态：——

（一）起头难：教师出了题目，不知那里想起那里做起，结果，过了一二十分钟或至半点钟，还有学生在咬笔头寻思，是多么的浪费时光！

（二）无话可说：起头想到了几句，往下如何说呢？又是儿童们的一个难关。他们觉得无话可说了，就胡乱说几句塞责。压榨出来的文章，是最苦不过的。

（三）文不对题：还有一种儿童常犯的毛病，就是做翻题目，说了一大篇话，还未说到文章的中心。

文字上的病态：——

（一）惯用陈腔烂调：因为儿童的思想少条理，同时也不知去运用新颖词句，所以提笔作文常写："人生天地间"，"光阴似箭，日月如梭"等类的话头。

（二）想一句写一句：未懂作文方法的儿童，多不知文章的结构，想一句写一句是他们的常事。似此如何能作得好文章出。

（三）抄袭：儿童既深切地感受到作文是一种苦事，于是就发现儿童的抄袭行为。因为儿童无方法写出好文章，又想博得教师们的称誉和分数，抄袭行为就很自然的形成了。教师们虽想尽方法禁止，无奈耳目不适，儿童们奉行如故。

我到过许多小学，探问过许多教师，各校均有一部份学生是如此的。难道这种现象就永久让他如此地下去吗？不，应该赶快想法，把这种缺陷弥补起来。

二　作文指导方法的新发现

儿童作文方法的指导，我国小学教育界注意的很不少，据我所知道的，有下面诸种的实验：

（一）安徽中心小学实验："日记可以代替作文否？"结果：自由日记组稍胜于限题作文组，实验系数为0.14，结果不可靠。

（二）上海西成小学实验："定期作文与机会作文两者效率孰大？"结果：定期作文胜于机会作文。实验系数为1.38，结果可靠。

（三）浙江十中附小实验“作文特定时间与不特定时间之优劣谁属?”结果：不特定时间者胜于特定时间者，实验系数为0.88，未十分可靠。

（四）上海务本附小实验：“作文命题与不命题之效果谁优?”结果：命题组稍胜于不命题组，实验系数仅0.16，结果不可靠。

（五）安徽中小实小实验：“有系统之自由发表与限题作文孰善?”结果：限题作文胜于有系统自由发表。实验系数为0.56，结果不可靠。

（六）南昌省会实验小学实验：“作文起稿与不起稿效果孰优?”结果分二部：（1）内容优劣成绩：起稿组胜于不起稿组，实验系数为0.6，未十分可靠。（2）速率成绩：不起稿组胜于起稿组，实验系数为0.31，结果不可靠。

上面这些学校关于作文方法实验的结果，很可以供我们小学界同人作参考。不过这些实验只改进了作文方法的外式；作文方法的本质极少变动，兹根据：

（一）作者历来作文的经验：每作一文，必先将材料搜集，然后列一简明纲要。接着一口气写下去，亦不必起稿，写成后复阅一遍，修改数字则成正文。写时省时省力，并且觉得成功的快乐。经验告诉我，**作文的重要工程有二部：第一部是找材料列纲要，这步工作完成了，文章的灵魂已经具备，工程算成了一半。第二部是抒写，平常已储藏好了应用的词句，按照纲要抒写是易如反掌的事。**

（二）绘画有轮廓与调色的过程：**作文也是一种艺术，由轮廓（指找材料列纲要）而成正文，不是一种很自然的过程吗?**于是我翻然领悟指导儿童作文的新方法了。

在二十三年度开始的时候，我依照上面的意象，建立了一个指导儿童作文的新办法，名曰“轮廓抒写合一作文法，”今详细地写在下面：

轮廓抒写合一作文法纲要

导言：小学缀法，儿童思想的整理与文字的训练，应兼筹并顾，方能奏效。**思想的整理就好像绘画之必需轮廓；文字的训练，就好像绘画过程中之调色描写工夫。**未有轮廓纵善于调色描写，不能绘出佳画。同样，未经思想的整理，纵使文字清通，亦作不出动人的文章。故特草轮廓抒写合一作文法以救其穷。

程序

文题

（一）文体——一个文题到手，第一步要认清本文系何文体：叙述文，抒情文，说明文，或议论文。

（二）要旨——文体认清了，就要捉住本文的要旨，概括地写出文题该显示的中心思想，情绪，或事件。

（三）纲要——认清了文题捉住了中心，就着手搜集与文题有关之材料，作一个顺次的排列，列为纲要，以便抒写。

（以上是轮廓法，用意在整理思想。）

（四）正文——依照纲要抒写组织成一篇文章。

注意：（1）文题低三格写，分段低二格写。

（2）用新式标点符号。

（以上是抒写法，用意在训练文字。）

方法说明：**儿童依照作文程序分四项写出文章，经教师用符号批改及指示后，发给儿童自改一次，缮为正文，再交教师用文字批改之。**

我将大纲写定后，出而求正于诸同事，都说本办法切实可行，比普通作文法具体多了。我未敢轻易自信，故决将轮廓抒写合一作文法与普通作文法作一比较实验，以断定其效率孰大，因为这是一个值得注意的教学问题。

三　计划大纲

我们有了轮廓抒写合一作文法与普通作文法比较实验的动机，于是订定计画大纲，进行实验。实验本问题的目的仅在决定两者的优劣，所以实验要素有二：一为轮廓抒写合一作文法（EF_1），一为普通作文法（EF_2），其实验过程的变化分量，确可使之相等，因此决定用等组法，分六年级为两组（S_1）与（S_2），以第一次第二次命题作文依缀法量表判定之成绩为初试（IT_1）以第三次第四次第五次之命题作文依缀法量表判定之成绩为复试（FT_1）。惟复试成绩是作文二次或三次始记分一次，因隔相当时期，其进步程度较为明显。然后求得各 EF 的效率相差量（C）；组既有二，则得（C_1）与（C_2），更视（C_1）与（C_2）相差之量为如何，作为本实验的结论。兹举本问题的实验程序如下式：

等组法——二个 EF——一种测验

S_1——（IT_1——EF_1——FT_1——C_1）

S_2——（IT_1——EF_2——FT_1——C_2）

订定了实验程序，于是再订定实验计画大纲：

（一）实验学校——六年级

（二）担任教师——吴震春

（三）实验目的——为研究作文的有效方法

（四）实验方法——

（1）分组——根据俞氏小学缀法量表，陈氏小学默读测验，廖氏团体智力测验之成绩，（教育测验与智力测验各占其半）。分全级儿童为相等之两组，一组依照普通作文法作文，一组用轮廓抒写合一作文法作文。

（2）命题——每次作文，由教师命一相同之题目，练习次数亦相等。课外日记之练习及批改，两组均设法使之相同。

（3）作文时间——每周二节共九十分钟练习一次。

（4）批改步骤——两组作文均交教师先用符号批改，学生依照符号自己订正，誊清，复交教师用文字批改一次，然后发还学生。

（5）摘出误点——教师备作文指导簿一本，两组学生之误点，均摘出记入之。

（6）共同订正——符号批改或文字批改，发现学生有共同的错误，在上国语课时，提出共同订正之。

（7）个别指导——学生所犯的错误，如系个别的特殊错误，则个别指导之。

（8）示范——教师在每次作文卷中，拣两篇模范作文，在国语课时由教师宣读，及指出优点何在。下课后，并令该二生将范文抄在“模范作文”内，悬在教室，以便观摩。

（9）考核结果——每隔二周，以作文一篇依小学缀法量表判定成绩，记录之。

（五）实验时间——本实验从分组起至整理结束，计费时十五周，时间之支配如下：分组二星期，实验十二星期，整理一星期。

四　分组测验

分组方法，上面已经说过，兹将分组的结果，列表于后：

轮廓抒写合一作文组的成绩（表一）

号数	姓名	教育测验			智力测验 T	总平均 T
		缀法 T	默读 T	平均 T		
1	邱鑫	85.3	61	73.2	66	69.6
3	罗天盈	83.5	61	72.3	67	69.5
5	罗启寰	74.8	50	62.4	71	66.7
7	王鼎	78.8	47	62.9	58	64.5
9	罗慰寰	67	50	58.5	59	57.8
11	罗来青	73	46	59.5	55	57.3

续表

号数	姓名	教育测验			智力测验 T	总平均 T
		缀法 T	默读 T	平均 T		
13	万叶全	70	43	56.5	56	56.3
15	张兴茂	68	43	55.5	57	56.3
17	钟文郁	82.5	48	65.3	46	55.7
19	胡秉忠	74	39	56.5	54	55.3
21	罗爱菊	75.8	44	59.9	45	52.5
23	胡文杰	70	38	54	50	52
25	谭水心	72.8	43	57.8	43	52
27	罗时宝	55.5	51	53.3	49	51.2
平均数 =58.05　　标准差 =6.08						

普通作文组的成绩（表二）

号数	姓名	教育测验			智力测验 T	总平均 T
		缀法 T	默读 T	平均 T		
2	罗星五	83.5	59	71.2	68	69.6
4	支　荣	80.3	66	73.2	65	69.1
6	罗瑞屏	74.3	46	60.2	64	62.1
8	罗杰华	79	43	61	59	60
10	罗润寰	68.5	44	56.3	60	58.2
12	罗金菊	84	46	65	51	58
14	李文甫	79.3	49	64.2	51	57.6
16	余美文	76.5	48	62.3	48	56.7

续表

号数	姓名	教育测验			智力测验 T	总平均 T
		缀法 T	默读 T	平均 T		
18	李招莲	81	37	59	52	55. 5
20	涂世棕	68. 5	44	56. 3	54	55. 2
22	史载春	70. 9	46	58. 3	59	53. 8
24	罗时謇	62. 5	43	52. 8	54	53. 4
26	罗时奖	68	42	55	49	52
28	陈明道	70. 3	37	53. 7	49	51. 4
平均数 =58. 04　　标准差 =5. 45						

从上面的两个表看来，两组的能力是相等的。因为轮廓抒写合一作文组学生的平均数是 58. 05T，标准差是 6. 08；普通作文组学生的平均数是 58. 04T，标准差是 5. 45，两者相较，是没有怎样的相差。

五　实验

我在**进行本实验的过程中，确自信是郑重谨慎，曾努力的避免他方的影响，并努力的使两者教学机会的均等**。本来作者因职务繁重，及课卷批改太忙，原可将每周作文分一半给实习教生批改；**为了实验的正确，分组后，宁愿自己减少休息时间，两组作文都由我个人批改，以免有主观不同的弊病**。其次，两组课后有日记练习，次数相同，教师批改方法亦复无异。再次，作文的题目，练习的时间，以及练习的次数相同，上面已经说过了。机会总算异常相等。

现在将实验经过的情形，分述于后：

（一）在实验期间，每周作文一次，计作文十二篇。十二篇文题如次：

运动会的益处

今年的双十节

自治与被治

我的好朋友

举行学级交谊会的演说辞

手头并用的重要

奋斗中的菊花

怎样建设新中国

怎样复兴中国农村

现代学生应有遵守时间的精神

卫生与健康

一九三五年的计划

（二）**两组学生的作文，我均用符号先批改一次，以指出学生思想上文字上的错误，给他们一个自己订正的机会。**今将采用的批改符号列下：

（1）别字，用×（在字旁。）

（2）笔误，用/（记在字中。）

（3）脱字，用<:（嵌在应添的地方。）

（4）脱句，<:（嵌在应添的地方。）

（5）删去的，用‖（记在字中）。

（6）语句不通，要修改的，用——（记在字旁。）

（7）句语重复，用﹏﹏（记在字旁。）

（8）上下不接，用＝（记在不接处的字句中。）

（9）完全删去的，用“　”。

（10）字句颠倒，用∽。

（11）意义不完全，用……。

（12）意义不明白，用?（旁竖。）

（13）抹去而复用的，用△（记在字旁。）

上面的符号，学生各抄在作文簿之首页，并由教师说明应用方法。看来好像很繁难。实际用过一次，个个笨号学生都记得了。

（三）教师备作文指导簿一本，符号批改时，碰到学生思想上及文字上的错误，即时记入作文指导簿内，以便共同指导或个别指导。兹举作文指导簿一页于下见下页表三：

（四）学生作文经过了教师的符号批改及指导，学生又自行订正了一次，文章的误点就很少了。文字批改时，我很注意下面的几点：

（1）略改：引导学生思路，以略改为原则。

（2）佳句的标识：最佳者用ooo号，佳者用∞号，次佳者用…o号。这种标识，很能鼓励学生，并增加其作文兴趣，绝不可少。

（3）头批：一部份的优点或错误，用头批批出。

（4）总评：一般教师评文，总惯用“清通”“水净沙明”及其他抽象字句。**这类批语是中了前清学究的遗毒，不但对学生无益，并且学生简直不了解。故我用了比较科学的方法评文，“优点”与“改进”两项。**兹摘钟文郁的“一九三五年的计划”一文的批语如后：

作文指导簿的一页（表三）

No：3	作文题	自治与被治	作文日期	十月十八日
姓名	思想的误点	文字的误点	共同误点	讨论要项
陈明道		用字不准确	（1）说理文的作法不甚明了 （2）举例有不切实处	（1）本文的中心思想 （2）举例证明的重要 （3）说明文作法之注意点
李文甫	陶渊明不求甚解不能说无自治精神			
罗瑞屏		“发扬我们的光大”一句费解		
万叶全	偏重说自治的好处不合			
胡文杰	所举例证有未合处			
王鼎	少结束语			

优点：

（1）取材丰富

（2）思想周密

（3）分段明白

（4）说理清楚

改进：

（1）注意词句的修饰

（2）留心虚字的用法

（五）错字的处理：学生错字，打了×号，不即改正；在错字头上记一口号，由学生自己查考订正。如订正错了，则由教师重新订正。

（六）每周作文，教师选范文两篇，叫学生抄在“模范作文”上，并发表在校刊及级报上，以资鼓励及观摩。

六　成绩统计

为明了起见，先将两组平时缀法测验成绩列表如后：

轮廓抒写合一作文组平时缀法成绩（表四）

号数	姓名 \ 记分次数	一次	二次	三次	四次	五次
1	邱　鑫	84	86	90	90	90
3	罗天盈	83	87	90	90	90
5	罗启寰	78	84	85	85	88
7	王　鼎	79	81	88	86	90
9	罗慰寰	66	78	78	80	82
11	罗来青	60	70	72	73	80
13	万叶全	70	78	82	84	83
15	张兴茂	65	75	78	80	82
17	钟文郁	78	82	90	90	90
19	胡秉忠	76	84	90	90	90
21	罗爱菊	78	82	78	80	79
23	胡文杰	70	76	86	88	90
25	谭水心	60	70	71	74	80
27	罗时宝	55	65	65	69	70

上列表四与表五的平时缀法成绩，是对照俞氏小学缀法量表记分的，惟俞氏定的标准分数是隔五分递升，如80分、85分、90分等是。此处记分稍有变通，譬如说邱鑫第一次之缀法成绩，对照俞氏量表，比八十分的成绩好些，比八十五分的成绩似乎又要差点于是给八十四分，余类推。（分组测验的两组缀法成绩之所以有小数点，亦根据此原则给分的。）这样对照量表记分，实际上要正确一点。

普通作文组平时缀法成绩（表五）

号数	姓名 \ 记分次数	一次	二次	三次	四次	五次
2	罗星五	78	82	85	86	90
4	支　荣	80	80	83	84	88
6	罗瑞屏	76	84	75	75	75
8	罗杰华	79	81	77	78	79
10	罗润寰	60	70	70	74	66
12	罗金菊	84	86	90	90	90
14	李文甫	78	82	83	84	88
16	余美文	84	86	90	90	90
18	李招莲	86	84	84	85	86
20	涂世棕	68	72	73	74	78
22	史载春	81	79	83	84	88
24	罗时謇	58	62	67	68	75
26	罗时奖	50	60	60	60	60
28	陈明道	70	80	76	78	80

经过了一个学期的实验，结果如何，当然为我们所急要知道。兹根

据计划大纲，以第一次第二次命题作文依缀法量表判定之平均成绩为初试，以第三次第四次第五次命题作文依缀法量表判定之平均成绩为复试，统计出来，便得下面表六与表七之结果：

轮廓抒写合一作文组的成绩（表六）

号数	姓名	作文成绩		
		初试	复试	进退数
1	邱　鑫	85	90	5
3	罗天盈	85	90	5
5	罗启寰	81	86	5
7	王　鼎	80	88	8
9	罗慰寰	72	80	8
11	罗来青	65	75	10
13	万叶全	74	83	9
15	张兴茂	70	80	10
17	钟文郁	80	90	10
19	胡秉忠	80	90	10
21	罗爱菊	80	79	-1
23	胡文杰	73	88	15
25	谭水心	65	75	10
27	罗时宝	60	68	8
人数 =14　平均进步数 =8　标准差 =3.55　平均标准差 =0.94				

从表八的统计看来：轮廓抒写合一作文组的成绩，优于普通作文组。其优胜点为4.29，优胜点标准差为1.35，由此可以确定此二进步数的真确差数在4.29 ±3（1.35）之间。就是多至8.34少至0.24，其

间变动的机会极少。更将以上求出之差数 4. 29 及其可靠度 1. 35，求出实验系数为 1. 14。查实验系数为 0. 5 时，乃表明差数在零以上有$\frac{1}{2}$的确定程度；为 1 时，乃表明适合的确定程度；为 2 时，乃表明二倍之确定程度。今实验系数为 1. 14，其相近机会为 930: 1，即差数有九百三十次机会在零以上，只有一次，机会在零以下，由此可以完全断定本实验的结果，很可信任。

普通作文组的成绩（表七）

号数	姓名	作文成绩		
		初试	复试	进退数
2	罗星五	80	87	7
4	支　荣	80	85	5
6	罗瑞屏	80	75	-5
8	罗杰华	80	78	-2
10	罗润寰	65	70	5
12	罗金菊	85	90	5
14	李文甫	80	85	5
16	余美文	85	90	5
18	李招莲	85	85	0
20	涂世棕	70	75	5
22	史载春	80	85	5
24	罗时謇	60	70	10
26	罗时奖	55	60	5
28	陈明道	75	78	2
人数 = 14　平均进步数 = 3. 71　标准差 = 3. 68　平均标准差 = 0. 98				

总核（表八）

平均进步数		优胜点	优胜点标准差	实验系数
轮抒组	普通组			
8	3. 17	4. 29	$\sqrt{(0.94)^2+(0.98)^2}=1.35$	$\frac{4.29}{2.78\times1.35}=1.14$

七　结论

这次的实验，从上面的结果看来，很是可靠。对于实验的目的可算是达到了。因为轮廓抒写合一作文法是合：

第一、**自然的法则**：作文方法由轮廓而至抒写是很自然的。**不论古今中外文人作文，都先有急需发表的意象（文章的内容），然后才表现于形态（文章的外式）。教儿童从内容的注意到文章的发表，很合于自然的法则。**

第二、**条理的思考：后来儿童作文不少胡思胡写的，今给他们一个作文时的思考方法（轮廓法），思想弄得很有条理，于是写出的文章也有条不紊了。**

第三、**具体的发表**：学生的一切学习，都是具体的胜于抽象的。作文时，教师出了题目，由儿童胡乱去思考；不如给他们一个具体方法去思考和发表，来得敏捷和有效果。

第四、**全体的练习**：一般的教师指导儿童作文，偏重于文字训练，对于整理儿童思想，多半忽略。轮廓抒写合一作文法是两者兼筹并顾，作全体的练习。

轮廓抒写合一作文法在原则上既有以上点的适应性。今再从本方法对于教师及学生之实利上说：

在教师方面——

（一）指导容易：普通教师总会感觉到，指导儿童作好文章，是一件难事。实际上也的确有相当的难，当有一位教数学的同事对我说："教好儿童的算术容易，因为有一定的法则可循；要教好儿童的文章就难了，因为作文的方法千变万化，收效当然比较的难。你是教国语的，以为怎样？"当时我也赞同他的说法。但到现在，我要持异议了，因为经验告诉我，用本方法指导儿童作文是很容易见效的事。

（二）批改容易，有些教师或者要说：用符号文字两用批改法太麻烦了，实际上恰好相反，因为经过了符号的批改（符号批改，时间经济）。到文字批改时，就轻而易举了。比光用文字批改，两相比较，时间还要经济。退一步说，用轮廓抒写作文法，指导儿童作文，径用文字批改，不取符号文字两用批改法，比普通作文法，也较易批改。因为儿童的思想既有条理，文字方面的错误，就比较的少，这是不言而喻的。

在学生方面，本实验结果算出之后，我曾对轮廓抒写合一作文组的儿童调查过一次，结果：

（一）取材丰富：教师出了题目，觉得要说的话很多，本组十四个儿童都如此说。

（二）起头易：十四个儿童中有十个儿童说，用本方法作文，起头容易。

（三）不起稿：现在十四个儿童中有十三个不起稿作文了。

（四）抒写速度快：十四个儿童都说，用本方法作文写文章要快得多。

（五）进步快：看了本实验的结果，儿童进步的迅速可以一目了然。

本实验的进行，得了附小校长段并之先生许多指导，研究部主任李次鲁先生许多协助，才告成功，在我是极感谢的！

本实验的结果，我不敢说有多大的贡献，因为实验工作是严重而烦难的，这个小小的实验不过藉以抛砖引玉罢了。

附录

一九三五年的计划　　　　　　　　　　　　　　轮抒组　钟文郁

一、文体——说明文

二、要旨——确定一九三五年的新计划，做我本年努力的指南针。

三、纲要

（1）欢迎新年

（2）回忆：

（一）忏悔过去

（二）努力现在

（3）计划：

（一）求知的计划

（二）强身的计划

（三）修德的计划

（四）交友的计划

（4）结束：

努力前进，将计划实现。

四、正文——

流光匆匆，韶华飞逝，转瞬间，一九三五年的新年又到临了。在这新丽可爱的新年中，我有一种心猿意马的思潮，涌现在脑际里，我回忆着我的过去，又切思着将来的前途。

一九三四年的光阴，已经悄悄地流过去了，它好似一点水滴在海洋里，没有帮助，更没有踪迹。但是我在这美好的光阴中，自问留下有几多柔丝一般的痕迹？——有是有多少，不过不能满足我的愿望而已。唉！我错了，我没有仔细把我的前途认清，所以一年复一年的过去，总没有留下些好的成绩，我的愿望自然更不要说了。过去的罢了，可靠的只有现在。努力现在，将来或者有美好的结果。袁了凡说："从前种种譬如昨日死，以后种种譬如今日生。"的确不错。今后我要拿出蓬勃的精神去干，把我一九三五年的新计划一一实现出来：

（一）现在的社会是进步的非常的迅速，日新月异，进步惊人，不是人类的知识丰裕，哪能达到这步天地。我在社会进化的人群中，感到自己的渺小，这是因为我的知识缺乏，不能帮助社会的进化。自此以后，我要优中取优，精益求精，奋勉前进的求知识，将来才不愧为一个有用的国民，而且社会才能得到多少的益处。这是我今后求知的计划。

（二）我的身体素来是不十分强壮，其原因大约是我过去不讲卫生，不喜运动，身体自然不能强健了。这样下去，事业也不易成功。最近报载，德国人说中国人民的身体，是劣等的第三等民族，可见中国人的身体大都不成。我是四万万同胞中的一个国民，怎能被他们所讥笑呢？所以我自今后要把我的身体强健，同时还要唤起四万万同胞锻炼良好的身体。那么不但我个人的事业容易成功，就是复兴中国也不是难事哩！这是我强身的计划。

（三）修养德性，是做人的起点。一个人有丰富的知识，如果道德不良，那么便丧失了那个人生的意义；反过来说，如果一个人没有知识，而他的道德高尚，那么他一定会得到人群的信仰，人有了信仰，知识虽无，但他的事业的成功，总可以超过有知识无道德的人们了。可见道德比学问重要了。所以我今后，处处留心，要潜修着良好的德性。

（四）胡适说，“人生无好友，有如无手足。”可见人生在世，好朋友是不可少了，并且愈多愈好，因为好朋友多，能帮助我们做事业。事业能成功，那么人生的目的可以说达到了。所以好友愈多愈好，不但事业易成功，就是自己的缺点也会被朋友同化为好。墨子说：“染于苍则苍，染于黄则黄。”故交友不可不慎。这是我今后立志交友的计划。

以上的几点新计划，都是人生不可少的东西。如果我在一九三五年之中，能够把他实行，那么我的愿望就可以满足了。

奋斗中的菊花　　　　　　　　　　　　轮抒组　邱　鑫

一、文体——抒情文

二、要旨——奋斗的生命是美丽的，我们应有菊花一般的精神，取得生命的真谛。

三、纲要——

（1）冬天到了

（2）菊花的奋斗精神

（3）菊花的伟大

（4）赞美菊花

四、正文——

呼呼的朔风，一阵紧似一阵咆哮着。它好像在告诉我们：严冬降临了，你们再也不得照旧那样的活泼了。一般动植物听了，都垂头丧气奄奄待毙。但可爱可敬的菊花却不然，它鼓着勇气，以它“弱不禁风”的枝躯，来和那残酷的严冬搏战。

你看：那可恶的朔风，心肠多么的毒啊！他非但不怜恤世界上的可怜者，反更使着它那剪刀般的朔风，去剪裁它，欺负它；不但老风是如此，就是那年高的霜老伯伯，头发已苍白了，快年将就木，还是仗着它是长辈，用着种种毒辣的手段，大施淫威去欺压手下的弱小者。这个时候，菊花又轮着了——它的难关：哼！菊花并不比其他腐懦的动植物们。它抱定不屈服强悍人的手下，偷生怕死；它是要自由，光荣。就是任你怎样在它面前，作威作福，欺凌它，压迫它，摧残它；它也是毫不畏惧的挺身力抗，奋斗。

朔风是何等凛冽啊，霜雪是多么的逞威啊！可爱的菊花仍然是亭亭玉立，和那强暴者奋斗着，争奋它的自由。

啊！从奋斗中得来的生命是美丽的；精神是伟大的，光荣的。菊花，可敬可佩的菊花的生命是如此芳香啊！

（上列两篇作文，是从轮廓抒写合一作文组中随便拣下来的，以作本方法的一个实例。）

56　青年期的读书

许寿裳（1883—1948），早年就读绍郡中西学堂和杭州求是书院。1902年留学日本，与鲁迅认识，成为终身挚友。曾编辑《浙江潮》。历任北京大学、北京高等师范学校、中山大学、北平大学、西北联大、成都华西大学等校教授。1946年受邀请主持台湾省编译馆，后转往台湾大学任教。

所著有《章炳麟传》《鲁迅年谱》《亡友鲁迅印象记》《我所认识的鲁迅》《俞樾传》《中国文字学》以及《传记研究》《怎样学习国语与语文》《考试制度述要》等。

全国台联会长汪毅夫认为，许寿裳有两项重大贡献。一方面，他和鲁迅等人作为当时读音统一会会员，一起确立了注音符号的使用原则，奠定了台湾国语运动的规矩，很多台湾同胞正是靠着注音符号学习和掌握了国语。另一方面，他亲自编写了《怎样学习国语和国文》一书，并在国语运动中力推从“台语复原”到“学习国语”的正确方向，为台湾光复初期国语运动作出了重要贡献。

《青年期的读书》与鲁迅先生《青年必读书》一文观点完全一致。许氏与鲁迅先生所提倡的“少读中国书，多读外国书”，其实是对当时“国粹”“读经”逆流的针砭，其根本精神则是希望青年读者“自己泛览，自己抉择，将书上得来的一切，经过自己的思索”。原载《中学生》第76号（1937）。

读者诸君！《中学生》社长夏丏尊先生来信，要我写一篇文字作为谈话。我实在没有什么可以贡献，正在踌躇之间，恰巧一位在高中求学的青年朋友 H 君来访，倒引起了我的意见。H 君说道："会考近了，忙于准备，整天抱着学校所排定的应付考试的课本，弄得头昏眼花，兴趣索然。好像教育是为考试而教育，此外没有别的任务了。很想找一点旁的书籍来苏醒一下，换一换口味，请问那些书可以先读呢?"我听了很起同情却没有法子可以帮助，只答道："学生因为要升学毕业，对于校中所规定的一切教科，即使有几门并不欢喜，也不得不忍耐着学习，这是本分内的事。你能尽了本分之外，进而自动地读嗜好的书，离开了利害关系这是读书的上乘。至于那些书可以先读，我委实不能回答，因为当然要各从所好，毫不勉强，而且书名也难以列举的。你不妨由自己先行泛览……"

以上算是本文的引子。

我想全国青年，和 H 君有同样苦闷的一定不少，愿意在本分的读书之外，还有嗜好的读书，**放开眼界，浏览群书，这才是有望的青年。惟其不苟安于现状，有烦闷，有怀疑，抱着远大的理想，肯去冒险涉猎，以求所信，足见胸襟扩大，立志不凡，将来的成就未可限量**。因为烦闷，怀疑抱着理想等等，都是青年心理上应有的正当状态，也就是文化进步的原动力，我们应该鼓励的。我对于嗜好的读书，愿意贡献一点小小的意见：（一）少读中国书，多读外国书；（二）少捧国粹，多捧"人粹"。为什么要少读中国书，多读外国书呢？世界的进步日新月异，旧文章旧思想都已经和现社会毫无关系了，捧着古书，唱着老调子是决不够的了。鲁迅先生在《华盖集〈青年必读书〉》里说过这样的话：

"我看中国书时，总觉得这沈静下去，与实人生离开、读外国书——但除了印度——时，往往就与人生接触，想做点事。中国书虽有劝人入世的话，也多是僵尸的乐观；外国书即使是颓唐和厌世的，但却是活人的颓唐和厌世我以为要少——或者竟不——看中国书，多看外国书……”

又在同集《十四年的读经》里，说着：

“我看不见读经之徒的良心怎样，但我觉得他们大抵是聪明人，而这聪明，就是从读经和古文得来的。我们这曾经文明过而后来奉迎过蒙古人满洲人大驾了的国度里，古书实在太多，倘不是笨牛，读一点就可以知道怎样敷衍偷生，献媚，弄权，自私，然而能够假借大义，窃取美名，再进一步，并可以悟出中国人是健忘的，无论怎样言行不符，名实不副，前后矛盾，撒诳造谣，蝇营狗苟，都不要紧，经过若干时候，自然被忘得干干净净；只要留下一点卫道模的文字，将来仍不失为‘正人君子’。况且即使将来没有‘正人君子’之称，于目下的实利又何损哉？”

为什么要少捧国粹，多捧“人粹”呢？**中国人有一种老毛病：喜欢闭着眼睛，说“特别国情”，“国粹，国粹”在不知不觉之间，使我们中国与世界潮流隔绝，这类自命为卫道之士，于世界思潮固然不屑研究，于所谓国粹也实在莫名其妙。**宋平子先生（衡）在《六斋无均文集·国粹论》里说得好：

“于理论学，凡名词，有平对，有反对。国粹哉，国粹哉！于文，粹与糠为反对。是故宋衡敢创立其反对之名词为国糠矣粹之界说，以有益于其社会者为断，糠之界说以有损于其社会者为断。……故仁义忠信者，‘人粹’；也好学深思者，‘种粹’也；苟以‘人粹’，‘种粹’为国粹焉，则于论理学为犯以广为狭之病矣。”

要知道仁义忠信是现今文明国所共有，并不是中国所独有的粹，如果自以为国粹，便是陋极，宋先生在三十年前，已经说得很明白又要知道我国古时文化虽高，公民的道德提倡虽早，后来因为被外族征服过多次，除了极少数的义士以外整个民族的道德心却睡了觉，言行多不相符，口中说得好听，身上未能实行，古训如“杀身成仁”“舍身取义”……只剩得纸上的美名了。蔡孑民先生对于公民道德，曾以法国革命时代所标明的自由，平等，友爱为纲，而以古义来证明，说“自由者，‘富贵不能淫，贫贱不能移，威武不能屈’是也，古者盖谓之义。平等者，‘已所不欲，勿施于人’是也，古者盖谓之恕。友爱者，‘已欲立而立人，已欲达而达人’是也，古者盖谓之仁。”由此，更可见公民道德的精粹如仁义忠恕……是世界文明国所公有，是“人粹”而不仅仅是国粹，而且重在实践，无须乎乞灵于古书才生效力的。

可是近来复古之风又大盛了。何键先生在三中全会提出“明令读经案”，其办法自小学起至中学十二年间，先读《孝经》、《孟子》、《论语》、《大学》、《中庸》，进了大学又选读他经，这不但违反教育原理，而且实际上也无从施行。**经文还没有好好地经过整理的工夫，它的注解纷纷，为经师们所聚讼的实在不少，**我们不说别的，只将明显易读的《论语》来说罢，其中关于古代制度古代习惯的姑且搁起，便是关于立身立志的句子，也还有不少费解之处。例如《述而》篇里

“文莫，吾犹人也，躬行君子，则吾未之有得。”

幼时塾师教我读作“文，莫吾犹人也，……”我虽然读得烂熟，但是实在“未之有得”，后来才知道“文莫”二字应该连读，它是黾勉的意思，近年，章太炎先生著《广论语骈枝》，有一段新义如下：

“《集解》释以俗言文不义难通；《集注》以莫为疑辞，则涉唐宋人语，古无是也。案汉西域传，罽宾以金银为钱，文为骑马，幕为人面；乌弋钱，文为人头，幕为骑马；安息钱，文为王面，幕为夫人面。张晏以文面漫而释之。……此文莫即彼文幕，犹俗言文质而已，文谓礼乐，幕指质性。文幕犹人，愈于文质无所底者也。文质彬彬然后君子，则未之有得矣。近人或欲读为忞慔，并训为勉，云出栾肇义亦可通，然不如文质为有旨。”

又如《泰伯》篇里

“士不可以不弘毅，任重而道远。”

这句话已经成了家常便饭，每见考试场中，主试者以此命题，应试者以此入论，可是章先生对于弘毅之弘别有创见如下：

“《说文》，弘弓声也。后人借强为之，用为疆义，此弘即今之强字也。《说文》，毅，有决也。任重须疆，不疆则力绌，致远须决，不决则志渝。苞训弘为大，失之，……”

由这一点例子，读经之难，已经了然，不是可以胡乱施行的。据**我个人的意见，经书中之所谓国粹，实即“人粹”，应该采取融入于中小学的公民训练等科**。其文字之美而无病，意义明显，而不为经学家所聚讼者，可以酌量选入中学国文教科书。其余**大部分的经文，无非对封建时代的遗迹已经不是国粹而成为“国糠”和现社会毫无关系了**。这些糠里面或者还有维太命之类也未可知，但只能给化学专家去分析检验，提炼精粹。**我们中学生该吸收的东西多得很，那有工夫去吃糠**。所以经文除了在大学供专门研究者之外，绝对不应该在中学小学设立一科目。

如有自动愿意去披阅者，那当然悉听尊便。

总之，我对于青年诸君，希望少读中国书，多读外国书；少捧国粹，多捧“人粹”。**嗜好的读书，宜由自己泛览，自己决择，将书上得来的一切，经过自己的思索，**要如王阳明所说：“反心不安，虽言出孔子，未敢以为是。”要勿犯德国哲学家索宾霍尔所说“脑子里给别人跑马”，然后去和实社会接触，使所读的书得到体验。

57 什么叫“活的教育”

陈鹤琴（1892—1982），著名教育家、心理学家、儿童教育家。浙江上虞人。他十分重视科学实验，从实践探索开始逐步孕育、形成和提出“活教育”理论。

陈氏从1919年起的实践和著述中已开始孕育其“活教育”思想。1919年就职南京高等师范学堂，开始以自己独特的方式融入新教育运动。1922年发表《语体文应用辞汇》，从六类儿童用书共554478个字中，找出了出现频率高，最常用、最需要认识和会用的字4621个。这一研究对编写教科书，开展成人识字教育以及编制测验等极有助益。1939年在主编的《小学教师》发刊词中正式提出了“活教育”的概念。1941年在《活教育与死教育》一文中，对“活教育”作了具体阐述，使之逐步形成了比较完整的体系，成为有中国特色的儿童教育和新教育的理论。在抗战催生下，提出了“活教育”理论，并在实践中全面应用。

“活教育”是陈鹤琴教育思想的核心。“活教育”的内容十分丰富，主要包括目的论、课程论、教学论三大部分。目的论是教人“做人，做中国人，做现代中国人”；课程论（即教学内容）指“大自然，大社会都是活教材”；方法论是“做中教，做中学，做中求进步”，重在教、学、做统一的实践创造。这些，也正是国文、国语学科教育的重要指导思想。

本文原载《活教育》杂志第4卷第9、10期合刊（1947.11）。此文原有副标题“二十九年四月二十五日在江西遂川儿童教育座谈会演讲”。

今天我同诸位所要讨论的问题是：“活的教育”。这是活教育运动的先声。

一　活的教育

我是最欢喜儿童的，同时我还可以说，今天在座的诸位，也都是欢喜儿童的。儿童总是可爱的，即使是低能的儿童。今天我武断的说一句，儿童的命运，将来的前途，大概操在教它们的成人的手中，这是多么的重要呵！

今天我们实在太惭愧（当然连我也在内），我们不会教小孩，不知贻误了多少聪明的儿童，埋没了多少天才的儿童，没有合理的教育去教过我们的小孩，没有把我们小孩的聪明与天才发展出来，这真是太可惜了！

记得有一次，我试验我的小孩，看看“打”究竟有没有效果。那时我的小孩只有两岁。有一天他的妈妈给他洗澡，不料不留心，把水弄得太热了。他的妈妈把他放下水里，他就大哭，他的妈妈连忙就把他抱起来。从此以后他总不肯洗澡了。可是又不得不洗，即使你把他的衣服脱下来了，火炉也生好了，他还是不肯洗，乱跑，你看万一不当心，火炉在旁边，碰着也是危险的，第二天仍是如此无效，捉到来打，也是不肯洗。如此惊吓，彼此痛苦了半年，实在无法，后来乃慢慢的改用鸭子洗澡给他看，试验了多次，玩了多次，才达到目的。从此我得了一个宝贵的教训，打骂实在无效，绝对不应该，到了今天谈起来，我还是非常的惭愧和难过。

我自己还有这样一次经验，有一次南京幼稚师范的学生要看看我的小孩。他一进门来，全体同学就鼓掌欢迎。但是我的小孩一听见这样大的鼓掌声就吓得哭了。

以后到了二岁多，我又带他到东大（即现在中央大学的前身）去看表演，演到精彩的地方，我看观众要鼓掌，我就先教我的小孩鼓掌，后来观众果然鼓起掌来，我的小孩也不怕了，不哭了！

所以我可这样的肯定说，要了解儿童心理。认识儿童，才能谈到教育儿童，这就是我们今天所讲的“活的教育”，而不是死的教育。

二　活的榜样

中国的教育，仍然像今天这样子，我和诸位都要负其责任，一切的一切都是非常的落后。凡是世界上任何一个独立的国家，都不像中国。我们大家都知道以前世界上有两个病夫，一个是远东的病夫，就是我们的老大的中国；另外一个是近东的病夫，即是土耳其。可是土耳其革命以后，第一件工作就是扫除文盲，普及教育，使人人读书，个个识字，到了今日，土耳其在近东的势力，是多么的大，确是依靠教育的力量来形成的。

再看看苏联，在革命以前有百分之八十以上的人民无法受教育，一九一七年革命以后，新政府发动了全国的知识份子展开扫除文盲，普及教育的运动。二十年工夫，使百分之八十以上的不识字的儿童和成人都受了教育，到现在，他们国内已有百分之九十以上的人民是有知识的，你看今天的苏联的势力是多么的雄大，不但可以虎视远东，即在欧洲也是举足轻重了。

即就被德、奥、俄几度瓜分过的波兰而言，他们做了奴隶一五〇年，结果仍能复兴，而大部分的力量是什么？就是教师，他们有四万个教师组织的联合会，有一所宽敞而设备完全的办公处，举凡宿舍，印刷所，娱乐场，都应有尽有，在欧战之前，他们组织了一个健全而又秘密的会，从事革命运动；他们还有良好的母亲，这些母亲也组织了一个缝纫会，藉这个会的机会来教育他们儿女波兰文和波兰语（因为在德国统制下，是不允许学波兰文字和波兰语的）。这些母亲太好了，波兰的文字和语言，得以未被绝灭，就是这些母亲的功劳！

普及教育实在是很重要。就拿印度和爪哇来说，三年前我到爪哇去开会。爪哇的地方比荷兰大四倍，有六千万的土人，而荷兰人在爪哇的仅有二〇万，这二〇万人居然能够驾驶这六千万人，印度亦有三万万人，而英国人在印度的也没有许多。这些都是为了什么，还不是一个无知识与有知识的关系而已。说印度人吧，每十个人之中，只有一人受过教育，这数目真是少得可怜了！

从此看来，**不读书不识字的国民，真是谈不到什么国家民族观念，人口再多也没有用处。**

三 活的教育

什么是“活的教育”？简单的说一句话，就是“不是死的教育”，书本主义的教育就是死的教育。

记得在美国参观过了一个黑人学校，有位先生对我说，他们学校过去所用的许多颜料，都是从德国买来的，现在正在准备从各种花草中自己来提取，不再买德国货。并且拿出了已经做好了的几瓶给我看，那真是太可爱了！他们（黑人）有这种研究精神，难道我们就没有吗？我们究竟研究过了没有？我们只晓得高唱抵制外货，可是却很少有人研究用什么来代替外货。

如果要依我们的理想，现在学校的一切课程与教法，都得来一个总检讨，予以根本推翻，我们要教儿童所需要和应当知道的东西，我们不能一再贻误我们自己可爱的有希望的儿童。

英人瓦特见水壶里面的水沸了，把壶盖冲起来，于是便开始研究这个道理，发明了蒸汽机，成为现在一切机器的动力，造福人类无穷。我们是否曾如此教导我们的小孩去注意去发现？鼓励过小孩去发问，去研究，去创造？**现在一般学校都是不幸的拼命扩张他的死的教育。书本主义的教育，教师只管站在讲台上讲，不管儿童懂不懂，好似皮球的打**

气，只管拼命打，塞鸭子样的拼命塞。儿童不是皮球，更不是鸭子，而是一个有生命力和生长力的好动的小孩。我们所需要的教育，不是打气或者塞鸭子，我们是要小孩动，时刻的自动，上国语固然要动，上算术也是要动。

谈到中国的教育，真是可怜，我们办学校快四十年，到了今天，一切的一切仍是涩滞在几十年以前的状态中，少改进少创造。我们看了世界各国的新教育的发展和进步的迅速，是如何的可佩！

比利时的大教育家德可乐利，想是大家都知道的，这位老先生所从事的工作，我曾看过了的，他已经七十多岁了，从事他的事业四十余年如一日。他的学生从小学到初中都是分组教学，四五个人一组共同研究，共同工作，先生只在旁边指导和找参考资料，他们一天到晚是多么的忙，他们的教育才真是活的教育。

记得我去参观时，他们正在研究蜜蜂，他们真是聚精会神的在那里研究，讨论那些是雌蜂，那些是雄蜂，雌蜂和雄蜂的形状有些什么地方不同，研究别种动物的也是如此的努力。

教科书我们并不反对用，不过我们要用活的教科书，比利时他们也有教科书，可是都是活的，他们的教科书是由儿童每次研究的东西，所纪录下来的活的写实，教师择其最好的一篇翻印出来给大家用。

我们所需要的教科书，也应当是活的，而不是在夏天来谈雪，在冬天来谈蚊子和苍蝇，有新鲜而又方便的实物不知道来实用，而出钱去买挂图（可是还有连挂图都不知道用，专用口讲的），我们是主张到田间去，到大自然界。到动物园去，一切的一切都是活的，都是与儿童有密切的关系，和重大的价值的。

我们又看看苏联的儿童，他们是多么的幸福，多么的满意，莫斯科的儿童科学馆和美术馆真是儿童精神食粮的发售处，启发儿童智力陶冶儿童伟大的人格和创造力的地方。他们相信儿童是有创造能力的，所以不惜大量金钱，建筑这些科学馆，美术馆为儿童和国家谋福利！不论什么时候，只要你到这些科学馆和美术馆门口去站站，你就看见无数的儿童在这门口进进出出，煞是忙碌！

记得我去参观儿童科学馆时，当时外面还没有地道电车，而这个科学馆内，已经有两个电车的模型陈列在那里，这是他们的儿童制造的。

在莫斯科的十字路口，有一盏指挥交通的红绿灯，它是不用电力而用最简单的发条来改换红绿颜色的，这也是他们的儿童发明的。

比利时，苏联，他们都鼓励儿童用脑，英美当然更不用说，他们的孩子是多么的活泼，多么的天真，多么的可爱！

我们也要活的教育，教材是活的，方法是活的，课本也是活的，我们大家一齐振作起来，研究儿童的切身问题，为儿童谋福利，尽量的利用儿童的手、脑、口、耳、眼睛，打破只用耳朵听，眼睛看，而不用口说话，用脑子想事的教育。我们不能再把儿童的聪明，儿童的可塑性，儿童的创造能力埋没了，我们要效法今夜狂风暴雨的精神，对教育也要用同样的手段纠正过去，开发未来。

四　活的教法

现在我要将活的教育中的活的教法作一个扼要的述说，希望正在做教师和准备去做教师的诸位能藉以举一反三。

一、国语教学法

①读法——国语科重要的目的是统一读音和文言一致，普通读文，都是用文言的读法，这样不好，因为小孩子，还没有这种欣赏力，凡读国语，不必有调子，只须用口语，如普通讲话一样的照着文字读出来就好了。但是声音也不可过高，过高怕影响左右隔壁教室。

②作文——作文要根据儿童的旧经验，训练他们的思想，培养他们的情感，和启发他们的想像。譬如养了小鸡和小鸭的，就可将他养小鸡和小鸭的方法和喂食的方法以及小鸡小鸭生长的程序详详细细的写出

来；做了豆腐的，你可从买豆、浸豆、磨豆、煮豆浆、下石膏等等的过程及此中的得失，详详细细写出来。最要禁止的，是平空出题目去苦恼儿童。各从各人自己的生活中去找资料，年级低的可写日记，年级高的不妨发挥一点意见。

批改作文最优良的办法，是将原文抄在黑板上，大家共同来改正，这个句子为什么不好，那个字为什么不妥当，这样才进步快，如果每次不能将每一个儿童的作文照样修改，最少要择二三篇，如此实行。

③写字——关于国语科的书法，也要根据儿童的兴趣和社会的需要，初学写字，要采用社会实用的字，就是不古怪生僻的字，同时采用儿童易误的字，就是儿童容易写错的字，我们还要把这些材料组织一下，使成有意义的句子给儿童书写，才能减少练习时的厌倦哩！

二、算术科教法（略）

三、自然科教法（略）

四、美术科教法（略）

总之，要想教得儿童好，要使我们的教育是活的，不是死的，必定要懂得儿童心理，要深深的相信我们现在所用的各种教学法，俱会发生问题的，我们应该用研究的精神去改造。

末了，我引证中国大教育家陶行知先生描写中国现在教育情形的两句警语：

教死书，死教书，教书死；
读死书，死读书，读书死。

我们必定要把他改换成：

教活书，活教书，教书活；
读活书，活读书，读书活。

58　论中学国文

浦江清（1904—1957），著名古典文学研究专家、语文教育家。江苏松江（现属上海市）人。家境清寒，聪颖好学。从小学到中学，常以第一名享受免费待遇。1926 年在东南大学毕业后，到清华国学研究院任陈寅恪助教，研究西方的“东方学”文献，精通英、日、俄、法、德、拉丁等多门外语。学习梵文、满洲文，在侪辈中以学识渊博著称。1929 年起任清华大学、长沙临时大学、西南联合大学、暨南大学、北京大学教授。曾代任《大公报》文学副刊主编。曾与朱自清等创办《国文月刊》，一度担任主编。

浦氏并无中学教学的直接经验，然而，《论中学国文》的理论概括却极为精当。叶圣陶与朱自清将自己论文结集为《国文教学》一书时，曾将浦氏此文收入附录。本文关于文言文、语体文宜分编课本的观点，赞赏者、实践者尤多。《开明国文读本》《开明文言读本》及《笔记文选读》等教本的编纂，均系受该文启迪所致。本文原载《国文月刊》第 1 卷第 3 期（1940）。

中国本来是重文的国家，以前在科举时代，国家以文取士，因此所谓“读书人”者，十年窗下，下的无非是文字上的功夫，至于别的学问，就不大经心。在历史上虽也有不少的科学家，例如天文，历算，兴地，水利，工程等等的专家；同时每一朝也总有几位通才硕学，不屑屑于词章经义，肯注意当代的政治经济上的实际问题的；但比较起来是寥寥可数，只能说是例外的特出的人物。而且那些学者也是先下过十年窗下的文字功夫，然后研究学问的。到了现代，新的教育方法把科学的时代的习气完全改了过来。现在，科学教育已普遍于小学，以前只有专家能懂的知识，现今的小学已在开始学习了。但**正因为现在的青年需要学习的科学很多，所以也就没有时间，而且也没有古人那样的耐性，来做文字上的水磨功夫，因此一般学生的国文程度便渐渐低落**。这也是时代所逼，无法避免的事，而从科学教育的观点来说，是可以原谅的。

但教育的方面很多，教育家的意见亦不一致。有一辈人提倡科学教育，也有一辈人提倡人文教育。譬如说，中国的读书人把本国的语言文字完全丢弃，乃致下笔不能写通顺的文章，这也是大家认为不良的现象。而且社会比较保守，中国古来重文的传统至今在社会上还保存着。所以一位中学生，假如**毕业后不升大学，就到社会上去作事，他往往感到所学的科学未必完全有用，而中文不行，却首遭前辈的白眼**。因为至今一班老辈还是以以前读书人的造诣来期望于现代读书人的。再者，国家需要科学人才，同时也需要文法人才。照现在的情形而论，中学生的语文根底很差，他们如进大学的文法科，往往不如他们的科学根底进理工科来得衔接（只有少数学生是例外）。这也是现在办大学校文法科者所感到的困难问题之一。

去年主持高等考试的一位沈士远先生，事后发表谈话，对于考生的国文程度最致不满。他说："虽间有佳卷，然就一般而论，则甚属平庸，例如国文之技术恶劣，思路不清，本国历史地理，尤多意外之笑话。"又说："况国文遗教为读书人之根本。"又说："一般知识先进指导青年，尤须严正，不可徇俗忘本，盖本如先废，即所习专门，有一长可取，终不足当国士之选。"（见廿八年十一月廿五日昆明《中央日报》）大凡应赴高等考试的学生，多半是大学文法科的毕业生，论理他们的笔下不至于十分荒唐，然而竟"技术极劣，思路不清"这也无法原谅。倘使这一班文章不通，思路不清的人，一齐混入政界，占据了社会上领导的位置，则国运前途，真不堪设想！所以沈先生的话，并不过于严厉。至于“国士之选”，本来甚难。以前孔子曾说过：“质胜文则野，文胜质则史，文质彬彬，然后君子。”又说：“君子博学于文，约之以礼。”先哲论人的标准是如此。大概沈先生心目中的国士，正是要质文兼美的人。据熟悉英国文官考试制度的人谈，他们的考试也极注重文学，应考的人多半是大学文科的高材生，而且读古典文学的最占上风（这里所说的文学是广义的文学，原就包括哲学，政治学，史学在内）。可见**近代的文明国家，为找寻社会上的领导人物总要向质文兼美的，以及能深切了解本国文化的人才里去求索；其中必含有至理**。我们中国本来有重文的传统，新近方始慢慢的不文起来，如及早挽救，或尚非难事。

作者对于大学生的国文程度相当明了，但此文拟不论及。我们谈到本国语文教育，不得不侧重中学；在大学校里虽设有普通国文一课，为各院一年级学生所必修，但匆匆一年，收效甚微，不如**中学校里有六年国文，在教学上可以作通盘计划**。而且照现在情形，中学毕业生的国文程度既不如理想，于是大学国文不得不仍注重基本训练，成为补习高中课程模样，并不能发挥高级教育的旨趣。所以可讨论的地方不多。重要的还是中学国文。关于中学国文，作者没有教学上的经验，只根据在大学教学上的经验，来推论中学国文。偏见和谬见，在所难免，盼望读者不吝指正。

教本问题

先谈教本问题。中学国文教师可分两派，一派用教科书，一派自选讲义。后者的办法好处，在能自己斟酌班上学生的程度，配合教材，而且可以选自己特别有心得的文章来讲，唤起学生的兴味。但弊病也多；第一，各班的教员，如不会预先会商，各选各的讲义往往免不了前后重复或浅深倒置之病。第二，讲义的印刷简陋，零篇散页，不易保存，而且往往只有白文，未必能把应附的注释以及参考材料都印进去，于是教员大写黑板，使学生抄写笔记，把讲解的时间占了去。所以假使有适宜的教本可用，自以采用教科书为合理。

现在各书局所出中学国文教科书不少，在编制方面各有优点，但我的印象似乎是那些教本犯有共同的毛病，就是选文太深而且太杂，这个毛病在高中教本内尤其显著。我看历年大学招生考试的试卷，中学生所表现的作文技术十分恶劣，对古书的了解力也十分低。而现在的中学教本却又深得很，似乎是矛盾的。数年以前，我和几位同事合选某大学的大一教本，起初因为顾到大学教育的宗旨，所以多选先秦诸子和唐以前的文章，结果学生读得很苦，终于不得不把那一本教本废弃，改选唐以后的文章，取来应用。在那两种教本里面，后来发现有几篇文章，在高中课本里早已选了，但学生还是没有自修能力，要教者逐句讲解，方始明白。所以我在数年以前，即有这样一个观念；现有的高中国文教本太深，取来作为大学教本也可以，或者还太深。到了现在，我的意思还是如此。举具体的例来说，商务印书馆所出复兴高中国文教科书第一册第一篇是《典论·论文》，后面又有章学诚的《诗教上》及《诗教下》，《书经》的《牧誓》，李清照的《金石录后序》，那几篇文章，恰巧在前年的西南联大大一国文教本上也选的有。固然也可以说我们选得太浅，但据教学的经验来说，大一学生读那几篇文章不见得毫不费力，所以放在高中一年级课本中必定太深。在编者的意思大概是想以教本的力量来提高学生的程度，其实单是教本深不足以提高学生的程度，反而可以减低学习者的趣味。在二十年前，小学即用文言，现在的小学课本既全是语体，所以学生到了中学方始接触文言，论理中学课本，在古文学方面，就不应该再维持二十年以前的标准，但现在的教本非但不改低，而且更有提高的倾向。

我看复兴高中教本的第五册、第六册，就非常深，不知道中学校里到底用不用。这两巨册包括了先秦经子，南北朝佛教，宋明理学，清代文字音韵考据之学，范围很广。其中近人的文章如罗振玉《国学丛刊序》，古代的文章如荀子《非十二子篇》，《正名篇》，庄子《齐物论》，《天下篇》，《易经·系辞》，周敦颐《太极图说》，即在二十年以前的中学生也未必读得上，而现在因为在提倡国学的潮流中，所以选作中学国文教材。我们在上文已说，青年人需要学习的科学太多；如果我们再要把经史子集的重担放在他们身上，各方面都要他们能，结果他们索性一概不理，早已打球看画报去了。而且以前的中学生诚然是"孤陋寡闻"，但是他们的文字倒还通顺，对于古书的了解力也比现在的中学生强。现在的中学生眼界广了，老早就要知道"雍郊获鼎""洹阳出龟""和阗古简""鸣沙秘藏"（罗振玉文中语）转注假借之理，知行合一之教，墨子小取，庄子齐物等等（都在复兴高中课本内），结果是文章十分不通。也有连盗贼的"贼"字，夫妻的"妻"字，都不知如何写的，也有用之乎者也的"乎"字开句的，也有用"而"字收句的（前天看大学统一招生试卷的所得的实例），照这样的程度，必欲责之以读三千年以来的学术高深文字，不是陈义太高，期望太过吗？

到底文章写通要紧，还是国学知识要紧？**我们要求太多，反而不好。鉴于现今中学生作文技术之恶劣，我们认为中学国文应该是语文训练的功课，而不是灌输知识的功课，与理化史地等课程性质完全不同的。**北新书局所出高中国文选（民国二十三年）编者在编辑大意上说："一年级以墨家为主，兼及儒家，二年级以道家法家为主，并完成儒家；三年级以文化为中心，一方面收束一二年级，一方面扩大学术范围。"这样一来，这一套课本，不像是学习中文的读本，而是中国文化史读本了。这样的读本非国学专家不能教，非大学文科的学生不能读。即使大学校哲学系的毕业生，完成了儒家道家没有呢？中学生如何完成得了？

另外一类教科书，不注重国学知识，而注重文学。或者照文学史的顺序，从古代作品选到现代，或者顾到文章浅深的层次，从现代作品逆选上去（前者例如中华书局的新编《高中国文》，后者例如复兴《高中国文》的第三四册），我比较赞成这一类教本，因为文学可以引起多数人的趣味，而且读了历代文人的制作，间接地可以明了古人所处的环境，和古人的思想，也间接地了解了古代文化。但可注意的是我们不要使中学国文读本，变成中国文学史读本，否则又难免深与杂之病。因为中国文学的历史甚长，而且文体繁多，倘要使每个名家都有一篇代表作品，又要使每种文体如诗、词、歌、赋、骈文、散文、戏曲、小说等等都要详备，非使这一个选本里面，每一篇文章变换一个面目不可。这样使读者如走马看花，徒然得了一个浮浅的中国文学史轮廓，并不能细心学习，更不能下深厚的文字功夫。正如初学习字的人，汉唐碑帖，纷然杂陈，真草隶篆，同时并习，结果连字也不会写了。所以那种读本仍是“见闻之学”，不是训练文字的教本。

且举学习外国文来作证。我们先读短篇故事集，再读长篇记叙文，如小说、游记、传记之类，再读名家散文的选集或专集。门类不太广，时代不过长，大概多读十八世纪及十九世纪作品，取其于作文有帮助。假如我们不如此下基本功夫，冒昧取一本英国文学史读本，从中世纪诗歌读到萧伯纳戏剧，对于我们的学习英文，并无益处。同样，我们也决不用一本英国历代哲学家的论文选集来做英文读本。因此我们觉悟到现在中学课本，是理想太高，不切实用的。现在的中学毕业生问问他们是什么东西都读过，但究其实际，等于什么都没有读。

谈到这里，我们且莫怪教科书的编者；这样高的理想标准，正是教育部所定的。在复兴《高中国文》课本内，明明说出本书的编制是依照民国二十二年颁行的课程标准的。原来教育部规定：高中第一年，选用教材以体制为纲（即是要读各种体裁的文章），而且注意其特征及作法。第二年，以文学源流为纲，读各时代的代表作品，并且注意其派别及流变。第三年，以学术思想为纲，并得酌授文字学纲要等等。我们看从民国二十二年到现在，忽忽已是七年，中学生何曾能知道中国的学术源流以及文学源流呢？而写作的技术却每况愈下。所以这种课程标准是不是可以使人怀疑？

据作者个人的意见认为**中学读本以能帮助作文为前提**。至少不分文理科的普通中学应该如此。关于中国文学史、哲学史、文化史、文字学、音韵学、国学概论等等，仅可以列出课外参考书，作为辅导读物，却不要把国文功课变为知识灌输的功课。至于许多具体的意见，且在后面提出；因为另有一个中学教学上的大问题，即文言文与语体文的分配问题，须先得解决。

文言文与语体文的问题

在现代中国社会上，流行着两种文体，一种是语体文，一种是文言文。语体文或称白话文，也有人称为现代文；文言文有人称为古文，但实际上通行于社会的文言文是不用古文调子的，只能称为文言。小学教育单训练语体，所以问题简单，到中学的国文方始迎着复杂的问题。在课本方面，现在初中课本文言语体夹杂着，显得很不调和。高中课本差不多全是古文，色彩是纯粹了，但多数学生是作语体文的，所以课本与作文就脱离了关系。大家的意见是语体文浅近，初中学生已全能了解，到了高中应该全读古文了。其实**论文字是古文深奥，语体文浅近，论内容就不见得。学术和文艺，从古代到现代都是从单纯到复杂的。现代人的感情和思想，实在比古人复杂，所以中国现代的语体文中所表达的内容，有许多是超出于初中学生的智力和体会力的**。学生如不读那些东西，语体文教育就不曾完成。而且他们的习作也只停留在幼稚的阶段里。

至于习作方面，情形更乱。各地的中学各有各的作风，或注意文言，或注意语体，要看地方的风气，校长教员的嗜好以为转移。教师中间有偏袒文言的，有赞成语体的，也有毫无成见的，假如一班学生能跟定一位教师，读上六年，倒还可以通习两种中间任何的一种。无奈事实上必须换过几位教员，彼此的教授法，互相抵触，学生的训练前后不能一贯，以致读了六年一无所成。据中学生的自述，多数的教师的办法是出了一个题目，听凭学生去做，白话也好，文言也好；教师说："你们只要做得好，什么都可以。"至于如何方始做得好，教师又没有说。多数学生的办法是看见白话卷子的分数不高，就改做文言，文言的分数不好，就改做白话，探探教师的嗜好，以便迎合。他们既不是做好了一种再学一种，也不是同时学而分别开来练习的；一切的作法，都只是随一时高兴（有时候做做新诗，填填词），在暗中摸索，用"无师自通"的办法。

在教师方面说，**兼通新旧文学的固然是好教师，就是专长一种的也是好教师**。只要他们不勉强教他们所不甚了了的东西。至今中学里有一辈老教师，他们的旧学根底好，教书经验足，对学生的态度是认真而诚恳的，但是他们对于白话文不甚了了，对于"外来语"尤其不知底细，所以尤其厌恶语体文中的欧化体。这一类教师虽不反对学生写语体文，但决不鼓励，往往遇到语体文卷子，只给一个及格分数，决不细改。另一辈教师是从事新文艺创作的，他们对于古书兴味不浓，偏偏现在的教科书多选许多国学方面的文章。古典的文学作品，他们心里觉得无用，又不便反对，同时又讲不出所以然来。这两类教员假定能发挥他们的特长，对于学生是有益的。但为要发挥他们的特长，必须使第一类教师不改语体文卷子，第二类教师不教古文学方可。

根据以上所说，**我有一个谬见，主张把中学国文从混合的课程变成分析的课程；把现代语教育，和古文学教育分开来，成为两种课程**（名称待后讨论），**由两类教师分头担任**。这样可以使教师发挥特长，教本的内容纯粹，作文的训练一贯而有秩序，而且有分别练习语体文文言文两种作文的机会。两类功课不必并重，随学校的性质而异，可以在功课表上增减钟点，自由调整。

这办法不是我的杜撰。欧洲各国的中学里语文功课设有三门。一门是本国语，一门是近代语（即是外国语），一门是古典语（指希腊文及拉丁文）。我们正可以照办。把“国文”分析开来，以语体文一门（暂称为国文甲）抵当他们的本国语，以文言文或古文的一门（暂称为国文乙）抵当他们的古典语。固然我们的文言文或古文，不一定与他们的拉丁文恰恰相同，但也不无相似之处。譬如说我们的文言文，至今应用很广，他们的拉丁文在社会上久已废而不用，这一层是不相同的，但如我们的设想处在他们的文艺复兴时代里就非常像了。他们的近代语的许多字源在古典语里，我们的语体文也因袭了许多文言“词头”，他们的近代文学里用许多古典文学里的典故，我们的语体文也用成语和古文学里的典故，这也是相同的。这样这对比决不是完全荒谬无稽的。

这样的看法可以解息许多无谓的争端，帮助了解“古文”“文言”“语体文”的性质及价值。“古文”之美正如“金拉丁”之美，“文言”有点像后期的拉丁，国语正像欧洲的近代语（所不同者，我们统一，而他们分裂；统一比分裂要好得多）。古之不可复，正如欧洲人终于放弃拉丁文而用近代语，现在有许多学者还用文言著书，而政治法律界都用文言以昭郑重，且使有一定的格式可以遵循。社会上一部分人袭用文言写书札，办公事，这些地方都和文艺复兴时代到十七世纪的欧洲相同。我们要一下子把应用文都改成白话文，是决不能做到的事。所以我们的语文教育也无妨看看欧洲人的榜样。

欧洲的中学多数是分科的。在理科（或称实科）中学里，只注重国语和近代语（即外国语）二门，古典语不注重。在文科中学（预备他们毕业后进文法学院的）里，二门功课都很注重。我们的中学是不分科的（以前曾一度分过，后来必有理由，重复归并），假定分了科，我们应该主张理科中学不注重古文或文言功课，文科中学里就很可以注重。假定我们有文科中学，那么教育部在民国二十三年所定的国文课程标准或者能适用一部分。那时候进大学校文法的学生中文根底特别好，可以在大学四年教育内造就出“文质彬彬”“国士之选”的人才来，沈士远先生也不会再嗟叹国文遗教完全被现代的读书人所唾弃了。现在没有，徒唤奈何！

所以我们只谈普通中学。普通中学，科学教育与语文教育应该并重，这是不成问题的。现在中学生中文固然不好，外国语更糟。如今单说中文，应该注重国文甲呢，还是国文乙呢？我的意见**作文可以注重语体文，但文言文功课也须有习作**。读本是两者并重，但在初中里国文乙的钟点可以比国文甲少些。这一个意见和现在谈中学国文教学的大多数人的意见正同，就是不废文言习作的一者有人反对，所以特为补说一点理由。第一，教育的目的要顾到社会上的应用。我们虽把古文或文言比拉丁，但我们所处的时代是早些欧洲人所处的时代，却不能像现代的欧洲人读拉丁的目的只是为了读古书和明字源，绝不要顾到应用方面。第二，普通中学的毕业生有一部分要进大学的文法科。第三，裴根说：“写作使人正确”，我们说：“眼到必须手到”。无论读那一种文字，都要做造句，翻译，作文的练习，否则所记得的，知道的，不会正确。文言的词汇比语体文广，现在有许多学生犯词汇贫乏之病，而且许多日常要用的字眼往往忘了写法，好比读英文的人，认识那个字而拼不出就是因为少作练习之故。文言有特殊的文法，句法虚字用法文气和声调，只读不写，不会熟悉，也不能体会。现在有许多学生读古书不知句读，不能标点，就是因为他们少作练习之故，至于我们要希望中学生能把文言运用自如作发表自己的思想和感情的工具，那是做不到的，不但中学生做不到，大学校文科学生也不全能做到，但不能因为他们达不到这样一个标准，而不教他们练习。试问中国人读英文的不知道有几十万人，其中能有多少人运用自如，能自由发表自己的思想和感情呢？我们不曾听说中学校里要废除英文作文；无论他们写得像样或不像样，还得让他们写。假如一定要废文言习作，我赞成先废英文作文，因为多数人读外国文不过是以能看书为目的；而本国文中间的文言一体是在政法界，新闻界，商界，以及不论那一个机关的办公室里，都要应用的。

假如读者同情于上面的看法和主张，赞成把混合国文分成两个清楚的学程，我们把上文所抛开的课本问题再继续来谈，具体的讨论各种课本的内容。

回复到教本问题

初中的学生在爱读小说的时代，语体文教本之一，可选宋元以来白话小说的菁华，从《京本通俗小说》、《水浒传》、《儒林外史》、《红楼梦》、《镜花缘》、《儿女英雄传》、《老残游记》等约略十部书里选出合于初中学生的口味的部分来编成一个教本（可分上下两册，适用于初中一，初中二），使读者能了解旧式白话文，获得丰富的词汇。古白话文的好处是干脆爽利，因为没有参杂欧化句调，这种文章可以读来作写现代白话文的“底子”。教本之二，选现代白话文的短篇，包括短篇小说（创作及翻译），抒情散文、游记、传记、书札、议论文、演说辞等等，使读者熟练现代新式语体文的语法。另外以一部浅近的国语文法作为课外参考书。

高中的语体文读本也有两种，内中一本的性质与前述初中课本的第二种相同，程度稍稍加深（这一本课本如钟点不足时，可以略去）。另一种专选学术文，包括人文科学与自然科学的通俗论文（以不太专门为原则），以及讨论各种社会问题的通俗论文（亦可分上下两册，假定为高中二，高中三的课本）。选择的标准要顾到文章方面，使读者得到知识，同时也获得写作现代文的范本。中学生的趣味，不限于纯文艺，上面两册已偏重文艺，所以这两册注重学术，对于将来不预备读文科的人最为有益，我们在上文已反对过高中的学术文读本，是因为那些教科书专选了古代学术文之故。其实古代的学术文，训诂既不易通，意义又难捉摸，而且对于作文无直接的帮助，我们总不能用荀子庄子的笔墨来写现代论文的，所以不如现代的学术对于中学生更来得重要。大概古人所讨论的问题，多半已成过去，荀子所非的十二子，已是二千几百年以前的古人，韩非子所谓“显学”，在现代早已不显，无极太极，宋人讨论得玄之又玄的，与现代科学家所说更是凿枘而不相容。那些国学上的问题，不是中学生所急须要知道的。我们不多选当代所谓显学的文章，虽荀韩复起，亦必赞成。如是方可使语文教育与科学教育相辅而行。

初中的文言文要从头读起。小学生只习惯了白话，现在初中国文课本，忽然插入成篇的文言，显得非常突兀，除是悟性特高的学生，就不曾明白。所以第一本文言文教本应该从单句讲起，以至于短篇文章。最好是文法和读本的混合教本，把每课的生字列出，注明音读及字义；课后附以文法的讨论，用白话文写的，编者可参考大学校里第二外国语的第一年教本。我们读第二外国语的时候，一方面要从头读起，一方面却又不必像读第一外国语那样缓进，初中学生的读文言文情形正是相同。读这一本课本时随时作造句和翻译的练习。第二本教本选短篇文章，程度可以参考二十年前的高小教本而增加些文言尺牍。读这一本课本时，学生试作百字以内的作文，并练习文言书札。

高中的文言教本也用两本。一本是“古文学读本”，选历代文人的制作，可以时代先后为次（教者当然有变更次序的自由）。体制不求详备，我赞成以文为主，附以诗，词典可以不选。诗也可以只选古诗与唐诗。所选诗文必须是精品，合计八十篇左右（分上下两册）教者还可以自由挑选教，但教过的各篇要学生读熟背诵的。我的意见，卑之无甚高论，把通行于家庭教育里的两部通俗的古文学读本，一部是《古文观止》一部是《唐诗三百首》，搬进学校里来。高明的学者当然看不起这两部书，但对于中学生的程度，却是相合的。我们的课本，要求学生背诵，所以选文不宜避熟就生；要使学生能先事预备，所以选文不宜太深；我赞成多选几篇像《古文观止》里面的《出师表》、《陈情表》、

《归去来辞》、《醉翁亭记》、《赤壁赋》、《瘗旅文》等文情并茂之作；多选几篇《唐诗三百首》里面的唐诗。因为据许多人说，国文要靠家庭教育，在学校里学不好；如果此话是真，我想，编教科书的人应该研究家庭的教本。而且选熟文章有一好处，学生在课内弄不明白，可以回家去请教父兄，如此，学校教育得到了家庭教育的合作。若照现在的高中教科书选文既深且杂，虽有父兄，不能教其子弟。

另外一种读本，选晚清到民国的文言文。古文是文言的根底，至于现在通行的文言，是不用古文调子的。这一本课本，为帮助学生练习文言之用，所以不要求他们“精读”，只要他们“略读”。内中可以选晚清人谈新学，谈革命的文章，爱国志士所写的发扬民族精神的文章，近代政论家的政论，政府的重要宣言，外交文件，新闻记者的文章，对于预备读法科的学生最有用处。此外也可以选名人的传记、书札、山水游记等类。以文章明白晓畅为标准。

有人问：中学生要否读专书？我的意思经史子集的专书，都可以留给大学校的文科。读专书当然比读选本有益，但进行太慢，耽搁时间。要是在特设的文科中学内，也许可以放置一两本专书，如《论语》、《孟子》、《史记菁华录》之类，在普通中学里已不能安插。大概语体文教育应该在中学内完成，好比欧洲国家使他们的本国语教育在中学里完成一样，至于古文学教育是不能在中学里完成的，好比欧洲中学里的古典语教育也仅仅是初步，倘要专攻，可以进大学文科。所以我们的“古文学读本”，不选到古代的学术文，而在文学方面也只顾到很小的一角。

但即如照这个计划中学校的国文钟点已非增不可。因为把语体文与文言文分析成两个学程，现有的每周六小时的国文钟点已不够分配。假定定为每周八小时，使两种功课各占四小时，就很合适。但文言功课在初中可以减少钟点，或从二年级开始亦可。高中学生的语体文阅读能力已高，教材虽多，用不到详细讲解，可以注重自修，同时作文也不必全在堂上作，所以语体文的钟点又可减少。这样也增加不到多少钟点。而且为了一门基本功课，增加几个钟点也是应该的。至于教师，现在中学国文教员，竟有一人担任三班之多的，改卷不能尽职，照我们新的计划，文言语体，各聘专师，各人的负担轻些，对于学生文字训练，必更认真。我们所以把国文教育侧重中学，因为学生过了年龄，就学不好。所以要把语体和文言双重担子放在学生身上，因为社会的要求如此。**我们的处境正如欧洲人处在中世纪末叶到十七世纪初期的那个时代里，近代语已抬头而拉丁文未废，那时候他们的读书人所受的语文教育也是双重的。**

最后，我们讨论那两类国文功课的名称。我们想用“国语”“国文”，但“国文”是一总名（我们习惯上说国文程度等等，当然包括语体文写作的程度在内），不很妥当。其次我想到用“现代文”“古文”这样对待的称呼，但是我们的语体文教本上又用宋元人的文章，作何解释？现在有两个办法，一个办法是用“国文甲”“国文乙”来分别。另一办法是仿照数学一门，分析成代数、几何、三角等等的功课名目放在课程表上的办法，我们也可以把国文一门分析出若干课程名目来。初中一和初中二的语体文仍可沿用小学的称呼，称为“国语”（宋元人的口语当然还是国语，不过是老国语而已）。初中三以上到高中三的语体文，读的都是现代文，可径称为“现代文”，以与古文相对。初中里的文言文功课从文言文法讲起，课本里面也选不到多少古文，可以名为“文言”。高中里的文言文功课，大部分读的是古文（只有一本课本里面有现代人写的文言，供作文参考用的，未便析出），可径名为“古文”，以与现代文相对。而总名为“国文”。以上不过是一种建议，当然不足以成为定论的。

考试问题

有人说，中学生国文程度之低劣，不关教师，不关科学教育，更不关教本，应该怪学生自己。因为他们根本不注意这门功课。如何能唤起他们的注意呢？倘使教本改浅，所选的文章合于现代学生的趣味，使他们自己能读出兴味来；可以收一部分的效力。至于教师的督促还是要的，所以考试不能废。

中学的别门功课都有考试，只有国文不用考试。多数的国文教员只以平时作文成绩作为国文成绩。就有年考，也是考一篇作文，而国文老师好说话的多，总觉得中文不是一下子可以学好的，所以决不给不及格的分数。这样一来，一班学生的程度就不会整齐，高中学生也有不及初中的了（数学程度即无此现象）。国文课本，在自修里也没人理会。西南联大“大一国文”的办法，除作文考试外，还有读本考试，不但有年考，且有期考、月考，考讲过的文章的内容，大意，词句解释等等，指定背诵的文章并有默写，所以学生对于读本中难懂的地方，不时来问，自己不肯放过。我想这一个办法是可以推行到各中学的。

中学毕业会考这一个制度极好，可惜者不够认真，我们大学统一招生试卷，就觉得有许多学生、中学不应让他们毕业的。他们的程度固然不能进大学，同时也不应该取得中学毕业的资格，应该再让他们回校去读一两年方好。统一招生考试，取录的标准不能过严，是因为顾虑到多数学生要失学的原故。但如中学毕业考试，执行稍严，可以不必顾虑到这层，因为不及格的学生可以回校再读。英国的中学就不定年限，以应付一种考试，考得一张离校文凭作为毕业。我们的中学毕业会考正是这个制度，所以不同者，不够认真。而中学又定了年限，所以学生读满六年，就等待着一张文凭到手，就是毕业会考失败，也很难回校补习一两门功课，这是班级制的流弊，一时想不出好办法。

但既有了这种考试制度，应该可以唤起学生的注意，所以要唤起学生对国文功课的注意，除非毕业会考特别注意，方始可以。现在的毕业会考要考的科目太多，（高中所读的各门全要考），因此也不知主要所在。最好只考基本功课，其余的功课让各学校在校内举行考试。实在有几种功课，考与不考同，是学生在考前几天翻出教科书来强记的。考后又全忘掉。当然每种学问都是有用的，但如翻书可以明白的知识，到社会上去应用时，只要曾经读过，不太茫然，临时用功，也还来得及。只有基本功课，如国文、外国语、数学，确是非下十年窗下的功夫，不能达到某阶段的学力。而且别的科目，到大学里，还须从头读起，只有这三门，来不及补习（别的科目，升大学时，自另有一次考试）。

前几年听人说，某省教育厅举办中学毕业会考，考生有一千多人，国文阅卷员却只到了三位。他们见卷子太多，成绩又不好，不耐烦看了，索性在每本卷上批一个及格分数了事，吃了一桌筵席，一揖而散。近来会考制度行得认真，想来不致再有那样的笑话。我们建议多请阅卷员，本省的中学教师应该回避，聘请本省的大学教授，社会上各界人士，邻省的中学教员共同阅卷，国文的标准可以定得很低，但不能及格的决不能让他们毕业。

常和熟朋友谈天，讨论到这个问题；此文所写，有些部分采取了他们的见解，但大部分可说是作者的偏见。对于教本的意见特别写得详细，因为原有一篇讲稿（题为《中学国文教材问题》，在云南省中学教员晋修班上讲过），现在拿来修改，容纳在里面。其他问题如改卷问题，课外阅读问题，师资问题等，虽然同样重要，因文已冗长，一概从略。

59　作文摘谬实例序
——一个国文教学法中的新问题

郭绍虞（1893—1984），著名文学批评史家、语言学家、书法家。原名希汾，字绍虞，江苏苏州人。任商务印书馆附设尚公小学教员期间，刻苦自学，开始学术研究活动。上世纪20年代初，与茅盾、叶圣陶等创立文学研究会。后任教济南第一师范学校、福州协和大学、开封中州大学、武昌中山大学、北京燕京大学，兼任协和大学国文系主任。1942年任开明书店编辑。此后又在上海大夏大学、之江大学、光华大学、同济大学任教授，兼任同济大学中文系主任。

郭氏当过中学国文教师；对大学国文教材的建设甚为关注。《学文示例》系郭氏为燕京大学一年级生所编国文教本，文白互收，韵散兼采。类聚性质相同之文，理论实例同时兼顾，既适于语言文字训练，又适于文学训练。行家对该教本体例大多予以赞许，然而，亦或略有嫌艰深之憾。“作文摘谬实例”则较为切合实际，适于用作大学一年级写作教本。本文原载《国文月刊》第13期（1941），选入本《论典》有删节。

在民国二十七年的时候，因为事实上的需要和逼促，使我注意到大学国文教学的问题。我为了注意此问题，于是先定下两种步骤，一是国文教材的编纂，又一是学生作业的整理。

我们所以先顾到这两点：即因这与国文教学的方法有连带的关系。我**对于大学国文教学的基本信念有两点：一是旧的教学方法不适于现在，又一是中学的教学方法不适于大学**。因此，关于国文教材的编纂及学生作业的整理，也即本此基本信念以进行。关于教材编纂的经过与旨趣，我已在二十八年度的文学年报第五期说明过了；至于学生作业的整理，则以尚未到结束的时候，故也没有发表过意见。现在，黄如文先生已将此项材料整理就绪，所以我再把从事于此项工作的经过与旨趣缕述如下：

* * * *

一般青年常感觉到国文之重要，而同时觉得自己国文程度之不够，于是请教于先生，请教于作家，乃至请教于富有经验的国文教员——怎样能使自己的文章写得通顺呢？这是一般人时常萦怀于脑际的问题；可是，所得到的答案，却未必能满足他们所预期的要求。

这实在是一个难问题。问的人所需要的倒底是什么呢？是文艺文？是学术文？是思想的训练，抑是技巧的训练？问得笼统，答的自然也不易着边际。再有，答的人的兴趣也各不相同。各有所长即各有所见，各有所见也即各有所蔽。我们姑且不说“莫把金针度与人”，即使有人肯把他所辛苦获得的经验，和盘托出，然其所告人的，是否正确，与是否适合问的人的需要，那便大成问题。

这实在是一个难问题。知者不言，言者不知，昔人谓诗话作而诗亡，那么学文方法，原不可举以示人。再有，为什么知者不言？即因嚼饭喂人，总不如使人自尝之甘。方东树曾说过：“吾不言而使人以意逆之，则其思之深得之固，而其味长。言之愈悉，使人习口耳而不察，道听涂说，不得其所以言之意，反以亵吾至教。”那么，“真力不至则精识不生”，此类问题，除使人自悟外，实在也没有什么办法。

* * * *

然而我们能知难而退，遽止于是吗？我们总想在没有办法之中，找出一些办法；我们更想在旧的、普通的办法之外，找出一些新的、或特殊的办法。

以前一般人对于学习国文别无其他方法，只是熟读精诵而已。以前一般人对于国文教学也别无其他方法，只是逐句解释而已。其高者则有所谓评点圈识之学。然而这些方法，在今日已不能适用。盖以**（1）逐句解释在中小学犹有其需要，在大学便觉其无谓。（2）评点圈识之学，章实斋已议其不合文理；现代人学文，更不用泥此死法。至于（3）熟读精诵的方法，又只可意会而不可言传，玄之又玄，使人无可以入手之处，故实行为难**。此其一。又，熟读精诵，只是昔人所谓学古人说话声响而已，仅仅学古人说话声响，在昔道学家已不能满意，何况今日！此其二。再有，古人为文，归趣一致，所以可以摹拟，同时也需要熟读精诵，现在则语体文兴，面目迥异，无用取则往古；因此，此种方法便不感需要。此其三。何况诵读之调也如方言一样，各地不同：大学中的教员学生既多来自各地，而欲以此不能统一的方法，强迫学生以诵读，更为事实上所不可能。此其四。因此，这些方法便不适宜于现代大学中的国文教学。

为了旧的教学方法之不适于现代，为了中学的教学方法之不适于大学，所以一方面对于教材的编纂，宁取其量之多而不必重在约选，宁取其质之滥而不必重在精选。盖精选约选的目的，不外使人易于成诵，能有几十篇古文琅琅上口，好似古人之音节都在我喉吻间而已。现在则不然！所重要的，乃在训练其思想。如何使其思想有条理，如何使其思想有系统，易言之，即如何驾驭繁复凌乱的思想，表现得明白而清楚：这才是我们所欲注意的问题。再有，所重要的，更在培植其思想。如何丰富其常识，如何启发其澈悟，学充则文自至，所以更应注意，如何使其洋洋洒洒，思无穷，写不竭，减少无话可说的痛苦。因此，**多读不如多看，多讲授不如多参考，选短文不如选长文，讲词句的意义或出处，不如讲整篇的组织，就篇内讲解不如就篇外发挥**。这是教材的选辑基于此种教学方法的关系。

其在另一方面，对于学生作业的整理，又因我们所注意的，不是学古人的说话声响，乃是学古人的说话方法；而此种方法又不是起承转合一挑一剔的工夫，乃在如何表现其思想，即如何表达他所应说的话。因此，我们可以用此种标准注意古人的作品，同时也可以此种标准注意学生的作品。注意古人的作品，是所以示之准的；注意学生的作品，又所以去其病累。

*　　*　　*　　*

陈思王言“世人著述不能无病”。刘彦和也说：“古来文才，异世争驱，或逸才以爽迅，或精思以织密，而虑动难圆，鲜无瑕病。”所以**文章之病，不仅小学生有之，中学生有之，大学生有之，即已成名的作家也有之**。以陈思王这样虚心，“好人讥弹其文，有不善者应时改定”，犹且武帝诔中“尊灵永蛰”之句，明帝颂中“圣体浮轻”之语，见讥于文心雕龙。所以**作文非难，去病实为难**。

昔人称黄鲁直得宋子京《唐史稿》一册，见其窜易字句与初造意不同，而识其用意，于是文章日进；又称欧阳永叔为文每就纸上讫，即粘挂斋壁，卧兴观之，屡思屡改；又称张文潜得白香山诗稿，窜改涂乙，几不存一字。于此，可以看出**昔人之用心，无论如何明白平易之作，好似漫不经心，实则未有不加锤炼而成者**。**看见昔人锤炼之迹，于是便悟去病之方**。盖“大匠不示人以璞”，而此则以璞示人了；“鸳鸯绣了从教看，莫把金针度与人”，而此则以金针度人了。所以作文无法，去病便是法。

为了这样，所以**我们要整理学生的作业，而于作文摘谬实例中设法减除行文易犯的病累**。

平常，教员辛辛苦苦批改了学生的作文，也不暇再顾及它能发生怎样的效果；而学生接受了教员的批改，也往往不加注意，有时或且随手扔入字纸篓。我总觉得这些宝贵的材料任意处置的可惜，所以有整理的计划考虑。此种计划，以前虽没有古人注意及此，而在我也未尝不是受前人的启示。王若虚的《滹南文辨》，叶燮的《汪文摘谬》，与方苞的《古文约选》，纪昀的《史通削繁》，都已明示人以作文去病的方法。民国以来有林传甲评阅的《易水文源》，有中学生杂志的文章病院与文章修改，于是文言文与白话文都有改正的实例。不过这些例，或是随笔摘举，或就整篇批改，都不曾明定类例，所以犹不成为比较简捷的方法而已。

现在，**我们搜集这些作文易犯之错误，而分类归纳，具体地指示以如何改正的方法，则作文法不成为空谈而近于科学。再利用这些材料，用作测验的工具，则对于国文的考试也比较有可靠的标准而切于实际的应用**。我们所以认为这是一种有意义的试验者在此，我们所以认为对于国文教学法当能有较满意的贡献者也在此。

60　向传统教育挑战（三则）

林汉达（1900—1972），著名教育家、文字学家、历史学家。浙江宁波慈溪人。之江大学毕业后，曾任宁波四明中学教师。又曾任上海世界书局编辑、出版部主任。在美国科罗拉多州立大学获博士学位。回国后历任华东大学教育学院院长、关东文协理事长、光华书店总编辑、辽北省教育厅长，辽北学院副院长等职。系中国民主促进会创建人之一。

林汉达先生从20世纪20年代起即从事研究和写作，著作丰富，涉及面广，颇有影响。教育方面的著作有《向传统教育挑战》《西洋教育史讲话》等。他的通俗历史读物有《上下五千年》《东周列国故事新编》《前后汉故事新编》《三国故事》等，深受几代青少年读者的欢迎，是一份极其珍贵的文化遗产。

《向传统教育挑战》于1941年初版，1988年又由上海书店重印出版。时隔将近半个世纪，依然受到教育界极大重视，可见影响之深。本《论典》选辑其中三则，与时下广大师生共享，相信其魅力不减，当让大家耳目一新。

镶金嵌玉的锄头

——文字教育的毒害

一　识字便是教育么？

中国推行民众教育已数十年了，肃清文盲的大纲和办法，也由教育部或各省市颁布了多次。这种教育的办法是什么呢？是千字课，是注音符号，是识字。目标是什么呢？又是识字。似乎识字便是教育，教育便是识字。小学生的认方块字或读变相的方块字课本，且不说，便是中学生，甚至大学生，他们在学校里也并不都在受教育，而是只在认字，国文科的学生所费的时间，多在求字义，考典故上。英文科的学生可说把全部学习英文的时间都费在查生字，读音，拼生字。汉字英文认得多，能写得出，拼得出的便是好学生。教员和学生都以为识字便是教育，而不知**识字并不是教育，连初步的教育也不是。识字只是受教育的初步预备。所以仅仅认得几个字，懂得几个古典的学生，简直可说还没有受过教育。**

二　读书便是教育么?

比识字更进一步的是读书。从前国文书上有一课说明教育的意义，“先生曰，‘汝来何事?’学生曰，‘奉父母之命，来此读书。’先生曰，‘然，人不读书，不能成人。’”这一课现在是不读了，但先生和学生还以为学生到学校里来，为的是读书。因此国文科英文科专重读书不用说了，便是历史，地理，经济，社会，物理，化学，也只凭“读书。”大学里用英文原本的尤其如此。不管学生所读的是什么，他都当英语课本读。照样查生字，求字义，照样读书。却顾不到各科所注重的内容。不但学生如此，教员何尝不然。只要某生文字通顺，他便是有教育的人才了。而不知**文字不过是求知的工具，是方法而非目的。**

三　美丽的铁锄

假如文字是矿工所用的铁锄，那么，学问是用这铁锄所开出来的矿物。自然，矿的种类不一，金矿银矿也好，铁矿煤矿也不错。怕只怕工人们什么矿都不采，只在那里费了五年十年的光阴和精神，专在擦亮他们的铁锄。**中国历来的读书人，大半的努力全费在美化他的工具上。**他把铁锄擦亮了还不够，再把铁锄的尖头镶了金，嵌了玉，又把锄柄改为象牙的。**费了一生的光阴和努力，只做成了一柄镶金嵌玉的锄头，什么**

矿也没有开。而且这种美丽的锄头根本不能用以开矿的。这种开矿工人要他何用？这种读书人，那里有什么教育？过去的读书人是这样，现在的学生还不仍是这样么？学生在学校里干什么呢？还不是在他的锄头上做工夫么？谁叫他这样干的呢？自然是他自己，他的父母，和他的教员。一个学生若在作文簿上写了几个别字，或夹了几句不通的字句，国文教员便批评他“不通，”，“国文程度够不上，”而他所写的内容如何，却不过问。即使有好的内容，也因他的别字或“书法恶劣”而被抹煞了。反之，一个学生如能做诗，且能做分平仄押诗韵的旧诗，那么，不管他所说是花呀，是月呀，甚至是屁呀，他总是一个有国学根柢的好学生。国文科如此，其他各科大半也如此。这样的学生不但自己很高兴，便是他的教员，他的家长，也很得意。诗人还不是有教育的么？他有了一柄镶金嵌玉的锄头，还不是好矿工么？

四　平民买不起的工具

我们既把开矿的锄头认为矿的本身，因此矿是不开了，也想不到有开矿这一回事。所以只在锄头上下工夫。别人家的鹤嘴锄是铁制的，又合实用，价又便宜，人人容易得到一柄。而我们既认锄头为矿的本身，那么，铁的自然不雅观，太卑贱，用不着。要怎么样的呢？不必担心，好在我们有一柄祖传的镶金嵌玉美丽的锄头，可作模范。所以无论那个工人如买不起，或制不出这样的一柄，他便没有做矿工的资格。于是一般想做矿工的人民，摸摸自己的腰包，太瘪，算算五年十年的时间，太长，便自动地回头了。有的白费了一些时间和金钱，叹了一口气，半途而废了。

黄裳，杨敏祺，李智三位先生调查小学生识字数的结果是这样的：六年级约识四千二百字，五年级约三千九百字，四年级三千字，三年级二千三百字，二年级一千四百字。你想费了六年工夫认识了四千二百不同的符号，的确不容易了。而认识了这许多单字，却还连不成句，看不来书。小锄头还没有柄，比一比我们祖传的镶金嵌玉的锄头，不但相形见绌，简直太不像样。这是说识字。作文呢？阮真先生也有一篇报告，他说："至于学生国文程度，小学毕业者，我无统计研究。初中毕业，曾进高中一年，白话文通顺者，根据一千三百八十四卷之统计研究，其及格程度占一百九十卷，约占百分之十三点七三，尚有百分之八十六点二七之成数，白话未通也。至于高中毕业生，我虽无统计研究，然据所教各班历届毕业生之观察，亦甚清楚。大约文言能通者（白话亦通）百分之一，能作文言而未通者（白话有通有不通）百分之二十，作白话大致通顺者（不能作文言者）百分之五十，作白话仍未通顺者（不能作文言者）百分之二十。此今日初高中学生国文之实在程度也。"

穷人子弟得能高中毕业，已费了 12 年的光阴（还不能留级），化了父母汗血所换来的钱做学费，满想买一柄锄头去开矿，实在是难能可贵的了。那知 12 年之后"文言能通者 1%！"进了高中一年，已费了十年光阴，而白话文通顺者，还不到 14%！如若文言能全通，不知还要费多少年的时间。这样难得的锄头，谁买得起？即使化了长久的时间，不断的努力，而仅仅得到了一柄锄头，矿还没有开，岂不冤枉？于是教育家安慰他们说："算了吧！你们既有了这样的一柄锄头，就算开过矿了。"而且读书本是镶金嵌玉的雅举，那里要你真的去开矿呢？因为我们的箴言是："天子重英豪，文章教尔曹；万般皆下品，惟有读书高。"这种观念，直至今日还未铲除。那些办教育的，大有"天子重英豪"的风度，受教育的只在读文章。你若不信，且看一般大学生所选的科目。一九三一年国内五十九个大学中有二万八千六百七十七个学生得学位，其中入法科及文科的倒有一万六千九百八十四人，占全数百分之五十八点五。入农科的只有九百零八人，即百分之三点一。谁都知道中国是以农立国的，而我们的大学生都想做天子所重的英豪，不愿做下品的工农。一九三三年的统计告诉我们：全国的大学生入文科的占百分之六十七点零七，入理科的仅占百分之三十二点九三。这还是教育部竭力抑文科重理科之后的情形呢！

五　全国无教育

我们几乎可以说中国没有教育。因为入学的儿童数在每千人中只占二十二人。每一百学龄儿童中只有四十余人入小学。全国人口中只有百分之二十非文盲，已是极可怜的了。哪知连这极可怜的限度中，只是识字，念书，读文章，还谈不到教育呢。

综上所言，可得几个结论：

第一、仅仅识字读书不得算是教育；

第二、教员不应单单“教书，”还该指导学生追求学问；

第三、课程应多注重内容，少铺张形式；

第四、文字是研究学问的工具，而非学问的本身（除非你专门研究文字学）；

第五、我们祖传的工具似有改革的必要。

熟读唐诗三百首

——强记与理解

一般的国文教员为要勉励学生去熟读他们不愿意背诵的文章，常会说，“熟读唐诗三百首，不会吟诗也会吟。”熟读了三百首唐诗因而能做诗的，我们不敢说没有；仍旧不能做诗的自然也有；熟读了唐诗，不但不能做诗，反因此不喜欢再读诗的，也不能说没有。反之，三百首唐诗尚未读熟，或甚至从未读过，而竟能做诗的，这样的人自然也不在少数，例如那些做三百首唐诗的诗人，根本便没有熟读那三百首唐诗的可能。**如果真的读熟了三百首诗便会做诗，那么，无论何人只要每天读熟一首，不到一年工夫，个个都成诗人了，那又未免太看轻诗人了吧。**可见**“熟读唐诗三百首，不会吟诗也会吟”这一句话，不过是一张不能**

兑现的空头支票。可是中国的学生是受惯欺骗的，不兑现的支票，照样收下来。于是教员们索性再多开几张。学生读国文为的是要学习阅读和作文的能力。用什么方法学习呢？读“古文观止，”不但要阅读，且要朗读，读熟，熟得能背诵。为什么要熟读背诵呢？因为一般教员相信“熟读古文若干篇，不会作文也会作。”但是背诵的结果是什么呢？“高中毕业生大约文言能通者，百分之一；能作文言而未通者，百分之二十”。可见百分之九十九的高中毕业生不能做通顺的文言，其中百分之八十连未通的文言还不能做。这样坏的结果，可说坏得“无结果，”而小学，初中，高中，以及大学的国文却都是注重背诵的。背诵既得不到结果，照理应该根本怀疑背诵，而改用别种学习的方法了，可是背诵是我们祖传的方法，谁敢反对？凡是祖传的东西，我们都舍不得抛弃，因为我们相信“三千年无改于祖宗之道，可谓孝矣。”所以**我们在教育上所注重的是记忆而非思想；记忆之中又多注重强记，少注重理解。国文应否背诵的问题还在其次，最重要的问题是：在学习上强记与理解，那一种更应注重？我们如果能解决了这个大问题，则其他连带的问题，自然也可解决了。**

一　强记与理解的区别

在教育心理学中有两种学习，一种叫做强记的学习（Rote learning），一种叫做理解的或逻辑的学习（logical learning）。**强记的学习指一是一，二是二地读熟有意义的或无意义的材料。**例如读熟一批无意义的音缀（nonsense syllables），一首诗，或一篇古文，须读得逐句背得出，逐字默得出，字句不得稍有更动。**理解的学习则不重逐字逐句，而重所学习的材料的意义，和问题的正确的解决。强记的学习是一种机械的程序，而理解的学习则是合乎理性的程序。**这两种学习方法的区别，可分类如下：

（一）强记的学习

（甲）正确地记忆无意义的材料。

（乙）正确地记忆有意义的材料。

（二）理解的学习

（甲）明了材料而不重正确的记忆。

（乙）解决问题。

无意义的材料只能强记，有意义的材料则或用强记或用理解来学习。**强记的学习是材料的积聚和复述；理解的学习是材料的消化和应用。复述贵在一字不差，应用贵在变化多端。**积聚是注入的，学习者只要囫囵吞下；消化是注入和引出，内外相和而起同化作用的，学习者须要自由讨论。强记须有保存的能力，理解须有创造的能力。强记是静的学习，是保守的；理解是动的学习，是前进的。这两种学习方法的取舍与一国的文化有密切的关系。文化落后的国家如埃及，印度，和中国，是静的，保守的，所以注重强记的教育；文化前进的国家，如欧美列强，是动的，向前的，所以注重理解的教育。教员或学生选择那一种学习方法并不全是个人问题，而是一个文化的整个势力逼之使然。前进的国家即使教员要注重强记，学生也不答应。反之，落后的国家，即使学生要反对强记，教员也不答应，即使有少数前进的教员答应了，教育当局也会出面干涉。我们若明白了这个道理，对于主张“教授国文宜注重熟读”的教员们，也当体谅他们的苦衷。

二　强记在学习上的地位

这样说来，什么都不必强记了么？那又不然。**强记在学习上也有相当的地位。凡不能理解的或虽能理解而太费时间和精神的材料，则只能强记，强记是一种万不得已的学习方法。**例如乘法表“三七二十一，”“八八六十四，”虽然三个七加起来也是二十一，八个八加起来也是六十四，然而总不及背熟了乘法表来得更经济。此外，还有主要的人名，年代，和地名，以及各种公式，规则等，都不能有一字之差，都须逐字复述，不能随意变化。要记住这些材料，须凭保存的能力，而不需要创造的能力。除了这些呆板的材料以外，还有比较不呆板，而更有意义的东西，例如诗歌，演讲录，台词，俗语，格言，引句等，都需要正确的复述（exact reproduction），都须强记。可见**强记在学习上确有相当的地位，不能一概抹煞。然而我们若以强记有相当的地位，因而把这个地位特别抬高，高得超过理解的地位，那便会发生食而不化的危险**。因此，与其抬高强记的地位，不如设法降低它。在**学习上如能尽量降低强记的地位**，则**学习者便能从机械的死读的束缚中解放出来，而把时间和精神用在理解的学习上，以发展思想和创造的能力，使学习变为动的学习，使教育变为活的教育**。降低强记的地位有三个方法：（一）严格地认清须强记的材料；（二）把理解和强记联贯起来；（三）利用代人记忆的工具。

第一，我们须**认清强记是万不已的学习方法，如某种材料可用比强记更好的方法来学习，则当尽量利用这种更好的方法**。凡遇到不能用理解来学习的，或虽可用理解而反为不经济的材料，则只得强记，例如：汉字的构造，英文中不规则的拼法，成语和单字，算术上及化学上的公式等等。这些材料是有限的，教员比学生更有经验，应当防止他种材料侵入这个范围。

第二，凡**可以用理解而仍须强记的**，则**须先理解而后强记**。例如乘法表不得不背，但是与其让学生盲目地背诵“八八六十四，”不如先说明八个八加起来便是六十四，则学生知道加了半天八个八还是一个六十四，不如记住“八八六十四”来得省时，这样的强记便有意义了。除法表也是如此，“八四改作五，逢八进一，”照字面背是毫无意义的，如先说明八除四十便是五，八除八便是一，然后反复练习，则强记不致变为死记。其他汉字的构造，英文的拼法，成语和引语，都当先理解而后强记。

第三，文化愈进步则要学习的东西愈多，这便是“文明的负担。”但是负担不定要放在背上背，或肩上挑。这是原始人的背负法，不但太费力，而且所负担的也决不多。我们为要省力省时，而且要负担得多，则不妨利用车辆或船只。学习也是如此，**我们当尽量利用代人记忆的工具。一个有学问的人并不是事物记得最多的人，而是知道那里去查阅所需要的材料的人。**字典，辞典，索引，年表，百科全书，以及自己所备的日记，摘要，备忘录，便览等等，都是代人记忆的工具，而且这些东西所告诉你的比你自己所死记的更正确，更保存得久长。**有了工具而不用，必要把负担放在肩上，便是野蛮部落内的土人也不致如此，我们岂可强迫学生去做野蛮的学习者呢？**

三　理解在学习上的地位

强记的学习在程序上多用收受的思想（receptive thinking）少用建设的思想（constructive thinking）。理解的学习或解决问题的学习，则不单是收受，堆积，和保存，还须研究材料的相互关系和实际应用。谁都知道后者比前者更为重要，可是我们的学校却不注重后者。鲍尔文在十九世纪所下的批评，可为今日我国教学法的写生，他说：

> “我们在教授法中常忽视推理的文化。教授的目标素来以教材的事实和实情塞入记忆中而不发展创造的思想和调查的能力。即使在教思想科目的时候，竟也会多用记忆少用思想。我们常把心（Mind）看作可以塞入东西的容器，而不把它看作可以发展的活动。”

凡注重熟读，注重记忆，注重注入的教授法的教员们都以为心是容器，可以塞入知识的，或以为心是一张白纸，要印入什么便可印入什么。那里知道我们都上了空想的哲学家的当。心灵的问题姑且不谈，这里我们不妨根据鲍尔文的见解，以“心”为可以发展的活动来说，则理解的学习也当重于强记的学习。强记与学习者自己的思想不能发生关系，正如塞在容器内的东西，决不能变成容器本身的一部分。学习者如果要把学习变为他的思想程序中的一部分（a part of his thinking process)，他们须得明了所学习的材料而能从所学习的当中得到意义。所说明了这种材料，并不是单单懂得所读的是什么，也不是单单每字都能认识，逐句都能解释。这些当然是重要的，而最重要的却在明白相互的关系，逻辑的思想，和所含的原理，以便推论和应用。因此读几个别字，写错几句，有什么了不得。这样的学习才算是理解。**消化过了的食物不再是藏在胃里的食物，而是本人的一部分。凭理解而学习的材料，不再是材料，而是学习者思想程序中的一部分。**

愚笨的父母常使小孩患积食，患反胃。我们的学生为什么也会患积食和反胃呢？学生是喜欢理解而厌恶强记的，可是缺乏专业训练的和懒惰的教员却讨厌这种学生，因为回答“这是什么?”比回答“为什么?”来得便当。取巧的学生因此常预测教员要考什么而预备什么，教员注重强记，则学生用强记学习法，考试便可过门，分数也可及格。然而这样的学习是极危险的。因为过份注重强记会抹杀理解，思想，和创造力。

四　广读与精读

强记与理解的区别及其在学习上所占的地位，已如上述。现在应用到读书方面，不得不商榷“广读”（Extensive reading）与“精读”（Intensive reading）相对的重要性了。**“精读”需要理解和强记**（不讲理解专凭强记的“精读，”简直算不得是读书，所以这里不谈了。）**“广读”需要理解而不重强记。精读贵于深入，而失于范围狭窄。广读贵于范围广大而失于肤浅。**注重强记的教员多主张精读，注重理解的教员多主张广读。精读与广读在学习上的地位，和强记与理解的地位相仿佛。必须强记的材料自然必须精读，这里毋庸再说。现在的问题是：可以理解的材料当用那一种读法。那一种读法在学习上有更大的效率，有更多的保持（retention)？换言之，假如两个人以相等的时间，一个广读范围较大的材料，一个精读范围较狭的材料，那一个学习得多，保持得多？谷德用两组同等的中学生做试验，来测量学习的效率，且顾到学习的效率的各方面，如知识的范围和正确性，解决问题的能力，以及意义的复述。测验以后，过了几个星期几个月，再予以覆试，以测量记忆的保持。他把同样科目的材料（分量不同）分给甲乙两组学生，甲组给以某问题广读的材料，乙组则给以该问题而范围较小的精读材料。阅读的环境又分为两种，一种是在课外阅读，一种是在课内阅读。测验的结果是：以复述所读的意义而论，同在课内阅读的学生，精读胜于广读；同在课外阅读的学生则复述的成绩相仿佛，但广读者有侧重大意的倾向。这是说测验复述所读的意义。测验解决问题的能力，和回答包括“阴风昧生”（Information）的问题的能力怎么样呢？测验的结果证明广读者胜于精读者。这些试验的结果使我们断定：若**阅读的目标是在复述指定的意义，则精读胜于广读；若目标在启发解决问题和推论的能力，则广读胜于精读。**

记忆的保持怎么样呢？广读者因有侧重大意的倾向，注重理解和推论，所以记忆的保持更持久。精读者因有侧重指定的意义的倾向，且不得不用强记法来学习，其记忆的保持，反而薄弱。因此，我们又可以说**若阅读的目标是在短时期的记忆事实，则精读胜于广读，强记胜于理解；若目标在长时期的领悟大意和原理，则广读胜于精读，理解胜于强记。**

五　保守与进步

精读好比听京戏，越熟越要听。一般的戏迷不知已看过多少次的“玉堂春”，“游龙戏凤”，却还要去看。**广读好比看电影，无论怎样好的片子，至多重看一次或两次。**其实平心而论，“复活”比“玉堂春”更有意义；“一夜皇后”比“游龙戏凤”更有艺术的价值。但是看京戏的人喜欢旧剧本，看电影的人喜欢新片子，这是什么道理呢？或以为**喜看京戏的人大都倾向保守，喜看电影的人大都倾向新奇。**现在还没有关于这问题的测验和统计，我们不敢断定是否如此。但是我们可以说，京戏的本身是保守性的，所以调来换去，老是这几出戏，而且模仿某派某派的演员，大都不及他们的前辈，因此京戏的艺术很少进步。因为以保守原有的为目标，结果难免退步。反之，电影的本身是创造的，所以不断地拍制新片，因此其艺术便日新月异，进步得快。京戏和电影对于观众的影响怎么样呢？京戏的范围狭窄，观众只能欣赏他们所已知道的材料。电影的范围广大，而且新片子不断地产生，观众除欣赏以外，还能扩大见闻，增加知识。所以如果**国家要借戏剧来提高文化的水准，与其鼓励京戏，不如提倡电影。同样，学生精读“古文观止”或“文选”等古文，尽其量不过养成欣赏我国古代文艺的嗜好，于见闻的扩大，知识的增加，则很少裨益。学生如能广读近日的各种书籍，则不但可以增加知识，且可启发解决问题和创造的能力。**所以如果国家要借教育来提高文化的水准，则与某鼓励精读古文，不如鼓励广读今文。

六　强记古文若干篇

强记与理解的学习法，使我们讨论到精读与广读的相对的价值，和对于文化的保守与进步的关系，已如上述。现在再要回到“熟读古文若干篇，不会作文也会作”的问题。中学生和大学生读古文的目标是什么呢？为了要扩大见闻，增加知识么？大概不是吧。一来古人的见闻和知识，与现代人相比，正如小孩来比成人，相差太远。叫庄子，孟子，荀子，以及唐宋八大家来投考现在的初级中学，也不会录取的。退一步说，即使古文中确有值得今人采取的知识，则由说书先生说一遍，或译为白话文叫学生像看电影似地阅读一两遍，也已够了，何必要十遍廿遍读得须能背诵呢？可见精读古文并非为要得到知识。直捷了当说一句，为的是要模仿古文的形式和体裁，字眼和腔调而已。以现代的活人模仿古代死人的腔调，其结果可想可知。模仿得不像，弄成半文半白或不文不白还可。万一模仿得像了，那更糟糕，非弄得酸气十足不可。以今人写古文，势必恶俗得如京戏中的人物搬到马路上去踱方步，去“起坝，”岂不可笑？所以古人的腔调是万万学不得的。那么为什么要精读古文呢；于是又有人想出一个理由来，说可采取现在仍可通用的字句和语法，例如在司马迁“报任少卿书”中有许多字句可以采用，如

“士为知己者死，女为悦己者容，”“奋不顾身，”“救兵不至，”“事已无可奈何，”“身非木石，”“死或重于泰山，或轻于鸿毛，”“摇尾而求食，”“由此言之，”“人情莫不贪生恶死。”我仔细研究了那篇文章中现在还可通用的字句，就只寻出这上列的九句，约占全篇句数百分之二，计五十八个字，约占全篇字数百分之二强，而为了这九句五十八个字，却费了一个多星期去背熟全篇四百四十八句，二千四百零五个字，岂不冤枉！若以同样的时间来广读更有价值的现代书籍，不是更有进步么？这样说来，我们叫学生精读古文，既不是为求知识，又不是为模仿古人的腔调，更不是沙里淘金去寻找几句现在尚可通用的字句。那么到底为的是什么呢？还不是为了要保守教育上的迷信么？还不是为了要训练学生去强记么？还不是为了要学生因此可少去思想么？惰性十足的民族，既然对于“玉堂春，”“游龙戏凤”百看不厌，自然对于“快哉亭记”“归去来辞”也会百读不厌的。可是**时代不允许我们再沉醉于这种有闲教育。若不设法提高理解的学习，来替代强记的学习；以活的，动的，前进的教育，来替代死的，静的，保守的教育，则人民的思想难望解放，我们的文化难免落后，这岂是负着发展文化使命的教育家所希望的呢？**所以强记与理解不仅是学习心理学的一个问题，且与一国教育的宗旨和方针都有莫大的关系。

填鸭教育与放任主义

——兴趣与努力

以养鸭为生的人常把食料硬叫鸭子吞下去，因为吃得多便长得快。在出卖鸭子的前夜更把食料尽量地塞入鸭子的胃中，因为这样可以增加鸭子的重量，这叫做“填鸭”。**教师和父母不管儿童的兴趣如何，却尽**

量地把自己认为有价值的知识灌输给儿童，至于儿童能否把这种教材“消化，”则不过问，这种教育可称为“填鸭教育”。反之，有些**走入另一极端的教育家，事事以儿童的兴趣为中心，自己却在教学上没有地位，**儿童喜欢玩便任他玩，儿童不喜欢读某种功课，便把某种功课取消，这种教育**可称为“放任主义的教育。”**中国的传统教育和欧美的形式训练可为前者的代表，最近以前的美国极左的“进步教育”（Progressive education）可为后者的代表。这两种教育我们都不需要。可是要在这两种极端之间得到一个适当的地位却是极难解决的问题。填鸭教育是强迫儿童努力，放任主义是一味的任从儿童的兴趣，所以这也是兴趣与努力问题。

一　兴趣在教育上的重要

在一九一三年杜威早已提出，说有许多教育家反对兴趣作为选择教材的前提，以为教材当先选定，以后在教授这些教材时，教员才设法使之有兴趣即可。杜威以为这种学说是反民主的。后来哈尔菲士说：“教育必须由个人的兴趣出发，教育历程应是如此，是毫无理由可以反对的。教育应以兴趣为中心。”此后更有许多教育家都以为只有学生本人对于所学习的科目发生兴趣时，才能得到满足的进步。我们现在且不论学生应否只学习所喜欢的科目，因为有许多很重要的事物，在初学的时候不一定会发生兴趣，不过兴趣是趋向学习的内驱力（drive）这是无可异议的。

二　阅读的兴趣与努力

既以兴趣为中心，那么照理我们在选择读物时，应以儿童的兴趣为有用的向导了。柏兹南和来曼研究中小学生阅读兴趣之后，断言说：（一）给小学生阅读什么，他们便读什么；（二）关于他们所知道的人类经验的记录，更感到有兴趣；（三）他们喜欢有行动的带戏剧性的材料；（四）中学生不论在何年龄最喜欢看小说。丹拉普调查学生对于各种科目的反应，断定说，普通有兴趣的科目及文学显然占了优势，其他科目，如地理，卫生，历史，算术，及文法，其兴趣依次递减。给尔贝立支和退尔哈末发了许多问卷（questionnaire）给各阶级的人民，请他们回答他们看报时最喜欢看的是什么内容。他们由五百十五份的答案中发现了下列几个要点：（一）不分男女，不分年龄，或阶段，读者均以普通新闻为最有兴趣；（二）男子对于运动游戏及经济新闻比女子较有兴趣，对于妇女栏及音乐栏兴趣较少；（三）成人男子对于经济新闻比其他读者更为注意；（四）各组均以为无甚兴趣的是妇女栏，艺术栏，及音乐栏；（五）大家都不喜欢看的有下列数种，其兴趣依次递增：建筑，园艺，财政，艺术，农业，动物，黄色新闻，医药，传记，及社会学。

拉撒调查了纽约城中十三个公立学校，包括四千三百个学生。她要知道学生们家中有几家定了杂志，所看的是何种杂志。调查之下，知道百分之七十二家中有杂志。杂志中最多定的及最少定的，次序如下：（一）普通故事；（二）家庭杂志；（三）大众杂志；（四）侦探及神秘杂志；（五）科学及算学杂志，（六）电影及戏剧杂志；（七）文艺杂志；（八）儿童杂志。

华泊尔士调查一般成人自由阅读的书籍，指出其性质相当的低劣。他的调查很明白地显示，人们喜欢看浪漫故事以及五分一本或一角一本的侦探杂志。出租的小说几乎全是一些下等的描写两性生活的小说。

合以上五种调查的结果，我们很明显地可以看出，若**以一般读者，男女老少都在内，所表示的兴趣作为供给读物的表轨，则第一等的读物当是小说，戏剧，侦探小说，及性史了。历史，地理，卫生，社会学等可以不必出版。至于艺术及音乐在现代的文化中更没有地位了。**

柏兹南和来曼说得不错：“照我们的调查看来，儿童和少年所表示的阅读兴趣是未成熟的，未发展的。一方面我们当然主张以儿童的发展为基础，不应由教员刻板地规定程序，以形式训练为目标；然而一方面我们也不应忽略事实的需要。负指导儿童阅读的人也应鼓励他们阅读一些所谓“应当用耐心去读的书。”未成熟的爱恶当向着发展的过程中逐渐改进。凡儿童所喜爱的自可作为有用的指引，但不应奉为天经地义老是只照他们所喜爱的继续下去。”

其实，不但儿童如此，即成人何独不然。我们看了上述的研究，便可知道，**不管成人年纪多大，就大体而论，他们的爱恶也是未成熟的，未发展到高等程度的。**杜威所说的“反民主学说”有时也未可厚非，因为**凡是有兴趣的不一定便是合乎需要的。未成熟的读者当初所不喜爱的，有时正是他所需要的；他们以为有兴趣的，有时却是低级趣味甚至是反社会的趣味。**

三　职业兴趣与努力

其次，我们要研究职业兴趣。学习者选定了他将来的职业后，对于所学习的科目是否更有兴趣，更有进步？这个问题，我们且看了各种调查之后，再来回答。

克洛福德在他的“学习的动机”里说，“有了一定的职业目的，则学生在功课上多有上进的倾向。”开福微研究初中学生，看他们决定了将来的终身事业，对于功课的成绩有无影响。他根据学生的心理能力(mental ability)，选出一批学生，再照已确实决定将来的职业的和未决定的分为两组来对比。他却查不出这两组学生的平均分数有何显著的差别，也查不出这两组学生的心理测验与分数有何相互的关系。这一个调查显然驳覆了“有了一定的职业目的，则学生在功课上多有进步的倾向”那个臆说。

威廉逊在明尼苏达大学也举行了类似的调查，他的结果也和开福微相同。他的研究比开氏更精细。他把一九三五年秋季进入大学一年级的八百六十名学生登记下来。这八百六十名一年级生有入理科的，有入文学科的。登记时各人记下有否选定职业，并注明其确度(degree of certainty)。再根据在中学时心理测验的分数和功课的成绩另选数组学生作为控制。这样来实验职业决定与学业的关系及其影响。实验的结果是这样的：平均而论，确实决定了职业的男生，其学业成绩并无比未决定职业的男生来得更好；而女生呢，平均而论，确实决定了职业的，其分数反比未决定职业的女生为低。**这样说来，决定了将来的职业并未增加学习的兴趣，学业也未见得更有进步。女生反有因此得到坏影响的倾向。**我们再来看一看另外一个研究。

丹拉普研究“偏爱”（preferences）是否可视为特殊科目的成绩之表示。他查出学生对于某科有兴趣，则与某种的成功是有积极关系的，且算出其相互关系数为0.50。他甚至肯定说，假使个人对于某科的兴趣是常定的，则其“兴趣测验”的分数，可以预测其将来对于该科的成功。

这样看来，克洛福德和丹拉普所发现的，与开福微和威廉逊所发现的似乎是矛盾的。但是这个似乎矛盾，可以下列的因素解释之：（一）个人的兴趣有“永久的”与“暂时的”分别，也有“内在的”与“外在的”分别；（二）所研究的张本，尤其那些搀入个人意见的，不一定是可靠的；（三）学生选择职业，并非真的每次以自己对于该职业的兴趣和能力为根据，却常着眼于幻想，幻想某职业或可使他将来有名望，将来可多赚些钱。

甚至儿童们所发表的职业兴趣，不但不可靠，且也有非社会所期望的。例如美国的儿童差不多都是电影迷，女小孩希望将来做明星，男小孩希望做拿着手枪牧牛的侠客。步耳革研究波尔达城初中二和初中三的男学生，统计他们爱做什么，将来愿做什么事情，竟有好多学生对于理发很感兴趣，将来希望做理发师。理发自然也是正当职业，将来想做理发师，也未可厚非。可是一个孩子尚未见过世面，根本谈不到他的人生观，倘若职业指导者便以为既然这个小孩的兴趣是理发，便在理发方面去教育他，这岂是民主教育的真意呢？专讲兴趣的教育家，有的的确想以儿童的兴趣为根据，早些给以职业训练，这不是把兴趣教育变做奴化教育了么？我们的法律既规定十六岁以下的女子即使与人和奸，亦作强奸论；则十六岁以下的儿童即使自愿选择某种职业，若教育者便因此注定了他的命运，似乎也应作为强奸论。

四　兴趣的常定性与变动性

学生自己所说出来的兴趣，是否可靠？个人的兴趣是常定的还是有变动的？大约到了什么年龄的学生，其兴趣比较常定？若是兴趣有变动，则这变动的因素又是什么？这些问题我们又须先下一番研究工夫，再来回答。

窝尔忒兹和攸立克大量地测验大学生的主要兴趣，他用的是“明尼苏达兴趣测验表。”计算答案之后，他下结论说，大学生的“相对兴趣”是很常定的，研究了大一学生的兴趣，可以预测他以后三四年在大学里相对兴趣的范围。

斋尔兹要找出儿童的三种兴趣是否常定。这三种兴趣是“劳力职业，”“劳心职业，”和“社会职业”（manual，mental，and social occupations）。他用“图画测验”来测验新金山十二个小学校中二百五十六个学生。学生的年龄自十岁六个月至十二岁六个月。测验之后，过了十二个月的时期，再予以同样的测验。这样可以看出儿童过了一年，对于三种职业的兴趣有否变动。这第二次的覆试显出儿童所发表的兴趣过了一年是相对常定的。

丹拉普也举行了一个类似的测验。他用“丹拉普学科偏爱测验表”给一百四十六个初中一年生去填。过了十个月再以同样的测验覆试一遍。从两次全部的测验中可以看出，学生对于学科兴趣的变更，自16%至72%，中数为54.6%。全部中又看出学科兴趣的常定性与学生的成绩和智力有积极的关系，尤其与成绩的关系。这或许为了某科的成绩既好，便不想再去变动了。

菲次巴特里克研究学生对于科学兴趣的常定性，他找出不论男女学生过了三个月便有变动，各年级的常定性或变动性几乎是相等的，而且希奇得很，毕业生比五年级生更不确定。

雷也发现儿童的喜欢与不喜欢，在某一时期，比另一时期改变得更大。例如学生中对于教书表示有兴趣，将来也想做教员者，其兴趣的常定性在十一岁时为百分之四十三，在十二岁为百分之九十六，在十三岁为百分之七十一，在十四岁为百分之七十五。雷于是警告负指导职业的人说，**儿童在十二岁以前所发表的偏爱是不足为准的。**

布鲁克斯研究学生对于现代社会问题的兴趣。他的测验表上列着二十五个项目，每一项目分为四个兴趣等次，即：对于这项目所列的问题为“无兴趣，”“稍有兴趣，”“有兴趣，”“极有兴趣，”叫一百五十个阿拉巴玛大学二年级女生去填等次。这些所问的社会问题是在一九三五年至一九三六年的一年给该级学生的必修科。一面在教授该科，一面给与三次兴趣测验，一在学年的开始，一在学年的中间，一在学年的末期。在第一次的测验中，即学生对于该项问题尚未研究的时期，她们对于各问题的兴趣，第一是婚姻及家庭问题，第二是健康及犯罪问题，其次是职业，娱乐，宗教，科学，人种，社会服务，国际关系，政府，社会安全，及劳工问题。她们所不大喜欢讨论的是比较带专门性质的经济，政治，法律问题等。这里可以看出在她们未修该科以前，她们只关心那些切身问题，其他与她们似乎无甚关系的问题，则未感到任何兴趣，但到了学年的中间，尤其到了修完了该科的学年末了，她们从前所定的兴趣等次，很显著地改变了。

本来认为毫无兴趣而列为末等的问题，到了这时竟大大地升了等次。那便是说，当初以为是次要的无关个人的问题，一经研究，便觉得有意义有兴趣了。从这六个关于兴趣的常定性的研究综合起来，我们便知道兴趣有常定的，也有变动的。其原因至少有二。第一，因当初所发表的兴趣，其正确性各有不同（the variation of degrees of certainty of the expressed interests）；第二，因知识增加，环境变迁，个人的态度也改变了。哈特曼肯定说：“个人的眼界逐渐扩大，兴趣因此改变，这不但是不能免，而且是应当如此的。若是一个四岁的孩子喜爱玩‘玩具火车，’便叫他将来去干运输事业，这不是糟糕了么?”他又说：“有些肤浅的兴趣，一时上升，一时下降，本来变动极大的。女孩子喜爱将来做电影明星的，在八岁一时期占百分之二十，到了十七岁一时期减成百分之三了。男孩子想做带手枪牧牛的侠客的，在八岁一个时期占百分之三十八，到了十六岁一个时期，降为零度了。智力增加及趋向‘实事求是，’是使兴趣改变的大原因。”

兴趣改变得太快，即所谓心思太活，原来不大适宜的，因为我们并不赞同“马浪荡”派的态度。然而一面却正因兴趣有变动性，教育才有意义，因为这样，教育才可培养并发展高尚的正当的兴趣。

我们已知道：（一）兴趣是趋向学习的内驱力，所以教育应以兴趣为中心，同时，兴趣与努力有密切的关系，所以我们不应以儿童的兴趣为藉口，误入放任主义的歧途。（二）即以阅读兴趣而论，教育家和出版界应设法提高读者的水准。根据各种调查，儿童的阅读兴趣是未成熟的，即成人的兴趣，就大体而论，也未发展到高等程度的。未成熟的读者当初所不喜爱的，有时正是他所需要的；而其所喜爱的，有时却是低级趣味。（三）我们也指出关于职业兴趣的几种臆说。根据多种的统计，我们知道儿童即使有了一定的职业趋向，在功课上并没有促其更有进步的明证，而且他们所发表的职业兴趣，不但不可靠，有时且非社会所期望的；所以教育者和家长若以儿童早期的职业兴趣为准则，因而注定了他的命运，几乎可说是强奸儿童的职业兴趣。（四）兴趣的常定性是相对的。个人的态度常因知识的增高，环境的变迁而改变。而且正因兴趣有变动性，教育才有意义。

关于兴趣问题除上述四项外，我们还要研究：（五）兴趣与注意；（六）兴趣的差别；（七）职业兴趣与职业。

五　兴趣与注意

兴趣与注意久已成为争论的问题，有人以为我们对于某一事件当先有相当程度的注意作为基础，而后才可对该事件发生兴趣。也有人以为我们对于某一事件当先有相当程度的兴趣作为基础，而后才可对该事件多加注意。平心而论，这两种说法都对的。因为我们对于某一问题有兴趣，所以便加注意；同样，我们愈注意某一问题便愈有兴趣，哈特曼说得最公允，他说，若是先有注意，则守旧的形式训练说应当抬头，因为你若不先与某物发生接触，兴趣怎能发展；反之，若以兴趣为内驱力，而藉注意以求发表，则我们应以学习者的兴趣为中心。从哲学上说来，兴趣说比注意说似更近理，可是并没有充分的实验根据。照实验者看来，这个问题正如蛋生鸡，鸡生蛋一样，谁也不能断定其先后。**其实兴趣可说是对于某一事物有特殊注意的情绪，所以二者不能分割**。因此人生问题（Life problem）和兴趣可说是同一的事物，不过程度不同而已。你喜欢某一问题，该问题便是你的兴趣，在你是问题，在他人却是兴趣，同样，在你是兴趣，在他人却是问题。其区别并不在兴趣和问题的本身，而在个人的态度。例如“钓鱼”一事，在儿童或业余者是一种兴趣；而在以捕鱼为生的人，不论天晴天雨，不论天冷天热，必须去干，在这种情形之下，钓鱼便是人生问题了。同样，其他人生的活动，如读书，交友，谈恋爱，赚钱等等，都是人生问题，也都是兴趣。不过何以某甲把这些当作问题，某乙把这些当作兴趣，则完全视个人的态度而定。

昔蒙是近来研究这一问题最精细的人。他先把人生的活动归纳为十五大类，然后叫各种不同的人去填写，以研究兴趣和问题的等次，作为指导的根据。兹将十五大类的人生活动列述如下：

（一）健康：包括饮食，运动，体态，睡眠，休息，空气，温度，阳光，衣着，沐浴，身体特殊部分的注意，清洁，疾病的预防，排泄，麻醉品。

（二）性的顺应：包括恋爱，抚爱，求爱，婚姻。

（三）安全：包括意外和伤害的避免。

（四）金钱：包括收入，支出，和储蓄等。

（五）心理卫生：包括恐惧，忧虑，抑制，强迫，卑劣感，幻想等。

（六）求学习惯：包括学习的技巧，工作的方法，问题的解决法。

（七）娱乐：包括游戏和运动，阅读，艺术和手艺，交际和社会活动，嗜好的副业。

（八）个人的和道德的品质：包括使人成功的品质，良好公民的品质。

（九）家庭关系：包括一家人和谐的生活。

（十）礼貌：包括礼仪。

（十一）个人的吸引性：包括面貌，喉音，衣穿。

（十二）日常有秩序的生活：包括一日二十四小时的计划。

（十三）公民的兴趣，态度，和责任。

（十四）处世之道：包括对人的应付。

（十五）人生哲学；包括个人的价值，雄心，理想，宗教。

昔蒙把这一张表交给许许多多人，先照个人问题，后照他的兴趣，依重要性定其等次。根据这种大规模的调查，他找出了：在少年人（Young adolescents）中，最主要的问题是：金钱，健康，个人的吸引性。最不重要的是：性的顺应，日常有秩序的生活，公民的兴趣和责任。兴趣最高的是：娱乐，健康，个人的吸引性。兴趣最低的是：日常有秩序的生活，公民的兴趣和责任，性的顺应。

在青年人（older adolescents）中最严重的问题是金钱。最有兴趣的是性的顺应，个人哲学，个人品质，和心理卫生。中学生及大学生对于公民兴趣，公民态度，和公民责任，既不感到兴趣，又不把这些当作问题。这一项被他们几乎列在末等。

在成年人中，最最严重的问题是金钱，其次是人生哲学，其次是心理卫生。最有兴趣的是人生哲学，其次是心理卫生，其次是个人品质，其次是公民责任。这青年人列在末后的公民责任一项，却被成年人升为第四项了。

从这个研究中我们可以看出：就**大体而论，人民的兴趣只在金钱，个人的吸引性，娱乐等，而对于公民的责任，日常有秩序的生活，以及人生的意义，却不感到兴趣**。换言之，**人民以经济问题和个人成功为重，而以社会福利，公民责任为轻**。昔蒙的研究如此，其结论和解说自然各人有各人的说法。但这种研究的结果却给予我们一个严重的问题：我们可否不管青年人所发表的兴趣是什么，即照其兴趣予以指导呢？还是须鼓励他们培养于社会国家有利的兴趣？这是提倡民主教育和主张以兴趣为中心的教育者不得不注意的大问题。

六、兴趣的差别

各人有各人的兴趣农村儿童的兴趣与城市儿童不同，中国儿童的兴趣与外国儿童不同，男孩的兴趣与女孩又不同。这是什么缘故呢？为了个人生性的不同呢？还是为了各人环境的不同呢？若因各人的生性不同，则“江山易改，本性难移，”教育是无能为力的了。若因各人的环境不同，则教育者尚可从环境和教育着手，来培养国家民族所需要的兴趣，以替代自私自利以及低级的劣等兴趣。

我们都知道儿童喜欢收藏各种小物件，如石子，钮扣，碎玻璃，画片，钉子，电车票，碎瓷片，以及其他在成人看来毫无价值的东西。从他们所收藏的东西中，也可研究他们兴趣的差别，而且也可断定这差别是遗传的还是环境的。威提和雷曼研究城市儿童与乡村儿童对于收藏小物件的兴趣，收藏的小物件竟至一百九十种之多，从这些小物件中可以看出儿童兴趣的差别。他们的结论是：（一）乡村儿童比城市儿童更多收藏的兴趣；（二）乡村儿童多收藏自然物；（三）有些东西，城市男孩比城市女孩收藏得更多，这可以证明男女的差别么？可是同样的东西，乡村女孩却比城市男孩收藏得更多；（四）同样，有些东西，城市女孩比城市男孩收藏得更多，这可证明男孩不喜欢这种东西么？可是同样的东西，乡村男孩却比城市女孩更喜欢。**可见城市儿童和乡村儿童的**

兴趣确然不同，但这不是因男女的差别或天赋癖性的差别，乃是因环境的不同所致。

杜罗斯脱也有类似的研究，他调查了一千五百个城市儿童收藏小物件的兴趣，其结论亦与威提的相仿。他说男孩和女孩所收藏的东西，相同的多，不同的少；即有不同，并不是因男女的差别，却是因环境的不同。习惯和风俗决定了儿童兴趣的方向。

昔蒙在他的“住在城市的和住在乡村的少年关于问题和兴趣的比较”一文中，断定说：（一）城市学生以健康为问题，而对于金钱和日常有秩序的生活却不以为意；（二）住在纽约城的学生以娱乐为问题，而不以公民事务为问题，住在小地方的学生则并不如此；（三）城市学生比农村学生更有兴趣于性的问题，雄心，理想，个人的吸引性，和怎样应付人。这又可证明兴趣的差别与环境的势力有直接的关系。男女青年因年龄增加对于问题和兴趣亦有改变。昔蒙在另一篇文中说：仔细一研究，性的差别是与男女品性的传统观念相符合的。男子更有兴趣于体格的健康，安全，金钱，以及个人成功的欲望。女子则较为被动，喜爱个人的吸引性。这些兴趣的差别，都是男性社会的风俗所造成的。

城市与乡村儿童，以及男孩与女孩，男子与女子，对于兴趣的差别，乃直接受环境和风俗的影响，而非先天的个性所致，已如上述。现在再来研究兴趣的差别与人种有无相关。若是白种人与黄种人兴趣不同，是否因种族的关系，还是因地理和文化的关系。

普勒绥研究一千八百三十九个印第安儿童和一千九百五十九个白人儿童，来比较两个种族的态度，兴趣，和非智力的特性之差别。其结论如下：

（一）印第安人的“情绪年龄”比他们的“实足年龄”落后得很大。

（二）低年级的印第安人的成绩比白人更成熟，高年级的印第安人却不及白人来得成熟。

（三）印第安人的环境使儿童惧怕火，水灾，监狱，谋害，争斗，抢劫等；同等年龄的白人则顾虑面貌，礼貌，道德，金钱，衣着，谋生的地位，家庭等等。

（四）白人儿童越增长越顾虑到金钱；年轻的印第安儿童稍稍顾虑到金钱，但一到青年期则对于金钱全不在心。

这样，我们可以看出**印第安儿童与白人儿童的兴趣和态度的差别，并不是为了种族的差别，而是为了两个文化的不同。**低年级的印第安儿童的成绩，比白人儿童更好，这并不是说印第安人比白人更聪明。或许为了白人儿童活动的机会较多，所以并不专心致志于功课上。同样，高年级的印第安儿童的成绩，不如白人，并非为了红种人年龄越大越退步，乃因机会不均等所致。**所以以兴趣的差别来判定种族的优劣，是帝国主义侵略弱小民族的恶意，在实验上是毫无根据的。**

环境和文化对于兴趣差别的关系，从下面一个研究上更可证实。阿那斯退细和福力分析各国儿童的自由书，这里也可看出各国儿童不同的兴趣。在一九三四年，纽约城洛克斐勒大厦开了一个国际儿童自由画展览会。阿，福二氏，照题材，颜色，和技巧来分析六百零二张图画，代表四十一个国家。各国的地理，气候，和地点大不相同，从这些图画上都可看得出来。不但农村，职业，人民的活动，动物，以及附带的背境各有不同，而且色调的强弱，技巧的派别，亦有明显的差别。图中关于娱乐的活动更可看出各国文化和风俗的区别，例如：印第安人的赛跑，巴西人的狂欢宴和足球赛，保加利亚的牲畜棚，中国戏台上的戏子，芬兰人的滑冰，日本人的拔河，西班牙的斗牛，油果斯拉夫人的农宴等等。自由画没有指定的题材，完全是随儿童的兴趣，自由发表的，其实，所谓“自由”，已完全受了环境的限制。中国儿童决不会自由地去画一张西班牙式的斗牛图，因为我们根本没有这种怕人的玩意儿。同样，芬兰儿童的兴趣是在滑冰，却不在游泳。**因此我们可以断定说，兴趣不是天生的，乃是环境所培养出来的。兴趣的差别是家庭社会，风**

俗，习惯，以及文化的反映。

这样说来，若是儿童偶然喜欢做个牧童，厨司，理发师，或其他工作人员，而不注意到他的兴趣是否稳定，他的环境是否健全，即贸然予以职业指导，这那里可算是以兴趣为中心的民主教育呢？这只可算是以兴趣为借口的奴化教育而已。

七、职业兴趣与职业

职业兴趣与职业，照理是有密切的关系的，可是在事实上，这两件事，难得连在一起。这里我们至少可以提起三个问题：（一）未成熟的职业兴趣；（二）有职业而无兴趣；（三）有兴趣而无职业。

即在最民主化的国家，学校与社会之间仍隔着一条鸿沟。有些教育家把学校社会化，可是尽其量，学校只是一个虚构的社会而已。在普通学校里的学生很难决定将来的职业。这种困难的存在，至少有三个原因：第一，一个人的兴趣是多方面的，有时对于甲职业的兴趣和对于乙职业的兴趣，其强度几难分辨。第二，学生未有广大的职业眼界，未和实际的职业生活发生接触之前，他所发表的兴趣是不免肤浅的。未成熟的职业选择，正如青年人只凭一时的冲动所选择的配偶。浪漫时期一过，便来了一个不幸的结婚生活，最后，假如可能的话，还难免彼此离异。第三，青年人不免过分地估量自己的能力。我们常见有人不仔细分析自己的能力和资格，只凭着个人的虚荣心和致富的欲望，来决定将来的职业，为了上述的三种原因，个人的职业兴趣不应决定得太早，或太匆促。

教育家并不是空想家，他须脚踏实地，就事论事。在目前的经济组织之下，职业找人易，人找职业难。大学农科或生物科毕业的却在银行里或铁道部里办事。真正银行科或运输科毕业的却在学校里教书，而师范科毕业应当教书的却又赋闲在家。可见有许多人不能照其职业兴趣寻找职业。即在素以职业教育著名的美国，情形也与此相仿。大学毕业生供职于汽油站或食物店的，工程师在乡村小学教书的，亦屡见不鲜。照理论，个人须依其职业兴趣而找职业，事实呢？**找职业是解决生活，并不照你的兴趣**。若不是专为解决生活，谁愿去做清道夫，谁愿去推粪车，莫说去做刽子手和娼妓了。

斯特龙在他的“职业兴趣测验的预测价值”中说，“职业测验能完全符合最后的职业选择的，其错误正和现在找生活的制度的错误一样，因为经济情形不允许你有完全的选择自由。”他还根据研究，举出一个例子：有一个大学毕业生很坚决地要做著作家，却在做“跑街”。他的实际职业和他的兴趣完全不符，但有什么办法呢？第一要紧的不是职业兴趣，而是吃饭问题。“大学毕业生比绝大多数的人民更有选择事业的机会”，尚且如此，一般的人更不必说了。

然而有职业而无兴趣的，比有兴趣而无职业的，已侥幸得多了。不但成千成万的工人没有职业，即有专业训练的人才也不得不终年闲居呢！经济机构的矛盾和无政府状态未调整以前，真正的职业兴趣是谈不到的。**全国的经济没有计划，正确的职业指导是无法实行的。充其量，指导少数人抢饭碗的方法而已。但“抢饭碗”岂是职业教育的真义呢？**

八　总述

从上面各项的研究中，我们可以综合几个原则，作为结论。

（一）兴趣与努力不应分割。

（二）兴趣不是天生的特质，而是环境的产物。因此，教育者当利用环境（教育亦是环境之一）来培养，发展，并指导学生，使低级的或肤浅的兴趣凭努力而提高而为社会国家所需要的兴趣。

（三）儿童，甚至青年人在未见世面，未认清自己的能力和资格以前，所发表的职业兴趣，是不很靠得住的。因此，对于职业的决定能延迟即当延迟。

（四）教育指导比职业指导更为重要，在中等学校里尤应如此。

（五）单单研究人民喜欢什么，不能作为教育的标准，最要紧的不在投人所好，而在努力改善环境以发展人民健全的兴趣。

（六）个人所发表的兴趣，不能完全照票面兑现。个人的兴趣须与他的能力和社会的需要配合起来。

（七）假如要使职业兴趣与最后的职业生活有适当的联系，则现在的经济制度似有调整的必要。

61 对中学新生谈国文学习

叶苍岑（1904—1993），著名语文教学法专家，全国语文教学法研究会创始人之一，北京师范大学教授。河北任丘县人。1932 年毕业于北京师范大学国文系，先后担任洛阳、邢台、桂林等地师范学校和桂林高级中学国文教员。1943 年后，先后在桂林师院、保定师专、北京师大、辅仁大学任教。论著有《论语文教学改革》《说明文通论》《说明文教学问题研究》《议论文读写基本能力培养》《实用文》等。

叶氏在上世纪 40 年代初，任教于桂林师院时，曾编写出版过一部《初中精读文选》。同时，积极参加当时关于中学生国文程度低落现象的讨论，撰文《中学生国文程度低落的分析》，抨击了当时高中会考、大学入学统考的国文试题，指出“一般人获中学生的国文程度低落，就正是以这些考试的成绩为依据的。”叶氏正是出于一种由衷关怀中学生的立场，发表了《对中学新生谈国文学习》一文。针对中学新生的实际，讲述了“中学国文科的目标”“学习的内容”（精读、略读、作文、文章法则、口语练习等）、“在学习上应该注意的地方”等有关中学国文科的若干重要问题，是一部具体而微的中学国文学习法指南。此文原载《国文杂志》第 1 卷第 2 期（1942），选入本《论典》时略有删节。

在学生开始学习某一学科的时候，做教师的往往对于这一学科先作一番概括的介绍和说明，使学生对于这一学科有一个概括的认识，这样对于该科的学习一定会有许多方便。国文科的学习自然也是如此。因此我想在这里就中学国文科的各方面略谈几句话，将主要的几点概括地说明一下，以供刚刚踏入初高中的行将开始学习这一科的新同学做参考。

请先从学习目标谈起。

中学国文科的学习目标，主要的有三项：

第一是表达的技能。这又分两方面：一是用文字表达；一是用语言表达。在初中学生，要养成用语体文和语言叙事说理表情达意的技能。具体一点说：就是在文字表达方面，要能写记叙文，抒情文，简单的说明文和议论文，普通的应用文等；在语言表达方面，要能描叙见闻，述说事理，发表感想，作简单的演说以及普通的应对等。如果是高中学生呢，除加强其在初中所习得的技能使更加熟练以外，对于现代文言的写作，也要加以练习，达到能用现代文言述事说理表情达意的地步。

第二是阅读的能力。在初中学生，要养成了解语体文和现代文言的能力，而阅读书籍的习惯和欣赏文艺的兴趣也必须在这个时期养成。这里需要解释的是“了解”一词。所谓了解，是说在阅读之后，能够正确地明了文中的意义，能够说出全文的大意，能够提出问题来研讨，能够欣赏它的好处等等。如果是高中学生呢，除加深或加强其在初中所养成的阅读习惯，欣赏兴趣和了解能力以外，并需养成运用工具书籍及参考材料以读解古书及欣赏文学名著的能力。

第三是思想（或意识）的训练。在初中学生，要藉着本科的学习，使其了解固有文化，并从代表民族人物的传记及其作品中，唤起其民族意识，发扬民族精神。如果是高中学生呢，则藉着本科的学习，使其对于固有文化的了解愈加深切，使其民族意识与民族精神愈加坚强。本来，**要想圆满地达到这一个目标，不是单独国文一科所能胜任的，其他各科，尤其是公民，历史，地理等科也负有同样的任务。我们在国文科的学习当中，尽最善之努力就是了。**

其次谈到学习的内容。

中学国文的学习内容可分下列五方面：

第一是精读。这是最重要的一部分。教学时间占本科全部教学时数二分之一至三分之二。如果有合用的教本，则教材已经够用，否则必须加以补充。就文章体裁说，不论初中高中，先侧重记叙文，后侧重说明文和议论文，抒情文则羼杂其间，不过第三学年分量较多罢了。就语体文和文言的分量说，初中较偏重语体文，约占百分之六十；高中则以文言为主，一二学年还有少量语体文，约占百分之二十五，第三学年便全属文言了。

第二是略读。略读是和精读相辅而行的，没有固定的教材，由教师指导学生，依照学生个人的程度和兴趣选择读物（选读标准及范围，课程标准中也有大略的规定），最好能和精读的教材相联络。选读的分量，除定期刊物外，每学期每人至少两种。大部分的工作都在课外进行，课内每周只设“略读指导”一小时（高初中均同），以供质疑，解答，讨论，或教师指示阅读方法，考查成绩之用。

第三是作文。作文每两周一次（短篇习作一小时可完者，每周一次），和文章法则联合进行，譬如本周作文，则于下周发文后讲解文章法则。题目需时有变化，且与精读教材略读教材及文章法则相联络。在初中学生，分为命题（教师命题或学生自拟），翻译（文语互译或译韵文为散文），整理材料（教师供给材料，由学生作一有系统之文字），重写（示以原文，令学生重写，亦可演简为繁或节繁为简），听写（教师演讲一事一题，学生听后写成文字），写生（教师提示实物，学生实地描写），记录（演说及新闻等之记录），应用文件（书札、契据、章程、广告或普通公文）等项。在高中学生，除依照初中各项继续练习以外，并增加专题研究，试写论文。

第四是文章法则。初中学生所习的文章法则，包括语文法、文章体裁及应用文示范等；高中学生所习的文章法则，则包括文法（注重文言与语体文的异同及古书上文法特例），修辞学及各体文章作法等。在教材分配及学习进度上，与精读教材及作文练习须保持密切联络。

第五是口语练习。由教师命题指定学生演讲，或由学生自由发表意见，或组织辩论会分组辩论，方式很多，可自由运用，均在课外进行。

此外**还有书法一项，**也是本科的学习内容之一。依照课程标准规定，初中第一学年所用教本，应附有“书法指导”教材，于第一学年略读时间中每周划出半小时教授用笔，结体及书法源流大意等，至于练习，则在课外进行。

最后，再谈一谈本科在学习上应该注意的地方。

这也可以依据上述的五方面来分别说明：第一，在精读方面，我们必须名副其实地做到一个“精”字。这有三点应加注意：（一）课前预习。在上课之前，对于即将讲到的文章，必须利用工具书籍（如字典、普通辞典、百科辞典、人名地名辞典等），将本文及注释中所有的疑难（如词的音和义，成语和典故的解释，人名和地名的来历等），只要个人的能力能够解决的，都须逐一予以解决。这样，教师在教课时就不必徒费口舌于一词、一句、一人、一地的解释，而可移其精力于其他重要方面（如作者身世、时代背景、文章的主旨、体裁及作法、文法等），使教学进度加速，而学生个人的学习兴趣也一定会增高，听到难解的地方也一定会特别注意，不致有被动注入的毛病。（二）注意听记。教师讲解时必须注意听讲，丝毫不可放过；有必要时，必须随手记录，不可贪懒；有疑惑的地方，必须发问，以期对于一词、一语、一句、一段，以及全篇文章的主旨、体裁、作法、文法、时代背景、作者身世等等，透澈了解，毫无遗憾。若在高中，文章的派别、流变、特征以及个人作风等，也必须有相当的了解。（三）课后复习。凡是讲过的文章，必须熟读，并择其最优者（教师指定，或个人选定），熟读到能够背诵的程度。这样，对于文章的领会必更深切，得到的益处也更多。如果课前不预习，课后不复习，只凭课堂上那一点记忆，日久定会茫然。**俗话说：“吃过肚饥，话过忘记。”讲完了不读也一定会忘记，结果与不讲无异，更怎能谈到“精”呢**？所以这一点必须做到，不可马虎。

第二，在略读方面，我们切不可误解了这个“略”字。虽说略读，对于所读的书籍（或篇）也必须了解清楚。如作者身世，全书（或篇）大意，书（或篇）中所包含的问题，以及时代背景等等，都必须了解清楚。工具书籍和参考材料要尽量利用，并须作读书札记，如读一遍还不能了解，应再行重读，直至了解清楚而后已。要知道**略读绝不是走马看花般草草读过的意思**。草草读过，有时不但不能正确地了解，反而会发生误解，贻害无穷，还不如不读呢。世间尽有对于书籍略事浏览便能得其精义且能知其纰缪的人，但此非经验丰富的饱学之士不能做到，我们中学生无法勉强。还有略读书籍和精读书籍，本来很难区分，但若拿中学生的需要程度和兴趣来作标准，却不难划出一个大略的范围来。譬如《水浒传》和《红楼梦》，在某一些人可视为精读书籍，而在中学生虽然也可以节取其中某几段作为精读教材，但就全书来说，只能选作略读书籍，是很显然的。

第三，在作文方面，依个人观察，以应注意下列三点：（一）**要认真地写出自己的所见、所闻、所思、所感，绝不可敷衍了事，更不可抄袭别人的东西**。敷衍抄袭，作文不会进步，其害尚小，因而养成自欺欺人的态度，其害甚大。“修辞立其诚”虽是一句老话，但是我们必须牢牢记着。（二）要起草稿，并自行修改，然后再抄入作文簿。振笔直书，文不起草，于一般初学者实不相宜。（三）各体文章应普遍练习。爱好的文体，自然可以多多练习（课内时间不足，可在课外），但是不爱好的文体也不能不练习。常见中学生作文，一本作文簿有三分之二都是新诗。我并不反对中学生写新诗，可是我以为中学生不该这样偏重地练习新诗，而把其他各体的练习搁置了。要记得自己是中学生呢，决不能忘记了在作文方面所应达到的目标。

第四，在文章法则方面，有一点似应加注意：即在学习进行中，必须和精读教材及略读教材时时比较研究，并且要和作文密切联络，否则必致减少学习兴趣，且不能切实领会。

第五，**在口语练习方面，似应注意下列两点：（一）切实。把自己的所见、所闻、所思、所感，照原样表达出来，叫做切实。**油腔滑调，应竭力避免。**（二）得体。措词、语气、态度、繁简等，都能按照自己和对方的身份及关系，说得恰其分，叫做得体。**常见学生开会，主席致词，俨如师长训话，虽口若悬河，实在是不得体的。

至于书法，也不应该过于轻视。我们固然不主张中学生在书法练习上耗费过多的时间，但是对于用笔、结体、书法源流等必须知道；而写起字来，清楚、整齐、正确，而且相当地迅速，也是最低限度的目标，每个同学都应该做到的。但是就现在的实际情形说，即使是高中毕业生，能够达到这个目标的也还不多呢。

目前的中学生，英文和数学占去了学习时间的大部分，分到国文科的学习时间实在很少；脑子里堆满了英文和数学，留给国文的只剩了一个小小的角落。一般人都说中学生的国文程度日见低落，想来不是无因（我们对于这一问题的看法，和一般人的见解不尽相同，容待以后再谈）。不过依据个人的经验看来，中学生的课程虽觉繁重，各科教本的分量有的也嫌过多，但是，**如果我们能够把时间合理地分配，对学习有计划地进行，而且持之以恒，那么，分到国文科和其他各科的学生时间一定会增多，**上面所谈的属于国文科的几点，也一定能够做到，国文的程度也一定会提高，这是可以断言的。

62 读书的心理

傅彬然（1899—1978），著名出版家。又名冰然，浙江萧山人。1916年考入浙江第一师范学校。1931年，经原“一师”老师夏丏尊介绍，进入上海开明书店任编辑，与叶圣陶长期共事，担任《中学生》编辑。历任萧山县立仓桥小学校长、上海劳动大学学部教务主任、中华书局副总经理、副总编辑。

本文原载《国文杂志》第1卷第2期（1942），是对上世纪三四十年代我国阅读心理研究成果的提要式总结，从中可以窥见当时我国在阅读心理研究方面已经达到的水平。

读书，是国文科里面最重要的一种作业。部颁初中国文课程标准目标项下所规定的“养成了解一般文言文的能力”，“养成阅读书籍之习惯，欣赏文艺之兴趣”，都属于读书的活动。至于在我们的日常生活上，看报章杂志，看书信，念课本，乃至于看广告，看电影说明书，阅读更是我们生活上必不可缺少的一个项目。

关于读书，无论古今中外，流传下来的名言甚多，略举数例，如“读书不求甚解”（陶渊明），“开卷有益”（唐太宗），“读书变化气质”（宋儒），“读书使人充实”（培根）；但这些话，不是说得太宽泛，就是说得太玄虚，教大家摸不着头脑。现代科学发达，学习心理学也有长足的进步，所谓“学科心理”的研究兴起以后，不仅要把各种普通心理学上的原则应用到各种学科的学习上去，而且还要用实验和分析的方法来研究各种学科的特殊性质，和它的特殊的学习问题。

先从读书的本质谈起。现在的所谓书，一般是用白纸黑字印刷而成的。黑字是符号，符号里面，包含着古今人类的经验，分析起来说，是知识、学问、技能、情感等等。从社会的意义来说，读书是我们藉以扩张经验、充实生活内容的一种活动；而从心理学上来看，读书是从排列着的若干符号里面了解其意义的一种能力。

读书是一种能力，而且是一种相当复杂的能力。“一目十行”，“过目不忘”或者“过目成诵”，都是形容读书能力强的话。足以影响读书能力的因素很多，有从常识上就可以看得出来的，例如读者的健康状况、读者的注意力、阅读时的姿势和环境（指光线、空气、安静等），书本字的大小等等就是；有许多是常识所不容易察知的。

构成读书能力的最重要的因素是速率和理解。迅速的读书能力为每一个现代人所必须具备；人类文明进步，社会组织复杂，书报、文件，种种印刷品，随之而一天天大量增加，假使读书的速率缓慢，应付实际生活，就不免要大大地吃亏。

在讨论读书的速率之前，得把“默读”、“朗读”和“精读”、“略读”这几个名词加以解释。“默读”指不出声的阅读，也就是我们平常所说的“看书”。“朗读”是出声读书，高声朗诵也好，低声吟味也好，都称之为朗读。默读与朗读，两者不可偏废。从应付日常生活上来说，默读当然比朗读重要得多。美人格雷（Gray）氏曾经研究过九百多个成人的读书习惯，发见用到朗读的，每百次中不足五次。在公共场所阅读书报，如果你也用朗读，口中念念有词，即使没有人来禁止你，至少会有人在嫌恶你。但是对于一个初学者，或对诗歌美文的欣赏，朗读自也有其价值。讲到精读与略读，学校里的国文课本，是供我们作精读用的，既然是精读，对于每一篇文字中的词义、句式、声调、论理、段落和全篇的主旨等等，都得加以了解、比较和练习。这些项目都做到，精读才算到家。“略读”就是浏览、涉猎，平常看报或看一般的课外书，大抵都属于略读。与默读和朗读一样，精读与略读也各有其作用，在日常生活上，略读比精读重要，而略读的良好基础，大抵又要靠精读来养成。

朗读、默读或精读、略读，与读书的速率有关，这是显而易见的。尤其是默读，假若养成了不适当的习惯，在默读时，旁人虽然听不到什么声响，而他的喉头，却在暗暗发音，他的嘴唇却在轻轻张翕，这就大大限制了速率的增高。（不适当的朗读，除了减少阅读的速率之外，有时因为注意力集中于正确的发音，对于意义的了解，反而疏忽了。而一到诵读顺口之后，更可能形成“小和尚念经，有口无心”的情形。）

就一般情形说，读书的速率，又随着读者阅读时的目的和读物的内容而有不同。假如阅读的目的只在得到一个大意，或只在找寻其中的某项参考资料；假如读物的内容是为读者所熟悉的，易感兴趣的，那么他可以采用很高的速度来阅读，就是所谓跳读（Skimming）假如所读的书，不以摘取大意为满足，或者内容是相当艰深的，那就得细细地精读，在这当儿你就无法强求速率之高。阅读一般的书籍，通常采用平常的速率。

据实验的结果，读书时眼球（眼珠）的活动与速率大有关系，关于这，又可分开三点来说明：

（一）眼动的次数　阅读时眼球的活动，并非照着直线式向前进行，而是常常跳动的。看每一句或每一行排列着的文字，眼球固然可在每个字上都停顿一下，但实际阅读时，总把整句、整行或某段里的文字，分成若干小部分。例如“余致力国民革命凡四十年”这一句，可以逐字看下去，眼球在每一字上都停顿一下；也可以先看到“余致力”三个字停顿一下，其次看到“国民革命”四个字，再看到“凡四十年”四个字；也可以有人从“余”字到“年”字一眼看到底，眼球一次也不跳动。所谓“一目十行”，就是一眼看去，看到可以十行的字而眼球不跳动的意思。阅读时眼球每次跳动，总要经过相当的时间，跳动的次数愈少，阅读的速率就高，跳动的次数愈多，也就是停顿的次数多，阅读的速率就减低了。有人曾把一百八十六个学生阅读时眼球活动的情形，摄成相片，其中包括小学一年级至大学的各年级程度，得知阅读的速率随年级的增高而逐渐加大，眼球停顿的次数（亦即跳动的次数）逐渐减少，默读时每行停顿的次数，小学一年级为 18.6 次，大学生为 5.9 次。

（二）停顿的时间　阅读时每次停顿的所占的时间的久暂，也各有不同。停顿时所占的时间久，速率低；反之，速率高，据上述同一实验，知道从小学生到大学生，默读时每次停顿的时间，从 0.66 秒减至 0.252 秒。

（三）寻觅和回转　阅读时眼球的活动，往往有这样的情形：当一行文字看完而移到第二行时，眼光未能立即移到适当的地方，必作一次游移寻觅的动作。有时在一行之中忽略了几个文字，需把眼球重行回到忽略过去的文字上来；前一种情形叫做“寻觅”，后者叫做“回转”。这种寻觅或回转的动作，都需要费去相当的时间，因而就影响到速率。根据前述同一实验，由小学到大学默读的寻觅和回转活动，由每行平均 5.1 次，减少到 0.5 次。

眼球活动的优良习惯，应该在幼小的时候就培养成功，可是在一般学校里能够注意到这一方面的恐怕很少。儿童在读书时常常用指头指点着字，把单字当作识别的单位；一味著重读精而漠视略读，著重朗读而漠视默读：都是造成不良的眼球活动习惯的重要原因。培养优良的眼动习惯，增加阅读的速率，对症发药，最好是从扩张读者的“视觉距”入手，所谓视觉距，就是每次眼球停顿时所能看到的距离。视距愈大，跳动与停顿的次数愈少。而扩张视觉距的最重要的条件，是多多阅读程度适合、趣味浓郁的读物。

读书固然要考究速率，同时自也不能只顾速率而牺牲了理解的能力。阅读的速度，必使与思考的速度相配合，不能比思考的速度更快。

不过据实验的结果，迅速的读书习惯，与理解能力不一定有妨碍；与此相反，速率高的人，往往就是理解能力强的人。这主要的原因也许由智力来决定，智力高，阅读能力自然强，智力低，阅读能力就差。而同时阅读迅速的人，大抵把全神贯注在读物上面，不至于发生“一心以为有鸿鹄将至”的情形；而词句很快的联续呈现于视觉和知觉之前，也比较容易知道上下各字间的关系，整句的意义所在，而不致引起必要的错误的联想。

读书的理解能力，大抵建筑在两个基础之上，一个是读书的生活经验与知识水准，另一个是丰富的词汇、敏锐的语感和相当足够的文法知识。所谓理解，当然不仅是逐字逐句的了解，更重要的还要能够找出整篇文字的中心思想，记住它的要点，更进一步使它成为读者自己的思想的一部分而能影响到他们的行为。

从理解能力上来说，读书实在是一个非常复杂的过程，美人姚克姆（Yoakum）在他的“读书与学习”中，有一段话说得很对，他说：

读书的过程，决不仅仅是记住若干文字的符号而已。这根本是一种解释他人用文字写出的各种意念的过程。印刷着的文字，乃是代表着一组有关系的意念的各种符号。至于这一组的意念是由著者加以关联，并用文字来加以永久保存的。当产生这些意念时，著作者已经过一番学习和思考的手续，他曾形成各种的知觉，发展各种的概念，把各种意念联结、估评、记忆并组成一种新的形式，再由经验的结果加以变化，而供给以更多的意义。到了最后，才用文字写出，使之保存久远。如此写出的文字符号，乃所以供此后读书者的阅读；而这些文字符号，乃是强有力的刺激，足以唤起意念并把著作者的思想传达于他人的。

至于把这些文字符号解释，并复现著作者的意念，决乎不是一件简单的事情。读书者的工作，乃是对于这些文字的刺激起一种反应，而其所经过的一番学习和思考的手续，虽不与著作者从事著述时的各种思考手续完全相同，却极其相似。读书者必须要认知符号，必须要把适当的字义和字形结合；必须要回忆旧有的经验，来供给各种符号以各种意义；必须要用评判的态度，拒斥其不适当的意义而接受其适当者；必须要把各种意念重加组织而成一种新的形式，以供作某种目的之用；又必须要加以记忆，备将来的需用。除掉了这些复杂的心理活动之外，他更必须学习书籍和杂志的使用方法，像目录、索引等等，皆应加以迅速的使用，俾随时可以找到所需的材料。因为这些原故，所以**各教育家，把读书的活动，认为不仅包括认字和发言的机械反应，而且包含一切复杂的思考作用**。（录自赵廷为《小学教材及教法》第2编第8章。）

这一段话，在中学生读者看来，也许会感觉太复杂，可是它分析读书的理解过程实在清楚，希望读者能够把它细细体味一下。

63　中学国文教学的“分工合作制”
——一个新的建议

吴奔星（1913—2004），诗人、现代文学评论家。湖南安化县人。北京师范大学国文系毕业。先后在桂林师范学院、贵阳师范学院、国立社会教育学院、武汉大学、江苏师范学院、徐州师范学院、南京师范学院等校任教。曾担任国共合作时期的交通部编审，办理有关铁路沿线中小学语文教学事宜。

有专著《语文教学新论》《阅读与写作的基本问题》《文学作品研究》《茅盾小说讲话》《鲁迅旧诗新探》《文学风格流派论》《中国现代诗人论》《钱玄同研究》等十余部；著有诗集多部。早年也曾从事过中学语文教育，20世纪40年代卜居桂林期间，常为《国文月刊》撰稿。本文与该刊23期所发的《中学国文教学法的出路》均为吴氏理想的建议。而今，中学语文教学法的“出路”正日趋畅通；“分工合作制”的做法则还可以供许多实验语文分科教学或试设各类语文选修课的学校参考。本文原载《国文月刊》第11期（1942）。

（一）

由于一般中学毕业生国文程度之日趋低下，“中学国文教学法”渐次为教育当局、教育家、以及国文教师所注意、所提出、所讨论，并开始新的试探了。的确，中学生的国文程度，好与不好，或高与不高，虽直接系于中学青年本身之是否努力，但如何使他们去努力才觉得当，才是走“正轨”而不是误入“岔道”，才是不浪费精力与时间，才是事半而功倍？那是无疑义地与教师的教学法是否得当有连环固结的关系的！故在今日热烈地来讨论教学法上诸种问题实感迫切的需要而非不急之务。不过，综观各家的意见，都偏重于从既成的事实及已有的成规上，谋改进、求进步。这固然也是当务之急，不可忽视，但区区之意，颇拟一面改进旧方法，一面创辟新宏规。特贡其一得之愚，期与教育当局及诸先进共商榷之。

（二）

目前中学国文教学的情形，可分为三方面观察。一为教师，一为学生，一为介乎师生间的教材。

大概言之，现有中学国文教师，可分两种，一种是“本色当行”的，一种是“半路出家”的。前者指各大学或独立学院国文学系或中国语文学系毕业的学生，对于国文学上各部门，如文字学、音韵学、诸子、群经，诗、词、歌、赋与夫小说、戏剧乃至文法、修辞……等，除有普遍的认识与修养外，并各有所专。后者又可区分为四类，第一类是各大学和独立学院史、地、教育、政治、经济及其他各系毕业的学生，于国文稍有兴趣者；第二类为没有进什么学校，只在报章杂志上写写稿子，略负声誉者；第三类为没有合格学历，不懂国学文学为何物，只是漫无系统地看了一些旧式笔记小说，章回小说，作作春联，写写田契而自鸣孤高者；第四类为前清所残余的举人、秀才、贡生……痛斥新文学，只能作几句空洞的文章，写几首吟风弄月的诗词者。这两种教师，目前各中学及师范学校都参差地任用着。

至于学生，大概可分为四种，一种是醉心于新文艺的——尤其是所谓“新诗”；一种是沉沦于旧文学的——尤其是所谓“旧诗”。一种是不分轻重，新旧同攻的，还有一种是不管文学不文学，只要毕业后，能写作书信、联语、祭文、契约、公文……及其他乡党应酬文字的。这四种学生，目前各中学及各师范学校，也都参差地收容着。

谈到介乎师生之间的教材，也可分为两种：一种是现成的，一种是自编的，前者探自坊间，为类至多，都说是根据部颁课程标准编辑的，但出入很大，差别甚多：有自古代选自现代，或自现代推至古代，以时代为经，以作品为纬的；有以体制为准，自浅至深，由简及繁的，有详附“作者生平”、“解题”、“文章体制及其特征”、“注释”与“文法与修辞”的；有仅附“作者略历”及简单注释的。总之，花样甚多，不一而足，大原则固不越乎“课程标准”，而小节目则多各“标”其“准”。后者是教师边教边编的。完全以各人之所嗜及所长以定其选材之标准。喜欢文言文的，多选文言文；喜欢语体文的，多选语体文；喜欢应用文的，多选应用文；长于诗词的，便偏重诗词；长于小说的，便偏重小说，长于戏剧的，便偏重戏剧。千差万别，人各不同。这种事实，在目前各中学及师范学校，也都分歧地陈列着。

（三）

上述三种中学及师范学校国文教学的情形，交互影响，产生不少恶劣的现象：学生难得理想的教师，教师难得合宜的教本，教本难得广大的销场，分析讲来，约有如下数端：

1. 同校的国文教师，各以所长，轻其所短，浸假而成“文人相轻”之风。

2. 同校的学生，志趣易致分歧，程度难于齐一。对于各体文字，理解既不能平均地深切，写作也自难同等地优美！某体虽已入门，而某体则盲然不晓；某体觉有兴趣，而某体则索然寡味。

3. 学子志趣既殊，教师所攻欠博，相形之下，教师迁就学生，胜任难期愉快，学生迁就教师，本性不能发展，影响所及，均感痛苦。

4. 各校教师时有更迭，学生适应各种不同教学法之不暇。新旧经验，自难衔接，学生兴趣，亦难集中。大部时间与精力，驯至抵消于适应教师的不同方法之中。

5. 教师或性有偏颇，或业有专攻，长期不易，也生弊端。因如果全力以教己之所长，则苦于不能满足学子多角之要求；勉强以教己之所短，又苦于不能深切而着明！教者既感苦恼，学者亦无所得。

6. 自编讲义之教师，虽能使学者得其一偏，但毕业之后，较之“标准”所定，不符远甚！有的可以“七步”成诗，而不能作文；有的满口新名词，而不能造句；有的擅长诗文，而不明固有文化为何物，畸形现象，不一而足。

7. 坊间所出各种教科书，每每不能满足教师与学生之需求。选授则嫌分量不够，全授又感兴趣不浓！

8. 教师与学生供求不协，“学”“教”相抵，大而引起学潮，小而改聘教员或开除学生。

9. 具有专长之教师，难于在同一学校表现其优异，学生亦难得各种专精之指导。因师生疏隔，请教不便；虽偶有破例请示他班国文教师者，但为数甚少。

10. 学生习作，各体皆备，教师苟有所偏，即难普遍地作适宜之批改。与教师志趣不同之学生，兴趣难于提高，进步自不显著。

11. 半路出家的教师，对于教材，避难就易，选择失宜，影响学生，殊非浅鲜。

12. 本色当行的教师，虽有专精，但为应付内容广泛的课本及性态万殊的学生，无暇从事深入的研究，驯至学殖日荒，与半路出家者无异。只能作字典式的讲授，而不能“吾道一以贯之”。

上述各种恶劣现象，不过粗陈大要，仔细探求，当不止此。今后为欲改进国文教学法，自不能忽略国文教学上各种情形所引起的不良现象。

（四）

当前中学国文教学的毛病，既如此之多，又如此之切，我想不是只凭改进既成事实及既有成规，所能消除的，实有以改进旧法为过渡，而以另辟蹊径为依归的必要。

国文教学，固然繁琐。但简言之，不外“讲”“改”二端而已。教师如讲的清楚，引证博洽，学生自能了解，发生兴趣；同样，教师如改得正确，批得扼要，学生自能领悟，易于进步。但是如何才能解释清楚，引证博洽？如何才能改得正确，批得扼要？看来很平凡，做来真不易！要解决这难题，决不是改进“各自为政”的旧法所易收效的。因为我们今后对于中学国文教学上所悬的理想应该是：在教师方面，务期充分发挥特长，普被于各级学生；在学生方面，务期得专精的指导，于国学文学及应用文等部门，平均地引起其兴趣，平均地发展其天才，平均地收到效果，达到部颁课程标准上所规定之目标，使无或轻或重的畸形现象，因为中学或师范学校的青年，正是试探天才发展的路线的时候，各种知识都应平均了解：或为将来深入的门径，或为他日应世的南针，故不宜拘于一门，限于一隅，因此，我对于中学国文教学方面发生一种新的理想：“教学专精化，学习平均化”！其目的在于消除目前中学国文教学上所有的不良现象，积极地使中学生的国文程度普遍地提高，这一个理想的达成，便是今天要提出的重要课题——“分工合作制”。

（五）

什么叫做国文教学上的“分工合作制”呢？怎样计划，怎样执行，怎样考核呢?

在未解答以前，我想插谈一点国人对于教育的传统的看法。那便是一般人——无论教育当局、教育家、学者、教师乃至普通人，都认为只有大学才是实施专门教育，学习专门学术的场所，至于中等学校便不然，拿国文科方面说，读得百几篇零碎的古今文字，写得几行普通的文章便够了，用不着使国文及文学中各部门作一个专门的了解与较深的研究。但是我们看看二十九年部颁修正初高中国文课程标准，便知道国家对于一个初中或高中的学生的希望，并不止乎此狭隘的范围。而是要初中能

（一）养成语体文及语言叙事说理表情达意之技能。

（二）养成了解一般文言之能力。

（三）养成阅读书籍之习惯与欣赏文艺之兴趣。

（四）使学生从本国语言文字上，了解固有文化，并从代表民族人物之传记及其作品中，唤起民众意识与发扬民族精神。

至于高中则规定

（一）除继续使学生能自由运用语体文外，并养成其用文言文叙事说理表情达意之技能。

（二）培养学生读解古书欣赏中国文学名著之能力。

（三）陶冶学生文学上创作之能力。

（四）使学生能应用本国语言文字，深切了解固有文化，并增强其民族意识。

但因中了传统观念的遗毒，标准自标准，事实自事实。有时一般初高中毕业学生，甚至连语体文都写不通，遑论文言!?连普通书籍都看不懂，遑论名著!?至于创作文学及深切了解固有文化更谈不到了。但实在讲起来，也难怪得。在前面讲国文教学上各种情形时，我们知道目前中学国文教师是有许多不合格的，他们自己根本还不懂固有文化是什么?自己还不能欣赏名著，甚至不了解何者为名著，何者为非名著，自

己还没有创造文学的能力，甚至还不能以语体文及文言文叙事说理表情达意，又如何能使学生达成标准呢？这固然是办学者所用非人，不能漫责其他各方面：但这种“所用非人”的事实，却是普遍在全国各中学及师范学校里，不能加以否认、抹杀、忽视！门前的急务，除了消极地加以改进这种事实外，还须积极地认识：要提高中学生的国文程度连成课程标准上所规定的了解固有文化，欣赏名著，培养创造文学的能力等等目标，亟应纠正传统观念，把中学国文所包含的各部门参照大学国文学系或中国语文学系的办法，实施一种专门的教学。纵使与大学中所谓专科的研习有深浅，高低，广狭的不同，而采用这种原则，以为新的试探，在今日中学生国文程度低落之时，实在有迫切的需要及深长的意义。因为一则能使高中学生有志升入大学国文学系的，的的确确得一个结实的基础，可以马上作深入的研究。不致浪费光阴及精力是基础学科之上；随而提高大学生程度的呼声，也才能见诸事实。一则能使不打算升学的高初中毕业生，对于国文一科所包含的各部门，有一种不大浮泛的“读”“作”技能，可以应付环境的需求。同时，当此师资缺乏的今日，如果教学专精化，大可以利用半路出家的教师的一能半技，使他们于己于人都有好处，不致因为要普遍应付各种复杂的教学内容而感觉到棘手或自欺欺人。总之，要实现部颁目标，必须教学专精化，学习平均化；如其教部修改目标，自又另当别论了。

至于这种教学专精化，学习平均化的“分工合作制”的办法，究竟怎样？我现在来说明一下。

“分工合作制”在国文教学上一如“行政”一样，可分计划，执行，考核三个步骤。简单说，就是第一步由学校当局——尤其是教导处，“合作”地商询各个国文教师的特长与嗜好，并加以精密的考查，证实之后，再就课文的内容及其性质，按一定的标准，画分为几个单元或段落；派请与此单元或段落有特长及嗜好的教师去教导；教导某单元或段落的教师，就负责批改与此单元或段落体制相同或相近的习作；其次数由教导处在分配课务时公平地决定。第二步为各国文教师得到学校教学分配表以后，“分工”地去执行其份内的工作，“合作”地磋商有联系的教材。第三步为各国文教师于月考及期考时，“合作”地命题考试，“分工”地详阅试卷，“合作”地统计分数，举一个例子来说吧。

比方一个中学或师范学校，有三个年级，共六班学生，须聘请四位国文教师，二位专任，各任国文两班，二位兼任导师，各任国文一班（此就广西中学情形而言）。那么第一步由教导处详细咨询四位教师的专长，发现有一位教学擅长讲改记叙文（包括描写文），有一位擅长讲改说明文，有一位擅长讲改抒情文（包括韵文），有一位擅长讲改议论文。教导处便按照各年级所用之课本，统计四位教师所愿教的教材的分量，发现其百分比与部颁标准所定者适合或相近。

类别＼学年	第一学年	第二学年	第三学年
记叙文（包括描写文）	70%	20%	20%
说明文	20%	60%	30%
抒情文（包括韵文）	10%	10%	20%
议论文		10%	30%
原注：此项比例得量情形略加伸缩			

计在三学年中，记叙文共占三百分之一百一十；说明文共占三百分之一百一十；议论文共占三百分之四十；抒情文共占三百分之四十。这样，便可以将占一百一十的充当专任教师，占四十的充当导师，如欲求其整齐而平均，可依照“标准”附注所示略予伸缩。教导处把这种情形调查清楚后，便可分配于每学期各周授课时间表中，并与各教师共定精密的讲改进度表，交各教师“分工”地去执行。使一个教师的特长，推广到全校各级学生，不会为班级所限制。同时，教师的短处也不会影

响学生，使学生感到篇篇文章，首首诗词，都有专家讲授，兴趣既浓，效果自大！万一四教师之长处，不能按文章体制区分，那也可以彷此按上古、中古、近世及现代，或经、史、子、集……等性质，另订适宜之百分比。又如教师中有善讲记叙文而只善改说明文者，有善讲说明文而只善改记叙文者，那么，二者之间，也可以交换批改。如其学校规模宏大，国文教师超过十人以上，其中有善讲而不善改者，有善改而不善讲者，也未始不可分工合作，使善讲者专讲，善改者专改。总之，此种办法，系使各教师在讲改双方，利用其所长，互济其所短。俾教者与学者均受其益，以消除前述各项不良现象。

（六）

中学国文教学上的“分工合作制”，是笔者就十年来教学的经验与观感而产生的一种理想。这种理想并不玄虚，也不高妙，而是针对事实，以求彻底的改进与改造的。它的优点，便是前举各种不良现象的反面，不再赘述。在实施过程中，也许有更大的优点发现。此时笔者所预觉得到的一点，便是实施这种制度后，学校与教师间，教师与教师间，教师与学生间，可发生密切的联系，可产生深厚的情谊，而减少无谓的误解与摩擦，以促进学校行政的效率，及养成雍容敦厚的学风。其他优点，一定还有，且不空谈。不过，口号虽由我喊出来，原则虽由我提出来，而最重要的，还盼教育当局的垂察并实验。至于实验的办法，各校可各就实际情形，详加拟订，务期便利而后已！要之，新的理想，需要新的精神来赞助；新的办法，需要新的人事来实施。笔者不文，拉杂陈之于教育当道，教育先进及教授国文的同志之前，如蒙察纳，实施、指正，自所乐闻，尤深荣幸。

卅年七月廿八日脱稿于桂林

64 谈中学读诗

萧涤非（1906—1991），著名中国文学史家、杜甫研究专家。江西临川人。1930 年于清华大学毕业，1933 年在清华大学研究院毕业。在清华大学，萧氏不仅学习全优，而且是一名体育健将。他的百米 11 秒 1 的成绩长期保持为清华大学的校纪录。他历任山东大学、四川大学、西南联大教职。在山东大学长期担任教授、中文系主任，研究生导师。在古诗研究领域，称誉全国。

其专著《汉魏六朝乐府文学史》系在黄晦闻先生指导下完成的研究生毕业论文；校注《杜甫全集》则是由其主持的重大科研课题。当年，《国文月刊》委请萧氏撰写《谈中学读诗》，果然是适逢其才。萧氏虽无中学国文教学经验，但对国文课本选诗标准的分析却鞭辟入里，极有见地。本文原载《国文月刊》第 17 期（1942）。

我个人是很欢喜读诗的，虽自觉还不足与言诗，既不必对朝晖暮霭，秋月春花；也无须乎扫地焚香，正襟危坐；只要口舌清闲，只要无人独自，我大概就会哼到诗上去。实在，诗也就太叫人倾心了，它有着各种不同的色彩和声调，有着各种不同的人物和性情，差不多随时随地你都可以找到适合于你的情绪的作品来咀嚼涵咏，或者长歌当哭。

读虽欢喜读，但却非常害怕谈什么“读”的。这原因很简单：因为读是自家的事，而谈读却不是自家的事。自家读时，酸咸苦辣，自家知道，张王李赵，总不关渠，爱读何人，便读何人，爱读那首，便读那首。譬如现在我便欢喜读杜工部的“炎风朔雪天王地，只在忠良翌圣朝”和“此身免荷殳，安敢辞路难”一类的诗，因为觉得很可以壮壮我的气，平平我的心。一声说到“谈读”，却大大不然了。何人当读不当读？何首当读不当读？何等样人当读何等样诗？一些问题，“心儿语口”的早弄得人老大不自在。而且口味不同，意见不一，你以为甜，他以为苦，你以为“文外独绝”，他也许诋为“恶诗”。所以我始终愿意独自摸索着读，而很怕在读以外别有所谈。

本年度西南联大国文系师范学院这一部分，曾经举行过一次会议，拟将坊间所有中学国文选本中各种教材作一番有计划的总检阅，诸如文言文，语体文，学术文以及诗歌等，而由师院同仁分别担任作一次批评式的讲演，事情是这样决定了。而诗歌一门，当时便由罗莘田先生指定了我。我实觉惶恐，批评二字自然更使我害怕，所以虽不愿谈，而仍然只有借重这一谈字。“惶恐”，总算在惶恐中过了。万不料余冠英先生又叫我把所讲的写出来，这益发是我的违心之举了。但为了恢复个人读诗的自由，也只有把这笔债还清。

在未谈到中学读诗的本题以前，我得声明两点：第一，我未曾把所有的中学国文课本都检阅，就是已经检阅的也未曾将各本内容一一钩稽而仔细加以勘核，这并不是我不愿意更忠实些，而是我没有这么多的时间和精力，所以我的话，也许不免有近似“无的发矢”之处。第二，我没有教中学的经验，各选本所选的诗歌，是否适合于中学生的脾味和消化力，我实无从知道。韩非子说“无参验而必之者，非愚则诬也”，我的话，也许不过是一种“无稽之谈”。现在且就这次检阅所得的印象，而为个人所不敢苟同的，略附鄙意，分三项叙述如后：

（一）时代不合，这几为一般选本通有的现象，譬如一时代的作品，而前后一再的选，如《诗经》，如汉魏古诗。一人的作品而前后一再的选，如李白杜甫诸人。也有在一册之中，自诗经以至于五代两宋的词，莫不应有尽有，像这样的上下千古，包罗万象，不独教者疲于奔命，即学者亦必眼花撩乱。这点并非细故，因为时代的问题，同时也就是源流正变和深浅难易的问题。时代错乱，源流就要不清，深浅难易之间的步骤，就不免“倒行逆施”起来。关于这层，简括的说，我的意见是：初中不必读什么诗的，在初三或初二的两年中，尽可选些古逸诗如《击壤》、《康衢》、《卿云》、《南风》之类（真伪自可不辨），以及历代的杂歌谣辞（就是现在的，也未尝不可选读），这些东西大半都有本事而饶趣味，学者容易入港，又篇章简短，文字明显而有韵，也易于上口，所以一方面可作为一种常识的灌输，另一方面更可作为入高中时正式读诗的准备。现行一般初中课本，有选《诗经》的，有选汉诗的，也有选到宋词的，我只能说一声荒唐。

至于高中的三年，我的分配是这样：高一选汉魏古诗，高二选六朝及初唐，高三选盛中晚唐而附以诗经及五代两宋词。一种文体的递变，总是由自然而趋于雕琢，由疏阔而趋予精密，由简易而趋于繁难，诗歌也并非例外，所以我认为诗歌本身的演进，便是一个学习最好的程序。汉魏古诗，语近天籁，事殊镂刻，平仄不拘，对否无定，长短任意，又其中乐府一部分多属叙事之作，自然最适合于初学。至于唐诗，尤其是“近体诗”，可就不如此简单了。字有字法，句有句法，章有章法，还要讲格律，讲声病，讲对仗，教的人还是讲还是不讲呢？不讲则失其所以为近体诗，讲则如学生对于唐以前诗歌毫无根柢也无从领略，所以最好是依次的把唐诗放在高三那年。至于长短句的词，不但要分平仄，还要分四声，不但句子有一定，而且在一定的句子之中又有一定，如五言句，有当作上二下三的，也有当作上一下四的，七言句，有当作上四下三的，也有当作上三下四的，非对于近体诗有相当认识，实谈不上什么词。现行的高中国文课本，似乎只注重意义一方面，往往古近不分，诗词糅杂，我们要知道声律实在是近体诗和词的生命线，无声律，便不成其为近体诗，为词了。我们讲什么，得像什么，不能只偏重一方面。诗经是我国最古的作品，也许正因为太古了，无论音韵训诂。而且四言的时代早已过去，与写作太不发生联系，所以我把它和词一同归入高三这年，以便和大学衔接。将初唐划并高二，那只是一个数量上的打算，六朝诗歌，对于中学生可选的似乎并不多，不如多腾出些篇幅好让在高三时多读点盛唐的作品。

总之，我对于时代这一方面的主张是："寓诗选于文选之中"。使学生循序渐进，能够得到一比较明晰的整个轮廓。

（二）数量不匀，这现象并不普遍，但有的国文课本，可也真有点太畸形，太奇怪了。他可以在高一所用的第一，二册，或高二用的第三，四册的某一册里面，有时选上百多首，而在高三用的第五，六册上，却连诗的影子也找不到，难道到了高三，中国的诗便读无可读了吗？难道在高二以前便把诗读够而无须乎再读了吗？当然他一定有他的理由，但这理由是我很难于索解的。我以为这种轻重多寡不匀的办法，至少会发生下列的几种的恶果：第一，高三既绝不选诗，那么在高一高二的两年度，诗歌势必异常拥挤，影响学生的消化力。第二，诗歌乃是一种情感的东西，可以调剂文章的枯燥无味，高三既然无诗，不免要减少学生的兴趣。第三，未免"浅尝辄止"，易使学生存一种玩忽诗歌之心。第四，显然是不与大学课程相衔接。我们当然不希望所有中学生都进大学的国文系，但我们似不能不为有志于学习本国文学的竖一阶梯。所以我的意思是在高中三年里都得有诗歌，每年所读诗歌的数量也得大致匀称。关于这点，我不必细说，因为如果按照我上面第一项所论的办法，自然是不成问题的。

（三）标准不确，这是一个诗歌内容的问题。一般选录，似乎都犯着两种毛病：一是各选所选。有的选梅尧臣的杂诗绝句，有的选范成大的四时田园，也有的选王渔洋的七绝，我并不是说这些人的诗不堪一读，而是觉得在有限的年光，有限的篇幅里，似乎没有余力余地来选读这些诗。记得**梁任公先生曾经说过唐以后的诗可不必读，这话对于中学是很适用的。**本来有唐一代便是旧诗歌之大成的，千年来都无能出其范围，中学生诗读到唐，也就尽够了，正不必贪多骛博。即有所选，也只能择尤的附入唐诗，二是选人所选。如阮籍的《诔怀》，左思的《诔史》，便有很多选的。这大概为了这些作品《文选》既然选了，而《诗品》又都推为“五言之警策”的缘故，所以没有考虑到中学生的程度。我们知道，诔史并非诗歌的极则，而阮籍的诔怀，自六朝人便已感觉“归趣难求”了。即以大学而论，据个人所知，阮籍的诗，也只有先师黄晦闻先生在北大和清华讲过，北大的情形我不清楚，清华则选修的只有两个人，有时两人中之一因事或因病请了假，那么偌大的教室里便只有一个讲的和一个听的，可知《诔怀诗》实在是个冷门。我们不必食马肝，始为知味，像这类的诗，中学生实大可不读。

古今来最善于读诗的，莫过孟子；最善于论诗的也莫过孟子。他说：“读其书，诵其诗，不知其人可乎？是以论其世也。”这**“知人”和“论世”，正可以拿来作为我们选诗的两个最好的标准**。现在先谈“知人”。诗大序说：“诗者，志之所之也”，所以诗中须有人在，须有志可求。诗中无人可知的诗，我们当然不选。不过也有个高下大小的分别，譬如李延年的“北方有佳人”那首歌，又何尝无志？但结果不过是把自己的妹妹吹嘘成一位天子的夫人而已，像这样的人，我们自然不屑去知道他。关于“知人”这层，我以为最好是多从人伦和日常行事一方面去著眼，去下手。因为这正是“人格”“性情”具体的表现和流露处。古今来，备人伦于诗道的，只有一杜甫，现在就拿他的诗来说明一下。如“老妻寄异县，十口隔风雪。谁能久不顾？庶往共饥渴。”（自京赴奉先县）这夫妻情爱的深厚是何等样？“便与先生成永诀，九重泉路尽交期!”（送郑虔贬台州司户）这友谊的真挚又是何等样？他如“秋与”“诸将”诸作，对于君国眷恋的赤忱又是何等样？所谓“动天地，感鬼神”者，实端在此种。一般好选文信国的《正气歌》，岳武穆的《满江红》，那当然是当选的，但如我上面所论列的那种，似乎更当选。因为那是根本所在，没有根本的东西，是禁不起风雨的飘摇的，是发不出灿烂的花朵的。我们如果还承认诗歌是有种“潜移默运”的力量，那么在这初读诗的中学阶段，似应有以“端其趋向”。（陶谢的诗，理趣过高，亦不必多选。）

其次我们再谈“论世”。所谓论世，这在我的意思是指“足以观风俗，知薄厚”描写社会病态的一类诗歌。这类诗歌，对于中学我认为较前者尤当侧重，因为深浅合度，且易唤起初学者的兴致与同情。这本是我的一种主观的推测，颇苦于没有佐证。在此，我愿意叙述一件琐事：是我还未向同学谈话的前夕，我为此问题而沉思了，妻在一旁便问我想什么？我忽然灵机一动，如梦初觉，于是便问她：“你从前读的中学国文课本里，可曾选有诗？”她说：“有的。”我说：“你且举几篇我听。”她便屈指的数着说：“有《孔雀东南飞》，有《陌上桑》，有《新丰折臂翁》，有《卖炭翁》，还有……什么吏也吏的。”抗战五年中作了两个孩子的母亲的她，对于过去的读物已是很模糊了，但我知道她指的一定是杜工部的石壕，新安，潼关三吏。听了她这回答，我不觉暗喜，因为她所举的都是些叙事作品，充分的证明了我的推测是不错的。为了要取得一种比较，我再试问她：“你可记得有没有古诗十九首？”我明知任何一个书局出版的中学国文决没有不选古诗十九首的，但她却沉吟了，很想助我一臂之力似的思索了好一会才迟疑的说：“青青河畔草，是不是？”我只笑着点了点头。所谓“惊心动魄，一字千金”的古诗十九首所给与一个初学者的印象尚还不及《孔雀东南飞》一类作品来得深刻，其他更可知了。这是一个赏鉴能力的问题，是不能勉强，不能躐等的。我虽不同意读到宋以后的诗，但如此种，仍可尽量的选，可惜的是太少了。好的更少。

在“知人”“论世”以外，我想再增一条“明体”（姑且这样说），所谓明体，一是指作者创为的新体，如魏文帝的七言《燕歌行》。一是指作者擅长的诗体，如王昌龄的七绝，尤其是那首《长信秋词》，虽不合乎知人，亦无当于论世，但就七绝论七绝，实堪为有唐一代压卷之作，诸如此类，我们也不能遗置。

关于中学读诗，个人的浅见，大致已如上。最后，我想补说两点：(1) 还是有关于诗歌的重要论著，最好随时附入，与诗歌相配合。如《关雎序》，《诗品序》，《文心雕龙》的《明诗》，《宋书·谢灵运传论》，《颜氏家训·文章篇》，白居易与元微之《论作文书》以及赵瓯北的《声调三谱》，王渔洋的《律诗定体等》，词则王静安先生的《人间词话》，而《关雎序》一篇，不但当必读，且当先读，因为如果不知赋比兴为何事，亦将不知诗歌为何物。(2) 汉魏六朝的诗，可以按作者的先后为次，至于唐诗，我觉得还是采用《唐诗别裁》的办法为是。诗体莫备于唐，而各体之间，消息亦复大异，分体选录，可使学者对于各体皆有一明白认识，同时，有志于写作的也有一模范和途径。这两点，有的课本似已注意到，但还欠完善，彻底。

现在话真说完了，我当可以恢复读诗的自由了。

65 读书和作文

张世禄（1902—1991），现代著名语言学家。字福崇。浙江浦江县人。毕业于国立东南大学。曾任职于福建厦门集美学校、上海商务印书馆、暨南大学、光华大学、云南大学、坪石中山大学、桂林师范学院、贵州大夏大学、重庆中央大学、重庆大学、四川教育学院、中央大学、南京大学、金陵女子文理学院、华东师范大学、复旦大学等校。代表著作有《中国音韵学史》等。

本文系作者在西南联大任教时写的一篇论文，旨在全面论述读书和作文的特点、功能及其相互关系。文中提出读书和作文都是现代公民的一种社会行为，既是社会行为，就须在养成良好的行为习惯上下功夫，而这种良好的行为习惯的养成，不能光凭语文科的课堂教学，而要靠平时在广泛的生活环境中坚持历练。文中还提出了读书和作文须恪守“经济”的原则，而其基础功夫则在对于文学的严格训练。原载《国文杂志》第2卷第2期（1943）。

一、社会上一件重要的工具

在我们日常的生活当中，除了属于衣、食、住、行的事物以外，还有一件，几乎天天也要和它接触的，这就是文字。文字在现代社会上，已经成为一种极重要的工具，为我们日常所不可缺少的。因为一个人总不能够离开社会而生存；社会愈进化，愈复杂，文字的应用也觉得愈需要，我们和文字接触的机会也愈增多了。

我们所穿的衣服，所吃的食物，所住的房子，所走的道路，所乘的车子等等，哪一件不是靠了这种社会的组织来彼此互相供给的？社会的组织愈进步，愈复杂，个人和个人之间的交接也愈繁密。我们在这样繁密的交接中间，当然要有一种彼此传达的工具。这种工具，最通行的是语言。可是，语言的效力，大都只能及于当时当地发言者和听受者的中间；要把语言的传达作用扩大起来，非要有书写的文字不行。文字是用来代表语言，而同时足以增进语言的效力，补救语言的缺点的。自从文字产生之后，各时各地的人都可因此互相交接而通达情意。一个通告，可以广播各处地方，使人人能够知道；一种记载，可以流传到几千百年之后，使人人能够诵读；一本薄薄的日记，便可以防备数年数月后的遗忘；一个短短的契约，便可以使双方有遵守的根据；一封小小的书信，便可以和远远相离的亲友通些消息；凡是这一类的事实，都足以显示文字的功用，都足以表明文字在社会上确已成为一件极重要的传达工具了。

因为社会的进化，使得文字不能不产生出来，以应付实际的需要，使得我们在社会上生存的人，也不能不应用它来作传达的工具；同时也因为文字的产生和应用，使得社会本身的组织更趋于复杂，使得我们在社会上彼此的交接，更趋于繁密了。所以文字效力的增进和社会本身组织的繁密和扩大，是互为因果的。换一句话说：社会的文明愈进步，文字的应用也愈广，也愈足以促进衣、食、住、行及其他种种方面的改善。我们看现代社会的文明，精益求精，岂不是由于用文字来传播知识而得有此进步吗？因此，我们更可以明了文字在社会上的重要了。

处于现代这种社会当中，文字的应用既然这样广，不识字的人、不会应用文字的人，正像活活的瞎子，所以叫做“文盲”；又像聋哑者不能应用语言一样的可怜。

二、读书和作文的一种解释

我们**所谓应用文字，不外两个方面：一方面是写作的，**也可以说是发表的；**一方面是读解的，**也可以说是看受的。文字的应用愈广，我们在社会上，在日常生活当中，和文字接触的机会也愈多，这就是说，我们所写作的和所阅读的也愈丰富。例如一封信，写信的人是处于发表的方面，要把自己的情意和想说的事情表达出来，使对方明白或知道的。收信的人是处于读解的方而，要把来信的意思和内容彻底的明了，以认识对方给我说的那些话的。又像一页日记，写作的时候是处于那一方面，翻阅的时候又是处于这一方面，同是一个我，可是在两个时候，也可以分做应用文字的两方面的。

无论是处于写作的方而，或处于读解的方面，都是我们和文字接触的机会；这两方面的机会，在社会上又常常互相增进，互相扩大的。所写作的愈多，自然使阅读的机会也愈多；要阅读的愈广，也自然会使写作的产量愈增加；譬如朋友间书信的往还愈密，收发愈勤，自然写信的时候和阅读函件的时候一起增多。在个人方面，也何尝不是如此。例如今天想要做一篇文章，便想要翻阅许多杂志，参考许多书籍；这便是因写作而增广阅读的机会。明天又看报了，翻书了，遇到有什么新奇的事实和意义，或者自己发生了一种什么感想，便要提起笔来把它们记录或表示出来，这又是因阅读而增广写作的机会。

我们进了学校，大家都知道主要的目的，是为着读书而来；自然进了学校，得到读书的机会比较多；但是我们千万不要只认为捧着几本教科书，和翻阅一些课外参考书，才算是读书。其他如看报，看布告，看书信，看小说等等；即使出了校门，凡是眼看到了写着的文句，能够加以口读而了解其中的意义的，都何尝不是我们读书的机会？所谓书，原来是“箸于竹帛”的意思，就是指写作的字句；古代还没有纸张，写字用竹简或布帛。我们不要只认为进了课堂，进了图书室，才算是得到读书的机会，在广大的社会当中，读书的机会，也正多着哩！让我们自己留心，向着这无尽藏的应用文字的场所当中去寻求吧！

学校里又设着作文一课，先生往往出一个或几个题目，以便我们依着题旨来发抒自己的情意；这固然是我们正式练习写作的机会。但是我们也不应该只认为在作文班里算是作文；其他如平常写一封信，作一篇日记，出一张条子等等，又何尝不是我们练习作文的机会？我们即使不在作文班上，即使不在学校当中，而在日常生活里，凡是要我们连缀字句来表达自己的情意，或者代表人家来表达的，也都正是练习写作的好机会。我们切不要忘记文字是社会上一种传达的工具，我们要写作是为着要应付社会的生活，而同时也是属于社会生活里的一部分。我们不应该认作文是单为应付学校的功课的；先生在我们作文簿上所批示的成绩，只是表示我们写作的能力，长进到了某种程度，某种地步；我们更不应该认这种批示的分数，便是我们作文的目的所在。我们的眼光，切不可拘囿于学校的一个小圈圈当中，而要深深的体会作文和社会生活的关系的重要。

总之：读书和作文这两件事，都应该用社会生活的意义来解释；**读书和作文是在社会生活上应用文字的两方画：作文是处于发表的方面，读书是处于看受的方面。**

三、应用文字的能力和习惯

文字既然是社会上一种传达的工具，应用文字又是属于社会生活的一部分，所以文字的系统，成为社会行为的一种习惯。我们要学习一种语言，例如儿童学习本国语，成人学习外国语，就是要养成某一种社会行为的习惯。文字的产生，既然是由于扩大语言的效力，而用来代表语言的，所以文字和语言有同样的性质；我们学会了一种文字，也就是养成了一种社会行为的习惯。我们所谓应用文字的能力，就是从这种学养的工夫上得来的；我们和文字接触得愈多，应用得愈惯，熟能生巧，自然在写作和阅读两方面的能力随之俱进。从前有人指导我们要做好文章，只有多读，多看，多作。多多的阅读，多多的写作，除非那种天赋特别差的人，自然会从行为的习惯当中生出技巧来。好像学习某一种语言，听得多了，说得多了，听惯了，说惯了，自然听觉灵敏，口齿纯熟，毫不觉得困难了，除非那种本能有缺陷的人，总会从习惯当中生出能力来。

读书和作文既然是应用文字的两方面，也就是在那种行为习惯上的两方面的作用，所以读解的能力和写作的能力都是由学养而得。读书多了，自然对于比较艰深的字句也能够了解了；写作多了，自然对于不易表白的情意也能够显明的表白出来了。我们为什么要读书？读书的目的，固然有种种，但是总离不了为读书而读书的意义；因为读书本身的作用，就是在训练我们读解的能力呀！为什么要作文？我们要写作的目的，当然也不只一种，可是总离不了为写作而写作的意义；因为作文的本身，就是在练习我们发表的技能呀！多读，多看，多作，可以使得我做好文章，也可以使得我们读常人所不易读的书。

在学校里设着国文一科，主要的宗旨，就是在养成我们应用本国文字发表的技能，和训练我们对于本国文字读解的能力。设着外国文一科的主要宗旨，也是在训练我们读解或写作外国文的能力。我们进了学校，受着这种正式的训练，能够以极大的教育效率来进展我们应用文字的能力，固然是我们的幸运呵！但是，我刚才说过，我们处在这种应用文字很广的社会当中，在日常生活里，即使不在学校里上语文的功课，我们也可以时时得着练习读解的和写作的能力的好机会，只要不把它们轻轻的放过就是了。我又说过，应用文字的两方面——读解和写作的——机会是互相增进的，互相扩大的；因之我们在阅读的时候，便可以得到练习写作的机会，同样，在写作的时候，也往往敦促了我们发生阅读的动机。这样彼此交互的促进，自然使得我们学养愈深，能力愈厚。

又根据学习的经验来说：我们要写作，自然先要多多的阅读；因为在阅读的时候，一方面固然增加了读书的经验，另一方面，却又无形中长进了写作的能力。反转来，我们要阅读人家的作品，也得要提起笔来常常的写作，才能增进了解和批评的能力。这好像做诗的，绘画的，常常自己制作，当然对于人家的诗画作品，欣赏起来，批评起来，比不会做诗绘画的，自然要深切得多。又正像是学习一种语言，听得多了，自然会说得出；说得熟了，自然也会听得惯。所以我们无论为着作文，为着读书，总得要多读，多看，多作。这两方面的经验和能力，都是互相长进的。因为文字的应用，它的本身的一种行为的习惯；能力是从习惯的养成上产生出来的，经验愈深，能力也自然愈厚了。

四、应用文字的经济的原则

我们为着要应付社会的生活，既然不能不应用文字来作传达的工具，那么，应用文字的时候，无论是处于写作的或阅读的方面，总是要想得到传达的效果的；目的所在，都是要想从这种工具上变得互相通达的效用。在写作的时候，总是要把自己的情意利用文字尽量的表达出来；在阅读的时候，总是要把作者的情意和读物的内容，从文字上充分的加以了解，并且获得一种深刻的印象。讲到这里，**我们就要提出经济学上所谓“以最少的消费获得最大的效果”的原则，用来说明这种意义。所谓最少的消费，并非不消费；所以在应用文字的时候，必定有消耗去的时间和精力等等；只要这种消耗的时间精力等等，是值得的，而且是必要的，那就符合于经济的原则了。所谓最大的效果，就是在应用文字的时候，务须求其有充分的传达的作用，这样，才能使消耗的时间、精力等等成为值得的、必需的。**

在上文所说由于学养得来的应用文字的能力，它的高下、强弱，大都也就是依据写作和阅读的时候，符合于这种经济原则的程度来判别的。写作的能力愈高，表达的手段愈妙，自然愈能运用极经济的方法来显示自己丰富的情意。同样，阅读的能力愈高，对于文字上的困难愈少，自然也愈能以极少的时间和精力，深切了解了作者的情意和读物的内容。上面又说过，**读书和作文两方面的能力是互相增进的；多读，多看，多作，可以使得我们在写作和阅读两方面的能力都提高了，就是在写作和阅读的时候，减少了所消耗的时间精力等等，以符合于经济的原则；也可以说是使得我们所认为难读的变为易读，所认为难作的变为易作。**本来在作文和读书上所谓难易，并非绝对的区别，而是要看自己的经验和技能上的差异；同是一个作题或者同是一种读物，在能力较差的人所认为难作或难读的，往往在能力较强的人并不以为难作或难读，在应用文字上所谓难和易，大都也就是看写作或阅读的时候所消耗的时间和精力的多少。我们要想在应用文字上使难者不以为难，而使易者更易，一方面凭着教师得法的指导，一方面尤须自己从学养上用工夫，努力提高自己的能力，以求渐渐符合于经济的原则。

我们还要知道，依据这种经济的原则来观察，阅读的和写作的两方面，常常有一种“互惠”的现象，就是读者和作者之间，都应该互相节省对方所消耗的时间、精力等等。我们所写作的，是要给人家阅读的，务求简洁明了，切忌烦冗晦涩，为的是要节省读者的劳力，减少阅读时候的困难。我们在阅读的时候，更须对读物负责任，用心探讨作者的原意，并且要融会贯通，切忌囫囵吞枣和穿凿附会；为的是要不辜负作者的苦心，体谅作者在文字上表现的困难。总之：读者要对作者负责，作者又须为读者着想，共同的相互的来节省所消耗的时间、精力等等，互相体谅，互相负责，正是“忠恕之道”。如果在文字上能得忠恕之道，那就自然能够符合于经济的原则了。

文字既然是社会上一种传达的工具，又是用来代表语言的；社会生活当然离不了社会环境的关系。所以我们在应用文字的时候，应该先了解一些社会环境的情形，尤须注意于当时当地的语言习惯。**作者要为读者着想，当写作的时候，必先决定所写作的是给谁看的，是给谁读的，最重要的，须了解阅读的人所具有的语言习惯，否则，便要减损传达的效用。**例如写给小学生阅读的文书，当然用不着艰深古奥的字句和文体。如果作者没有顾到读者的语言习惯，便要增加读者时间精力等等的消耗，或者简直就失去了传达的作用。读者也应该对作者设身处地的着想，对于作者所处的环境和当时当地的语言习惯，总得有些明了，然后对于读物的内容，不致发生什么误解，并且可以增进通悟的程度，终于获得传达的效果。例如读古书，总得对于古代文句的结构、所用的字、辞、成语等，和现今语言有什么异同，了解了一些，才可以读得通。

总之：我们**无论在读书或作文的时候，总该对作者或读者负责，处处为对方着想，为对方体谅，如此方能合于忠恕之道，而和应用文字的经济的原则相符了。**

五、读书和作文在心理上的程序

写作的时候，要为读者着想；阅读的时候，要为作者着想，所以我们还要知道读书和作文这两件事在心理上的程序。文字是一种传达的工具，可以说是写作的和阅读的两方面中间的媒介。作者靠了这种媒介物把自己的情意传达给读者；读者也靠了这种媒介物把作者的情意领受过来；一方面是向外发表的，一方面是向内吸收的。

因之处于写作的地位，必先自己具有了情意和要发表的内容，其次把这些内容的事实和要说明的情意综合起来，再排着一个大体的先后的次序；于是依次连缀字句，一层一层的，或者一段一段的写出来；最后，再加以校改和修饰的工夫。处于阅读的地位，又必先分析了读物上的字句，懂得了各字各句的意思，然后逐层逐段的加以解释，于是对于全篇或全书的要旨方才能够领会。所以依据文字上的形式来观察，在作者的心理上，先有了各篇各章的大意，而后有连缀字句的工作；要把情意表达出来，要把已得的印象描写出来，所以是由篇章而到了字句的。在读者的心理上，眼看到读物上的各字各句，了解了各个字句的意义，而后才能通悟各章各篇的内容和意旨；要获得印象、要领取作者的情意，所以是由字句而到了篇章的。

譬如绘画和建筑，在艺术家和工程师的心理上，常常是先有了一个画图和建筑物的轮廓或大意，然后运用了种种材料。在欣赏画图或建筑物的人，又必先接触了种种配置的材料，然后才能够明了全体的结构。写作和阅读的两方面，在心理上进行的程序正是相反的；可是双方的目的，又同是从应用文字上获得传达的效果。不善于应用这种工具的，或者应用文字的能力过差的，无论是处于发表的或读解的方面，总是要损害传达的作用，或者得不到传达的效果的。我们学习读书和作文的目的，也就是在使我们具有或提高了运用这种工具的能力，收获得互相通达的效果。

因之在学习的进程上，无论是为着写作的或阅读的，又都得从字句上先下工夫。学习阅读的，固然第一步要读字，懂得各字的意义和用法，再辨明各句的如何构造，于是由各个字句的认识，窥见了全部读物的内容。学习写作的，都也是第一步要识字，能够正确的用字了，再连缀成适当的句子，于是由各字各句的结合，表明了自己的情意。如果不知道各个字的用法，不会构造句子，即使有好的意思，也无从表达出来了。所以应用文字的时候，在作者和读者心理的程序上，固然有区别；而在学习的进程上，无论是处于哪一方面，总是要先识字，后造句，再连结篇章。

总括起来说：我们在社会生活上应用文字，就是我们练习读书和作文的机会；我们要利用这种机会，来提高运用工具的能力。这种工具，就是文字，所以第一步要在识字上有一种基本的正确的训练。如果没有用过这一步的工夫，就根本得不到这种工具的传达的效用，更谈不上所谓应用文字的经济了。

66 执笔五字法

沈尹默（1883—1971），著名学者、诗人、书法家、教育家。原名君默，字中、秋明，号君墨，别号鬼谷子。浙江湖州人。1883 年生于陕西汉阴。早年二度游学日本，归国后先后执教于北京大学、北京女子师范大学，与陈独秀、李大钊、鲁迅、胡适等同办《新青年》，为新文化运动的得力战士。

中国现代书法家中，沈尹默与于右任并列榜首，有“南沈北于”之称。沈氏为中国现代书法教育奠基人。他亲自创建了上海市中国书法篆刻研究会。当今沪上诸多书法名家，都曾得到他的书法启蒙。著有《二王法书管窥》《历代名家学书经验谈辑要释义》等。出版主要书法集、字帖有《沈尹默法书集》《沈尹默手书词稿四种》《沈尹默入蜀词墨迹》等，约二十种。诗词著作有《秋明室杂诗》《秋明室长短句》等。

《执笔五字法》在 1940 年代于重庆发表，是我国现代第一部书法教学理论的概述。把我国自古以来口口相传的“执笔方法”，作了科学而简单的、可操作性的书法文字指导，让更多的书法习练者深受教益。

鉴于我国青少年书法每况愈下的现状，特增选此文，以供广大语文教育工作者加强书法教学时参考。

擫用大指押食指，中钩名格小指抵，内擫外押嵌已牢，钩配格抵执乃死。如上所说各尽职，永不转动成一体。五指包管掌自虚，掌竖腕平肘自起。肘起掌虚腕自活，随己左右运不已。捉管高低择其宜，端正欹

斜唯可使。按提使转腕出力，指但司执而已矣。

擫如擫笛，所谓一指按也。押取检束之义，与擫相合，而成其务。然后钩曲以取之，格横以阻之，而助之以抵，斯嵌定不可动摇，五指始各尽其所能矣。此不易之法，前人盖循夫指掌生理之妙用，与其当前所使工具之攸宜而定者也。即工具之选材与择式，亦必相度用者与用处而后作成。故顺而用之，则惬情而奏功；戾而施之，斯拂意而偾事，良非偶然也。

指司执笔，执欲其死。死始能把握得笔，以固其备。腕司运笔，运求其活。活始能控纵得笔，以神其用。用笔之要，首在按提。提按得宜，性情乃见。所成点画，自有意致。按提二者，可分而不可分者；随按随提，亦提亦按；若离纸，若不离纸；处处有按提，即处处得转换；能随意转换，笔毫自不扭戾，而锋斯中矣。然非指腕一致，全臂以之，未易济成此美也。

肘起腕始能自由掣动，前人言悬腕者殆赅全臂，盖肘若着案，则腕亦停留，即悬与不悬等。且运笔之主体实在腕，故但言悬腕耳。古亦有回腕之说，殆忽于掌竖腕平，肘即自起，当前至易之理，而欲肘腕齐起，求失其道，遂适得其难者。此法于按提至为不便，直当废也，事实上已少人能用，其不合理可知矣。

转指盖出于晚唐卢肇之“拨镫法”。拨镫有四字诀，曰：推、拖、撚、拽，其意在破坏从来笔力之说。“永字八法”固为不备，前贤不过就永字随宜举证，然使学者知留心于点画，实其要旨。而卢氏但主张任笔取势而已。其法依托受之于韩吏部，而传之于林蕴，蕴得之而不能用，乃为写记云：“以俟后之明哲或有取焉”。可见当时无信而用之者，不图遗误犹至于今。世人复有将“擫、押、钩、格、抵”五字法与拨镫之四字诀相乱，遂成五字拨镫之说，辗转相传，迷惑滋甚，承学不察，以为笃论，竟使笔法中绝，可胜叹哉。癸未仲冬于成都。

往岁溥泉得张廉卿手写文稿，属为题跋，因见卷中有书诀，极注意于无名指之格。张君书字主转指者，其用非前贤意，因成是篇，以阐明执笔要旨，用谂世之留心笔法者。

学书惟中锋一法为切要，盖笔锋无时不行于点画之中，斯墨匀成画，圆满可观。第毫毛之锋极易偏欹，欲其常在画中行，必有以运之者，惟腕为能。故向来书家咸主运腕，然若执笔不得其道，则指与腕游离而不相应，腕虽能运，亦难奏效。故上详述指执之法，欲使承学知执笔运腕，相辅相成，凡此皆为中锋计也。

（一九四三年）

67　我的中学国文教学经验

罗莘田（1899—1958），即罗常培之字。语言学家、语言教育家。号恬庵，笔名贾尹耕。满族。北京人。北京大学毕业。曾在北京及天津的中学任教。历任西北大学、厦门大学、中山大学、北京大学教授，历史语言研究所研究员，北京大学文科研究所所长。与赵元任、李方桂同称为早期中国语言学界的“三巨头”。现代语言学的奠基人之一。毕生从事语言教学、少数民族语言研究，方言调查、音韵学研究。其学术成就对当代中国语言学及音韵学研究影响极为深远。

本文原载《国文月刊》第20期（1943）。罗氏从珍惜时代价值着眼，于西南联大教务繁忙之际，仍认真追忆20年前教过三次中学国文的一番经验，且直陈教学中的得失，既敢于肯定本人与同辈“开创的功绩”，又不讳言教训，确实体现了一位博大精深学者的坦荡襟怀。

（一）

截到现在为止，我一共教过三次中学的国文：

第一次是民国十年春天到夏天，在北平市立第一中学校；

第二次是民国十年秋天到十一年夏天，在天津私立南开中学校；

第三次是民国十一年秋天到十二年夏天回到一中；

第四次是民国十四年秋天到十五年夏天在北平私立四存中学校。

这四次中间只有在南开的一年算是专业，其余两次多少都带点“玩票”（Amateur）的性质，因为那时候我在教书以外还有别的职业。

民国八年我在北京大学中国文学系毕业后，人刚满二十岁，受当时新文化潮流的激荡，又没有力量到国外去留学，便决定再入哲学系念书。那时候北大哲学系最热闹，教授中如胡适之、梁漱溟、蒋梦麟、陶孟和、陈百年、傅佩青诸位先生而外，还有从国外请来的杜威（John Dowey）、罗素（Bertrand Russell）两位先生，同学中像顾颉刚、朱自清、田培林、吴康、谭平山、朱谦之、章廷谦、李荣第、宗锡钧、陈政、蒋复聪、王昆仑、金公亮等等，乃至于陈逆公博，都是这几年里先后造就出来的。我念到第二年下学期的时候，中学的同班董鲁安（璠）约我到一中兼教五小时国文，一小时修身。鲁安是北平高等师范学校国文部出身，他是第一个提倡在北平市立中学的国文课程里兼教语体文的，在当时北平的中学界算是一个风头十足的国文教员。他因为高师附中的功课忙不过来，所以约我到一中去接他的手。我很记得，第一次听见上课铃，心里真像十五个吊桶七上八下的忐忑不安！校长致完了介绍词以后，我还没有像一位好朋友那样：在黑板上连续不断写“请等五分钟”，“再等五分钟”……挨延到半点钟后，终于一语不发的下了堂，我总算开腔了，而且信口开河的继续说满了一点钟，不过事后听一个相熟的学生说，当时的声浪确乎有点儿颤抖。其实，这也没有什么希奇，照声学（acoustics）的原理讲，一切声音的构成都由于弹性物体的颤动，我当时不过颤动率比较大一点罢了！在这短期内教过的学生，后来有所成就的，有潘凫公（式）和齐燕铭（振勋）两个。后来从天津回来，再到一中，因为兼管事务，对于教书的经验反倒记不清楚了。

第二次到南开去教书就比较老练多了。记得我刚到二年级的一组去上课，在课室门外听见一个很淘气的孩子（后来知道他叫夏芝）在那儿喊：“看！新教员是个小孩儿！”我跑到讲台上，借着这个碴儿先发了一顿下马威说：“你们看我像个小孩儿吗？你们知道不知道古人有

‘三岁为翁，百岁为童’一句话？假如我这个孩子可以作你们的老师，那么我便有作‘翁’的资格，你们就得安安顿顿作‘童’；假如我不配作你们的老师，那么我想充‘翁’也不行，纵然我家里没存着一石粮，我也没脸再作‘小孩王’了！咱们姑且以一礼拜为期，如果我不称职，到时候我自然会卷铺盖。”说完这一段话大家居然静悄悄的连一口大气都不再出，老老实实听讲。从今以后，不单相安无事，而且师生间的感情十分融洽。那一班的学生里有一个国文很通顺，而且会作两句旧诗的，叫吴堉威；有一个天真烂漫的广东孩子，后来在童子军界颇有声名的，叫徐观余；还有一个当时南开体育界的“大金刚”张颖初。他是陕西人，身材很高大，心地很朴诚，国文程度很好，文言语体都作得像样子，年龄大约比我大，但是在老师面前总是规规矩矩的温和恭顺。直到民国十三年我在西北大学教书的时候，无意中在西安街头碰见他，那时候他正参加渭北靖国军的秘密工作，见面后还是很谦逊恳挚的。他后来改名张锋伯，追随冯焕章先生很多年。另外还有四年的一组，学生是预备入商科的。其中有一位叫宁恩承，他进南开大学以后，曾经因为发表一篇《循环教育》出了名，后来从国外留学回来，在财政界颇有地位，中间作过一度东北大学的秘书长。北方人毕竟朴诚，直到他贵显以后，他通讯时还以“受业”自称，比那一班过河拆桥的浅人，因为地位增高，慢慢把“夫子”降为“仁兄”的，懂礼多了！此外不在这两组上课的，还有许多人常在课外找我谈谈。其中让我怀念很深的，就是民国十四五年间在文艺界颇有小声名的张采真，那时候他叫张士濬，是河北霸县人，性情温柔而富于文学的兴趣。后来因为党争在汉口殉难，到现在已经十几年，他在北新书局出版的集子“如愿”，恐怕和“采真”这个名字一同被人忘记了！

最后一次在四存教国文，那完全是替一个朋友帮忙。这个中学是提倡颜李之学的四存学会创办的，学风很笃实，却不免保守。校长齐树楷，持躬对人都有可取的地方。有一天一个坐汽车的学生家长要拜访校长，看见一个穿着破旧布衫在校门口扫地的老头儿，就喊他通报一声，交谈之下才知道眼前失敬的正是他要拜访的人！这时期我因为旁的事很忙，不能专心致志的教书，当时的印象渐渐模糊了，只记得讲读和作文而外还教一小时文学史，讲读的课本，学校指定用王昆绳的《左传评》。

（二）

关于教材一方面除去第三次以外都是自由选择的。那时中学的国文师资大多是不得志的秀才拔贡之流，他们的枕中鸿宝不外《古文观止》或古文释义，能够知道《古文辞类纂》或《经史百家杂钞》的就得算个中翘楚了。南开有两位老先生，一位叫“臣密言”，一位叫“臣竟言”，因为他们的拿手好戏翻来覆去的只是《陈情表》和《出师表》。举此一例，其余不难概见。我们在那腐旧的氛围里去教国文，有两层困难：第一、在这班老先生的心目中以为你们这些乳臭未退的黄毛小子顶多念过一些呢啦吗呀的《引车卖浆者言》，哪里读过圣经贤传？哪里能领略韩柳欧苏归方刘姚的义法？怎么配来教国文？我们为应付这种环境，除去博得学生信仰以外，还得让他们知道，他们懂得的我们固然懂得，我们懂得的他们可未必懂得。第二、在这文化运动的启明时期，我们既负着指导青年的责任，就得用力托住被传统思想压抑很久的千斤闸，把他们解放出来，一方面不让他们再受腐朽的流毒所感染，一方面还得防止他们矫枉过正，趋向偏激。在这双层夹攻之下，当然感觉不大好处。好在那时我正在初出犊儿不怕虎的时代，虽然不敢自负是“知类通方”的学者，可是对于中国学术的源流，文章的正变，古今遭蜕，新旧的废兴，都比那些老先生见得深切，所以不久就把第一层困难克服了。不过那班受了新文化洗礼的青年，因为求知欲的驱策，好奇心的激荡，便把他们所信仰的教师当作万能的全材。他们所提出的问题，除去和古今中外文学有关的以外，上自宇宙来源，人生究竟，下至社会内幕，家庭琐节，几乎无所不包。要想克服第二层困难，教师自己必须有深厚的修养，纯正的思想，才可以胜任。在当时，我除去课外谈话抱着因材施教补偏救弊的态度以外，对于选择教材偏重三个方向：

（一）避免俗滥。关于文言文的选择不再拿《古文观止》当宝库，在我的选本里已然没有《陈情表》、《出师表》、《原道》、《获辩解》、《桐叶封弟辨》、《捕蛇者说》等等烂熟的文章了。因为不鼓励学生摹仿古文的滥调，所以选文的成分学术文便多于模范文。那时选文的目录现在不在手边，不能详细开列，就记忆所及的举例来说，比如选一篇《汉书·艺文志诸子略》，就连类而及的拿章太炎《诸子学略说》，胡适之《诸子不出于王官论》作副教材，这是有关学术源流的例；讲一篇魏文帝《典论·论文》，就旁征博引的拿《三国志·王粲传》，《魏文帝与吴质书》《曹植与吴季重书》《吴质答东阿王笺》等作参考，这是有关文学变迁的例；讲一篇章太炎《与友人论文学书》，便剥茧抽丝般牵涉到范晔《狱中与甥侄书》，刘勰《文心雕龙·镕裁篇》、《附会篇》，刘知几《史通·叙事篇》，洪迈《容斋随笔》《论文章繁简》等等，这是有关批评的例；讲一篇《墨子·非攻》，便展转联想到《国语·向戌论弭兵》，杜甫的《兵车行》《石壕吏》，白居易的《缚戎人》《新丰折臂翁》等等，这是有关政治思想的例。诸如此类，不能备举。当时的目的只想把有关中国学术的各种问题，借着讲授国文，分别作有系统，有条贯的简要介绍。

（二）启发思想。在新文化潮流正在澎湃的时候，除去介绍国学以外，还得灌输新思想。所以我选的文章里有胡适的《杜威论思想》是训练构思方法的，胡适的《不朽》，李大钊的《今》，梁启超的《为学与做人》是讨论人生观的，有陈大齐的《迷信与心理》是破除迷信的……在一中时代所任的那一点钟修身，我并没有去讲道德，说仁义，而是拿 Ellwood 的 Sociology and Social Problems 作蓝本来讲述家庭问题。这可以代表那一个时代的风气，并不能算是我个人的好奇。

（三）喜欢比较。我因为要见出文言和语体的短长，选材往往采取对照的方式。比方说，讲宋濂的《王冕传》一定和吴敬梓《儒林外史》里记王冕一段并列；选一篇鲁迅《域外小说集》里所译的《月夜》不单附上袁弼的白话译文，甚至于连英译本也一并附进去。有时候同是文言教材，我也喜欢用比较的方法。比如选一篇《通鉴·巨鹿之战》，我总想拿《史记·项羽本纪》里《章邯已破项梁军》一段来比较；选一篇范晔《后汉书·传论》，我总想引华峤《后汉书》的原文来对勘。因为我觉得这种方法最可以启发学生作文的思路，增进他运用文字的技巧。直到现在我还想有机会试验一下。

照我这样避熟就生的选材，教起来吃力的很。假如存心偷懒，立志混饭，只要拣一本现成的教材，旧的旧到《古文观止》，新的新到《白话文范》，满可驾轻就熟的敷衍一两年，何必这样自讨苦吃呢？因为**我对于教学抱着一种研究的态度，拿教学当着一种兴趣，所以不怕麻烦，不怕受累**。在学生一方面的反应，只觉得新教员所讲的确乎是闻所未闻，可是未必能完全吸收，充分了解，彻底融会。结果虽然不至于费力不讨好，而师生之间，终究不免隔了一层，不能衔接。记得我讲李大钊那篇《今》的时候，学生还都没到理解发达的年龄，听完之后大部分都有丈二金刚摸不着头脑的感想；又在讲陈大齐《迷信与心理》的时候，附录了一大段《儒林外史》上的陈和甫扶乩，后来连自己都感觉繁冗无味。那时在旧教员一方面已然不骂我浅薄了，反过来的批评却是“以艰深文其浅陋”！现在回想起来，当时只顾廓清旧的积弊，开创新的风气，却不免犯了矫枉过正的毛病，没有审慎考量学生的程度，没能恰好适应他们的需要，这是不能不自行检举的。

（三）

谈到教法一方面，我也觉得好坏参半，不敢过分自是。我不是学师范出身的，当时没有研究过教学法。从前听见我的朋友伍叔傥尝说：“我不知道什么是国文教学法，我只晓得自己作通了才能叫学生通，自己看懂了才能叫学生懂！”这几句话固然有些过分，可是，至少总得自己通了，懂了，再讲教学法，才能相得益彰，如果自己根本不曾通，不曾懂，就是把教学法讲得天花乱坠，也不免是隔靴抓痒的空谈！

那个时候的旧式教国文法，离开念、背、打的三部曲还所差无几。先生上得堂来，先摇头晃脑，哼哼唧唧的把本文念一通，然后顺文演义的，就着字句来解说。能够逐字逐句解说清楚，再谈到一点儿起，承，转，合的章法，那就算是“瓜瓜叫”的“大好佬”了。若叫我描写那时候老先生讲国文的情形，我且摘录牡丹亭学堂一出里陈最良给杜丽娘讲诗经，丫头春香插科打诨的一段，作为映照：

陈：“‘关关雎鸠’，关关是鸟声，雎鸠乃是鸟名也。”

春：“先生！鸟声可学与我们听听！”

陈：“我怎么学与你听！鸟性喜幽静，‘在河之洲，……”

春：“吖！我晓得了！不是昨日是今日；啐！不是今年是去年。我衙内关着一个斑鸠儿，被小姐一放，一飞飞到何知州衙内去了。可是吗？”

陈：“这是兴吓！”

春：“哟！一丢丢的小鸟儿嚜，有什么兴介？”

陈：“胡说！兴者是起也，起那下文。‘窈窕淑女’是幽闲贞静女子。‘君子好逑’有那等君子好好去求他。”

春：“先生！为何要好好的去求他介？吓！吓！吓！”

陈：“嗯！依注讲解，只管胡缠！”

杜：“依注讲解，学生自会，先生但把诗经大意教道一番。”

我虽不敢说那时的国文教员人人都像陈最良，可是“依注讲解”总占大多数，把“逑匹也”讲作“好好去求他”的，一定也不少。于是淘气的学生便“只管胡缠”，用功的学生不免有“依注讲解，学生自会”的觖望！难怪当时的教会学校，甚至于像南开那样的学校，只把国文教员当作“告朔之饩羊”！

我们这班年轻人上台以后，气象确乎有点不同了。要讲一篇文章，先得介绍作者的略传，说明他的时代背景，他在文学史上的地位和这篇文章的价值等等。然后解释字句，尽分段落，指示篇章结构的法则，研讨文法修辞的奥妙；末了儿综览全篇的大意，看它的风格跟前一时代有什么异同？对于后一时代有什么影响？费的时间虽然较多，对于文章的剖析却无微不至。记得我讲孟子有为神农之言章的时候，先叙述许行学说的大意，再拿它和现代社会学说比较，然后推寻孟子的辩论方式。这样一来，耗去两三点钟还没讲到本文，可是学生并不感觉沉闷。这种不拘泥篇章字句的教法，固然可以让学生有进一步的了解，同时却也犯了“陈义过高”，“揠苗助长”的毛病。并且完全采取灌输式，使学生没有自动的机会，材料纵然加多，仍然和老先生一样不合教育原理，好学生还可以量力吸收，坏学生就有点儿招架不住了！**选材既深，教法又难，究竟能否使学生受益，是很值得深切反省的。**

那时候的作文大多数还喜欢文言，可是真正清通的卷子却不很多。往往囫囵吞枣的背过几篇古文，似懂非懂的记住些个典故，作文的时候，不管对题不对题，就把那些陈谷子，烂芝麻一下子全搬到卷子上来！改文时不幸而遇到这种卷子，就当真遭了黄季刚先生所谓“索阅者命”的厄运！我还记得有一次出了一个“拟征集救国捐启”的题目，有一篇妙文的起头儿四句是：“天昏地暗，割地赔款，铜驼荆棘，黍离可叹！”你说他不通罢，每句也还可以讲得过去；你说他通罢，凑在一块儿简直不知所云！叫改者何从下手？从前的老先生守住“浓圈密点，狼藉行间”的八字诀，圈点完了再写上“有词有笔，不蔓不枝，佳构也”；“平空突起，大有黄河之水天上来之势”；“通畅无疵”；“字句清顺”……一类的批语，就可以敷衍过去了。即或遇见太不像话的卷子，那么，多抹两条杠子，加上“潦草塞责”，“文字欠通”……一类的批语，也可以交代过去了，像这样改文，好的不见得会更好，坏的却准保越来越坏，我当然不能率由旧章的自欺欺人，因此改作文便成了我的最苦工作！记得我那时每改一篇文章，除去注意字句是否通顺，段落是否分明，还得看思想是否清晰，结构是否谨严，修辞是否雅洁等等，有时候几乎得全体下挂，和自己另作差不多。大部分光阴都费在这种味同嚼蜡的工作上面去，头一批刚刚清理出去，第二批跟着又堆积起来。难怪周予同说：“无论什么样的人，只要连续作过五年中学国文教员，没有不变成时代落伍者的！”话虽这样说，我在改文上虽然花了这么多的力量，可是所收的效果并不是十分理想的。因为**当真善于改文的，得有脱胎换骨的工夫，点石成金的伎俩，化臭腐为神奇的手段**。我的改笔终嫌更易多于迁就，主观胜过客观，对于作者还不能循循善诱，使他行远自迩，登高自卑，一层层的逐渐达到自由抒情申意的清通境界。现在回想起来，才知道当年的经验是不够的。

(四)

时光过得真快，从现在推溯到我开始教国文那年，一恍儿换了二十多个寒暑了。我在民国三十一年的今天还来谈二十年前的国文教学经验，岂不惹“明日黄花”的讥诮吗？其实，古人尝说：“前事不忘，后事之师”，一切过去的事情，无论成功失败，都可以供现在或未来的借鉴。我的国文教学经验，无疑是失败的，可是，失败纵然失败，它的时代价值仍然不能磨灭。因为由大学中国文学系出身而教国文的，那时候正在开荒时代，正当新陈代谢的枢纽，所以，我和我的同辈都不能算是没有开创的功绩。至于选材教法上的许多缺点，也可以给后来的人留下不少的教训。假如我自己，或者指导后辈，再到中学里去教国文，至少应该抱着下面的几个态度：

（一）选材须适合学生的需要，卑之勿甚高论；

（二）教法须深入浅出，注重启发，不可好高骛远，一味灌输；

（三）改文须多迁就，少更易，多客观，少主观。

这是我从过去生活片影中所得到的一点儿经验，愿意写出来和研究中学国文教法的人们商量商量！

三十一年六月六日，教师节。

68　我的中学读文教学经验

庞翔勋（1910—2001），曾任中华职业学校校长。江苏常熟人。有著述《学习国文的新路》《商业应用文作》等。

本文原载《国文月刊》第25期（1944），系庞氏任重庆中华职业学校国文教师时所作。该文系由罗常培先生《我的中学国文教学经验》引出。庞氏经历大体均可见诸本文。作为已任教于多所学校的第一线国文教师，早先便曾在《国文月刊》第9期发表过《谈初中学生错字之纠正》，复又于25期发表此文。诚如该期"编辑后记"所述，两文均可供"中学国文教员及研究中学国文教学法者参考"。

（一）

我这篇文章是给罗莘田先生的《我的中学国文教学经验》一文（见本刊20期）所引起的，罗先生在那篇报告里，坦白地提出了许多成功与失败的经验，对于成功的地方他并不妄自菲薄，作虚伪的谦逊；对于失败的地方亦不企图掩饰，自文其过。这种科学态度深深地感动了我，我自然比不上罗先生的学养，却也有我的成败经验，这些经验对自己有好处，对别人或者也未必全无作用，于是我便写下如下的率直报告：

我不是中国文学系出身，在中学时读的是师范，在大学时读的是教育系，但一向对国文很有兴趣，虽然没有受过从文字学读起的正轨国文训练，却多少看了一点书。同时很早便对国文教学发生过疑问：师范时国文教师显然分成了两派，一派专教古文，旁若无人地自教自的；一派专教学术文，从哲学、社会科学研究到考古，我那时便想：古文教师固然是失败的，上面讲庄子《逍遥游》，下面看《阿Q正传》；新派教师又何尝成功，下面也同样有人做高等代数，于是我立意要研究出一个答案来，怎样才是一个理想的国文教师？那时我们每年暑假常和一班朋友举办暑期学校，招收小学至初中的学生，我开始教初中国文，仿照了自己钦佩的国文老师的教法来试验，结果居然相当成功，学生们对国文都颇感兴趣。两年暑期学校的收获鼓励着我，使我进大学后特别留意国文教学法的探讨。二十四年夏天大学毕业，在广东清远县立中学担任初中二国文，我不大会讲广东话，教学时很感痛苦，为补救学生听不懂我话这一缺陷，尽量多用预习，并时常令程度好一点的学生起来复讲，结果同学们都颇欢迎。那时教材用的是坊间的教科书，对选材方面无甚心得。在课外，他们一向没有听到过阅读参考书，更谈不到杂志，于是我便为他们开了一个书目，还特地替他们跑广州去买了一大批书，其中如《寄小读者》《爱的教育》《文心》等，买的人尤多，《中学生》也订了好几份，这一工作在当时颇起了些启蒙作用。可惜不到半年我便离开了那边，一切计划都没有完成。二十五年春，到江西赣南第二乡师任教导主任，兼教一班师范和一班初中一国文，语言的阻碍已经消除，教学进程容易得多，但那时一大半精神集中在训育，国文方面的收获至今已没有特殊印象。二十五年秋至二十六年夏，在江苏省立洛社乡师担任国文教育教员，教的是三四年级的国文（等于普通中学的初中三高中一），当时江苏省教育厅对各校教学督促甚严，教学实施录须与教材预定录完全符合，于是教材既预先确定，教学进程也受了限制，一周规定教两课，形成了刻板式的方法：先由教师范讲，再由学生复讲，最后研究段落大意便完事；或先由学生试讲，教师范讲，再由学生复进，最后研究段落大意。明知这种方法并不高明，但在当时的环境中不允许有新的尝试。教材方面，仍然用的现成教科书，课外阅读方面，规定了共通的书，而且要摘录笔记，缴交批阅，这算是新的方法。二十七年春到广西，任职私立培桂中学，纯粹教高初中国文，那所学校都是一班青年在主办，一切均颇注重试验，各科教材教法，都可由教师随心所欲，创造实验。我开始根据记述、叙述、抒情、说明、议论这一分类法来选教材，选的都是唐宋以后的文章，还注意着内容的优良，我觉得一篇技巧好的文章，应该通过了好的内容才可显出它的价值。当时，抗战的狂热刺激着每个青年，使他们疯狂地阅读课外书籍，我便利用着这个空气，尽量介绍课外书，指导阅读及笔记的方法。但当时功课担的太多，无法对每级乃至每个同学作较深入的指导。二十八年春至广西省立宾阳中学担任导师，专教初中二一级国文，每周只上六小时课，除训育工作外，全部时间都集中在一级国文的指导上，我常利用个别谈话，对每个学生作因势利导的特殊指示，告诉他研究国文的方法，他的需要改进之处，并介绍适合于他的参考书。但教本是由省教育厅规定的，选材上一无活动。二十八年夏由桂入川，任职中华职业学校，初时专教高初中国文，后来兼任文书，去年起主持教导。但仍教国文，一直到今天。在此地，我完全踏入了自由的境地，中华职教社和本校当局，常鼓励同人自由研究，自由实验，一切教材教法，都可以尽量变化，毫无限制。在这四年中，有一班学生一直从初中跟我研究到高中三，有一班从高中一研究到高中三，职校学业较普通中学生更需要实用的材料，我完全抛弃部分高中国文课程标准的系统，不以文学源流或文学史为经，有一级用国文百八课的办法来选材，先讲文话，再讲文选。有一级用培桂中学时的办法，高中一侧重记述文和叙述文，高中二侧重抒情文和说明文，高中三侧重议论文和应用文。有一级采取《古文观止》，根据各体文章选读。教学方法，时常变化着试验，有时采用洛社乡师时的方式，有时采用叶绍钧、朱自清两先生的《精读指导举隅》中的方法，记得一课《泷冈阡表》曾详细研究了足足一个月。每学期选定几篇要他们背诵或默写，课外阅读，有时由学生自行选取书籍经教师核定后阅读并做笔记，一周缴一次，有时师生共同决定一本书来看，事先指导他们阅读的方法，开始阅读之后，每周举行一次讨论会，由同学做主席，当记录，教师从旁协助补充或纠正，也常为学生开书目，或公开用口头或文字介绍新书。为了学校图书不够，发动了全校师生，将藏书集合起来组织一个流通图书馆，对同学的阅读兴趣，提高不少。

（二）

有了适当的教材，才会有浓厚的兴趣，有了浓厚的兴趣，才会有飞速的进步。过去私塾教育的失败，最大原因便是教材不适合受教者的程度。**我对选材方面，有如下几点意见：**

1. 要适合学生的程度　部分高中国文课程标准，以文学史为经，从古代选到近代，叫高中一的学生读《易经》《尚书》《诗经》《楚辞》等古书的篇目，实在是不合理的事，现代中学生的程度实在够不上读这古文，我常选秦汉以后的文章，而且，从现代倒选到近代古代，因为课内精读教材原是研究文言句式遣言措词等以帮助其写作的，文章的时代愈近，与现代文字的关系愈接近它对写作方面的帮助也愈大。我也不选太专门的学术文，例如哲学、政治学、经济学或文字学等等方面的论文，这些文章的内容既太深，篇幅又太长，文字又不一定可作模范，对学生的写作能力似无多大帮助。要希望学生增进这些方面的知识，尽可从课外阅读中去获得。

2. 要适合学生的兴趣　学生的程度因时因地而不同，学生的兴趣更因年龄、性别、程度及心理变迁而生变异，有人说自己有兴趣的文章，才可教得学生有兴趣，这句话并不完全对的，教师与学生的年龄总有些相差，心理也常相差，所以兴趣也往往各异。以教师个人主观的看法去选材，往往会犯私塾教师的错误，因此**教师在选文时，应该以学生之心为心，以青年的兴趣为兴趣**。我还从个别谈话与调查表中，探测学生爱读的书籍文章，以这些调查为依据，来选取精读的教材。

3. 要适合学生的需要 只顾到学生的程度与兴趣，可能被学生所左右，教师成了被动，只有迁就而没有指导与提高。所以，另一方面，教师得考察学生的客观需要，配合着两者渐渐推进。照我的看法，初中学生只需要能写作通顺的白话文，高中学生只需要能写作浅近的文言文，要增进这两种写作能力，学宋以来的文言文与现代的白话文似已足够，用不到阅读秦汉以前的古文和这方面的名著。

4. 文选、文章作法、文法、修辞、作业须打成一片 从来选取国文教材，大多只是几篇文选，这些文选的决定，又往往没有根据文体的分类或文法修辞等的演进，一言以蔽之，没有系统（正式教科书比较好一点）。而尤其不合宜的，是读文与作文分家，读的是《陈情表》，做的是《春郊》，读的是记叙文，做的是议论文，读的是文言，做的是白话，读的是诗歌，做的是散文，试问这样怎么会使国文进步？所以**我竭力赞成国文选材数学化，或用演绎法**，如夏丏尊、叶绍钧合编的《国文百八课》；**或用归纳法**，如孙起孟、顾诗灵、蒋仲仁合编的《写作进修读本》，采取单元制，每学期的材料分成若干单元，每一单元包括文选、文章作法、文法、修辞及作业等，文选的选取，应完全根据文体，根据文章作法，竭力系统化，成为文章作法及文法修辞等的例证，而文章作法及文法修辞等，应成为文选的说明，以上数项与作业，尤应取得密切的联系，有机地配合，读什么样的文选，便应练习什么样的作业，如数学之教何种例题作何种练习一样。只有采取这种办法，国文教学才会科学化，**只有国文教学科学化之后，学生才会迅速地进步**。

5. 内容与形式并重 一篇优良的文章，应该是内容与形式俱臻上乘的作品，一篇优良的国文教材，尤其应该注意两者的并重，内容优良而技巧拙劣的文章固不能使学生获得写作上的好多参考，技巧优良而内容恶劣的文字亦会使学生思想上产生不良影响。但古今文章够得上这标准的实在不多，这里我很同意叶绍钧先生前年给我的信中的话："国文教材，古文现代文俱难其选，编辑者与施教者，往往有勉强将就之感，钧尝谓小学国语教材既可出于撰作，中学国文教材又何必定取现成之篇章。苟能集合若干人，共同撰作新篇，以中学生必须具备之语文形式方面之知识为经，以中学生种种方面之生活为纬，据以教学，收效必宏。"中学国文教材能另撰新篇，实在是最理想的办法。不过，这办法须多人合作，目前一时还不易做到，迁就现实的暂时办法，仍得向现成文章中去选取，选材时务必尽可能注意形式与内容的并重，能选到两者俱优的篇章最好，否则形式优良内容不太恶劣亦可，如果思想歪曲题材恶劣的文字，则纵然写作技巧十分佳妙，亦不可作为教材。

（三）

"我不知道什么是国文教学法，我只晓得自己作通了才能叫学生通，自己看懂了才能叫学生懂。"伍叔傥先生这几句话是不错的，罗莘田先生接下去说："如果自己根本不曾通，不曾懂，就是把教学法讲得天花乱坠，也不免是隔靴抓痒的空谈。"的确，教学法是要通过了教材才能显出它的作用，离开了教材，根本无教法可言。但，教材与教法毕竟是两件事，有了教法而不懂教材必然收不到好的效果，懂了教材而没有教法也不一定能收到好的效果。**自己不懂的固然无法使人家懂得，自己懂的也不一定能使人家懂得**。现成的一个例子：过去全国千百个中学里的国文教师，自己不懂不通的人大概不会很多，但是，懂了通了的国文教师教得学生也懂而且通的似乎为数颇少。远在民元前三年，蒋竹庄先生便在《教育杂志》1 卷 3 期上发表《论小学以上教授国文》，其言道："中学教授国文，无秩然之蹊径可寻，退步可虑，其所以致此者：实有二弊，一则教师为能文之士，不肯虚心研究教授法，二则多讲授而不诵读，必致毫无成效……”，蒋先生在三十五年指出的，不幸在今天依旧是尚待改进的缺点，能文之士的教师，确是大多数“不肯虚心研究教授法”，教师的不肯虚心研究教授法以致毫无教授法，恐怕是年来中学生国文程度江河日下的主要原因之一。所以，“提高学习效率的方法，固有赖于激发国文兴趣，增多写作机会及提高国文成绩，而尤赖于教学法及改文法的改善。”（中等教育季刊1卷1期《卅一位中学国文教员的改革中学国文意见》）叶绍钧先生也在《中学国文文选》序中说：“选取适当的教材固然要紧，但利用教材，作适当的教学，这决不是次要。”要希望今后中学生对于国文发生兴趣，程度提高，国文教师应研究教学法，实为必要条件之一。以下是我对于读文教学法的几点意见：

1. 课外略读指导应与课内精读教学并重　提高国文程度的一个重要方面是“多读多看”，这已成了众口一词的常识，一般名家的优良的国文程度之形成，几乎全部是由自己“偷看闲书”而得，鲁迅、胡适、郭沫若诸先生的自传中都提到这一事实，当前的许多国文教师，自己回想一下，国文之所以能“懂”且“通”，恐怕也是靠自己阅读的地方多，赖教师之指导少。**这一事实告诉我们一个重要的教学法：课外略读指导应与课内精读教学并重。**不幸大多数国文教员（尤其是科举出身的老学究），强调了课内教学，忽略轻视甚至禁止学生的课外阅读，以为教完了一本教科书或几十篇油印讲义，便已尽了教学之能力，结果教师教的不是学生爱读的，学生看的不是教师赞同的，各走极端，两不相干，好一点的学生去自己摸索，普通的学生（占大多数）便弄到上课不听下课不看，国文课成了赘疣。**此后要希望中学生国文程度日益进步，非把课内课外兼筹并顾、精读略读密切联系不可：课内的精读，注重在文体句式遣言措词等文章作法文法修辞的研究，工夫要细，用力要精，要咬文嚼字，斤斤较量，要作深入的探讨，勿计进程之快慢，要读一字得一字的用法，读一句得一句的方式，读一篇得一篇的典范。课外**

的略读，注重在思想的开导，知识的汲取，材料的吸收，阅读的范围要广泛，要有计划，有方法，要看得多，看得快，还要做笔记；要使学生从被动的阅读变成自动的阅读，从盲目的翻阅变成正确的选读，从看书变成爱书，从偶一涉猎变成手不释卷；要使他们爱看书籍也爱看报纸杂志，总之，要使他们养成自动阅书的习惯。我甚至说过矫枉过正的一句话：**只要能够养成学生阅读的习惯，即使课内教得不好，教得不多，这位国文教师便已成功了的**。所以，我要在这里向全国中学国文教师大声疾呼：我们不仅要会教课内的书，还得会教课外的书，不仅要会讲解古文今文，还得会指导小说戏剧诗歌，我们要随时随地留心学生的看书，介绍他们新书，我们要一贯地计划课内课外的教材，有机地取得精读略读的联系，**只有达到课内精读与课外略读均使学生发生浓厚兴趣的地步，国文教师才算尽了他全部的能事，国文教学才可收到高度的效率。**

2. 教学方式讨论会化　叶绍钧先生在《论中学国文课程的改订》一文（见本刊第15期）中说：‘我以为要谈教学方法的改进，必须先废除现在通行的逐句讲解的办法。“这是一针见血的至理名言，无可讳言的，这“逐句讲解”的注入式方法，现在依然通行于各中学，“先生讲，学生听，先读字音，后解字义”，几十年前小学教科书中的教学描写，依然是今天的上课情形，这办法的弊病，便是剥夺学生运用心力的机会，一味让他们被动地听，结果好的人“大概”了解，差的人莫名其妙，依赖的习惯一经养成，脑筋便生了锈，不能亦不想自动研究。此后，**课内的教学应该从“先生讲，学生听”改变成开会讨论的方式，或者说是自学辅导式**，先由学生自己预习，预习时由教师从旁协助，然后由学生报告，大家讨论，教师犹如讨论会的主席，提出问题，鼓励发表，补充意见，纠正错误，最后结束讨论。**课外的阅读，更应该纯粹采用讨论会方式，事前由学生自选或教师介绍书籍，各自阅读，撰摘笔记，然后开会报告，集体讨论，教师或为主席或为会中的一员。采取了这一种方式，每一个学生都无法偷懒，个个都得参加，由于自己辛勤的**

工作，收获必然较多，印象必然较深，兴趣必然较浓。不过，当这样的教师会麻烦得多，学习预习，教师也得预习，学生讨论以前，教师得帮助他们拟定大纲，而且自己也要有充分的准备。但学生的得益，却大得多了，相信一个爱护学生的教师，必然会采用这一种真正有效的教学法。

卅二，五，二〇于重庆中华职校。

69　我的中学国文老师

罗庸（1900—1950），著名古典文学研究专家、文史学家。字膺中、号习坛等。蒙古族。原籍江苏江都，生于北京，是清初扬州八怪之一“两峰山人”罗聘的后人。先后入学北京大学文科国学门、北京大学研究所国学门，与史学家郑天挺、藏学家张煦（字怡荪）同学。1924 年毕业后，在教育部任职，与鲁迅同事。兼北大讲师，女师大、北师大教授。后任教中山大学、浙江大学、北京大学、长沙临时大学、西南联合大学、云南大学等。著有《中国文学史导论》《陶诗编年》《陈子昂年谱》《魏晋思想史稿》《汉魏六朝诗选》等。

20 世纪 20 年代中期曾在京师公立第一女中主编《高中国文选》《高中学术文选》。其有关语文教学的论文尚有《文学史与国文教学》《国文教学与人格陶冶》等。本文原载《国文月刊》第 34 期（1944），翔实记录了三位不同风格的国文教师对其本人的影响，是一份可以由此想见当年国文教学实际的珍贵资料。

民国二年的寒假里，我考进了京师公立第二中学校。

当时北京一共有四个公立中学，直属于京师学务局，学务局本来是清代八旗学务公所的化身，四个公立中学也大半是八旗官学的改组。第二中学在东城史家胡同，其前身便是左翼八旗官学。

民国初年的学制定为中学四年，一律冬季始业。辛亥革命后，这新改组的京师公立第二中学还保留着左翼八旗官学的旧生三班，所以民国元年入学的新生便称为第四班，我们这一班数下来就是第六班了。这时学校一律是单级制，所以我初入学的这一年，校中共有学生四班，即第三班至第六班。

甲午战败以后，清廷派了大批的学生到日本去留学，我们的校长文冠英先生便是那时候的早稻田大学师范科毕业生，所以校中的教师大半是日本留学生；只有国文老师不是留学生，但都是在前清有功名的。

这时校中有三位国文老师，教第三班和第四班的是伊鉴湖先生，教第五班的是景月岩先生，教我们这一班的是王璞如先生。伊老师名人镜，京兆武清县人，前清拔贡，是一位老名士。王老师名毓华，京兆宝坻县人，前清举人。这两位是全校国文重心，喜好国文的学生，都以能受教于这两位老师为荣幸，而我们这一班恰好遇到了王老师。

小学生在初升学的时候，对于学校和教师大率有一种新奇和仰望的心情，尤其对于素所喜爱的功课，其注意尤为深切。我一向是喜欢国文的，所以刚一入校，便以渴望的心情期待这位新的国文老师。

第一周的国文钟点到了，铃声才住，讲堂外慢慢的走进来王老师。值日生喊“一”，大家立起来。王老师踱上讲台，向大家微微一鞠躬，随手把挟在胁下的讲义放在桌上。值日生喊“二”，大家坐下，值日生赶着向每人的座位上发讲义，王老师背着手在台上左右的踱着，目光轮转注视着每一个学生。

王老师这时年约四十五六，身量不高，肩背微驼，瘦长的脸上突出两个高颧骨和一个大鼻子，浓眉大眼，奕奕有神。后面的头顶业已全秃，推光的两鬓也已斑白。穿一件半旧灰布皮袍，整洁而朴素。就在这没有开口的一两分钟之内，同学们不约而同的被他的气象慑服了，不由得从心里赞叹一句：“这才真是我们的老师！”

那是一种说不出来的感觉，简易、率真、崇高、严肃、凝重、亲切、安和、慈祥，这许多印象在面前构成了一座苍山，一窗春日，一池清水，一味醍醐。就是平常最调皮的学生，这时也不由得欠心定气，静默无哗，讲堂里立刻换了一番景象。

这一课讲的是“范祎与人论学文之法”，王老师操着本色的宝坻土音，声如洪钟，语言缓慢而沉着有力。读本文时抑扬顿挫，一字不苟，尤其是语势的转折，虚字的照应，经他一念，整篇文章就像一个人在面前说话一般，不待解释，已经大部分明白了。他只略略注释几个难字，黑板上写字极少，题外的话也极少。他写的一笔好苏字，在黑板上也一笔不苟，似乎是“就石书丹”一样；也是真的，下课后谁也舍不得拭去黑板上那寥寥的几个字。

一堂上过，同学们都好像打了强心针，个个精神焕发，谁都预备把国文念好。尤其是我们几个喜欢国文的同学，竟有“托身已得所，千载不相违”之感。

第一次的作文题出的是“国奢示之以俭论”，这在那时代并不算太深，因为学生中读过《礼记》《左传》的大有人在。批改后发卷的时候，又给了我们一个新的印象，文卷上照例是不批分数的，但王老师却按分数的高下把试卷排出先后，最先发还的三本课卷说明叫全班传观。写中佳句用密圈，命意好的地方用密点，圈点都是像刻书那样整齐。末尾照例有几句尾批，如“笔有炉锤，词无枝叶”，或“语虽妥适，迹近敷衍”之类。浓浓的墨，衬着那一笔苏字，使得你不好意思再来拿潦草的书法塞责交卷，于是大家又都努力练习起写字来。

就是这样一口气上完三个学年，王老师用的是林纾选《中学国文读本》，商务版，线装。第一册是清文，以下明元宋唐倒溯上去，最后是《战国策》和晚周诸子。选文的主体自然是归方姚曾和唐宋八家，但王老师再选时却又有他的一番斟酌。所以三年中虽然念了许多家的文章，竟如只念一家一样，风格意境，造句谋篇，都属于一派，一点也不凌杂。这样，无形中引起了大家读专集的兴味，我们几个喜好国文的人便相约各人读一部专集。我选的是韩昌黎，三年中把一部韩文大半背熟，作文因此长进了不少。但这些王老师是不管的，他只是按部就班的讲他的文章，出他的作文题，讲了又作，作了又讲。也不叫学生背书或默写，也不测验，也不考书。

旧式的国文教师如果是科举出身或书启师爷改行的，大半带一点八股味或八行味。这对于学生的影响是很坏的。但王老师却没有这些气味。他只是古文家而兼有理学修养，却也不标榜桐城阳湖。

王老师对于文字训诂考据的一套学问无疑是很差的，但绝不因此影响到学生的信仰。当时的中学课程到第三年要加授文字源流，这一年便在国文课中每周加一小时，仍由王老师担任，课本用的是商务共和国教科书《文字源流》。仅仅上了一两堂，大家便觉得这门学问实在非王老师之所长，徒自让他费力，便要求停讲，结果是改请伊老师每周讲一小时他自己编的《国文字母类编》。

这事在我们班上不能不算是一个奇迹，因为我们这一班是相当难对付的，常常会质问教师。假如换一位别的教师那恐怕只有辞职走路之一法，但**在王老师则大家只觉得“此课不必有，而此师不可无”。人格的感化力显然是超过一切的，王老师便是最好的实证。**

伊老师来上他的“国文字母类编”了，这在我们只是一个新奇，而并不感到亲切。伊老师似乎是“堂堂乎张也”的一流人物，将近六十的年纪，高高的身材，嶙嶙的瘦骨，清癯的面貌上配上稀疏的一把花白胡须。剃得光光的头，留着旧式辫顶，却从颈后把辫发戛然一剪。走路永远是挺胸阔步，双目上视，对于学生似乎有不屑理睬的神情。博学多能，少年时据说有才子之目。商务的《辞源》那时刚刚发售预约，尚未出版，伊老师便是全校的活辞源，但也只有教师才有资格请问。有时作一首诗或拟一副挽联，那些典故和古体字便令人摸不着头。隶书和行草都是学的伊墨卿，小篆也写得极好。在第三四班教国文的情形我们不大知道，但现在想起来恐怕是自我发挥的时候多。记得有一次旧历元旦学校不放假，伊老师很不高兴，便出了一个作文题，是“戴凭元旦说经坐重席论”。恰好学务局视学员崇镇东来查学，还把这个作文题记在查学报告上，着实表扬了一番。现在伊老师来教《国文字母类编》了，大家怀着好奇的心情，想从这里得到一些不传之秘，却不料闹得个败兴而归。

《国文字母类编》是一种说文解字摘要，从五百四十部首里摘出了大约二三百字，按天地人物四类分编，每部各约六七十字，每字便是说文的一条，例如“，巴蜀山名，岸胁之堆旁箸欲落橢者曰氏，氏崩，声闻数百里。象形，乀声。凡氏之属皆从氏，扬雄赋曰：响若氏隤。承旨切。”上课的时候，便照讲义念一遍，然后再在黑板上写两个字：“齿昔”，便算完事。上了几堂，大家感觉莫名其妙。恰好我和三位同班的同学正在相约自己念《说文》，我们除了一部大徐本以外，只有一部《说文释例》，算是唯一的参考书。但六书条例和反切方法总是闹不清，便相约到伊老师的宿舍去请教，意思是请他多开几部书名，以便参考。那知伊老师大不高兴，他说：“你们小孩子用不着问这些，好好把文章做通了要紧。”我们四个人嗒然而返，从此对于《国文字母类编》这一课兴味索然，上课时只偷偷的看旁的书，将就混过了一年。

但伊老师另一方面给我们的影响却是不可磨灭的，这时是民国四五年之交，袁世凯筹备帝制正闹得乌烟瘴气。北京的中小学校正在把员生名册汇钞给学务局作联名劝进的材料，一般的教育界忧于军政执法处陆建章的淫威，大都噤若寒蝉，独有我们的王老师和伊老师却在讲堂上昌言反对，王老师是很微婉的，常常出“闻诛一夫纣未闻轼君说”，“国家之败由官邪也论”一类的题目。伊老师则慷慨激昂，公然在讲堂上大骂“国贼”。其时袁党侦骑密布，我们都替伊老师捏一把汗；但满心积愤，又愿意借了伊老师来发泄一下。就在这一种矛盾的心情之下，维持着我们这班青年的正气直到袁氏的覆亡。现在想起来真乃“其功不在禹下”的。在这里，我始终敬佩着伊老师。

在第四学年的春天，学校发生了易长风潮，旧教师相率辞职，我自已也就不常到校上课，后来勉强参加学业考试了事。伊老师从此回返故乡，便没有再见的机会了。王老师还在北京另一学校教书，直到芦沟事变的这一年，仍然健在。我自己西南飘泊，不觉已满七年，王老师早该是七十开外的人了，但愿不久回到故都，能够重和他老人家见面。

以上这一段童年的回忆，不觉已过了三十年。在这三十年中，遭遇了两次世界大战，国内的文化教育，也经过了许多变迁。像“戴凭元旦说经坐重席论”这一类的作文题，是不会再在中学里出现的了；但中学国文教学上的许多问题，似乎还应该借鉴于三十年前，现在就以我亲炙门墙的两位老师作例，有几点是足供现代中学国文教师参考的。

文学的功用本在陶冶性情，最低的限度也应该知能并重。现在有些位中学国文教师似乎只在灌输文学知识，甚至不惜以村言俚语取媚于学生，作文技术的训练尚且不注意，“身教”更谈不上了。行与学离，学与文离，师弟相渎，教学交弊，天下所痛之事无有过于此者！在这里，我想，我们的王老师实在是最好的模范。

教学的目的在成就学生，不在表现教师。有些位国文教师似乎只为发挥自己，“进而不顾其安，使人不由其诚，教人不尽其材；其施之也悖，其求之也佛。”学生既不能实际受益，教师的表现也落了空虚，这实在是很不聪明的办法。在这里，我们的伊老师是可以为戒的。

近三十年来中学国文教材一贯的毛病是“杂”，姑无论学生不能讲清背熟，就是能讲能背也没有多大效用。但看每年大学招生的国文卷，几乎没有一篇略具风格的，就因为中学六年中没有一贯的涵泳。我以为：固然不必像我们王老师那样专讲古文，但能选讲一家之文连读二三十篇不换家数，也就足以培植下一种风格。学字尚不可每天换帖，学国文反到可以一日三迁，此所谓知二五不知一十者也。其根源都在吃了灌输知识的亏，如能以训练技能为标准，自然会深深地感觉到杂的弊害的。

近年讲文的方法也是吃了灌输知识的亏，什么作者介绍，文体说明，就占了大部分时间，到了讲本文时，教师与学生的精神已经是强弩之末，不能穿鲁缟了。此无异于叶公好龙，博士买驴，实在是本末倒置。我最爱谢上蔡称赞程明道的话，他说：“明道先生善言诗，他又浑不曾章解句释，但优游玩味，吟哦上下，便使人有得处。”又说：“伯淳尝谈诗，并不下一字训诂，有时只转却一两字，点掇地念过，便教人省悟。”我每读此言，便想到我们的王老师，以为颇有明道之风，尤其足以医近人买椟还珠之病。但这不是容易事，必须教师自己真能熟读深味，粹然有得，才作得来。否则即使预备得再充分，也不过多给了学生一些笔记的材料，到了“白战不许持寸铁”的时候，依然是一筹莫展的。

跟了**这买椟还珠的毛病来的是大量的写黑板，有些教师似乎以能使学生抄黑板为得意，不知假令移黑板上的字为讲义则他在讲堂上还能作点什么。我们的王老师是不大写黑板的，但同学们未尝感到空虚，反倒以为那些是材料应该自己翻书的，不应耗费上课的时间。**倒是王老师的念文章，是非实地领略不可的，这里又令我想到上蔡称赞明道的话：“古人所以贵亲炙之也。”

命题作文也是一套专门学问，不然会弄得笑话百出，一方面也戕贼了学生。我们的伊老师曾经出过“戴凭元旦说经坐重席论”，他以为学生都是读过两汉书的，那一次作文的结果如何我不知道。但有一次某种国家考试出过一个国文题，是“上天下泽履君子以辩上下定民志论”。原题并无标点，有一位考生是念过法律的，他把题目读作“上天下泽履君子，以‘辩上下定民志’论”。于是按照“于公共场所无故鸣枪，以妨害治安论”作了一大篇。五四以来，连我们王老师的那种“国奢示之以俭论”都少见了，这却是一个好现象，但近来似乎有点复古的倾向，据说某地的中学会考出过一个荀子的题，几乎全场交白卷。我以为荀子题不是不可以出，但必须学生念过荀子，正如一个士兵不是不可以上火线，但必须吃饱了饭一样。否则便是“不教而诛”，那是一桩无比的惨剧。

批改作文也是一套专门的学问，善改文者必须有点铁成金的手段，决不损伤原文，所以有时改一篇比作一篇尤难。有些教师改文并不顾及原作，只是添加一两段自己的话；有些人又却懒得改，只是胡乱圈圈点点，加一个“清顺”或“明通”的批。这种批改对学生毫无益处，久而久之，学生对于发下来的文卷，视如无物，只不过换取分数了事。作文的功用，到此已等于零了。**我们的王老师真是善于改文，有时只增减一两个字便风神顿异；但这也不是容易事，必须教师自己的文章作得好，才能得心应手，勉强是作不来的。改卷的书法对学生的影响也很大，假如教师的字写得工整匀齐，学生先不敢存一个轻视的心，对于改笔，必需注意；否则潦草模糊，学生知道教师无诚意，自然轻师废学，不求进益，结果必致两败俱伤。**程子说：“某写字时甚敬，非是要字好，即此便是学。”我们的王老师是做到“敬”之一字的了。

成绩的观摩对于学生的向上心是有很大的帮助的，青年率皆好胜，观摩成绩是最好的鼓励方法。我以为，我们王老师按次第发卷和传观佳卷的办法是可以采取的，这样可以使优者励而劣者勤，我们那时同班的同学便是受益的一群。

总括一句话，**凡事必无幸致，要学生好必须教师自己好，尤其是国文课，真是“诚之不可掩如此夫”的。教师如能反躬自责，充实光大，则无形中“身教”的收获，必较“言教”为多，不必空谈教学法，而教学法自有水到渠成之妙。**有诸己而后求诸人，无诸己而后非诸人，所藏乎身不恕而能喻诸人者，未之有也。

岁华如箭，当年一个刚刚十四岁的小学生，转眼已是昔年王老师的年纪了。蹉跎老大，所学无成，寒雨秋宵，家出万里，追述往事，对此存殁殊途的两位老师，不禁无限的慕恋之怀。

70　坊间中学国文教科书中白话文教材之批评

余冠英（1906—1995），中国古典文学专家、作家。字绍生，笔名灌婴。江苏扬州人。毕业于清华大学中国文学系，后在清华大学、西南联大、北京大学等校任教。诗、小品、散文、小说都很出色，同时代的吴组缃教授称余氏是清华的代表作家，代表了清华的文风。由他主持编写的《中国文学史》是古典文学研究领域中的重要成果，经他主持编选的《唐诗选》为公认的唐诗最佳选本之一。

抗战期间任西南联大教授，与朱自清等主编《国文月刊》，对国文教学多有建设性论述。本文系联大师范学院教材教法研究讲稿之一，原载《国文月刊》第17期（1944）。余氏当年与朱自清、李广田、浦江清等名家均在该院亲授国文教材教法课程，足见该院坚持师院特色的远见卓识。所憾者余氏该课程的全部讲稿未见结集出版，本《论典》特辑录上述诸氏相关论文，供同好一窥当初教材教法鼎盛状况的鸿爪泥痕。

现在我们所要批评的对象只是坊间的初中国文教科书，因为高中国文教科书里仅有极少的白话文，或完全没有白话文。

在批评之前我们得想一想中学国文教学的目标。我们须先知道在中学里国文这一课应担负些什么责任，然后再考查那些教本是否适合。

我们政府当局和一般教育家希望中学国文课所负的责任很不轻，很不简单。我们看了教育部颁布的初中国文课程标准，知道初中国文课必须做到：

（一）使学生养成运用语体及语言叙事说理表情达意的技能。

（二）养成了解一般文言的能力。

（三）养成阅读书籍的习惯和欣赏文艺的兴趣。

（四）使学生从本国语言文字上了解固有文化，并从代表民族人物之传记及其作品中，唤起民族意识与发扬民族精神。

这要求已不算不多，而有些国文教本的编者还要藉教本灌输些“国学常识”，指示些做人立身的大道理。须知初中三年间的国文课，以每周六小时每学期二十周计算，不过七百小时（从前在私塾里专攻国文的人每日要用九小时，所以现在初中学生在三年中学国文的时间只抵得从前人的两个多月），如希望国文教学收到实效，目标实不宜太大，太多。

上面所举初中国文标准四目中，除第二目只关涉文言教材外，其余都是白话教材所应全负或分担的责任，也就是编选白话教材的人所应注意的目标。我想目标还可以简单化一下。

使学生“了解固有文化”，以及“唤起民族意识，发扬民族精神”本都不是国文课程独有的任务，也许历史、公民等课程对这几方面责任更应该多负些。在国文课以内，白话文教材更有理由推卸这种责任。

从白话文固然也可以“了解固有文化”，但“了解固有文化”通常的意义就是“古典的训练”，和文言教材的关系密切得多。白话教材乐得不管。代表民族的人物本是古多于今，他们的传记和作品自然是文言多于白话，“使学生从代表民族人物之传记及其作品中，唤起民族意识与发扬民族精神”，也可以交给文言教材去负全责。这样，白话文教材只要合于三个标准：

第一、适于给学生做写作的范本。

第二、能培养学生欣赏文艺的兴趣。

第三、能培养学生读书的兴趣。

这三条的意思不出上文（一）（三）两目的范围。我在前面已说过，为了求在教学上收得实效，目标必须简单。白话文教材的编选只须注意这三件事，其余概可不顾。我们批评坊间国文教本中白话文教材，也只凭这三个标准。

△　　　△　　　△

作为初中学生写作的范本，现在坊间国文教本的白话文教材不免有些缺点。首先要谈的就是有些选文的文体不宜使青年仿作。有些选文颇有“文病”，不是好的榜样。

白话文发展到现阶段，并未有一个定型。现在放在我们面前的白话文，粗分可有五种：

一是古白话文，像元曲的一部分和《水浒传》、《西游记》等。

一是“欧化”白话文（这是指为欧化而欧化的），如“直译”的译文及某些人的白话文。

一是文言化的白话文（不纯粹的白话文），如宋人语录，“林语堂派”，和周作人俞平伯两先生的一部分作品。

一是大众口语化的白话文，如老舍先生的小说和一些方言文学，通俗文学。

一是普通白话文（暂用此名）。这是通用于一般智识阶级，大体依着“怎么说就怎么写”的标准，适度地欧化，有时也不免夹一点文言，但不失为明白流利的白话文。

在这五种白话文里为初中国文选教材，标准不只是好不好，还有适宜和不适宜。我想至少有两种是不适宜的，就是欧化的和文言化的白话文。

就白话文的发展趋势说，欧化是不可免的，为了救济白话的贫弱，欧化是有益的，但是欧化要顾到中国语言的消化力量，“过度”就会发生“文病”。现在的白话文因欧化而成的“文病”就不少。大家许还记得《论语》半月刊所指摘的那些“可憎的白话四六”吧？那些白话文的毛病有许多就是从欧化来的。（那时候最有影响的作家似乎是徐志摩先生，徐先生自己的文章是欧化而有好成绩的，但他的影响却不见得怎么好。许多人从他的文章学写成了“白话四六”。）

我在坊间国文教本里就发现了不少有“文病”的文章，而有“文病”的病源就在“欧化”。例如：

“他睡在一间胡乱叫做书斋的房中一张躺籐椅上，照那样子看去，可以称为是午后二时光景的夏天打盹。”

“有时因为一两匹小蝇在他的眼缝或嘴角的湿津津的处所吮咂得厉害，便“唔”？的在梦中发出了向来不曾有仇但为什么定要来烦扰的不得已的抗议。”

“动的概念于是就占据了我这时全部的生命。”

“他们不相爱，也不能相爱，春的一次眷恋。”

这些句子有的太噜嘛，有的简直欠通，其样式是欧化了的。我想假如依照旧的样式说话，这类的“文病”就不会发生。

当然欧化并非一定要发生“文病”，即使是“过度的欧化”有时也不过是“难懂”，“欠自然”，而不一定至于“不通”。但如让初中学生从这些难懂的文章去学欧化，结果一定是不通。（“站在自己两只脚上的女子”就不易使他们懂，也不宜使他们学。）而初学写作的人所爱模仿的正是那些他认为新奇而不甚了解的文章。

文言化的白话文在今日似乎有两种，一种是写惯文言，不脱旧调的作者所写的白话文，例如梁任公先生所译的《十五小豪杰》。另一种是糅杂文白，以见风趣的小品文，如林语堂先生所提倡者。

我们承认前一种文体有其便利，后一种文体有其趣味，但不赞成选给初中学生作范文。理由很简单，初中学生才粗通白话，丝毫不会文言，如学着人家的样子，不文不白，亦文亦白地“风趣”起来，结果是不堪想象的。

因此之故，我们对于坊间国文教本选录那些程子语录，郑板桥家书，周作人小简等等也不以为然。

其次，坊间国文教本里有些白话范文的内容非初中学生所能领会。如周作人的《喝茶》，所写的是前一辈闲人的“生活艺术”，和青年人的生活是隔膜的。无论作者谈得怎样透彻微妙，青年人绝不能体味“于瓦屋纸窗之下，清泉绿茶，用素雅的陶瓷茶具，同二三人共饮”的趣味，也看不起这种趣味。（假使这种趣味能影响青年，更不是什么可喜的事。）

又如周作人的另一篇文章《沉默》，对于初中学生也不相宜，不相宜的是那“冷讽”和“玩世”的态度。这篇文章是很可欣赏的，因为其中有“幽默”。可是，“幽默”也只是成年人才能了解的东西。“幽默”也值不得对中学生提倡。

古白话文中往往有些活泼矫健的地方，过于今时的白话文，是可学的。不过选录古白话文时，应注意不要阑入那些“贫”气的和夹杂文言的。至于略有些难懂的，和今时语言不同的地方倒无妨。坊间中学国文课本里的古白话文多选自元曲，和《水浒传》《三国演义》《红楼梦》《镜花缘》《儿女英雄传》《儒林外史》《老残游记》等书。除《镜花缘》和《三国演义》可不选外，其余都还适当。

古白话文中许多是当时的大众口语。今时大众口语化的白话文在中学国文教本中尚不曾见过，我想原则上是可以选的，取材或者不容易，方言文学，通俗文学自然都不适宜，不过在小说中当可节取到一点。

至于白话诗，我以为仅可选那些有声音之美的，缘情的。根据传统，我们不妨认这种诗为正体。至于取散文形式及偏于说理的诗只可认作诗的别体。给中学生读，只能选正体的诗。让他们知道诗和散文显著的区别。“散文诗”和“哲理诗”的名称是否妥当，姑且不去讨论，单就中学生的程度说，这些名称只会将他们弄糊涂。我以为这个意思尚值得中学国文教本的编者参考。

在坊间中学国文教本中教材浅深次序的配置，白话文部分似不如文言文那末得宜。很显明的一个深浅倒置的例，就是鲁迅先生的《秋夜》和《风筝》的排列。这两篇是多数中学国文教本所选的。有些教本将《秋夜》放在第一册开端几篇之中，《风筝》放在第二册下半。《秋夜》这篇文章写意深隐，在白话文里实在不算是容易懂的，我就曾听见好几位教中学国文的朋友说讲解这篇时颇感困难。而《风筝》倒是浅显得多。为什么有些编者喜欢这样编排呢？说来倒有趣，原来因为学校始业多在八九月间，翻开课本就读《秋夜》，正是应景。为了同一理由，《风筝》就该安排在放风筝的时节去讲读了。编教本的人往往爱注意这些末节，可是结果并没有什么好处。

坊间中学国文教本里有些缺点就是因为编撰的体例不妥而产生的。有些教本将选文作为“文章讲话”的例子，有些将选文的门类分别得非常琐细。这样便发生一种流弊。门类要求完备，例子要求丰富，有许多文章便为备格充数而入选，并非为了学生的需要，有时也就顾不到适宜不适宜的问题。而许多该入选的文章地位反被一些不相干的篇什占了去。

某初中国文教本所选描写风景的文章具备春夏秋冬四季景色的描写，又分写日，写月，写雪，写山林，写乡村，写海洋，写瀑布，写潮汐，写湖，写池，写溪，写泉，写花、草、树木等类。抒情文则具备为景物，为人类，为国家，为社会，为友朋，为亡者，为家庭，为故乡，为离别，为环境，为世界而感发的各种，试想这样岂不像描写辞典？**描写辞典对于学写作的人本来就没有丝毫用处。编国文教本的人绝不可有重视描写辞典的观念。**

国文教本中花样繁多，不但无益而且有害。编者为每一种花样找一两篇例文并非难事，然而要彼此相称，浅深得宜，就很难了。其中有勉强充数的文章又何足怪？

△　　　△　　　△

第二个目标“培养欣赏文艺的兴趣”是文言文和白话文两种教材

共同的目标，但就初中学生的程度说，这目标对于白话教材更切近些。这目标的意义应扩大去看。国文课如能使学生欣赏文艺，学生自然从文艺得到陶养性灵，扩展想象，了解人情物态等益处。可以收到德育美育智育三方面的效果。在明白文学功能的人必不觉这话有何夸张之处。中学课程具有感化情性的功效者共有几种？音乐课和图画课的地位恐难与国文相比。国文课千万不要忽视“引起欣赏文艺兴趣”的教育意义。

针对这一个目标，中学国文教本正该将文艺作主要的教材。文艺作品应该在选文里占大多数。据说中学生对于课本中的语体教材兴趣比较好些，尤其偏在文艺方面，（本刊第 10 期朱自清先生《教本与写作》文中有这样的话。）这样是正顺应学生的爱好，教学更容易收效。中学国文教学偏重文艺，也有人不以为然。但仔细想想，这目标并没有错。

文艺作品中包含记叙，抒情，描写各体。说明和议论有时也能容纳在其中。**假如国文教本将大部分篇幅给予文艺作品，小部分给予说明和议论的文章（内容也可以偏文学），则对于文章各体实际上已经兼备，并无偏枯之弊。**

注重了文艺，并非就是放弃了应用。“应用”的意义不能看得太狭，学生有了用文字叙事说理表情达意的能力，就能应用。应用文在文理通顺的人只要晓得格式无不能做。晓得格式并不是难事，另有专书备查，正不必一一在国文教本里陈列出榜样来。有些中学国文教本选录了许多“报告书”、“宣言”、“发刊词”、“简章”、“政纲”、“方案”、“祝词”、“缘起”、“告示”等等，徒然占了有限的宝贵篇幅，应该赶快腾让腾让给文艺。

坊间中学国文教本中应该腾让给文艺的地位多得很。如“天演人生和治学方法的说明”，“修养南针与教育理想之指示”，“建筑与国防与产业的说明”，“农村崩溃及其救济方法之叙述”，“哲理之喻解”，“政治之探讨”，“民生之理论及实际”，“内地市镇与通商大埠之经济及文化状况的记述”，“国家政策之敷陈与宣告”等等的“教学目的”

(均见于某初中国文教本的教材支配表）都该放弃，该集中精力于最重要的目标，不要侵入他种课程的范围。

坊间中学国文教本对于引起欣赏文艺兴趣这一目标的注意似尚嫌不够。其所选的文艺作品也未能全和这目标相应。坊间教本里的文艺作品，多数是抒写小小情事的短篇，在形式和内容两方面都该算作“小品”的东西。少有沈重的，强健的，关系到人生大问题的那一类。这样会使学生误会文艺就是这么纤柔小巧的玩艺儿，养成的兴趣便不会正确，影响当然是不好的。

这种现象本属难以避免，一则在现在的白话文学里本缺乏那些分量重、意义大的作品。二则这类作品中长篇为多，教本所选都是短章，稍长就不能容纳。然而未尝不能用节录和翻译来补救。节录的方法之不可不用，在下文还要论及。翻译的文章在有些国文教本里是可以见到的，有些教本里则绝无。傅东华先生所编的初中教本就悬了一条“译品一概不收”的例，他不曾说明理由，我以为是不可解的。就坊间教本所选的译文看来，鲁迅，周作人，徐志摩，夏丏尊诸先生的译笔都是精洁可读的。如所译都是名家杰构，就更有意义了。

△　　　△　　　△

第三目标也是很重要的，要完全达到前两个目标，恐不得不拿“引起读书兴趣”做一个手段。我想大家都曾注意到一个现象，就是**凡是写作和欣赏能力较高的学生都是爱看“闲书”的**。他们正因为多看“闲书”才增进了写作和欣赏的能力。**教本和教师的力量都不如“闲书”**（我们自己学国文的经验也可以印证)。国文课内的时间太少，强迫阅读和自动阅读的效果也不能相比，教本的能力不如“闲书”是当然的。**教本应该趁早请“闲书”来相帮。**

第三目标不过是第二目标的扩大。这话可并不是说要把学生的兴趣从读文艺书籍扩展到他种书籍去。国文课应该以能引起学生读文艺为满足，不必存其他奢望。学生读历史的兴趣该让历史课去引起，读算学的兴趣让算学课去引起，毋须越俎代庖。**这一目标的意义是要学生将兴趣从阅读单篇短章，扩展到读整部的书。**叶绍钧**先生在《论中学国文课程的改订》**（《见中等教育季刊》第2卷第1期及《国文月刊》第15期）**一文中曾谈到只读单篇短章的坏影响。他并且主张用整本的书做国文教材。他的大意是说单篇短章的教材将使学生眼花撩乱，心志不专，仿佛跑进热闹的都市，看见许多东西，可是一样也没有看清楚。并且，读惯了单篇短章，老是局促在小范围之中，魄力也就不大，遇到了大篇，将会望而却步。如以整本的书为教材，虽然在短短数年中读不了几部，但可藉此养成读“书”的习惯和能力。这些话都是很有道理的。**

不过，在已有阅读“闲书”兴趣的学生，教本是整本的书或是零篇并无多大关系。读闲书不读整本是不能“过瘾”的，他自己会养成读“书”的习惯。若是有方法引起学生自由读书的兴趣，教本是短篇也无妨。而且短篇自有短篇的结构，短篇自有短篇的特色，事实上也不当完全屏之于教材之外。

从教本引起自由读“书”的兴趣，我以为并非没有途径。假如多用节录的方法从整本的书里取教材，一定会有相当的功效。从整本的书节取教材，只要教材本身是有趣味的，自会引起学生读全书的欲望。我相信学生读了《景阳岗》和《林冲》（皆坊间中学国文教本从《水浒传》节取的教材），读了《刘姥姥进大观园》和《黛玉的死》（皆坊间教本从《红楼梦》节取的教材）之后，总会有翻一翻《水浒传》和《红楼梦》的欲望。教师在讲授这些教材的时候，便很自然的介绍了原书，对教材的剖析研究，同时也就指示了读原书的方法。教师如要指定学生去读一读原书也非常自然，例如使学生预习《景阳岗》的时候就可以教他们到《水浒传》里去查查武松的来历以及到景阳岗以前的事迹，既读之后又可使他们查查武松后来的经历。这样教本和“闲书”便有了连系，学生对教本和“闲书”的兴趣都会因此增加起来。

事实上，如以整本的为教材，绝不能如讲授短篇那么仔细，只能抽出几段来精密剖析。结果等于以几本书的大部分为粗读教材，小部分为精读教材，和以整本的书为课外读物，以其中一部分为课内教材，并无多大差别。而用前法绝不能同时选用许多书作教材，用后法倒可使学生多接触几本书。所以对学生读书习惯的养成，这方法也许是不容小视的。

节取的方法，坊间国文教本已稍稍采用，我们的要求是将节取的范围扩大。

另外还有一法可以并行，就是多选名家作品。从节取而来的教材可以指引学生读整本的书，从单篇短章的教材也希望能指引学生读作者的他作。名家多已有文集流传，外国名家作品的译文也比较容易得。**学生于教本中尝了一脔之后，如欲求更大的满足便可自己去翻阅作者的文集或作品的译本。而名家的名字或本为学生所熟知，或因教师的讲起而钦慕，皆可因之而引起去读他们全部作品的兴趣。**至于坊间国文教本中那些在题下署着“佚名”，或在注释中写着“作者生平不实”的作品，便不能有这种益处。事实上除了节取的教材，篇幅本已无多，略选几个名家的短篇就够了，有些教本“特约”书店编辑，教育名流来写文章，实在是大可不必的。

△　　　△　　　△

以上虽就白话教材讨论，有些地方也兼及文言教材，其并非有意越出范围，有些问题本来是共同的。这些意见并非以实地教学经验作根据，恐怕有许多地方是不切实的。在座有几个同学曾教过中学国文，希望把自己的意见尽量告诉我。

（三十一年五日一日讲）

71　论中学国文应以文艺性的语体文为主要教材

李广田（1906—1968），著名散文家、诗人。山东邹平人。读中学时曾受教于王森然先生。北京大学外语系毕业后，回到济南教中学。曾与北大学友卞之琳、何其芳合出诗集《汉园集》，被人称为“汉园三诗人”。曾在西南联大、南开大学、清华大学等校任教职，历任清华大学中文系主任、副教务长，云南大学副校长、校长等。

1944年，作者写成《中学国文的道路》一书，系统阐述了自己对于改进中学语文教学的见解，全书共分七章；本文系该书的第四章。原载《国文月刊》第31、32期合刊（1945），选入本《论典》时略有删节。在这一章中，作者针对阮真等人的一些观点予以驳诘，从一个文艺家的视角，提出并论述了“中学国文应以文艺性的语体文为主要教材”的主张。这一主张，虽与当时一般人的见解不尽一致，但也不失为“一家之言”，适用于某些特定的学生与学校，仍能给人们以启发。

（一）

一看到“文艺”两个字，也许就有人要说：“小小的中学生——尤其是初中学生——还谈得到什么文艺呢？”假设这问题需要我来回答，那我却要说：“不但初中学生，连小学的国文教材也是应当以文艺性的文字为主，也或者还可以说，小学校更该如此。”

贺恩（Hone）说，**“无论那个儿童，都是个艺术家，做教师者，须引导他享受美术，表现美术的室中去。”**

休格（Hueg）说：**“文学当从儿童入学之第一天谈起。”**

麦克莫利（Mcmurry）说：**“小学的课程中，欣赏之要求，当以文学为最有势力**。因其不仅益人以智慧与理智，如其他科目者然，而尤能益人以高尚的情感，与艺术的判断，及道德的与宗教的情操也。”

实在，这并不只是兴趣问题，而是与学生整个生活有关的。

小学教材中多故事，多歌谣，多比喻，多用草木鸟兽拟人化，这已经是文艺的初步了。必须这样，小学生才喜欢读，读了才有用。顺便说一句，最近报上说，“以后中小学均须用国定课本，据说虽是小学国文课本，也已经充满了教训意义，而把鸟唱歌狗说话的荒唐故事都取销了。……”（大意）我不知道这消息是否正确，然而我实有担心，万一实行起来，那以后恐怕又要闹“小学国文程度低落”的问题了。我们相信大多数青年人是喜好文艺的，尤其是用白话写成的文艺作品。谈到青年人是否大都喜好新文艺一个问题，在我想，该是一个没有甚疑问的事实，但假如有人反对此说，我也无法和他辩论，因为我手中还没有科学方法统计出来的数字。因此我也不愿意在这个问题上多所阐发。我只想讨一个方便，抄一点现成材料，代替我对于这个问题的讨论。我所要抄的材料是来自阮真先生的《中学读文教材研究》。

阮先生在讲“教材分配”一问题时，总是把文艺性的教材，如小说、文评、诗歌、词曲、剧本、小品等，作为辅助教材，而以“实用教材”如讲演文、叙记文、传记文、书牍文、碑志文、哀祭文、序跋文等，当作主要教材（见阮著《中学国文教学法》46 页至 50 页），然而他在《中学读文教材研究》第八十二页论“量的分配”时却又说道：

“如果说初中学生一学期 200 多小时的光阴（国文科上课自修合计）只欲读这类（差不多完全是杂志小说中来的）文字四万多言，那真是下下的低能儿了。我记得我在十二岁时读《三国志演义》，一个多月读完了《三国志演义》）的文字，不比现在的初中语体教材浅，而我那时的国文程度，不比现时初中学生高，何以读书的成绩，反能超过十倍呢？如果照现在初中教学读文的分量来推算，那么一部《三国志演义》的分量，可以读五六年。我实不信初中学生的读书能力低至如此！但我这里所批评的还是教科书的分量。实际教学的教材分量又如何呢？我知道有许多教师还说教科书教不完，还要打过七折八扣，甚至打对折，那么每学期实际教学的分量，不能超过三万字了。这些还是专拿教语体文讲的。如果拿专教文言文来讲，那更可观了。在死解文句的教师，往往把一篇四五百字的古文，可讲三点钟，每星期的教材不过一千字，那么一学期的教材分量，不能超过二万字了……”

阮先生这段话非常有趣，也很有意义。阮先生不相信“初中学生的读书能力低至如此！”我们也不愿相信，但事实却是如此。其所以如此者，或因为有些白话文——虽然是白话的然而性质却不合于青年的需要与兴趣，至于古文，那更为青年人所不喜好，“能力”既差，又不喜好，如何能有好成绩呢？阮先生似乎很不以那些“死解文句”的教古文的教师为然，试问，不死解文句，又将如何呢？不死解文句，学生不懂；死解文字了，还是不能融会贯通，每学期虽然读了二万字，但我相信这二万字对学生还是没有多大受用。巴金、老舍的小说有长至数十万言的，大概不用老师讲，当然也用不到“半年”工夫，初中二年级学生当可以自己千方百计在堂下读完它，说不定当教员正在堂上讲那些“死解字句”也不懂的古文时，学生还正在下边偷看这类新小说呢。在语言文字的训练上，在人生的体会上，究竟哪一方面的材料比较好些，这是一个容易解答的问题。所以阮先生用自己的例子来说，以十二岁之幼龄，以一月余之时间，竟然读完了《三国志演义》，这是什么原因呢？关于这一点，我依然要用阮先生自己的材料作为解释，阮先生在《中学国文教学的问题》一书的第 11 章“一个改良私塾之教学法”中说：

“我从八岁到十岁，在黑暗私塾中读了三年书。虽然读完了四书，但是只会背诵，不会讲解，毫无成绩可言。从十一岁到十三岁，家中专请一位半通的教师教读，也不过略能讲解字句罢了。我在这三年中，虽然读完了《左传》《幼学句解》，并且读了半部《礼记》，但是还不会造句作文，也没有成绩可言……”

那么阮先生以一月读完《三国演义》的时候，也就正是读《左传》《幼学》《礼记》而“没有成绩可言”的时候了。《左传》《幼学》《礼记》，虽经先生讲授而无成绩可言，《三国志演义》是无师自通，费时少而成功多，为什么呢？因为《三国志演义》是白话的，而又是一部很好的文艺作品，而《左传》《幼学》，尤其是《礼记》，不但文字艰深，而且那所讲的东西实在毫无趣味，与一个十二三岁的孩子的需要相去太远了！中学的教材问题也正与此相同。可惜阮先生于讨论“教材分配”的时候却忘记了他自己的经验，却把书牍、碑志、哀祭、序跋之类的所谓“实用教材”看得那么重要！至于现行教育政策之要求中学生“深切了解固有文化”，现在坊间一般教科书的教材之深僻，那就更莫名其妙了！阮先生是主张以学生的“需要”为教材选择之原则的，但如阮先生所根据的“需要”恐不是学生自身的需要，以我的经验来说，我很少遇到过需要碑志、哀祭一类文章的中学生，硬把这种“需要”加给青年，第一就先违反了学习兴趣的原则，而兴趣又是由于需要而产生的。阮先生曾以小孩欢喜吃糖为喻，以为小孩对于吃糖诚然有兴趣，但是吃得太多了就会有害。小孩吃糖，自有其生理上的需要，不许他吃糖也不行，无论如何，你不能用辣椒，用苦瓜去代替糖果。像糖果对于儿童的身体之有营养一样，文艺之于中学生，对于其心理，其精神，其向前向上的发扬上，也同样是一种营养。于此，我仍不愿多加解释以免被讥为“文人教育的偏见”，我只举出两个教育家的意见来代替我的意见：

Hall-Quest 是主张中学生应读文艺文的，他的理由有五：

1. 为求知识——文学是一种传播知识的工具。

2. 为增加读者应用词句的数目。

3. 为培养读者的文学风格——常常和那些著名的作品亲近，可以培养自己的风格。

4. 为舒畅精神——**艺术解释生命，所以使人领略生命，享受生命。**生物身体需要些甘美的食料，所以生物精神酷爱含有愉快的文学作快感的刺激。这些作品可以领着我们到别一境地。这种舒畅的兴味，应当用教育方法方能养成，使我们精神不受感觉上的兴奋，却受那些新鲜宝贵的意义所鼓励，并受那些可爱的生命上生活理想所造成的休养安闲境界所欣慰。

5. 为领会生活之美——**读了许多作品，吸收了许多最好的意思，于是就酷爱这种精神上的环境，一天一天把自己人格变成许多作家精神所影响的人格。这种美的观念，我们若是越能够接近，那么我们的世界，我们的人格，就越发高贵了。**中学生不久就要为生活事业所驱逐，所以必定要把高贵些的，长久些的东西放在他们心里，将来可以不受一时代的，好像流水一样的浮动事物所引诱。文学要提高了个人欣赏程度，从感觉上愉快到优美欲念——调和、匀称、简朴与一致（这种种算是人生之中美的条件）——的境遇。

Inglis 说：

1. 文学的阅读可以实现中学教育中社会公民的目的，因为文学使阅读的人有更多的人间经验。多和人的行动接触，文学可以使个人心理在无形中创造些理想、思想和感触，种族的精神遗传，就从文学上带给学生了。

2. 文学的阅读可实现中等教育中自我安适的目的，因为喜欢阅读，知道怎样阅读，是中学生的生活要件。文学可以发展他们欣赏的标准，同时使他们在不妨害社会公民的目的上得受个人的愉快。

以上均见于周铭三、冯顺伯合著的《中学国语教学法》（十五年商务出版），所可遗憾的是我不能知道 Hall-Quest 和 Inglis 在其他方面的主张。但从这里所引的话看来，已是相当高明的见解，虽然以今视之，也许嫌稍旧了一点。**他们的主张都太重视了精神舒畅，个人安逸以及生活之美，若让我们来补充一下，似乎还应加上："积极的文学作品，可以增强中学生的意志，可以鼓励他们奋斗精神等……"**

总之，文艺可以启发青年的想象，丰富并平衡青年的感情，增强其生活意志……一言以蔽之，文艺不但可以使学生欣赏，仿作，而且可以造成其高贵的人格，而这又是教条式的教训，或任何空论，以及实用教材所不能办到的。

阮先生一再感叹中学生程度之如此低劣，但究竟哪一方面的教材使学生低，哪一方面的教材可以使学生渐渐高起来呢？阮先生总爱把青年人分成两等，一等为天才生，将来继续作高深研究，似乎只有这些天才生才配以读文艺作品为主；另一等为低劣生，将来中学毕业后只配就业，他们就只应当以"实用"为主。其实这里阮先生还应当添写一笔：有钱的将来可以升大学，当然可以作高深研究，当然不必早早就业，在中学时就可以以文艺为主；至于穷学生，那就只好早早打住，学一点"实用"的就够。其实，有多少天才生或有钱的学生都不能升学，有多少低劣生或穷学生却步步上进，而且，即便是穷学生或低劣生也不见得就自己甘愿自己只以目前的"实用"为止，也不见得就不愿意自己进一步地上升或研究，我们办教育的，尤其是教国文的，为甚么反而要替他们画一道打住的界限呢！其实，越是比较低劣的，越应以文艺性的读物去启发他，诱导他。试问，假如这种最易为学生所接受的文艺性教材尚不能启发学生的心智，难道那种毫无趣味的"实用教材"或甚么"固有文化"之类的东西就能够办到吗？

（二）

我想我对于“文艺性教材”一语应当作一点解释，“文艺性教材”与“文艺作品”并非同义语，那教材也许并当不起“文艺作品”之名，但只要是“文艺性”的就好，只要不是说大道理的，教训人的，不是斤斤以“实用”为目的的，而是得体的描写或记叙，只要写得美，写得有趣就可以。譬如文艺作品中最为中学生所喜欢的，是小说。但我们所要选为教材的，不一定是“短篇小说”，更不能用“长篇小说”（除非课外阅读），只要是故事性质的，近于小说的就好些。又如诗歌，无论新旧，中学生总都爱读，不过比较旧的，他们却是更喜欢新的。而且他们自己表现起来也只能用新诗，不能用旧诗，旧的既不易懂，又不能把握那写旧诗的工具，当然也不易欣赏，更不能仿作。我们必须知道，在某一意义上讲，有多少青年人都是“没有作品”的诗人，而现在中学生写新诗的，实在也不少，我们教国文的人正应当因势利导。以剧本作教材，并使学生于教学之后亲自表演，这也许是最易招人反对的办法。但我以为戏剧确是很好的教材，多幕剧自然应当于课外阅读，独幕短剧，或用对话体写成的文章，却可以放在教本里。戏剧是最富于表现力，最易使青年领会，直接表现人生世态，说明人生葛藤，社会内幕，以及发掘人性深处的作品，对于青年人的作文，说话，体验生活，都有最大的帮助。至于散文，那更是青年人最容易学习的，他们自己的作文多是散文形式的。我所说的偏重文艺性的教材，当以散文为占多数，而散文的种类又是繁多的。用了这种新颖的，与实际生活切近的，最易接受，最富感染力的文艺性教材，我相信可以引起学生对于国文一科的兴趣，因而可以使之增高对于国文一科的重视，因而可以渐渐把国文程度提高起来。

这样的国文教学，在很早以前大概就有人主张过了，因为在十五年前阮先生在《中学国文教学的问题》第五章“中学国文教材之问题”中，就已经对“主张专教现代文艺”的提出了三个疑问：

甲、尝试未成功的现代文艺，是否已经评论家承认有文学上比较固定的地位与价值?

乙、欧化的译文语调，与中国语调差得很远，不通英文的学生，有无学习的困难?

丙、现代文艺适合于中学国文教材的有多少?

这些疑难，我们可以说都不成疑难，因为现在十几年又已经过去了，在这十几年中，现代文艺的进步可谓突飞猛进。说现代文艺是“尝试未成功”，这当然不对。关于欧化问题，我的看法是这样，初中学生的选材中当多选简单明快的文字，到了高中，自不妨选句法比较复杂的文字，只要欧化得通达，当然可以懂，也可以学，因为这样才可以使语体文的表现手段更丰富，更多变。至于第三个疑难，我的回答是这样，适于作中学国文教材的现代文艺当然不少，但精选起来也许不见得够中学六年之用，然而我没有主张除“现代文艺”之外绝对排除其他文章，我只是说应以“文艺性的语体文”为主罢了。

以“文艺性的语体文”为主要教材，在这个范围中，当然还须另有选择标准。文字当然要选好的，但太深的就不能给低年级作教材，太浅的也不能给高年级。余冠英先生在《坊间中学国文教科书中白话文教材之批评》（《国文月刊》17 期）中曾举例说：

“有些教本将鲁迅先生的《秋夜》放在第一册开端几篇之中，《风筝》放在第二册下半。《秋夜》这篇文章，寓意深隐，在白话文里，实在不算是容易懂的，我就曾听见好几位教国文的朋友说讲解这篇时颇感困难，而《风筝》倒是浅显得多，为什么有些编者喜欢这样编排呢?说来倒有趣，原来因为学校始业多在八九月间，翻开课本就读《秋夜》，正是应景……”

只顾应景而不顾学生程度与教材的深浅是否相当，是一个绝大的错

误，而且，由我看来，不但初中一年级不能读《秋夜》，高中三年级也未免勉强。

至于有些文章，其写作技术诚已巧妙，其深浅亦与学生程度相当，然而其所表现的内容却不见得宜于作中学教材。关于这一点，我很赞成下面这段话：

“……有许多文学，从青年的教育立足点上看起来都要排斥的。我们从文学眼光看文学，当有一副见解和标准，若从教育眼光看文学，当另有一副别的见解和标准。我所提倡的青年文学是教育化的青年文学，我盼望青年文学要渐渐地有人特别创作，叫我们好选择材料。……”

（见周铭三、冯顺伯著《中学国语教学法》）

推其极致，最善的文学作品当然也要能发生一种最善的教育作用，然而它的作用之如何还须视读者的修养程度而不同。即如对于中学生施教就不能不注意到中学生的特殊心理。譬如描写两性关系的作品，当然有很好的，但中学生读过之后却容易发生弊病，又如颓废派的作品，当然也有很好的，但中学生读过之后也容易变得颓废起来。**为中学生选教材最好是选那教育标准与文艺杯准能两全其美而不致发生任何偏病的作品。**

（三）

中学国文教材，一方面既应以文艺性者为主，另一方面又应当以语体文为主。我的理由是为了要能够办到“教学做合一”。

第一，我主张中学生应完全废止文言文的写作（但不主张完全废止少量文言文的选读）。因为，将来从事文艺创作的，自然专用白话写，至于学术研究之发表，调查研究之报告，也以白话文为方便。那么还有什么场合可以用文言文吗？假如一定要用，那就是所谓“应用文”，如书函、公文、哀祭……之类，姑不论这些应用文字将来也可以用白话写作，而且将来也只应当用白话写，就只说青年人把时间精力为了这种应用文字而作无谓的消耗一点，在青年人的时间精力如此宝贵的时代，就是一件极其可惜的事。而且，反正社会上有一批人专门作这种事，即使自己不肯去找这类人为自己办应用文，到临时也未尝不可以自己办理，又何必在中学时代一定让他们枉费精神呢？对在这一点，阮真先生在原则上是赞成的，他在《中学读文教学研究》第二章第二节论“中学国文科教学的目的”中说：“语体文字好比通行的行楷书法，文言文要变成古籀篆隶了。那么不但中学生没有学习文言文的必要，就是大学文科学生除了少数研究古代文学者外，大多数的学生，只要学近代文艺的语体文，不必学文言文了。这种主张，在原则上说，我是很赞同的。但是从事实上说，我有三条不能赞同的理由。”

他的三条理由，大致是这样的：

1. 要改变社会习惯，把一切应用文改用语体，这是很不容易的，为了适应环境，应当寓改造于适应之中，是要逐渐蜕化，不能骤然突变。

2. 从文学史的眼光看来，也是渐渐的去旧换新。

3. 语体文的材料工具，是从古文中搬过来的，不能独立，等语体文的建筑设备非常完善的时候，自然少有人做文言文了。

阮先生的意思是说一切改革都是“渐渐地”，但我们为了叫它“快快地”，就需要有人去推动，去提倡，正如政治革命之必需有一个过激的政党，一切成法的改造也必须有一部分勇敢的先驱。中国人就吃了“渐渐”的亏。虽然有人在作积极的改革，然而事实上却仍是“渐渐”的者，那是无可如何的事，那只能怨我们的力量尚未尽到，只能怨改造的对象太顽固，太不听话，那就更需要我们加倍努力。何况，我们不应当忘记了我们的本题，我们是要把中学生的国文程度提高，是要使学科繁多，生活日益多变的中学生拿出时间精神来提高国文程度，他们要作的事情多得很，正不必为了那个“渐渐”的事实而让他浪费时力，至于我说不尽废文言文之阅读，是为了有一部分人将来还要读古书，作专门研究。但那只是一部分人的事。蔡孑民先生在《国文之将来》中说：

“从前的人，除了国文，可算是没有别的功课，从六岁起，到二十岁，读的写的，都是古人的话，所以学得很像。现在应学的科学很多了，要是不把学国文的时间腾出来，怎么来得及呢？而且从前学国文的人是少数的，他境遇好，就多费一点时间还不要紧，现在要全国的人都能写能读，哪能叫人人都费这许多时间呢？欧洲十六世纪以前，写的读的都是拉丁文，后来学问的内容复杂了，文化的范围扩张了，没有许多时间来摹仿古人的话，渐渐儿都用本国文了。他们的中学，本来用希腊文、拉丁文作主要科目的，后来创设了一种中学，不用希腊文了。日本维新的初年，出版的书，多用汉文，到近来没有不是言文一致的。可见由间接的，趋向直接，是无可抵抗的，我们怎能抵抗他呢？”

“全国人都能读能写”，这还是“将来”的事，现在为了叫中学生“都能读能写”，也不该让他们费去太多的力量去既要学白话，又要学文言，“将来”的事，不能等“将来”再说，假设不是为了“将来”，“现在”又有什么意义呢？只要我们的眼光永远往前看，我们就应当更勇敢些，而且也就应当更爱惜一些年轻人的生命力！我们不必为了狭隘“应用”而苦中学生学文言文，至于大学生之学习文言文，那应当另作别论。

既然如此，那么现在一般教科书中的大部分材料都可删去，因为与中学生作文无关，当然不能实现“教学做合一”的原则。教学做不合一，“教”“学”不以“做”为中心，教者自教，学者自学！陶行知先生在《中国教育改造》中说：

“教学做是一件事，不是三件事。我们要在做上教，在做上学。在做上教的是先生，在做上学的是学生。从先生对学生之关系说，做便是教；从学生对先生的关系说，做便是学。先生拿做来教，乃是真教；学生拿做来学，方是真学。不在做上用工夫，教固不成教，学也不成为学。”

陶先生又说：

“教学做合一是：教的法子根据学的法子；学的法子根据做的法子。事怎样做，就怎样学；怎样学就怎样做。”

也许有人要问：以“做”为中心，那么中学生的国文一科，其目的就在于作文吗？是又不然。除了学作文——学着表现自己的思想感情——以外，当然还要求“知识”。任何知识都有用，而“知识”的范围又极广，作为一个中学生，一个现在青年，比较那些大多数是用文言文而且是很难懂的文言文记载旧的知识，倒是更需要那些用白话文记载的新知识，对于这些新知识，不但要“获得”而已，而且要变成生活中的工具或内容，要把书本上的，变成生命中的，自然，他们以后还要用文字表现出来。何况，所谓“做”，本来就不是只指“做”文章说的，做文章是做，行为，生活，都是做，表现自己思想感情的作文只是做的一部分。教学做合一，说是以作文为主也可以，放大开来，说是以“生活”为主也可以，而学的目的也原是为了生活。谈到这一点，我们就更有理由可以问：是应当让青年人浸在腐败浆液里边呢，还是应当让他们沐浴，并泅泳在新鲜活泼的永远向前奔流的海洋里边呢？生活、思想、文章，原是一致的，请再回头看看前文中所举出的国文教科书目录，那些文章是代表了什么思想，什么生活呢？

总之，中学生应当写白话文——其实现在已大都这样实行，那么教材也应以白话为主，而以浅近平达而毫无腐败之气息文言文为次。读文，作文，是一致的，比较读古文写白话进步当然快些。等白话文写通了，写好了，而学文言文也就容易些。关于这一点，阮真先生有一段话说得很好，他说：

“按诸学习心理，凡一种训练既经成熟，则必有助于他种类似之训练。如英美中学生学德、法文较易，而中国学生学英文较难，即其例也。反之，如一种训练尚未成熟，而即为他种训练，则脑筋中两种印象混合不清，结果必至两无所成，如英文未粗通者，同时并学法文，即其例也。今学白话文至半生半熟，同时即并授文言文，结果必至文白夹杂，似通非通。今日之中学生，皆蹈此病。而按诸其每年改二千卷文卷之经验，凡白话文根抵通顺者，学为文言，进步较速，而亦较为通顺。其中虽尚有智力的成分，而于上述学习心理之理论，亦可证明不误者也。此外尚可反证者，其历年所教高中师范学生，在初中时代教员偏求文言文者，学生虽有作文言之习惯与倾向，而其头脑愈不清，文字愈不通。此固由于教材教法之不良，且尚有其他复杂之原因，不足为充分之反证者，然于白话文学习未成熟之时，早学文言，使其夹杂不清，亦有相当之成分在焉。据此理论，则今日中学生白话不通，言文不顺，夹杂不清者，早学文言之咎，非迟学文言之咎也。……”

（阮著《中学国文教学法》附《与汪典存先生论中学国文教学书》）

白话比较文言文容易学，所以要先学白话文。白话文为什么容易呢？第一是因为白话文分段，加标点，而且造句合乎文法，其与口语相近，尤属最显著之便利。第二是白话中所表现的思想都比较进步，与青年的理解相去不远，故易于领会贯通。白话文读多了，写惯了，自已思想既可清楚，笔下也可自成律度，然后再学文言文，自然容易。至于写通了白话文之后是否即应再学文言文（或者是等到大学再学），那还是一个问题。关于这一点，我赞同叶绍钧先生的主张，他说：

“假如真能运用语体叙事说理表情达意，已经足够了，不必再写文言。对于最具有亲切之感的语体，假如还不能运用，就得加工修习，无暇再写文言。”（《论中学国文课程的改订》——见《国文月刊》第十五期）

（四）

以文艺性作品为主要教材，可引起学生用功的兴趣，以白话文为主

要教材，使学生易懂易学，这样在教学过程中才可以谈到欣赏。一谈到“欣赏”，就容易发生一种错误，那就是“不求甚解”。喜欢教新的文艺性教材的之所以教不好，之所以教了仍无成绩，这“不求甚解”恐是原因之一。在中学生，虽然是白话文了，文艺欣赏也并不能说是一件多么容易的事。欣赏的快乐须通过种种工夫才能获得。有些人不教新文艺，以为这类东西无可“讲”，那是因为他们不懂新文艺。至于有些人虽然在堂上教新文艺，然而只是上堂叫学生念念，或者只是让学生随便看看，便算尽了教学的本分，那真是太冤枉了学生！我以为对于这些用“的吗呀了”写成的东西也必须先经过一番“疑义相与析”，然后才能“奇文共欣赏”。我主张给学生讲新的文艺作品——或训练青年人阅读新作品——应当像教物理化学或几何代数一样，须把文章分析得清清楚楚，像作数理题一样才行。作者、时代、环境、作品、创造过程、章法、句法、字法、印象、比较、批评，以及其中人情世态，无巨与细，都应当由教师的指导和学生的努力弄得一清二白，然后再翻复细读，这才能谈到欣赏。**事实上也许并不必每篇都这样作，但必须常常这样作。**至于只从文章中看看故事，只看热闹，尤其是爱看恋爱故事，或奇诡记叙，至于其中有些字还不能认得准确，文章内容尚不能有一个大致的轮廓，这样，在读的当时也许有动心处，有领会处，然而时过境迁，便不再发生作用，对于生活，对于作文，都没有什么帮助。这种随便看，随便念的办法，只能算是消遣，不能算是欣赏，因为读者根本尚未透彻了解。对于新教材是如此，旧教材也同样应当如此。有些人以为教授旧文学作品是容易的，以为只要查查生字，注注典故就行了，我却以为不然，我以为使学生能真正欣赏旧文学作品是更困难些，难处不在字句典故，而在能复现作者的时代空气。譬如在挥汗如雨的夏日，讲冰雪凛冽的冬天，假如能说得人不寒而慄，那就算十分成功。这并非不可能，只是不容易。正中高中国文第六册中有阮籍的咏怀诗十七首，其中有些句子真是好极了，譬如：“寒风振山冈，玄云起重阴，鸣雁飞南征，鶗鴂发哀音。”“绿水扬淇波，旷野莽茫茫。走兽交横驰，飞鸟相随翔。”“芳树垂绿叶，清云自逶迤。”“灼灼西阳日，余光照我衣，迴风吹四壁，寒鸟相因依。”……这些句子看似容易，讲起来就非常困难，因为这些都需要从作者那时代的整个空气中来理会才行。至于只讲字面，或者只当作一些“自然现象”“时令变化”来解释，那就不是阮籍的“咏怀”，也就没有什么意味了。但这也并非不可能，只是不容易。**假如有的教师能设法使今日之青年体会到古人之生活氛围，我就真佩服他们的本领。**在另一方面说，以今日之青年来欣赏与自己时代环境相去并不甚远的作品，当然也就比较容易一些。

能了解，能欣赏，也能写作，在国文教学的范围中说，已经算是可以了。作文与读文既紧紧相连，而二者又与时代生活相关，文章的内容足以诱发其情思，文章的形式，足以供其模仿。这样学生作出来的文章，才不至于小小的年纪便已经“代圣贤立言”，才不至于满纸口号标语，才可以写得真实自然，才可以真正进步。说得好笑一点，才可以像一个“作家”似地那样写作，虽然作文的目的并不是把每个中学生都造成作家，因为这是不必要的，也是不可能的。但作文应以“创作”为极致，这可以说是毫无疑义的吧。

（五）

我说中学生作文要能像一个“作家”似地写作，这并不是随便说着好笑的，这乃是我的主张之一。**中学生不一定人人都学成作家，中学教育也不以造就青年作家为目的，然而当我们单论国文一科时，我们为什么不应该期望中学生的写作能达到较高的境地呢？中学的课程都是常识，然而中学生的前途却不以常识为限。不管教者自己的造诣如何，但每一个教者都应当期望他的学生能走上最好的道路，能有最高的成就。**一个数学教员就应当希望他的学生将来专门研究数学，成为数学家，一个图画教员，就应当希望他的学生将来专门研究图画，能成为画家，那么一个国文教员呢，当然希望他的学生将来能专从事于国文方面的工作，希望他们能成为文学家。至于希望学生能成为道德家，成为历史家，成为学术思想家，甚至成为“古董”，那都不是国文一科所负的责任，**我们只承认国文一科的责任在于能使青年读好文章，写好文章，如此而已**。中学生是一个“人”的萌芽，他受种种培养，哪一方面的培养较好一点，哪一方面的培养较合适于他的性格一点，那么他将来就在哪一方面开花结果，每一个中学教员都是一个园丁，而且都应当做一个最尽职的园丁。从艰苦的作文训练，到愉快的创作实践，乃是一条大路的两段。而创作的实践，正应当从青年时代——中学时代——开始；所谓“诗人者，不失其赤子之心者也”，正当“不失其赤子之心”的时代引领他走向创作的道路是极其合理而又非常容易的。假如稍稍有些创作经验了，通过了这些经验，就可以增加其欣赏能力，进而增加其批评的能力。在这一段落当中的国文教学，比较课堂上的课本教学，倒是更应当注重课外的阅读；比较课堂上的命题作文，倒是更应当注重课外的写作。此在低年级的学生或者不能或不宜这样作，但到了较高的年级，就应当而且可能这样作了。在这情形下，一个国文教员假如不肯用功或无暇用功如何能行？假如一个学校里没有很好的图书馆如何能行？至于学生的学习时间不够，那更是不行了。这是我们在前边讨论过的问题，此处不必再说了。

中学生的国文道路就照这样走下去，假如他是能创作的，一直创作下去。至于他在创作方面有无好的结果，那却不必多管，要紧的是叫他有这种训练，有这种趣味，有这种风格。正当的文学修养对于一个青年——一个人——的作用，我们在前边也已经说过了，假如他升大学，那固然很好，如不能升学，他踏入复杂多变的社会，这前一段的文学训练对于他的用处就更大，更重要。那么假如他不再走创作的道路呢，年龄大起来，理智发达起来，学问趣味浓厚起来，他就可以走研究的道路，这大概就已经踏入大学的阶段了，在这里他需要获得一切必须的研究工具。但必须注意，这所谓研究还是就国文系方面而言的，而且他这以后的研究工作，还应当继续在中学时代的影响之下。他将用了自己曾经有过的（或者还正在进行着的）创作经验，以及欣赏的修养，再加以在大学中学得的工具去研究文学遗产，而且，他在以前的国文训练期中，已经获得了一种新的观点，新的看法。只有用了新的见解与新的修养去了解旧的作品，才不致为旧的东西所束缚，而能够利用旧的，获得新的发现，才能在旧东西上给以新的光照，而能够给它以新的估价。正如懂得了外国作品，对于正确地了解本国东西之有帮助是一样，有了新的思想，对于了解旧的东西也极有帮助，而且只有这种研究的结果才有意义。不但对旧的文学遗产应当如此，即对于一切旧的文化都应如此。所谓了解“固有文化”云云，就应当如此。一切旧的东西，都有其历史的意义，但研究这种历史的意义却是为了“现在”，更是为了“将来”。生命派史家克洛采（B. Croce）的话是很对的，他说：

“须将过去涌现于现在当中，而后才有历史的意义。”而且，只有用现在的眼光，而且是望向将来的眼光，去观察过去，才能够知道哪些旧的东西应当传播，应当发扬光大，而哪些无用的甚至有害的东西都是应当遗弃的，埋葬的。论判新与旧的问题，我想再没有比 Ralph Fox 的话，更公允的了，他说：

“过去和现在是一样的重要，我们要把过去带着向前进，所以我们要注意，不要负担过重，我们要能够从过去选择那些真正于我们有帮助的东西，而暂时地去掉那些于我们有害的东西。”

“带着过去向前进”，这是研究旧东西的正确意识。而这种正确的意识之培养即应发长于中学时代的训练。站在国文教学的立场上看，我认为国文的道路是应当这样的。

“为学”与“做人”应当是一元的，不应当是二元的。一个人的学业应渗透其人格，而其人格修养也应当渗透于其学业。而这二者融会起来，也可以表现于另一事业上，或某一职业上。**我把中学生看做一个“人”，我从他的过去，现在，一直看到他的将来，我希望每一个人都应当努力达到那最好的成就，不管他是低能的，还是天才的，不管他是贫穷的，还是富有的。**我不愿把中学生看作截然的一段，以为有些人或大多数人都必须出学校，入社会，作保甲长，作小商人，或作人家的文牍秘书之类的事业。但从另一方面说，我所期望于中学生的这条道路，仍不妨碍他去作这些事业，他有一点文学修养，他有一点新的眼光，他可以作一个很好的保甲长，小商人，文牍或秘书，而不至于太卑鄙，太狄隘，更不致于堕落而不成“人”。

72　国文教学识小篇

傅庚生（1910—1984），古典文学研究专家。辽宁沈阳人。20 世纪 20 年代初读中学时，即掌握了古典诗词的格律及作法，为日后从事诗词研究奠定了良好基础。1934 年毕业于北京大学国文系。历任北京弘达学院中学部、东北大学、华西大学、北京大学、东北中正大学、西北大学教职。曾任西北大学文学院院长、中文系主任、古典文学教研室主任等职。有专著《中国文学欣赏举隅》《中国文学批评通论》《杜甫诗论》等多部。

20 世纪 40 年代中期，傅氏与叶圣陶、朱自清、夏丏尊诸君晤识，并应邀在成都一中、市女中、甫澄中学等校任教。本文原载《国文月刊》第 48 期（1946），选入本《论典》时有删节。文章意在为中学生国文程度低落的病症处个方剂，虽无创兴一种教学理论体系的企图，却也放论纵横，类比允当，促发浮翩联想，理融其中，恰似一部极具可读性的国文教学概论。

一　前言

十几年来，社会上便常有人说一般学生的国文程度日渐低落了。我就是在这低落声中做了十几年国文教员的，很觉得脸上无光。时时也引咎自责，因为这低落的责任，教学的人应该肩负一大半儿；学生们不过是替咱们露出马脚来罢了。全国担任国文教学的老师自是成千累万的，但这千分万分之一的责任，我到底也推诿不得。现在写这一篇不成形的文字，姑且也算对这低落的病症处了个方剂，用它来塞责。

本刊刚由开明书店接办的时候，我便收到叶圣陶先生一封信，嘱我给本刊写一篇关于国文教学与学习上切实问题的文稿。当时便想写下这十年教学的一得之愚，就正于先进诸师友。还想恳托叶先生替我介绍夏丏尊先生，特别谌正我这扣槃扪烛的意见。因为功课很忙，未遑执笔。不久就听到夏先生谢世的噩耗，使我为“无常”流了泪。六月初，学校里的课程结束了，我就拟定了题目，动笔来写。到中旬，刚写了几段，就接到国文月刊社为纪念夏先生编刊专号征文的启事，指定要改进中学国文教学意见的文稿。我准备请益于夏先生，落了后；写纪念文字，却占了先。“无常”真是惯会捉弄人的！

二　分节目

提起医生处方，我便想到沈括《梦溪笔谈》里的一段：“旧说用药有一君、二臣、三佐、五使之说。其意以为药虽众，主病者专在一物，其他则节级相为用，大略相统制，以此为宜，不必尽然也。”姑且依着这条贯来处一个方：

明诚（一君）　融情思　端志向（二臣）

教学一贯　学思并重　新旧兼通（三佐）

咬文嚼字　缘情度理　深入浅出　触类旁通　分析综合

（五使）

这未免有削趾适屦的毛病，但似也无妨。我原没有创兴一种教学理论体系的企图，只想拉杂写一些偶然奔凑笔端的话。

三 明诚

人类和禽兽不同的地方，就在前一代能把经验传授给后一代。**教与学是多么伟大、神圣的事！这真善美的大门，只有相接以诚才能敲打得开**。你下帷读书，要做到《荀子》所说的“致好”的地步，“目好之五色，耳好之五声，口好之五味，心利之有天下”，不欺人，不自欺，掬出这一点诚心，方能有些成就，不负你十载寒窗的坐守。你设帐为师，要秉持《学记》上载着的“待问”的态度，“善待问者如撞钟，叩之以小者则小鸣，叩之以大者则大鸣。待其从容，然后尽其声”，不傲，不赞，本着这一点诚心，尽先知先觉的职责，才能辅成百年树人的大计。

学问是探求宇宙人生一切真理的，学问的本体就是诚，教的人与学的人目标都在此，所以《中庸》上说：“诚者物之终始，不诚无物。”教与学是为探求真理才有的设施，学问的方法也不外一个诚字，所以《大学》上讲“正心诚意”的功夫。本体和方法又是二而一的，所以《中庸》上又说：**“自诚明，谓之性；自明诚，谓之教。诚则明矣，明则诚矣。”**人类用他们的智慧去寻求真理，前一代的至少有筚路蓝缕之功，后一代的按理该奏发扬光大之效。师生之间能够推诚相与，衔接一气，竭尽才智去探讨发明，便算各自尽了本分。教的人能够循循善诱，把自己辛勤获到的心得指点给来学的人，一片至诚笼罩在他们的身上；所谓“精诚所至，金石为开”，自然再不消慨叹什么师不严，道不尊。学的人能够把自己所致力的学问，穷其原委，好而乐之，一片至诚放在学问上，功夫深，铁杵也磨成针。君子之学是“入乎耳，著乎心，布乎四体，形乎动静”的，自然也不消担心什么学不成，名不就。可见**明诚是教与学走上成功之路的不二法门**，逡巡顾盼于这明诚门外的，便是所谓门外汉，都应该尽早收其放心，踏进这门限去。

教学以诚的人，偶而也许会招惹一些烦恼。譬如说他不肯自家去表褯，那一般听惯了别个吹擂的学生，也许因此便低估了你，冷淡了你，譬如说你诲人谆谆，有些学生也许听之藐藐；你情诚意切至再至三的开导他，也许他反而厌苦说是老生常谈，或者说不过是几句婆子舌头话。这些都无妨。稍假时日，他们会逐渐了解你的，况且说人不知而不愠的总是君子。我们本不是左手施舍出一些什么，马上又伸右手去讨还一些什么的人。章学诚说：“深识之士，喑默无言，自勒名山之业，将俟知音发之；岂与容悦之流较甘苦哉！”**喑然往往是诚的表现。为学也是如此**。荀子云：“无冥冥之志者，无昭昭之明；无惛惛之事者，无赫赫之功。”**专默精诚是成功的酵母，酝酿的功夫是不可少的。所以归根结蒂还是一句话：要固执不移的教以诚，学以诚。**

四　融情思

人类凭着愿望与思考去观察宇宙，改善人生。感情是力的源泉，理智是能的武库。最高的智慧便是诚，无上的受用便是乐，诚与乐都起于情知的诉合。孔子说：“知之者不如好之者，好之者不如乐之者。”便是讲为学的光景的。只是理智上的“知”道应该为学，感情并不在此，就不免要“一心以为有鸿鹄将至”；无源的水是流不长远的。所以它不如感情上的“好”喜为学，源泉混混，不舍昼夜。只是感情之好，理智不来补界它，又容易流于散漫偏颇，不能底于履中蹈和的境地，所以情知翕习的“乐”学之士总是如此道中的上乘。诚明有自而情知调达的便是乐，乐此不疲而表里如一的便是诚。**诚与乐互为因果，乐是至诚，诚也是至乐**。所以能探得教与学的真乐的人，自然便会明诚；能明诚以教以学的人，自然便会感受此中的真乐。孔子说“自行束修以上未尝无诲”，是教者的诚；孟子便又说得天下英才而教育之是君子的一乐。颜子终日不违如愚，是学者的诚；他也便能一箪食，一瓢饮，在陋巷，终于不改其乐。

情知的相融会，当然不是一蹴可就的事，多少人都因为情知的矛盾而无所适从的迷惑着。所以博学、审问、慎思之后，要加上一番明辨的功夫，为学就要明辩为学的层次。《礼记》中的《大学》篇就是论说这层次的："知止而后有定，定而后能静，静而后能安，安而后能虑，虑而后能得。"**人知道了自己生活的目的（知止），就有致力的正鹄（有定）了。有了正鹄，虚灵的心得到着落，总能够渐渐的"静"下来，也就是"正心"。**这只是理智上的认识要如此，还不十分可靠，**待到感情也"安"于如此总能坚定不移，也就是"诚意"，**所以又说："所谓诚其意者，毋自欺也，如恶恶臭，如好好色，此之谓自谦。故君子必慎其独也。"

教与学的人都应该似这般一步步的走上去。先生的职责是教，学生的本分是学。**所教与所学是求真、求善、求美、已经"知止"了。"有定"了没有？能"静"而"安"了没有？能"虑"而"得"了没有？教与学的人可以自己去问自己。晓得了自己的造诣，就该"欲穷千里目，更上一层楼。"**

我们不寻思一番情知的䜣合，便无由理会明诚的着紧处；不见识一番为学的境界，就不会心仪乐道的卓绝处。一讲起道理，就更仆未可终；实践起来是不知觉间便有进益的。读到这里的青年，不要望洋兴叹，畏难短手，说明诚难，乐学不易。时机正在你们的眼前！你们溺于物欲还不深，你们的赤子之心也还灵未通味，及时努力，是可以事半功倍的。孔子说："生而知之者，上也；学而知之者，次也；困而学之，又其次也；困而不学，民斯为下矣。"我们不敢想望自己是"生而知之"者，也未必甘心"困而不学"。你们正是在学的青年，顺理成章的便有"学而知之"的份儿；在我已是"困而学之"。所以我已将是"不足畏也已"的无闻的人，而你们正是"后生可畏"。

五 端志向

定静安虑的功夫，都是从“知止”生出来的，可见人要成功一番事业或学问，立志是第一着棋。今日在学的青年，“述志”一类的题目，眼睛里早已看烦了；“有志者事竟成”一类的话语，耳朵里早已听腻了。自从“立志”二字公式化了以后，许多青年就和它绝了缘。“人是混水鱼，混到哪里是哪里”是他们的人生观。在学的时候如此，毕业之后便也听天摆布，听人摆布的鬼混着，盲人骑瞎马，在社会间熙来攘往，最后躺进棺材便是他们的“止”！

我们从事国文教学的人，也应该做到两件事：一是**帮助所有的学生都能用语文表达自己的情思，便是“辞达”，**二是**帮助可能走上文学的路的青年发见他们自己的天才，便是“辨志”。**学生希望做到辞达，已经需要对于国文发生些学习的兴趣，才能进求行文的技巧；做到辨志，兴趣便更加要浓许多，性之所近当然要声应气求的。教学的人必须设法引起大多数学生学习上的一般兴趣与少数的特殊兴趣，才算“循循善诱”。只照顾到平均发展而忽略了特殊的天才，不免是“记问”之师；只注意几个成绩较好的学生而不理会全班的进度的，又不合“有教无类”之义。

有子说：“君子务本，本立而道生。”**教学与求学，“学”便是本，**一切教学与求学的方法（道）都是从学的根本中来。所以孔子说：“学而时习之，不亦说乎?”又说：“温故而知新，可以为师矣。”**方法是要贴切着学来运用的，**所以孔子说：“吾党以小子狂简，斐然成章，不知所以裁之。”“樊迟请学稼，子曰：吾不如老农。请学为圃，曰：吾不如老圃。”**教学方法像是海洋里的灯塔，不是商店前的霓虹灯。**

文学的教材，本然的便可以唤起人们的情趣，和专专诉诸理智的自然科学等不同。若能情知相辅，由了解进抵欣赏的境地，教与学在这上面的乐本是无涯涘的。不怕是寻常的教材，教学的人果然能够深濬它到八九分，自家凿破此片田地，不拾他人涕唾，讲述出来的自然会别有一番光景；学生也可以各随其分的领略到二三分或五六分。这样的教与学，自然便乐在其中，学生向学的兴趣也会渐渐培养成功了。

兴趣要萌动于自己的心上，**学问之道，贵能自得**。俗语说的“师傅领进门，修行在个人”，是颇有道理的。教学注重启发性的辅导，也是这个意思。孟子说：**“君子深造之以道，欲其自得之也。自得之，则居之安；居之安，则资之深；资之深，则取之左右逢其原。故君子欲其自得之也。”**“自得”是学问的滥觞，也是学问的尾闾，学问是终始于自得的。“居之安”是情知的欣合，立志由于它；以后每逢有新的认识而进造一境时，也由于它；到最高的成就，像孔子从心所欲不逾矩的光景时，仍然是由于它。它不断的新生、进步、发展，一直到真善美的极致，是最高的学问，也是无上的自在。

六　教学一贯

“子曰：‘吾道一以贯之。’曾子曰：‘唯。’子出，门人问曰：‘何谓也？’曾子曰：‘夫子之道，忠恕而已矣。’”（《论语·里仁》）孔子说的是一贯，为什么曾子标出忠恕两个字来呢？原来忠恕只当得一个仁字。“夫仁者，己欲立而立人，己欲达而达人。”（《论语·雍也》）己立己达便是忠，立人达人便是恕。忠恕的本体是仁，行仁的方法是诚，所以吾道一以贯之。这一贯的道理可以应用到教学上。**教与学的宗旨是仁——真善美的极致，教与学的方法是诚——良知良能的自觉与发挥，己立己达便是学，立人达人便是教**。教与学是一件事的两方面，应该是一以贯之的。

近来**中学校里各科教学都多少有些脱节跟驾空的现象，**国文一科更甚。**恐怕便是忽略了这教学一贯性的缘故。**

多数的教师不能明诚以教，学生不能明诚以学。初中的学生成绩达不到预期的标准，胡乱升入高中去；高中的学生成绩达不到预期的标准，胡乱升入大学去。学生时时在躐等，时时在跻高致蹶，当然发生脱节的现象。教育当局看到脱节，就想弥缝。所以初高中的课程与教学往往有叠床架屋的地方，大学的一部分时间，又要复习高中的课程。**学生的课业像是已经煮得“夹生”了的饭黏，任凭你再加上去几道火力，它永远要停滞有那内生外熟的线上。结果是弥缝不起，反而把所脱的节拉得长了。**

多数的教师不问学生的志趣与程度如何，只是选一些艰深的教材，填鸭子似的塞进学生的肚皮去。学生不理会立志，也不知道自己所需要的是什么，能领略的教材反嫌它粗浅，不能理解的反充强胃口，生吞活咽下去。不能消化与吸收，当然发生驾空的现象。**教育当局制定的教材，更是宁失之深勿失之浅的，反而把所驾的空抬得高了。**

学生像是患了肠胃病的孩子，照料他的人偏又不分清昼夜晚的给他不易消化的东西吃。渐渐这孩子看见食物就头痛。你把食物塞进他的嘴时，看他像是在咀嚼着；你一转身，他却偷偷的“吐哺”了。因此，中学生里面重视国文一科的寥若晨星。大学一年级的学生把国文看成无用而丑陋的尾巴。连一些大学中文系学生真能志在学习文学的都是凤毛麟角，有的想着横竖各系都一样，有的是姑且“住”一年说，有的是不得已而为。这是脱节与驾空必然的结果，人哪里会对他所不能了解的东西发生兴趣呢？

国文一科，这几年来可以说是走了厄运。大学生多半去学经济、学工了，中文系的学生数目少得可怜。中学生大部精力时间都用在数理跟英语上面，不但课余自修的手眼放不到国文上，连上国文正课时都“心不在焉”的了。

国文教师中弹老调子的，抱着一种“孺子不可教也”的态度，在课堂上瞟也懒得瞟学生一眼，书像是讲给自己听的一般。有些倒是诲人不倦的，又不大讲求方法，上课时讲得舌敝唇焦，学生却视若无睹，听若罔闻，书又像是讲给墙壁听的一般。不负责任的恐怕要占大多数，他们认为不必再给这些病入膏肓之孩子们苦乐吃了，反正是不济事的；有的随缘随喜的讲授几篇烂熟的古文，有的节外生枝的敷衍一阵闲话，便算了事。少数要负起责任来的，又感到一暴十寒，费力不讨好。譬如要学生课前预习，课后复习。学生的课余时间已经尽量用在数理等学科上，时间不敷分配；凭你这国文课也要这样煞有介事的起来，这官司打到教务处去，怕也要国文教师碰上几个软钉子败诉的。不能预习，课堂上便无由讨论起。学生是一向用惯了耳朵听进的，没有用脑用口的习惯；而且本来是在受着脱节驾空的教育，无言之学是藏拙的上策。教师鼓励他们讨论发问，碰到几个闷雷之后，便也心灰意懒，“委蛇委蛇”了。

总括起来说，一般国文教师因为丧失了教学的兴趣，也泯灭了私塾时代的遗传；大家以为现在教国文和从前私塾里教书是一回事儿，就承袭了成规。这办法的最大毛病，在乎学生太少运用心力的机会。一篇文字，一本书，学生本来不甚了解的，坐在教室里听教师逐句讲解之后，就大概了解了（听了一回两回的讲解，实际上决不会彻底了解，只能说“大概”）；这其间需要运用心力的，只有跟着教师的语言来记忆，来理会，此外没有别的。天天如此，年年如此，很够养成习惯了，可惜那习惯是要不得的。**“凡是文字书本，必须待教师讲解之后才大概了解，即使能够一辈子跟着教师过活，也还是脱不了依傍的弊病；何况学生决不能够一辈子跟着教师过活！”**“要使一般中学生能够了解普通的古文和古书，以及白话文学作品，**现在的国文训练，特别是中学时代的，实在嫌不充分。多讲闲话少讲课文的教师，固然不称职；就是孜孜兀兀的预备课文，详详细细的演释课文的，也还不算好教师**。中学生需要充分的练习。练习包括预习、讨论、复习三步。每一步还有许多节目，这里不必列举。这些细目在各种国文教学法书中，都会或多或少的加以讨论。但**我们现在所需要的，是切实的、有恒的施行；理论无论如何好，不施行总还是个白费！练习的主旨无非是让学生自己发见困难，寻求解决；到了解决不了时，自然便知道需要教师。**这时候教师的帮忙，效用定会比一味演释大得多。这是让学生用理解力。解决的过程和结果，还得让学生常有复习的机会，才不至于全然忘却。这是让学生用记忆力。”（见《国文教学》）**“工欲善其事，必先利其器”，教学方法便是教师的利器。只惜一些教学的人徇俗的惰性，不容易便扳转来，他们迷执着“君子不器”！**

教师不讲方法，吃亏的是学生。学生不预习，便没有翻检字典辞书的习惯；不讨论，便没有怀疑发问的兴会；不复习，便没有了解欣赏的因缘。听讲时是学而不思，作文时是思而不学。进步迟缓，跟不上学校所要求的进度，便渐渐感到国文课是不可捉摸的鬼东西，学习它是无聊的勾当，索性既不思，又不学了。

很多学生对文字的形、音、义，词汇的组成跟正确的涵义，都弄不清楚；有些甚至于连字典、辞书的部首都不晓得是怎么回事的。他们的作品里别字连篇，词汇舛错，都与不和工具书打交道有直接的关系。他们感到发问质疑比考试时受别人的考问还要困难许多。只理会得用耳朵听，听，听，不会用脑子想一想；天大的问题放在眼前都不会引起他们的怀疑。他们的手眼放在国文课本或讲义上，只有教室里“随喜观佛殿”跟考试前“临时抱佛脚”极短的时间。听过一篇文章，只在心上留下一个模糊的印象，像是李密《陈情表》是请求送他祖母的终，王守仁《瘗旅文》是埋葬了三个“路倒”之类；另外便无所知了。学，还要学什么？思，让我往哪儿去想呢？

过去我也在逐句讲授的时候，看学生不大进步，知道他们不喜欢发问是一个原因，便讲些“问学”“审问”的道理，鼓励他们常提出问题。学生中依然有死也不肯开口的；有些倒是发问了，又使我失望。他们提出的问题，什九是课文里没有听清楚的地方，很少能超越听讲的范围想出有关涉的问题的。我丝毫也找不到他们曾经自己运用一番心思不能解决，然后才提出问题的迹象。考试时我常常在题目后面附加上“并申己意”一类的话，我以为至少为分数的关系他们也该发掘心中之宝藏了。待到看他们的试卷却只能记诵，解答，尊重师说，写到自己的意见时笔墨就窘涩了。我常常怀疑着，也暗恨着这些学生不理会用自己的脑子思想。后来我用自己的脑子想一想，才觉察了原来是我在禁锢着他们，他们不得已的才亦步亦趋的跟在我后面走。

每逢我讲授一篇文章，总以为自己所讲到的已是尽美尽善。**高兴时也许由一个普通问题讲上专门之学去，忘记了它并不是学生所能理解的；不高兴时——有时是疏忽了——也许把该讲的话没有提起，事后也不想再去找补了。**遇到学生发问，问到那十万八千里外的“专门之学”，一定还眉飞色舞的重述给他听；问到那些疏漏了的，便认为这类问题无关宏旨，而且学生早就该知道它，解释时就不免露出不耐烦的神色。渐渐的学生只好“满脸跑眉毛”，捡我讲过的发问了。

考试的题目上，明写着让学生申明己意，不是奖励着他们学而思吗？可是看到学生当真在试卷上申己意时，便感觉他们所写的太空泛，毫无心得；不如老老实实的照着我讲授过的意旨作答，终竟要顺溜些。渐渐的学生为多得分数，便在答题时表示“再没有比先生的见解更圣明的了，小子不敢赞一辞”；学生是有这样的机灵的。

是我给学生以“金人缄口”的暗示，转过来又嗔他们暗默无言，这是一种矛盾的现象，我不能不承认我的过失。

不让学生预习，学生不会经过“学然后知不足”的阶段，便无由接触到问题；不准备讨论，自然又无取乎去寻求问题。出耳朵听讲，就是他们的一切了。**教师不设法修筑堰堤，导引水源，而妄冀着学生们自己有悟入处，水到渠成。未免把学生期许得过高，而自己也太不负责任了。**教师不实际去指挥讨论，只是昨天准备功课今天教，**不曾经过“教然后知困”的阶段，就不会清楚学生的程度如何，**他们需要的是什么，自己所欠缺的是什么；谈不上“教学相长”。讲明白了文章，就是教师的一切了。先生讲，学生听，学生不发问是必然的，他们的课业不进步也是必然的。

我们一定要鼓励学生一面能注意学习，一面能用心思想，学与思应该得到平行发展的机会。像我们这样注入式的教学，学生多半容易学而不思；少数厌苦这种口耳之学的，又会激成他们的思而不学。我们不必责备学生的偏鹜与偏废，只消我们能采用适当的教学法，这偏颇是有矫正的可能的。

教与学只靠在教室里每周几小时的时光，当然不会有多大成效。我们讲教学方法，让学生学思并重，经济合理的去支配教学时间，都不外要使学生尽可能的多得到一些。“子谓子贡曰：‘女与回也孰愈？’对曰：‘赐也何敢望回？回也闻一以知十，赐也闻一以知二。’”（《论语·公冶长》）**学问之道，原该是“告诸往而知来者”的。所以孔子说：“不愤不启，不悱不发；举一隅不以三隅反，则不复也。”**（《述而》）现在的学生，好的是闻一知一，等而下之的闻一知半，或竟闻十百才知其一。不是他们的才智太差，**要怪我们这些做教师的画地为牢，把学生的智慧给局限住了。**他们的教学方式，是要求学生一切思想活动都待我们的耳提面命，不准稍自主张。我们偏要摆一张扇面式的桌子在学生面前，告诉他们说这一隅是方的，那一隅也许是圆的。经我们把学生捉弄得迷惑了，再忍心得斥责他们不能隅反吗！

八　新旧兼通

提起把学生捉弄得迷惑，我想到在过去我有一个阶段，真像在跟学生捉迷藏的一般。我和学生一同站在个小圈子里，自己睁着眼，却把学生的两只眼睛用手帕蒙起。我向东拍手走向西边，向西拍手走向东边。急得学生东扑空，西扑空，真是“瞻之在前，忽焉在后……如有所立卓尔，虽欲从之，末由也已”的光景。后来他索性不管我拍手的方向，在暗中摸索，步步紧逼过来。我这时却有些手忙脚乱了，顾不得拍手，沈重的脚步声又泄露了自己的“所诣”，终于被学生捉个正著！扯下手帕，相视一笑。这时的学生已由大学毕了业，也有资格去蒙起别个的眼睛，自己拍手跳踉了。

从文学革命以来，除了极少数抱残守阙的老教师外，大家已经一致认识文言是快死去的形式了。可是国文教学却什九采用文言的教材，“语体的你们自己看一看就够了”，他们说。这不是“向东拍手走向西边”吗?

学生在教室里听文言的课文，他们多半只是懂得了经教师翻译过来的白话。这白话与文言原句的关涉，他们没有能力亲切的牵合到一起。所以**大多数学生对国文不感兴趣，他们认为学校里有这么一门功课，只是逼迫着我们呆坐在那里听一听古人的语言而已。**——他们以为清代以前的人就是那么之乎者也出口成章的。少数因为偶然的机会，在课外读一些文学作品的，渐渐对文学发生一点兴趣，也只是读白话的作品，教室里的文言课仍然是不相干。要他们去读古书，他们也不耐烦。教师所指导的，他们不想去接受；只有课外的涉猎给他们一些助益。这不是“不管拍手的方向，暗中摸索”吗?

教室里的“如对古人”是劳而无功，课外的“暗中摸索”是事倍功半。所以一般中学毕业生文言弄不通，白话文也写不到好处。但他们却自以为了解与表现的能力早已“够了”。

现在的中学国文教材，是文言语体混合编列的。由初中一年级到高中三年级，文言教材递增，最后增到百分之九十；语体教材递减，最后减到十分之一。这编制已经使学生发生一种错觉，以为语体是初步的东西，文言才够深奥。教师又多半讲文言，以为语体不值得一讲，更加把学生导入歧途。他们以为文言是不可跻之天，学不通，就放弃了它；语体文自己看一看就成，自然很容易便“够了”。

就一般中学生说，不管将来要学什么，语体文非学通写通不可。是中国人就要藉中国的语言文字为情思的媒介——了解别人的与表达自己的；是现代人就要用现代文为工具：都是毫无问题的。至于文言的呢？朱自清先生说：**“文言的教材，目的不外两个：一是给学生做写作的榜样或范本，二是使学生了解本国固有文化。这后一种也可以叫做古典的训练。我主张现在中等学校里已经无须教学生练习文言的习作，但古典的训练却是必要的。”“我主张中学生应该诵读相当分量的文言文，特别是所谓古文，乃至古书，这是古典的训练，文化的教育。一个受教育的中国人，至少必得经过这种古典的训练，才成其为一个受教育的中国人。”**浦江清先生说：“我的意见作文可以注重语体文，但文言文功课也须有习作。……不废文言习作的一点，或者有人反对，所以特为补说一点理由。第一，教育的目的要顾到社会上的应用。……第二，普通中学的毕业生有一部分要进大学的文法科。第三，裴根说‘写作使人正确’，我们说‘眼到必须手到’。无论读那一种文字，都要做造句，翻译，作文的练习，否则所记得的，知道的，不会正确。”

我的意思是**一般中学生“古典的训练”是应该接受的，文言的习作似乎不必；**勉强着他们，终于也写不通。为社会上应用计，“若有些人向这方面努力，试造种种应用程式，让大家试用，逐渐修正，白话不久便可整个儿取文言而代之，文言便真死了。……文言的死亡，和白话的普遍应用，是事所必至，是计日可待的。”（朱先生语）我们实不必再给社会上将死的形式去注射葡萄糖，延续它的生命了。这是就一般中学生说。志趣在文学上的学生，就“眼到必须手到”。因此我希望中学生能尽早“辨志”。在清末民初，五六岁才识字的孩子，到十岁左右，资质不太差的，就可以写文言短篇，大致通顺，文言文的文法、气势、格调、体裁，是有轨路可循的，得其门而入，并不是骇人的难事。志趣在学文学的高中学生，写通顺的文言，本不该是“难于上青天”的。志趣在此，便该眼到、口到、心到、手到。

我们要求于一般中学生的，还要他们渐渐做到新旧兼通；做教师的起码条件，当然是须并具指导新旧文学的能力。再说文学革命已经有近三十年的历史了，现在四十岁以内的人所受的教育已是新旧参半；四十岁以上的人多半也跟着时代走，很少有落伍的。年纪较轻的人也并不是没有受过旧的文学的陶冶。所以**希望当代国文教师新旧兼通，并不是苛刻的要求**。浦先生说："我有一个意见，主张把中国文从混合的课程变成分析的课程；把现代语教育和古文学教育分开来，成为两种课程，由两类教师分头担任。"我认为分成两种课程是一个好办法；由两类教师分头担任，流弊怕要很少。第一是新旧两方面更容易明整旗鼓的树起壁垒来，文言白话之争又要重演一回，而且纠缠下去；青年学生无所适从，大家耳根也不清静。第二是古董得了护身符，就要平添一批古色古香的新古董；新出品得了专卖权，就要招惹一批鱼目混珠的冒牌货。我这比拟也许有些不伦，总之我的意思是课程可以折衷，师资不好将就；糠粃沙砾，只有簸扬淘汰了它们。

文化的进展是从后浪推前浪的起伏着的，又像是螺旋形上升着的。每个时代都有正有反，都要蜕旧生新。指导的人跟学习的人，也只有这时代的左脚迈向前一步，那时代的右脚迈向前一步的前进者，永远也不该跨踔而行。我们要知道，左脚迈向前时，右脚便做了支点：现在的白话文便是左脚，文言就是右脚。教师已经训练好了自己，才能做成这种姿势指导学生跨出这一步去。两个教师，一个用左脚跳，一个用右脚跳，学生哪里能学会走路呢？

我以为一般中学生，志趣并不在学文的，应该注重语体，文言能够读得通，看得懂，对我国固有文化直接间接的见识一番也就罢了。习作可以完全用语体，不必试作文言；一定要兼顾，文言既写不通，把练习语体的时间又占去了，语体也难有进步。这是"可为其半而不可为其全"的。志愿在学文学的学生，就要"为其全而不可为其半"。现在国文教师中，已经多半各有所偏；或者随俗浮沈，没有准稿子。大学里中文系的学生，有的只尝试新的创作，忽视旧文学的研究；有的还在作诗填词，不理会新文学的发展。前者想抽刀断水，后者又食古不化，同样的是“担薪去半”吃力的，跄踉的走着。将来的成就，恐怕都很渺茫。谈到补救的方法，就要对症下药。把学生的志趣先要分辨清楚，然后再斟酌损益。总是这般不辨淄渑的一例看待，是不稳妥的。因为新旧兼施，加给一般中学生身上的便未免是“倍其偏枯之药”；若是专重语体或文言，有志于学文的学生渐渐又会感到“去其半而不能行”的苦楚。教师若能设法导引着学生尽早发见他们自己的天才，再分别按照学生的志趣，供给他们以适当的教材，自然便可以“著手成春”了。

九 咬文嚼字

陶渊明作“五柳先生传”以自况，文中说：“好读书，不求其解；每有会意，便欣然忘食”。现在的学生大多数便持不求甚解的态度去读书。

学生不求甚解的病症是怎样染成的呢？积极的原因是从初识字起，就没有受过切实明确的训练；消极的原因是由于教师指导过求甚解，所激起的反动力。前者不待解说，后者可以略为一谈。现在一般中学校里国文课程多半选教文言的教材，教学的方式多半是把文言译成白话。口授之外，要写笔记。笔记便是文章体制，作者传略，声韵训诂，校勘考证，“五雅”、“九通”都一起搬进教室去。写的愈多、愈杂，显得教师愈渊、愈博。学生录在手头，吞进肚里，却是愈生愈硬，愈涩愈苦。这些才是“甚解”，渊明所“不求”的，却落在现今学生的头上了。这些并不是不该讲，而是不该像现在这样过量的灌输。太多了便撑得学生的肚皮发胀，消化不了。他们“一朝被蛇咬，三年见个绳头儿也怕”，除非你“右手刀剑，左手可兰经”，他们再也不甘心去下水磨工夫的。

“青年们不看重讲读，还有一个缘故。他们解得讲读总不免咬文嚼字费工夫，而实际的阅读只消了解大意就够；他们课外阅读，只求了解大意，快当得多。他们觉得只有这种广泛的阅读才能促进写作能力的发展；讲读在一年里只寥寥三四十篇，好像简直没有益处似的。但是**没有受过相当的咬文嚼字的训练或是没有下过相当的咬文嚼字的工夫的人，是不能了解大意的，至少了解不够正确**。学生们课外阅读，能够了解大意，还是靠多年的讲读教育——虽然这种讲读教育没有很大的效率——或是自修的工夫。不过**阅读有时候不止于要了解大意，还要领会那话中的话，字里行间的话——也便是言外之意**。这就不能太快，得仔细吟味；这就更需要咬文嚼字的工夫。再说课外阅读可以帮助增进写作的能力，固然是事实，但一目数行的囫囵吞枣的读下去，至多只能增进一些知识和经验，并不能领会写作的技术。要在写作上得益处，非慢慢咬嚼不可。一般人的阅读大概都是只观大意，并且往往随读随忘；虽然快得惊人，却是毫无用处。随读随忘，不但不能帮助写作，恐怕连增进知识和经验的效果也不会有。所以**课外阅读决不能无条件的重视，而讲读还是基本。不过讲读不该逐句讲解，更不该信口开河，得切实计划，细心启发，让学生们多讨论，多练习，才能有合乎课程标准的效率。**”（《国文教学》序）。现在的国文教学，偏多逐句讲解；但又不见得做到了“相当的”咬文嚼字。只是“×者×也”的写上一黑板，仅仅算“说文解字”，够不上说是“咬文嚼字”。而且烦琐得使学生们感到头痛，几乎要窒息；待到他们自己在课外阅读时，自然便以囫囵吞枣为快意了。既已习与性成，再劝他们慢慢咬嚼，他们一定不耐，何况也不常遇到能指导他们细嚼烂咽的人。他们没有下过这番咬文嚼字的基本工夫，了解自然不会怎样深刻，写作也不能怎样成熟。一切都从他们的眼前、口头、心上、手下滑了过去，随带着他们的时光！

章学诚说：“文字之佳胜，正贵读者之自得。如饭食甘旨，衣服轻暖，衣且食者之领受，各自知之，而难以告人。如欲告人衣食之道，常指脍炙而令其自尝，可得旨甘；指狐貉而令其自被，可得轻暖：则有是道矣。必吐己之所尝而哺人，以授之甘；搂人之身而置怀，以授之暖：则无是理也。”话虽然说得稍偏一点儿，终竟是有道理的。可是现在一般学生，在国文学习上未曾受过妥当的训练，像是因为衣食不节，已经害了流行性感冒。尽管狐貉被体，他们也不感觉轻暖；脍炙在前，他们也嗅不到，尝不出那旨而甘。所以。**“举隅反三，称情比类”，还是需要的。**

十 缘情度理

学生如果能做充分的预习，咬习嚼字的习惯，很快就可以养成了。**过了这“细”的阶段，就要进到“透”的尝试。由了解进而为欣赏——欣赏也可以说是透彻的了解。**

许多作品，都由作者悲天悯人伟大的同情心凝聚而成。杜甫因此便有“朱门酒肉臭，路有冻死骨”一类写民间疾苦的诗歌，鲁迅因此便有“他大约只是觉得苦，却又形容不出”一类替哑子“呐喊”的创作。表现人生，是作者的愿望；批评人生，是作者的理想。作者以理来的，读者要以知往；以感授的，要以情接。情知相辅的去缘情度理，才会有所得。不然，便只能接触到所描述的故事的外形，受不到情趣的感召，思想的陶熔，读了也等于没有读。

所以读一篇文章，要把那写在平面上的文字，看成立体的东西：有高低，有远近，有隐显，有明暗。**要抓到一篇中的警策，或是故事开展的最高峰；要从情景融会的字句中，找出他们的联系；要知人论世，辨明不得已而用的曲笔；要体味字里行间的话，听出弦外之音。然后才算把这篇文字读“透”了。**

陶渊明《归去来辞》里的“云无心以出岫，鸟倦飞而知还，”是说眼前的云和鸟，同时也在象征着自己的心事：过去的“聊欲弦歌为三径之资”，是无心而出；今日的“不为五斗米折腰”，是倦飞而还。鲁迅《故乡》里的“我们的船向前走，两岸的青山，在黄昏中都装成了深黛颜色，连着退向船后梢去”，是写眼前的景物，同时也含蕴着人生的感慨；“我只觉得我四面有看不见的高墙，将我隔成孤身，使我非常气闷；那西瓜地上的银项圈的小英雄的影象，我本十分清楚，现在忽地模糊了，又使我非常的悲哀。”创作的人，不是经意的要写云、写鸟、写青山，再来暗示我们追悟他们的衷隐；原来他们在见云、见鸟、见青山时，已经发生了移情作用，他们的想象就是这么开展着的，便忠实的写出。这种情景相识的境界，我们若不能透过外在的景色，体会到他们内在情感发展的痕迹，就不会觑得和作者相同的意象，一切便都索然了。

凡是流传着的作品，都必有它的可传之实。你该一面读，一面想；多读几过，多想几转。透过泥沙，才能淘出真金；透过海水，才能采得珊瑚。浅率的掠取一些，几团泥沙连一块砖都烧不起，几勺海水连一撮盐也煮不成；时间精力，不是都掷于虚牝了吗？

十一　深入浅出

如果能在教室里多多讨论，缘情度理的尝试，随时都可以有所触发。**过了“透”的一关，就该往“深”字上打主意了。**作者凭依着他造诣高深的学养，运用娴熟的文字，在有意无意之间，所表现于作品中的，总是些深曲高卓的情理，超凡入圣的手法。你不像剥笋子一般一层层的剥到里面去，便不会尝到鲜美的滋味；所接触的不过是作者的弃择罢了。

一篇文章里的每一句每一字，每有前后联贯，左右提挈，彼此呼应，互相帮衬的作用。因为牵涉太广，条件太多，某一种场合，便只有某一个字才是适当的。行文时绮交脉注，每一句一字都选用了那适当的，通篇便显得很和谐；有一句一字不太顺溜，便很觉得刺眼，或是碍口。

情真作品也便真，真情流露的作品自能感人。不但主观的作品如此；客观的描写，为其能“入乎其内”，也同样的是出于真情。《长恨歌》写唐明皇的别恨，不就是很亲切的吗？这要作者设身处地的体会所要描写的人物的生活，才能表现到好处。偶一疏忽，就要失败的。《岁寒堂诗话》里说：“‘夕殿萤飞思悄然，孤灯挑尽未成眠’，南内虽凄凉，何至挑孤灯耶？”这里确是用寒士的经验，去写天子的生活了；不能不说是《长恨歌》里的小疵儿。

求深入的了解，要提防三件事：**一不要走向孤峭之路，二不要强人就我，三不要深文罗织**。能在教室里做充分讨论，便不会犯这些毛病了。再藉剥笋子为例说，学生能自己剥一层的，教师最好帮助他剥到第二层，然后再教他试着去剥第三层。……做结论时，教师才说出自己的最后意见。**学生渐渐深入，教师却永远在“一层”的前面导引着，对于学生说，这样才叫做“浅出”**。“三尺之岸，而虚车不能登也；百仞之山，任负车登焉。何则，陵迟故也。”（《荀子·宥坐篇》）由渐而入，学习的人才会感到从容些。**现在的国文教学，几乎是“断岸千尺”，教师“履巉岩，攀栖鹘之危巢”，学生是“不能从**焉”的。

十二　触类旁通

鉴得“深”以后，又要拓得“广”。学问之道，本是着重在能“引而伸之，触类而长之”的。我们读过《泷冈阡表》，认识了它是情真之作。有没有别的文章可以跟它相比的呢？我们也许就想到归有光的《先妣事略》。《泷冈阡表》跟《先妣事略》比较起来说，两文都是情真之作，而心境又不同。前者“于是小子修泣而言曰”，是有得说；后者“世乃有无母之人；天乎痛哉”！只是人穷而呼天，没得说。

我们能不能再找到相反的例子——情感不够真挚的——来比较参看

呢？也许就想到袁枚的《陇上作》：

忆昔童孙小，曾蒙大母怜。胜衣先取抱，弱冠尚同眠。……玉陛胪传夕，秋风榜发天。望儿终有日，道我见无年。渺渺言犹在，悠悠岁几迁，果然宫锦服，来拜墓门烟。反哺心虽急，含饴梦已捐。恩难酬白骨，泪可到黄泉。……

欧阳修在《泷冈阡表》里序列自己很多的官职，他相信这是祖考的功德，泽及子孙的，丝毫也没有自夸的痕迹，我们读着时，也觉得他应该那么写。袁枚的诗中“宫锦”两个字，便把“夸官”的心迹暴露无遗；“白骨”两个字，便自己画了凉薄不孝的招状了。这边是祖母的一摊“白骨”，对面是孙儿的满身“宫锦”；若是一幅画，我们会看出它在寓有一种讽刺。

这种“广”的尝试——比较的研究，在预习、讨论、复习时，都有尽可能使其扩展的必要，原则是有线索可寻，不想入非非就是了。学生书读得少，未必每一篇每一句每一字都有连类并及的能力，**教师该酌量提示一些，让学生自己去隅反，这叫做“能博喻，然后能为师”。也要因人施教。在学生眼前一两步远的，最好教学生自己走向前去，教师在三四步上接引着；一步自然又迈不了八丈远，也不该教学生时时的企而立，跨而行。**

十三　分析结合

“细”、“透”、“深”、“广”的尝试，都是分析的工作，最后还要根据这些尝试所得，做一番综合工夫。读一篇议论文，就要捉到它的要领；读一篇说明文，要清晰它的统系；读一篇记叙文，就要如亲历其境；读一篇抒情文，就要能沁入心脾。不能分析，而想综合，就不免“白骨疑象，碔趺类玉，似之而非”；只知分析，不能综合，便如同“七宝楼台，拆碎下来，不成片段”。**现在一般国文教学，多半还采用**

逐句讲授的方式，在分析上也许多少有些效果；综合的训练，恐怕是最欠缺的。因此，学生所接受的，完全是零星的，不相联属的，甚至是互相矛盾的知识；自己写作，也多半没有系统，理路不清，只是许多字句堆垛起来，不成一篇完整的文章。

比如说，你已经读过了《泷冈阡表》，除了已经明了"皇考"、"卜吉"、"熙宁"、"食邑"等词汇的意义，知道崇公"岁时祭祠"、"夜治官书"，太夫人的"守节自誓"、"言笑自若"等生活的记叙，跟欧阳修的许多官衔以外，你可曾在这篇文章的通幅上措意了没有？想到全篇，你是不是只能说：这是一篇墓表，是碑志类的文字，是欧阳修表彰他父亲的，一类常识的说法；或是写得文辞匀称，感情真挚，一类抽象的批语呢？

再比如说，你已经读过鲁迅的《伤逝》，你知道这篇小说是涓生的忏悔录，写着他和子君同居前后的一段故事。除开这些，你也同情于子君的遭遇吗？为什么同情呢？你可曾觉察到作者在怜悯那些盲目相爱的青年男女吗？你也会领会到作者写这篇小说，有消极的和积极的两个愿望：消极的希望人们在没有弄清楚一件什么道理之前，不要贸然的做时代陷阱的牺牲者；积极的希望人们能更伟大些，挺起胸膛，担当起自己的过失，不要害别人做刍狗吗？你读到"待到孤身枯坐，回忆从前，这才觉得大半年来，只为了爱——盲目的爱——而将别的人生的要义全盘疏忽了。第一便是生活。人必生活着，爱才有所附丽"。"我没有负着虚伪的重担的勇气，却将真实的重担卸给她了。她爱我之后，就要负了这重担，在严威和冷眼中走着所谓人生的路。"这两段时，你可会假定这便是作者透露出来的主旨吗？鲁迅写这一篇《伤逝》，为什么藉着"涓生的手记"用第一人称去写呢？假如改为客观的描写，会不会同样的成功？……

你能似这样的总括全文，寻求它的大旨；揣摩题材的主客隐显是怎样配备着的，怎样照应着的；怎样一种内容跟怎样一种形式合拍……然后你对于作者情思的卓绝，形式的完美，才会有亲切的领会。自己写作时，也有下手处。各体的文章你能多读一些，都审慎的做过一番分析综合的探讨，渐渐的你会体悟出行文的矩矱，伸楮落墨时，便可以左右逢源了。

写一篇文章要“外文绮交，内义脉注”，读一篇文章要品藻玄黄，观其会通；都不外是分析与综合，能在学校学文时养成这习惯，一生受用无穷。读书求速是现代青年的通病。我所处的这“细透深广合”的药方，“各包”却是“一剂”，要文为煎，温服，切忌生冷。

十四　结语

葫芦一经揭开，里面的药就显得很寻常了。写完这一篇文稿，自己又翻阅一过，觉得文章既写得颇有“齐气”，意见也毫无足取。但一向认作是“枕中鸿宝”的，写出来也只有这么多。除了自己更求进益以外，没有别的方法好想。

文中提到自己教学失败的经过，是“有案可稽”的。而实现自己在教学上的认识，有时又未免像阿 Q 的画圆圈，“刚刚一抖一抖的几乎要合缝，却又向外一耸，画成瓜子模样了”。但却也“立志要画得圆”的。“修合无人见，存心有天知”，一写出来做药店门面的招牌，那丸散的成分，恐怕便真的只有“天晓得”了。

73　中学语文教学泛论

杨同芳（生卒年不详），江苏如皋人。爱好文艺，中学读书时，与兄杨同苏一起创办过如皋第一份新文学刊物《嘤鸣》。丰子恺曾赐漫画一幅以示鼓励。有著作《大众社会问题讲话》（1941）传世。

1946年10月，《国文月刊》为了纪念夏丏尊先生，特约了几位夏先生的朋友和对于中学国文教学有研究的专家，出了一期中学国文教学研究专号。本《论典》除选用名噪当时语文界的傅庚生、周振甫、于在春等先生于该号发表的几篇专论外，还特将语文界尚不甚知晓的杨同芳先生的长篇大作《中学语文教学泛论》基本上按原貌辑录于兹。这篇“泛论”涉及语文教学的方方面面，并试图有针对性地运用教育学和教学法的诸项原则解决一系列具体问题，折射出强烈的理论色彩与指导教学实践的斑斓光点。今天，广大语文教师和研究工作者正在不断深入地探寻语文教学规律，尤需将描摹性的经验总结提高为理论上的升华。有鉴于此，从杨氏的“泛论”汲取其研究方法之精华，并在现代教育理论水平上作更高层次的思考，显然不无积极意义。

本文原载《国文月刊》第48期（1946），选入本《论典》时略有删节。

一　由教学法的本质谈语文教学

要了解语文教学的意义，就得先知道教学的意义。说得简单点，**学习是一种刺激和指导学生的学习的活动**。学习完全是学生对于动境继续反应的结果，所以学习完全是学生自己的活动。**在教学上，教师的任务仅在于刺激和指导，**至于学生能否获得学习的效果，那就要看他们作怎样的反应。没有教师的刺激和指导，学生亦可学习。学生在生活中刻刻受环境的刺激，而发为种种反应。又因为反应的结果，学习各种事物。**不过要完全脱离教师的刺激和指导，让学生自己去探索，不但易使学生走错路径，浪费时间，而且也不能达到预期的学习目标**。因此，教师供给适当的刺激，指导学生学习，使能达到预期的结果，便成为必要的事了。

教学的第一个问题就是根据学生的自动倾向，引起适宜的动机，以使学生发生反应。等到学生发生反应之后，教师施以适当的指导。他要使学生正当的反应产生满足，不正当的反应产生烦恼。这是教学上效果律的运用。换句话说，使学生因练习而发生继续的反应，然后教学才算有效。这是教学上练习律的运用，至此，我们知道教学是教师和学生双方的活动。教师的任务是激起学生的反应而施以指导。教师的责任，不在传授知识，而是要供给适当的刺激，以引起学生的学习动机。教师不是替学生学习，也不是强迫学生学习，而是指导和帮助学生学习。

教师要希望实现预期的教学结果，要注意指导学生的学习活动，**对学生的学习活动必须有缜密的计划**。这里一定要注意两个原则：**（一）学习活动宜多多变化。（二）学习活动要适合学生的能力，不可太难或太易。**

这里我们可以看出教学方法的重要了。方法是什么？方法是一种有目的有组织的确定的历程。我们做事要希望增进工作的效率，循一定的程序，这便是方法。做事没有方法，就得不到好结果。方法虽有，而不是适宜，也不会有良好的结果。世界上任何事物，一定要经过人们亲自体验才能领会到其中奥妙。人类好动的天性与生俱来，所以时时要观察，要研讨，要学习；根据各自试验的结果，把有用的习惯和经验保留，把不适用的淘汰；于是不断地观察研讨和学习，也即是不断地改良方法。而方法又可回到经验上指导经验，支配经验，使以后的方法更加正确。所以方法是继续不断地在改进的。譬如初学钢琴的人，起初不知如何按法，手忙脚乱，发生许多无谓的动作，等试验若干次之后，始知某种动作是有效的，某种动作是无效的，于是再三选择，得到一种有系统的动作，藉以满足其需要，从此得心应手，按琴的方法全入其支配之下了。动作的学习如此，其他习惯技能的学习亦如此。

二　教学方法与其他各方面的关系——语文教学应注意的各点

教学方法和学生有密切的关系。**教师所采用的教学方法一定要顾到学生本性的需要**。就中学国文教学说，教师可尽量利用下面五种本性。这些本性都是心理学家所共认为。兹分述如下：

（一）心理活动　注意、观察、思想等活动，为人类所共具。**国文教学可以满足这种心理活动。欣赏文艺，发表思想，处处都不能离开这些心理活动的。**

（二）搜集　**搜集的兴趣人人都有。教师可以利用这种自然倾向，使学生搜集各种参考的材料，以供写作之需。**

（三）社会冲动　**喜欢群居**，为人类与生俱来之天性。此外又**喜与人竞争**，受人赞美，这些天性统称为社会冲动。**教师可利用这种天性发展学生口语和文字的表达能力。**人类为适应人与人之间的关系，都需要沟通思想，发抒感情。欲达到这个目的，语文教学尤有其必要。

（四）冒险　人类都有冒险的兴趣，即使不愿实地冒险，也都喜听冒险的故事。这是由于人人具好奇心，教师可利用学生对于冒险故事、小说、戏剧的欣赏，进而培养学生描写自然与社会事象的能力。**写作如何能动人，能富于情趣，都不得不带有充分的想象**。有许多冒险故事，所以能引人入胜，全是因为有这种不平凡的想象力的缘故。**文学作品而不带想象成分的穿插，是难得感动读者的。**

（五）表现　任何人都喜对外表现，不问口语的抑文字的。尤其是**青春期的中学生最喜把自己的思想表现出来，**让别人知道，或是发抒他一己的观感，以引起共鸣。人类又爱将自己的一切炫耀于人前，好显示自己的长处。**这种倾向原不是坏的，只要善为利导，都可以得到良好的结果。**教师如能将它利用之于写作，一定可以增进学生口语和文字的表达能力。

照现代心理学家的研究，人类有许多自然倾向（本性），自儿童期即已开始。上面所举的五种本性对于中学生的欣赏文艺发表思想，都可利用得到。国文教师要把这些倾向使之向正常的途径去发展，把它们用为学习国文的动机，以增高其学习兴趣。教师教学生要以学生为对象，而不以呆讲课文为能事。他要不时的留意教学的效果，看对于学生的思想和写作技术的训练究竟发生了什么影响？有没有改变？教学前和教学后语文程度上有无显著的差别？不能进步的原因在那里？可能补救的方法有那些？能如此才可算是真正的国文教学。兹将国文科中所应注意寻求的教学结果分三大类述之如下：

（一）习惯和技能　习惯是刺激和反应间的一种机械的结合，与得自遗传的反射相类似。所不同者，反射为先天的倾向，而习惯则为学习的效果。所以**一切学习活动都有习惯的因子搀入。**默读时的认字，眼的移动，朗读时的发音，写字时的种种动作，做文章时的思考，都可算是习惯。至于技能和习惯的主要区别，仅在于前者较复杂，而后者较简单，二者原无可区别。**技能实在是由数种特殊习惯互相调和适应而成。**驾驶飞机、速记、打字等动作是技能，写文章和演说也都是技能。小学校教学的语文科被称为技能的科目（skill subject），意思是很对的。

语文学习何以需要借助于习惯呢？原来语文方面所着重的思考、判断和文字表达，都要靠良好的习惯。叶圣陶在他的《文章例话》序文中说：“**阅读和写作都是人生的一种行为。凡是行为必须养成了习惯才行**。譬如坐得正，立得正，从生理学的见地看起来是有益于健康的。但是决不能每当要坐要立的时候，再来想坐立的姿势应该怎样，必须养成了坐得正立得正的习惯，连生理学什么绝不想起，这才可以终身受用。阅读和写作也是这样。临时搬出一些知识来阅读，应该怎样写作，应该怎样，岂不要把整段的兴致分裂得支离破碎？所以**阅读和写作的知识必须使它化为习惯，必须在不知不觉之间受用着，它才可以得到真正的受用**。读者不要忘记这一句——养成习惯。”学习语文必须养成习惯，经过这一番解释，想来再也不会有疑问了。

（二）知识　习惯和技能固为重要的行为方法，但它对于动境的适应较固定而少变化，因此**动境稍有更变，习惯与技能便失掉它的效用，而知识则不然。一个概念、事实和原则，往往可应用到许多不同的动境上去**。有许多事物的学习，可能化为机械的习惯或技能。概念事实和原则——知识——在教育上所占的地位仍极重要。语文教学需要的知识可以说是多方面的，略读指导的目的就在扩充学生的知识。**学生学习语文固然需要各种语文的知识，帮助阅读与写作的技能的增进，同时也需要扩展思路，增加见闻**。课外书报的浏览，就是为要储备各种知识的。

有人说语文教学不应该过于着重知识，其实一切的学习也都不应该太注重知识。我认为**教学的错误，倒不在于注重知识，而在于偏重知识的机械的记忆，以致不能活用知识，吸受知识，反成了知识的奴隶**。教学知识尤其是语文知识，在于深切的了解与灵活的应用，把知识应用于各种不同的动境。机械的记忆，要竭力避免才好。美国教育家巴格莱（Bagley）说：“在旧式的学校中惟一的学习方法就是记忆，实际上这就是把一切事物的学习都成为机械的记忆。这种方法在技能的科目中仍极重要，但对内容的科目就不十分重要了。”原来偏重记忆的学习虽适宜于技能与习惯的养成，却不适宜于知识的获得。所以用教学习惯与技能的方法来教学概念、事实或原则是根本的错误，**特别是语文知识，不能仅以知道概念、事实或原则为满足。要求实际的应用，懂得语法文法的规则是一件事，自己写作时能顾到语法文法的规则又是一件事。至于为了扩充见闻而吸受各方面的知识作写作的资料，也得把那些知识加以组合、抽绎及概括使能活用。**

（三）欣赏　新近教育学家多一致承认情感的反应在教学上的价值。情感的反应，意义极不易确定，如态度、理解、偏嗜、情操、信仰、欣赏等。我们为便于研究起见，姑以“欣赏”一辞以代替种种情感的反应。**欣赏的意义，即对于某事物感觉到一种价值，并承受其价值，这中间伴着浓厚的情感的特征。情感的反应支配个人的力量很大，吾人对于环境的适应大部份受到情感的驱使，而受理智驱使的反不多。**

欣赏是情感的反应，它在教学上的功效极大。约言之，可分欣赏为三种：**第一种是美的欣赏（aesthetic appreciation）。爱美为人类之天性，美的人生占人生的重要部分。凡从感官刺激中得到享乐的都属美的欣赏。**教育原使人生各方面得到圆满的结果，故除增进学生知能、养成学生习惯外，还须注意美的欣赏，以启发丰富的心灵生活。幼童对于某种声音、色彩、形状或动作已感快乐，由此种自然倾向中渐渐养成欣赏音乐、美术、建筑、雕刻等等能力，以充实个人的生活。中学国文教学可以利用口语发表（讲演辩论），与文艺作品的朗诵，以发展此种美的欣赏。**第二种是知的欣赏（intellectual appreciation）。凡对于人类智慧的结果所发生的欣赏皆属知的欣赏。此种欣赏以人类特具的心理活动倾向为基础。**人类强烈的求知欲望，即是由此种欣赏发展而成的。中学国文教学可利用以增进文学的研究兴趣。文学结构和描写的精美微妙，都是知的欣赏。**第三种是社会的欣赏（social appreciation）。**这类欣赏范围很广，各种理想、信仰、态度和情操皆属之。勃立格斯（Briggs）所谓情化的度（emotionalized attitude），即指此而言。**中学国文教学在培养学生正确思想与高尚的理想上，应充分发展社会的欣赏。**文学是表现人生的，改善人生的，它含有积极指导社会的作用。国文教学不能忽略这种社会的欣赏是无庸多说了。

上面已将学生需要获得的行为方法分别说过。这些方法都是国文教师应该尽量利用的。教师在日常教学中，必须先决定所希望达到的直接教学的结果，每一种教学结果，都有它适宜的教学方法。教师最要注意的是所用的教学方法须和所希望达到的教学结果相适合。否则，隔靴抓痒，必无效果。在中学国文教学上应用何种方法养成学生对于语文的习惯和技能，应用何种方法启发活的语文知识和各种普遍的知识，以为学生写作的资料，应用何种方法培养学生对于文艺欣赏力以及高尚的理想、正确的态度、纯良的情操……这些问题都是教师要仔细考虑的。……

三　中学国文教学所应依据的重要原则

在前面已经说过教学和教学方法的本质，以及教学方法和各方面的关系，又将语文教学的原理阐述过，现在进而讨论中学国文教学法所应依据的重要原则。因为教学方法完全以学生的学习方法为根据，所以这里所要讨论的原则，都是从教育心理学上引出来的。

（甲）自动原则　前面已经说过，学生的学习完全是学生对于动境继续反应的结果，所以学习完全是学生的活动，教师的任务不过从旁刺激和指导而已。学生的学习要由“做”中学习，（learning by doing）教师只可帮助鼓励或指导。教师做，同时学生也要跟着做。教学时真能应用自动原则，使“教”与“学”打成一片，则学生可以得着自动学习的机会，教学的目的便达到了。

有人误解自动的意义，以为自动仅指身体上的动作而言，其实自动的意义并不如此狭窄。**所谓自动，乃是以学生的活动为主体的，举凡学习的心理反应，如思想感情等亦都可称为自动。**自动在现在已成为新教育学上的口号。前世纪福罗培尔（Froebel）以自动的原理、观察的原理，倡自动学说（The doctrine of self-active），重视儿童的自动。福氏之前，裴斯泰洛齐（Pestalozzi）亦主张教育宜指导儿童自动运用心志。更溯而上，卢骚（Rousseau）倡自然教学法，谓教学应利用儿童的本能和兴趣，亦暗示自发活动之意。廓美纽斯（Comenius）亦谓教法尚自然，亦隐含自动原则。自杜威倡“教育即生活”之说，对自动的意义阐发尤多。克伯屈（Kilpatrick）辈倡设计法，主张用以自然之设计为活动的目标，自动原则至此应用日广。教学法因此得了一种显著的进步。但是人们对于自动原则的误解也日甚。杜威说从做中学，有人就以为这“做”仅限于身体的动作；后来“教学做合一”的口号被人提出，有人就以为这仅指直接经验的学习。这种观念都是错误的。**“从做中学”的“做”，通常是指反复的练习；“教学做合一”的“做”，通常包括直接与间接经验的学习。**

的确，人类的学习不仅靠直接的经验，固然有许多事我们是用属于直接经验的活动去学习，但我们又能从他人的经验中得来学习。即如语文，就可利用间接的经验去学习。既能省去了许多麻烦，又可免除许多错误。关于语文学习，用“从做中学”“教学做合一”的原则，有它特殊的意义。“从做中学”和“教学做合一”就是说学生学习语文的表达方法，要注重实际的练习，仅仅明了写作的方法和语法文法的规则而不靠自己的练习，仍然不会达到写作通顺的目的。**像现在的中学国文教材，大部分不能和作文取得联络，于是“教学做”三者分离，教学是何等的不经济。**由此我们更可以知道国文教学的自动原则是怎样的重要。教师讲，学生听；教师写，学生抄；教师活动，学生静坐：这样的学习国文将永远不会有成效的。

“自动教学”的方法，对于中学国文教学颇关重要。现在中学国文教学似乎太缺少自动教学的精神了。教师只知照课文讲一遍，读一遍，很少顾到学生的活动。教师只要把一册一册的教本讲完就算完事，是不是都能使学生了解教材，是不是都能使学生把教材加以消化利用，是不是能够帮助学生获得思想的表达方法，都不去管它。这样的教学难怪发生“有教无学”之讥。国文教学是研讨语文形式和内容的学科，学习时是需要相当的思考的。如果不让学生有对教材发生反应的机会，则教学等于白费心力。还有，教学时仅有少数的优等生参加讨论，而成绩较差的学生好像没有参加教学活动，也是亟应矫正的。我所说的自动是全体性的自动、普遍性的自动，是个个学生都动员了所有职司思维的神经细胞的自动。

这里还要讨论两个重要的自动原则：（一）直接教学原则。（二）尝试错误原则。

（一）直接教学原则　自动原则既指出学生的学习要完全由于自己的反应，学生所学习的原是各种不同的反应。直接教学原则本来就是由自动原则演绎而来，意思就是说要学生学习什么反应，就直接教他练习什么反应，也就是由做而学习的意思。

直接教学原则对于中学国文教学有很大的贡献。中学国文教学，希望学生达到何种目的，就教他们依照着直接的目的去做。要学生练习口语发表，就教他们直接学说话，学讲演。要学生阅读书报，就直接教他们练习阅读书报，养成阅读书报的习惯。要学生学习写作，就直接教他们练习写作，这都是直接教学原则的应用。和直接教学相反的是什么呢？就是教学生学习讲演的原则与方法，以学习讲演，教学生学习关于读阅方法一类的书籍，以学习阅读书报；教学生学习语法文法作法的构造和规则，以学习写作：这都是采取间接的学习方法。

照新近心理学家研究，学习语文，即使不能完全丢开间接的方法，也该特别注意直接教学原则的应用。间接学习有许多不经济，而且有妨碍于纯粹的学习。他们说有许多中国学生学了多年的英语，仍不能说纯粹的英国话，就是由于学习的方法不是采取直接的方法，中国学生对于英文法的知识了解得不比英国学生为少，然而文法的知识仅管充足，因为没有直接练习过说英国话，没有直接由英语中学得种种口语表达的习惯，所以还是学不会英国话。我们说中国话并没有在说话以前先思量一下文法的构造，因为我们的说话早养成习惯，不必再去问文法的构造了。若有英国人或美国人向中国学生问话，中国学生常常先在心中想一想文法的构造，然后再说话。**语言的应答贵在流利迅速，如果先要在心中想一想文法的构造，此种习惯对于社交何等不便，所以一定要破除这种习惯才好。与其将来要破除这种习惯，何不在未养成习惯以前，先加注意，使不致养成这种习惯。**破除一种习惯，正如养成一种习惯同样困难。让学生养成了将来要破除的习惯，不是影响教学的经济原则吗？心理学家盖滋（Gates）说“学习一项事物可以有几种不同的方法，最好的方法是依照将来要用的形式去学习。”直接教学的根本要义，即在完全依照将来要用到的形式去学习，这原则不仅在外国语的教学上应用得到，即任何科目的学习亦都可适用。

过去中学国文教学似乎太忽略了读和作——学生将来要用到的反应——与直接教学原则相径庭。**读是指反复的诵读，直到读到熟极如流的地步，学生可以学得范作中的语调，到自己写作时，就会把那些表达的形式自然地移用过来。作是指时常练习写作，以求技巧的进步，学习文字发表，应如学习口语发表一样，要直接去练习。**但有一层我们是要认识清楚，中学国文教学和教学外国语到底有些不同，就是我们也不能完全因了直接教学原则而忽略了理论知识及方法学（methodology）的启发。我觉得**中学国文教学和小学国语教学不同，中学生学习国文固然应多从阅读和练习作文上采取直接教学的精神，同时适当的理论知识如果能和读文教材联络，能够活用到将来要用到的反应上，未始不是直接的教学的辅助。**所以语文文法作法以及讲演辩论术的知识，如果能于适合学生的程度和能力，顾到实际应用的条件下给学生指示一点，仍然是需要的。有系统的理论知识，如文法规则，演说原理，能善于教学，可以给学生指示学习语文的正确途径，只是教学方法应特别研究罢了。

（二）尝试错误原则 这原则在教育心理学上都有详细的叙说。所谓尝试错误，就是说**人们的学习任何学科，不要怕错误，发现错误以后的学习，就可以多一次成功的机会**。一般教师因缺乏忍耐，惟恐学生的学习发生错误。因为教师的厌恶学生的错误，常提示最完善的方式教学生去模仿，而学生终于因怕犯错误不敢发一言半语，因此失却自动的机会，这是由于教师没有明了尝试错误原则。要知道练习任何学科时，错误总是免不了的。**在学习过程中，不能因怕犯错误而不学习；要避免错误，反而要不断的尝试**。尝试时虽不免错误，然而那倒是无妨的。多一次尝试的错误，反可减少一次重大的错误。有了错误，固然应立即矫正以免再犯，但较小的错误和缺点，学生会由经验的结果自然而然地逐渐地淘汰的。与其怕错误而不做，还不如做了而犯错误。**学习时的错误原是很平常的，教师何必去顾虑呢？**

就谈**中学国文教师，要学生练习造句作文，要他们起始就没有错误，简直是不可能的事。语文学习最适合尝试错误原则，因为语文的学习除了一部份是属于知识的范围，还有一部分儿完全是技术的锻炼、知识的锻炼**，着重习惯的养成。**而习惯的养成**，又非一朝一夕之功，**其间不知要经过多少的错误，才能达到熟练而正确的地步**。无疑的，长期的练习是少不了的。在练习的过程中，要想完全不犯错误是不可能的。有许多中学生，语文文法作法的书籍研究得头头是道，能够详细的剖析各种句法，说明文章结构，“知”的方面似乎是没有什么问题了（当然不能算是真知，因为真知一定能把所知的活用出来），但你要教他写一篇简短的文章，会感到不知从何下笔，写出的文字不合文法作法的地方很多。你说是他们不知文法作法的规则吗？不，他们是知道的，但他们不能照知道的去做，这是由于平时缺少练习的缘故。现在中学校的国文教学，似乎全是“教”的方面的工作，“学”的方面太忽视了。一学期下来，读文倒有四五十篇，而练习作文的次数寥寥；至于在规定时间的作文课以外，更很少有练习的机会。眼高手低，成了中学生的通病。难怪中学毕业生竟连普通的信札都写不通。还有很多学生，不能作简短的有系统的演讲，这也可以说是教师太忽视了口语教学的重要，未能在平日多指导学生练习口语发表的缘故。学生怕讲话，教师就让他去；学生怕做作文，教师就让他去；结果是愈怕愈学不会，愈怕练习而错误也愈多。**教学语文科要想使学生获得口语和文字的发表能力，除了应用尝试错误原则以外，教学一无成效可言**。学生的畏难心理差不多是人人都有的，而况学习复杂的语文表达。方法更非一蹴可成，不把怕难的心理打破，学生将永远感不到尝试的价值，将永远没有自动练习的机会。在这方面，学生固然应该努力，而教师的责任也很大。理想的教师要有亲切的指导态度，要能忍耐，见了学生的错误须予以适当的指示，要剀切地鼓励他们不可因错误而失望，要更加努力，继续的练习下去，留心不要再犯过去的错误，这样会慢慢地减少错误与达于成功。

（乙）类化原则　**类化原则就是藉旧经验以解释新事物的意思**。易言之，即以旧观念融和新观念，使新观念更加明确。教育**心理学家认为教材的排列，应从旧到新，由近至远，由浅入深，其实都是类化原则的应用**。根据类化原则的教学，学生的新经验必须建筑在他的旧经验上，因为无论何种刺激，如不与学生的旧经验发生关系，便不会产生适当的反应。

类化原则有三种含义：第一，教师说一句话或写一个字，学生马上就会拿他心中所联想到的旧经验来解释其意义，因为各人所联想到的旧经验不同，所以同是一句话或一个字，所解释的意义就不会相同了。即同是一个人，因所唤起的旧经验随时而异，也会在不同的时间产生不同的反应。例如在初中国文教学上教到陈西滢的《哀思》（一篇描写中山先生奉安礼的文章），有些学生立刻联想到创造中华民国的伟人，有些学生因中山先生而联想到推翻满清政府的事迹，有些学生联想到挂在党国旗中间的一个半身画像，还有些学生心中不发生什么观念。又如教师出《农村》这题目给学生做，有些学生马上想到一幅充满着美景的乡野，有些学生想到田里所种的各种谷物和蔬菜，有些学生想到农人生活困苦的情形，有些学生想到与民生最有关系的农村问题，虽然题材是有相当的范围的，而各个学生所联想到的意义却有各式各样。原因就是各个人的经验不同，联想到的事物都和过去的旧经验有密切的关系。

第二，**使学生对于教材引起适当的反应，教师须先引导学生的思路，使他们由适当的旧经验的回忆而寻求新教材的意义**。所谓引导学生的思路，使之回忆旧经验而解释新教材，也就是说教师在教学前应先使学生原有的感应结凡与所教的教材有关系的都准备着动作。在这一点上，类化原则与桑代克的准备律有着同样的含义。

引导学生的思路有种种方法，最普通的有下列几点：

1. **把从前学过的有关系的事件提起来说一下**。在教叶绍钧的《母》以前，如已教过冰心女士的《寄小读者通讯》或朱自清的《背影》，不妨把这两篇文章提出来略说一番，因为他们在内容上都是发抒亲子间的情感的。在教梁启超的《最苦与最乐》以前，如已教过到高一涵的《立志》，不妨把这篇文章提出来略说一番，因为从文章的体裁上讲，它们都是说理的文章。所以在国文教学上的唤起旧经验，应从教材的内容与形式上去着想。

2. **叙述现在学习目标。这就是说把新教材的题目或问题向学生说明**。海尔巴脱（Herbart）的五段教学法，第一阶段的用意，就在叙述教学的目标，先引起学生适当的心向，使他们知道有一个学习的趋向。克伯屈所谓“心向着一个目的”（mindset to an end）的一种态度即是此意。学生集中心志去学习某种事物，或对所学习的事物有一种强烈的欲望，则其心向能使所有反应结合（response connection）适宜于所学习者准备去动作，而使所有无关系的反应结合不准备去动作。学生在一心一意地练习作文的时候，无论什么事他也不会去注意，因为此时他的思想或反应都和练习作文的事情有关，故引起学生适当的心向是引导思路的惟一方法。学习的目的不确定，则必不能集中心志于学习的工作。庄子说："用志不纷，乃凝于神。"亦是说明这层意思。

第三，**如果没有适当的旧经验可以解释新教材**，那么当然也就不能采用类化原则了。在这种情形下，**教师也应先供给学生所需的实在经验，然后再教新教材**。凡是新教材的教学，教师须以学生的旧经验为依据，教师在教学前，如先将学生的旧经验加以研究，则一定会发见许多事物，不能为学生所完全了解。中学国文教材选编的标准固都以学生的普通的经验为依据，但教学时仍不能不注意到类化原则的应用。国文教学上所以要增进学生的常识，开展学生的思想，亦无非要扩充学生的经验，以便教学的进行。初中国文教材的分配，先着重记叙文，而后及于议论文，就是因为记叙文与学生的经验较为接近，而议论文比较抽象，与学生的经验关系较少。所以教材的排列，由具体而抽象，是适合类化原则的。

类化原则的三种含义已如上述。概言之，**类化原则所倚托的两重根据是过去的经验与目前的心境。**

根据类化原则的教学法，学生的新经验必须建筑在旧经验之上，所有的教材宜切合学生的旧经验，要由浅入深，适合学生的程度。我见过不少的国文教师，把艰涩难懂的教材教学生，不管是否切合其经验。学生对于所教的东西不能明了，如何会发生兴趣？如何会有心得呢？还有教学语法文法作法时，只知引用抽象的原理与原则，而不知引用和学生经验有关的实例，这在教学上都是违反类化原则的。**非但选材要切合学生过去的经验，同时又须准备适当的心境。**教学时最重要的无过于使学生的目前的心境针对着当前所要讨论的问题。理想的教师，要能多方设法利用儿童心境或造成背境，使他跟随上去，在这方面教材似乎又须适合时令和教学环境。

（丙）**准备原则**　准备与学习的关系，至为密切。**教师要希望学生**

发生何种反应，必先使学生的心理状况适合于教学。即是使学生的心理对于所要发生的反应有相当的准备。学生对于某种学习活动，如有相当的准备，则从事这种活动时便能得到满意；反之，则得到失望。学生对于某种学习活动没有准备，就很难发生正确的反应。就连教师的发问也得预先让学生有充分的准备。否则，必不能圆满地回答的。

准备原则在教学上所根据的原理，是桑代克的准备律（Law of Readiness）。这可分三层来讲：

1. 对于某项动境正准备反应时，动作或意向如果能实现出来，便得到愉快。例如学生心中有什么话要说，他一心要想发表，能达到目的便得到满足了。

2. 对于某项动境，正准备反应而被外界阻挠动作或意向不能实现时，则生烦恼。例如学生心中有了要说的话而不能让他发表，便生烦恼。

3. 对于某项动境，尚未准备反应而外界强使动作或意向时，亦生烦恼。例如学生心中并没有什么话要说，而教师强使他作文，也是要产生烦恼的。

根据桑氏的准备律，教学前必先使学生有充分的准备。现在中学国文教学最大的缺陷，便是没有这种教学的准备。教师在上课前既无教学准备，对学生又没有适当的预习指导，教学的目的怎样，步骤怎样，要学生先做那些预习工作，都不在上课前作通盘的计划，到教学讨论时，便不得不感到种种困难了。教学准备的意思对于某项事物的学习能够“心向往之”的用全副精神做去，在进行教学时使所有的一切反应都和所教学的事物发生关系。现在将中学国文教学时应注意的准备方法，择其重要者说明如下：

1. 在讨论某项问题以前，先要把问题有关的事情提示一番，或发为问题，作为研究某问题的准备。

2. 关于文艺欣赏的作品，教师要设法先造成学生感情上的背景，然后开始教学。

3. 教学抽象的原理原则，如语法文法作法等，应多引用学生习见的例证，或先教学生预习，由教师指出一个适当的范围，从何处准备至何处，学生预习时，教师可令学生于教材以外，寻找与所讲原则有关的实例（最好与读文联络）。

4. 指导学生作文，要先使学生感到迫切的需要。譬如学生要组织自治会，可以教他们做“自治会组织缘起”。要参加某种民众运动，可使学生练习拟讲演稿。

此外**教师要使学生学习国文有相当的准备，必须善于控制教学的环境，除去一切足以纷扰学生心志的事物和阻碍准备的因子，**如身体的疲倦、心理的紧张状态和沮丧失望等情绪必须排除，因为教学时必须集中学生的全副精神，以努力克服一切困难，这些纷扰的因子都是有妨碍的。环境控制得不好，学习的目标就纷散了。还有教师自己也应该以热忱用到指导学生的学习上，使学生感到亲切和同情，对于学习也更加肯努力。

（丁）注意和兴趣原则　学生的学习由于自己反应的结果，类化原则指出了要使学生起适当的反应，必须利用学生的心向和旧经验。但**反应一经激起以后，教师便要维持学生的注意，使其继续反应，以期获得学习结果**。注意是教学最不可缺少的因素，**要使教学有效，唯一的方法就是唤起并继续维持学生的兴趣**。注意通常分为两种：一是自发的注意，一是强制的注意。自发的注意是根据学生自然动作倾向或后天获得的兴趣，鲜明的色彩，响亮的声音，不习见的新奇的事物，都能引起自发的注意。教师读一首有音节的诗歌或生动的对话，学生都静静的听着，也是一种自发的注意。强制的注意是为了要达到某种目的而专心一志从事于某一项工作，学生为怕考试不及格而用功读书，就是一例。自发的注意是学生对外界刺激发生兴趣而引起的，强制的注意则发生于未有兴趣之前。学生对于读书本来并无兴趣，但因怕考试不及格而留级，便不得不努力用功，所以虽未获兴趣，仍不得不被强制地用功。自发的注意是客观的，不须勉强，最能持久。在学习开始时，注意是勉强的，但经过若干时间以后，所学的材料能直接引起兴趣，注意便是自动的了。由强制的兴趣慢慢也可促成自发的注意的。所以强制的注意，并非绝对不能利用，教师如能善于利导，未尝无益。不过教学上总以利用自发的注意为宜。

自发的注意和兴趣是分不开的。凡是我们能感到兴趣的事情，必定能引起自发的注意。在我们实现一个目的或实行一种活动时，**注意即指理智的活动，而兴趣乃对于一种欲望或喜悦的感情状态**而言。兴趣乃对于某种活动有所感奋而努力去从事的一种感情，譬如我们说某生学习国文的兴趣很深，这就是说，某生对于学习国文很愿意去努力。学生对于某项学习活动发生了兴趣，会伴着满意的情感，既有满意的情感，就可继续反应。无比的热忱油然而生，这样很容易达到预期的教学目的。

照心理学家的解释，凡能满足人类各种需求的活动，都是有兴趣的。换句话说，**凡是成功的活动，一定是有兴趣的。一般人把兴趣看做成功的原因，其实兴趣更是成功的结果。**兴趣既和成功有关，当然也就和能力有关。若是一种活动只能引起学生的困难、错误、失败、讥笑、烦恼，则学生决不能对这种活动发生兴趣。可是**过犹不及。太容易的工作和太难的工作，都同样令人乏味。**所以最能引起一般人兴趣和努力的工作，便是他所恰能成功的。成功不但克服困难，而且达到目的。一切活动都有目的，能达到目的就算是成功，故**目的亦为兴趣的条件。**有兴趣的活动固为胜任愉快的活动，亦是一种有目的的活动。**教学若无目的，学生就不会感到兴趣，**便不足以引起努力，不足以引起愿望。目的有远近，一如困难之有大小，太近的目的容易达到，达到后兴趣便因之消失；太远的目的无从努力，亦不易引起兴趣。远大的志愿须有可以实现的计划。国文教材的编选，应以阶段为单位，教学上除了总目标以外，应有较小分段的目标，就如远路的中途，须有碑石标记，使最后的目的和目前的活动取得联络。

桑代克谓**增进学生兴趣有三个因素：第一是满意**，如学生对于某事而有兴趣，能使之满意，则此兴趣得保持长久，愈满意则此兴趣愈浓。**第二是摹仿**，人无不欲摹仿的，社会所好，人亦好之，这便是摹仿，愈摹仿则兴趣愈浓。**第三是知识**，包括了解或领会，知识产生兴趣，知识增进则兴趣愈增进，学生知识愈多，则读书的兴趣愈浓。桑氏认为欲增加兴趣必须注意上述三者。

现在谈到**兴趣原则在中学国文教学上的应用：（1）兴趣是依着年龄、程度与心理变迁而不同的，不可拿教者编者的兴趣当做学生的兴趣**。教材的编配、指定学生的工作和考查学生课业的标准都要适合学生的程度，不要太容易，也不要太难。学生最感兴趣的是因“努力而成功”，要是学生觉得功课太容易，用不着努力，兴趣就会消失；但如功课太难，学生常遇到失败，则其学习的勇气也要受到挫折而使兴趣减少的。教师在这种情形之下，要深切的了解成功足以增加兴趣，失败足以减少兴趣。教师供给学生的活动，须激起学生最高的努力，不可超过学生能力范围以外。现在中学国文教师，大多数对于学生的课外作业，未能适当指定。学生除了上课以外，似乎没有什么工作可做，不像其他的科目需要努力，结果因无成功的反应，而兴趣也不会发生了。有的学生又感到教材与程度距离太远，尤其是高中国文教材，读文与作文不能联络，教材不合于学生实际的需要，结果也不会使他们发生兴趣。

（2）教师要善于应用适当的自然冲动。根据兴趣原则来实施教学，教师当然要常常利用学生的自然冲动，但所利用的自然冲动一定要适当。最要紧的是要能引起大多数学生的兴趣，同时要避免流弊。例如中学校时常举行的作文竞赛，未始不能引起学生对于国文的学习兴趣，但有时不免发生自私自利之弊，故利用竞赛常不及利用合作之有利，像组织读书会、文艺研究会、壁报编辑社等，使大家一同参加，研究讨论，编辑写作，浓厚的学习兴趣是可以因之加强的。

（3）**教师要随时发展学生新的兴趣**。学生兴趣的时间和兴趣的范围是随着程度的增进和自己的努力而愈加推广的，推广学生的兴趣，教师应时时予以注意。**推广学生的兴趣最好的方法，是使学生由直接的兴趣发生间接的兴趣**。例如学生在练习作文的时候，其对于作文的兴趣是直接的兴趣，但因作文而感到有实地观察或参考书报的需要，这是间接的兴趣。教师要在平时随机指示，使学生由直接的兴趣而发生间接的兴趣。学生的作文原是训练发表能力的，学生因作文而搜集某项问题的材料，或竟因此而发生了研究某项问题的兴趣。到后来这间接的兴趣也许一变而为直接的兴趣，更由此而发生其他间接的兴趣。不仅作文的兴趣如此，读文的兴趣亦如此。凡是经过这样的过程，学生的心智会得到迅速的发展。

（4）**教师须明了中学生的主要的兴趣，以为教学的根据**。学生的兴趣是随着年龄和程度而演变的；心理学家说，从十三岁起，冒险迁徙浪漫的兴趣渐渐浓厚，好奇想像的兴趣渐趋向生活的一流，理想的目的渐渐悬起，精神的自我逐渐发现，向成人生活及理想之途逼进。教材和教法必须适应其需要。

（5）**利用有节奏的刺激，如生动的诗歌和对话，以陶冶学生的美感，藉以增进学习兴趣**。教学有音节的教材，要引起学生丰富的情感，并指示朗诵的方法。

（6）**利用含有对比性的刺激**，像“鹤立鸡群”，“蓬生麻中”一类的辞句，**最易引起学生的兴趣**。此外如突来的刺激，像“人能碎千金之壁而不能无失声于破釜，能扑猛兽而不能无变色于蜂虿”一类的辞句，也都是容易发生兴趣的。

（7）教师要注意自身的影响。**教师的仪表和态度都足以影响到学生的兴趣的，**教师教学时，声音要响亮明晰，高低适宜，态度要活泼而庄重，举止要敏捷，精神要焕发，体格要健全，服装要整洁，习气浪漫边幅不修的号称风雅文士型的中学国文教师，因为他们的教学态度太随便，所以不易使学生对学习有专一的心向。

（戊）个性适应原则　班级教学最大的缺陷是不能适应学生的个性。在过去个别的教学方法之下，教师既以个别学生为单位，个性适应的问题并不若何严重。到了近代，为时间的经济及教育普及计，事实上不得不改用班级教学的方法，于是个性适应的问题逐成为十分严重的了。就拿中学国文教学来讲，学生的能力各有不同，聪明的学生学习的速率较快，愚笨的学生学习的速率较慢，教师不易找出两个学习速率完全相同的学生。能力的差异如此大，而教师通常采用下列三法：（一）教学以全班的平均程度为标准。（二）教学时只顾到聪明的学生。（三）教学时只顾到愚笨的学生。这三种方法都是不公平的，而且都是不合于机会均等的原则的。实际上我们找不出什么平均程度的学生来，若教学只适应聪明的学生，坐视愚笨的学生因考试不及格而留级或辍学，便有失教学的本旨。若教学只顾到愚笨的学生，则聪明的学生无事可做，使他们养成不注意或懈怠的习惯，这那里合于教学的原则？个性适应的意思是要教师把个别的学生作为教学的对象。在班级的教学制度之下要完成达到个性适应的目的，固然是非常的困难，但教师却必须在这方面尽其最大的努力，因为教师所教的是个别的学生，而非抽象的班级的集体。

在国文教学上所谓个性适应原则，不仅指学生的聪明愚笨而言，个性适应问题还有许多方面是与教学方法的关系密切的。

（1）普通智力的差异：照近代测验的研究，凡学习某科的能力强者则学习他科的能力亦强。教育家假定有一种所谓普通智力，有人说这就是聪明的程度。智力是无法使之改变的，故教学方法与教材一定要适合学生的普通智力。

（2）**经验的差异：**前面讨论类化原则时，说要注意学生的旧经验，各个学生因所处环境和所受教育不同，所以旧经验亦大异。教师要使教学有效，就得注意各个学生经验的差异。

（3）**品性气质的差异：**语文教学所表现的是思想和情感，与学生的品性气质有关。学生品性气质上的差异，教师要特别注意，这样可以减少教学上的困难。

（4）**特殊能力的差异：**学习语文需要特殊能力；有些学生长于语言文字的组织能力，宜于从事文学的研究；有些学生长于抽象的研究能力，宜于从事哲学数学的研究；有些学生长于社会的智力，宜于从事社会科学的研究。教师发现学生有学习语文的特殊能力，宜使他充分的发展。

除上列四种差异外，又有年龄的差异，性别的差异等，同为国文教学所应注意。教师对于一班的学生，固须有最低的同一的希望，但在求实现国文教学的目的时，亦应顾到学生个别的差异。在可能的范围内，补偿其短而发展其长，这才是真正的教学。

适应个性的教学方法原很多，像能力分组、弹性分级制、道尔顿制、文纳特卡制等，都有各种不同的个性适应的方法，但拿来用于中学国文教学就不很适宜了。我觉得中学教学和小学教学不同，历史地理自然科学的教学和语文教学又不同。**中学国文教学的适应个性，指定不同的课外作业易于办到。**就是把所指定的作业分为三类：（一）最低的指定。（二）普通的指定。（三）最高的指定。最低的指定只包括最低限度的教材和分量，使天资较差的学生能不觉其困难。普通的指定适合于一级内最多数学生的能力。最高指定仅供一级中天资较高的或最优秀的学生作补充研习之用。这是富有弹性的一种指定作业的方法。谁愿做这三类作业指定中的哪一类，只须由各人自己选择好了，但学生当然都想尽其所能做更多的工作，所以这种方法对于个别能力的差异，都能作极圆满的适应，况且学生都自动的搜集材料，报告读书心得，颇合于社会化教学的原则。

我所以主张**中学国文教学要定一个最低限度的进程标准，也就是根据个性适应的原则。**教师对于各个学生切不可作超过于最低标准的希求。有些中学国文教师，对于高中国文教学所定的标准太高，以致不能实现，像要求每个学生都能读“左”“国”“史”“汉”“论”“孟”“通鉴”等，每个学生都能欣赏古代诗、词、小说、传奇等，希望每个学生都能仿做古文诗歌及现代文艺，这都是不能实现的空想。根据个性适应原则，教师只能希望一部分对语文学习特别有兴趣有心得的学生去做这些工作。

（己）熟练原则　熟练原则是根据美国中等教育专家莫利逊（Morrison）所提出的熟练公式（mastery fomula）的教学手续。他所提出的这个公式，很适用于中学语文教学。**所谓熟练，是指完全学习的意思。**凡是通过学习活动以后，对于动境的适应，就该和未学习以前不同。真正学习的结果，必须能保存永久，并时时应用于实际的生活。**学习的真义，在教学目标澈底的实现，使得所要寻求的教学结果，不论知识、技能、习惯、态度或欣赏，都为学生完全获得，以制驭其对于生活的适应。**普通以六十分为及格的不澈底的教学，与熟练原则相违反。照莫氏的见解，如果学生仅学习了一半，或快要学习纯熟，但尚未达到完全纯熟的地步，则教师的任务还没有完毕。

莫氏的熟练公式如下：

“预测验→教学→测验结果→适应教学手续→再教学→再测验→到真正学习的一点。”

这公式的意义就是在教学前，教师应先决定什么是直接寻求的教学结果。第二步应预选测验学生的旧经验，以使新的学习能基于旧经验而进行，这符合前面所说的“类化原则”。教学以外，必须测知教学的结果，如结果不能接近理想，便该设法更改教学的手续，以适应学习特殊的困难，到完全获得真正的学习为止。这公式对于教学法的革新有很重大的影响。我觉得这公式拿来应用到中学国文教学，一定可以得着确切的教学效果：

一、教学时须确定所希望达到的教学结果。**中学国文教师在教学预**

备时就得先拟定一个适当的计划，以最有效的教学方法，求达到预期的教学结果。

二、教师要把所希望的教学结果，全部付诸实现，应使学生有反复练习的机会，以提高学生熟练的程度。我认为**中学国文教学必须根据“教学做”合一的原则，注重师生间反复的讨论，对于文章的内容和形式要详加剖析，并着重写作技巧的研究，和作文教学联络。**读文教学的大部份工夫，当做作文的准备，作文当做读文的应用练习，这样可以达到日常生活中应用的目的。学生能获得正确而有法度的思想和表达能力，国文教学的熟练原则才算真正达到。

三、教师要常常采用诊断教学的方法，将学生的种种困难加以诊断，然而根据诊断的结果，施以适当的补救。诊断教学应该是个别的。**中国国文教学必须利用诊断教学的方法，发现各个学生个别的特殊困难，施以个别指导。**例如有的学生学习国文，缺点在不能分析文章组织，有的学生不能澈底明了普通辞句的正确用法，有的学生作文层次不清，有的学生作文语欠简当。各人所感觉的困难不同，各人对于学习国文的缺陷自然也不一样，因此诊断教学也就成为必要了。

（庚）同时的学习原则　近代教育学家对同时的学习原则（simultaneous learings）提倡最力的有克伯屈、桑代克、盖兹诸氏。一般人只知道同时的学习原则适用于小学校的教学，而不知中学教学同样需要这种原则。就拿中学国文教学说，如能应用这种同时的学习的原则，那一定会获得显著的教学结果的。

所谓同时的学习，就是说学生在同一时间内所学习的事物，实际上不止一种。例如教学生读文，在一般国文教师看来，以为要学生学习的事物，只有读文的教材一项而已，因此教师就仅注意学生学会读文的教材，不再注意到其他的事项。但在事实上，学生所同时学习到的事物，除了读文教学本身之外，还有思考方法、文法、作法和教材所涉及到的问题（知识）、学习时的种种态度和习惯，例如对于国文学习的态度、对于教师的态度、学习时的习惯等。教师哪里知道教学读文会使学生联带地学习到其他的事物呢？**国文教学所涉及的问题很多，知识、技能、态度、习惯等无一不包括在内。**今日学校中各学科分开来教学，只为教学时的便利，并非各学科都可各自独立，不相关联。**学生平时在校内所学习的事物，原是互相牵着的，不是彼此可以划清界限的。所以读文教学必须应用同时的学习原则，不应仅注意于一个小小的范围，同时更应留意到学生学习活动的全部。至少中学读文教学要和作文教学取得密切的联络。**

克伯屈把学生同时学到的事物分为三类：第一类称为主要的学习（primary learings），即指直接寻求的教学结果而言，如教学读文教材便是主要的学习，主要的学习或为一项技能，或为一项知识，或为一项欣赏。读文教材的学习却同时包括这三项。技能是写作的技巧，如读文上语法文法作法的研究。知识是教材的内容，教材里所讨论的问题或所涉及的事物皆属之。欣赏是对于文艺作品鉴赏的态度，含有感情的共鸣作用。

第二类称为副学习（associate learnings），在读文教学上是指和教材有关的思想与观念。例如教学谢冰心的《国旗》一文时，有的学生也许要联想到人类如何获得同情与互助的生活。这种联想到的思想和观念，在下次的功课或以后几个星期的教学便可利用这种联想以进行教学，所以教师对于副学习切不可漠视，因为它支配学生的学习活动是很有力量的。

第三类称为附学习。这类学习本来是很重要的，但却被一般教师所忽视。在国文教学时，学生所养成的理想和态度如静心聚神，严守纪律，充分运用思考及批判能力，以及对教材、教师、同学所发生的兴趣和态度等皆属之。

语文教学所涉及的学习范围甚广，副学习和附学习实在和主学习有同样的重要。**中学国文教学应特别注重的是在教材本身的教学外，使学**

生能运用思考，增广知识，与作文教学取得联络，兼顾知识、技能、欣赏、态度、习惯各方面的教育意义。不过，中学国文教学上的副学习和附学习，不能用作业指定，又难于测知教学的结果，以致许多教师都把副学习和附学习忽略了，这缺陷要力予补救才好。

在结束本文以前，还得把以上所说的中学国文教学所应依据的重要原则概括为下列各点：

一、学生的语文学习应该完全是自己反应的结果。

二、学生学习国文，要感到自发需要。“教”与“学”二者能打成一片则效果必大。

三、要学生学习什么反应，便教他练习什么反应。

四、要使学生知道在练习作文的过程中是无法避免错误的。要设法使错误逐渐减少，而不能稍存怕错误的心理。

五、国文教学要完全以学习的旧经验为基础，故教师在教学前必先引导学生的思路，使之唤起有关系的旧经验，以解释新教材。

六、教学国文要多利用自发的兴趣，力避强制的兴趣，教材和教法要适合学生的程度。教材太难或太易，作业指定太多或太少，都不妥当。

七、学生学习国文的兴趣愈浓厚，则愈肯努力。

八、教学国文时，教师所供给的活动，须足以激起学生最高的努力，绝对不可超越于学生的能力范围以外。

九、国文教师须善用兴趣，切不可误解兴趣的真义，一味娱悦学生，诱谀学生。要知真正的兴趣也是必须经过相当的努力才能获得。糖衣式的教学反而违背兴趣的原则。

十、教师要利用学生最适当的自然冲动，不要认为作文竞赛是唯一的引起学生兴趣的方法。

十一、国文教学要能使学生由直接的兴趣而发生间接的兴趣。

十二、国文教师要深切地了解教学准备和预习指导的重要而切实施行。

十三、国文教师要注意学生普通智力的差异、经验的差异、个性气质的差异和特殊能力的差异等，不要对每个学生作同样的希望，当然一个最低限度所预期要达到的一般标准还须力求其实现。

十四、国文教师要以每个学生作为教学的对象。

十五、国文教学要采用莫氏熟练公式，使中学国文教学目的能澈底实现，并采用诊断教学方法，补救每个学生学习国文的不同的特殊困难。

十六、国文教学要注意同时的学习原则，让学生在同一时间内所学习的事物不止一项。读文教学须与作文教学联络。教学时又须注意副学习和附学习的影响。

74　习作与批改

蒋伯潜（1892—1956），现代学者、教育家。浙江富阳人。1920年夏，考入北京高等师范国文系，开始在《新青年》《东方杂志》等刊物上发表文章。毕业后，先后任浙江省立第二中学教员、校长以及第一中学、第一师范、女子中学等校教职。在课堂教学中，注重讲授基本知识，诱导学生阅读课外书籍；对学生作文，主张多批少改。抗战时期，应邀赴上海大夏大学、无锡国学专修学校任教，同时兼任世界书局特约编审。上海沦陷后回乡，从事著述，一度任富阳县立中学教员。抗日战争胜利后，赴上海任上海市立师范专科学校中文系主任。1948年出任杭州师范学校校长。著有《中学国文教学法》《十三经概论》《诸子通考》《校雠目录学》等。

本文原载《国文月刊》第48期（1946），是作者根据自己的教学经验和受教于先师张献之先生的体验，具体阐述了习作与批改的意义、内容和方法。“凡是运用本国文字的练习，都是‘习作’”，“中学国文教学，并不以培养许多文学家为目的，中学生也不能个个都成文学家，而且文学家也不是可以教出来的”，“批改不限于教师。同学、朋友也都可以担任这种工作”，“凡是一种学术，研究愈深，兴趣愈浓；凡是一种技法，练习愈勤，技术愈熟愈精，兴趣也愈浓”，斯言信然。

一　教学国文是否需要“习作”与“批改”

夏丏尊先生曾对我说：“我和你都是行伍中人，我们都曾上过中学国文教学底前线，有战场上的实际经验的。”现在，这位战绩卓著的老大哥已经长逝了，我这老兵却还在前线挣扎。周予同先生叫我写一篇关于中学国文教学的文章来纪念夏先生，颇有“既伤逝者，行自念也”的感慨。——“行伍中人”谈兵，当然只知谈些实际的问题，只能就他底实际经验提供些意见的。“习作与批改”，是中学国文教学底一个实际问题。我所谈的，也只是从我四十年来学国文，教国文的经验里提出来的意见。卑之无甚高论，未免贻笑于大方之家。

从我入杭州府学堂肄业以来，从清末创办学校以来，已四五十年，中等学校里，学生例须作文，教员例须改文，虽然所作与所改的文，有“之乎者也”“的吗呢啦”之别，虽然作文的、改文的百分之九十以上对它怀着讨厌的心、敷衍塞责的心，可是这种作业仍占国文教学上的重要地位。那么，习作、批改究竟有无效益、是否需要呢？如有效益，便是需要，便应当把讨厌它的心理改变，便不应敷衍塞责。如无效益，便不需要，何妨干脆地把它废止？何必大家皱着眉头喝这杯酸酒？敷衍，敷衍谁？塞责，塞谁底责呢？

中学国文教学有两项重要的目标：一是培养学生底理解能力；一是培养学生底发表能力。习作与批改，就是要达到后一目标的教学事项。发表能力有两种：一是以语言底训练，培养口头的发表能力；从说话到演说、辩论，也是中学国文教学底要项，但不在本文范围之内。一是以写作底训练，培养书面的发表能力；本文所谈的“习作与批改”，就是培养书面发表能力的写作训练。所谓写作，是运用本国文字，写成文章，藉以记录见闻，宣达情意。**不认识文字的，叫做“文盲”；则不能写作的，应当叫做“文哑”。“文盲”、“文哑”，都应当扫除！**

写作是一种技术。凡是技术性的能力，不能单靠知识、理论来增进的，必须有实地的练习，使它渐渐地纯熟、精进。“游泳必须从水中游泳学习”，便是这个道理。国文写作底需要练习，也和演算、绘书、游泳、玩球、赛跑……一样。从不习作，虽然授以文法、修辞学……底知识理论，写作底技术决不会进步的。——所以习作是有效益的，是绝对需要的。

至于批改有无效益，是否需要，那就各人所见不同了。周迟明先生最近在《新学生月刊》一卷四期发表一篇《中学国文教学上的一个问题》，末段有讨论“教师改文效力问题”的话。他说：

“我对于这问题，向来怀疑；我曾和许多朋友讨论过这个问题，也具有同感。举个极端的例——我在某中学任课，其中有一位国文教师，担任一班初中国文，从第一学期到第五学期，始终不曾替学生改过一篇文章。到了最后一学期，校长有些不放心，要我去接替，希望略加补救。我也满以为这班学生的作文能力一定非常低劣，岂知一经接手之后，竟出意料之外，他们的作文成绩非但不坏，而且有的竟比经教师悉心批改的同年级的别班学生好得多。这或者有其他原因存在；但批改对于学生作文能力的培养，没有多大关系，总是一个有力的证据！因此，我想，一部分的作文时间尽不妨改为文法练习。我相信，这种文法练习的实效，定比不经意的作文、不被注意的批改要大得多。同时，对于教师，也可以节省一部份精力和时间，藉以增多个人进修或提高其他方面教学效能的机会。”

周先生在上文曾说：学生对于作文，有的“存着敷衍了事的心理，抱着潦草塞责的宗旨，遇到文期，便胡诌几句，乱钞一回，反正有教师修改，好歹不干己事，遇到不知道的字眼，便别字乱写，或者竟留着空白，要教师填补。”这便是“不经意的作文”。又说：“等到教师批改出来，只看批语，批语好，收藏起来，批语不好，往字纸篓一塞。”这便是“不被注意的批改”。这种情形，在中等学校里确是常见的。从前，我和朱自清、刘延陵二先生同在某校教国文。朱先生和我是努力批改作文的；刘先生却从不批改，而且常笑我们，“可怜无补费精神”。有一天，校工替我们买了一包花生米来，包的纸便是我仔细批改、三天前发还学生的作文。这正给了刘先生一个有力的证据。我被兜头浇了一杓冷水，顿时凉了半截。朱先生却鼓励我，认为这仅是极少数的偶发事项，不能以此概括全体学生；而且这或者正可证明我们底批改不很得法，不够努力，所以不能引起学生底注意。——但是和这相反的事，也是有的。近来我才发现，竟有已在中小学教了许多年书的人，还把我从前替他们批改的作文保存着的。这自然也是极少数的偶发事项，不能概括全体的；但总是中学生不注意教师批改的反证吧！平心而论，中学里经教员批改过的作文，原没有永远保存的价值；所以特被保存，无非是和我感情特别好，留着做纪念品而已。本可以抛弃的，只要不立刻抛弃，曾把批改详细地看过，教员批改的精力和时间便不算白费了。立刻抛弃的，大概也是由于一种感情的冲动，因为对于教员的反感，而迁怒及于他所批改的作文。保存、抛弃底原因，感情作用当占大部分。我们，当教员的，讨论批改有无效益、是否需要，更不当夹入因所批改的作文被保存或被抛弃所引起的主观的情感。

有些反对批改的国文教员，老实说，并不是因为批改绝无效益、并不需要。他们只觉得这种工作，特别麻烦，特别劳苦。教员以钟点计薪，非每周担任二十小时以上，不能维持生活。教国文，便要教三班或四班；每班人数往往有在五十人以上的。许多作文，要详细批改，时间精力的确不够，事实上不能不潦草塞责；（“塞责”者，塞官厅、校长、学生家长之责也。）批改愈潦草，愈不被学生注意；学生愈不注意，教员便愈灰心。于是但觉其麻烦劳苦，白费时间精力，不得不加以诅咒、反对。等而下之，有些教员，生活习惯不好，忙于浪漫的享乐的活动；有些教员，生活负担太重，忙于柴米油盐的活动；有些教员，“心不在焉”，忙于做官发财的活动；他们那有心情、那有工夫来批改作文呢？

不批改，也得有本不主张批改的理论来做他们自己辩护底根据的！

至于周迟明先生，虽对批改效力问题，向来怀疑，却仍是努力的批改；前年，我曾和他做第三度的同事，见他努力批改，仍和二十五年前一样。他那篇文章，目的在提倡文法练习，以为“至少须和作文同样看重，占同等的练习机会。”**其实，文法练习，如他所举的翻译、标点、图解……，正是写作技术底基本训练，都可包括于“习作”之中。**这些练习底指导校正，也是“批改”底一部分。本文底标准，所以不用“作文”而用“习作”，正因为“作文”底范围太狭，不能包括“习作”底全部。——所以平心静气地说，批改对于学生写作能力底培养，决不是全无效益、绝不需要的。

二　先谈“习作”

“习作”与“批改”，既都是有效益而需要的，我们便应注意到如何习作批改，方能确有效益的问题了。现在先谈“习作”，再谈“批改”。

“作文”，以两周一次或每周一次的“作文”，包括全部“习作”，是不妥当的。“作文”固然是一项重要的“习作”，但不能说它是“习作”底唯一项目。周先生所说的翻译、标点、图解……文法练习，都是“习作”；课外做的周记或日记、讲授笔记、演讲记录或读书笔记，乃至写给教师、同学、亲属、朋友的书信，也都是“习作”。总之，**凡是运用本国文字的练习，都是“习作”。“习作”决不仅指定期的作文而言。——这是应该认清的一点。**

有些人，尤其是程度较好、喜欢写作的学生，甚而至于一部分国文教员，往往误认“习作”要项的“作文”为“创作”，甚而至于误认它为“文学的创作”。于是教员以培养文学家自命，学生也以文学家自许，专致力于诗歌、小说、剧本……文学作品底创作，而轻视各体文章底习作，及写作技术底基本练习，以为卑不足道。结果，这些年青的作家们（“作家”一词根本是不妥当的。）所创作的文学，有许多是得送进“文章病院”去治疗的；他们有只能做诗人、小说家、戏剧家，不会写一篇像样的说明文、议论文的，甚至有写封把信也会闹笑话的。“习作”和“创作”不同，夏先生和叶绍钧先生合编的《文心》里已说得很明白。**中学国文科，教学的是一般的“文章”，不是纯粹的“文学”；**（“文学”、“文章”之别，在“新学生”创刊号“国文是什么”一文里说到过。）**中学国文教学，并不以培养许多文学家为目的；中学生也不能个个都成文学家，而且文学家也不是可以教出来的**！——这是应该认清的第二点。

论说文固然应当教，应当学；但是专教学论说文，则又是不对的。民国十年左右，刘大白诸先生在浙江省立第一师范学校教国文，选编的教材，便是以“问题与主义”为唯一中心的论说文。教材如此，习作可知。此其弊重在偏狭。就文体而论，则限于议论或说明；就内容而论，则限于问题与主义：就教法而论，则完全偏重内容，忽略了文章底形式与技术。所以他们底教学，在那时虽然觉得很“新”，实际上和专教学生学做所谓“整理国故”的文章，如讨论周、秦诸子，研究《诗经》、《楚辞》，谈论甲文、金文……，或者学做讨论政治经济社会的文章，如研讨民主政治，预测世界大势，谈论经济复兴、土地改制……，同有骛远好高、不合程度、不切实际的弊病。说得似乎过火些，和清末教学生做经义、史论、时务策，也同样的不合理；甚而至于可以说，还是变相的“八股”！（“八股”是代古圣人立言；以上那些不过是代今圣人立言，甚至于只是代教师立言而已！）——这又是应当认清的一点。

总之，中学生国文底“习作”，只是“习作”，不是“创作”，更不是“文学的创作”；**国文底习作，应当注重文章底形式与技术，不应当偏重内容，各种文章都应当予以习作底机会，基本的写作技术，如用词、造句、组织篇章……，尤其重要。**

先师张献之先生在杭州府学堂教我们国文时，每周有一次“黑板练习”。我想，文法练习等基本的习作，最好采用黑板练习；尽量地叫学生共同订正，共同讨论、批评。一则可以减省许多课外的麻烦；二则可以引起全班底注意。这类习作，在初中格外重要。**做日记，不如做周记，**因为学校生活，除例假外，每天底作息都是有规律的。**初中学生做日记，往往感到呆板和枯窘。天天勉强着记，徒然引起厌恶的心理，**养成敷衍潦草的习惯，甚至捏造谎话做日记底材料；而且教员每天阅许多日记，事实上也不可能。每周一篇，便不至这般呆板枯窘了。现在各中学往往由训育人员检查学生底日记或周记，往往因日记或周记中有不满于学校或教师或政治现状的话，而惩罚学生；于是学生日记便少由衷之言。“修辞立其诚”的话，是有理的。言不由衷，不但做不出好文章，而且影响于青年心理修养者极大。现在既把日记或周记作为国文习作底一项，改由国文教员批阅，便当改变以往的态度，注重于写作底技术；即使思想言论有不妥当的地方，也当好好地加以劝导指正，不必立刻予以严厉的惩罚。笔记，初中须注重讲授的笔记；不妨抽看，改正后发交其余的学生校改。每学期，每人能轮到被抽看二次或三次，便已够了。高中则须注重讲演记录和读书笔记。张先生指导我们阅读，每学期由他开一批书，第一周先提要说明；并按照学生底程度分做几组，每组各有可以选读的书。各人选定了（分量少的只有二三部，较多的只选一部），在课外圈点阅读。有每周一小时的“阅书质疑”。这一小时，倘没有人质疑，他老先生便要提出问题来问我们了。每学期末，便须各缴一份读书笔记。那种只列举作者、出版年月、出版处所、摘钞目录、杜撰批评的读书报告，他是很反对的。他要我们做的，是《日知录》、《读书杂志》式的笔记。虽然那时自以为心得的，大多是幼稚得可怜的东西，但比较起来，总还切实些。书信底习作，最好是利用假期，鼓励学生和教师同学通信。此外，张先生还提倡我们向报纸杂志去投稿。我们在五年级时，还自己办过油印的周刊哩！现在各中学里往往每班有一种壁报，只要有人负责指导，也是鼓励习作的好方法。

习作最重要的一项，还是作文。作文底次数不必过多，但也不宜太少。两周一次，是最适宜的。学生所以不喜欢作文，一则因为找不着材料，或写作底基本能力太差，而感觉困难；二则因为教员不肯负责批改，或者竟不批改，而感觉乏味。要减免这两种原因，教员须注意于基本能力底训练、题材底慎择和批改底负责。基本能力底训练，上文已经说到过；批改当于下文谈及，现在只就题材底慎择谈一谈。大而无当的，空洞抽象的，不合中学生底知识、经验或需要的题材，都应当竭力避免。每次命题作文，照理想，应该使一般学生都感到亲切、需要、有话可说。所以作文命题，并不是一件容易的事。张先生常教我们耳闻、目见、经历的事物记住，把自己霎时间的情感或思想抓住；例如别人底言论，书籍底记载，师友底书信，报纸底新闻，都得留意；这些就是我们习作底题材。他常以“到处随时留心”六字教训我们，说是摄取题材的不二法门。旅行、远足，他在事前就提醒我们说：“摄取题材的机会来了”！学校里有什么团体活动，（如展览会、运动会以及各种竞赛集会……。）也是如此。他还和英文、历史、地理、理化、博物……各科底教员取得联络；从各学科底教材里替我们搜集题材。虽然那时有俞康侯先生专担任我们底改文，作文题却有许多是张先生供给的。

其次，作文应由教员命题，或由学生自由拟题；应在课内作，限时缴卷，或在课外作，不加限制，也是应当斟酌的。由学生自由拟题，比较有选择题材的自由，题目不致和学生格不相入。但命题并不是容易的事，学生也会感到找寻题目的困难。懒惰而取巧的学生，或许会只拣自己认为容易作的文体和题材，甚至把自己作过批改过的旧作或他人底成作，钞来塞责。所以我认为**不如由教员命题好。题目须有两个以上，使学生仍有选择的余地。即使叫学生拟题，也得限定习作底文体。**课内限时作文与课外不限时间的作文，当相间行之。因为在课外作，不限时间，也易发生流弊。惰性是人人有的。时限放长了，学生不见得尽几日底余暇去努力作文；往往因循拖延，到必须缴卷的时候，方匆匆地写作。甚至也许有请人代替的事情。**写作底练习，敏捷也是一个条件。所以完全课外作文，是不妥当的。**而且课内作文，教员命题，并不是一出题目，便算了事；学生在教室里作文时，教员必须加以指导。除关于文体、题材、作法……共同的提示之外，尤当注意个别的指导。所以**课内作文是不应当完全废除的。**

三 再谈“批改”

所谓“批改”，也不限于作文；周记、笔记、书信、以及文法练习底改正和批评，都应当包括在内。周记、笔记，由教员批改，是各校常有的事，不过简略些而已。书信底批改，却是少有的。我在浙江教书时，常鼓励学生和我在假期内通信，把原信批改了寄还。这办法，我觉得很有效益。文法黑板练习，除当场改正错误外，可以把所以要改的理由，口头说明，这就等于“批”了。

最重要的，自然是作文底批改。关于“改”，我以为多改不如少改，增加字句不如删减字句。有些热心改文的教员，往往把原语抹去一大段，改上几行，或增入几行；这是劳而少功的。体裁语气不合，层次结构不好，固须改正；文法上用词造句的错误，以及错字别字，尤必须加以改正。**改作文，不是要把它们改成杰作，是要把它们改成文从字顺的文章。“批”是批评，不但要指出原作底错误，而且最好能说明其所以然。**例如“步”字何以下半从“少”是多了一点，“盗”字何以上半从“次”是少了一点；根“本”之本何以不当作“夲”，“来”往之来何以不当作“耒”；“徘徊”、“彷徨”本都是叠韵组合的复词，以双声关系而演变的，何以使用时又有区别；“我在纸上写字”可以改作“我写字在纸上”，何以同用“在”字，句式亦同，“我在书房里写字”不能改做“我写字在书房里”；都须使学生明了其所以然，以后方不至重犯这种错误。所以照理想，**每有一字一句底改动，必须有一个说明所以然的批语**。这些零碎的写在眉端的批语，叫做“眉批”，眉批是愈多愈细愈好的。至于“总批”，写在篇末的，则以批示全篇为主。或内容思想上须加批评补充，或结构层次上需要指导斟酌，或全篇最大的疵累是什么，以后作文须注意何处，力求改进，都应在总批中说出。如其不需要，总批尽可以省却。那些科举时代传统的四字八字、不着边际的总批，我以为大可不必。标点应在初中一年级学习，以后批改作文，尽须留意，校正其错误。最好把多数学生常犯的错误，记录下来，于学期末了，再提示一次；学期考试，不妨据以命题，促使注意。以上所说都是消极方面“批”的。反之，如果有好的句语、好的篇章，也得提示出来；旧式浓圈密点的方法仍可采用，批语中也可加以赞扬。特别好的作文，可以揭示或传观，以资观摩，以示鼓励。进步快的，习作努力的，应公开加以奖励；反之，退步的，不努力的，应加以规诫。

还有一种方法，我曾试验过，且觉有效。那时，我在某中学只教一班国文（因兼别的教课和职务），学生只有三十人。我先规定各种记号，告诉学生。**在作文中有须改正的地方，先加上各种记号，发交学生在课内自己订正**。改得多的，须重钞，连原本同缴。批改定在下午课毕后或星期日，改某生底文，即把某生邀来、坐在旁边，和他问答、商量，边改边谈。改完后，然后细加眉批，当面发还。这办法，可以**养成学生自己修改作文的能力与习惯，可以增进学生对批改底注意与了解。**不过师生多费点时间而已。

批改不限于教师。同学、朋友也都可以担任这种工作。韩愈、贾岛“推敲”的故事，是大家都知道的。作者自己修改，尤觉亲切。欧阳修做《书锦堂记》，写好送出，又追回来，首二句各加上一个“而”字（“仕宦而至将相，富贵而归故乡。”）；做《醉翁亭记》草稿已成，又把首段抹去，只用“环滁皆山也”一句，这些故事，也是大家都知道的。欧阳修尝说作文有三多，看多，做多，商量多。所谓“商量”，即是批改。不但师友，自己也得常和自己商量。周迟明先生所举的例，教师从不改文，而这班学生中竟有成绩很好的，安知不是同学或自己修改的效果？“新诗改罢自长吟”。古代诗人文人对于自己作品底一再修改，原是常有的呀！

四　怎样转移学生教员厌恶习作批改的心理

学生厌恶习作，教员厌恶批改，是现在中等学校里的一般现象。这种心理，必须设法转移过来。如果初步的国文教学，能切实培养学生写作底基本能力，教员命题能注意学生底能力、经验、需要与兴趣，习作时妥加指导，缴卷后详加批改，时时予以鼓舞，则学生厌恶作文的心理，定可转移。师生间精神感应至大且速，是一般人所想象不到的。教师如能“教不倦”，学生自然会“学不厌”。反之，教师厌恶批改，也可以使学生厌恶习作。这是从教员方面说的。凡是一种学术，研究愈深，兴趣愈浓；凡是一种技能：练习愈勤，技术愈熟愈精，兴趣也愈浓。“学而时习之，不亦乐乎！”决不是孔老夫子底欺人之谈，如书、画、琴、棋、雕塑、运动……所以**能使人终身不厌者，便是因为各有“乐在其中”**。文章底写作也是如此。写作和说话一样；不会写作的，其苦闷也和不会说话的差不多。不会说话的，不善说话的，或方言隔阂、不能以国语互通情意的，如一旦学会了，可以和人畅谈，岂不痛快？**学生只要肯勤于习作，使写作底技术日见进步，可以奋笔畅所欲言，也必有极大的快乐。所以学生厌恶作文的心理，是可以转移的。……**

75 “集体习作”

于在春（1909—1993），语文教育家、著名古籍编辑专家。江苏邗江人。光华大学毕业后，在镇江私立东南职业中学、江苏省立淮阴师范学校、太仓师范、省立常州中学等校任国文教员。与顾民元、江上青和王石城等创办宣传新的教学主张和辅导国文教学的月刊《写作与阅读》。“八一三”事变后，进入上海租界，在外地迁沪的学校执教。1946 年与吴琛一起创办《文章》月刊；1947 年与张骏祥合办《水準》文艺周刊。后在中国新闻专科学校讲授修辞学，兼上海市师范专科学校国文教授，同时兼复旦大学中文系副教授，讲授国文课程。编著有《集体习作实践记》《文言散文的普通话翻译》等。

“集体习作”系于氏吸取了叶圣陶、夏丏尊等先生的有关理论，在教学实践中设计、发展起来的一套习作教学法。现行的学校教育，仍不能不沿用班级集体授课制，为了充分发挥学生集体与教师互动的积极作用，充分获取习作与批改的实际效益，我们仍可从于氏的“集体习作”中吸收许多可取之处。

本文原载《国文月刊》第 48 期（1946）。

在本刊第四十五期上，我发表过一篇《集体习作实践再记》，同时，《集体习作实践记》也已由永祥印书馆出版。这两篇记已经给“集体习作”的全貌描摹出了一个概略。这次本刊为了纪念夏先生的精神征集改进中学国文教学的意见的文字，征求到我；在这方面，我零零碎

碎的有许多意见，可是仔细考虑，从习作教学的实况来说，“集体习作”的推行恰是当务之急，而且夏先生曾在我实践“集习”时给过不少鼓励和帮助，正合纪念的意思，因而写了这一篇。

“集体习作”并不是全新的东西，许多人有过这种理想，像圣陶先生就在好些谈论写作教学的文章里都说到过“共同讨论”，而且我知道有两三位朋友也曾经偶然实施过这种方法。不过，把它看做主要的习作教学法，建立了一番规模，并且用“集体习作”称呼这种教学法，却起始于不久之前。那么，它到底是怎么一回事呢？

集体习作这种习作教学法叫学习者先做充分的练习然后接受积极的批评和指导，为的是补救现况教学的（一）法则未经授受，（二）习作没有效果，以及（三）订正不起作用。它的全过程包括着这几个步骤：

第一步是命题，个人抒写情怀，尽管不必先有题目或竟终于“无题”，普通习作也不妨自由命题，但要**进行“集习”，却必须先有题目。**有了题目才可以给选材划出一个比较固定的范围，使工作的进行得到些根据和方便，不致茫茫无头绪。而且那**题目的范围越小越好。**一些令习作者最感材料枯窘的题目却最能教习作者在发展文思充裕题材上获得帮助。

第二步是材料的搜集。根据已经命定的题目，由全班学生各就他自己的经验（直接的和间接的），书面提出他在写这篇文章时打算采用而又认为适用的材料。这样教**每一个习作者都能为这个题目下一番思索的工夫，**让他认清那个题目的范围，同时认清那个范围里有些什么材料。**误认，当然是免不了的，**却不要紧，因为**误认者不久便有机会从公开讨论里在回护他的错误之后确认了他的错误。**这步工作对于思路枯涩的习作者特别有用处。

第三步是材料的整理。由教师指定一个必需数目的学生，根据全班同学提出的书面报告，把那全部材料可归纳的归纳起来，可分类的分起类来，缮具一个总报告。于是这个题目的全部“题材”或“题义”一下子集中了。当中自然不免也有并不适用的。那么，这回集中不仅尽量网罗使得题无剩义，同时也替选材炼意做了准备。**这步工作只是为了便利下一步工作的进行，在教学的意义上并没有直接的作用。**

第四步是材料的评议。从这一步起，开始采用集体商讨的形式，在教室里进行。根据整理后的总报告把那些“题材”或“题义”逐点提付评议。那些取材偏僻用意晦涩的，即席由原提出人加以说明。评议的最后作用就是决定采纳或舍弃。这步工作，一方面昭示习作者采取哪些材料，一方面也给予他们怎样采取材料的实际练习。选材适当的人因此更坚定他的信念，不适当的因此也理智的确认了他的错处。这对于下笔不能自休的习作者将特别有用处。

以上四步过程给予学习者的训练，是关于如何搜集、整理和判断那些材料是否适用于某个固定的题目之下的。这种技术上的训练当然十分重要。不过在目下的习作指导里，这些技术的要点可说全不被提示。即使偶有涉及的，也不过空洞的向学习者灌注一些原理或原则，总不能就习作的题目示以实例，使那些原理或原则在实际应用上得到印证。至于在命题之后提供一些具体材料的，看去很像一种宝贵的启示，然而不让他们自寻思路，也只给予无益的束缚，助长了盲从和依赖的恶习而已。教学本身在文章内容的思考审察一方面既这样忽略，无怪习作作品不是没有内容便是内容支离杂乱了。根本的补救应该也必须从这里着手。“集习”特别加强这一种练习和指导该不算矫枉过正吧。

第五步是选择主题。这一步也用口头商讨的办法。这和第四步不同：材料的评议只是说明在某种前提之下某些材料适用有效与否；主题的选择却是先比较那些前提然后决定采用哪种前提做那将写的文章里的观点或论点，换句话说，择定文章里的选材标准。把评议放在选择主题的前面，在工作程序上似乎颠倒了，因为倘先择定主题便可以做更具体的评议。但是这种一般性相对性的评议也实施了一种充分的训练，一则使学习者澈底了解材料适用有效的范围，再则也使他们尽量推求种种不同的观点或论点。这些观点或论点的胪列正好帮助他们把主题选择得更精彩。而且，即使把题目的范围收缩到极小，教我们没有选择论点的余地，可运用的材料也总要比实际运用的多得多，评议工作依旧不能省掉，最多不过评议的对象简单一些罢了。等主题一选定，便把评论过认为在这种选材标准下适用的材料拿了来用，不须再加商讨。

第六步是材料的排列。先由学生个别的去考虑，再用书面提出他认为最好的排列方式。这番考虑先让他们经心着意也是必要的。

第七步是确定大纲。参照排列方式的书面报告，在教室里商讨一个具体的大纲，留做文字商讨的根据。有了确定的大纲，共同来做文字的商讨才有可能，因为这么做时，参加的人的写作意向已经凝固，工作的目标只在如何把这些已经凝固的意向用文字适宜有力的表现出来了。而且确定的大纲还可以纠正一种错误的写作态度，那就是**中无主宰的信笔涂抹，这种态度对于习作尤其有害。**文字的切贴不切贴，不是绝对的，只是相反的，如果没有具体的客观的标准，该这样写的便也不妨那样写，那样写了又就无从知道这样写的需要和优点，自然失掉了一种强制的练习（强制的练习，我以为，最能产生正确的学习效果），不能养成正确表意的习惯和能力。从前有人说画人难画鬼易，**一样是画，难易之分就在有没有具体的形象作客观的标准。习作而没有确定的大纲（无论是笔录或腹稿的），简直就是练习画鬼。**

最后一步是文字形式的写定。这步工作做起来极其繁琐，在共同商讨之下，有起承转合的工作，也有咬文嚼字的工作。工作时，严密依照大纲，从第一句起，都用会议的方式经过提出、批评和修改，最后才写定。每一单位的句子，先由学习者各自提出他主张的形式，教师把不同的拣出来列写在黑板上，有那大同小异而异得有道理的分类附列。这样，可以把好坏是非比较得很清楚。等到不再有新形式提出了，便公开的逐句批评，有时也许要逐字批评。批评有了定论时，修改的意见自然便提出了。这么著，热烈的讨论便展开了。等讨论有了结果，那句子便也写定。从这种详尽的商讨里，学习者可以获得活的练习，从实际运用上接受一些文法和修辞的基本练习，让他们把从字词推敲、语句安排直到篇章经营上的一切随机应变的意匠工夫全从实际运用上亲切的加以体验。这样，平日不留心于选词造句构篇的固然可以受到明确的纠正和切实的指导，平日已知留心的也可以更进一步从事于深入的探讨。学习者多多经过这种训练，便会养成一种临文时篇章字句上一笔不苟的态度，这种态度对于习作将有莫大的帮助。

以上便是集体习作的全过程。从那些步骤之中，可以清楚的看出**这种方法很重视习作的内容，可也同样重视习作的形式**。取材那么广博，选料更那么精细，这是要习作者注意习作的内容。排列那么经心，写出更那么着力，这是要习作者注意习作的形式。内容决定形式，诚然是真理，可是在写作技术未臻娴熟的初学者，往往徒然有好内容，却不懂怎样用适当的形式来表现。要使他们受到教育，从不懂到懂，从不能到能，自然必须在注意内容的同时注意形式了。

除了能使习作者注意内容同时注意形式外，“集习”的作用至少还有下列五点：

一、把学习者的习作态度在监督下训练得认真起来。

二、使文思枯窘的充沛起来，使文辞芜蔓的谨严起来。

三、从实际运用里教学文章作法及修辞学上的诸般实用知识。

四、把教师的分散于不受习作者注意的个别订正上的精力集中到写作方法的积极的辅导上面来。

五、用实际参加订正的办法使学习者接受每一点订正的精义。

如此说来，“集习”的作用，可算面面俱到，足够把现况习作教学的重大缺点全部克服。只是有一层，**每次“集习”的实施，从第一步到最后一步，除了可在课外做的**（如材料的搜集、整理及排列）**不计外，大约至少也得化费六小时**：材料评议一小时，主题选择和大纲确定一小时，文字商讨四小时，照中学国文的课内习作钟点平均每周一小时来计算，**要六周才作得一篇文，看起来太不经济。不过，所谓经济不经济该看效果如何才能决定**。六周作得一篇文，假使便能得到一篇文练习的效果，这不比每周作一篇而不起作用的要强得多吗？而且“集习”也不妨做翻译（从文言译白话或从白话译文言）的练习，把第一步到第六步全部省去，单做文字商讨那一步，时间便可以节省一些。

我的想法：倘使能把课内习作钟点（如果有作法讲授钟点的话，不妨并算在内）全部实施“集习”，那么，每学期大约可做创作“集习”两或三次，翻译“集习”两或一次，另外再规定在课外个别习作（即现有的作文练习）四五次，习作教学的内容该已经够充实，同时，习作教学的效果也一定够丰多了。我见如是，欢迎指教！

卅五年八月十九日，上海。

76　技能的训练和理论的研讨

周振甫（1911—2000），著名文史编辑、诗词研究专家。原名麟瑞，笔名振甫，后以笔名行，浙江平湖人。1931 年入无锡国学专修学校，随著名国学家钱基博先生学习治学，1933 年入上海开明书店开始校对、编辑生涯。历任开明书店、中国青年出版社与中华书局编辑，并在人民文学出版社参加《鲁迅全集》注释工作。担任《谈艺录》的责任编辑，得到钱钟书高度赞誉。

周氏语文论著《诗词例话》与《文章例话》受到青年读者普遍欢迎。本文原载《国文月刊》第 48 期（1946），在批判旧式国文教学忽视理论研讨的同时，又指出了新的中学国文教学忽略技能训练倾向之急需矫正。周氏主张“技能的训练和理论的研讨，如车之双轮鸟之双翼相辅前进”，实是为中学国文教学可以收到较满意效果而提出的战略性建议。

新的中学国文教学，技能的训练和理论的研讨应该并重。过去旧式的国文教学，偏重技能的训练，忽略了理论的研讨，固然不够。**现在的一般中学里，理论的研讨未必够得上标准，却把技能的训练忽略了，这是急需矫正的事。**

中学国文教学的主要目的，在培植学生欣赏文学作品和阅读平易古文的能力，训练写作语体文和浅近文言文的技能。其他虽有使学生了解固有文化等目的，因为那不是国文一科所能独力担负的责任，姑且不论。倘只就这两个目的讲，那么旧式的国文教学，它在技能方面的训练，确实是做到的。旧式的国文教学最为五四运动以来所诟病的，就是专重诵读。这种看轻诵读的风气，使一般中学国文教师耻于范读，学生也以诵读为可耻的事，于是学校里只讲不读。一般的所谓讲，也不过逐字逐句解释一遍就算了。教师讲过了，学生听过了，就算读完了一课。这样一课一课讲下去听下去，到了学期考试时，教师就教过的材料中提出若干问题来测验一下就算完事。所以学生读了一学期的国文，只是获得每篇文章内容所述说的一些知识，而这些知识又是各各独立不相联贯的，转不如读史地还可获得系统的知识。一学期过去了，那些不相联贯的知识也淡忘了，于是读如不读，这就是忽略诵读的弊病。

国文课本中所选的应该是需要精读的文章。读这些文章并不是仅仅懂得一些大意就算完事。这些文章，字句的安排应该是顶妥贴的，用字的轻重应该和所要表达的情意相称的，音节的缓急应该和文中情事的起伏相应的，条理的明晰应该合于论理学的规范的，叙述的次序应该恰好表达事态的发展的；像**这些精读时所当注意的事，都不是粗观大意所能领略，都有待于体味吟会，虽不一定要高声朗诵，至少也要默读，要默读到能够背诵，然后对于所读的文章才能够有深切的了解**。过去旧式的国文教学，偏重背诵，照现在想起来，大约有下列几点好处：一、读时分轻重缓急，恰好和文中情事的起伏相应，足以帮助对于文章的了解，领会到作者写作时的情绪。二、懂得音节和情绪的关系，到写作时，自会采用适宜的音响节奏来表达胸中的情意。三、读熟了字句妥贴的文章，习熟于种种变化的句式和虚字的安排，到写作时，自然不会写出生硬不妥的句子，运用虚字，也在知其然不知其所以然中渐渐合乎规则了。因为照我们作文的经验说，在下笔时，全神贯注的是所欲表达的情绪或意念，应该用怎样的字句怎样的形式把它表达出来，并不是在想什么是主语，什么是述语，什么是宾语，什么是补足语的。一切文法上的知识，要在全文写好以后，仔细推敲时才用得到。倘然下笔时只注意到文法上种种问题，定会使所欲表达的情绪或意念不能集中因而忘却的。

所以仅仅懂得文法还不够，仍须熟习于妥贴的句式，熟读那些范文的。四、**读熟了以后，即使自己的鉴赏力不够，还看不到文章的好处，只要能背诵不忘，到后来读的文章愈多，阅读的能力愈提高，对于以前看不懂的也自会懂得了。**旧式的国文教学，往往教小孩子读几千年前高深的哲理书，这是无论如何不能使小孩子了解的书。可是到后来，小孩渐渐长大了，读的书也渐渐多了，以前所不懂得的，自然会慢慢懂起来，那就靠熟读。因为中国的字，常用的究竟不过数千。书读得愈多，这些字见面的机会也愈多。一个字当初读时见得陌生，不懂得它的意义和用法，到了二次三次十次百次读过以后，就熟习了。而且从**这样熟识得来的字，不是一个个孤立的字，而是从十句百句句子中认识它的。**这些句子，既然都熟读在脑里，那么看见了这个字，自会唤起脑中所有的许多句子。**人的脑子既有综合辨析的能力，自然会把这许多句子按照那个字在许多句子中的意义和用法的同异，分成若干类。这样子，对于那个字的认识自然非常精确了。**一个个字都经过这样的认识，那以前所不懂的自然会懂得了，这就靠能熟读。这种专重诵读的教学，可算技能训练的一种。

在现代，中学生要担负各科知识的学习和技能的训练，自然不容许再走旧时国文教学的老路。但我以为一星期中读熟一篇范文并不是困难的事，那么一学期也可以读熟十六七篇范文，三年中有百篇左右的范文读熟了，对于阅读和写作的能力自会提高的。这是就阅读方面说。

再就习作方面说，以前的教师所教的学生不多，自然可以仔细批改并令学生多多习作。现在一班里的人数既多，一位教师又不止担任一班国文，要仔细批改和加多习作次数，事实上也许不可能，不过现在的教师也有比以前便利的地方，以前的教师对于写作上的种种弊病往往知其然而不知其所以然，现在有文法修辞学、论理学等等的帮助，教师可以说明白写作上种种错误的理由。而一般学生作文时所易犯的错误，又往往相类的，所以教师在改好一批作文卷子时，应该抽出一部分时间，把学生在写作上易犯的错误择要指出。这样，学生习作的技能自可逐渐改进了。

国文教学不当以技能的训练为限，更当进一步作理论上的探讨，指导学生认识和国文教学上有关的各种知识。这是旧式的国文教学所缺乏的。旧式的国文教学知其然而不知其所以然，终是懂得不透彻。譬如碰到一篇说明文，要是文中的分类分得不妥当，界说定得不切合，这是论理学上的问题，做教师的应当把论理学上重要的规律简明地介绍给学生，使他们减少思想不精确的弊病。再如讲到一篇抒情文，作者为了要加强读者的感受力量，有铺张的写法，有比拟的写法。为了表达回肠荡气的情绪，有重言反复的写法。为了加强文句的力量，有用排比的句法，或者一层紧一层地逼进去的层叠句法。碰到这些场合，教师便应替学生讲修辞学上种种修辞格的运用方法。再如读一篇叙事文，究竟作者的立场是怎样，他的观点有没有变动，层次是否分明，取材是否合适，是否足以表现人物的个性，编排是否足以表达事态的发展。碰到这些场合，教师便应替学生讲文章理法上的种种规律。再如读文言时，对于每一个虚字考究它的词性，是介词还是连词助词，辨别它的功能，说明它相当于口语中的什么词。倘使是助词，更当考求它表示的是什么口气。这些场合，做教师的便应替学生研讨文法。再说文章往往是作者有为而发，读者既不一定和作者同时，便不易懂得作者所以写作文章的用意，因此对于作者的议论便无法了解，至少不易了解作者的真意。譬如曹冏的“六代论”是一篇拥护封建政治的文章，那因为曹冏看到魏代的皇族孤立于上，宗室没有一些实力可以做急难时的靠傍，加以对外的战争不息，武人掌握着军权，所以想提倡封建来辅佐皇族，抑制武人。到唐朝，藩镇专权，造成割据的局面，所以柳宗元的《封建论》，就极力反对封建，那是针对当时的藩镇说的。到明末，大权集中在皇帝手里，地方政府的权力非常削弱，一到流寇起来，各镇守卫的官吏都望风逃亡。所以顾炎武做《郡县论》，主张加强地方政府的权力，建封建于郡县之中。像这些，都非考求它的时代背境，便不会懂得作者为什么要那样说的用意。再如有许多文学作品，像诗词那样，我们要是不懂作者的时代背境，更不易了解。再说，同一句话，在适当的场合说是对的，换了一个场合也许是大错了。譬如中日亲善这一句话，在革命党人流亡日本得到日本支持的时候说是对的。一到日军侵入中国的沦陷区里讲这话，便成了汉奸理论了。像这样考求作者的用心，辨别心术的诚伪，设身处地来看前人的著作，给与公平的评价，又是做教师的应当用心的事。

像这样，**技能的训练和理论的研讨，如车之双轮鸟之双翼相辅前进，那么中学的国文教学，也许可以收到较满意的效果了。**

77　国文教学必须改造

晁哲夫（1894—1970），教育家。又名晁蛰甫，河南清丰人。1946 年起任晋冀鲁豫边区政府教育厅厅长。晁哲夫主张用日记方法练习作文。认为“这种体裁的好处：能练快，以备随时应用，不太讲究修辞，有啥写啥，率真自然，出于学生生活实际、思想实际……这样每天写，日子长久了作文便能长进。”

《国文教学必须改造》一文，是他在冀南教育会议上的讲话，后发表于晋冀鲁豫边区《新教育》第 2 卷第 2 期（1946）。该文认为“旧的教学方法是在讲读中教学文章作法，这是错误的，往往搅乱了对内容的理解，因词而害义。”因而，坚决主张“讲读和写作是国文教学的两大独立任务”（这个提法与叶圣陶先生所说的“阅读和写作是对等的两回事”颇为类似）。晁氏把“讲读要与写作分开”作为“国文教学必须改造”的突破口，在语文教育界引起了强烈的反响。然而，延安中学通过实验，则引出结论是读写结合“对于联系我们中学生中普遍存在的两大问题——阅读上的粗枝大叶，好高骛远与写作上的生吞活剥、东拉西扯，是有很大帮助的。”当时引发不同意见的这一讨论，对时下深入思考与研究“阅读与写作”的关系仍是十分有益的。

此文是根据三月十七日晁厅长在冀南教育会议上的讲话记录整理而成的，曾载《冀南教育》，后经晁厅长增删发表于此。

——编者按

一

我主张：旧的国文教学必须加以改造。为什么呢？总起来说是因为旧的八股教学害人非浅，必须打倒。

就我个人的经验来检讨：幼时学国文，后来又教国文，学的教的都没脱出八股的圈套。**八股是什么呢？简单说就是形式主义——往一定的格式里填东西**。从历史上看：明清二代是八股的登峰造极时期，再往前看，唐宋二朝的教学也是形式主义的。清末虽改学堂，但内容和形式都还是传统的一套。教的人选文章叫学的人念，不是学它的内容，而是学它的形式。高级一点的如文选，里面还有些“艺术”；低级一些的文章里便仅只是起承转合了。**为了模仿形式，不择内容如何，这就是形式主义的摹仿路线，也就是八股的实质**。这种教学方法的恶果，就恰如毛主席所说的党八股的八大罪状那样罪孽深重。到了“五四”以后，学校里除了学中国的新旧文学以外，也学一些从外国译来的文章，但选法教法都还是摹仿路线。一直到今天，国文的教学方法仍是旧的，基本上并未冲出形式主义的圈子。过去秀才们写张典房契约，往往下笔千言，还没有写到“房”字，**今天我们不少同志写个宣传品或报告，也常是洋洋万言，却还没说清楚所要表达的意思，这都是形式主义害人的证明。因此国文教学就必须加以改造。**

二

从哪里改造呢？

最重要的：一是讲读要与写作分开；二是在应用时才研究如何写，在写作时再研究文章的体裁。

先说讲读与写作的关系问题。过去讲读是服务于写作的。就是说学校里订国文课目之目的，就仅只是为了写作。一般的学校，每周都有六小时的国文课，按两周一次作文，每周讲读占五小时，作文占一小时，选讲读材料的标准多是着眼于“可资摹仿”者，并不注重其内容如何。讲的重要任务也不在文章的精神和内容，而把重点放之于文章作法、结构、技巧……这样每周以五小时的学习，只不过为了一小时的作文——这种关系是不正常的，也是不应该的，正是八股教学方法的重要因素。

新的正确的认识，我认为：**讲读和写作是国文教学的两个独立任务，应当严格的分别清楚。**讲读是为了吸收别人的思想、意见和知识，从而扩大自己的思想领域，培养学生吸收别人的思想与意见的能力，由不正确到正确，由迟钝到迅速，便是讲读的主要任务。这与旧的目的恰恰相反，是要了解文章的内容，而不是要了解它的形式如何美妙。写作是要表达自己的思想和意见给别人，主要是要求清楚、迅速、有力，开门见山，实事求是，把意见写清，把思路搞通了，思想方法弄清楚正确了，进一步到有力量、动人、迅速，便达到了教学写作的目的。

其次，谈到体裁和应用的问题。**旧的教学法是在讲读中教学文章作法，这是错误的，往往搅乱了对内容的理解，因词而害义。**应当怎样呢？我认为学习体裁和作法要在作文（应用）时学，根据要写的内容，决定是诗、论说、报告、社论或是小说；就是说：在应用时学习应用文的写法，在作文时研究作文体裁。

三

以上是谈到观念上应有的认识——“改”；下面还要谈一谈具体的做法——“选”。

先谈讲读的方法，即如何达到了解别人意见的目的。

第一、读什么？**选文章首先要重视内容，而不至于计较文字上的形式美。至于艺术鉴赏一类的作品，形式美当然也是必要的，**不过仍然不应与内容分开去看，而且要形式服从内容。应当选择当前思想上所急需的、可以纠正错误观念、树立正确思想（毛泽东思想）的东西。这种所需要的文章，也许是小册子，也许是报上的社论，也许是通讯文……要根据学生的程度选适当的各种形式和体裁的读物，最好划分单元，有联贯有中心。

第二、怎样读？**这里要明确一个原则：“自学为主”。但应认清自学不等于放任不管。与注入式的单纯讲授也恰恰相反，而是有计划、有领导、有组织和自觉的一种新的学习方法**。自学的过程和方法大致是这样：首先由教员研究这一单元的材料，写出学习提纲，里面包括：中心内容是什么，解决哪些问题，怎样学法，着重的是分析。第二步要将材料布置给学生，教员讲一讲怎样学习，启发学生根据学习材料和方法进行学习，解决个人疑难和糊涂观念。第三、在自学中可能发现些新的问题，所以应当规定一定时期的小组讨论，教员参加，遇有个别问题在组内解决；一般问题则集中起来，经过研究后向学生启发或解答，再交学生研究。第四、经过阅读、讨论、研究……学习目的差不多完成了，便做总结，指出收获、缺点，哪些问题研究的不够或没有解决了，教员予以最后解决。这样，一个单元的学习便结束了。这种自学方法，学生是根据教员制定的提纲进行学习，集思广益，既是自学而又发挥了集体主义互相帮助互相启发的作用。教员不但不能任其自流，相反的在整个学习过程中都须负责任地计划与组织它。并且教员在参加讨论当中同样有着讲的机会，不过已不是一般的侃侃而谈，而是有的放矢的讲解学生所急待解决的问题。这样经过分析研究集体讨论的读法，自然就能比较正确地掌握住内容的中心。而且习惯了，也就自然会把读书不求甚解、粗枝大叶、不注意分析问题的毛病去掉。

过去都是把国文教学当作有关思想教育的课程，但是在形式主义、摹仿路线的教学中，这看法是完全落空的。我以为这样改造一下，才可能完成这一教育任务而无愧。不过这只是“我以为”。

其次讲一讲作文的方法，应该是以下两种方法同时并进：

第一是**用写日记的方法练习作文，**这样体裁的好处：能练快，以备随时应用，不太讲究修辞，有啥写啥，率真，自然，出于学生生活实际、思想实际，并且不必讲求结构，抓过问题来便写，写完一个写另一个，不必费力使之衔接。教员要有计划地抽看，看了可提出意见，但不注重删改，这样每天写，日子长了作文便能长进。

第二是**集体作文：**过去作文多是先生出题，往往自己对先生的命题没有很好的见解，所以常见作文时间过去一半了，还想不起写什么好，又不叫下去作，只好马马虎虎写几句不痛不痒的话交了卷。即是自己想的题目拿在下边去作，也免不了空洞贫乏、思路枯竭的痛苦。

集体作文便没这种毛病。题目是大家集体找的，是大家所共认的，上自国家大事，下至日常生活中的问题，决定了题目之后便可开始作了：第一步先调查研究，收集有关解决这一问题的材料；第二步准备发言提纲，每个人都要根据自己的见解作充分准备；第三步开小组会，人人发言，人人记录。讨论好了做出总结，或由主席（组长）作，或是轮流作主席做总结。或者不在小组会作总结，让每个人自己去练习作，之后便开始作文。

怎样作？什么体裁？要根据具体讨论研究的内容决定，作好了先在小组中传阅、提意见，本人如同意可修改，不同意也可争论；修改完毕即眷清交卷，教员阅完卷要在班里指出大家的进步如何，认识问题如何，体裁技术如何，调查研究工作如何……如系个别缺陷，可个别改正或同本人谈。

集体作文的全部过程中，包含着三个练习作文的机会：一是准备发言提纲；二是开小组会时作记录；三是集体讨论后的作文。另外会上的发言，对练习口头表达能力也有很大帮助。这里集体作文的优点有二：一是多方面的锻炼了掌握语言文字的能力；二是与实用完全结合。这样能力增长了，到用时便不觉费力。而且主要内容是经过集思广益的讨论，绝不同于离群索居的空想。内容有了，作文就是要自己去用力经营组织一下，力量也很集中。所以也容易进步。

总之，**读的方法主要是分析，教学任务主要是培养学生的分析能力；写的方法主要是综合，教学任务就是要锻炼学生的组织能力。**

78 文学与语文（上）：内容、形式与表现

朱光潜（1897—1986），美学家、文艺理论家、教育家、翻译家。中国现代美学奠基人。笔名孟实、盟石。安徽桐城人。早年，先后在吴凇中国公学中学部、浙江上虞白马湖春晖中学任教。又与叶圣陶、胡愈之、夏衍、夏丏尊、丰子恺等成立立达学会，创办立达学园，广泛进行新型教育的改革试验，倡导教育的自由独立。1925年出国留学，先后肄业于英国爱丁堡大学、伦敦大学，法国巴黎大学、斯特拉斯堡大学，获文学硕士、博士学位。1933年回国，先后在国立北京大学、国立四川大学、国立武汉大学、国立安徽大学任教。

他的《谈美》和《给青年的十二封信》，曾受到当年广大中学生和文学青年读者的狂热喜爱。1940年所作的《文学与语文》，有一定的深度和独到见解，然而字里行间飘逸出引人注目的美感，欣然读之，如渐入芳菲的庭院佳境。该文最早见于1946年5月开明书店印行的《谈文学》，本文选自《朱光潜美学论集》（第2卷），《文学与语文》标题下有（上）、（中）、（下）三篇，兹节录上篇与本《论典》读者分享。

从前我看文学作品，摄引注意力的是一般人所说的内容，如果它所写的思想或情境本身引人入胜，我便觉得它好，根本不很注意到它的语言文字如何。反正语文是过河的桥，过了河，桥的好坏就可不用管了。近年来我的习惯几已完全改过。**一篇文学作品到了手，我第一步就留心**

它的语文。如果它在这方面有毛病，我对它的情感就冷淡了好些。我并非要求美丽的词藻，存心装饰的文章甚至使我嫌恶；**我所要求的是语文的精确妥贴，心里所要说的与手里所写出来的完全一致，不含糊，也不夸张，最适当的字句安排在最适当的位置。那一句话只有那一个说法，稍加增减更动，便不是那么一回事。**语文做到这个地步，我对作者便有绝对的信心。从我自己的经验和对于文学作品的观察看来，**这种精确妥贴的语文颇不是易事，它需要尖锐的敏感，极端的谨严，和极艰苦的挣扎。**一般人通常只是得过且过，到大致不差时便不再苛求。他们不了解在文艺方面，差之毫厘往往谬以千里。文艺的功用原在表现，如果写出来的和心里所想说的不一致，那就无异于说谎，失去了表现的意义。**一个作家如果不在语文精确妥贴上苛求，他不是根本不了解文学，就是缺乏艺术的良心，肯对他自己不忠实。**象我们在下文须详细分析的，语文和思想是息息相关的。一个作家在语文方面既可以苟且敷衍，他对于思想情感的洗炼安排也就一定苟且敷衍。处处都苟且敷衍，他的作品如何能完美？这是我侧重语文的一个看法。

我得到这么一个看法，并不是完全拿科学头脑来看文学，硬要文学和数学一样，二加二必等于四。我细心体会阅读和写作的经验，觉得**文学上的讲究大体是语文上的讲究，而语文的最大德性是精确妥贴。**文学与数学不同的，依我看来，只有两点：一是心里所想的不同，数学是抽象的理，文学是具体的情境；一是语文的效果不同，数学直述，一字只有一字的意义，不能旁生枝节，文学暗示，一字可以有无穷的含蓄。穷到究竟，这还是因为所想的不同，理有固定的线索，情境是可变化可伸缩的。至于运用语文需要精确妥贴，使所说的恰是所想说的，文学与数学并无二致。

人人都承认文学的功用在表现，不过究竟什么叫做“表现”，用这名词的人大半不深加考究。依一般的看法，表现是以形式表现内容。这话原来不错，但是什么是内容，什么是形式，又是一个纠纷的问题。中国旧有“意内言外”和“意在言先”的说法。照这样看，**以“言”表现“意”，“意”就是内容，“言”就是形式。表现就是拿在外在后的“言”来翻译在内在先的“意”**。有些人纵然不以为言就是形式，也至少认为形式是属于言的。许多文学理论上的误解都由此生，我们须把它加以谨严的分析。

“意”是情感思想的合称。情感是生理的反应在意识上所生的感觉，自身迷离恍惚，不易捉摸。**文艺表现情感，**不能空洞地言悲言喜，再加上一些惊叹号，它**必须描绘情感所由生的具体情境，**比如哈姆雷特的悲哀、徬徨和冲突，在莎翁名剧中是借一些可表演于舞台的言动笑貌表现出来的。这就是说，**情感必须化为思想，才可以表现得出。这里所谓“思想”有两种方式。一种运用抽象的概念，一种运用具体的意象。**比如说“我打狗”这个思想内容，我们可以用“我”、“打”、“狗”三个字所指的意义连串起来想，也可以用“我的身体形象”，“打的动作姿态”和“狗被打时的形象”连成一幅图画或一幕戏景来想。**前者是概念的思想，后者是意象的思想，就是“想象”。两种都离不着“想”的活动。**文艺在大体上用具体情境（所想的象）表现情感，所以“意”是情感饱和的思想。

在未有语文时，原始人类也许很少有抽象的概念，须全用具体的意象去想，几乎一切思想都是想象。这是最生动的想法，也是最笨拙的想法。你试用这种想法想一想“百年三万六千日，一日须倾三百杯”，或是“左据函谷、二崤之阻，表以太华、终南之山，右界褒斜、陇首之险，带以洪河、泾、渭之川”，其中有许多事物动静，你如何能在一霎时想象遍？**运用语文是思想的捷径，**一个简短的符号如“三百”、“倾”、“太华”、“界”、“带”之类可以代替很笨重的实事实物。**既有了语文，我们就逐渐避繁趋简，概念的思想就逐渐代替意象的思想，甚至不易成意象而有意义的事物**如“百年”、“陇首”之类仍可以为思想对象。到了**现在，语文和它所代表的事物已发生了根深蒂固的联想，**想到实物树，马上就联想起它的名谓“树”字。**在一般人的思想活动中，语文和实事实物常夹杂在一起，时而由实事实物跳到语文，时而由语文跳到实事实物。概念与形象交互织成思想的内容。**因为心理习惯不同，有人侧重用实事实物去想，有人侧重用语文去想，但是绝对只用一种对象去想的人大概不会有。

语文与思想密切相关，还可以另用一些心理的事实来证明。普通说思想“用脑”，这话实在不很精确。**思想须用全身，各种器官在思想时都在活动。**你可以猜出一个人在用思想，甚至猜出他在想什么，因为从动作姿态上可以得到一些线索。有些人用思想时，必须身体取某种姿态，作某种活动，如叉腮、抖腿、摇头、定睛、皱眉之类，你如果勉强停止或更动他的活动姿态，就会打断他的思路。在周身中，语言器官的活动对于思想尤为重要。婴儿想到什么就须说什么，成人在自言自语时就是在用思想。有些人看书必须口里念着才行，不念就看不下去。就是“闷着想”，语言器官仍是在活动。默想“三百”，喉舌就须作说“三百”两字的动作，虽然这动作的显著程度随人而异。所以**行为派心理学家说：“思想是无声的语言，语言也就是有声的思想。”**单从文化演进的过程来看，思想的丰富和语文的丰富常成正比。一般动物思想不如人类，野蛮人思想不如文明人，关键都在语文的有无或贫富。人类文化的进步可以说是字典的逐渐扩大。一个民族的思想类型也往往取决于语文的特性。中国的哲学文学和西方的不同，在我看，有大半由于语文的性质不同。**我们所常想的（例如有些伦理观念）西方人根本不想；西方人所常想的（例如有些玄学观念）我们也根本不想，原因就在甲方有那一套语文而乙方没有。**所以无论是哲学或文学，由甲国语文翻译到乙国语文，都很难得准确。我们固然很难说，思想和语文究竟谁是因谁是果，但是**思想有时决定语言，语言也有时决定思想，这大概不成问题。**

从这些事实看，思想是心理活动，它所借以活动的是事物形象和语文（即意象和概念），离开事物形象和语文，思想无所凭借，便无从进行。在为思想所凭借时，语文便夹在思想里，便是“意”的一部分，是在内的，与“意”的其余部分同时进行的。所以我们不能把语文看成在外在后的“形式”，用来“表现”在内在先的特别叫做“内容”的思想。“意内言外”和“意在言先”的说法绝对不能成立。

流俗的表现说大概不外起于两种误解。第一是把写下来的（或说出来的）语文当作在外的“言”，以为思想原无语文，到写或说时，才去另找语文，找得的语文便是思想的表现。其实在写或说之前，所要写要说的已在心中成就，所成就者是连带语文的思想，不是空洞游离的思想。比如我写下一句话，下一句话的意义连同语文组织都已在心中想好，才下笔写。写不过是记录，犹如将声音灌到留声机片，不能算是艺术的创作，更不能算是替已成的思想安一个形式。

第二个误解是起于语文有时确须费力寻求，我们常感觉到心里有话说不出，偶然有一阵感触，觉得大有“诗意”，或是生平有一段经验，仿佛是小说的好材料，只是没有本领把它写成作品。这好象是证明语文是思想以后的事。其实这是幻觉。所谓“有话说不出”，“说不出”因为它根本未成为话，根本没有想清楚。你看一部文学作品，尽管个个字你都熟悉，可是你做不到那样。举一个短例来说：“春眠不觉晓，处处闻啼鸟，夜来风雨声，花落知多少。”哪一个字你不认识，你没有用过？可是你也许终身做不成这么一首好诗。这可以证明**你所缺乏的并不是语文，而是运用语文的思想**。你根本没有想，或是没有能力想，在你心中飘忽来去的还是一些未成形的混乱的意象和概念，你的虚荣心使你相信它们是“诗意”或是“一部未写的小说”。你必须努力使这些模糊的意象和概念确定化和具体化，所谓确定化和具体化就是“语文化”，“诗意”才能成诗，象是小说材料的东西才能成小说。心里所能想到的原不定全有语文，但是文学须从有限见无限，只能用可以凝定于语文的情感思想来暗示其余。**文学的思想不在起飘忽迷离的幻想，而在使情感思想凝定于语言。在这凝定中实质与形式同时成就。**

我们写作时还另有一种现象，就是心里似有一个意思，须费力搜索才可找得适当的字句，或是已得到的一个字句还嫌不甚恰当，须费力修改，这也似足证明“意在言先”。其实在寻求字句时，我们并非寻求无意义的字句；字句既有意义，则所寻求的不单是字句而同时是它的意义。寻字句和寻意义是一个完整的心理活动，统名之为思想，其中并无内外先后的分别。比如说王介甫的“春风又绿江南岸”一句诗中的“绿”字是由“到”、“过”、“入”、“满”诸字辗转改过来的。这几个不同的动词代表不同的意境，王介甫要把“过”、“满”等字改成“绿”字，是嫌“过”、“满”等字的意境不如“绿”字的意境，并非本来想到“绿”字的意境而下一“过”字，后来发现它不恰当，于是再换上一个“绿”字。在他的心中“绿”的意境和“绿”字同时生发，并非先想到“绿”的意境而后另找一个“绿”字来“表现”它。

语文既与思想同时成就，以语文表现思想的说法既不精确，然则“内容”、“形式”、“表现”之类名词在文艺上究竟有无意义呢？

要明白这问题，我们须进一步分析思想的性质。在文艺创作时，由起念到完成，思想常在生展的过程中，生展的方向是由浅而深，由粗而细，由模糊而明确，由混乱而秩序，这就是说，由无形式到有形式，或是由不完美的形式到完美的形式。起念时常是一阵飘忽的情感，一个条理不甚分明的思想，或是一幅未加剪裁安排的情境。这就是作者所要表现的，它是作品的胚胎，生糙的内容。他从这个起点出发去思想，内容跟着形式，意念跟着语文，时常在变动，在伸展。在未完成时，思想常是一种动态，一种倾向，一种摸索。它好比照像调配距离和度数，逐渐使所要照的人物形像投在最适合的焦点上。这种工作自然要靠技巧。老手一摆就摆在最适合的距离和角度上，初学有时须再三移动，再三尝试，才调配得好。文艺所要调配的距离角度同时是内容与形式，思想与语文，并非先把思想调配停当，再费一番手续去调配语文。一切调配妥贴了，内容与形式就已同时成就，内容就已在形式中表现出来。谈文艺的内容形式，必须以已完成的作品为凭。在未完成之前，内容和形式都可以几经变更；变成的内容和形式大半与最初所想的出入很大。在完成的作品中，内容如人体，形式如人形，无体不成形，无形不成体，内容与形式不能分开，犹如体与形不能分开。形式未成就时，内容也就没有完全成就；内容完全成就，就等于说，它有了形式；也就等于说，它被表现了。**所谓“表现”就是艺术的完成；所谓“内容”就是作品里面所说的话；所谓“形式”就是那话说出来的方式。**这里所谓“话”指作者心中想着要说的，是思想情感语文的化合体，先在心中成就，然后用笔记录下来。

作品无论好坏，都有一个形式，通常所谓“无形式”（formlessness）还是一种形式。坏作品的形式好比残废人的形貌，丑恶不全；好作品的形式好比健全人，体格生得齐全匀称，精神饱满。批评作品的形式只有一个很简单的标准，就是看它是否为完整的有机体。有机体的特征有两个：一是亚理士多德所说的有头有尾有中段，一是全体与部分，部分与部分，互相连络照应，变更任何一部分，其余都必同时受牵动。

这标准直接应用到语文，间接应用到思想，我们读者不能直接看到在作者心中活动的思想，只能间接从他写下来的语文窥透他的思想。这写下来的语文可以为凭，因为这原来就是作者所凭借以思想的，和他写作时整个心灵活动打成一片。思想是实体，语文是投影。**语文有了完整的形式，思想决不会零落错乱；语文精妙，思想也决不会粗陋。**明白这一点，就明白文学上的讲究何以大体是语文上的讲究，也就明白**许多流行的关于内容与形式的辩论——例如“形式重要抑内容重要”“形式决定内容，抑内容决定形式”之类——大半缺乏哲理的根据。**

附注　这问题在我脑中已盘旋了十几年，我在《诗论》里有一章讨论过它，那一章曾经换过两次稿。近来对这问题再加思索，觉得前几年所见的还不十分妥当，这篇所陈述的也只能代表我目前的看法。我觉得语文与思想的关系不很容易确定，但是在未把它确定以前，许多文学理论上的问题都无从解决。我很愿虚心思索和我不同的意见。

79　中国语文诵读方法座谈会记录

（陈士林、周定一记录）

诵读，是语文教学中一项具体方法。20世纪40年代却有相当一批著名学者对此作过深入研究。为了促进台湾推行国语，当时主持台湾国语推行委员会工作的魏建功先生，郑重邀请二十余位享誉全国学术界的语言学家、文学家，在北京举行了这一群英咸集、盛况空前的专题学术座谈会。《国文月刊》载存的这份珍贵历史记录，在海峡两岸语文教育发展史上留下了意义深远的灿烂一页。中国现代的第一流学者专家，如此重视语文教育，精深入微地研讨其具体方法，亦堪为当代语文教育界名家名流们的楷模。

本文原载《国文月刊》第53期（1947），选入本《论典》时略有删节。

邀请人　魏建功

出席人　黎锦熙　朱光潜　冯　至　朱自清　徐炳昶　潘家洵
沈从文　游国恩　余冠英　郑天挺　顾　随　毛　准
孙楷第　周祖谟　吴晓铃　石素真　阴法鲁　李松筠
赵西陆　邓恭三　李长之　刘禹昌　陈士林　周定一
赵万里　向　达　钱秉雄　柴德赓

时间　三十五年十二月十三日下午二时至七时

地址　北京大学蔡孑民先生纪念馆

魏建功　诸位先生：我们以为**本国语文教学上的诵读方法，是一个值得注意的问题**。抗战胜利，我们光复了沦陷五十年的台湾。在台湾从事于国语推行工作的一帮人，更感到诵读方法的迫切需要。就是，怎样才可借重语文诵读以促进国语的推行。目前内地各省的小学教学国语似乎只有每两字一顿的读法，这当然无补于事，而且毛病很多。我们非常希望获得这一问题完善而具体的解答，所以本人谨代表台湾省教育当局和国语推行委员会邀请诸位来这儿给我们一些指示。希望诸位不吝珠玉，多赐南针。

黎锦熙　魏先生提出的这一个问题，是还不大为内地各省人士所注意的。在科举时代，读书人倒有诵读的经验，所谓“读书声出金石，一乐也!”可见前辈非但注意诵读，而且欣赏诵读。但是自从废科举、创学堂以来，在语文教学上对诵读问题就渐渐淡漠了。民国九年教育部通令改小学国文为国语后，诵读国语仍是《百家姓》或《千字文》的念法，即是魏先生所说二字一顿的法子，不顾文义和句读，当然是不合理的。廿七年，我在西北师范学院时，想到要解决语文教学上的诵读问题，应当首先设法从一般大学尤其是师范学院的课程中训练，然后才可以推行到中小学。恰好教育部规定大学一年级有国文这一门必修课，所以我就拟定了一份“中等学校国文讲读教学改革案”（登在国立各师范学院合编之中等教育第一期，又西北师院抽印单行本），其中有许多地方与诵读问题有关。

我以为这个方案，各中学和师范学校也可循例施行。诵读不讲，欣赏和写作都受影响。我以为当今青年写作，都各自成一套语言，既非大众所用，也不是他自己的方言。“怎么样说，就怎么样写。”这两方面似乎已缺乏连系，而病根都在于不讲究诵读。在战时，**学校里每每举行诗歌朗诵会，实际上多半只是喊口号标语而已，似乎很少注意到像前人读诗词的韵味。**

但是我这一方案在西北各校实验的成绩并不甚好，我以为并非方法本身的不好，乃是人的问题。譬如在“西北中等学校教员暑期讲习会”国文组实习时，一百多个教师的实习报告对于诵读都感到“威胁”，因为关中一带的教师对于标准国语的声调最感烦难，不过对于文言文尚可以用方音诵读，困难还不大。中学教员又每每为改卷上课等等工作占去大部时间精力，要他们勉强那样去施行，也是事实上无法办到的。现在台湾省努力推行本国的语文教育，对于读音的标准与否，诚然也是严重的问题，然而我希望能够得到满意的解决，也好给我们在内地推行语文教育的人一个参考。

朱光潜　我对于诵读问题发生兴趣，是偏重在诗的方面。**诗文的谐和与否，大半寄托在他的节奏上面。**所谓节奏，就是音长、音高、音势三方的起伏变化。节奏大致可分为两种：一种是语言的、自然的、个别的节奏；另一种是音乐的、形式化的，原型的节奏。从语言的节奏方面说，又因为各人的呼吸循环器官不能完全相同，就生出生理的节奏；对于一篇诗文的理解有深浅之别，就生出理解的节奏；喜怒哀乐的变化无常，就生出情感的节奏。从音乐的节奏方面说，诗本来是伴乐的，诗的节奏即是音乐的节奏。过后诗离开音乐而独立，仍能从变化杂多的节奏中求得整一的形式，即所谓原型（pattern），使大家诵读诗词时还有大致相同的标准可循。

写作时，节奏对于表现有什么功用呢？我以为过去所谓诗文中“气势神韵”，所谓“谐与拗”等等问题，都是生理的反应而已。作者把这种反应表现于诗文中，叫读者也感到相应的生理节奏。**每个作者和每个时代又各有一种原型的节奏，这种节奏我们是可以从诵读中去学习模仿的。**

其次我们要问到诵读时要用哪一种节奏好呢？在诗歌方面，我从前在英国尝听英国诗人诵读他自己的作品，音调都极平稳，很少极高极低或极快极慢的变化，其特别着重处，只在协韵的地方。过后，在法国听诗人诵诗也是这样。不过**我以为诵读诗歌通常可以用这两种方式：即戏剧式与歌唱式，都是在形式的节奏之中流露语言节奏的读法**。至于在散文方面，我以为诵读古文的法子原则上应该与念诗相同，才可抓住原作的气势神韵，无形中得到某一作家或某一时代文章的空架子。等自己下笔为文时，也就不期而然的有某一作家或某一时代的气势神韵了。所以从学习和模仿的观点来说，我是主张诵读文言文应注重形式化的节奏。至于语体散文，诵读要依语言的节奏为主。何时参互并用两种节奏，则诵读人应当看文意而定。

冯　至　我以为诵读者应以作品为主，把它的好处读出来，也不掩遮它的坏处。诵读者应该站在服务者客观的地位，需要读得平实，避免过分的音乐性与戏剧性——音乐性与戏剧性，本在文章之内，而不在文章之外。现在有些朗诵者，每每想尽量表现自己，在姿态上下功夫。这样，一首坏诗也可以读来动听，实在是一件危险的事。总之，我以为**诵读诗文，宁可自然一点，不可太形式化。**

顾　随　中国语言训练应与中国语文的诵读取得连系。**根据“声入心通”的道理，“耳治”实不失为语文教学的有效方法。**譬如我自己所说的所谓国语，是从听戏学来的。对我印象最深的伶人是王长林。他咬字最紧，最有劲儿，往往把一个字的“头”“腹”“尾”都念得清清楚楚。听之既久，我的口语就大大受了他的影响。

我同意冯先生“形式化不必太过分”的意见。然而朗读诗文，虽无需念出每一字的“头”“腹”“尾”，于意义着重处，却必须清晰的重读，则意义更显明。如鲁迅“鸭的喜剧”那篇文章，首段的三个“寂寞呀!”，若重读，就更有力量，令人感到盲诗人爱罗先珂在北平真是何等的寂寞了。

我最近看一本外国书，说诵读的成功与否，与“嗓子”的好坏有关。这话的意义有点像中国戏子之谓嗓子为“本钱”。**语文科的教员最好是具备丰富的“本钱”。而且，要能拉得下脸儿来，**黎先生说教员在课堂里很难拉下脸儿来诵读，这是形式化的诵读法的实际困难。但教学者若是能够忠于其事，渐渐地拉下脸儿来，诵读的问题就解决了一半。我从前在课堂中讲《西厢记》“长亭送别”一段，到“红娘曰：‘姐姐，你今日个怎不打扮？’”我无意中突然挤窄了嗓子模仿红娘的音调，惹得同学们大笑，而且送了我一个绰号——红娘。但是，习之既久，我常常模仿剧中人的口吻诵读，同学们不但不发笑了，而且曾收教学上的大效。所以，**我主张中国语文的诵读要具备三个先决条件：**

一、要有语言的“本钱”——好嗓子，

二、要拉得下脸儿来——不怕羞，

三、要能对作品理解。

郑天挺　从前的文人诵读诗文，实际上是有个腔调的，不过因地、因人、因文互有差异而已。我小时生长在北平，初念国文并没特殊的腔调，如《三字经》《百家姓》以至《论语》都只以语音本调一字一字规规矩矩地念。不过读到《孟子》，如“梁惠王”章，就渐需要腔调，然而字音仍不离语音。入中学后，国文先生是桐城马氏，他念古文很讲究，听起来令人神往。到北大后，才晓得黄季刚先生念书有自创的特别腔调，当时名之曰“黄调”，至今罗膺中先生和陆颖民先生都仍善效“黄调”；由此也可以知道各人自有其念书的腔调。黄晦闻先生讲诗并不诵读，不能知道他的腔调。碰见佳妙的句子，他只反覆念之而已。沈尹默先生亦大致如此。我诵读教育的师承不过如此，故无法承命诵读，还是请顾先生范读一次罢。

顾　随　（用语调念了《阿Q正传》中偷萝卜一段，自“有一日，很温和”起，到“打定了进城的主意了”止。）

游国恩　诵读问题，我个人没有学理可说，只是一点点经验：小时先祖父教念韵文，**凡律诗无论五言或七言，遇平声字皆须稍停而延其尾音；古诗在平仄方面都有很自然的节奏，惟碰见意义有停顿处，声音亦不妨稍作停顿**。后来学习古文，先祖父亦谓诵读时应当特别注意虚字的神韵。

（接着用美化的腔调读了杜甫“鄜州”“月夜”一首。）

魏建功　我国标点符号成立甚晚。我个人感觉，各地的诵读腔调虽互有不同，然而诵读诗文之停逗和抑扬顿挫，即是标点的作用。所以**理解文义，实在是诵读方法中的要事**。可是自学校国文改为国语以来，国语的读法未定，而国文的读法已坏。目今学生能用脑用眼而不能用口。黎邵西先生注意了国语文的教学方法，而如何教授诵读，尚希各位多多指示。台湾的教师多由内地聘请而往，对于诵读方法还没有什么经验。这是内地各大学诸位先生的责任。我们并不怕人家笑我们摇头晃脑，问题只在如何以腔调显示内容。现在朱佩弦先生从医院赶回来了，请他谈谈这问题。

朱自清　目前小学以及初中诵读白话文，都是两个字作一顿而延长之，有如从前私塾里不顾文义只管瞎念的办法。老师学生也都感到这样读法不对劲儿，然而又想不出别的妙法。抗战期中，一般学校盛行朗诵会。朗诵的人稍带姿态表情，颇有戏剧性。记得闻一多先生朗诵过一首诗，那一首诗的内容并不很好，而经闻先生朗诵之下，就非常动听。可见白话文恐怕与朗诵并没有必然的关系。然而朗诵本身的技巧近年来非常进步，这也是不可否认的事。教育上的诵读方法应当在小学和初中时期养成。我以为不一定须“朗诵”，而必须有对于白话文忠实的“朗读”。朗读的作用更大于诵读。朗读要像纪念周时读总理遗嘱，而比较慢一点儿，要把作品的意义清楚地表达出来。换句话说，像宣读文件似的，已故诗人朱湘曾经以读旧诗的调子和旧戏中的道白法去读白话诗，都恐怕不合式。有人以为白话诗文不能吟唱是他的缺点，而我以为白话诗文只宜干念，本不能吟唱，干吗要唱？唱不见得有什么好处。干念倒能注重诗文的意义。宋朝律诗念起来不如唐律响亮好听，然而宋律内容的精深博大超过了唐律。词离开音乐独立后才扩大了意境。曲子的文学地位所以始终不如诗词，原因也就在他始终没脱离音乐。这些事实，都可以助我们反省。

胡适之先生当年作《建设的文学革命论》，提出“国语的文学，文学的国语”两大目标；国语的文学经过三十年来有意的推进，已相当成功，但是文学的国语似乎还缺少自觉的有意的推进，原因是总有些人觉得白话文里夹杂些文言词句和欧化句法，不能上口。我以为欧化的和文言的成分，在白话文里恐无法避免。青年人接触白话文最多，最久。**白话文夹杂文言成分，还不妨碍诵读；只要经过涵泳融化，也就渐能上口**。而欧化成分，青年在笔下多方接受，在口语里却不能接受似的。我以为**欧化成分应当有意的勉力使他上口，经过相当时期以后，习惯就成自然了**。新词汇在清末因来源迫促而繁多，故受到当时许多士大夫的反对。例如张之洞说他的幕客“用新名词，殊堪痛恨!”而幕客回答他：“你那‘新名词’就是新名词，尤堪痛恨!”可见拒绝新词汇的人也得无意间接受了。到今天，清末所谓新词汇更多半已成为口语了。所以我们对于欧化白话文成分应当渐渐放宽尺度，如不过分，就勉力使它上口。如此自小学即开始注重白话诵读，即使是欧化句式，亦可渐渐上口。那么，将来国语的内容必能日渐丰富，所谓“文学的国语”也就有了。

潘家洵　我作小学生时，还遇到过一字一顿的读法，而且导读的是同学。这读法的毛病当然与二字一顿的一样。我与冯先生的意思相近：散文不必加以形式的或美化的等等读法，要从内容来决定。**读文可以不“相声化”，要自然，要客观，教师也就容易办到了。**具体的说罢，读散文实在不要拉什么调子，只要依然“气呼的停顿”和“意义的停顿”去念他而加以适当的调节就得了。然而诗和戏剧的读法则不然，多少需要点“相声化”。初行时也许教学双方都感到不惯，行久了就非常自然而且能发生很大的效果。这是我自已曾经验过的。

我认为“朗诵”的“朗”字最好不要释为“高声”，要释为“清楚明晰”较好。**“朗诵”，就是“读出来”，“读得清楚”，“意义完全表**

达出来”。

周祖谟　诵读古文，首先要揣摩文章的情与理；文中情理的着重处，要重读。如《史记·荆轲传》：“将军岂有意乎？”一句中的“岂”字宜重读。又如韩愈的《柳子厚墓志铭》中，“呜呼”以下二十句，系情理的著重处，都要重读。其中如“肝”、“生死”、“不相识”、“皆是也”诸处更要特别加重，藉以见出韩文的刚健。

孙楷第　诵读技术与作品本身的好坏是两回事。剧曲中，往往有不好的作品而演唱出来娓娓动听者，例如沈自晋的“望湖亭”便是。我以为中国语文诵读，照国语说话式就得。**惟诵读者要注意两件事：（一）明句读；（二）正音读。**

徐炳昶　我以为诵读并不是一个严重问题，因为本有自然的语音作主。若是想求得发音的标准化，教学者就反而困难重重了。我在法国很久，深知巴黎人和马赛人念法语即互不相同，甚至巴黎大学的教授发音也不标准，但都不害其应用。字典中的标准音与语音是两回事，语言的目的只在于“声入心通”，其他都可以不管。语言是天然的社会契约，不容少数人标新立异。所谓二字一顿或一字一顿的念法，诚然不自然，而其来由是因为不懂文义。小孩子日后长大了，晓得了文义，就自然能随着意义读出节奏了。所以我以为这并不严重。总之，**“自然”是一切道理最高的准则，我们要努力顺乎自然，凡事不可操之过急。**中国早在葛洪就已提出“衣食万物”的口号，希望征服自然，而西方到佛兰西斯倍根才创此说，可是西方人反而能早日征服自然。中国向来不标榜同化，而中国的同化能力最大；近三百年来西方各强国口口声声要同化别人，又何曾同化过弱小民族和殖民地，反而引起无穷的民族间的冲突而已。中国语文诵读亦不例外，可以不必强施大力。所以我不赞成各位先生提出的不自然的诵读方法。文言文所以需要诵读，其作用在传情，在帮助理解，但只应自然的高声诵读，不必定立什么形式。

再说到一点：中国的戏剧所以不自然，是因为本来是由野台子戏发展而来，因为台下空阔，观众嘈杂，台词就不得不高亢做作，不顾自然，以引起台下的注意。过后搬到茶馆里，再进一步有了正式的戏院，也不能摆脱那种矫揉造作的毛病。**中国语文诵读万万不可舞台化**！反过来看西洋戏院，发达很早，所以到现在台词与语音相差很微。要使中国台词接近自然语音，政府首先要在北平兴建大规模的精致戏院，多多物色说国语的演员。

魏建功　耽搁诸位先生的时间已经很多了！我们今天的座谈会就算告一段落。这儿虽然还未能得到一个具体的结论，但是诸位先生却供给了我们无数宝贵的意见和启示，同时也证实了我们所提出的这个问题之重要性。谢谢诸位先生！

附记：这本来是应该由我记录的，但因为忙于办理为台湾甄选教员的事，不能参与座谈会的全部，于是请了在北京大学中国语文学系任教的周定一、陈士林两位先生代为记录，在这儿要由衷地谢谢他们。同时，更希望藉着这份记录的发表，能够引起国内研治教育及中国语文的朋友们的讨论和论见。这不独是我们在台湾致力推行国语工作的所渴望的，同时也正是有其全国性的重要的。

吴晓铃　卅六、二、五，北平。

80　小学教材与儿童读物的检讨

陈伯吹（1906—1997），著名儿童文学作家、翻译家、出版家、教育家。原名陈汝埙，曾用笔名夏雷。江苏宝山（现属上海市）人。20 世纪 20 年代，任乡村小学教师，同时，业余创作儿童文学。1923 年，发表第一部儿童文学中篇小说《模范学生》（《学校生活记》）。1925 年，被调到县立淞阳小学任国语和算术教员，同时担任初级部主任，兼任三、四年级班主任。1929 年在上海私立幼稚师范学校任教地理。后为商务印书馆主编过《复兴初级小学国语教科书》《复兴小学默读课本》。担任北碚国立编译馆教科书部编审，负责小学国语教科书的编写。主编过《小朋友》杂志，因而对小学教材与儿童读物的编写，实践经验丰富，撰写文本，自然就显得轻车熟道、进退自如。

本文原载《中华教育界》复刊第 1 卷第 8 期（1947），全文共十节，本《论典》节录了其中九节。对照当前儿童读物（包括“动漫”之类）出现不少问题的现状，这篇文章更具指导意义。

一　小学教材的意义

什么叫做“教材”？这个名词，在英语中是 Subject Matter；它的意思是：“从最好的民族经验中，选出最主要的来，供作教学的材料。”从远古以来，它已经是成为“适应人类生活需要的各方面的民族经验的总汇的大海”；也是已经从民族经验的大熔炉里，熔铸过以后，再经千锤百炼的了。所以“**教材**”，也可以解释做：**“是一种最经济的学习”**。

什么叫做小学教材——如果把上面那个教材的广义的解释，再加上“儿童本位的”一个区别词，已经可算是完全的意义了。

杜威的教育定义——现代著名的大教育家杜威博士（Dr. J. Dewey），他对于教育，下了一个精确的定义：

“教育历程的基本要素有两个：其一为未成熟、未发达的儿童及青年；其一为成人已成熟的经验中若干种社会的目的、意义和好尚。所谓‘教育’，就是这二者的适当的交互作用罢了。”

小学教材的重要——看了杜威的教育定义，显然地，在整个教育中，教材是处于怎样重要的地位；而教育的基础，在于基本教育，那么，小学教材的重要，更不言可喻了。

二　小学教材的性类

小学教材的性质与分类，因了看法的不同，言人人殊，而见仁见智，各有见地，不能硬性地批评谁是谁非。

兹就笔者个人的管见，为便于研究讨论起见，不妨分作七类；实则教材有其“整个性”，这样地割裂、分划，往往把它损伤了，正如历史、地理教材的划分一样，所以当然不是绝对的而是相对的。

1. 练习的教材　在小学教材中，如国语科的文字符号的认识与书写，算术科的形式，音乐科的曲谱，美术科的绘画技术，体育科的操演等等，都应该反覆练习，使达到熟练、正确、迅速、美观的目的。所谓“拳不离手，曲不离口”，真是最好的取譬。

2. 记忆的教材　在小学教材中，如社会、自然、算术等科的若干知识性的材料，有记忆的必要的，应该运用适当的教学法，使能滤过记忆成为一种知识；当然切忌应用注入式、填鸭式般的方法。

3. 思考的教材　在小学教材中，如国语科的一部分教材，以及社会、自然科的教材，还有算术科的应用题，都是需要运用思想，来探求事理，培养判断及推理的能力，因为教育的目的，固不仅在使教育的对象，获取丰富的知识便算了。

4. 组织的教材　在小学教材中，如国语科的缀法（即作文），以及劳作、美术、音乐、体育等科教材，都可以直接地、间接地训练受教育者以一种组织的能力，使他们作事有计划、有步骤、有条理。

5. 搜集的教材　在小学教材中，如社会科教材中的问题、事物，自然科教材中的标本、模型，都可以凭着孩子们固有的搜集的本能，发挥他们搜集的能力，养成他们搜集、分类、研究的习惯。

6. 发表的教材　在小学教材中，如国语科的说话，音乐科的歌唱、表演，美术科的画图，劳作科的制作，都是供应儿童发表的材料；也许儿童有他们自己的意见，会使老师发见意外新的教材。

7. 欣赏的教材　在小学教材中，如国语科的诗歌、故事、美术科的名画，音乐科的著名歌曲，劳作科的精致作品，甚至于自然科的若干自然景象，这些教材，都可以供给欣赏，都有艺术的审美性质。如果叫它做“艺术教材”，或者是“审美教材”，亦无不可。欣赏的能力，必须从幼年时期培养起，那么将来才能够善用休闲的时间，以及享受正当的娱乐。

三　小学教材的目的

教育的目的，说得最简单明了的，首推桑代克（I. Thorndike），他说：“教育是一种加减的工作：增加人类好的方面；减除人类坏的方面。”那么，占有教育重大地位的教材，必然是含有增加人类好的方面的因素；就小学教材而言：锻炼健康的体格，陶冶良好的品性，培植生活的知能，训练劳动的身手，养成科学的态度，增进艺术的兴趣等等条件，都是最低限度的目标了。

目的的达成，一方面是教法，另一方面是教材。

四　小学教材的重要

一个好鞋匠，他没有好鞋样，不能缝制好鞋子，这意义就等于说没有方法，便没有成功。

一个好裁缝，他没有好衣料，不能缝制好衣服，这意义就等于说没有材料，也就没有产品。

教法不在本文讨论范围之内，按下不提。关于教材能否达成教育上的各个目标，第一要义，所有的各性类的各科教材，在本质上应该是文学的、艺术的，因为文艺是诉诸于人类的感情，而各种本能的发展，正建筑于感情之上。设无感情，或者说没有兴趣，那么一切的游戏、模仿、好奇、求知等本能，无一可得快乐的结果。所以休格（Hueg）大胆地说："文学当从儿童入学的第一天读起。"

有人以为：除国语科、音乐科、美术科、劳作科以外，其他各种教材，怎样能够文学化、艺术化呢？这仿佛圆凿而方柄，格格不相入的。其实不然，科学与文学，相生相成，并不是相背相反，两两相对地成为南北极的学科。如果编著小学教材的，能够把题材艺术地处理，发见文学与科学的关系点，善为利用，那么，加上艺术的写作技巧，就成为文学化、艺术化的教材了。

科学是知识的、硬性的；文学是印象的、软性的。如果小学教材文学化艺术化了，用印象来传达知识，用软性来中和硬性，这么一来，教材自然易于消化，如果再应用良好的教学方法，作为介绍，真是相得益彰，教育的效果是显而易见的。

五　小学教材的温床——儿童读物

上面已经说过：教材是人类的经验，那么，教材绝不是凭空产生，自天而降。人类在生活的历程中，遭遇无数的困难，时时设法解决；要解决困难，必须有相当的工具，这种工具，也就是教材了。

那些天文、地理、数量、医药常识、工作技术等，都就是教材吗？

是的，这一些材料，是教材的本质，但当它们成为教材的形式时，还须经过一个洗炼的阶段，刮垢磨光，千锤百炼，正如从铁到钢一样。换一句话说，它必须要经过温床孕育发长的阶段，使它的内容与形式成为最适当的教材；这在小学教材，尤其应该如此。

笔者所指的小学教材的温床是什么呢？那就是“儿童读物”了。

六　儿童读物的意义

儿童读物是儿童阅读的书籍，这意义是没有错误，但总嫌简单一些，抽象一些。可是怎样说才能把儿童读物描出一个简单明了的全貌来呢？这却并不容易。笔者只能介绍世界文坛巨匠高尔基（M. Gorky），他对于儿童读物，在他的论文中这样指出它的涵义：

1. 这种读物，可能助长儿童求知的兴味，并且保证儿童粗通小学程度的科学，还当介绍认识祖先所破坏旧的和建设新的实际情形。

2. 儿童读物要愉快的幽默的，而不是教训的。

3. 在儿童读物里，文艺书籍和通俗科学书籍不应该有划然的界限。

4. 科学与发明的读物，不应当写成一篇现成的发现与发明的总账，应当写成人类与物质阻力及传统思想搏击的战场。

5. 我们必须把整个儿童读物重行建筑在一个新的原则上，给文学的、科学的与艺术的理解，开辟一条宽阔的新途径。

假如我们能够把高尔基所指示的五点，综合起来，便可以得到一个总的印象——一个现代儿童读物的崭新的印象。

七　儿童读物的领域

儿童读物的天地，非常地宽大，“海阔天空”这一个形容词，对于它，决不是过分的夸张。

现在依据笔者个人的管见，分析列举它主要的部门：

1. 神话　是一种原始的文学，原始人对于自然的现象、社会的风习，从幻想里创造出神话来，互相传说，时间愈久，愈是光怪陆离；它的被选择作儿童读物的可能性，在于它的幻想丰富，变化奇特，极能使儿童发生阅读的兴趣。不过，它的时代价值，一天天减少，仅只有极少数的材料，像“泊洛米修斯（Prometheus）偷火种”等这些材料，象征着革命、奋斗、牺牲的意味，倘有采用的价值。

2. 童话　童话是神话最后的形式，等到它产生以后，神话就成为文学上的遗产了。它的前半期是根据古代的人的生活、思想、礼俗所成的民族故事；它的后半期是借想像的揣摩来表示真理的文学故事。迄于现代，它是小说的另一形式，它也要有结构、性格、想象、情绪等，是要用估量小说的规矩来估量它；此外，它有那特有的幽默、新奇、重复、变异，以及语音的效用，成为一种崭新的文学形式，它可以描绘社会现实情状，也可以传达自然科学新知，甚而至于是讽喻政治经济的新武器。它是儿童读物中重要的角色，它的进步的历程，就是儿童读物的进化史。实实在在，它是儿童的恩物。

3. 寓言　它是小说的雏型，是一种讽刺的故事，“教训”是它的特征，寓言作家拉芳登（La Fontaine）给了它一个精当的定义——“一个寓言可分为身体与灵魂两部：所述的故事好比是身体，所给与人类的教训好比是灵魂。”作家利用寓言的形式，借着鸟兽虫鱼的言行去指摘人类的生活，所以“鸟言兽语”是寓言的又一个特征。

4. 故事　这一种事实的演释，奇异而有趣，真切而合人情，它的述说颇有浓厚的教育意味。它所描述的题材，有时有所根据，有所稽考，不是十分荒诞无稽的。这类儿童读物的特点，叙述人事的方面较多，使读者从想像的世界，渐渐地进到实际的社会。然而在写实以外，仍然有想象搀入，只分量较少罢了。它又可分列作自然故事、历史故事、道德故事（公民故事）、名人故事，科学故事、滑稽故事……也有把整个的儿童读物，都叫它做“故事”的，这是故事的广义的说法。

5. 小说　它在文学的园地里，是散文中最艺术的一种体裁；题材的选择，结构的处理，人物的塑造，个性的刻划，描写的手法，文字的修辞，都臻上乘。作为儿童读物的小说，尚须增加“儿童的本位”一个条件，所以写来更加不容易。这和故事比较起来，它的写作更为艺术，情节更为曲折，篇幅也更加冗长了，适宜于年长的高年级儿童的阅读。

6. 传记　传记文学最能使读者感奋，所以在读物中也最有教育的价值。不过，时代在不断地前进，对于传记人物的取样，也应该有新的眼光，新的选择，例如个人主义的英雄，独裁的领袖，侵略战争中的将军，为野心家所御用的文人，做资本家猫脚爪的科学发明者，在反动势力下当走狗的政客，……都在屏除之列，要在新传记文学里，扬弃这许多人类的渣滓，才能作为读者的足资矜式的理想人物。作为儿童读物的传记，应特别搜集传记人物的幼年时代的轶事，这样仿佛声气相通，容易为小读者所理解，并发生兴趣。

7. 戏剧　这是立体的艺术，最具有宣传的效果。所以戏剧写得好坏，是最客观的，诉诸于广大的观众，一点也不能假借。作为儿童读物的戏剧，编著者对于那些戏剧中人物的动作、对话等等，必须要顾到儿童的生理与心理；而舞台上的布景、灯光等，又必须简单够用，最好以儿童能够自己装置为条件。还有对话不宜冗长，动作不妨稍多，这也许是儿童戏剧的特点。如果是童话剧，注意题材虽不能避免完全隔离现实的空想，但是必须采纳了可以健康地启发想像的那种梦想。就是歌舞剧虽然也免不了有象征的意味，但它的程度能愈浅淡愈好，愈近现实愈佳。

8. 笑话　这是一种纯粹娱乐的小故事，有时候也是一种讽刺的小故事，它用着它特有的幽默——惹人发笑的锁钥，有时放在文字上，有时放在动作上，有时放在整个的事实上，去诱发读者的笑声。儿童是欢迎笑话的，但是挖苦的赚笑，就属于低级的趣味，不相宜的了。总之："谑而不虐"，这倒是一个写作或选述的条件。

9. 诗歌　这是文坛上最低的一级，也是最高的一级。在没有文字以前，诗歌这一种精神产物已经存在了，因为它可以口头唱、不必用文字写。所谓"寡其辞，叶其韵，使远近易论，古今易传。"这是它的长处。但迄于今日，其他文学各部门，尤其是小说、戏剧、传记等，它们的成就与成绩，似乎都远远地超出了诗歌，因而产生了不正确的评价，竟把诗歌看作"贵族文学"与"有闲文学"了。儿童喜欢诗歌的，他们那种咿唔呜哑的声音，虽然没有意义，可是多么合于自然的音调啊。作为儿童的诗歌，范围很广：白话新诗、白话古诗、史诗、故事诗、山歌、童谣、成语，急口令、拗口令、谜语、箴铭、弹词、道情、昆曲、京调、大鼓调，以及其他各地的民歌、九腔十八调，都包涵在内，都可采择选用，它的取舍的标准，是至少要有欣赏的价值。

10. 游记　书信　日记　这三种读物，都是用第一身称写作的体裁；只须在字面上一看，已经可以明白它们的形式。游记往往是一种地理故事，往往描写古迹，胜地，奇观的多；笔者的意见，今后的游记故事，应该注意及各种地方的人民生活情况，对于生产情形，也应该注意，对于风俗、习惯，应多积极的批评和建议。我国幅员广大，尤其边疆的游记读物，希望多多编著。至于书信和日记的内容，非常广泛，这里不想多赘了。

11. 艺术　上面所举述的十类，可以说都是属于阅读方面的；其实儿童读物也包括动手做的材料在里面，读与做不能分家的，教师和家长正应利用全面的儿童读物去消灭传统教育所遗留下来的读与做的距离。这一些材料大半属于劳作科和美术科的，例如：最普通的是各式各种的画谜和迷津，以及涂色、剪贴、堆积、拼凑、制作等等，对于这些读物，笔者无以名之，姑用“艺术”两字，也许不大适当；或者率直地用“劳美”一词，这是留待讨论的一个小问题。在欧、美各国，他们出版的 Work-Book，Picture Book，Painting-Book，Dots-Book，Play-Book 等，数量非常的多，销售也非常的广。一般儿童读物的研究者，常常忽略了这一个部门，甚至不把它们看作是儿童读物，这是不对的，要知道这类书籍极富有教育的价值，笔者愿意特地在这里郑重地指出。

八　小学教材与儿童读物的分野

看了“小学教材的性类”，又看了“儿童读物的领域”，不免有这种感觉：所有的儿童读物，可以说即是全部的小学教材，二而一，一而二地，为甚么还要分做两个类型，题着两个名词，似乎是不可思解的。

不，这中间是有着差别的：

上文已经说过，**从“儿童读物”到“小学教材”，须要经过一个洗炼的阶段，须要在温床上孕育一下。**为什么要多着这一个周折呢？因为**儿童读物在性质上是辅助的、补充的、课外的、自由的读物；小学教材则是在教室内教学用的材料，所以后者比前者有着更多的条件——**

1. 配合教学时间；2. 适应一般程度；

3. 引起普遍兴味；4. 符合多数需要；

5. 满足全班愿望；6. 画一考查标准。

简单说来：小学教材是“精读的教材”，儿童读物是“略读的教材”，这是它们两个不同的分野。

九 小学教材的制作

小学教材，除一小部分的“创作”以外，一大部分都是“改编”“重述”“节选”“采用”着儿童读物。

一、改编：这是内容可用作教材，但是形式或因程度，或因体裁等，有着若干的问题，因而加以改编，使适合教材的应用，例如：伊索的寓言“乌龟和兔子”，改编为故事诗。

（1）原文 一天，有一只兔子取笑乌龟步行的缓慢，妄自夸说了自己的飞跑本领。乌龟默然忍受了兔子的嘲笑，然后说道，“让我们来赛一次跑吧，我们赌五块钱跑五哩路，就请那边的狐狸为裁判员。”兔子同意了，便规定了路程，当即和乌龟一齐出发跑去。也怪不得兔子要夸口，它一霎间就越过乌龟跑得无影无踪了。乌龟用了迟慢而着实的步调，毫不停顿地向着终点蹒跚走去。兔子因为性喜游玩，起初虽然跑在乌龟的前面，跑到半路中，它便开始去吃那柔嫩的青草了；又玩着种种的游戏。因为天气很热，一会儿便倒下了午睡。它说，“乌龟还在后面呢。就是它跑上前面去了，我也一下就可以赶上它的。”当兔子醒来的时候，回望找不到乌龟，连忙飞跑上前去一看，才知乌龟已经安安乐乐地在决胜点上打盹了。（依据开明孙立源译《伊索寓言》）

（2）改编 小白兔，很骄傲，约乌龟，同赛跑，他以为自己稳能得锦标。那乌龟身重力小，怎比他善跑善跳，他跑到半路，想道：“不妨让我睡一觉。”小白兔，睡熟了，心正定，梦正好，怎想到乌龟正在出劲跑。待等他一觉醒来，那乌龟已经先到；回头来向他笑道：“从今望你莫骄傲。”——（见商务沈百英编复兴秋季《国语》五册三二课）

二、重述：这是内容大体上可用作教材，但是篇中某几点需要加以变易或增删，至于形式方面，或因篇幅太长，或因篇幅太短，不适合作为教材。乃加以重述，例如“成语”重述成故事。

（1）原文　螳螂捕蝉，黄雀在后。

（2）重述　“知了知了，”蝉在树上，迎风歌唱。树干中央，有一只螳螂，候在蝉的背后，举起双刀，要砍蝉。绿叶丛中，又有一只黄雀，候在螳螂背后，伸出尖嘴，要啄螳螂。树下又有一个孩子，候在黄雀背后，张弓搭箭，要射黄雀。强中还有强中手。（见中华朱文叔等编春季《小学国语读本》三册五四页）

三、节选：这是原文中某一章，某一节，甚至某一段，适合于用作教材，因此就加以节选。有时也稍有变动，只幅度极小。例如托尔斯泰（L. Tolstoy）的“儿童的智慧”中一节被选作教材。

（1）原文　依据北新出版常惠译“儿童的智慧”。

（2）节选

始儿：你会修理吗？爸爸！我们玩的小泥人的小眠床坏了，我们不会修理。

父亲：（摇头笑）我不会修理，你们把这小眠床交给阿三，他会给你们修理。

孝儿：我们已经问过他了，他说没有工夫，他正在修理那扇大门呢。

父亲：那么，你们等一等罢。

始儿：（现出不耐烦的样子）爸爸，你真的不会吗？

父亲：（微笑）孩子，我真的不会。

孝儿：你甚么都不会吗？

父亲：（笑着）不，我有我会做的事情；但是阿三会做的，我不会。

始儿：你会像戚妈一般的煮饭吗？

父亲：不，我也不会。

孝儿：你会砌墙壁，像李顺一样吗？

父亲：不，我更不会了。

始儿：那么，我们为甚么这也不会，那也不会，都叫别人替我们做呢？

父亲：……（回答不出，脸有笑容。）（见商务陈伯吹编复兴春季六册九课）

四、采用：这是在各种读物中，有直接可采用的材料，无须加工，那么，直截了当地就加以采用。例如李绅的悯农诗，被整篇采用。

（1）原文　春种一粒粟，秋收万颗子。四海无闲田，农夫犹饿死！

锄禾日当午，汗滴禾下土。谁知盘中餐，粒粒皆辛苦！

（2）采用（全诗无改动，见中华黎锦晖等编《新小学国语读本》六册二课）

以上所举四种方式，都只举一例；事实上当然不仅止于此。

81 中等学校增授实用文字学议

孙毓蘋（生卒年不详），早年受业于著名语言学家黎锦熙先生，20世纪40年代任教于西北师范大学，对中学语文教学颇有研究。有著作《怎样打比方》《用词和造句》传世。

自办新学以来，对“学生国文程度低落”现象之一的错白字情况，语文教育界历来多所议论。著名教育家、古文字学家马叙伦先生曾在《国文月刊》呼吁“中小学教师应当注意中国文字的研究”，所论甚为精深，为当时大多数中小学教师之力所不逮。孙氏则从中等学校实际出发，认为可增授“实用文字学”，而不必本自《说文》，文从甲骨、金、篆。此论虽无甚高论，却颇具可行性。本文原载《国文月刊》第60期（1947），因该文发表迄今已超过半个世纪，汉字已有相当变革，选入本《论典》时对文中实例作了较多删节。

中学生的国文程度日渐低落，因此，一般大学生的国文程度也就跟着低落了，这已经成了不可讳言的事实。这种事实也颇为研究文学的专家们和从事教育的人们所注意，并且提出许许多多的补救和改善的办法来，希望挽救这种颓风。可是他们所注意的大半都是关于中学生对于文学的阅读、欣赏和创造，还有一个也是属于国文范围以内的问题，却不常为人所提及；其实这问题之严重，较对文学的阅读、欣赏、创造等能力之不足为尤甚。即一般中学生平时写信或作起文章来，文字讹误日多，错白满篇（这也可以说是属于文学创造方面的问题），这不也是中学生国文程度低落的现象吗？**文字尚且不识，遑论文章的工拙？**至于中学生文章中的白字错字，很少有人研究和统计过，只是在十年前有一位国文教师和克强先生作过一篇《别字之研究》（见《国文月刊》一卷六期），他把二十六年度下学期云南高中入学试卷四百八十二卷作材料，发现别字（和意别字乃白字错字之总称）两千零五十一字。无别字之卷四十九份，仅占全试卷百分之一强，每卷别字最多者为二十字。观以上这些统计数字，知道中学生中几乎没人能够不写错字的。中学生既然如此，大学生是从中学生升上来的，当然仍要写错字白字。可是已往没人来替他们作过统计，最近我依照黎师劭西（锦熙）《各级学校作文教学改革案》（见《国文月刊》五十二期）的方法，用三十四学年度国立西北师范学院九系六科一年级学生及九系二年级学生四百二十三人作文中之错误，编制"四种错误表"一种，现在把其中字体错误之统计，分述于后：

白字（凡字体错误而仍成另一文字者）正体共计六百七十七个，其中因有一字两白或三白者，故白体为七百四十四字。错字（凡字体错误后已不成文字者）正体三百七十五个，其中亦有一字两误或三误者，故错体四百零七字。错白字合计一千零五十二字（凡二人以上同犯一种错误者，以一字计），若连一字两误三误者在内，竟至一千一百五十一字之多。中国文字字数之多虽甚惊人（约计四五万字），但日常应用的字并不太多，二十四年教育部公布之《注音国字表》（原名《注音汉字字模表》，由黎锦熙、钱玄同、魏建功、赵元任、肖家霖等十七先生投票选定）内载最常用字仅三千五百一十六字，此三千余字差不多已够一般人写作之用（研究文字学或其他高深学术者自当例外）。王了一先生也说："普通常用的字并不很多，大约只用得着二三千字。"（见《汉字改革》第九页）可是现在的大学生竟对三分之一的最常用字不能够认识，此种危机，岂可轻视！

今日的大学生在写信和日记或作文时，常常发生如以上所述的字体错误；这不但西北师院的学生是如此，其他大学亦未能例外。王了一先生说："近来我教了六个月的大学国文，常常在作文卷上看见学生把"候"写作"侯"，"拆"写作"折"，"叫"写作"叶"，"偏"写作"遍"，"逐"写作"遂"，"述"写作"迷"，"己"写作"已"，"惑"写作"感"，"爪哇"写作"瓜哇"，"坦白"写作"垣白"等等。"（见《汉字改革》五十八页）以上是王先生所发现的大学生之白字，至于错字，他说："譬如把某字胡乱增加或减少了笔画，如："宰"字该从"辛"而误从"幸"，"达"字该从"土"从"羊"，而误从"幸"，"含"字该从"今"而误从"令"，"冷"字该从"令"而误从"今""（见《汉字改革》十页。原书并未明言此系大学生之错字，但因王先生一向任教大学，推想是得自他所教过的学生之手）。据此，就可以知道在王先生任教的大学里，学生也是在写错字白字；更可以推想这是一般大学生的普遍现象。他们所以这样**写错白字，实由于太没有"文字学"的常识，不知道国字字体的结构，各有其不同的意义，并不能随意改造。又因他们不知道中国古代造字时所用的象形、会意、形声等"六书"的方法，于是不论文字的一部或整体相似的时候，便互换乱用。**这种互相影响而发生的错误，王了一先生名之曰："同化而误"（见《汉字改革》二十七页）。更因为他们起初对于简单的文字不能认识，不能辨别，于是发生一连串的大错误。

我以为打算避免写错白字的毛病，只有从灌输文字学的知识着手，才是最有效的办法。否则仅在学生写字发生错误时，由教师随手予以改正，并不说明其所以致误之原因及谬误之所在，是很难发生效力的，所以陈梦家先生说："文字是我们日常所见所用的重要工具，我们至少要知道他一些。关于研究文字的专门学问，叫作文字学，如今我们谈谈文字，只是谈一些浅的文字学，一则可以补足我们对于文字的认识，二则在应用上可以认字容易些，而避免写错字。"（见《国文月刊》第二期《梦甲室字话》）由陈先生的话看来，想补足对文字的认识，和避免写错字，从研究文字学着手，是唯一有效的办法。因此，在教育当局正要修正中等学校课程标准的时候，我建议在中等学校国文课程中增授“实用文字学”。“文字学”在今日的中等学校里，的确有被注意和被研究的必要。学者亦有此见，所以马叙伦先生便作了一篇《中小学教师应当注意中国文字的研究》（见《国文月刊》五十一、二两期），来唤醒大家的注意。可是我不主张像马先生那样的精研深究，用语言学、声韵学、金石甲骨等文字，来说明和追求每一个文字形音义的变迁。因为这几近于“专门化”和“学术化”，实非一般中学教师之精力所胜任，时间所容许。并且我也不主张还拿《说文》所收，而在今日之学校和社会中已经不用的死文字，来作文字学的教材，因为它已经不合乎现在社会的需要了。所以**在中学讲授“实用文字学”，实在比较合适**。如采取已出版的书籍作教材，就可以用吴契宁著《实用文字学》（商务印书馆出版），或用顾雄藻编《字辨》（商务印书馆出版）、刘治平编《字辨》（桂林光华书店出版）等书，于每字下再加以《说文》中对形义的解释。假若自编教材，就可以把学生作文日记中的错白字加以有系统的整理，每字下各引《说文》及普通字典中对形音义的解释，使学生对每一个文字能有一明晰的分辨和认识。这种教材，实际用起来，也许能够收到更大的教学效果。

82　关于中外语文的分系和中文系课程的分组

吕叔湘（1904—1998），著名语言学家、语文教育家。江苏丹阳人。东南大学外国语文系毕业后，在丹阳中学、苏州中学等校任教。1936 年赴英国牛津大学人类学系、伦敦大学图书馆学科学习。1938 年回国后任云南大学文史系副教授，后又任华西协和大学中国文化研究所研究员、金陵大学中国文化研究所研究员兼中央大学中文系教授以及开明书店编辑等职。与叶圣陶、朱自清、浦江清等交谊甚厚，并在国文教科书编写等方面有过多方面合作。代表作有《中国文法要略》等。

1948 年 1 月，闻一多在《国文月刊》发表《调整大学文学院中国文学外国语文学二系机构刍议》，提出了“将现行制度下的中国文学系（文学组、语言文字组）与外国语文学系改为文学系（中国文学组、外国文学组）与语言系（东方语言组、印欧语言组）”的建议，一时论者纷起。吕氏发表此文，提出了自己的看法，即在保留中、外文学系的前提下另设文学系与语言学系，并通过分组和主修、副修的办法使二者沟通。吕氏为文学系与语言学系所定的标准颇高，对当今大学文科的系科建设和课程设置有一定的启发意义。本文原载《国文月刊》第 67 期（1948）。

读了闻一多先生和朱自清先生的两篇关于大学里语文学科的分系和设课的文章（本刊一月号），以及陈望道先生等五位教授关于这个问题的讨论和建议（本刊三月号），我也有点意见想说出来请大家指教。

闻先生的建议，把中国文学系和外国语文系合并重分为文学系和语言系，的确是一个很好的理想。只是跟许多其他的理想一样，恐怕难于成为事实。好几位先生的文章里提到这一点，都觉得为难的是师资，这种兼通中外的教师不容易找。我觉得师资倒不成大问题，成问题的是合式的学生。修习这两个新的学系的学生，必须在入学的时候在中文和至少一种外国语的认识和运用上，同样的都已经有相当的造诣，然后这个新的方案方才能发挥它的最大的作用。有了这种学生，尽管每一位教授只能耕耘小小一方园地，他自然会周咨博访，成就他的博洽闳通。不是这样的学生，那么入系之后马上分组，分组之后就划地自封——不是他不愿意兼顾，他实在兼顾不了——组与组之间貌合神离，结果是文学系中国文学组跟中国文学系文学组成了朝三暮四跟朝四暮三，又何贵乎有这个新方案?

照现在的实际情形来看，投考中国文学系的学生的中文就不一定比投考别系的出色些，外国语更不必说；投考外语系的学生的中文虽不一定比投考别系的差多少（除了从海外来的和从为养成高等华人而设的中学里来的），可是外国语也不一定比投考别系的强多少。事实是：大多数优秀青年倾向于理、工、医等学院，语文学系收罗到的“英才”是远在比例分配所应得的数目之下的。在这种情况之下，闻先生的方案能否收到他预期的效果，至少我是怀疑的。

就算这是一时性的反常的现象，就算有一天语文学系能有比例地不比别系少的英才，这个方案的好处也只有那些少数英才能受用，多数学生仍然会有画虎不成的危险。关键在于语言的学习（包括往纸上写）。修习语言学的，语言是他的材料，得学上好几种，并且都得学通，不是摭拾一点零碎知识可以了事。修习文学的，一种语言是一种文学的 medium（工具？媒介?），正如水之于鱼。**不识水性不知鱼之乐，不精一种语言不能欣赏那种语言里的文学**。可是**语言的学习，对于大多数人，是出名的烦难而迟缓的工作**。学会了鱼的游泳，还要学会鸟的翱翔，学会麋鹿的驰走，这是要有过人之才的。

撇开这种不一定确切的譬喻，我的意思是：**一种语言是一种魔障，克服它要费很大的气力，我们不能希望中人之资克服一重又一重、一重又一重的魔障**。倘若说旧的分系的办法过于重视这个困难，闻先生的方案也未免过于轻视这个困难。让我们把语文课程分划成这么一个表格：小写字母代表各个语言，大写字母代表这各个语言产生的文学。闻先生要我们重视a、b、c、d……和A、B、C、D……之间的共同性。不错，这种比较的研究，原理的研究，是学问的极致，是开拓学术领土的出发点，可是我们也不能太忽略在学习过程中，A与a，B与b……之间的依存性（这依存性是相互的，虽然A、B之依存于a、b者较多于a、b之依存于A、B）。把语言和文学分成两系，A和a，B和b打成两橛，实行起来是不方便的。

A	B	C	D	E	F	…
a	b	c	d	e	f	…

所以，无论在情况不很正常的现在，乃至在情况也许好转的将来，为多数学生着想，无宁稍微看重点儿一种文学和一种语言之间的依存性，而把比较的研究和原理的研究交代给少数优秀的分子。我相当赞成朱先生在他的文章的末段的建议，一方面维持中外文系的分别，一方面准许一部分学生按照规定，在中外文系里分别修习各种课程，作为文学系或语言系毕业。只是我有两点修正。第一，中外文系的分别不但是“暂时维持”，不妨是永远维持。第二，在外文系仅有英文组或兼有一二西方语文组的大学，不得给予语言系的学位。必得在印欧系语言之外兼有（一）东方的尤其是印度支那语系的课程，（二）一般语音学、实验语音学、语言学等课程。这些课程放在外文系也可以，放在中文系也可以，另外成立语言系也可以。可是关于汉语、英语、法语、德语、俄语等等课程最好还是寄放在中外文系里，不必全都拉过来，反而尾大不掉，增添许多麻烦，例如负责大一国文和大一英文。

附带对于文学系和语言系的课程作一拟议。我觉得一个学生要在文学系毕业，应该达到这么个标准：

（一）已经研读过相当分量的中国文学，古代的和近代的；

（二）已经由原文直接研读过两种近代语言的文学；

（三）已经由中文的和上述两种语言的译本研读过世界文学里的重要作品；

（四）已经修习比较文学史和文艺理论（一般的和分体的），尤其注重方法学的方面；

（五）能写作不仅通顺而已的中文（语体）。

一个语言系毕业的学生应该达到这么个标准：

（一）对于汉语已经有相当周到的认识；

（二）已经研习两种近代印欧系语言；

（三）已经研习两种东方语言，其中至少有一种属于印度支那语系；

（四）已经修习比较语音学、实验语言学、比较语法学、语言学原理等课程，有能力自己开始研究（至少是描写）一种未经前人研究过的活语言或方言；

（五）能写作通顺的中文（语体）和一种外国语。

作为名副其实的"文学系"和"语言系"，上面的标准似乎不算太高。然而即使是资质在中人以上的学生，恐怕也非读五年不能毕业。

让我们回过来谈谈现有的中文系和外文系，闻先生的新方案是有激而发的，他对于许多中文系和外文系现状的指摘真是一针见血。这种缺点是不应该因循放任的，是应该也可以矫正的。

先说外文系。其病在于浅薄：闻先生称之为"译学馆"，为'高等华人养成所'。要治这个病，得注射一点学术维他命进去。一方面要增加语学的课程，一方面要增加比较的课程。例如英文组，英语语音、英语语法、英语史等课程不能草草了事；同时，中国语言通论，中国文学史（及选读）、第二外国语等课程非必修不可。还有，闻先生虽然讥讽外文系是“译学馆”，我想只是因为它只在制造一些‘通事’，如果能造就一些翻译文学名著（乃至史学及社会科学名著）的人才，对于我们的文化进展也很有帮助；从这个立场出发，外文系的学生的中文写作又非有相当高的水准不可，**因为翻译，说穿了没有什么别的，就是要能透澈原文的细微曲折的义蕴，同时能写出词能达意的中文。**

然后说中文系——在篇首所说及的七篇文章里，除闻先生把外文系和中文系的问题相提并论外，其余各位先生的讨论都集中在中文系。一般中文系的毛病在抱残守阙，重古轻今。其实，这个批语可以用之于制定课程的教育当局，兼及一部分实际施教的教师，一般学生并不满意这种办法，照我所知道。

现在有些大学的中文系已经分成文学和语言文字两组，我不懂为什么这一系还称为“中国文学系”，不称为“中国语文学系”。这且不去说它，尽管分为两组，却不妨两组的课程同样的在古今之间支配失当。我这么猜想，制定这种课程的人多半还以为现代文跟古文的分别只是一种文章休裁的分别，殊不知假如不用汉字写出而分别用音标写出，已经是面目全然不同的两种语言。所以我认为不是增加一点新文学的课程可以了事，应该除语言文字和文学的分组外，同时作古代语言文学和现代语言文学的分组。

我想引一个外国大学的本国语言文学系的分组主修的办法来供我们参考。牛津大学的英文系的毕业考试考十五门，一个学生可以有三个选择：（一）古英文（语学及文学，下同）六门，中古英文三门，近代英文六门；（二）古英文三门，中古英文六门，近代英文六门；（三）古英文三门，中古英文三门，近代英文九门。（手头无书可查，数目也许有出入，反正大致是如此，即学生可以分别主修古英文、中古英文或近代英文。）

我想我们也应该酌量采取这个办法。假定把中文系的课程分成这么四组：

（甲）古代语言文字；　　（乙）古代文学；

（丙）近代语言文字；　　（丁）近代文学。

学生可以有四个选择：

（一）主修甲、乙；　副修丙、丁。

（二）主修丙、丁；　副修（1）甲、乙，或（2）一种外国文学。

（三）主修甲、丙；　副修（1）乙、丁，或（2）一种外国语言（大致与现有的语言文字组相当）。

（四）主修乙、丁；　副修（1）甲、丙，或（2）一种外国文学（由原文研习。大致与现有的文学组相当）。

有几点需要说明。（一）所谓“古代的”和“近代的”不能纯粹用时代来区分，我的意思是大体上依从文言和白话的区别，所以清朝人和民国人的旧诗应该列入古代文学，而唐、宋以来的俗文学应该列入近代文学。（二）原理性的课程，除了特别属于古代的外（如文字学、诗词声律），应该列入丙组和丁组（如字义学、诗论）。文学批评也许应该分两课，中国文学批评史列入乙组，一般的原理列入丁组。音韵学也似乎应该分两课，音韵史列入甲组，语音学原理及近代汉语语音列入丙组，但修习前者应先习后者，修习后者却不一定要兼习前者。丁组课程内应包括用国语讲述世界文学史（当然附选读，最好不限于中文译本，因若干重要作品无译本或无好译本），除主修甲、丙者外皆应必修。关于课程分配的详细情形，有待于讨论的地方还多。（三）主修和副修的学分比例，四类主修不同的学生也许该有一点差别；大致说起来，主修应有五十学分上下，副修应有三十学分上下，共总八十多学分，占四年学分的三分之二（教部已准备把大学毕业的总学分减为一百二十八）。现在规定的大学共同必修和分院必修的学分太多，几乎剩不下这么多的学分修习本系课程；至少是两边儿这么一挤，把学生自由选修别系课程的机会全给挤掉了。我觉得一个学生花在本系课程上的时间似乎不应该比总数的三分之二再少，自由选修的机会也不应该全没有，那么只有减少共同必修的课程。现在的共同必修课程一部分是补习中学功课，一部分是想入非非的“精神训练”。规规矩矩，后者可以全免，前者在入学时甄别，有必需修习的，不给学分。老实说，现在这两类课程在大多数大学里都是敷敷衍衍的办理，浪费教师和学生的时间和精神，早应该考虑一下它们的存废问题了。

此外还有一件事要提一提。我觉得**现在多数中文系里太不注意学生的作文训练了，往往有到了临毕业写出来的毕业论文，以作文而论还是不能及格的**。有些中文系在大一国文课上把本系的学生另列一组，那么也许多作几篇；若是混合在别系一块儿，作文的次数就很少。二年级以上别无作文课，只有挂在若干“选读”课程的后头的“及习作”，那并不是普通的作文。其实语法和修辞等等课程里讲的东两全只有在作文课里才有实地应用的机会，而相当水准的作文能力实在是语文学系毕业的学生必不可少的资格。现在有许多外文系从一年级到四年级有连续不断的作文课。我建议中文系也在第一年和第二年设置作文课，每星期作一篇，上课要拿来讨论。主修语言文字的和主修近代语言文学的只作语体，主修古代语言文学的或主修文学的应该兼作文言。第三四年除各体文艺习作外，同时以读书报告代作文；通常看这类报告只注意内容，以后应该兼及文字。一个文学作品的阅读报告应该当它一篇文学批评的习作来写。

啰啰嗦嗦说了这么些，好像也没有多少新意思。乘这最后的机会把也许是别人还没有说过的几点复述一下。我建议：

（一）“中国文学系”改为“中国语文学系”——没有理由不改，因为实际上没有一校的中文系没有语言文字的课程。

（二）中国语文学系学生的主修分组，除已有的语言文字和文学的纵的分组外，增加古代语言文学和近代语言文学的横的分组。

（三）加强作文训练。

83 中学国文教学问题之检讨

龚启昌（1905—1989），教育心理学家。江苏常熟人。中央大学教育系毕业后，到中大实验学校任教师、小学部主任。后历任中央大学教授、南京师范学院教授、系主任等职。龚氏毕生从事教育学的教学和研究工作，对语文教育心理的研究甚为重视，有著述《中学阅读心理之现阶段》《中学国文精读教学程序之检讨》《书法心理研究概要》《作文教学之原则与方法》与《中学国文教学法》等。尤其是根据1937年进行的阅读兴趣实验，写成的《中文阅读心理之现阶段》等，对我国近代语文教育实验做出了积极的贡献。

龚氏认为，解决中学国文教学的问题，需要“文学专家与教育专家共同合作，来订定详实的目标，并选择优良的教材，教育心理学家应与中学教师们合作，共同从事国文教学原则的研究与实际的运用”。本文则正反映了龚氏以一位教育家兼教育心理学家的目光、结合当时不少著名人士的观点对国文教学目标、教材与教法三大问题所作的审视。

本文原载《教育杂志》第32卷第9号（1948）。

（一）

国文一科在中等学校中无疑的应为一门最重要的科目，不过这一门科目的问题也特别多，数十年来虽是有多少专家和教师们，不断的把许多问题提出来讨论，但这些问题仍然都没有能解决。本文的目的是想把其中最主要的若干问题，提据教学原理参酌时人意见，作一个检讨，以提起对于这些问题有兴趣的专家和教师们的注意。至于这些问题的解决，还等待大家的努力。

本文将就目标、教材与救法三大纲内的主要问题，分别作检讨。

（二）

关于目标问题之检讨，可略述如下：

一种学科的教学必须先确定了他的教学目标，然后教材与教法才有所依据。本来教学的目标也很难定，要以社会的需要为根据，并不是一成不变的。例如在科举时代，需要做八股文去应试，自然是以熟读四子书，练习八股文为唯一目标。并且国文的内容亦极复杂，自来古文即有各种体制，最近又有文言白话两大壁垒，此外诗、词、歌、赋，更不知有多少种体裁，所以所谓国文的学习，决不像历史、地理、或物理、化学等类科目的简单，在各种各色的体制中，中学生究竟最需要的是些什么呢？这也是有关目标的问题。

教育界人士很早就感觉到国文教学目标必须确定的重要。我国学者中对于国文教学目标先后提出意见的，有胡适、周予同、沈仲九、常乃德诸氏，为中学国文教师中如陈蛮勋穆济波诸氏，均任教前东大附中，对于国文教学目标，亦都会精心擘划过。阮真氏曾就当时二十种私人的意见，加以分析统计，根据此项分析结果，他自己订了一个中学国文教学目标，他综合了各人的意见，列举得相当详细，不过他所注意的仅是学生应达到的实际标准，他并没有能指示教师教学上的理想，这可以说是代表民国二十三年以前的一个阶段。这是一个重要的时期，因为当时虽然已有新学制课程标准的刊布，但这是民间自定的标准，是由全国教育联合会所主持的，对各学校并无强制性，所以各专家各学校都有众多的意见与建议，可以说是研究空气很为浓厚的一个时期。

民国十二年刊布的新学制课程标准纲要，虽是民间自定的，但在事实上确成了我国国定中小学课程标准之蓝本。教育部于十八年规定《中小学课程暂行标准》，二十二年颁行正式课程标准，于是我国的课程标准由自由研究而变了国定，我们并不反对国定，但自由研究的空气从此消灭，这是一件很可惋惜的事。部颁标准于二十五年曾经一度修正。“七七”抗战开始后，局势已变，二十九年曾经再度修正。胜利复员以后，又加修正，不过截止现在，尚未公布。

教部各次所颁布的标准，各专家间有加以批评的，例如对于二十九年修正标准，初高中国文教学目标中之“了解固有文化”一点，叶绍钧氏即曾提出异议，他认为在固有文化记录中一部分运用文学形式的，才须由国文一科训练学生和他们接触，得到了解他们的能力。但必须涵泳得深，体味得切，才会有所得，在中学只凭“提要”与“释义”的方法，是得不到真正了解的。他又主张，高中目标第贰目“培养学生读解古书，欣赏中国文学名著之能力”中，“古书”应去掉，广义的“古书”，国文科不必管，“古书”而是文学名著才管。叶氏意见固卑之无甚高论，但我国课程标准中所规的目标，过于笼统，则是事实。就从“了解固有文化”这一句话来说，四书、五经当然是我国文化的结晶，不读四书、五经自然是不能说了解我国固有文化的，但在初中国文科中，是否要选四书、五经的文字来读，读了若干片段，仍然不能说已了解了固有文化。至于说高中要培养学生读解古书的能力，那就更笼统了。总之一句话，目标的拟订是很不容易的，空泛不如具体，笼统不如列举。我们究竟希望中学生所要达到的是些什么标准，这些标准必须十分确实，教师才能依据他来选择教材，并作为教学时所应怀抱的理想。阮真氏所编订的一个较为具体的目标，未为人所注意，作者应教部之约编过一本《中学国文教学法》的书，中间亦曾拟订了一个较为具体的目标的草案，惜该书为教部搁置迄今，犹未问世。

作者在本节内所要提出的一个主要意见是，目标的具体与详细的拟定，在国文教学上是一件十分重要的事。**有了具体与详细的目标，才能统御教材之选择，以及教法之采用。**这件工作还得要全国教育界及学术界人士共同来努力。

（三）

关于教材问题之检讨，可分以下五点：

第一先讨论国文教材选择之基本问题。国文教材必须要对于学生的文学兴趣或发表技能有陶冶的价值。例如今天选读归有光的《先妣事略》一文，必定要让学生体验到家庭中任何琐碎事物，都可作为文学上描写的对象，而自己也可以学习这种技能；至若在这样一篇文章中，能够激发读者孝顺父母的心情，那是附学习（concomitant learning）的结果，当然也有价值。选教一篇文章必须有选教一篇文章的目标。最要紧的是，这一篇文章的小目标，必须和整个国文教学的大目标相配合，这样才不致纷乱步骤。否则诗、词、歌、赋，随意选教，一如目下情状，不受任何拘束。**教师在选材之前，必须先仔细考问一下，这篇材料，对学生有什么用处，是否符合该年级国文教学的目标。**

目标固然是符合了，是否能适合该年级学生的理解程度，还得要仔细考虑的。**一般教师们共同的缺点，总是把学生看作和自己一样，把自己所喜欢的教学生，自己懂的认为学生也一定可以懂的，这在教学上是一个很大的错误。**上文所说的陶冶价值，必须要学生吸取了，而能融化受益的，否则文章虽好，对学生而言，并非是好教材。例如四书、五经，对中国文化言，对中国文学言，都有无限的价值，但对小学生的国文教材言，则是无价值的，因为小学生吸取了这些教材，并不能融化受益。

教师能顾到教学的全盘目标，又能注意到学生的能否融化与受益，教材的选择实在已是思过半矣。

第二讨论语体文教材问题。由于语体文的历史还短，发展到现在，尚未有定型，所以很难选得到适合于给学生做写作范本的好文章。目下好许多语体文，并不能做学生学习的好榜样。余冠英先生批评目下语体文有两种重要的“文病”：一是欧化，二是文言化。这两种毛病，前一种的结果，似通非通，使人难懂，后一种本不是为病，但对初中学生，这些不自然的语体文，是不适宜的。余先生还举了许多坊间教本中所选语体文，文字内容、深浅次序的配置、编撰的体例等各方面的许多缺点，这些固然不是由于语体文的本身而来，但在目下要选能作为学生范本的适当的语体文，确是一件不容易的事。古白话文中固有不少可选的材料，如《水浒传》、《红楼梦》、《老残游记》、《儒林外史》等书是最上乘的古白话文，但中间不免有夹杂文言以及当时大众口语之处，选作为学生范本时，还得留意。至若近人的文字中，真是平易而可作为中学生范本的实在并不多。鲁迅的文章，无论内容与形式，显然是不合于作中学生的范本用的。周作人的散文，在形式方面很可作为中学生范本，但在内容方面与青年人的生活是隔膜的。例如《喝茶》《幽默》等类文章非青年人所能体验得到。况且我国的传统习惯，是文以人存，在抗战时期，他做了不名誉的汉奸，他的文章从此亦将被人轻视。作者认为新文学作家中，叶绍钧、朱自清、朱光潜等人的作品，差堪合于作为中学生诵习范本之用，数量实在是有限得很。

第三讲到文言文的教材问题。文言文教材上下古今有数千年的历史，自然是丰富得多了，但因为过于丰富，所以选择也不很容易。单就散文而论，历来就有多少文体，六朝人的文章和唐宋古文，风格绝然不同，其后阳湖与相城二派，各立门户，是否每种和每家的文章，都要学生诵习呢？至若韵文，上起诗骚，下至词曲，不知又有多少种体制，中学生是否都得要诵习呢？这在“了解固有文化”方面，自然是一件很要紧的事，但一般中学生是否有此能力，实为问题。一般人希望于中学生的总是太奢，自梁启超胡适之诸先生订定国学最低限度书目起，一直到现在，国学专家自然总是看到国文为最重要，而不知中学的功课有十数种之多，国文不过是其中之一科而已。索太（按即伍俶氏）先生提出“摹体定性”的原则，固然很对，不过他说：“高中之有国文，为要学生们欣赏古文，了解古文，同时能用古文作文，是最大目的。”能用古文作文这一点的希望，未免是过于苛求了一些。作者认为这应该是大学中文系学生所应做到的事，了解和欣赏中国古代文学名著，才是中学国文教学中文言文教学之主要目标，文言文的选材，应以此为准。**教材的必须适合学生之理解程度，是基本原则，**固无须赘述。至若材料本身的标准，文学教材往往不及科学教材来得客观，见仁见智，全凭教师或教科书编辑先生的抉择。例如索太先生他就认为“文章贵有汉唐气象，太哀讽太小品的不宜选”，“艺术卑俗的如欧阳修《醉翁亭记》，议论荒唐的如韩愈原道，陈腐如苏洵策论，拘窘如方姚杂文，”都不应选。读《孟尝君传》一文，近年渐渐没有人选，索太先生认为进步，但王了一先生，则又认此为一具有声律之文。梁启超《认画记》一文，为韩愈文章中最好的一篇，但也有人批评他是韩愈文中技巧最拙劣的一篇。**恒河沙数的古文中，究竟哪一篇是哪一文体最佳之作，哪一篇又是哪一人代表之作，必须由大家认定了。**然后选材才有标准，配合学生程度，编入教本。这一基本工作，必须先做。**语体文的选材问题，是在缺乏可为范本的佳作，文言文的选材问题，则在如何经大家来认定佳作。**

第四讲到国定本教科书问题。国定本教科书，政府以法令推行，但为教育界人士所一致评击，少数编辑先生，固不能胜千万人的智虑，最可怕的，是“一尊既定”，千万人亦就懒得去用智虑来求改良，教科书将从此永无进步。我们只要看到以前各书肆竞新立异，争相编辑教科书的盛事，现在已不可再见。时人中抨击国定本教科书最力的要算邓恭三先生，关于国文教科书一部份，他这样说。

初中国文课本中所选的近代和现代的作品，很明显的是以尽量选取国民党中达官贵人的文章为原则的，因此，有很多在现代文坛上极有声誉的作家，其作品全都未被收进，而收进了的，却是上自主席院长，以及某部某会的首长，以至于张治中、张发奎、翁照垣诸将军的文劄、公告和某种纪念节日的讲演词或纪念论文之类。这些人物，固然未必不是上马可以杀贼，下马可以草檄的文武全才，然而他们却大都是一身而兼数要职的人，簿书旁午，政躬少暇，一切文章遂多由幕僚或部属代为捉刀，捉刀的人，“应制”为文，既无真知和灼见，更少热诚和灵感，敷衍成篇，聊以塞责，因而这类的文章只是一些道地的党八股和抗战八股，似乎是“文章病院”中的好主顾。既不能引起读者的美感、灵感和欣赏文艺的兴趣，也无法使其藉此学取一些写作的技巧。滥调陈言味同嚼蜡，使一般初中学生终日诵习些这等文字，势将使其思路日益窘涩，观念日益模糊，性灵日益汩没，流弊之大，何堪设想?”

这可说是抨击国定本教科书最激烈的一篇文字，六册初中国文教科书中，确是每册都有几篇党国要人们的文章，不是党国要人们的文章不可读，无情感无性灵说教式的党国要人们的八股文，确是令人感觉厌倦。为什么初中国文难选，初中国文中语体文占多数，语体文较文言文尤为难选，已如前文所述。初中六册国文中所选文言文可以疵议的就较语体文为少。不过教科书编辑之应开放，确为当前急务，这固然不仅指国文一科，他科亦然。编辑开放了，一定可以有很大的进步。

好许多国文教师，不愿受教科书的束缚，往往有自己编讲义的。但编辑教材，也不是一件容易的事，并非人人所能胜任。在使用上，模糊不清的讲义，也并不能必比教科书好，作者是主张采用教科书的，不过要采用好的教科书，教师要有选择之权，并且也要有把他活用之能力。

第五讨论到略读教材问题，这就更重要了。我们相信国文程度之进步，要靠学生个人课外自己的阅读，决不是凭薄薄几册教科书上所选的几篇文章，所能得到的。许多知名的学者，如胡适、何仲英等人，都有这样的经验，都作这样的主张。但是究竟各级中学生在课外应该看些什么书，何者应先看，何者可后看，并如何配合学生的程度与兴趣，事前如何善为指导，事后如何详加考核，迄无定论。部颁课程标准中强调略读教材与精读教材应联络，固为一高明之见，但各种书籍如何分配在各年级，则并无规定。阮真先生的研究，列举了三十六种书，分成十个阶段，有灵活伸缩之便利，不失为一个好办法，但所列的书，殊有问题，还得再事研究。至若坊间所标榜的中学生文库等类书籍，好许多并不是中学生所能读的书。

至若略读指导的方法，叶绍钧朱自清二先生，曾具体的举了《孟子》、《史记菁华录》……《胡适文选》、《呐喊》、《爱的教育》等七书为例，（注一〇）他们是偏重于提示内容，固然值得供教师们的参考，却仍然没有注意到如何真正指导学生学习的问题，**倘若大家公认为真是中学生所必须读的书，应该重新整理过，书前必须有阅读方法详细的指导，至少应包括下列数项目：（1）作者的思想及其时代背景，（2）作者写作的背景，（3）该书在文学的价值，（4）其他有关的考证，（5）该书读法大要。这样才可以给学生自学的一个南针。**学生读后必须写作报告，并有若干其他作业。这样略读一书，才可真正得到一书的好处。

（四）

关于教法问题的检讨，可分为下列数点：

第一先谈国文教学的基本原则问题。国文的选材，应以文学名著为主体，部颁课程标准中亦是以记叙、说明、抒情三类文为主，这些都是属于文艺类的文章，议论文可说是属于学术类的，有一部份说明文也可以说是属于学术类的，但占很少数。许多学者都主张，“中学国文应该是语文训练的功课，而不是灌输知识的功课。”这种主张是很正确的。纯文艺文的教学，即是文学的教学，文学的教学目标，应该注重提起学生欣赏的情绪，这与知识教学的纯凭理智，是不同的。在欣赏之前，自然必须先要能了解，但了解并非是文学教学的最后目的。至若熟读与背诵，是文学教学的一种手段，亦非为目的。文学教学的真正目的，必须使学生对每篇读过的文章，得到深切的涵泳与体味，对于这作品能发生兴趣，愿意作进一步的研习。简言之，**欣赏情绪的激发，才是文学教学的真正目的。**读了《水经注》中的《三峡》与《衡山》等篇，对于《水经注》的文学发生了一种爱慕的兴趣；读过了杜甫诸别之作，对于杜甫的诗有无限的向往，这才算是真正达到了选教这两种作品的目的。因为欣赏是一件情感的事，所以教师也只有用情感的方法，来激动学生欣赏的情绪。教师在教水经注时，必须描写得山川如画，历历在目的样子；教师在教杜甫诸别时，必须把诗中情景，描绘得栩栩如生，引起学生同情之感。许多读国文教学的人，都主张让学生自学，教师不必多讲解，在文学欣赏一点上看，作者主张，教师是必须用活跃而出神的方法，来为学生讲解的。因为学生所能涵泳体味的，当然没有教师深，教师必须把他自己所涵泳体味到的情感，传导给学生，这是一件很要紧的事。我们自己也能看《水浒》、《红楼梦》与《三国演义》等类书，但是我们为什么喜欢去听说评书的或唱大鼓的评说或歌唱这些书呢？**文章本身是一种艺术，文章的教学，也应是一种艺术呀**！明乎此，文学教学的方法，已思过半矣。

第二讨论精教学的程序问题。文学教学既是一种艺术，照例没有什么固定的程序可言，但为便利一般教师的易于遵循起见，阮真、黎锦熙、叶绍钧诸家曾都有教学程序之提出。作者根据个人所持见解，综合各家意见，亦曾提出过一个方案，详所著《中学国文教学法》一书，又节要为文在四川教厅所主编的《中等教育月刊》一卷二期上发表过，在此提出纲领，以供各教师们的参考：

（A）预习的指导　一、笔记式样的规定；二、工具书之规定；三、参考书之指定；四、课文背景与内容之提示；五、预习方法之指点：1. 通读；2. 复读；3. 标点；4. 检索；5. 试读。

（B）深究的指导　一、生字生词典故难句以及全篇文义的解释：1. 等译；2. 描述；3. 证引。二、文旨的探索；三、结构之分析；四、作法之研讨；五、风格之鉴赏；体制之比较。

（C）练习的指导　一、熟读：1. 默读；2. 宣读；3. 美读；4. 抄读。二、札记；三、翻译：1. 意译；2. 直译。四、默写；五、习作：1. 缩写；2. 引伸；3. 摹拟；4. 创作。

（D）博览指导　一、以作者为本位；二、以文体为本位。

第三讨论精读教学与作文教学之联贯问题。读文教学与作文教学，本来是两件不好分开的事情，在教读文时，就应该注意到如何写作的问题。关于这一点也已有好几位先生提出来过，魏泽馨先生提出国文教学上应有种种协调之主张，是很有见地的。**国文教学上目下一个最矛盾的现象，莫过于读的是古文，写的是白话。**作者个人之意，中学教的古文，应仅限于作为欣赏之用，不必教学生摹拟习作。文言白话内容上虽然相同，但在形式确不相同。在短短六年之中，要希望学生同时获得文白两种写作技巧，事实上恐难做到。白话文发展到目前，实在已经没有什么不可表达的事物。说理文为古文中最不好的，白话文可畅达无遗。至若写景、叙事、抒情，白话文更所擅长。准此而论，中学生仅练语体文的写作，已经很够。事实上目下社会中，除了极少数的酬应文字和若干顽固的公文外，其他书籍、报章、杂志，几乎已经普遍的应用语体文。古文习作训练尽可让大学中文系去担负这责任。但在中学精读教学中，文言文的选材，与年俱增，既不必训练文言文的写作，这样读文与作文如何谋得联络，确为一严重问题。项因然先生亦曾认此为国文教学上的一个大漏洞，应该想法补救。在事实上学生也是喜欢写语体文，可以写得十分流畅，而厌恶写文言文，往往词不达意。项先生主张，在高中国文教学中仍然不应忽视好的白话文，选作为补充教材之用，以引导学生向捷径上走到自由发表意见之目的地，作者亦有同感。为了读文与作文的联贯起见，这实在也是必要的。否则将永久是南辕北辙，读的是古文，写的是白话，读文并不能帮助作文。**读古文不必定要学生写古文，例如我们人人可以吟咏诗词，但不必一定要学习写作诗词的。**不过要分配得当，指导合法，自然是还有若干问题在内。

第四我们就顺便讨论到自由写作指导的问题。正如学生读书能力之进步得力于课外阅读一样，学生作文之进步得力于自由写作者为多。一般人都批评现在学生国文成绩的低落，现在学生做古文的成绩确甚低落，倘把他们课外的写作来看一看，那么就未必见得怎样低落。课内命题的作文，只能当他为一种指导练习，不能视作为学生的真正成绩的。学生真正的写作成绩，应看他能否自由发表思想或抒写情感为断，应以课外的自由写作为准。学生自动写给亲友的书信，自动在壁报上发表的文章，以及他自己的日记，自己想写的文艺小说等类作品，比在堂上所做教师命题的文章是要好得多。为了增进学生的写作能力，教师应该多多设置动境，利用动境，鼓励学生多多作课外的写作。此种写作，非但为学生所喜欢，亦且是得益最多的。教师的责任是在把握机会，不让他错过，例如为了庆祝校庆，祝词、校史以及邀请校外人士来校参观的种种函件，必须让学生自己撰拟，教师万勿代他们做，因为这是一个真实的动境，真是学生写作的好机会。与亲朋的书信，也是写作的好机会，教师如能予以辅导，他的收效，一定很大。重庆清华中学曾经做过家书辅导的工作，听说成绩很好。他如日记及各种自由写作，对学生都很有益。让学生的写作能有发表的机会，也是一件重要的事。**发表可以给学生一种写作的鼓励。**凡此种种，都是暗暗的合于发表教学的原则的。

教师在国文教学中最感苦痛的一件事是批改作文，教师虽是很费力的批改，但学生并不怎样的获益。我们每个人都可以回想，谁的作文是受了他人批改而进步的。**我们能够写写文章，都是靠自己不断的练习得来的。教师指导学生多多获得练习写作的机会，比了费力的批改，成效要大得多。**教师对于学生的自由写作，倘若学生要求批改，如讲演稿、重要函件等，教师可以予以批改，作为一期堂上作文成绩，其他的作品，教师做一检查工作，略阅一二段，签注一日期，就很够了。

第五就书法的教学问题来谈一谈。书法确是我国的一种特殊艺术，鉴于目下一般人书法的拙劣，每使前辈先生们叹息。在学校课程中对于书法练习的没有注意，确是事实。新学校出身的人，书法好的，真有凤毛麟角之感。这种现象，新教育实不能不负其咎。书写固然是一种小技，但是人人所必须要的，不求太好，亦必得挺秀可观，不至如涂鸦一般。我国部颁课程标准中，规定初中第一学年在略读时间内，应划出半小时，作为书法批评指导之用，各校在实际上并无略读时间，所以连带就并没有书法的指导。认真的学校叫学生在课外写写，不认真的学校，根本就没有这一套。**一种技能，不经练习，就是神仙也不会好的。**有计划的书法练习，在目下中学国文课程中，实是一件不可忽视的事。书法是一种技能的练习，必须持久为之，临摹的范本，应如何选择？练习的兴趣，应如何鼓舞？练习的方法，应如何指导？这些都是目前中学国文教师所应提出研讨的。倘若六年继续不断的练习，定可获得相当的效果。关于指导书法练习的若干理论，作者另有一文，可供参考，在此不赘。

（五）

本文可说已把中学国文教学上各项主要问题，提出了一个轮廓，至于如何解决这些问题，至少要得到四种人的合作：**文学专家与教育家共同合作，来订定详实的目标，并选择优良的教材，教育心理学家应与中学教师们合作，共同从事国文教学原则的研究与实际的运用。**经过这样四种人的彼此合作，这些问题再经过若干年后，或许能逐渐解决，作者实不胜企予望之，并尽其所应尽之责。

84 中学国文教学问题

王季思（1906—1996），著名戏曲专家，有“岭南文化的最后一颗文化灵魂”之誉。原名王起，字季思。浙江永嘉人。幼年熟读经史子集，爱看戏曲、小说，并得到国学大师孙诒让严谨治学的熏陶。在东南大学中文系毕业后，到浙江、安徽、江苏几所中学任教。1941 年后相继任浙江大学、之江文理学院、中山大学教授等。与游国恩、萧涤非等合著《中国文学史》，主编《中国十大古典悲剧集》《中国十大古典喜剧集》等，影响很大。

本文原载《中华教育界》复刊第 1 卷第 3 期（1948）。王氏认为要提高中学生国文程度“首先对于国文教学的目标应该依照时代的要求，分清主从。”作为一名古代诗词曲研究的著名学者，却强调“中学国文是语文训练的科目，它的主要目标，应该是培养学生运用本国语言文字叙事说理表情达意之能力；而阅读古书、欣赏中国文学名著二项应该列在次要的地位。”其胆识非同一般。

近来社会人士多慨叹于中学生国文程度的低落，因而引起许多关于中学国文教学问题的讨论。这中间自然有很多值得珍视的见解；但也有不明目前国文教学实际状况，持论不免过高的。而由于他们在国内学术界的较有地位，值此教育部修订课程标准之际，其议论或将影响今后全国中学国文教学的方针，所关非浅。笔者自民国十八年以来，任中学国文教员有年，颇想就实际上观察所及和友朋讨论所得，提出几点意见，和国内关心这一问题的人士，共同商讨。

大体的说，目前中学生的国文程度，确有不及前一辈的地方：如书法的秀丽，阅读古书的能力，不及五四前后的学生们；文言文十九不会写；别字讹音，时常可以发现；如把“急躁”写作“急燥”，“滑稽”读作“猾稽”等。可是他们也正有比十年廿年前的学生们进步的地方：第一，他们的字比前一辈的人写得快，尤其是钢笔字：第二，他们读报章杂志，以及其他现代人的著作，比前一辈的人了解得透澈；第三，他们用语体文表情达意，比前一辈的人来得敏捷清楚。现在一般高中毕业学生在两个钟头以内，写千字左右的文章，并不怎样困难，这是以前旧制中学毕业生所决不能及的。不过现在中学生这方面的进步，大部分应当归功于整个时代社会的推进；如报章杂志及新书的刊行日多，青年们的常识日益丰富，文章的内容自然要较前一辈的来得充实；国语教育的逐渐普及，青年们用国语发表意见的机会日多，只要内容条理清楚，写在纸上，便是文章，用不到再像前一辈的作者，要在心口里经过一番语文翻译的工夫。钢笔自来水笔的普遍为青年们所采用，在钞写上自然要比毛笔字敏捷许多。

现在一部分社会人士所以觉得中学生国文程度的低落，是由于他们常喜拿自己在大中学时代的尺度，来衡量现在的学生们。他们有的在中学时代便读过四书五经及一部分的先秦子书，临过五年十年的帖子，自然要觉得现代学生的书法恶劣，和对于古书的生疏。如果要拿他们的尺度作标准；来提高中学生的国文程度；那只有叫现在的学生们再回复到五四以前的学校生活，每天读古书，临帖子，只要国文程度好，什么英文，数理化，尽可马虎。可是这在时代上是绝对不可能的了。

目前中学校里最可怪的现象，是许多国文程度较好的学生，往往不是担任他们国文课的教师的得意弟子，有时甚至被目为他的叛徒。单就这一点而论，我们已可了然于目前国文教学状况的如何矛盾了。由于小学国语教育推行的普遍，现在许多学生在小学五六年级时，便能用国语发表简单的意见。可是进了中学，国文一课大都仍偏重文言。因为目前多数国文教师仍采用逐句讲解方式来教授，而这在语体文方面是不大适合的。又文言文里有许多生字典故，教师只要多化一番查检的工夫，在黑板上钞一番，讲一番，短短五十分钟便敷衍过去了；语体文的教学则无此便利。所以即使有偶然选授几篇语体文的，也大都选篇幅较长的作品，在课堂上念一遍，再讲点作者生平，全文大意，或是就文艺评价，思想体系上加以发挥。而这样的教材与教法，就学生实际上的进益说是很少的；尤其是他们的写作方面。

说到**写作指导**，我认为**最主要的一点，应该是使学生怎样能应用本国语言文字应付日常事务**。如果，一个中学毕业生而不能写一封像样的信，一篇工作报告，一件会议提案，或是在会场上担任记录；即使他能写一篇讽刺的杂文，翻案的史论，在教学上也不能谓为成功。可是在目前，初中的国文教学，往往只是投考高中的准备工作；而高中的国文教学，则只是投考大学的准备。所以他们的**写作指导，仍脱不了科举时代的风气**。一篇**应付日常事务的文字，其主要标准是明白正确；而考试上的竞争，则有时须要出奇制胜**。在这样一种错误的目标之下，他们对文章的看法教法，自然也跟着两样了。学生们侥悻而能以此升高中，入大学，那几年的心血还不算白费；可是目前国内大学所能容纳的高中毕业生，充其量还不到十分之一；那其余许多学生，一出校门，便连那社会上应用最广的本国语言文字，也有学非所用之苦，岂不冤枉！笔者前在某校大一国文课上，曾叫考取的新生，各写一信给他们中学里的师长。有的学生在信里大发抗战必胜的议论，有的则深深致慨于时代的不幸。这些无的放矣，无病呻吟的文字，实在都是科举时代八股的流毒。**一个现代青年，在文章里发现几个错字，或是文法不合的句子，问题并不严重；而直到今天，仍有无数青年，在文章上挖空心思想花样，则确是现代教育上的一个严重问题。**

再如就现在中学校所用的国文教本看，这中间包含有历代文学名著及有关学术思想的文章，其程度远较以前旧制中学的国文教本为高深，而范围也更为广泛。表面上看，自然都是依照部颁课程标准编的。可是学生读过之后，便能“深切了解固有文化”吗？便能“用文言文叙事说理表情达意”吗？便能“读解古书，欣赏中国文学名著”吗？便能“创造国语新文学”吗？（上列引号内文句系部定高中国文课程标准第一项目标内文句。）这是谁也不敢作肯定的答复的。徒使学生们顾此失彼，莫知所从，而教师则正好各就偏见，以趋避于其间。有的专教文言文，便说部颁课程标准要学生能写文言文的；有的专教诗词歌赋，便说这是中国文学名著，学生是要欣赏的；有的专选学术文，又说是要学生了解固有文化了。好在教本选文的分量，常远超出所能实际教授的篇数，尽可自由选择自己喜欢的东西来教；而不问其对于学者是否实际上有所裨益。若说对于课本里性质不同体制各别的文章，都好好的指导吧，不要说目前一般中学里的国文教师不能胜任；即使勉强能教，而把许多不成系统的东西，混在一门课程里，也决不容易使学生有着多大的心得的。**目前中学生国文程度比较好的，十九得力于自己的课外阅读；而思路不清，成语误用，文言语体缠夹不清，则常是教学上贪多务博，食而不化的结果。**

笔者认为要提高目前中学生的国文程度，首先对于国文教学的目标应该依照时代的要求，分清主从。**中学国文是语文训练的科目，它的主要目标，应该是培养学生运用本国语言文字叙事说理表情达意之能力；而阅读古书，欣赏中国文学名著二项应该列在次要的地位。至于创造国语新文学及了解固有文化二项更根本可以取消**。就前者说是标准定得太高，一般中学生无此能力，也无此需要。就后者说，要国民深切了解本国固有文化，当着眼于整个国家的政治设施与社会风气，决非学校教育所能独负其责。而即就学校教育而论，也当由公民史地等科分负。在国文一科，是只能叫学生在选文里完成其部分的责任的。

目标如果这样决定，那**课本的编辑最好分作两部分。一部分是写作**

范本，专选结体完整，条理清楚的现代文章，（如名人演辞，新闻报导，时事评论，及各种科学上的讨论和说明等等。）和日常事务上的应用文字，（如书札，报告，提案，宣言等等。）供学生写作上的模仿。**一部分是文学读本，**按照学生年级及程度，分选历代文学名著，供他们涵泳玩味，使不致在学习上流于偏枯和浅薄。而**二者之中，仍应以写作范本为主，教师必须一篇篇认真的切实的教导。**

初学写作，每有不知何从下手之感；必须示以模范，才能有所遵循。文章之道，虽变化至繁；但基本方式仍是有限的。而就学者而言，也只有先把一些基本方式运用熟了，才可求进一步的变化。一般中学生最怕写议论文字，作者前在浙东某中学教书，选了五六篇的时事评论，分析给他们看。（开端是说明这事件的重要性，中间是就作者对于这事件的意见分作几点说明；末了是以希望这事件今后能如何合理的发展作结。）以后碰到性质相近的题目，他们便也能就他们的意见分作序论、分论、结论这一基本的方式写出来。固然，在古代作品里，并不是没有结体完整，条理清楚的文章可选：如贾谊策治安，分“可为痛笑者一、可为流涕者二、可为长太息者六”这九点来立论；贾让奏治河，分为上中下三策来说明，也未始不可作为议论文的范本。但我们要知道**写作范文的选读，重在他的形式，不在他的内容**。学生们对于现代文章的内容，大体已能了解；那在形式上稍加指点，他们便可切实领受。但我们若在课内讲一篇《治安策》，一篇《治河策》，要在学生们内容清楚以后，再来讨论它的结构，时间上先不经济，而且也决不及现代文章的亲切有味，易于为青年们所领受的。过去中学生的国文学习，从教本里所得的常只是一些杂乱的零碎的知识；而写作方面大都是自己从报纸杂志及现代文艺创作里得到一点门径。在天资稍差的学生，甚至终身不得其门而入。今后不必按照他们的年级、程度，分期示以各体文章的范本。那么天资好的既可以由此更求变化深造；即资质稍差的也可勉强入门，而无暗中摸索之苦。至于应付日常事务的文字，过去在国文教学上，由于比较的枯燥乏味，常被教师所忽略。有些学生在离开校门之后，才感到这方面能力的不够。于是买些《八贤手札》，《秋水轩尺牍》一类的书来看。不知一般应用文字是跟着社会转移的，许多前人书札里的称谓语气，今天早已不适用了。至如会议纪录，大会提案，工作报告一类文字，更不容易在一般书本里找到例子的。如果在中学的国文教本里不提示一些实例，加以指导，那他们在投身社会的第一天，便将感到学非所用之苦。

至文学读本，目的在使学生能够阅读古书和欣赏中国文学名著；同时也使他们对中国固有文化能从文学方面加以了解。目前中学生功课繁重，加以年来学校风气对英语和数理化的重视，学习国文的时间，着实减少，这一文学选本，必须会集专家，审慎研讨。其先秦著作有决非现代中学生所能领受者，即使在学术史上确有重要地位，也当割爱，而代以现代学者关于这方面的阐明文字。我们不能叫现代中学生读四书，但象冯友兰先生的《道中庸》，罗庸先生的《我与论语》，是不妨介绍给他们看的。至历代文学作品，也当多选唐宋以下各家之作；而于《诗经》、《楚辞》、汉魏六朝五言诗、骈体文，则当尽量从略。目前有些中学国文教本，甚至连屈原《离骚》，庄子《天下篇》都选进去；不但学生不能读，即教师能教的实在也太少。

谈到教法问题，那教师方面有两种观念必须改除：一种是敷衍时间，一种是自我表现。一部分教师尽是在课内谈空天，钞黑板；而一部分则尽是发议论，唱高调，甚至把自己在大学里刚读过的文章印发给初中学生读，实在都是这两种观念在作祟；必须尽量改除；才能进一步使学生得到实际的进益。这里，范文方面必须详细分析其结构、作法，更就学生日常生活方面举出类似的题目，让他们仿作。过去命题作文，大都两周一次，每次二小时。其势必使学生们把作文看得非常严重，往往东拉西扯，定要凑足多少字才交卷。就笔者实际经验，认为**次数应该加多，而时间不妨缩短**。有许多应付日常事务的文字，尽可于半小时一小时以内练习。练习以后，也不必一一批改，单改一二篇给全级传观也就够了。至于内容比较复杂的题目，一学期也不妨练习二三次，于课内连续二小时或课外行之，以培养他们自由发挥意见的能力。

至于文学读本，重在使学生能于此涵泳玩味，以濬发智慧，陶冶性情。教师当于作者的性情品格，及其反映于作品上的风格情调，有所提示阐发，而不仅仅逐句讲解了便算。

不过中学国文教学的改进，有关于整个国家教育制度及社会风气，不单是国文教员所能负责得了的。目前中学教员的待遇，仍旧依任课钟点计算；于是有些国文教员，为了生活问题，有时至担任三班以上的国文课，还得兼一级的导师。时间上既不够分配，教学的效率自然也差了。目前国文教师的薪给标准必须改订，使担任的级数减少，而指导学生写作的次数加多。几年以后；我想中学生文章里的错字，不合文法的句子，自然要逐渐减少的。其次，**希望今后的大学入学试验，根本取消了国学常识测验，更不要出一些青年生活经验以外的题目，叫考生挖空心思去想；而使中学的国文教学也间接受其影响，始终停滞在八股时文的阶段里**。末了，许多人觉得现在学生的字迹恶劣，是由于他们平时用铅笔钢笔的时候多，自然毛笔字便显得拙劣了。在工具的运用上，无论何人都得承认钢笔铅笔的比毛笔便利。优胜劣败，毛笔字的前途，无疑的将仅成为少数人的玩意儿，同秦汉以后的刀笔一样。我希望今后中学作文，大学入学试验，能允许学生用钢笔书写；而不久的将来，坊间将会有中文的钢笔字帖出现。那么，下一辈青年们的书法，将既秀丽又敏捷，而可以省出许多时间来学习其他更有意义的东西。

85 《教材研究》——课程的内容和方法

叶兢耕（1915—1958），曾任西南联大附中国文教师，并先后任教于清华大学、北京大学。著有《文章剖析》《短篇小说剖析》等。

20 世纪 40 年代初期，当时的教育部曾聘请专家学者对大学课程进行研究、整理。1942 年，《高等教育季刊》又以二卷三期为《大学国文教学问题特辑》，对大学中文系的课程，热烈地展开讨论。叶氏从自身的经历中回顾了过去在师范学院的学习课程，深感这场讨论应将师范学院国文系科目的商榷列入重要位置，于是在《国文月刊》第 26 期发表了《对于师范学院国文系专业训练的一点感想与意见》，认为“学者不必是一个好教员，好教员也许必得兼是一个学者”，师范学院国文系训练“在目标方面是培养良好的专业师资”。时隔六年，叶先生“盼望刻实训练，以建立健全的制度来挽救目前语文教学的危机”，因而又提出国文系《教材研究》的课程作进一步讨论。本文内容对时下高师中文系教材教法课程的建设仍有相当的镜鉴意义。本文原载《国文月刊》第 68 期（1948）。

我在本刊第二十六期曾把当前师范学院国文系课程作一简单的商榷。当时商榷的要点是：（一）根据自己亲身经验说明过去师院国文系给予受训者的成效，因而引起的一点感想；（二）提出一点个人的意见，具体建议国文系课程设置的改革。读者如果读过那篇小文，可以明了笔者是赞成目前五年制的师范学院的。并且主张不图急功，盼望刻实训练，以建立健全的制度来挽救目前语文教学的危机。本文仍抱初衷，

把国文系“教材研究”一课程作进一步的讨论。

一 “教材教法研究”——课程的分析

“教材教法研究”是部颁课程表里规定的必修课程。我们应该先问：本课程设置的目的何在？应该用何种进行方式始能达此目的？根据我们的分析，本课程设置的目的可以分远近两个：

（一）远的：使受训练者将来实际担任国文教学时，对于教材教法两者的性质和功能都已了然胸中。工作临头，才不至于茫然。

（二）近的：本课程为五年级教学实习之准备。所谓教学实习就是教材之实际运用，便包括教材教法两件事。

除此之外，还得培养对于教材教法中特殊问题的研究兴趣。但这个目的终究是附随于上列两者之后，不必人人而有之。目的既明，再论其进行方式。这就得认清教材教法研究的内容。照我们的意见，可以分成两部分：一、研究教材教法上的基本学理。二、教材和教法当分成两组，**教材研究是包括国文教材选注评的研究；教法研究就是把教材研究所得的结果，研究出一种施教方法来达到教材预定的效果**。要做到这两部分的研究，本课程把教材与教法合为一课程是无法顺利进行的。上列第一部分研究内容，只能借助于师院共同必修课程中的普通教学法与教育心理一类课程。第二部分中第二组教法研究一小部分仍可以分到普通教学法里，大部分是实习一课程内的事。剩下的就只有教材的选注评的研究。**我们何不把本课程改为“国文教材选注实习”为直截了当呢？请论之于后。**

二 “教材教法研究”应改称为“国文教材选注实习”

（一）释题“教材选注实习”一称是仿“校勘实习”“创作实习”

以及“教学实习”等课程而来的。命名的精神亦相同，都着重在知能并重的训练。我们把“教材教法研究”改称为“教材选注实习”、删去“教法”的缘由，上文已说明。不称“教材研究”而谓之“教材选注”，“研究”两字过于含混，研究内容无从捉摸。今代以“选注”；选注者，教材之编选和注评是也。标明研究内容和方向，使学者教者易于入手，加上“实习”，明其知能并重，一扫过去只求空论的偏失。

（二）理由“教材选注实习”设置在三四年级与部定五年级“教学实习”十六学分，工作与学分相等。我们的意见，这两门功课必然前后相辅而行，方始能完全替代旧设“教材教法研究”而达到其要求。“教材”是国文教学上最主要的工具之一，一切教学目的均须通过教材始能获其效果。坊间出版的教科书是专门供给一般中学教学上用的，便是我们这里所谓教材。这许多出版物有种种理由使我们感到不合用，其中编者与教者学者之间脱了节是症结所在。根据笔者的经验，目前所用的教科书，若执教者在中上程度，便处处感到教科书束缚住自己预定的教学理想。要想极适当的运用是一件很费斟酌的事。低下等的执教者则除了为教科书疲于奔命效劳之外，就一无可说了。学习者在这种情形之下，只有感到苦闷，毫无学习兴趣可言。若就正在师院受训的国文系同学论，进入五年级轮到自己实习了，才直接面对教科书，但只觉得是一本零散的诗文选集，极感生疏，摸熟它很不容易，实习时能兼顾教法上种种问题的，难能而可贵。并且学到的那一点教学上的原则原理，面对教科书，明知其对于要求不合不备，但也只有徒呼奈何！这不能责怪受训者。没有针对教学实习课程设置的课程，是一大缺失。我们主张设置的“教材选注实习”是要求受训者在第三、第四两学年里，共同研究出中学阶段上某一段落国文一科所需用的教材，整理出一整套来，能符合教学目标效果与教法诸端，并且就能在实习时应用。**教材经过实习者自己选，自己注，自己研究，那里面有一个“自己”在，同时又顾到一般教学原则。实习时教材已无问题，然后才能有充分的心力时间去研**

究教法，研究如何通过教材达到预定的效果。这是我们设置本课程的理由之一。其次本课程设在第三、四两学年，可以说是一门集大成的功课。三年中无论是在各种教育基本课程方面的学习，和本系专科的各门训练，都是本课程之准备，和可运用的材料。方法和目光已经较长时间的训练，本课程正好是一块试金石，受训者是否已有了些根柢，是否能担负将来的重任，都要看他对于本课程的学习成绩而定。**本课程是从"学到教"或从"教到学"一座必经的桥梁，以前没有把它架起来。**这是我们设置本课程理由之二。

（三）内容　本课程改称为"教材选注实习"。何谓"选注"？选是编选，注是校注。编选和校注两事都是要根据多少学问做准备，才能入手从事。总括起来说，本课程的内容包含下列两大类工作：

一、编选　包含二项研究：（1）标准；（2）方法。

二、校注　包含二项研究：（1）了解；（2）欣赏。

两类中四项研究所根据的学问，一方面是集本系专门训练之大成，另一方面是教育学说中基本理论的运用。

（四）方法　本课程进行的方法，是最值得我们讨论的部分。本课程若仿照部定"教学实习"定为十六学分，则每学年八学分，每周上课四小时。这四小时课，大部分不在教室里听讲而在研究室或图书馆工作。我们拟定的进行步骤：

一、教材范围　当在现制中学三三制中；选定初中一年级上学期和高中一年级上学期为研究范围。这是高初中两个阶段上开始的时期。若加整理后，能收有成效，则留下继续工作的地步。

二、工作分配　当分为两部分：

（甲）讨论部分　以四小时为一单元，则第一单元当为共同讨论部分。讨论的问题举例如下：

（1）目标　初一上高一上两段落国文教学应有的目标是什么？目标确定后，始能入手编选。

（2）内容　内容的讨论如程度深浅、思想问题、文体分配等。

（3）分量　篇数的商定，各体的分配，和文白的百分比等。

（4）编选条例　规定项目、格式等。

（5）校注条例　同上。

以上各项问题均由指导者和选修同学商定办法，共同研讨，列成具体的条目，以为入手选注的准绳。

（乙）实习部分　讨论有结果后，然后入手选注。实习部分可以分为两段落。第三学年以初中一上教材为对象，这部分实习选注的教材可以白话诗文为主。由实习者根据讨论部分所商定的内容与分量，各自认定工作。能以各人兴趣所在加以合理分配，最是理想。同时随时将选注部分提出讨论，共同修正。

三　结语

总观当前师院国文系的课程，可约分为两大部门：一类是各系共同必修科目，一类是本系专业训练科目。我们的意见本系专业训练科目中当以“写作实习”、（旧称各体文习作）“教材选注实习”、（旧称教材教法研究）“教学实习”（与旧称同）三门课程为基础。今拟悉改称为实习，明其必知能并重然后始能达到实际的效果。

于北平。

86 中学国文教材的改进和社会本位文化

张存拙（生卒年不详）。他与社会学家孙本文过从甚佳。审视“国文科固有的机能”及其与“社会本位文化”之相关联系，他们都有相当深刻见解。张氏尤为强调：“中学国文是‘启导学生思想感情之钥’，使活动于社会生活的情感中，收‘潜移默化之功’而不自觉”。他在国文学科研究中，关注社会本位文化的视角十分清晰而独到，而凸显国文教学自身规律的本体认识，则又是非常自觉而准确的。由此而推演的国文教材观，迄今仍有相当的时代意义。

本文原载《国文月刊》第74期（1948）首篇。

教材是教育陶冶的食粮，要求适材和适量；但现在中学国文教材因科目底特性，有着传统思想的固蔽部分，也有应变的凌乱现象，因之选材迄今还没有完善，而教学效率也不见增进。

什么是传统思想的固蔽部分呢？一个国文教师负起中学教学使命，不是不知道所担任的语文科学，是属于教学本国语言和文字的使用，要使学生能听话，能说话，能读文，能作文。但去不掉几种成见的束缚，如在形式方面，有鄙薄语体，重视文言的蔽；有以为娴习了文言，便可做语体文的蔽；有上自政令，下至应酬书牍，依然以文言为雅驯的蔽；有附庸风雅，不惜矫揉造作的蔽；有以为传习之处衹可意会不能言传的蔽；或狃于文体演进，依照时代先后排列教材的蔽。……

什么是应变的凌乱现象呢？国文教材在中学教育似乎有个副目标，

便是传达思想和吸收思想底能力底培养。但思想是跟时代走的，国文教材至少要参酌那些思想内容，甚至要担负起思想善导的责任，以尽国文教科的能事。时代是这么纷乱，所选教材就不免跟着纷乱，然而纷乱打破了整个教材的性质和体系——一个教科目自有其完整的性质和体系。譬如党化的材料、欧化的材料、国学的材料、抗战的材料、纯文艺的材料，甚至科学思想的材料、人生哲学的材料、古代学术思想源流的材料等，在某个时期内，显然有侧重的趋势，或致被纷乱搅杂着，实在割裂了国文教材的性质和体系。**学生受着这种种纷乱思想底诱掖，很容易陷于误循偏信，或甚至于无所适从；要藉国文善导思想，去达到传达思想工作底功能，反被搅乱而减低了效率。**

因为以上两种事实，坊间所编的国文教材便成为这两种事实所构成的产品。我们不是不可以说坊间教本的编辑是根据了教育部中学国文科课程标准的，但试一披览课程标准，可以知道教育部从前所订的课程标准亦脱不了以上两种现象——成了面面顾到的一件东西，但**面面顾到了，便是将多种纷杂的条件填充在一个框格里，窒塞了国文科固有的机能。原来希望要达成并不单纯的诸种功能，其结果使它主要的功能，即国文教科第一目标所列——养成用语体文及语言叙事说理表情达意之技能（初中）；又自由运用语体文外，并养成其用文言文叙事说理表情达意之技能（高中）——就达不到，遑论其他。**一般人笼统地非难中学生国文程度的低落，和一般国文教师坦白地自认陷于矛盾，实都由于此。

就中学国文选材编制的演变观察，五十年来国文教学思想表现在教材上，虽说有其应付时变底诸种凌乱的现象，但我们于其左支右应、随潮起伏之中仍然可以看出不能逾越的演进公例。其演进的迹象，我曾经整理为如下的记录：

一、新学初兴期（兴学初年至清末）　甲、经史文杂选（学校特设读经课）

乙、古文辞（根据“古文辞类纂”、“皇朝经世文编”等）　丙、时务论二、学制革新期（民元以后六七年间）　甲、古文杂选　乙、经子文选　丙、时论　丁、古文时代选　戊、古文文学史法选　己　古文家派选　庚、今古文杂选

三、文化运动期（五四运动前后）　甲、白话文入选　乙、小说戏曲入选　丙、世界文学名著入选（设“欧美文学趋势”学程）　丁、社会问题文入选　戊、政治经济文　己、近代文学（有时特设学程）　庚、今古文时代选　辛、今古文模范作品

四、国故整理期（新文化运动以后产生）　甲、新思潮批评文　乙、国故研究材料入选　丙、国学概论（有时专设学程）　丁、学术文　戊、美术文　己、国语文学　庚、社会思想文选

五、国运更新期（国民革命前后）　甲、文学的国语　乙、革命文学　丙、党化史料入选　丁、平民文学　戊、经子哲理文　己、经子史集分期选

六、复兴运动期（九一八以来）　甲、党国体制政策文　乙、振起民族精神文学　丙、民族斗争史论　丁、改进社会现代思想文学　戊、现实生活文选

七、抗建运动期（抗战前中后）　甲、精神训练文选　乙、民族诗歌　丙、民族正气选集　丁、抗战意识材料　戊、现代文选　己、建设性的文选

以上国文教材的演变，迹象显然，其取材方法的倾向：一、由混而析；二、由精而博；三、由驳趋纯。至于材质的递变，则一、由经义策论而时文；二、由文言文而语体；三、由杂文学而参入纯文学；四、由古文学而趋重近代文学；五、由本国文学而兼及异国文学；六、由少数人享受的文学而渐变为社会文学；七、由文学常识、观念而顾及文学语言的应用；八、由了解古代文化而转重视现实生活的启迪。这八项趋势说明了国文教材的改进的轨辙。

就是教育部规定的中学国文标准，亦是顺应这个趋势，迭加改订。现在所行的标准是民国二十九年修订的，但坊间选本大都仍民国二十六年以前之旧，亟应重行改编。上海市中等学校协进会最近有编选高中国文教本的提议，连类论及初中国文教材和高初中阅读书目的拟订，可知时代生活和思想所指引力量之伟大，有不可阻遏，甚至不许拖延之势。今后如决定这项编选工作，无疑地需要把握住这演进的要点，而下一番精选的功夫。

在协进会讨论席上，大家曾发表许多意见，总括起见，是（一）一致攻击旧教本思想内容不适合时代，并且与学生的模范写作程度距离太远。（二）揭出旧教材组织在教学上发生困难，并受文言、语体规定比例的束缚。（三）学术文类和所规定的阅读书籍不合于实际应用。从这些方面看，我们可以推知有三个因素足使国文教学不能顺利进展：第一是“材”，教材；**面面俱到的理想实际窒塞了这一教科的主要功能**。第二是“人”，编者；不论编制标准者或编选人，都和使用的教者底体验有多少隔膜。第三是“时”，时代；人类生活和思想的演进造成日新的时代，因之教材的停留，便有强使时代停滞的错误和罪戾。所以集合国文教学体验丰富的人，齐站在时代的前列，审辨这“时代生活”、“时代思想”和“时代青年”——在时代环境中产生的——配合着适当的教材，实是一种急需的重大的贡献。

我在今春曾为某书局编选一部乡村师范国文，曾经选采罗常培教授“中国人与中国文”的一节，讲国人对于国文固有的长处底认识和学习要点：“首述中国人与中国文化的关系。次述国文的修养，第一事在识字及其效用程度。第二事要能习发表即是明白构思的程序、布局的先后、文法的认识、修词的技巧。再次对于一般国民的希望，人人能够把自己的情感意思清清楚楚有条理的不跑野马不说废话、老老实实说出来就是。”这是一篇何等平正通达的国文教学的指引文，足为编选中学国文教材的适时的参考。又选采了汪通骐先生底《民主政治与说话教育》

一篇，是提倡说话教育和有声政治的，怎样使缺少“敢说”、“会说”、“必说”的习惯底人改变到敢说、会说、当说、必说，也是国文教育上的任务。这实可作为今日国文教材补充意义的一项。（从前语言不及文学的优势，是因为语言不能传远传久；现在灌音电播的发展之下，不会受这限制，用语言发表的思想传达，也应在国文教学上负起了训练的责任。）

罗、汪两氏的主张，不仅可供编选国文教材的参考，也可说足以澄清国文教育上的思想。**我主张国文教材应不绝更新，它的编选原则大端可以略定；至选采与给予受教的人，应充分留予自由地步，不受所谓课程标准的控制**。并且祈求不受生产印刷的限制——如纸张、印工成本等能得到国家有力的帮助。这些虽属小问题，但也是产生良好教材、给予学生良好的精神食粮的前提。

以下是我对中学国文教材改编的具体主张。中学国文教师担任国文教学，便是担任中学教育的一部分。教育具有指导社会的作用，中等教育的目标是在训练青年从他家庭的生长进入社会的生长，培养成为团体社会生活的人。——在理想上，要培养成社会的中坚分子，作为社会的中坚。从这认识，我们要推知（一）社会是青年教育的对象；青年所受的教育应是社会的文化，亦即当是团体生活的社会经验。（二）团体生活的陶炼，从学校的社会中起步。学校所予青年的社会生活经验，应是属于大社会——国家民族——组织的，社会基本化的，其意义可直贯到民族文化。（三）社会便是现实，把握现实便是把握过去的经验和方来的理想；所以给予青年的，不当是迷古的、反动的材料，或是浪漫的、玄想的材料，而是属于时代社会的。所谓时代社会便是摒弃个人主义的或封建主义的，而迎合着大时代。所谓大时代是世界幸福心理的总汇，在我国便是“天下为公”“世界大同”的一派。就上述三点加以推勘，把握住，控制住，教育才会发生效力而达到目标。我友孙本文教授说过：“社会改进与教育控制关系最为密切。任何改进计划，如从教育方面着手，则事半功倍。从事于社会改进，而与教育不生关系者，其成功殊难有望。”国文科教材固然有它的演进的路线，但所以觉到施应困难，就因为控制不住社会，或者并没有想到要控制社会，只是随潮起伏、左支右应的在过日子，自然会感到事倍功半的遗憾。现在把中学教育的社会目标予以认明，直接陶炼青年，使他从家庭的生长进入社会的生长，成为一社会人，成为一社会中坚分子；间接便是从教育着手，去作事半功倍的社会改进，乃至完成社会本位的民族文化。这样大胆地建立一个中学国文教育的目标，便是中国社会本位的中学国文目标。

这并不是故炫新奇，故作主张，事实上，中学国文教育里早蕴藏着这些社会的涵议，早就负起了这些使命，向着这目标做去，无如理念没有集中，目标又被分散，到现在才到了淘沙见金的日子。

所以，重编中学国文的新教材，要根据社会本位化的目标。这可先分两方面讲：

甲、建立起社会的传达思想情感的语文作法底体系。

乙、用语文来团结人们底社会的思想情感。

就甲说，是语文学科的本则和功能问题。中学国文科是把语言和文字的使用方法去培养青年们会说会写、“敢说敢写”的技能；这项目可包括会叙事、会达意、会说理、会表情。诚如某君所说，对于国文学科的作法一事，主张要像英语科似的从认词、组句、摹仿、听写、会话、记叙、描写、论说等逐步指导订正。更要像算学科似的每一法则，必有例题，并且安排着许多习题非按题练习不可。如果采用这项建议，则初高中应届毕业阶段时必能得到一致的标准成绩。至于旧教材，实在缺乏这种体系，并且（一）所选的范文往往令文体和古文体杂糅着，又不忍割舍“古文辞类纂”或“经史百家杂钞”的体例，体裁作法大部分不切实用。（二）语法、文法、文字源流、演说术、辩论术、修词学、论理学等，都是国文科的辅导教材，也可说是发表工具的准绳，但旧教材很少能将这些掺入所选教材之内，发挥指导的功能，所以不成组织，缺乏体系。如将中学生应有的发表思想项目和阶段程度分配在初高中六个年级中间，将认词、组句、仿造、讲解、演说、记叙、描写、说理、辩论等练习列为各细目，按程揭明法则、例题和习题，使每个学生通过这项练习，发表能力一定由此能打好基础。这样，初中毕业要达到初中发表能力的程度，高中毕业也得有高中程度，不是一件较有把握的吗?

就乙说，是语文学科的媒介和功能问题。事实上，应该配着那种思想情感的语文内容去给中等学生，亦即是选那种内容去做学生和社会的媒介物。社会是一个抽象的名词，它的外形超越了各种有形的条件，它的周延又是极大的。因为社会原来是“一种文化”，亦可称它是一种文化体；试想除了文化一物足够代表社会生活以外，更有什么叫社会生活？所以中学国文教材底实质方面，应当属于社会文化、社会生活，是无疑的。**中学国文教育，除了陶炼学生语文作法和它的社会生活以外，务必使学生了解社会文化，以备参加社会文化，尽力社会文化，又是无可疑的。所以中学国文就是“启导学生思想情感之钥”，使活动于社会生活的情感中，收“潜移默化之功”而不自觉，这和其它社会学科、哲理学科仅属于知识传递者不同。**进一步说，社会学科、哲理学科以至其他学科的专精兴趣，也需国文学科在思想情感的生活中间培养它。更进一步说，人类所需要的文化是团体生活；团体生活的思想情感底陶冶基础，必于国文学科筑成，因为它有媒介的功能，既能团结各个人的思想和情感成为社会的思想情感，能团结个人和社会的思想情感成就文化的社会，成就文化不绝演进的社会。所以国文教材实质的选取标准必须准对着社会目标。我们在今日改编教材声中，应把陈陈相因的旧教材重新估价，大体说来，凡是足以团结社会分子力量、持续社会生存、发扬社会生活、改进社会文化的内容的，要保存，要增选；凡足以阻碍团体生活的、分散团体精神的、保存封建思想的、停滞社会文化的，要汰除，要屏绝。**做了中国人，必须懂得本国文，必须明白本国社会文化。从中学生阶段看，能够在实生活中明白本国社会文化，吸收社会文化，**

而加以历史的批判，增添未来的展望；人人把自己陶治一番过的思想情感，清清楚楚有条理的不跑野马不说废话老老实实说出来，便是对于所选教材的期待。又根据本国社会文化的历史批判方面说，选材也并不必拒绝古文和学术文，只要合于社会目标，对现社会文化有帮助解释，或溯究演进迹象，不论其为正比的、反比的、同项的便无妨选采；如果看到学生的现程度和精力不够接受古文和学术文，便尽量剔除；其有关于哲理部分的材料应该给大学生去选择。

总之，思想与作法，不是两件事。有了精熟完美的传达方法，情感思想自能做到"辞达"的境界，在已能"无有不达"，在人能"无感不应"；到了情感思想有了好的陶冶，传达手腕也自能随之而更形精进。前者是"文以法成"，后者是"文成法立"，都臻妙用，也便是团结了社会的情感思想；不过这非组织语文作法的体系和重估实质的社会价值不可。朱经农先生说："教育不能离开生活，知识不能离开行为。"又认民治主义的教育是一条大路，以教育的力量促进个人对于社会福利的行为，国文教材要切合生活，要能直接施于行为；以促进社会，兼能发展"自由"与"天才"。精选教材的时候，占思想或作法的某一项的模范文是上选；兼备思想和作法的模范文更是上上的。关于范文的格式，应当废除从前因袭的笼统的项目，依照社会现实需要，可分析为：人物传记、游记、参观记、工作报告、速写、日记、书信、访问记、报告文学、读书录、座谈会录、纪念文、随感录、劄记、讲演录、播音稿、宣言、诗歌、剧本、小说以及各种应用文等等，选取流行文字、报章等活的材料。关于范文的内容，应当依照青年心理与社会的发展，分析为：社会环境、社会知识、社会情绪、社会现状、社会产物、社会问题、社会理想等等项目，除社会现状一项外，都可打通本国的和世界的、现代的和古代的，各选取适当的材料。至于发展自由和天才方面，在选文中，应当参加些自然陶冶和艺术陶冶的材料。

这里所述是一件社会本位的中学国文新教材的设计，或者比较接近现实的需要，可以增加国文教育的效率。不过本文为篇幅所限，亦只能略提纲领而已。

*　　*　　*　　*　　*

附带一提中学生国文自由阅读材料问题。回忆民国九年时，我担任师范国文教科，为谋学生增进自学能力计，曾试行阅读指导，先指定所读的书籍，订有阅读笔记格式，按时指导学生核阅笔记，颇见成效。我曾把这项方法刊载于“中等教育”（中国中等教育改进社出版）；后来教育部编订课程标准，采为各级略读指导，每周定时举行；又后来请专家订定高初中各级阅读书目；这未始不是国文教学上一件颇大的进展。这次协进会议中亦提及此，这项阅读书目，实有重行拟订的必要，当另篇讨论。现在为这问题的参考起见，把我最近在高中二年级一年级的学生阅读书籍调查所得揭录如次：

“高一”爱读的书，多数的为：“三国演义”、“古文观止”、“科学画报”、“饮冰室全集”、“爱的教育”、“苦儿流浪记”、“足球战术”、“中国空军”、“三民主义”、“中山全书”、“春”、“秋”、“家”、“雪”、“阿Q正传”、“飘”、“蓝皮书”、“西风”。

拟订的书，多数的为：“阿Q正传”、巴金作品、鲁迅作品、梁任公作品、“西风”、“西点”、“红楼梦”、唐诗、“英烈传”、“荡寇志”、“论语”、“孟子”。

“高二”爱读的书，多数的为：“水浒”、“西游记”、“三国演义”、“老残游记”、“聊斋志异”、“红楼梦”、“且介亭文集”、“秋夜”、“风萧萧”、“子夜”、“苦儿流浪记”、“战地钟声”、“虎贲万岁”、“小坡的生日”、“飘”、“顽童自传”、“亚森罗实”、“侠盗鲁平”、“人的希望”、“塔里的女人”、“母亲的伟大”、“巴黎的陷落”、“钦差大臣”、“灭亡”、“家”、“春”、“秋”、“我的童年”、“无名氏”、“阿Q正传”、“新生”、“腐蚀”、“老张的哲学”、“死去的太阳”、“御香缥缈录”、“飘零记”、“黄黎洲生平”、“奉使俄罗斯日记”。

拟读的书，多数的为："飘"、"风萧萧"、"给下一代"、"番石榴集"、"小妇人"、"好男儿"、"鬼懋"、"群"、"火"、"吉布赛的诱惑"、"骆驼祥子"、"雷雨"、"日出"、"雷"、"雨"、"虎魄"、"安那卡洛李娜"、"春天里的秋天"、"浮士德"、"基度山恩仇记"、"国策"、"庄子"、"史记"、"归震川文集"。

此外，尚有提出续类者如下：旧小说三人，新旧小说四人，科学画报二人，新小说五人，名剧本一人，文学欣赏二人，现代作家名著七人，文学论集三人，社会科学八人。

就以上，阅读调查的结果：可见现在中学青年阅读书籍的趋向是怎样的凌乱，怎样的受着社会的暗示；虽然这只是上海环境中的现象，但至少可供拟订中学生阅读教材者的参考。

87　中学的文言教育

孙伏园（1894—1966），现代著名文学家、著名编辑。原名福源，字养泉。浙江绍兴人。早年在山会师范学堂、北京大学学习，两度成为鲁迅的学生。1921 年毕业于北京大学。曾参加新潮社，参与发起文学研究会，创建语丝社。历任北京《晨报》副刊、《京报》副刊、《中央日报》副刊、《贡献旬刊》《当代月刊》等刊物的主编，有“副刊大王”之称。曾任齐鲁大学国文系主任、四川大学教授等。史上称颂孙氏的另一项重要事业为平民教育。

本文原载《国文月刊》第 75 期（1949）。孙氏通过中外语言知识的纵横比较，析解文言实质，进而肯定了《开明文言读本》是划时代的选本。孙氏的这篇论文，为我们如何思考中学文言教育拓宽了视角。

上

“中学应该不应该教文言?”或“中学的文言应该如何教法?”这些问题都是当前教育家们常常考虑到的重要问题。但我以为在这些问题以先，还有一个亟待说明的问题，便是“文言是什么?”

有人说文言是死文字或死语言。这种判断大概只有一部分是事实。死文字或死语言有一个重要含义，就是它曾经活着。拉丁文现在已是死语文，因为当它活着的时候，罗马人的口头和笔下曾经很灵活的运用着。古希腊文、希伯来文、梵文，现在都是死语文，但在当时当地，也和拉丁文一样，曾经真正的活着。而中国的所谓“文言”，却并不完全如此。

我们不能指出某一时代或某一地域的中国人曾经说过文言。现有的一切文言材料，虽经各时代的作家写出，但在没有证明他们所写确与他们所说的一致以前，我们依然无法指说文言曾经活着。文言既是未曾活着，所以它也没有死去，它是一种无生物，所以是超生死的。

文言的含义非常广泛而繁杂。“尚书”是文言，“史”“汉”是文言，唐、宋诗、词是文言，明、清小说、戏曲也是文言。这样，除了现代国定以北平语为标准的国语以外，历代的一切作品都包括在文言之内，这文言的范围岂不十分广泛而繁杂吗？

各时代的文言既不相同，而又都不是各时代的口语，那么文言到底是一种什么样的语文呢？文言到底能不能算作一种中国古代的语文呢？我们现在可以这样说：**各时代的文言，是经过高度的修饰，使与当代口语距离遥远的一种语文**。这所谓高度的修饰，里面包含声调和谐的理由，字数多寡的理由，词汇雅俗的理由，及最后也最重要的一个与当代口语的距离越遥远越好的理由。这种高度的修饰，超过了世界任何时代的语文作者所应从事修饰的范围，使作品成为看着勉强能懂、听着万不能懂的所谓“文言”。

这种所谓“文言”的形成，其中有一个重要的因素，便是形体重于声音的文字的存在。所谓文字有死有活，都是衍声文字必有的现象。口语渐渐变了，衍声的文字也随着渐渐变了，新词汇产生了，衍声的旧词汇也随着无用了，这便是语文渐渐死去的过程。这种过程在用着衍形重于衍声的文字的中国只有一部分能存在。中国文字有古今音的不同，音虽然变了，文字依旧沿用着。例如“伏”字，唐代以前读作 buk，现代国语则读作 fu，相差得已经极远，“伏”字的字形仍旧。口语中保存古音的一部分，因为“伏”字已经改读 fu 了，只好另找一个“訇”字来代替。**因为读音有新旧代谢，而字形能长期保存，所以使中国的文言成为超生死的**。

超生死的语言所以能有高度的修饰，自然另有它的社会原因。中国在任何时代，都只有极少数人能识字；而能作文言的，又是这极少数中的极少数。在科学极不发达、智慧几无他种用途、“十载寒窗”可以全用于文言的修炼的时代，千百人中只有一二人能够作到一个“通”字，足见这高度修饰工夫的不易作。而这千百人中的一二人，有才智，有闲暇，尽量提高标准，在声调和谐的理由上，字数多寡的理由上，词汇雅俗的理由上，甚至在与口语的距离越遥远越好的理由上，从事挑剔与发掘，作成许多不必要的忌讳，不必要的规律，连这一二个人自己也不免要触犯。这便是文言的社会背景，它所以只能存在于古代的帝王社会，而不存在于现代科学发达、世界大通的社会的理由了。

各代文言中含有当代口语的极少成分，这对于中国语文进化的研究上不无帮助；而文言的高度修饰，对于今后国语的修辞学上也不无少量的参考价值。而中国历史如此久远，各时代的记载大部保持着所谓“文言”的外形，不了解文言几乎不能阅读这些载籍，所以用文言这一个词来包括中国古籍语文的形式，而加以科学的研究，使后辈青年能从这科学研究的结果中得到阅读的便利，这便是今日一件必要的工作，而朱自清、吕叔湘、叶圣陶三先生的“开明文言读本”所以有它极高的价值了。

中

古人说：“言之无文，行之不远。”这话在任何语系的文学正在发韧的时代都有至理。这所谓“文”，便是在声调和谐、字句整齐等等条件上多下工夫。希腊的史诗，印度的史诗，和中国的“诗经”、“楚辞”等，都能作到这个“文”字，所以行得也相当远。不过古人所谓的

“远”，和我们现在的“远”到底还有很大的距离。五十里一百里外，五十年一百年后，仍然能够口耳相传，在古人看来已经不算近了。如果还要往远处行，就我们现在来说，只有用印刷术或无线电等等科学发明来补助，决不应该单靠“文”的程度的增加。不料后一辈的古人在这方面偏偏想左了。他们以为言之愈文，行之愈远，文的程度增加，远的程度也增加；不知道“文”要是超越了限度，使声调字句过分齐整，俗字全用雅字代替，口语中的词汇全用古典代替，这样不但行不到五十里一百里的远处，连作者大门以内的家人老幼，也没有丝毫了解的可能了。**文言的高度修饰，便是在这种错误的见解下造成的**。

文言的成因既然如此，所以朱自清等三位先生在《开明文言读本》的《编辑例言》里说：“我们学习文言的时候，应该多少采取一点学习外国语的态度和方法，一切从根本上做起，处处注意它跟现代口语的同异。”这观点是十分正确的。自从国语运动展开而且获得相当成就以来，这样从根本做起的多少采取一点学习外国语的态度和方法以学习文言的主张，虽然也不是没有人提及，却还没有人真正实行过。《开明文言读本》是第一部完全站在国语的立场，认国语为标准的中国语文，以国语为纯粹的研究工具，从事讲解研究的文言选本。所以它是一部划时代的书籍。

不过话还得说回来，自从文字离开口语变成文言学习时必须加以讲解以后，无论这讲解者为父母对其子女也好，老师对其弟子也好，其所讲解的用语无不用其当代的口语。而用这种口语讲解写成书籍的，如《四书白话讲解》、《古文白话注解》、《唐诗白话注解》等，也并不少见。那么何以朱自清先生等的《开明文言读本》却成了划时代的选本了呢？我所要说明的是：前乎此书的白话讲解或为口语或为文字，都是以文言为主，为使后辈学作文言，而文言又如此难懂，故不得不用白话加以讲解；而此书却以国语为主，现代青年已有其自己的正当语文，但不愿舍弃古代书籍的内容，也不愿舍弃古代文学的欣赏，故不得不用科学的方法，以研究并了解文言的一切。这两个“不得不”的事实是相同的，而两个“不得不”的方向是相反的。以当代口语讲解文言并不是前无古人，而完全站在国语的立场，以科学方法研究文言，却成为划时代的了。

所谓“我们学习文言的时候，应该多少采取一点学习外国语的态度和方法”，这“多少”能不能用数字来表示呢？依我的粗疏看来，这“多少”大抵等于三分之一。如果外国语是指的中国人学习英、法、苏（以五强中的其他四强的国语为例）语，那么所采取的态度和方法只要三分之一也够了。第二个三分之一应该采取英、美、法、苏人（仍以五强中的其他四强的国民为例）学习拉丁文和希腊文的态度和方法。第三个三分之一则是我们特有的，我们应该特有一部分学习文言的态度和方法，因为如上所述，**文言到底不是外国语，也到底不是古代曾经活着的语文，而是经过高度修饰、距离口语极为遥远、而仍有极少部份的口语留存在内的一种人为的超生死的语文。**

这三个三分之一合在一起，便是科学地研究文言的态度和方法。朱自清先生等三位在“开明文言读本”的卷头有一篇五十三页的导言，内分文言的性质、语言、词汇、文法、虚字五章，单印可以成为一个小册，便是用科学的态度和方法研究文言的一篇初步报告，也可以说是一部文言的简明文法书。我们不是没有文言的文法书，如《马氏文通》，如《汉文典》，如《高等国文法》和《中等国文法》，都是讲述文言的文法的；较近行世的《国语文法》，里面也有一半讲述文言的文法。但是完全站在国语的立场，处处注意文言和现代口语的同异，用科学态度和方法加以研究的，这五十三页的一篇导言要算是开山的著作了。

导言也和文法书的体制相似，将全篇分为一百九十八节。其中一二两节属于文言的性质，三节属于语音，四节至一七节共十四节属于词汇，一八节至四一节共二十五节属于文法，四二节至一九八节共一百四十七节属于虚字。虚字的一百四十七节中，例举了一百四十六个虚字，每个虚字都有若干条用法和举例，如果一位青年志在阅读文言书籍，只要将这篇导言放在案头，不但可作文法书看，也可以当作字典用了。

《开明文言读本》共六册，现在我所看到的还只有两册，在这两册中已可看出它确是一部合乎理想的文言选本。但它到底只是一部选本，我们不应多所希望于选本以外的一切。不过有了这部选本以后，有志之士如愿再作继续的文言研究，那么各代文言的同异，各代文言中所含口语的成分，所谓正统文言和其他富有方言色彩的文言或经过几度雕琢而和口语距离最远的辞赋、骈文等文言，这些课题都是下一步应做的工作。读本只能着眼于难易和先后，故于各时代作品的量的分配和质的演变是无法顾及的，这决不能算作选本的缺点。

下

现在可以回过头来讨论中学应该不应该教文言和中学的文言应该如何教法的问题了。

对于第一问题，我们可先与学习外国语作比较。我国中学采取五强中有二强共用的英语作为必修的外国语，法、苏二语暂置不提。我们试比较英语与文言在现代中国社会所占势力之大小，及中学生毕业以后进入大学研究高深学术时二者参考书量的多寡。结果大抵是前者文言略大，后者英语略多。至论中学生学习时的难易，则文言与英语几乎相差不远。

我们可再与今日的英、美、法、苏中学生学习希腊、拉丁语作比较。希腊、拉丁语在现代欧、美社会仍占相当的势力，例如《新约》虽有现代各国语文译本，而原文则为希腊语，研究宗教或哲学者不可不参考原文。现代各种学术的名词，如动植物学、物理化学、生理卫生、医药等学，都是拉丁语。而各种学术史又必从希腊文化叙述开始，例如关于语文的各科学，希腊语的用途甚广。希腊、拉丁语在欧、美社会所占势力几大于文言在中国社会所占势力，而欧、美中学生应否学习这两种古语文时问题早已展开剧烈辩论，结果大部份已将这两种语文归入大学课程，只少数守旧中学如教会所主办者仍有两种古代语文任择一种的教学。

因为文言有一部份中国特有的现象，不能与现代中学生学习现代外国语，及现代欧、美中学生学习希腊、拉丁语比较，所以我们再试与文言时代的中国青年学习篆文作一比较。在篆文时代，学习文字虽为"小学"之业，至今还遗留着一个"小学"的名称，但经汉隶而入于唐隶时代，篆文的学习已变成专门学问了。虽在清代小学研究臻于全盛的时期，举人、进士（大体相当于今日之中学生、大学生）仍多不识篆文者，这情形大可作我们讨论中学应否教文言时的参考了。

朱自清先生等在《文言读本》卷首便说："我们认为作为一般人的表情达意的工具，文言已经逐渐让位给语体，而且这个转变不久即将完成。因此，现代的青年若是还有学习文言的需要，那就只是因为有时候要阅读文言的书籍；或是为了理解过去的历史，或是为了欣赏过去的文学。写作文言的能力决不会再是一般人所必须具备的了。"这个看法是最基本的、最正确的。中学的文言教学应该根据这个原则。

有了这个原则，中学的文言应该如何教法的问题便迎刃而解了。中学后期划分文理的办法很值得考虑。大学各部门的文言参考书应有一张大体的目录。为预备升入大学的中学文言教育，文科的应采自大学文、哲、史、法等各学系的参考书目，理科的应采自理、工、农、医等各学系的参考书目。这样，不但时间精力不至徒费，而且真正作到预备升学的实际了。至于职业性的中等教育，课程中如何配备文言教材，则全视社会实际情形为定，极少分量或甚至根本不教文言都无不可。

88　初中国文课程标准草案中的几个问题

郭绳武（1913—1987），陕甘宁边区语文教育改革家。山西平定人。1935年毕业于北京师范大学国文系。“九·一八”事变后，在家乡发起成立了“平定青年奋进社”，创办杂志，撰写文章宣传抗日。曾任陕西宁边区米脂中学、延安大学附属中学教导主任。发表过《中学语文教学改革中的几个主要问题》《陕西省教师暑假学习会国文总结》《对工农速成中学国文教学的初步意见》等很有影响的文章。对作文教学作过若干探索，取得了较为成功的经验。

郭氏十分注重以唯物辩证法指导国文教学实践和进行国文教学研究。他认为：“建立一个初中国文教学上的语文规律系统，是一件需要长期试验和研究的工作。”正是在这样思想的指导下，比较客观地评述了陕甘宁边区教育厅编审的这份“初中国文课程标准草案”中的几个问题。他所在的米脂中学，讨论晁哲夫厅长的报告时，直接对晁厅长报告中“读写需分开”的观点，明确表示不同观点，坚决支持“读写结合”的教学实践。这种教学研讨民主的风气，是值得称道和发扬的。

本文原载《边区教育通讯》第3卷第2期（1949）。

一　关于精读文文体比重问题

过去我们中学的国文选材上，曾经有过偏重文艺文（指小说、戏剧、诗歌与其他艺术性的散文）与“古文”的好高骛远偏向；也有过强调直接应用，把选材局限在新闻、通讯、报告、总结与某些定式应用文的狭小圈子内的偏向；二者都忽视了初中学生语文学习的重点应该放在那些朴素切实、简单明了、自由活泼地记叙一件事情，论说一个道理的普通文上边。

所以“课程标准”对文艺文、应用文、普通文提出适当的比重来是必要的。至于记叙、说明、议论三种文体比重的提出，对防止选材上的平均主义与片面性，同样是有实际意义的。

关于各学年文体比重变化的主要根据：

（一）简单粗浅的普通应用文（如日记、书信、记录、短小新闻、片段训话、学习检讨等）和常用的某些定式应用文（如契据、表格、对联等），是既易于学习又最感需要的，所以放在第一学年，而那些内容比较复杂、在校学习期中需要尚不大迫切的高级应用文（如文告、工作总结、调查报告等）则放在对一般语文规律已学习得比较熟练的第三学年去进行，这样，应用文在各学年的比重就形成了两头大中间小。

（二）为了增加学生的学习兴趣与逐渐培养学生阅读文艺作品的能力，文艺文在各年级中均有配备。

但是文艺文一般地说，是写作水平较高的，所以随着学生读写能力的提高而逐渐增加其比重，以免脱离学生现有读写基础而发生好高骛远的偏向。

（三）根据同样的道现，议论文也配备在各学年内，而比重也是逐渐提高的。

（四）普通记叙文是最常见、最习用、比较易于学习、为初学所应着重的，所以它在各学年内的比重是逐年减少的。

（五）说明文的易难，介乎记叙文与议论文之间，所以形成两头小中间大。

这些，都是根据一般语文学习的规律而指出一般的方向与重点来，对于实现国文教学的计划性，防止选材上的偏向，是必要的；但这些比重的具体数字，则是可以根据具体情况作必要的伸缩的。

二 关于语文规律的教学问题

过去我们有的教员，只是掌握单篇孤立的文章，千篇一律地从词句解释、段落大意、全文要旨上去指导精读，学生学来学去，对语文的基本规律还是不能掌握，读写能力不能很快提高，也有与学生的读写实际不相联系，从原则上出发讲一套“文法”或“文章作法”的，学生的反映是：“听起来很困难，听懂之后，自己还是用不上，过不久就忘了。”

为了纠正以上偏向，陕甘宁边区教育厅出版的“中等国文”提出了“除选读成文外，还需要用科学方法来学习”，在每四篇读文之后，来一篇“从实用出发而不是从定义与公式出发”的语文规律说明。这在国文教学科学性与计划性的发展上，是一个很大的贡献。但由于它的语文规律说明，一般比较复杂高深，再加以一般教员未掌握其编辑精神，对语文规律在教学上的重要性认识不足，没有认真实行，因而未收到多大效果。

四六年春季中教会以后，个别学校的某些班次曾经尝试自编教材，从语文规律上着眼来组织单元，在每课内根据学生读写上的现实需要说明若干规律，并用“单元总结”综合起来较有系统地说明某些问题，曾收到部分效果。但只是一两学期的片段试验，尚未在各学年中形成整个的系统。

从教学的观点上看，**语文规律是活的，不是死的，它是语文客观规律与学生的学习规律相结合的产物，它不是单纯的说明“是什么”，解释“为什么”，而必须能够指出“怎么样”来，这样对于学生的语文实践，才能起指导的作用。**

任何一篇文章都包含无数的规律，在教学上，绝不能一下子全面地提出问题，解决问题，必须有计划有步骤地，根据学生学习的规律，逐步地适当地提出问题解决问题。以语文规律划分单元进行教学的实际意义就在于此。

建立一个初中国文教学上的语文规律系统，是一件需要长期试验与研究的工作。“中等国文”已经有了一个良好的开端，课程标准草案内所提出的是进一步的修正，但距离完美的程度还很远，需要在实践中不断地修改。

三　关于略读问题

阅读包括精读与略读两种，**这两种阅读的方法的获得与习惯的养成，都需要有计划地指导与实践**。

略读的重要性表现在：

（一）在日常工作学习的应用中，需要使用略读方法的时候很多。

（二）精读中所吸收的养料，在质的方面是比较全面的，但在量的方面显然还不足，必须靠略读去补充。

因此，**在课程标准草案内把略读作为实施要点之一提出来是必要的。事实上。过去我们初中学生国文程度低下的原因，精读指导不得法是一方面，缺乏有计划的略读指导与实践也是一方面。**

问题在如何贯彻实施。

（一）必须解决材料问题。在现有条件上，首先求得尽可能地部分解决（有多少适当的材料，就在这些材料上开始有计划地指导与阅读），然后逐渐作到全面地解决（逐渐达到略读材料的应有尽有）。

（二）必须解决时间问题。在现行制度下，应首先做到一方面占用国文学习时间的一部分来阅读那些与讲读材料关系密切的简短材料；另一方面在整个学习时间内，应有课外阅读的时间，国文教员应配合其他教员，有计划地指导学生课外阅读的内容与方法。

跋

方有林　徐林祥

2013年夏，语文出版社倡议、策划再版《二十世纪前期中国语文教育论集》（下称《论集》）。杳保先生当即表示要“全新编纂”，而后立刻着手擘画全书。首先正名为《国文国语教育论典》（下称《论典》），为献礼“癸卯学制颁布110周年”确定体例，安排进度，明确分工。

躬逢其盛，我俩忝列为并列主编，参与“新编”的全过程。既有艰辛，也有彷徨，更多的是欢愉和收获。这段难忘的历程，记录了我们对《论典》中所涉及的有关情况和诸多问题的认识轨迹，今叙写于后，以便与读者从一个特殊的视角来分享《论典》的绕梁余音。

这部《论典》不是《论集》的重印，也不是一般意义上的再版，而是一部富有创意的国文国语教育史料的典范“新编”。杳保先生于《论集》出版后二十多年的思考和积淀，充分体现在这部《论典》的“新编”中：从篇目的增删，到导论的新作；从史料的核实，到小引的重写；从体例的实用创新，到装帧的精心设计。

《论典》首先在“增”“调”“删”篇目上亮出了大手笔。增加了张百熙、王国维、唐文治、徐特立、经亨颐、黄炎培、夏宇众、周作人、陈寅恪、吴承仕、陈鹤琴、林汉达、沈尹默、朱光潜、张存拙等15位语文教育大家，及其论语文教育的代表作17篇。若无踏破铁鞋之功，绝难有更为深广的斩获。语文教育史研究大家的“冷板凳”之功，由此可见一斑。景行行止，虽不能至，然心向往之。同时，将梁启超、陶行知论语文教育的代表作调换为《中国教育之前途与教育家之自觉》《教学合一》。这些，有力地扩充了全书容量，进一步丰富了语文经典作家群体，不仅将原来1909年发表的卷首论文上溯改为1904年的另一篇，而且丰富拓宽了研究视阈，如

“语文教育与大教育”（王国维《论教育之宗旨》、陶行知《教学合一》、陈鹤琴《什么叫“活的教育”》）、“语文艺能与审美”（沈尹默《执笔五字法》、朱光潜《文学与语文》）、“人文教育衍生”（经亨颐《纯正教育之真义》）、“语文与社会”（吴承仕《语言文字之演进过程与社会意识形态》、张存拙《中学国文教材的改进和社会本位文化》），等等。还对《论集》中原有的14篇论文进行了反复提炼、精心删减，归并在相关文章后作为附录。既避免了全书过分扩容可能带来的杂沓，又保证了原来篇目精华的浓缩留存，深化了对当前语文教育启迪的蕴涵。

导论的新作，是体现《论典》“新编”的显著亮点。原来的“导论”，反映了20世纪80年代研究国文国语教育的较高水准。然而，时间毕竟过去了20多年，语文教育史研究取得了长足的进步并产生了诸多成果，杏保先生自然要及时向读者倾诉自己的沉思与心得。呈现于《论典》前的全新“导论”文字，就是杏保先生20多年学术研究积累的一次集粹亮相。

史料的核实，事非经过不知难。沙里淘金、去芜存菁，说起来简单，做起来费事、麻烦。如：为了增选唐文治《国文阴阳刚柔大义绪言》一文，杏保先生带领有林前往上海师大图书馆资料文库借阅《高等国文读本》。主管李玉宝博士帮我们从种子书库“请”出原作，提供照相便利。一篇三千多字的文章，由图像资料转为文字文本，然后逐句标点校正，统一进行字体的规范处理，最后还要反复诵读，融会其精神，写出得体的引言，诚可谓煞费苦心！其中，所花费的时间、所耗费的精力，“自找苦吃”的切身感受，非亲身参与殊难言表。新增篇目原稿的文本大多是竖排、繁体、无标点，做好横排、标点、分段等工作也都马虎不得。此外，在扬州大学寻找《纯正教育之真义》《小学各科教授法》等文本，在北京师范大学寻觅《中学国文科教授之商榷》原文，无不历经艰辛。在再次核对原文时，《国文月刊》《国文杂志》等所载，我们不禁被这些承载当时宝贵文献望眼欲“穿”的纸张所震颤——这是我们见过的最差的印书纸——西南联大教育学院的老一辈语文教育家在物质极端匮乏的抗战最艰苦时期，即使物价飞涨、食不果腹，仍然不离不弃国文国语教育研究。翻阅三十年前“论集”编纂时的部分“手稿”，顾、李两位前辈反复核对、精心推敲留下的“蛛丝马迹”，可以毫无障碍地复现他们当年爬梳剔抉的辛劳。

“小引”重写，是细雕精琢的慢工细活。虽然“小引”字数有限，不外“生平”和“文章导引”构成，却是体现编辑思想和编辑水准的点睛之笔。先说“生平”撰写中涉及史料的考释取舍、叙写的简繁适度。如，某大型权威教育书系中，记述吴研因是“女性”，与我们掌握的资料有出入，孰是孰非？我们比对了尽可能多的资料加以核实，最终更坚定地确认为男性。又如，网上载有吴震春为浙江大学前校长的若干资料。经过反复研读原文，从该时期其他相关资料搜求蛛丝马迹，揣摩推敲，从而排除了张冠李戴的讹误。还有，祝世德、叶兢耕、杨同芳、孙毓苹等的生平，常见的工具书中都难以直接找到现成信息，只有通过大量阅读其他文献，从中找到若干线索，一点一点汇聚起来，才将碎片化的信息修复、还原为符合逻辑的史实。类似的例子，在“生平”的撰写中屡见不鲜。更有“文章导引”部分，涉及论文重点的把握，对当下语文教学的镜鉴，无不考验着我们编者的眼界和学识积累。看似寥寥数语，但是蕴涵在背后的工作量——对作者其他论著的了解、对同时代其他论述的熟悉、对同类问题来龙去脉的了然，以“不可以道里计”论之，甘苦备尝，可谓心领神会，甚或慨然泪下。《论典》中所有“小引”重写，既分工又合作，既分散又集中，最终由杏保先生统稿、润色。特别是新增篇目的小引，杏保先生总是操觚亲为，并将艰辛采撷之心得，无私地予以和盘宣示。参与“小引”重写，笔者获得了与近90位国文国语时期的教育名家“会晤”之机缘，有幸近距离地体悟了他们的语文教育深邃思想和求真务实的精神风采。

体例的实用创新，是本《论典》的另一道风景。为了满足快节奏、高强度工作环境下的读者需求，杏保先生督促我们逐篇研读原文，几乎是夜以继日地硬啃细嚼，把近80万字的《论典》全部研读一遍，在精彩语段、语句下郑重地划下一道道横线——这就是《论典》正文中的黑体字部分，为语文教师、研究生等读者留下了进一步研读、体悟的“路标”。一位七旬晋五的学者，不时映现了他心中强烈的“读者意识”。十余年来，我们多次目睹与亲炙李老师的忘我工作情态与精神，无比景仰之心，殊难言表。

装帧的精心设计，从封面和扉页的题签中也可窥知一二。在翻检《国文月刊》杂志时，我们曾叹服书法大师沈尹默先生题签真书“国文月刊”的风采。事有凑巧，与杏保先生交往40多年的戴自中先生，就是沈尹默先生的入室弟子，戴先生郑重题签楷书“国文国语教育论典”，堪称薪尽火传。杏保先生的另一位书法家朋友，上海文史馆馆员、上海老年书法家专业委员会原主任林仲兴先生长于隶篆（林先生是隶篆书法大师来楚生、王个簃门生，其书法佳作为中国文字博物馆收藏并予展览），慨然应允题写“国文癸卯独立设科一百晋十周年纪念”，从而共襄盛事。

本《论典》成书付梓之际，首先要虔诚地向国文国语时期的语文教育家表示深深的敬意，我们诚意借前辈研究国文国语教学的热情和痴迷，以及由此留下的精神富矿和经典著述，呼吁更多的同道者投身其中共同深入开发。

语文出版社社长王旭明先生、责任编辑唐飞先生及编校团队其他成员为本《论典》的出版付出大量辛劳。选题适时地激活了杏保先生的积淀，又在时间上给予奢侈的宽容，这一切在快节奏的时风中殊为难得，客观上保证了书稿的质量。唐飞先生与李教授和我们电话、短信、邮件往来频繁，无论是选题论证、书名优化，还是创新实用体例等方面，都献出了不少智慧。在篇目增删，体例创新等方面，充分采纳和尊重编者意见；给导论新作、史料稽考、小引重写等留足充裕时间。

上海师范大学图书馆刘民刚馆长及戴建国、李玉宝等同志，为史料的收集、核实等提供了鼎力支持和帮助。

语文报社创始人、上海师范大学原副校长、语文课程与教学论专业博士生导师陶本一教授，允任本书顾问，给予了大力支持和鼓励，并欣然赐序。著名书法家戴自中先生郑重题签“国文国语教育论典”。著名书法家林仲兴先生题写“国文癸卯独立设科一百晋十周年纪念”。北京师大博士生、中央教育科学研究院课程教材研究中心副研究员王晓霞女士在博士论文写作的紧张阶段，还挤出时间为本《论典》收集和核实史料。上海师大硕士生沈利波、陈维国，扬州大学硕士生司淑丹、张吉、张群、崔余辉，上海商学院高安慧老师、陈纱乐同学等参与了核校书稿工作。上海商学院王凯、刘会齐先生、常亚杰女士在本《论典》成书过程中承担了诸多具体而琐碎的庶务，为本《论典》按时保质编纂完成提供了细致而周到的帮助。

本书稿最终审定与付梓前，上海师大语文教育资深副教授周南山先生，以专业的严格要求，认真审读并校正了书稿的大部分篇章。

对上述单位和个人提供的支持和帮助，谨致谢忱！

《论典》收录作品的时间跨度较大，且正处于文白转换时期，其中涉及的词语、标点符号用法、外国人名、地名翻译等与目前相关国家规范不同之处较多。所涉及的词语比如“意蕴”与“义蕴”、“唯恐”与“惟恐”、“修辞”与“修词”、“什么”与“甚么”、“底”与“的”“地”、“纪叙文”与“记叙文”、“那”与“哪”……所涉及的标点符号用法比如连续书名号之间的标点问题，连续引号之间的标点问题，并列词语之间使用标点的问题，该用书名号却用了引号的问题，省略号与其他标点符号连用的问题……还有诸如量词使用问题、同一篇文章的格式前后不一致的问题……上述种种问题，为保留历史真实面貌，我们基本未做改动，相信读者自能判断。另外，所收作品多出自民国时期各种期刊，基本都是繁体竖排，需要繁简转换、竖横转换，这一过程可能产生新的错误。在编纂过程中，我们想方设法减少疏漏和舛误，但限于学识，错讹在所难免，祈望方家和读者不吝指正。

2014 年 7 月 9 日